Die souveränitätsfreundliche Auslegung im Völkerrecht

Europäische Hochschulschriften
Publications Universitaires Européennes
European University Studies

Reihe II
Rechtswissenschaft

Série II Series II
Droit
Law

Bd./Vol. 4128

PETER LANG
Frankfurt am Main · Berlin · Bern · Bruxelles · New York · Oxford · Wien

Martin Leibiger

Die souveränitätsfreundliche Auslegung im Völkerrecht

PETER LANG
Europäischer Verlag der Wissenschaften

Bibliografische Information Der Deutschen Bibliothek
Die Deutsche Bibliothek verzeichnet diese Publikation in der Deutschen Nationalbibliografie; detaillierte bibliografische Daten sind im Internet über <http://dnb.ddb.de> abrufbar.

Zugl.: Dresden, Techn. Univ., Diss., 2004

88
ISSN 0531-7312
ISBN 3-631-53025-0

www.peterlang.de

Meinen Eltern

Vorwort

Die vorliegende Arbeit nahm die Juristische Fakultät der TU Dresden im Wintersemester 2003/2004 als Dissertation an. Die Erstellung des Manuskriptes schloss ich im Januar 2003 ab. Die nachfolgende Literatur und Rechtsprechung konnte nur noch punktuell eingearbeitet werden.

Mein besonderer Dank gilt meinem Doktorvater Prof. Dr. Joachim Lege für seine wohlwollende und – im besten Sinne – kritische Betreuung und insbesondere für die Freiheit, eine andere Meinung haben zu dürfen. Mein Dank gilt auch meinen Freunden, deren Korrekturen und Anmerkungen eine große Hilfe waren. Stellvertretend seien genannt Frieder Eymann, Dr. Peter Quasdorf und Gunnar Terhaag. Vor allem aber gilt mein Dank meinen Eltern, ohne deren Unterstützung dieses Werk nicht möglich gewesen wäre.

Dresden, im Herbst 2004 Martin Leibiger

Inhaltsübersicht

Inhaltsverzeichnis

Dritter Abschnitt:
Die Kritik der souveränitätsfreundlichen Auslegung

Abkürzungsverzeichnis

a.A.	andere Ansicht
Abs.	Absatz
Abschn.	Abschnitt
Abt.	Abteilung
AcP	Archiv für civilistische Praxis
AD	Annual Digest and Reports of Public International Law Cases
aE.	am Ende
AJIL	American Journal of International Law
Alt.	Alternative
AMRK	Amerikanische Menschenrechtskonvention
Anm.	Anmerkung
AnnIDI	Annuaire de l'Institut de droit international
AöR	Archiv des öffentlichen Rechts
Art.	Artikel
Aufl.	Auflage
AVR	Archiv des Völkerrechts
Bd.	Band
BDGV	Berichte der Deutschen Gesellschaft für Völkerrecht
Bearb.	Bearbeiter
Begr.	Begründer
BGB	Bürgerliches Gesetzbuch
BGBl.	Bundesgesetzblatt
BGE	Entscheidungen des Bundesgerichts [der Schweiz]
BGH	Bundesgerichtshof
BGHSt	Entscheidungen des Bundesgerichtshofes in Strafsachen
BGHZ	Entscheidungen des Bundesgerichtshofes in Zivilsachen
Bsp.	Beispiel
BVerfGE	Entscheidungen des Bundesverfassungsgerichts
BVerwG	Bundesverwaltungsgericht
BVerwGE	Entscheidungen des Bundesverwaltungsgerichts
BYIL	British Yearbook of International Law
bzw.	beziehungsweise
CCPR	United Nations Covenant on Civil ans Political Rights
CYIL	Canadian Yearbook of International Law
d.	des
ders.	derselbe

d.h.	das heißt
DJZ	Deutsche Juristenzeitung
D.O.	Dissenting Opinion
Doc.	Document
DÖV	Die Öffentliche Verwaltung
dt.	deutsch
DRiZ	Deutsche Richterzeitung
DVBl.	Deutsches Verwaltungsblatt
EA	Europa-Archiv
ECHR	European Court of Human Rights
EG	Europäische Gemeinschaft
EGV	Vertrag zur Gründung der Europäischen Gemeinschaften
EJIL	European Journal of International Law
EMRK	Europäische Menschenrechtskonvention
eng.	englisch
EPIL	Bernhardt (Hrsg.), Encylopedia of Public International Law
EU	Europäische Union
EuGH	Europäischer Gerichtshof
EuGRZ	Europäische Grundrechte-Zeitschrift
EuR	Europarecht
f.	folgende
FAZ	Frankfurter Allgemeine Zeitung
ff.	fortfolgende
Fn.	Fußnote
franz.	französisch
FS	Festschrift
gem.	gemäß
GG	Grundgesetz
GRUR Int.	Gewerblicher Rechtsschutz und Urheberrecht, Internationaler Teil
GS	Gedächtnisschrift
GYIL	German Yearbook of International Law
Hb.	Halbband
HbdStR	Handbuch des Staatsrechts
Hrsg.	Herausgeber
h.M.	herrschende Meinung
HRLJ	Human Rights Law Journal
HuV	Humanitäres Völkerrecht
IACHR	Inter-American Court of Human Rights

ICJ Rep.	International Court of Justice, Reports of Judgements, Advicory Opinions and Orders
ICLQ	International and Comparative Law Quarterly
IGH	Internationaler Gerichtshof
IGH-Statut	Statut des Internationalen Gerichtshofs
ILC	International Law Commission
ILO	International Labour Organisation
ILR	International Law Reports
insb.	insbesondere
IPbpR	Pakt über bürgerliche und politische Rechte
IPwskR	Pakt über wirtschaftliche, soziale und kulturelle Rechte
iSd.	im Sinne des, im Sinne der
iVm.	in Verbindung mit
JA	Juristische Arbeitsblätter
jew.	jeweils
Jh.	Jahrhundert
JIR	Jahrbuch für Internationales Recht
Jura	Juristische Ausbildung
JuS	Juristische Ausbildung
JZ	Juristen-Zeitung
Kap.	Kapitel
KSZE	Konferenz über Sicherheit und Zusammenarbeit in Europa
Lib.	Liber
lit.	litera
mwN.	mit weiteren Nachweisen
NATO	Nord Atlantic Treaty Organization
NGO	Nongovernemental Organisation
NJW	Neue Juristische Wochenschrift
No.	Number
Nr.	Nummer
NVwZ	Neue Zeitschrift für Verwaltungsrecht
NYIL	Netherlands Yearbook of International Law
OAS-Charta	Charta der Organization of American States
OAU-Charta	Charta der Organization of African Unity
OGHZ	Entscheidungen des Obersten Gerichtshofes für die Britische Besatzungszone in Zivilsachen
OSZE	Organisation für Sicherheit und Zusammenarbeit in Europa
O.V.	Ohne Verfasserangabe
ÖZöR	Österreichische Zeitschrift für öffentliches Recht
Para.	Paragraph

PCIJ	Permanent Court of International Justice
RabelsZ	Rabels Zeitschrift für ausländisches und internationales Privatrecht
RC	Recueil des Cours de l'Institut de droit international
Red.	Redaktion
Rep.	Report, Reports
Res.	resolution
RGBl.	Reichsgesetzblatt
RGZ	Entscheidungen des Reichsgerichts in Zivilsachen
RIAA	Reports of International Arbitral Awards
Rn.	Randnummer
Rs.	Rechtssache
Rspr.	Rechtsprechung
RTh	Rechtstheorie
Rz.	Randziffer
S.	Seite
SchwJbIR	Schweizer Jahrbuch für internationales Recht
Ser.	Series
S. O.	Separate Opinion
s.o.	siehe oben
sog.	sogenannt
Sp.	Spalte
st.	ständige
StGB	Strafgesetzbuch
StIGH	Ständiger Internationaler Gerichtshof
StPO	Strafprozessordnung
s.u.	siehe unten
Tz.	Teilziffer
u.a.	unter anderem
ua.	und andere
UN	United Nations
UN-Charta	Charta der Vereinten Nationen
UNCIO	Documents of the Unitited Nations Conference on International Organization, San Francisco 1945
UN Doc.	United Nations Document
UNO	United Nations Organisation
UNTS	United Nations Treaty Series
usw.	und so weiter
u.U.	unter Umständen
v.	versus

VBS	Völkerbundsatzung
Verf.	Verfassers
vgl.	vergleiche
VN	Vereinte Nationen
Vol.	Volume
VVDStRL	Veröffentlichungen der Vereinigung der Deutschen Staatsrechtslehrer
VwGO	Verwaltungsgerichtsordnung
wN.	weitere Nachweise
WVK	Wiener Übereinkommen (Konvention) über das Recht der Verträge
WVKIO	Wiener Übereinkommen (Konvention) über das Recht der Verträge zwischen Staaten und Internationalen Organisationen
WVR	Strupp (Begr.)/Schlochauer (Hrsg.), Wörterbuch des Völkerrechts
WVR[1]	Strupp (Hrsg.), Wörterbuch des Völkerrechts
YILC	Yearbook of the International Law Commission
ZaöRV	Zeitschrift für ausländisches öffentliches Recht und Völkerrecht
z.B.	zum Beispiel
Ziff.	Ziffer
zit.	zitiert
ZÖR	Zeitschrift für öffentliches Recht
ZPO	Zivilprozessordnung

§ 1 Einleitung

Um den Gehalt von Rechtsvorschriften aufzudecken, bedarf es ihrer Auslegung. Zu diesem Zweck hat die juristische Methodenlehre verschiedene Auslegungsregeln entwickelt. Sie stellen das Handwerkszeug dar, mit deren Hilfe der zutreffende Gehalt einer Norm gefunden wird. Es gibt Auslegungsregeln, die in allen Rechtsordnungen anerkannt sind, etwa die wörtliche, teleologische und systematische Auslegung. Daneben gibt es rechtsordnungsspezifische Auslegungsregeln, weil jedes Rechtssystem eine eigene Ordnung hat und die Methodenlehre eine eigenständige Entwicklung vollzieht.[1] Zu den völkerrechtsspezifischen Auslegungsregeln gehört die souveränitätsfreundliche Auslegung. Mit ihr befasst sich diese Arbeit. Zwei grundlegende Fragen sollen behandelt werden. Der theoretische Aspekt der Arbeit beantwortet die Frage, welche Autorität, welchen Wert und Standort die Regel im Gefüge der völkerrechtlichen Auslegungsregeln hat. Die praktische Seite der Arbeit zeigt, wann sie in der Praxis angewendet wurde und wann sie angewendet werden sollte. In der Hauptsache soll erörtert werden, warum es legitim und geboten ist, souveränitätsfreundlich auszulegen. Es handelt sich insofern um eine geltungstheoretische, methodologische und völkerrechtliche Arbeit.

Souveränitätsfreundlich auszulegen hat im Völkerrecht Tradition. Lange Zeit waren im Zusammenhang mit der Souveränität stehende Auslegungsregeln methodisch anerkannt und wurden in der Praxis benutzt. Mitte des letzten Jahrhunderts entstand gleichzeitig mit der zunehmenden Kritik an dem Begriff der Souveränität und mit neuen Erkenntnissen und Entwicklungen in der völkerrechtlichen Methodenlehre Kritik an der souveränitätsfreundlichen Auslegung. Das derzeitige Meinungsbild zu dieser Auslegungsregel ist sehr vielgestaltig. Sie wird bejaht, für in verschiedenen Abstufungen teilweise anwendbar gehalten, aber auch bedingungslos abgelehnt. Besondere Probleme bestehen bei Rechtsfragen mit menschenrechtlichem Bezug. In diesem Bereich ist eine starke Spannung zwischen der Souveränität und der Durchsetzung von Menschenrechten wahrzunehmen, die sich auch auf der Ebene der Auslegungsregeln auswirkt. Dabei wird zum Teil die Auffassung vertreten, es sei eine effektive Auslegung der Menschenrechte bzw.

---

1 *R. Bernhardt*, Die Auslegung völkerrechtlicher Verträge, S. 1; vgl. auch *K. Larenz*, Methodenlehre, S. 243, 245.

eine menschenrechtsfreundliche Auslegung auf Kosten der souveränitätsfreundlichen Auslegung vorzunehmen.

Diese Unklarheiten müssen beseitigt werden, weil das Funktionieren der Auslegung vor allem von der richtigen Anwendung der Auslegungsregeln abhängt. Je genauer die Kenntnis des Auslegungsprozesses und aller Auslegungsregeln ist, desto besser erfolgt ihre Anwendung im Einzelfall und desto sicherer wird die richtige Bedeutung einer Vorschrift ermittelt.

In der Praxis hat diese Methodenunklarheit zur Konsequenz, dass die souveränitätsfreundliche Auslegung weniger angewendet wird, weil sich der Auslegende dem Risiko aussetzt, dass das Ergebnis der Auslegung schon wegen der angewendeten Auslegungsregel kritisiert wird. Einem solchen Risiko braucht er sich nicht auszusetzen. Genauso wie ein Handwerker auch ohne ein bestimmtes Werkzeug gute Arbeit leisten kann, ist es dem Auslegenden möglich, unter Außerachtlassung einiger Auslegungsregeln zu Ergebnissen zu gelangen, die auf ausreichend gestützter Erkenntnis beruhen. Er wird deshalb zuerst auf die unsicheren Auslegungsregeln verzichten.

Durch die Beseitigung der Unsicherheiten bezüglich der souveränitätsfreundlichen Auslegung wird die Regel wieder attraktiv für die Praxis. Es wird ein sicher zu handhabendes Werkzeug geschaffen, das zur erfolgreichen Auslegung beiträgt.

Der Inhalt einer Auslegungsregel kann vom theoretischen bzw. methodischen Grundverständnis abhängen.[2] Eine Arbeit über die Auslegung kommt daher nicht ohne einige Überlegungen dazu aus. Es muss insbesondere die Frage nach dem Ziel der Auslegung und nach der Legitimationsgrundlage von Auslegungsregeln beantwortet werden. Es soll jedoch nicht die Aufgabe der Arbeit sein, ein eigenes rechtstheoretisches Grundverständnis zu erarbeiten. Vielmehr sollen aufbauend auf dem, was anerkannt ist, Folgerungen bezüglich der souveränitätsfreundlichen Auslegung gezogen werden. Wo es keinen Konsens gibt und wo es für die Feststellung des Inhalts der souveränitätsfreundlichen Auslegung nötig ist, wird auf einzelne rechtstheoretische Konzeptionen einzugehen sein.

Die Besonderheit der souveränitätsfreundlichen Auslegung gegenüber den allgemein bekannten, herkömmlichen Auslegungsregeln ist ihr materieller Gehalt.

---

2 *U. Fastenrath*, Lücken im Völkerrecht, S. 177, 27 ff.

Während etwa bei der teleologischen Auslegung zunächst ermittelt werden muss, welche Zwecke mit der auszulegenden Norm verfolgt werden, damit die Regel sinnvoll angewendet werden kann, erhebt die souveränitätsfreundliche Auslegung unabhängig vom Einzelfall generell den Anspruch, dass die Souveränität bei der Auslegung zu beachten ist. Eine solche generelle Geeignetheit muss nachgewiesen werden. Dabei soll der Begriff der völkerrechtlichen Souveränität im Völkerrecht nicht erschöpfend untersucht werden. Vielmehr soll unter Zugrundelegung des herrschenden Verständnisses Folgerungen für die Auslegung gezogen werden.

Daraus ergibt sich die Gliederung der Arbeit. Nachdem im ersten Abschnitt die Grundlagen für die Untersuchungen zur souveränitätsfreundlichen Auslegung gelegt werden, widmet sich der zweite Abschnitt der Entwicklung der Auslegungsregel in der Praxis des Völkerrechts. Im dritten Abschnitt werden dann die einzelnen in Betracht kommenden Legitimationsansätze der Kritik unterzogen und Folgerungen hinsichtlich Autorität, Wert und Standort der Auslegungsregel gezogen.

Erster Abschnitt: Grundlagen

§ 2 Das Ziel der Auslegung

I. Einführung

Kaum eine Frage im Völkerrecht hat einen so lang anhaltenden Streit ausgelöst, wie die Frage nach dem Ziel der Auslegung. Weitgehende Einigkeit besteht lediglich darüber, dass es Ziel der Auslegung von Rechtsvorschriften ist, den normativen Gehalt dieser Rechtsvorschrift herauszufinden. Auslegung ist also der Schlüssel zum richtigen Verständnis von Recht.[1] Mit dieser allgemeinen Aussage ist das Ziel der Auslegung jedoch nicht hinreichend genau umrissen. Doch was eigentlich ist der normative Gehalt, den es herauszufinden gilt? Ist es bei der Auslegung eines völkerrechtlichen Vertrages[2] das, was die Vertragsparteien gewollt haben? Ist es das, was im Vertragstext steht? Oder gar der davon zu unterscheidende objektive Zweck des Vertrages?

Hält man sich den Umfang der zu diesem Problem bestehenden Literatur vor Augen, dann muss mit einiger Berechtigung gefragt werden, weshalb dieser Streit ein weiteres Mal aufgerollt werden soll. Die Hoffnung, ihn für alle Seiten befriedigend zu lösen, besteht jedenfalls nicht. Dennoch kommt eine Arbeit über die Auslegung ohne Positionierung in diesem Punkt nicht aus.[3] Erst eine Bestimmung

---

[1] *H. F. Köck*, Vertragsinterpretation und Vertragsrechtskonvention, S. 22, bezeichnet dies die „Funktion der Auslegung". Ähnlich *W. Karl*, Vertrag und spätere Praxis im Völkerrecht, S. 10 Fn. 6; *R. Bernhardt*, Die Auslegung völkerrechtlicher Verträge, S. 1: „Die Aufgabe der Auslegung (...) besteht in der Feststellung des Gehalts der Rechtsvorschriften." Nach *K. Larenz*, Methodenlehre, S. 316, heißt auslegen die Norm in ihrer Wahrheit erkennen.

[2] Diese Frage stellt sich bei der Auslegung von Rechtsvorschriften überhaupt. Die Vertragsauslegung ist dabei der im Völkerrecht bei weitem wichtigste Anwendungsbereich. Die Frage ist aber ebenso für Gewohnheitsrecht, einseitige Akte und sonstiges Völkerrecht zu beantworten.

[3] Gelegentlich wird behauptet, der Streit hätte keinerlei Wert, weil in aller Regel der Wille der Vertragsparteien mit dem Vertragstext übereinstimmen würde (vgl. *International Law Commission*, YILC 1966 II, S. 220). Das ist jedoch eine bloße Vermutung, die mit Hilfe der Auslegung erst nachgewiesen werden müsste. Will man mit Hilfe der Auslegung richtige Ergebnisse erzielen, dann reicht es nicht aus, auf Vermutungsbasis zu operieren, weil dann die gefunden Ergebnisse möglicherweise widerlegt werden könnten, es sich also letztlich nur um vorläufig richtige Ergebnisse handelte. So können beispielsweise Vertragspartner unterschiedlicher Meinung über

des konkreten Auslegungszieles verleiht den einzelnen Auslegungsregeln ihre Funktion und ihren Standort im Verhältnis zu den anderen Auslegungsregeln.[4]

Objekte der Auslegung sind in erster Linie völkerrechtliche Verträge. Die Auslegungsregeln sind aber grundsätzlich auch auf einseitige Erklärungen, auf Gewohnheitsrecht und auf allgemeine Rechtsgrundsätze anwendbar.[5]

II. Die Konzeptionen

1. Die subjektive Theorie

Nach der subjektiven Theorie ist die Feststellung des Willens der Vertragsparteien das Ziel der Auslegung.[6] Die Auslegung habe somit einer Rechtsvorschrift, die letztlich eine Willenserklärung sei, den Sinn zu geben, den der Erklärende hat ausdrücken wollen.

---

den Inhalt eines Ausdrucks sein, ebenso können sich Wortbedeutungen mit der Zeit ändern.

4 Allerdings darf der Erkenntnisgewinn auch nicht überschätzt werden. Die unterschiedlichen Theorien zum Auslegungsziel, so wie sie heute vertreten werden, führen in der Regel nicht zur völligen Unbrauchbarkeit bestimmter Auslegungsregeln. Vielmehr kommt es meist zur unterschiedlichen Gewichtung einzelner Regeln. So wäre etwa für die Vertreter der objektiven Theorie die wörtliche Auslegungsmethode von primärer Bedeutung, während sie nach der subjektiven Theorie keine solch vorrangige Bedeutung hätte.

5 *U. Fastenrath*, Lücken im Völkerrecht, S. 177 mwN.; *M. Kronauer*, Die Auslegung von Staatsverträgen durch das Schweizerische Bundesgericht, S. 12.

6 *A. D. McNair*, The Law of Treaties, S. 365 ff.; *H. Lauterpacht*, BYIL 26 (1949), 48 ff., 83; *Y. Chang*, The Interpretation of Treaties by Judical Tribunals, S. 20, 22; *G. Fitzmaurice*, BYIL 33 (1957), 203 f.; *G. Dahm*, Völkerrecht Bd. III, S. 43 ff.; *J. M. Mössner*, Einführung in das Völkerrecht, S. 124; zudem wohl einhellige Auffassung der sowjetischen Völkerrechtslehre, vgl. *Th. Schweisfurth*, Der internationale Vertrag in der modernen sowjetischen Völkerrechtstheorie, S. 262 ff.; wN. bei *I. Seidl-Hohenveldern/T. Stein*, Völkerrecht, Rn. 334, und bei *G. Hoffmann-Becking*, Normaufbau und Methode, S. 159 Fn. 22. Auch in der Rechtsprechung gibt es eine Vielzahl von Stellungnahmen zugunsten des subjektiven Ansatzes. Im Fall *Island of Timor*, The Hague Court Rep. 1916, 354, 371, führte das Haager Tribunal aus: „Here again, and always, we must look for the real and harmonious intention of the parties when they bound themeselves." Der Ständige Internationale Gerichtshof nahm im *Case concerning the Factory at Chorzów*, PCIJ Ser. A No. 9, S. 32 die gleiche Haltung ein: „The courts aim is always to ascertain whether an intention on the part of the Parties exists to confer jurisdiction upon it."

2. *Die objektive Theorie*

Die objektive Theorie erklärt dagegen die Feststellung des Sinnes des Vertragstextes zum Ziel der Auslegung.[7]

Mit einem Missverständnis sei von vornherein aufgeräumt: Die objektive Theorie wurde teilweise so verstanden, dass ein Begriff überhaupt keiner Auslegung bedürfe, wenn der Wortlaut klar sei.[8] Ein solches Verständnis geht auf *de Vattel* zurück[9], der in diesem Zusammenhang unter der Überschrift „Erste allgemeine Auslegungsregel" folgendes schrieb: „Der erste allgemeine Lehrsatz über die Auslegung ist folgender: *Es ist nicht erlaubt auszulegen, was keiner Auslegung bedarf.* Wenn eine Urkunde in klaren und genauen Ausdrücken abgefasst und der Sinn offensichtlich ist und kein abwegiges Ergebnis zeitigt, hat man keinen Grund, sich dem Sinn zu verschließen, den diese Urkunde ganz natürlich darbietet. Mutmaßungen zu dem Zwecke, den Sinn einzuschränken oder zu erweitern, bedeuten eine Umgehung. Wenn man einmal diese gefährliche Methode zulässt, gibt es keine Urkunde, die sie nicht entwertet. Mögen auch alle Bestimmungen dieser Urkunde deutlich und klar sein, mag sie den genauesten und verständlichsten Ausdrücken abgefasst sein, all das wird ihr nichts nützen, wenn es zulässig ist, nach fremden Gründen zu suchen, um geltend zu machen, man könne sie nicht in dem Sinne auffassen, den sie ganz natürlich gebietet."[10]

---

7 *R. Bernhardt*, Die Auslegung völkerrechtlicher Verträge, S. 32 mwN.; *ders.*, Vertragsauslegung, in: Lexikon des Rechts Völkerrecht, S. 385; *S. M. Grundmann*, Die Auslegung des Gemeinschaftsrechts durch den Europäischen Gerichtshof, S. 62; *W. Heintschel v. Heinegg*, in: Ipsen, Völkerrecht, § 11 Rn. 5, der die objektive Theorie als herrschend bezeichnet; *J. P. Müller*, Vertrauensschutz im Völkerrecht, S. 149. Zur objektiven Theorie ist auch die Auffassung von *A. Bleckmann*, EuR 14 (1979), 239 zu zählen, der seine Theorie allerdings selbst als gemischt objektiv-subjektive Methode bezeichnet. Für ihn ist das Ziel der Auslegung die Erforschung des im Vertrag selbst zum Ausdruck gelangten gemeinsamen subjektiven Willens der Vertragspartner (ebenda). Der Willenskonsens ist also hier nur noch von Bedeutung, weil er im Text zum Ausdruck kommt. Damit spielt es keine Rolle mehr, ob das Erklärte tatsächlich gewollt ist. Dieses Ergebnis entspricht der objektiven Theorie (so auch *U. Fastenrath*, Lücken im Völkerrecht, S. 188, der diese Theorie als Andeutungstheorie bezeichnet).

8 Nachweise bei *M. Kronauer*, Die Auslegung von Staatsverträgen durch das Schweizerische Bundesgericht, S. 12 Fn. 63.

9 Das gilt zumindest für das Völkerrecht. *J. P. Müller*, Vertrauensschutz im Völkerrecht, S. 136 Fn. 12, findet eine Grundlage dieser Maxime schon im Römischen Recht bei Paulus L 25 § 1 D 32: „Cum in verbis nulla ambiguitas est, non debet admitti voluntatis quaesto."

10 *E. de Vattel*, Le Droit des Gens ou principes de la loi naturelle (1758), Buch II, Kap. XVII § 263. *De Vattel* wurde aufgrund dieser Stelle häufig als Vertreter der objek-

Diese Sätze sind in die Rechtsgeschichte als *Vattels Maxime* eingegangen. Sie wurde auch in jüngerer Zeit noch vertreten, aber auch scharf kritisiert. Es muss gegen diese Maxime eingewendet werden, dass die Feststellung, der Vertragstext sei eindeutig, bereits eine vorherige Auslegung voraussetzt.[11] Die Feststellung, der Text selbst sei klar (und bedürfe keiner weiteren Auslegung), ist bereits ein Ergebnis eines Interpretationsvorganges.[12]

Diese durchgreifenden Bedenken werden inzwischen von den Vertretern der objektiven Theorie berücksichtigt. Sie meinen, *de Vattel* habe dem Grunde nach Recht: Führe die wörtliche Auslegung zu eindeutigen Ergebnissen, so sei ein Rückgriff auf andere Auslegungsmethoden ausgeschlossen.[13] Die Wortlautinterpretation solle die primär anzuwendende Methode sein. Alle anderen Ausle-

---

tiven Theorie angesehen (etwa von *R. Bernhardt*, Die Auslegung völkerrechtlicher Verträge, S. 17, insb. Fn. 104, 105; *ders.*, Vertragsauslegung, in: Lexikon des Rechts Völkerrecht, S. 385). An anderer Stelle meinte er dagegen: „Da eine von dem Recht gebilligte Auslegung eines Aktes nur dahin erzielen kann, die Gedanken seines Verfassers oder seiner Verfasser zu ermitteln, *muss man, wenn man auf eine Unklarheit stößt, den wahrscheinlichen Gedanken der Leute erforschen, die den Akt errichtet haben, und ihn demzufolge auslegen*" (ebenda, § 270; Hervorhebung im Original). Diese Stellungnahme entspricht eher der subjektiven Theorie. Auch für sie wurde er als Vertreter herangezogen (vgl. *M. S. McDougal/H. D. Lasswell/J. C. Miller*, The Interpretation of Agreements and World Public Order, S. 83).

11 *J. P. Müller*, Vertrauensschutz im Völkerrecht, S. 138 mwN. in Fn. 19; *R. Bernhardt*, Die Auslegung völkerrechtlicher Verträge, S. 17; *M. Kronauer*, Die Auslegung von Staatsverträgen durch das Schweizerische Bundesgericht, S. 12 f. mwN. in Fn. 65; *I. Seidl-Hohenveldern/T. Stein*, Völkerrecht, Rn. 333, heben richtigerweise hervor, dass es sich um einen Zirkelschluss handelt: „[Der Satz ‚*in claris non fit interpretatio*'] geht nämlich davon aus, dass der betreffende Text tatsächlich klar ist. Das ist dann, wenn der Text zum Gegenstand eines Streites zwischen den Vertragspartnern geworden ist, gerade *nicht* der Fall. Daher kann die einseitige Berufung auf diesen Satz nicht davon befreien, dass der strittige Text ausgelegt werden muss." Die abgeleitete Folge trifft meines Erachtens jedoch nicht den Kern. Es ist eine bloße Vermutung, dass es eine Partei bei Klarheit des Textes nicht auf einen Streit ankommen lässt. Es kann durchaus vorkommen, dass man trotz Eindeutigkeit der Rechtslage Verpflichtungen nicht einhält, etwa um in der Angelegenheit Zeit zu gewinnen.

12 *G. Schwarzenberger*, International Law Vol. I, S. 165, formulierte eingänglich: „If an organ holds that a text is 'clear' or has an apparently self-evident 'natural' or 'ordinary' meaning, this means in fact that it avoids any articulate technique of interpretation. It relies on intuitive powers and its immunity from criticism in a strongly hierarchical profession."

13 *W. Heintschel v. Heinegg*, in: Ipsen, Völkerrecht, § 11 Rn. 7; *R. Bernhardt*, Die Auslegung völkerrechtlicher Verträge, S. 17, 67 ff., dort weitere Vertreter; ähnlich, wenn auch nicht so eng *J. P. Müller*, Vertrauensschutz im Völkerrecht, S. 149, der den Vertrauensschutzgesichtspunkt besonders herausstreicht.

gungsregeln gewännen erst an Bedeutung, wenn mehrere Ergebnisse mit dieser Methode denkbar seien.[14] Sei der Wortlaut eindeutig, dann seien entgegengesetzte Vorstellungen der Vertragsschließenden ohne Bedeutung.

3. *Differenzierende Betrachtungsweisen*

Nach einer dritten Auffassung bestimmt sich das Ziel der Auslegung nach der Vertragsart.[15] Diene der Vertrag der Erfüllung unterschiedlicher Interessen der Vertragspartner (sog. rechtsgeschäftliche Verträge, traités-contrats, contractual treaties), so sei es Ziel der Auslegung, den Willen der Vertragspartner herauszufinden. Diene ein Vertrag gemeinsamen Interessen (normsetzende Verträge, traités-lois, law-making treaties)[16], so solle das Ziel der Auslegung objektiv bestimmt

---

[14] In diese Richtung auch der IGH (*Admission of a State to the United Nations*, ICJ Rep. 1947/48, S. 57, 63; *Admission to the United Nations*, ICJ Rep. 1950, S. 4, 8), allerdings ohne sich ausdrücklich zum objektiven Ansatz zu bekennen.

[15] *G. Hoffmann-Becking*, Normaufbau und Methode, S. 159 ff., insb. 168 ff. mwN. in Fn. 38; *A. E. Bredimas*, Methods of Interpretation in Community Law, S. 18; wN. bei *P. Guggenheim*, Lehrbuch des Völkerrechts I, S. 124 Fn. 229, 230. Anders *A. Rest*, Interpretation von Rechtsbegriffen in internationalen Verträgen, S. 26, der zwischen dem Gründungsakt einer Internationalen Organisation und späteren Rechtsetzungsakten der Organisation unterscheidet. Nach *M. Sørensen*, in: FS Kutscher, S. 415, 432 mwN., sollen in Internationalen Organisationen eigenständige Auslegungsregeln gelten. Schließlich wird zwischen bilateralen und multilateralen Verträgen differenziert. So meint *H. Bülck*, Vertragsauslegung, in: WVR 3. Bd., S. 547: „Einmal hängt der Sinn eines Vertrages von der Art und Dauer des Sachverhältnisses ab, das die Parteien durch ihn rechtlich ordnen wollten. Der Sinn eines mit seiner Erfüllung erlöschenden, zweiseitigen Zessionsvertrages ist ein anderer als der einer auf Dauer angelegten Verwaltungsgemeinschaft. Dies muss die Auslegung berücksichtigen. (...) Geschäftsverträge sind subjektiv-objektiv, Normenverträge objektiv-subjektiv auszulegen." Während bilaterale Verträge von gegensätzlichen, zum Ausgleich zu bringenden Interessen geprägt seien, stände bei multilateralen Verträgen ein gemeinsamer Zweck im Mittelpunkt. Bei multilateralen Verträgen stehe der Wille der Parteien im Hintergrund und deshalb bestimme sich das Ziel der Auslegung objektiv. Dagegen sei bei bilateralen Verträgen in besonderem Maße auf die Souveränität der Vertragspartner Rücksicht zu nehmen (*J. Anweiler*, Die Auslegungsmethoden des Gerichtshofs der Europäischen Gemeinschaften, S. 135), und deshalb der subjektive Ansatz zu wählen. Eine solche formale Unterscheidung ist von vornherein abzulehnen, weil die Interessenunterschiede so nur behauptet sind. So sind viele bilaterale Verträge nicht bloße Austauschverträge (man denke an den Einigungsvertrag).

[16] Vgl. zur Unterscheidung von rechtsetzenden und rechtsgeschäftlichen Verträgen *A. Verdross/B. Simma*, Universelles Völkerrecht, § 537; vgl. auch *Öhlinger*, Der völkerrechtliche Vertrag im staatlichen Recht, S. 105 f.; *B. Simma*, Das Reziprozitätselement im Zustandekommen völkerrechtlicher Verträge, S. 84 mwN.

werden.[17] Diese Auffassung wurde vor allem in den 1960er Jahren diskutiert[18] und vertreten, als man feststellte bzw. deutlicher herausstrich, dass sich das Völkerrecht teilweise vom Koexistenzrecht, welches vom Nebeneinanderbestehen der Saaten respektiert und garantiert, zum Kooperationsrecht, das von dem gemeinsamen Erreichen bestimmter Ziele geprägt ist, wandelte.[19]

III. Keine Beantwortung der Frage nach dem Ziel der Auslegung durch die Normierung der Auslegungsregeln in Art. 31-33 WVK

Von einigen Autoren wurde behauptet, die Frage nach dem Ziel der Auslegung sei inzwischen gelöst[20], weil sie inzwischen eine normative Antwort in den Art. 31-33 WVK gefunden habe. In diesen Vorschriften wurden im Rahmen der Kodifikation des Völkerrechts einige Auslegungsregeln normiert.

Nach meiner Auffassung wurde das Problem durch die Wiener Vertragsrechtskonvention nicht gelöst.[21] Gewisse Zweifel ergeben sich schon daraus, dass nach

---

17 *G. Hoffmann-Becking*, Normaufbau und Methode, S. 169 ff.; *J. Anweiler*, Die Auslegungsmethoden des Gerichtshofs der Europäischen Gemeinschaften, S. 136, meint, trotz der Unterschiede zwischen rechtsgeschäftlichen und rechtsetzenden Verträgen sei dem subjektiven Ansatz zu folgen. Er will aus den Unterschieden aber eine differenzierte Gewichtung für Auslegungsregeln herleiten. Damit stimmt er in wesentlichen Ergebnissen mit der Auffassung der differenzierten Betrachtungsweise überein.

18 So etwa bei *A. Favre*, SchwJblR 17 (1960), 75 ff.; *R. Bernhardt*, Die Auslegung völkerrechtlicher Verträge, S. 23 f.; *H. Waldock*, RC 106 (1962 II), 1, 74 ff.

19 Vgl. dazu *W. Friedmann*, The Changing Structure of International Law (1964). Möglicherweise hat zur Verbreitung dieser Auffassung auch die damalige bipolare Weltordnung beigetragen. Während die Ost-West-Beziehungen von friedlicher Koexistenz bestimmt waren, gestalteten sich die Beziehungen innerhalb der Blöcke immer mehr zu einem kooperativen Miteinander um. Mit dem differenzierenden Ansatz konnte aus methodischer Sicht erklärt werden, warum Recht, welches innerhalb eines Blocks galt, und Recht, welches zwischen den Blöcken galt, unterschiedlich zu behandeln sei.

20 *W. Heintschel v. Heinegg*, in: Ipsen, Völkerrecht, § 11 Rn. 5; *A. Verdross/B. Simma*, Universelles Völkerrecht, § 776; *A. Bleckmann*, EuR 14 (1979), 239; *H. J. Hahn/ W. Braun*, in: Behrens (Hrsg.), Die Wertsicherung der Young-Anleihe, S. 9, 14; *F. Reindel*, Auslegung menschenrechtlicher Verträge am Beispiel der Spruchpraxis des UN-Menschenrechtsausschusses, des Europäischen und des Interamerikanischen Gerichtshofs für Menschenrechte, S. 52.

21 Ebenso ausdrücklich *K. Zemanek*, in: Neuhold/Hummer/Schreuer (Hrsg.), Österreichisches Handbuch des Völkerrechts I, Rn. 344 f., der allerdings der Auffassung ist, die Konvention enthalte als Auslegungsregel eine pragmatisch modifizierte Form der objektiven Theorie.

wie vor unterschiedliche Theorien vertreten werden.[22] Sogar Vertreter, die das Problem durch die Normierung als gelöst betrachten, kommen zu unterschiedlichen Ansichten.[23] Zu beachten ist bei der folgenden Diskussion, dass eine Auslegung der Normen über die Auslegung erfolgt, und deshalb ein besonders hohes Risiko von Zirkelschlüssen besteht.

Der Text der Art. 31-33 WVK sagt kaum etwas zum Ziel der Auslegung, nämlich nur, dass „der Vertrag auszulegen ist“: Art. 31 I WVK erklärt, dass ein Vertrag nach Treu und Glauben in Übereinstimmung mit der gewöhnlichen, seinen Bestimmungen in ihrem Zusammenhang zukommenden Bedeutung und im Lichte seines Zieles und Zweckes auszulegen ist. Auch die anderen Normen zählen nur einzelne Auslegungsregeln auf. Eine ausdrückliche Normierung, was das Ziel der Auslegung sein soll, existiert also nicht.

Auch aus dem Inhalt der Auslegungsregeln lassen sich keine Rückschlüsse ziehen, dass die *International Law Commission*, welche die Regelungen ausgearbeitet hat, einen bestimmten Auslegungsansatz zu Grunde gelegt hat oder ihn normieren wollte. Dafür spräche allenfalls die höhere Gewichtung der in Art. 31 I WVK niedergelegten Wortlautinterpretation gegenüber den vorbereitenden Arbeiten (traveaux préparatoires), die gem. Art. 32 WVK nur ein ergänzendes Auslegungsmittel sind[24]. Eine solche Gewichtung wäre eine typische Folgerung aus der objektiven Theorie.[25] Gegen eine Bevorzugung des objektiven Ansatzes spricht aber Art. 31 IV WVK, nach dem einem Ausdruck eine besondere Bedeutung beizumessen ist, wenn die Vertragsparteien das beabsichtigt haben. Damit

---

22 So folgt z.B. *I. Seidl-Hohenveldern/T. Stein*, *Völkerrecht*, Rn. 335, dem subjektiven Ansatz. Vgl. zudem die Ausführungen des im Jahre 1994 neu aufgelegten Buch von *M. S. McDougal/H. D. Lasswell/J. C. Miller*, The Interpretation of Agreements and World Public Order, S. 82 ff.; *M. N. Shaw*, International Law, S. 655 f. Nach Ansicht von *Koroma* seien die verschiedenen Absätze des Art. 31 WVK unterschiedlichen Ansätzen (sprich: subjektiver und objektiver Theorie) geschuldet (D.O., *Legality of the Use by a State of Nuclear Weapons in Armed Conflict*, ICJ Rep. 1996, S. 68, 172, 205).

23 *W. Heintschel v. Heinegg*, in: Ipsen, Völkerrecht, §11 Rn. 5 und *A. Verdross/B. Simma*, Universelles Völkerrecht, § 776, sind der Ansicht, der objektive Ansatz sei vertraglich vorgeschrieben. *A. Bleckmann*, EuR 14 (1979), 239, meint, die gemischt objektiv-subjektive Ansatz wurde durch die Art. 31 ff. WVK kodifiziert. Vgl. zudem *M. Herdegen*, Völkerrecht, § 15 Rn. 29, der feststellt, dass der Ansatz objektive und subjektive Elemente verknüpfe.

24 Die Praxis ist dem gefolgt. Vgl. nur *Tschad/Libyen*, ICJ Rep. 1994, S. 21 f.

25 Der Schluss ist aber nicht zwingend, weil von der Folge (Gewichtung einzelner Auslegungsregeln) auf die Voraussetzung (objektive oder subjektive Theorie) geschlossen wurde.

versucht der Vertrag in Art. 31 I und IV WVK eher den Spagat zwischen objektiver und subjektiver Theorie, er lässt jedoch keine Präferenz für einen der beiden Ansätze erkennen.

Die Vorarbeiten der *International Law Commission* legen an einigen wenigen Stellen nahe, dass sie bei der Ausarbeitung der Auslegungsregeln von einem „pragmatischen objektiven Ansatz“ ausgeht: Unter Zugrundelegung der Vermutung der Identität von Parteiwille und Vertragstext schlussfolgerte sie, dass der *starting point* der Auslegung der Vertragstext sei und bezeichnete dies als *textual approach.*[26] Zwingend für den objektiven Ansatz spricht das allerdings nicht: So könnte man das Gesagte auch so interpretieren, dass zunächst die Identität von Parteiwillen und Vertragstext zu vermuten sei, wobei der Vertragstext nur solange maßgeblich ist, wie diese Vermutung nicht widerlegt wird.[27] Sollte ein abweichender Parteiwille erkennbar sein, dann sei ihm zu folgen. Eine solche Argumentationslinie würde keineswegs den Ausführungen der Kommission zuwiderlaufen, vielmehr gerade durch Art 31 IV WVK nahegelegt und entspräche dem subjektiven Ansatz. Letztlich versucht die *International Law Commission* mit der Vermutung der Identität von Parteiwille und Vertragstext, das Problem zu umgehen.[28]

---

26 YILC 1966 II, S. 220 Ziff. 11: „The article (...) is based on the view that the text must be presumed to be the autenthic expression of the intentions of the parties; and that, in consequence, the starting point of interpretation is the elucidation of the meaning of the text, not an investigation ab initio into the intention of the parties.“ YILC 1964 II, S. 52 ff., insb. S. 56: „The Institute of International Law adopted this – textual – approach to treaty interpretation, despite its first Rapporteur's strong advocacy of a more subjective, 'intentions of the parties', approach." Daher meint *F. Reindel*, Auslegung menschenrechtlicher Verträge am Beispiel der Spruchpraxis des UN-Menschenrechtsausschusses, des Europäischen und des Interamerikanischen Gerichtshofs für Menschenrechte, S. 52, die International Law Commission habe sich der objektiven Theorie zugewandt.

27 Die ILC lässt die Frage offen, ob sie unter dem Begriff Ausgangspunkt (starting point) lediglich versteht, dass das erste anzuwendende Interpretationsmittel die textuelle Methode sein soll oder ob sie damit das Ziel der Auslegung als solches bezeichnet.

28 Selbst wenn man zu einer anderen Einschätzung bei der Auswertung der traveaux préparatoires gelangte, spräche dies nicht in besonderer Weise für die objektive Theorie: Legte man bei der Auslegung der Art. 31 ff. WVK den objektiven Ansatz zugrunde, und somit besonderen Wert auf den Wortlaut, dann wäre festzustellen, dass das Ziel der Auslegung nicht geregelt ist. Nur wenn man bei der Auslegung der Art. 31 ff. WVK den subjektiven Ansatz zugrunde legte (und somit mehr Wert auf die Vorarbeiten), ergäbe sich ein Argument dafür, dass der objektive Ansatz normiert werden sollte.

Daher spricht einiges dafür, dass die *International Law Commission* das Ziel der Auslegung nicht normieren wollte und dieses Problem bewusst offen ließ. Sie hat einen pragmatischen Ansatz gewählt, mit dem alle beteiligten Wissenschaftler leben konnten. Dieser Ansatz war die Vermutung der Identität von Parteiwille und Vertragstext. Der gewonnene Eindruck wird durch den Vertragstext unterstrichen, in den sowohl Text, Parteiwille, als auch Funktion Eingang als Auslegungsregeln gefunden haben.[29] Es bleibt daher festzuhalten, dass die Wiener Vertragsrechtskonvention das Ziel der Auslegung nicht regelt.

IV. Diskussion

1. Das Fehlgehen der differenzierenden Betrachtungsweise

Gegen die Auffassung, das Ziel der Auslegung unterscheide sich je nach dem, ob es sich um einen rechtsetzenden oder um einen rechtsgeschäftlichen Vertrag handele, sprechen durchgreifende Bedenken. Es bestehen keine solch gravierenden Unterschiede zwischen den beiden Vertragsarten, wie sie zugunsten der Differenzierung angeführt werden.

Vor allem hält das Argument nicht stand, bei rechtsetzenden Verträgen bestehe eine Willenseinheit mit parallel laufenden Interessen, während bei rechtsgeschäftlichen Verträgen unterschiedliche Willenserklärungen abgegeben werden würden und keine gemeinsamen Interessen bestünden.[30] Genauso wie rechtsgeschäftliche Verträge stellen rechtsetzende Verträge oft Kompromisse vieler unterschiedlicher, teilweise identischer, teilweise diametral entgegengesetzter Ziele dar.[31] Auch die Behauptung der Gegensätzlichkeit der Interessen bei rechtsgeschäftlichen Verträgen stimmt – zumindest aus rechtlicher Sicht – nicht. Ein Vertrag wird immer in seiner Gesamtheit geschlossen. Damit nehmen die Vertragsparteien auch den ihn „belastenden“ Teil der Vereinbarung in ihren normativen Willen auf. Es besteht zwar ein unterschiedliches Leistungsinteresse, aber ein gemein-

---

[29] *M. N. Shaw*, International Law, S. 656, meinte, die Wiener Vertragsrechtskonvention huldige allen drei möglichen Zielen der Auslegung. Vgl. auch *S. M. Grundmann*, Die Auslegung des Gemeinschaftsrechts durch den Europäischen Gerichtshof, S. 150, 56.

[30] So aber *G. Hoffmann-Becking*, Normaufbau und Methode, S. 169 mwN.; *J. Anweiler*, Die Auslegungsmethoden des Gerichtshofs der Europäischen Gemeinschaften, S. 135.

[31] Man denke nur an das Ringen um weltweite Umweltstandards und die Festlegung verbindlicher Vorgaben zur Kohlendioxidreduktion.

samer Wille zum Austausch der Leistungen. Es macht keinen Unterschied, ob die Gegenleistung in einer gleichen Behandlung oder in anderen Zugeständnissen besteht, die Gegenseitigkeitserwartung bleibt die gleiche.[32]

Gegen die differenzierende Betrachtungsweise spricht auch, dass beide Vertragsarten in derselben Form erlassen werden und formal die gleichen Wirkungen haben. Es werden die Vertragsstaaten zu einem Verhalten verpflichtet.[33]

Hinzu kommen praktische Probleme bezüglich der Unterscheidbarkeit. Viele völkerrechtliche Verträge weisen sowohl rechtsgeschäftliche als auch rechtsetzende Züge auf und dienen gegensätzlichen und gemeinsamen Interessen.[34] Es ergeben sich unübersehbare Schwierigkeiten, wenn sich wegen unterschiedlicher Ziele der Auslegung je nach Qualifikation einzelner Vertragsbestandteile unterschiedliche Herangehensweisen an ihre Auslegung und unterschiedliche Gewichtungen der einzelnen Auslegungsregeln ergeben. Damit wird aus einem vermeintlich sehr pragmatischen und flexiblen Maßstab ein sehr komplizierter.[35] Insgesamt ist die differenzierende Betrachtungsweise daher abzulehnen.

---

32 *B. Simma*, Das Reziprozitätselement im Zustandekommen völkerrechtlicher Verträge, S. 85 mwN.

33 Auch die lex contractus stellt objektives Recht unter den Parteien dar (*K. J. Partsch*, Vereinbarungstheorie, in: WVR 3. Bd., S. 489, 490). *G. Hoffmann-Becking*, Normaufbau und Methode, S. 161 f., und *J. Anweiler*, Die Auslegungsmethoden des Gerichtshofs der Europäischen Gemeinschaften, S. 135, wenden zugunsten der differenzierenden Herangehensweise ein, die Rechtsfolgen bei einer Vertragsverletzung seien unterschiedlich. Werde eine Bestimmung eines Rechtsgeschäftes nicht eingehalten, so könne sich der Vertragspartner vom Rechtsgeschäft lossagen. Bei einem rechtsetzenden Vertrag entstehe dagegen eine Bindung, die auch bei Vertragsverletzung nicht einseitig, sondern nur gemeinsam aufgehoben werden könne. Ob es eine solche Unterscheidung der Folgen einer Vertragsverletzung rechtlich vorgeschrieben ist, ist zweifelhaft. Die Wiener Vertragsrechtskonvention kennt sie jedenfalls nicht.

34 *H. Kelsen*, Principles of International Law, S. 320, weist zutreffend darauf hin, dass viele Zwischenstufen zwischen einem reinen rechtsgeschäftlichen und einem reinen normsetzenden Vertrag existieren. Die praktischen Probleme der Unterscheidbarkeit gesteht auch *G. Hoffmann-Becking*, Normaufbau und Methode, S. 171 mwN., ein.

35 Darüber hinaus sind die undifferenzierte subjektive und objektive Theorie nicht unflexibel und können den Besonderheiten von rechtsetzenden und rechtsgeschäftlichen Verträgen mit Hilfe der teleologischen und historischen Auslegung gerecht werden.

2. *Die Kritik der subjektiven und objektiven Theorie*

Nach meiner Auffassung ist die subjektive Theorie der objektiven Theorie vorzugswürdig. Der Entstehungsgrund von Völkerrecht und insbesondere von Völkervertragsrecht ist der Staatenkonsens und nicht der schriftliche Niederschlag in einem Vertragstext. Bei der Auslegung ist daher dasjenige zu ermitteln, worüber Konsens besteht. Die objektive Theorie überbewertet die Schriftlichkeit. Worte können die Gedanken und Zielsetzungen der vertragsschließenden Parteien nur unvollkommen wiedergeben.[36] Wenn das Ziel der Auslegung die Erhellung des Vertragstextes wäre, dann legte man den Worten eine ihnen nicht zukommende Bedeutung bei. Entscheidend sind nicht die Worte als solche, sondern dass mit den Worten *Gemeinte*.[37] Das Abstellen auf den natürlichen Sprachgebrauch stellt eine (unzulässige) Verobjektivierung von Nichtobjektivierbarem dar. Wie die Worte zu verstehen sind, lässt sich erst ermitteln, wenn man an die Vorstellungen der Parteien anknüpft.[38]

Der Einwand der Vertreter der objektiven Theorie, Gegenstand des Vertragsschlusses sei der Vertragstext und nur er könne daher Ausgangspunkt der Interpretation sein und erhellt werden[39], kann nicht überzeugen. Es ist eben nicht der vom Willen der Parteien losgelöste Vertragstext, der Objekt der Auslegung wird. Die Worte erlangen ihre wahre Bedeutung erst, wenn sie in einen Bezug zum Willen der Vertragspartner gestellt werden.

Diesen Einwand gegen die objektive Theorie vermag ein von *Grotius* gebildetes, hier etwas abgewandeltes Beispiel[40] unterstreichen. Man stelle sich folgendes vor: Zu einer Zeit, als es noch keine anderen Befestigungen gab, wird in einem Vertrag festgelegt, dass eine Stadt (bzw. ein Staat) nicht mit Mauern umgeben werden darf. Legte man nun unter Zugrundelegung der objektiven Theorie den Begriff Mauer in seiner gewöhnlichen Bedeutung aus, so dürfte im Ergebnis in

---

36 Vgl. *W. Karl*, Vertrag und spätere Praxis im Völkerrecht, S. 23, 26 mwN.

37 *J. M. Mössner*, Einführung in das Völkerrecht, S. 122.

38 So schon *D.O. Anzilotti*, PCIJ Ser. A/B No. 50, S. 383, im abweichenden Votum zum Rechtsgutachten betreffend die Auslegung des Art. 3 des Abkommens von 1919 über die Nachtarbeit von Frauen.

39 So etwa *Beckett*, AnnIDI 43 I (1950), S. 435, 538;ähnlich *R. Bernhardt*, Die Auslegung völkerrechtlicher Verträge, S. 31.

40 *H. Grotius*, De iure belli ac pacis, 2. Buch Kap. 16 XX. 3.

der Stadt keine Gartenmauer gebaut werden[41], dafür aber Erdwälle und andere Befestigungen außer Mauern. Mit dem subjektiven Ansatz ist das entgegengesetzte Ergebnis schnell festgestellt: Es ging den Vertragspartnern um das Nichtbefestigen bzw. Nichtbefestigtwerden der Stadt. Die Gartenmauer fiele aus dem Regelungsbereich heraus und andere Befestigungen dürfte nach dem Willen der Vertragsparteien nicht gebaut werden.[42] Sicherlich werden diesen Ergebnissen auch die Vertreter des objektiven Ansatzes zustimmen. Rechtlich bewerkstelligen sie das, indem sie durch teleologische Reduktion die Gartenmauer ausschließen und durch Analogiebildung andere Stadtbefestigungen einschließen.[43] Das tun sie, weil ihnen der Wille des Normgebers doch nicht gleichgültig ist.[44]

Gegen die objektive Theorie spricht auch das geringe Vermögen, juristische Streitfälle zu lösen, weil diese sich regelmäßig im Bereich semantischer Spielräume ansiedeln.[45] Gerade im Streitfall wird der Text nicht die nötige Klarheit erbringen.[46] Deshalb liefert diese Theorie keine Entscheidungskriterien und öffnet das Recht so der Willkür.[47] Immerhin wenden die meisten Vertreter der objektiven Theorie für den Fall, dass der sprachliche Gehalt eines Rechtssatzes keine eindeutigen Ergebnisse liefert (damit wäre der angesprochene semantische Spielraum eröffnet), sekundär andere Auslegungsregeln an.[48]

---

41 Genauso wie eine Mauer nämlich nicht aus ästhetischen Gründen höher gebaut werden muss (*J. Beuys* forderte im Jahre 1964 eine Erhöhung der Berliner Mauer um 5 cm wegen der besseren Proportion, *G. Adriani/W. Konnertz/K. Thomas*, Joseph Beuys – Leben und Werk[3], S. 125, 133), muss sie auch nicht aus semantischen Gründen höher gebaut werden.

42 So auch *H. Grotius*, De iure belli ac pacis, 2. Buch Kap. 16 XX. 3.

43 Es mag dahinstehen, ob auch unter Zugrundelegung des subjektiven Ansatzes eine Reduktion und Analogie benötigt wird. Dafür spricht immerhin, dass auch sie vom Wortlaut der Regelung ausgehen muss.

44 Vgl. *K. Engisch*, Einführung in das juristische Denken, S. 132 f. Weitere Beispiele von *H. Grotius*, De iure belli ac pacis, 2. Buch Kap. 16 V., unterstreichen das: „Wenn es heißt, man soll das Eisen niederlegen, so ist damit das Schwert gemeint und nicht die Mantelschnalle (...). So ist unter einem freien Abzug aus der Stadt auch ein sicherer Weitermarsch gemeint (...). So ist unter der Hälfte der Schiffe die halbe Zahl derselben, aber nicht die Hälfte von jedem einzelnen Schiff zu verstehen (...).“

45 *U. Fastenrath*, Lücken im Völkerrecht, S. 188.

46 *A. Rest*, Interpretation von Rechtsbegriffen in internationalen Verträgen, S. 23; *I. Seidl-Hohenveldern/T. Stein*, Völkerrecht, Rn. 333 ff.

47 *U. Fastenrath*, Lücken im Völkerrecht S. 188.

48 S.o. § 2 II 2.

Besser mit der subjektiven als mit der objektiven Theorie lässt sich die Möglichkeit zur authentischen Auslegung erklären. Nach allgemeiner Auffassung können die Parteien grundsätzlich jederzeit einverständlich ändern, auflösen und gemeinsam in eine bestimmte Richtung auslegen.[49] Sie haben also selbst nach Vertragsschluss noch eine Herrschaftsstellung.[50] Hieran zeigt sich, dass der Wille der Vertragsparteien und nicht der Vertragstext bei der Normanwendung im Vordergrund steht.

Gegen die subjektive Theorie wurde eingewendet, sie verharre beim historischen Willen des Normgebers[51] und könne sich nicht im erforderlichen Maße der Entwicklung der Rechtsordnung und der tatsächlichen Umstände anpassen.[52] Dies ist – mit dem richtigen Verständnis der subjektiven Theorie – nicht zutreffend. Wenn es der Wille der Wille der Vertragsparteien ist, eine oder mehrere Normen entwicklungsoffen zu gestalten, so ist das bei der Auslegung zu berücksichtigen.[53] Wenn etwa wie beim EG-Vertrag, der mit Art. 2 EGV eine gewollte Dynamik in sein Regelungssystem einbaut hat, der Wille zur Entwicklungsoffenheit vorhanden ist, so berücksichtigt dies auch die subjektive Auslegung, weil diese Emanzipierung von den Vorstellungen der Vertragsschöpfer von diesen gewollt ist.[54]

Kritik an der subjektiven Theorie wurde zudem deshalb geübt, sie könne das Problem nicht überwinden, dass der Parteiwille letztlich nicht herausgefunden werden kann und zwar schon deshalb, weil ein solcher Wille nicht singularisierbar sei[55], während dieses Problem bei der objektiven Theorie nicht auftrete, da

---

49 Vgl. statt vieler *R. Bernhardt*, Die Auslegung völkerrechtlicher Verträge, S. 44 f.; *W. Heintschel v. Heinegg*, in: Ipsen, Völkerrecht, §11 Rn. 2; *U. Fastenrath*, Lücken im Völkerrecht, S. 194 f.

50 *I. Seidl-Hohenveldern/T. Stein*, Völkerrecht, Rn. 332; *G. Hoffmann-Becking*, Normaufbau und Methode, S. 161.

51 *R. Bernhardt*, Die Auslegung völkerrechtlicher Verträge, S. 22 f.; *S. M. Grundmann*, Die Auslegung des Gemeinschaftsrechts durch den Europäischen Gerichtshof, S. 63.

52 *R. Bernhardt*, Die Auslegung völkerrechtlicher Verträge, S. 22, bezeichnet das als Lebensfremdheit des subjektiven Ansatzes.

53 So auch *I. Seidl-Hohenveldern/T. Stein*, Völkerrecht, Rn. 336. Einzelheiten s.u. § 10 II 2 b dd, § 12 III.

54 Im Gegenteil könnte man fragen, wie ein starres Festhalten am Wortlaut mit der Entwicklung der Völkerrechtsordnung mithalten kann. Das Argument spricht jedenfalls nicht für den objektiven Ansatz.

55 *J. P. Müller*, Vertrauensschutz im Völkerrecht, S. 136, meint etwa : „Jedenfalls hätte das Willensdogma spätestens in Frage gestellt werden müssen, als im demokratischen Staat mit seinen verschiedenen Formen pluralistischer Entscheidungsbildung auch im außenpolitischen Bereich die Zurechnung des individuellen Willens einer

das im Vertrag Niedergelegte herausgefunden werden könne.[56] Das Argument der besseren Handhabbarkeit ist allerdings als solches kaum brauchbar. Nur weil sich die Arbeit des Auslegens mit dem objektiven Ansatz zu vereinfachen scheint, heißt das nicht, der objektive Ansatz sei „richtiger". Die praktischen Schwierigkeiten dürfen nicht überschätzt werden. Es sollte nicht vergessen werden, dass die Vertragsparteien wollen, dass ihr Wille erkannt wird. Es mag unmöglich sein, die letzte Wissensquelle zu erschöpfen, weil dazu Zeit und Mittel nicht ausreichen.[57] Das ist aber unnötig. Ausreichend ist nämlich *hinreichend gestützte Erkenntnis*.[58] Der Kritik ist immerhin zuzugeben, dass bei der Schaffung von internationalen Vereinbarungen zwischen modernen Staaten in der Tat eine Vielzahl von Gremien und Einzelpersonen mitwirken[59], und sich die Frage stellt, auf wessen Willen es ankommt. Dieses Problem der subjektiven Theorie vereinfacht sich unter Berücksichtigung des Vertragsschlusses. Ein Vertrag entsteht durch den gemeinsamen Willen der Vertragsparteien. Es kann daher grundsätzlich nicht auf den innerstaatlich gebildeten Willen, sondern nur auf denjenigen, der wenigstens dem Vertragspartner mitgeteilt worden ist.[60]

Person als Wille des Staates nicht mehr in Frage kam." Auch *H. Lauterpacht*, Harvard Law Review 48 (1934-35), 549, 577, ein Vertreter der subjektiven Theorie, gibt zu: „Any attemt to interpret the treaty by reference to their [gemeint ist die Regierung, das Parlament usw., Anm. d. Verf.] intention must render the work of interpretation almost impossible."

56 *S. M. Grundmann*, Die Auslegung des Gemeinschaftsrechts durch den Europäischen Gerichtshof, S. 62.

57 Es wäre beispielsweise bei der historischen Auslegung immer möglich, noch eine weitere Stimme zu hören und auszuwerten, um ein noch genaueres Bild zu bekommen. So könnte das Bundesverfassungsgericht, um die genauen Umstände des 2+4-Vertrages zu erforschen, neben *Gorbatschow* auch *Reagan*, *Thatcher* und *Mitterand*, sowie deren Referenten, Mitarbeiter und beteiligte Diplomaten zusätzlich zu allen von deutscher Seite beteiligten Stellen befragen.

58 *K. Larenz*, Methodenlehre, S. 314.

59 Bei Vertragsschlüssen der BRD in der Regel der Bundespräsident (Art. 59 I 1, 82 I GG), Unterhändler der Regierung, im innerstaatlichen Gesetzgebungsverfahren (Art. 59 II GG) zusätzlich der Bundesrat (Art. 76 II, 77 II GG) und Bundestag (Art. 77 I GG). In manchen Staaten wird sogar das Volk beteiligt, wie etwa in Norwegen bei der Abstimmung über den Beitritt zur EU oder in Dänemark zur Einführung des Euro. Ein einheitlicher Wille existiert jedenfalls im modernen Staat mit pluralistischer Entscheidungsfindung nicht.

60 Es kommt daher vor allem auf die Intentionen der Unterhändler an. So etwa *H. Lauterpacht*, Harvard Law Review 48 (1934-35), 549, 577: „The invariable practice of international tribunals has been to investigate the intention of those who negotiate and sign the treaty. It is they who make the treaty. The act of ratification is of decisive importance for the validity of the treaty, but it is essentially formal in its nature and must not be confused with the substantive act of making the treaty."

Das ist aber noch nicht die ganze Wahrheit. Die Überlegungen müssen nicht nur mitgeteilt werden, sie müssen vielmehr auch vom Vertragspartner geteilt werden. Daher ist der gemeinsame Wille der Vertragspartner herauszufinden. Dieser Wille ist in der Tat nicht singulierbar, es handelt sich gewissermaßen um eine intersubjektive Auslegung. Es handelt sich nicht um einen „ominösen Parteiwillen“[61], vielmehr ist er dieses Auslegungsziel das entsprechende Gegenstück zur Entstehungsweise völkerrechtlicher Normen. Sie werden nicht durch die schriftliche Niederlegung oder durch einen einzelstaatlichen Willen normiert, sondern durch Konsens. Die am Vertrag beteiligten Staaten bilden zusammen einen *in einem Körper vereinigten Normgeber.*[62]

Unter Zugrundelegung dieses Ansatzes kommt dem Vertragstext maßgebliche Bedeutung zu. Er ist die entscheidende Erkenntnisquelle, weil der gemeinsame Wille der Vertragsparteien (also der Wille des Normgebers) im Vertragstext statuiert wird.[63]

V. Resümee

Die subjektive Theorie ist also vorzugswürdig. Ziel der Auslegung ist es, den Willen des Normgebers zu ermitteln. Der Begriff *Normgeber* wird verwendet, um hervorzuheben, dass es nicht auf den Willen der einzelnen Vertragsparteien ankommt, sondern auf deren gemeinsamen Willen. Entscheidend ist ihre Stellung als Normgeber und nicht als Vertreter ihrer eigenen Interessen.

§ 3 Der Rechtscharakter und die Legitimationsgrundlage der Auslegungsregeln

I. Die Konzeptionen

Entscheidend für den Fortgang der Arbeit ist die Beantwortung der Frage, wie Auslegungsregeln legitimiert werden können. Dazu ist zunächst zu untersuchen,

---

61 So aber *R. Bernhardt*, Die Auslegung völkerrechtlicher Verträge, S. 31.

62 *Der Normgeber* besteht demnach aus den Parteien eines Vertrages, die einen Konsens bilden und insoweit als Einheit auftreten.

63 Das wird wohl allgemein und auch von den Vertretern der subjektiven Theorie anerkannt, vgl. *A. Rest*, Interpretation von Rechtsbegriffen in internationalen Verträgen, S. 26; *I. Seidl-Hohenveldern/T. Stein*, Völkerrecht, Rn. 334.

ob bzw. inwieweit Auslegungsregeln Rechtsqualität besitzen.[64] Zwei grundlegende Auffassungen werden in der völkerrechtlichen Auslegungslehre vertreten: Die eine Ansicht bejaht die Rechtsqualität, die andere verneint sie.[65] Beide werden jeweils von namhaften Autoren vertreten:

Für den Rechtscharakter von Auslegungsregeln plädiert ein Teil der Literatur[66] und neuerdings der Internationale Gerichtshof.[67] Wäre diese Auffassung zutref-

---

64 Die Gründe dafür sind in wesentlichen identisch mit denen, warum das Ziel der Auslegung genauerer Betrachtung bedurfte (s.o. § 2 I).

65 Die Frage ist auch in nationalen Rechtsordnungen (Third Report on the Law of Treaties by Sir Humphrey Waldock, YILC 1964 II, S. 54 Ziff. 6) und insbesondere auch in der deutschen Methodenlehre umstritten (ablehnend *K. Larenz*, Methodenlehre, S. 243). Praktisch relevant könnte der Streit bei der Frage werden, ob ein Verstoß gegen die Logik einen Revisionsgrund darstellt. Das Rechtsmittel der Revision darf gem. § 549 ZPO, bzw. § 337 StPO nur eingelegt werden, wenn die Entscheidung eines Gerichtes auf einer Verletzung des Rechts beruht. Der 3. Strafsenat des BGH, BGHSt 6, 70, 72, war in diesem Zusammenhang der Auffassung, dass die logischen Regeln Normen des ungeschriebenen Rechts sind: „Der Grundsatz der freien Beweiswürdigung, wie ihn § 261 StPO (ebenso wie § 286 ZPO) aufstellt, bedeutet nicht, dass der Richter nunmehr von jeder Bindung losgelöst ist. Er ist unter die Gesetze des Denkens und der Erfahrung gestellt und hat diese Gesetze bei der Feststellung von Tatsachen zu beachten. Diese Gesetze sind Normen des ungeschriebenen Rechts. Ihre Nichtbeachtung ist Verletzung des Gesetzes im Sinne des § 337 StPO und kann die Revision begründen."

66 *R. Bernhardt*, Die Auslegung völkerrechtlicher Verträge, S. 30 mwN.; *ders.*, Vertragsauslegung, in: Lexikon des Rechts Völkerrecht, S. 385, 386; *ders.*, GYIL 42 (1999), 11; *P. Guggenheim*, Lehrbuch des Völkerrechts I, S. 124; *M. Hilf*, Die Auslegung mehrsprachiger Verträge, S. 84; *F. Matscher*, in: FS Mosler, S. 545, 548; *J. M. Mössner*, in: FS Seidl-Hohenveldern (1988), S. 403, 440; *M. N. Shaw*, International Law, S. 656 Fn. 117; *H. Thirlway*, BYIL 62 (1991), 1, 17 Fn. 70; *G. Ress*, in: BDGV 23 (1982), S. 7, 13 Fn. 28; wN. bei *S. M. Grundmann*, Die Auslegung des Gemeinschaftsrechts durch den Europäischen Gerichtshof, S. 143 Fn. 633; *A. Rest*, Interpretation von Rechtsbegriffen in internationalen Verträgen, S. 31; *K. Zemanek*, in: Neuhold/Hummer/Schreuer (Hrsg.), Österreichisches Handbuch des Völkerrechts I, Rn. 358.

67 D.O. *Schwebel*, *Elettronica Sicula S. p.A. (ELSI)*, ICJ Rep. 1989, S. 15, 94, 96; *Arbitral Award of 31 July 1989*, ICJ Rep. 1991, S. 53, 69 f.; *Territorial Dispute (Libyan Arab Jamahiriya/Chad)*, ICJ Rep. 1994, S. 6, 21; *Legality of the Use by a State of Nuclear Weapons in Armed Conflict*, ICJ Rep. 1996, S. 68, 75; *Oil Platforms*, ICJ Rep. 1996, S. 803, 812. Dabei hat es sich zur Standardformel entwickelt, eine Auslegungsregel als „Regel des Gewohnheitsrecht, die in den Art. 31 ff. WVK reflektiert wird", zu bezeichnen. Auch andere Gerichte vertreten die gleiche Auffassung: Schiedsspruch im Fall *Young-Anleihe*, GYIL 23 (1980), 414, 435; *Canadian Agricultural Tariffs Case*, Arbitral Panel Established Pursuant to Article 2008 of the North American Free Trade Agreement, ILR 110, S. 542, 576 mwN. in Fn. 107; *Klöckner v. Cameroon*, International Centre for the Settlement of Investment Dispu-

fend, dann bestünde die Hauptaufgabe einer methodologischen Arbeit im Nachweis dessen, was Recht ist. Insoweit käme der Auswertung der Praxis als einer Voraussetzung für die Feststellung von Gewohnheitsrecht überragende Bedeutung zu.

Nach der Gegenauffassung haben Auslegungsregeln grundsätzlich keinen Rechtscharakter.[68] Sie seien vielmehr nichts als Know-how, eine Fertigkeit bzw. Kunst[69] und haben nicht die Verbindlichkeit von rechtlichen Regeln.[70] Folgte man dieser Auffassung, dann wäre die innere Überzeugungskraft und nicht ihre bloße Anwendung in der Praxis entscheidend für die Legitimation einer Auslegungsregel.

II. Diskussion

Eines macht schon die Bezeichnung als Auslegungs*regel* deutlich: Derartige Regeln haben zumindest normativen Charakter im weiteren Sinne.[71] Sie besagen,

---

tes, ILR 114, S. 152, 268; *Vafdar*, Belgium, Court of Cassation, Entscheidung vom 18.12.1979, ILR 82, S. 97, 98.

68 *D. Anzilotti*, Lehrbuch des Völkerrechts, S. 81 f.; *F. Berber*, Lehrbuch des Völkerrechts 1. Bd., S. 442; *H. Kelsen*, Principles of International Law, S. 321; *A. Cassese*, International Law in a Divided World, S. 188; *H. F. Köck*, Vertragsinterpretation und Vertragsrechtskonvention, S. 68 ff, insb. 70; *A. D. McNair*, Law of Treaties, S. 633; *P. Reuter*, YILC 1966 I Part 1, S. 188; ebenso die sowjetische Völkerrechtslehre (nach *Th. Schweisfurth*, Der internationale Vertrag in der modernen sowjetischen Völkerrechtstheorie, S. 270, 274); wN. bei *J. M. Mössner*, AVR 15 (1971/72), 273, 276 Fn. 20 und *P. Schmitt*, GRUR Int. 1970, 361, 366 Fn. 72; *Ruda*, YILC 1964 I, S. 277 Ziff. 33, vertrat im Rahmen der Kodifikation der Auslegungsregeln die Auffassung, dass zumindest zu diesem Zeitpunkt im Jahre 1964 keine obligatorischen Auslegungsregeln existierten. Der Berichterstatter *Waldock*, Third Report on the Law of Treaties by Sir Humphrey Waldock, YILC 1964 II, S. 54 Ziff. 6, betonte in diesem Zusammenhang: Auslegungsregeln sind zum größten Teil „principles of logic and good sense valueable only as guides to assist in appreciating the meaning which the parties may have intended to attach to the expressions which they employed in a document."

69 *H. F. Köck*, Vertragsinterpretation und Vertragsrechtskonvention, S. 68 ff., spricht von einem allgemein-hermeneutischen Problem.

70 Vgl. *F. Bydlinski*, Juristische Methodenlehre und Rechtsbegriff, S. 79.

71 *F. Bydlinski*, Juristische Methodenlehre und Rechtsbegriff, S. 79, spricht von einem „normativen Charakter in einem hypothetischen Sinn". Ähnlich *Briggs*, YILC 1964 I, S. 275 Ziff. 9, der in Bezug auf das Völkerrecht hervorhebt: „The canons of interpretation were not always rules of international law but, as Judge de Visscher had said, they were working hypotheses (...)" Passender ist der Begriff „außerrechtliche Normenkategorie", den *A. Verdross*, ZaöRV 29 (1969), 635, 645, und

wie ausgelegt werden soll. Insofern ist die Bezeichnung als Regel durchaus zutreffend. Die zu beantwortende Frage ist also, ob Auslegungsregeln die Qualität von Rechtsnormen besitzen, oder ob sie als außerrechtliche Normen unabhängig von einer positiv-rechtlichen Geltungsgrundlage anzuwenden sind.[72]

1. Die Normativität als Rechtsquellenfrage

Das Problem ist oft umformuliert und somit (scheinbar) vereinfacht worden: Kann eine Auslegungsregel einer bestimmten Rechtsquelle des Völkerrechts zugeordnet werden oder nicht? Entstammten die Auslegungsregeln dem Vertragsrecht, den Allgemeinen Rechtsgrundsätzen oder dem Gewohnheitsrecht, dann wäre der Streit zugunsten des Rechtscharakters gelöst. Könnte das nicht nachgewiesen werden, dann fehlte es am Rechtscharakter. Damit wird die Frage nach dem Rechtscharakter zur Rechtsquellenfrage.

a) Vertrag

Teilweise sind Auslegungsregeln in völkerrechtlichen Verträgen normiert worden. So wurden, wenn auch selten, bei der Errichtung eines Schiedsgerichtes oder in einzelnen Verträgen gleichzeitig die anzuwendenden Auslegungsregeln definiert.[73] Vor allem erfolgte eine Kodifizierung durch die *Wiener Vertragsrechts-*

U. Fastenrath, Lücken im Völkerrecht, S. 96, dazu verwenden, um Völkergewohnheitsrecht in Bezug auf die opinio iuris nach außen abzugrenzen.

72 Abzugrenzen ist dieser Streit von der Charakterisierung der Auslegung als „essentially judical task“ (so *Certain Expenses of the United Nations*, ICJ Rep. 1962, S. 155 f.; ähnlich *Applicability of Article VI, Section 22, of the Convention on the Privileges and Immunities of the United Nations*, ICJ Rep. 1989, S. 177, 187, in der das Gericht betont: „Interpretation is a legal question.")). Denn die Frage, ob Auslegungsregeln nur rechtlich unverbindliche Maximen darstellen, ist von der Frage der Rechtsanwendung, also der Normkonkretisierung, zu trennen (*R. Bernhardt*, Die Auslegung völkerrechtlicher Verträge, S. 32; anders wohl *A. Rest*, Interpretation von Rechtsbegriffen in internationalen Verträgen, S. 29).

73 Vgl. etwa Art. 405 X Versailler Vertrag, Art. 30 Allgemeine Erklärung der Menschenrechte, Art. 5 I, 46, 47 IPbpR, Art. 5 I, 24, 25 IPwskR, Art. 29, 30 AMRK, Nr. 4 Abs. 2 des *Act of Puerto Montt* (Quelle: ILR 82, 671, 673). Dabei handelt es sich aber meist eher um den mahnenden Hinweis, die Grenzen der Auslegung nicht zu überschreiten. So lautet etwa die Überschrift des Art. 29 AMRK: „Restrictions Regarding Interpretation“. Darüber hinaus werden auch interpretative Erklärungen zu bestimmten Normen oder gar ein gesonderter Vertrag über eine bestimmte Auslegung abgeschlossen (vgl. *G. Dahm*, Völkerrecht Bd. III, S. 45 f.; *S. M. Grundmann*, Die Auslegung des Gemeinschaftsrechts durch den Europäischen Gerichtshof, S. 54). Auch im nationalen Bereich finden sich, anknüpfend an die römisch-rechtliche Tradition, in verschiedensten Gesetzen Auslegungsregeln (vgl. *F. C. von Savi-*

konvention (WVK) im Jahre 1969 und durch die *Wiener Vertragsrechtskonvention zwischen Staaten und internationalen Organisationen oder zwischen internationalen Organisationen* (WVKIO) im Jahre 1986, die jeweils in den Art. 31-33 Auslegungsregeln normieren.[74] Mit ihnen sollte die Auslegung auf eine strikte legale Basis gestellt werden.[75] Was auch immer ihr Wert sein mag, diesen positivierten Normen kann die Rechtsqualität nicht abgesprochen werden.

Mit dieser Kodifikation ist der Streit nicht, wie *Heintschel von Heinegg*[76] meint, gegenstandslos geworden.[77] Die dort aufgezählten Auslegungsregeln sind lediglich Ausdruck allgemeiner Auffassung und so allgemein gehalten, dass sie im Lichte der traditionellen methodologischen Überlegungen verstanden werden können.[78] Insbesondere bedürfen sie selbst der Auslegung.[79] Zudem wird allgemein angenommen, dass neben den kodifizierten Auslegungsregeln weitere Regeln existieren können. Vor allem stellt sich aber die Frage, inwieweit Nichtvertragsstaaten an die Art. 31 ff. WVK gebunden sind. Dies könnte jedenfalls nur aufgrund von Gewohnheitsrecht erfolgen. Zu dieser Frage wollte die *International Law Commission* nichts normieren. Tatsächlich finden sich in der Diskussion zur Erarbeitung der Wiener Vertragsrechtskonvention Vertreter beider Auffassungen.[80]

---

gny, System des heutigen Römischen Rechts 1. Bd., S. 206 ff, insb. S. 326 ff.). Die bekannteste und wohl umstrittenste Regelung stellt dabei das in Verordnungen von *Justinian* erlassene Verbot jeglicher Auslegung dar (vgl. zu ihr ebenda, S. 296 ff.).

74 Ausführlich dazu s.u. § 8 I.

75 *Briggs*, YILC 1964 I, S. 275 Ziff. 8. *Ruda*, ebenda, S. 277 Ziff. 32.

76 *W. Heintschel v. Heinegg*, in: Ipsen, Völkerrecht, §11 Rn. 11; ebenso *U. Fastenrath*, Lücken im Völkerrecht, S. 201 mwN. in Fn. 787; *F. Matscher*, in: FS Mosler, S. 545, 548.

77 So auch *D. Anzilotti*, Lehrbuch des Völkerrechts, S. 82; *R. Bernhardt*, Vertragsauslegung, in: Lexikon des Rechts Völkerrecht, S. 385, 386; *D. P. O'Connell*, International Law Vol. I, S. 253.

78 *H. F. Köck*, Vertragsinterpretation und Vertragsrechtskonvention, S. 78.

79 *F. Bydlinski*, Juristische Methodenlehre und Rechtsbegriff, S. 80; *S. M. Grundmann*, Die Auslegung des Gemeinschaftsrechts durch den Europäischen Gerichtshof, S. 150 f. mwN. in Fn. 669; *J. M. Mössner*, Einführung in das Völkerrecht, S. 122.

80 Vgl. etwa *P. Reuter*, YILC 1966 I Part 1, S. 188; *Ruda*, YILC 1964 I, S. 277 Ziff. 33, *Waldock*, Third Report on the Law of Treaties by Sir Humphrey Waldock, YILC 1964 II, S. 54 Ziff. 6, wN. bei *H. F. Köck*, Vertragsinterpretation und Vertragsrechtskonvention, S. 77 ff.

b) Allgemeine Rechtsgrundsätze

Gegen das Entstehen von völkerrechtlichen Auslegungsregeln aufgrund von Allgemeinen Rechtsgrundsätzen spricht schon das Fehlen einer Methodeneinheit der einzelnen innerstaatlichen Rechtsordnungen.[81] So spielt etwa in der englischen Rechtsordnung der historische Wille des Gesetzgebers im Gegensatz zu den kontinentaleuropäischen Rechtsordnungen kaum eine Rolle. Daher scheidet es aus, die Auslegungsregeln den Allgemeinen Rechtsgrundsätzen und damit einer anerkannten Quelle des Völkerrechts zuzuordnen.

c) Gewohnheitsrecht

Schließlich könnten die Auslegungsregeln dem Gewohnheitsrecht entstammen. Vor allem auf sie beruft sich die Auffassung vom Rechtscharakter der Auslegungsregeln. Völkergewohnheitsrecht entsteht durch eine allgemeine, als Recht anerkannte Übung (Art. 38 I lit. b IGH-Statut). Es sind also zwei Voraussetzungen zu erfüllen: das objektive der Praxis und das subjektive des Rechtsbewusstseins.[82]

Der Nachweis einer allgemeinen Übung in Bezug auf einzelne Auslegungsregeln dürfte oft gelingen. Zwar äußern sich die Staaten, auf die es insoweit ankommt, selten zu den Auslegungsregeln – ein Anhaltspunkt sind ihre Stellungnahmen in Prozessen[83] –, jedoch existieren meist ausreichende Stellungnahmen in Recht-

---

[81] *R. Bernhardt*, Die Auslegung völkerrechtlicher Verträge, S. 29; *A. Rest*, Interpretation von Rechtsbegriffen in internationalen Verträgen, S. 30; *J. M. Mössner*, Einführung in das Völkerrecht, S. 122, der darauf hinweist, dass sich zwar gewisse einheitliche Auslegungsprinzipien für Privatverträge feststellen lassen, diese aber wegen des unterschiedlichen Charakters von Staatsverträgen nicht einfach übertragen werden könnten.

[82] *U. Fastenrath*, Lücken im Völkerrecht, S. 95 f. Grundlegend das Urteil *North Sea Continental Shelf*, ICJ Rep. 1969, S. 3, 44: „Not only must the acts concerned amount to a settled practice, but they must also be such (...) as to be evidence of a belief that this practice is rendered obligatory by the existence of a rule of law requiring it."

[83] Außerdem werden Verträge – sogar viel häufiger – durch Außenministerien, sonstige staatliche Behörden und Gerichte sowie durch internationale Organe wie etwa die Sekretariate internationaler Organisationen ausgelegt (*W. Karl*, Vertrag und spätere Praxis im Völkerrecht, S. 22). Das trifft zu. Da diese Praxis aber praktisch unter Ausschluss der Öffentlichkeit erfolgt, kann dieses Verhalten im Hinblick auf eine eventuelle gewohnheitsrechtsbegründende Übung kaum ausgewertet werden.

sprechung und Literatur, die gem. Art. 38 lit. d IGH-Statut zumindest als Hilfsmittel zur Feststellung von Rechtsnormen herangezogen werden dürfen.[84]

Hinzu kommen muss – und das wird meist vergessen[85] – die opinio iuris. Es ist also die Frage zu beantworten, ob die Auslegungsregeln angewendet werden, weil sie für *rechtlich* verbindlich gehalten werden.[86] Damit ist man wieder bei der Ausgangsfrage. Sie tritt lediglich in neuem Gewand auf, wenn die Rechtsquellenlehre zum Ausgangspunkt der Überlegungen gemacht wird, und sie wird, wie gesehen, gerade nicht einheitlich beantwortet, so dass insoweit keine opinio iuris vorliegt. Es wäre daher fehlerhaft, mit Hilfe des Gewohnheitsrechts unmittelbar den Rechtscharakter der Auslegungsregeln nachzuweisen.

d) Zwischenergebnis

Damit zeigt sich, dass die Vereinfachung der Frage des Rechtscharakters von Auslegungsregeln auf die Zuordnung zu einer bestimmten Rechtsquelle nur von begrenztem Wert ist. Nur soweit die Auslegungsregeln vertraglich positiviert wurden, steht ihr Rechtscharakter außer Frage. Insbesondere die Art. 31 ff. WVK und Art. 31 ff. WVKIO enthalten echte geschriebene Rechtsnormen.

2. Ein rechtsquellenunabhängiger Ansatz

Ausgangspunkt der Überlegungen ist vielmehr die *Aufgabe der Auslegung*: Aufgabe der Auslegung ist es, den vom Rechtsetzer vorgegebenen normativen Gehalt einer Norm aufzudecken.[87] Die Autorität einer Auslegungsregel muss demnach dadurch begründet sein, dass sie genau das kann. So gesehen ist sie wenigstens

---

84 Allerdings besteht meist nur im Grundsatz Einigkeit, in Einzelheiten jedoch Widerspruch. Das liegt vor allem an den unterschiedlichen rechtstheoretischen Grundannahmen der Richter und Völkerrechtslehrer (*U. Fastenrath*, Lücken im Völkerrecht, S. 96 ff., 164).

85 So wird oft mehr für streitentscheidend gehalten, ob die Rechtsprechung und Literatur ausreicht, um Gewohnheitsrecht nachzuweisen. So z.B. *M. Hilf*, Die Auslegung mehrsprachiger Verträge, S. 85; *A. Rest*, Interpretation von Rechtsbegriffen in internationalen Verträgen, S. 31.

86 Anders *J. Anweiler*, Die Auslegungsmethoden des Gerichtshofs der Europäischen Gemeinschaften, S. 107, der den Nachweis einer Rechtsüberzeugung für unproblematisch und statt dessen den Nachweis einer ständigen Übung für problematisch hält.

87 Vgl. nur *H. F. Köck*, Vertragsinterpretation und Vertragsrechtskonvention, S. 22; *W. Karl*, Vertrag und spätere Praxis im Völkerrecht, S. 22 f.

im Ausgangspunkt nicht deshalb anzuwenden, weil sie *Recht* darstellt, sondern weil sie potentiell in der Lage ist, den normativen Gehalt einer Norm aufzudecken, also weil sie ein sinnvolles Hilfsmittel ist.[88]

Damit verschiebt sich die Fragestellung entscheidend. Sind die Auslegungsregeln, weil sie sinnvoll sind, Recht? Das ist im Grundsatz zu verneinen: Wären sie nämlich Recht, dann würde die *maßgebende* Rechtfertigung für ihre Anwendung ausgewechselt. Die Auslegungsregel müsste nämlich unabhängig von ihrer Fähigkeit, die Erkenntnis zu fördern, angewendet werden. Das würde zu erstaunlichen Ergebnissen führen. Angenommen, eine Auslegungsregel wird zunächst für geeignet gehalten und dementsprechend angewendet, später aber von der Völkerrechtsgemeinschaft als falsch angesehen. Der Rechtsanwender müsste, da es sich um anzuwendendes Gewohnheitsrecht handelte, sehenden Auges falsch auslegen und somit möglicherweise ein falsches Ergebnis in Kauf nehmen.[89] Oder das Gewohnheitsrecht müsste geändert werden, was allerdings für den Rechtsanwender nicht ohne weiteres möglich ist.[90] Damit bleibt festzuhalten, dass die Auslegungsregeln grundsätzlich keinen höheren Geltungsanspruch haben als den ihrer einleuchtenden Vernünftigkeit, um den von den Parteien im Vertrag ausgedrückten Sinn in umfassender und erschöpfender Weise zu ergründen.[91]

Gegen die Auffassung vom Rechtscharakter der Auslegungsregeln sprechen weitere Gründe: So kann diese Ansicht nicht die Frage beantworten, wie bei dem ersten entstehenden Rechtsproblem einer neuen Rechtsordnung die damit verbundene erste Auslegung des Rechts vorzunehmen ist. Eine Normierung hat noch nicht stattgefunden. Das hat zur Folge, dass eine entsprechende Rechtsüberzeugung bezüglich bestimmter Auslegungsregeln fehlt. Der auslegende Rechtsanwender wird sich also in Wirklichkeit nur an der Funktion der Auslegung festhalten können.

---

88 *K. Engisch*, Die Einheit der Rechtsordnung, S. 89, hebt hervor, dass die Methode nicht Herrscherin, sondern Dienerin ist. Die bloße Hilfsfunktion wird dadurch deutlich, dass bei Außerachtlassung bzw. Fehlanwendung einer Auslegungsregel dennoch das darauf beruhende Urteil nicht notwendig falsch sein muss (*K. Larenz*, Methodenlehre, S. 248). Das gilt aber auch für einige Rechtsnormen (vgl. etwa § 563 ZPO und § 144 IV VwGO), so dass das Argument zumindest nicht unmittelbar für eine der beiden Auffassungen spricht.

89 *S. M. Grundmann*, Die Auslegung des Gemeinschaftsrechts durch den Europäischen Gerichtshof, S. 144, hält die Vorgehensweise in diesem Fall zumindest für problematisch.

90 *K. Larenz*, Methodenlehre, S. 248.

91 So zu Recht *F. Berber*, Lehrbuch des Völkerrechts 1. Bd., S. 443.

Außerdem ist festzustellen, dass sich auch die Vertreter der gewohnheitsrechtlichen Natur von Auslegungsregeln nicht der Anziehungskraft einer überzeugenden Legitimation von Auslegungsregeln entziehen können. Sie äußern sich, obwohl das aus ihrer Sicht unnötig wäre, nicht nur zum Nachweis von Gewohnheitsrecht, sondern darüber hinaus auch zur Geeignetheit einer Auslegungsregel.[92] Das liegt wohl daran, dass die bloße allgemeine Übung als entscheidende Legitimationsgrundlage als zu unsicher erscheint.

Mössner hebt hervor, dass „die Auslegung eine logische Operation ist, die nur dem Gesetz der Logik untersteht. Die Logik als solche entzieht sich aber juristischer Festlegung. Einen erkenntnismäßigen Vorgang des forum internum kann das Recht, das sich auf das äußere Verhalten von Menschen bezieht, nicht regeln."[93] Darin ist ein wahrer Kern enthalten. Allerdings ist diese Argumentation nicht zwingend. Auslegungsregeln sind mehr als bloß formale Logik und daher rechtlich normierbar. Die Staaten können von vornherein bestimmen, wie das von ihnen gesetzte Recht ausgelegt werden soll, sei es in Form von Vertragsrecht oder Gewohnheitsrecht. Erfolgt eine abstrakte Normierung tatsächlich, dann wird die Basis der Anwendung der Auslegungsregeln ausgewechselt. Sie wäre dann ausschließlich rechtlicher Natur.

Gegen das gewonnene Ergebnis und für den allgemeinen Rechtscharakter der Auslegungsregeln spricht scheinbar der Fakt, dass es in den einzelnen Rechtsordnungen unterschiedlichste Auslegungsregeln gibt. Das Fehlen einer rechtsordnungsunabhängigen Methodeneinheit muss aber nicht zwingend auf einer unterschiedlichen Positivierung beruhen: Zwar ist es möglich, die Auslegungsregeln durch Rechtsetzung zu formen. Zum anderen und vor allem aber passt sich die Methodenlehre der jeweiligen Rechtsordnung an.[94] Das liegt an der Funktion der Auslegungsregeln. Sie sind eben vor allem Reflexion auf das Tun des Normgebers. Insofern spricht das Fehlen einer universellen rechtsordnungsunabhängigen Methodeneinheit weder für noch gegen eine der beiden Grundauffassungen.[95]

---

92 So beispielsweise *R. Bernhardt*, Die Auslegung völkerrechtlicher Verträge, S. 156, 175 f. Kosequenter der Schiedsspruch *Young-Anleihe*, GYIL 23 (1980), 414, 251, der ausgehend vom gewohnheitsrechtlichen Charakter der Auslegungsregeln die *interpretatio contra proferentem* ablehnte, weil es an einer allgemeinen Akzeptanz fehle.

93 *J. M. Mössner*, AVR 15 (1971/72), 273, 276 f. mwN.

94 *K. Larenz*, Methodenlehre, S. 243.

95 Allerdings spricht das wohl gegen die Auffassung von einer einzigen, auf Logik begründeten Methodenlehre.

Zudem werden sich in praktischer Hinsicht der Normgeber und der auslegende Rechtsanwender aufeinander einstellen. Es darf nicht vergessen werden, dass der Normgeber erkannt werden möchte[96] und der Rechtsanwender das vom Normgeber Gewollte erkennen will. Wenn beispielsweise die historische Auslegung eine untergeordnetere Rolle im Methodencanon spielt, dann wird der Rechtsetzende seine Gedanken in den Normtext, etwa der Präambel, aufnehmen. Oder wenn die restriktive Auslegung von Ausnahmen allgemein anerkannt wird, der Rechtsetzer die Ausnahmen jedoch entwicklungsoffen gestalten will, dann wird er das im Text etwa dadurch deutlich machen, dass es sich bei der genannten Ausnahme nur um ein Beispiel handele. Diese Aufeinanderbezogenheit von Regelung und Auslegung und die damit verbundene Weiterentwicklung der Auslegungsregeln ist zu beachten.[97] Normiert der Rechtsetzer – etwa im Hinblick auf mit der restriktiven Auslegung von Ausnahmen zu gewinnende Ergebnisse – eine Vorschrift in der eben beschriebenen Weise, dann entspricht es dem Willen des Normgebers, dass tatsächlich restriktiv ausgelegt wird.[98] Eine solche Feststellung kann allerdings nur in Bezug auf eine konkrete Rechtsvorschrift erfolgen. Insofern wird die Rechtserkennung implizit in der auszulegenden Norm normativiert.

III. Folgerungen

Normen bedürfen, damit sie angewendet werden können, der Auslegung. Jede Auslegung erhebt dabei notwendig den Anspruch, richtige Auslegung im Sinne zutreffender, durch einsehbare Gründe hinreichend gestützte Erkenntnis zu sein. Ob dies im Einzelfall tatsächlich gelingt, hängt von verschiedenen Faktoren ab:

---

96 Der Normgeber erlässt das Recht, um Verhalten zu steuern, d.h. es sollen durch Normerlasse bestimmte Verhaltensweisen oder Zustände erreicht werden (vgl. nur *R. Zippelius*, Juristische Methodenlehre, § 10 II S. 50). Um dies zu gewährleisten, versucht er in aller Regel präzise und klare Vorschriften zu kreieren. Allerdings weisen Rechtsordnungen „unvermeidliche Unschärfen und Mängel“ auf, weil die grundlegenden Wert- und Zweckvorstellungen der Rechtsgemeinschaft kontrovers sind und daher Kompromisse erzwingen und weil der Normgeber künftige normbetroffene Sachverhalte nicht immer erkennen kann (*F. Bydlinski*, Juristische Methodenlehre und Rechtsbegriff, S. 58).

97 Umso genauer sich die Normgeber und die Normanwender aufeinander einstellen, desto genauer kann der Wille des Normgebers durch die „vereinbarten Dechiffrierungsmethoden“ erkannt werden, weil die actio und reactio genauer vorherbestimmbar werden. Allerdings hat der Normgeber das letzte Wort. Ist er gegenüber bestimmten Auslegungsregeln skeptisch, kann er festlegen, dass sie nicht angewendet werden. In diese Richtung geht beispielsweise die Regelung des Art. 29 AMRK: Sie legt die Grenzen fest, die bei der Auslegung nicht überschritten werden dürfen.

98 Dieses Beispiel wird noch genauer zu untersuchen sein, s.u. § 9 II 1 a.

erstens von der Kunst des Normgebers, seinen Willen deutlich zu machen, zweitens von den Fähigkeiten des Auslegenden, diesen Willen zu erkennen, und drittens schließlich von der Geeignetheit der Hilfsmittel, deren sich der Auslegende bedient, um den Willen des Normgebers zu ermitteln. Während die ersten beiden Faktoren nur im konkreten Fall bestimmbar sind, können über die Hilfsmittel abstrakte und generelle Aussagen getroffen werden. Dies geschieht, in dem man verschiedene Auslegungs*regeln* aufstellt. Sowohl der Normgeber als auch die Literatur und die Rechtsprechung haben davon reichlich Gebrauch gemacht. Aber nicht jede Auslegungsregel ist gleichermaßen brauchbar. Ihre Anwendbarkeit ist vielmehr dann gerechtfertigt, wenn sie geeignet ist, den vom Rechtsetzer vorgegebenen normativen Gehalt einer Vorschrift aufzudecken. In diesem Rahmen spielt die Praxis zwar eine wichtige, aber nicht notwendigerweise entscheidende Rolle. Daneben sind die Auslegungsregeln anzuwenden, wenn sie, wie in den Art. 31-33 WVK, ausdrücklich normiert wurden. Grundsätzlich nur in diesem Fall haben Auslegungsregeln Rechtsnormcharakter.[99]

Für die Untersuchung der souveränitätsfreundlichen Auslegung ergeben sich daher wichtige Anforderungen: Ihre Legitimation ist grundsätzlich jenseits der Rechtsquellen zu suchen. Die alleinige Analyse der Praxis reicht daher nicht aus, um mit hinreichender Sicherheit die Geltung der souveränitätsfreundliche Auslegung nachzuweisen und ihren Inhalt zu bestimmen. Immerhin kommt der Praxis ein hoher Stellenwert zu, weil sie zeigt, was als legitimiert angesehen wird und wie sich Normgeber und -anwender aufeinander eingestellt haben.

---

99 Damit wechselt der Anwendungsgrund der Auslegungsregel. Sie ist nicht mehr anzuwenden, weil sie potentiell geeignet ist, die an die Auslegung gestellte Aufgabe der Aufdeckung des Normgehalts zu erfüllen, sondern auf Grund der Anordnung des Normgebers. Bei der Anwendung der normierten Auslegungsregeln selbst müssen dann aber wohl wieder die Aufgabe der Auslegung und allgemeine methodische Überlegungen beachtet werden. Dass eine Normierung nicht vollkommen von der Funktion der Auslegung „entkoppelt“ werden kann, zeigt das berühmte Beispiel aus dem Römischen Recht, in dem zeitweise ein allgemeines Auslegungsverbot galt (vgl. *F. C. von Savigny*, System des heutigen Römischen Rechts 1. Bd., S. 296 ff., *F. Bydlinski*, Juristische Methodenlehre und Rechtsbegriff, S. 80, jew. mwN.). Das musste wirkungslos bleiben. *Bydlinski*, ebenda, S. 80, meint zu Recht: „Es handelt sich um qualifiziert unsinnigen, nämlich unanwendbaren Norminhalt, da man keinen Rechtssatz befolgen oder anwenden kann, ohne ihn vorher zu verstehen. Sachgerechte ‚Positivierung' methodischer Regeln fixiert aber offenbar nur das, was auch sonst in irgendeinem Sinn maßgebend ist.“ Es soll aber nicht verschwiegen werden, dass eine Normierung nicht nur Nachteile hat. Sie bindet immerhin den auslegenden Rechtsanwender so sehr, dass er nicht mit einer „methodischen Extremposition“ beliebig vom Willen des Normgebers abweichende Ergebnisse produzieren kann (vgl. dazu auch § 8 I).

Für die weitere Untersuchung bedarf es daher Maßstäbe für die *Bewertung der Praxis*. Zur *einzuschätzenden Praxis* gehört all jenes, was dazu beitragen kann, dass sich Normgeber und Normanwender aufeinander einstellen können. Zu beachten sind daher das Verhalten der Rechtsetzer, also die Positionen der Völkerrechtssubjekte, das der Rechtsanwender, also z.B. Gerichtsentscheidungen, aber auch die in der Literatur vertretenen Auffassungen. Dabei kommt der Praxis der Staaten besondere Bedeutung zu, weil es die Staaten sind, die in erster Linie Völkerrecht erlassen und es anwenden.[100] Dies entspricht im wesentlichen der Vorgehensweise bei der Feststellung von Gewohnheitsrecht.[101]

Die *inhaltliche Einschätzung* der Praxis der einzelnen Auslegungsregeln erfolgt mit Blick auf ihre *Dauer*, *Einheitlichkeit* und *Verbreitung*: Hinsichtlich der *Dauer* ist zu untersuchen, wie kontinuierlich eine Auslegungsregel angewendet wurde. Hinsichtlich der *Einheitlichkeit der Übung* ist zu beurteilen, wie konsistent und repräsentativ sich Normgeber und Normanwender in einem bestimmten Bereich verhalten. Konsistent ist die Übung, wenn die fraglichen Verhaltensweisen sich weitestgehend gleichen und nicht von abweichenden Verhaltensweisen begleitet sind.[102] Die *Verbreitung* betrifft die Frage, ob die Übung nicht allein von den streitenden Völkerrechtssubjekten, sondern *allgemein* anerkannt ist. Eine allgemeine Praxis liegt in der Regel dann vor, wenn sie das Verhalten aller derjenigen Völkerrechtssubjekte umfasst, die sich an ihr beteiligen können oder deren Interessen berührt sind.[103] Diese Kriterien sind vor allem darauf zugeschnitten, eine gewohnheitsrechtsbegründende Übung nachzuweisen.[104] Sie sind darüber hinaus allgemein zur Einschätzung der Praxis und insbesondere von Auslegungsregeln geeignet, weil die Übung als solche eine objektiv feststellbare Tatsache ist.

---

100 Allerdings weist *R. Bernhardt*, Die Auslegung völkerrechtlicher Verträge, S. 29, zu Recht darauf hin, dass es „weniger die Staaten- als die Gerichtspraxis war, die die Interpretationslehre befruchtet und vorangetrieben hat".

101 Folgte man der Auffassung vom gewohnheitsrechtlichen Charakter der Auslegungsregeln, dann käme es primär auf die Überzeugung der Staaten und Völkerrechtsubjekte an, aber subsidiär könnten auch Rechtsprechung und Literatur herangezogen werden (Art. 38 I lit. d IGH-Statut).

102 *W. Heintschel v. Heinegg*, in: Ipsen, Völkerrecht, §16 Rn. 10.

103 *W. Heintschel v. Heinegg*, in: Ipsen, Völkerrecht, §16 Rn. 11; *North Sea Continental Shelf*, ICJ Rep. 1969, S. 3, 42 f.

104 *W. Heintschel v. Heinegg*, in: Ipsen, Völkerrecht, §16 Rn. 7 ff.; ähnlich *G. Dahm (Begr.)/J. Delbrück/R. Wolfrum (Bearb.)*, Völkerrecht Bd. I/1, S. 55 ff. Ebenso in der Sache weitgehend übereinstimend und speziell in Bezug auf die Feststellung der gewohnheitsrechtsbegründenden Übung von Auslegungsregeln *R. Bernhardt*, Die Auslegung völkerrechtlicher Verträge, S. 29 f., 57.

Die Frage, wie lange, wie einheitlich und wie verbreitet die Übung sein muss, um von einer allgemeinen oder gefestigten Übung sprechen zu können, lässt sich nicht abstrakt und generell bestimmen, sondern kann von Fall zu Fall erheblich variieren.[105] In Bezug auf *konkrete Auslegungsregeln* ist festzustellen, dass Literatur und Rechtsprechung keine genaueren Maßstäbe für die Bewertung gefunden haben. Oftmals erfolgt nur eine Aufzählung einiger Entscheidungen, in denen die untersuchte Auslegungsregel verwendet wurde, um dann Schlussfolgerungen hinsichtlich des Grades an gemeinsamer Überzeugung zu ziehen. Eine genauere Beschreibung der Vorgehensweise fehlt dagegen und hat zur Folge, dass oft eine sehr unterschiedliche Zahl von Urteilen zur Begründung einer Auslegungsregel für ausreichend erachtet werden und dass trotz gleichen Datenmaterials unterschiedliche Einschätzungen gegeben werden.[106]

Das weitgehende Fehlen genauerer Maßstäbe hat Gründe: Die Bewertung der Praxis ist gerade bei der Untersuchung von „zweifelhaften“ Auslegungsregeln – also dann, wenn es darauf ankommt – besonders schwierig, weil es nicht immer leicht und gelegentlich kaum möglich ist, in einer gerichtlichen Stellungnahme die Aussagen zur Vertragsauslegung von den Ausführungen zur Vertragsanwendung klar zu scheiden[107]. Die Abstrahierung einer Auslegungsregel vom konkreten Rechtsfall ist schon eine Interpretation. Darüber hinaus fehlen in Entscheidungen meist Begründungen, weshalb eine Auslegungsregel gerade in diesem konkreten Fall angewendet wurde.

Relativ sicher einschätzbar ist nur der Umstand der Anwendung selbst. Unsicher ist dagegen meist schon, ob die Regel nur in dieser besonderen Situation geeignet erschien, den Normgehalt zu erhellen, oder ob sie verallgemeinert werden kann.[108]

---

105 *W. Heintschel v. Heinegg*, in: Ipsen, Völkerrecht, §16 Rn. 8, 10, 11. Zudem kommt erschwerend hinzu, dass über die Anforderungen an die einzelnen Merkmale (Dauer, Einheitlichkeit und Verbreitetheit) insgesamt wenig Einigkeit besteht. Der Grund dafür sind unterschiedliche rechtstheoretische Überzeugungen (*A. Verdross*, ZaöRV 29 (1969), 635, 636 ff.; *U. Fastenrath*, Lücken im Völkerrecht, S. 96 ff.).

106 Das gilt insbesondere auch – wie zu zeigen sein wird – für die souveränitätsfreundliche Auslegung. Man vergleiche nur die Einschätzung der Bedeutung der Souveränität bei der Auslegung von *H. Sultan*, in: FS Andrassy, S. 294 ff., aus dem Jahre 1968 einerseits, und *R. Bernhardt*, Die Auslegung völkerrechtlicher Verträge, S. 155 f., 183 f., aus dem Jahre 1963 andererseits.

107 *R. Bernhardt*, Die Auslegung völkerrechtlicher Verträge, S. 34.

108 So etwa in folgenden Beispiel: In den inhaltsgleichen Urteilen *Nuclear Tests (Australia v. France)*, ICJ Rep. 1974, S. 253, 267, und *Nuclear Tests (New Zealand v. France)*, ICJ Rep. 1974, S. 457, 472 f., vertrat die Richtermehrheit die Auffassung,

Noch problematischer ist die Einschätzung, wenn eine Regel bei der Rechtsanwendung nicht berücksichtigt wurde. Die Abwesenheit kann drei Gründe haben: (1) Die Auslegung der Rechtsvorschrift könnte ohnehin unproblematisch gewesen sein. (2) Die fragliche Auslegungsregel könnte in diesem konkreten Fall nicht mit Nutzen verwendbar gewesen sein[109], sonst aber durchaus als geeignet angesehen werden. (3) Schließlich könnte ihr gegenüber eine generelle Skepsis bzw. Ablehnung bestanden haben. Informationen, weshalb eine bestimmte Auslegungsregel nicht verwendet wurde, fehlen jedoch meist. Deshalb ist eine Beurteilung keinesfalls einfach und oft unmöglich. Insofern kann man kaum an einzelnen Beispielen nachweisen, dass es trotz fehlender Heranziehung einer Auslegungsregel „auf der Hand gelegen hätte", sie anzuwenden.

Daher ist wie folgt bei der Auswertung der Praxis vorzugehen: Es ist die Übung der Rechtsetzer und Rechtsanwender so vollständig wie möglich zusammenzutragen und zu untersuchen, um sie dann in Hinblick auf Dauer, Einheitlichkeit und Verbreitung zu bewerten. Besteht eine einheitliche, dauerhafte und verbreitete Praxis in Bezug auf eine Auslegungsregel, so ist das ein starkes Argument für deren Geeignetheit, den Norminhalt zu erhellen. Je weniger eindeutig die Einschätzung der Praxis ausfällt, desto schwächer wird das Argument. Ist die Praxis ablehnend, so spricht das gegen die Geeignetheit einer Auslegungsregel.

§ 4 Begriffsklärungen – Die souveränitätsfreundliche Auslegung und die Souveränität

I. Zur Bezeichnung der Auslegungsregel als souveränitätsfreundliche Auslegung

Wie bereits in der Einleitung geschildert, sind Inhalt und Rechtfertigung des Begriffs „souveränitätsfreundliche Auslegung" umstritten. Sein Kern ist, bei allen Unterschieden im Einzelnen, die Beachtung der Souveränität bei der Auslegung des Völkerrechts. Dafür ist der Terminus souveränitätsfreundliche Auslegung a-

---

einseitige Erklärungen seien restriktiv auszulegen. *R. Jennings/A. Watts*, Oppenheim's International Law Vol. I Parts 2 to 4, § 633 (3) S. 1278 f. Fn. 16, beurteilten dies als Reflektion eines allgemeinen Prinzips. Andere bezweifeln das (Einzelheiten s.u. § 8 II 1).

109 Nicht alle Auslegungsregeln sind immer mit Nutzen verwendbar (*R. Bernhardt*, Die Auslegung völkerrechtlicher Verträge, S. 57).

ber bei weitem nicht die einzige Bezeichnung. Vielmehr gibt es in diesem Umkreis weitere Termini. Zu nennen sind u.a. die lateinischen Bezeichnungen in dubio mitius[110], in dubio pro libertate[111], interpretatio contra proferentem[112] und interpretatio in favorem debitoris[113], die englischen Bezeichnungen interpretation in favour of sovereignty und limitations of sovereignty could not to be assumed to exist[114], die deutschen Bezeichnungen Auslegung zugunsten der Ungebundenheit der Staaten, Vermutung bzw. im Zweifel zugunsten der Souveränität, Beschränkungen der Souveränität sind restriktiv auszulegen, souveränitätskonforme Auslegung, souveränitätsschonende Auslegung[115], zugunsten des kleinsten gemeinsamen Nenners[116] und restriktive[117] Auslegung[118]. Ausdrücklich von souveräni-

---

110 So definiert *J. Anweiler*, Die Auslegungsmethoden des Gerichtshofs der Europäischen Gemeinschaften, S. 130, den Begriff *in dubio mitius* als eine Maxime, nach der „Vertragsbestimmungen, die Beschränkungen der staatlichen Entscheidungs- und Gestaltungsfreiheit enthalten, im Zweifel restriktiv auszulegen sind." Ähnlich *A. Cassese*, International Law in a Divided World, S. 188: „[L]imitations of Sovereignty were to be strictly construed."

111 *De Luna*, YILC 1964 I, S. 276 Ziff. 19.

112 Diese Auslegungsregel besagt, dass unklare Formulierungen zu Lasten desjenigen ausgelegt werden, der sie vorgeschlagen hat. Für diese Regel spreche neben anderen Argumenten auch die staatliche Souveränität (Einzelheiten s.u. § 12 IV 1).

113 *W. Graf Vitzthum*, in: ders. (Hrsg.), Völkerrecht[1], 1. Abschn. Rn. 125 (ähnlich 2. Aufl., Rn. 124) , definiert: „Es ist die Auslegungsvariante zu wählen, welche die Handlungsfreiheit des staatlichen Schuldners – also seine Souveränität – am wenigsten beeinträchtigt (interpretatio in favorem debitoris, in dubio mitius)."

114 *De Luna*, YILC 1964 I, S. 276 Ziff. 19.

115 *M. Herdegen*, Völkerrecht, § 15 Rn. 31.

116 Schiedsspruch im Fall *Young-Anleihe*, GYIL 23 (1980), 414, 451.

117 Die gleiche Bedeutung haben Worte *beschränkend*, *eng* oder *einengend*. *K. Engisch*, Einführung in das juristische Denken, S. 127 ff. Das bestätigt auch die Herkunft des Wortes, *O.V.*, Artikel ‚restriktiv', in: Deutsches Rechts-Lexikon Bd. 3, S. 3562: „Restriktiv ist ein zu lateinisch *restringere* = beschränken gebildetes adjektivisches Lehnwort, das etwa in der Wendung restriktive Auslegung oder restriktive Handhabung gebraucht wird." Vgl. auch *O.V.*, Artikel ‚Restriktion', in: Brockhaus Enzyklopädie Bd. 18, S. 322, wonach *restriktiv* eigentlich mit zurückbinden zu übersetzen ist und bildungssprachlich für einschränkend bzw. einengend gebraucht wird.

118 Vgl. statt vieler *K. Doehring*, Völkerrecht, Rn. 393. Er schreibt: „Die sog. restriktive Auslegung bedeutet, dass keine Vermutung dafür besteht, ein Vertragspartner habe mehr an Pflichten übernommen als unbedingt nachweisbar ist. (...) Der Gedanke, der hinter dieser Regel steht, beruht darauf, dass jede Einschränkung der staatlichen Souveränität – und um eine solche handelt es sich bei jeder Pflichtenübernahme – der Begründung bedarf." Ähnlich *H. Lauterpacht*, BYIL 26 (1949), 48, 57 f.; *S. M. Grundmann*, Die Auslegung des Gemeinschaftsrechts durch den Europäischen Gerichtshof, S. 115; *A. E. Bredimas*, Methods of Interpretation in Community Law, S. 20. Dieser Terminus hat die weiteste Verbreitung.

tätsfreundlicher Auslegung sprechen *Seidl-Hohenveldern* und *Stein* sowie *Mössner.*[119]

Im Folgenden soll der Begriff *souveränitätsfreundliche Auslegung* zunächst im weitesten Sinne verstanden werden, er soll all das erfassen, was bei der Auslegung mit Souveränität „zu tun hat". Zum Schluss der Arbeit wird dann auf darauf zurückzukommen sein, ob der Begriff mit dem Terminus „souveränitätsfreundliche Auslegung" glücklich bezeichnet ist.[120]

Ferner ist zu beachten, dass einige der eben aufgezählten Begriffe in der völkerrechtlichen Literatur und Rechtsprechung nicht einheitlich verwendet werden, sondern auch in Zusammenhängen zu finden sind, die nichts mit Souveränität zu tun haben. Das gilt vor allem für den Begriff der restriktiven Auslegung. Er wird zwar oft als eine Kurzformel für eine Auslegung zugunsten der geringsten Vertragspflichten aufgrund des völkerrechtlichen Grundprinzips der Souveränität verstanden, aber daneben wird er von Teilen der Praxis etwa dann herangezogen[121], wenn die auszulegende Vorschrift innerhalb eines Vertrages eine Ausnahme darstellt.[122] Problematisch an der Uneinheitlichkeit ist, dass die Anwendung der Regel der restriktiven Auslegung oftmals erfolgte, ohne den entscheidenden, hinter ihr stehenden Grund zu nennen. Es bleibt daher manchmal nur

---

119 *I. Seidl-Hohenveldern/T. Stein*, Völkerrecht, Rn. 342 ff.; *J. M. Mössner*, Einführung in das Völkerrecht, S. 124. Von „souveränitäts-unfreundlicher Auslegung" spricht *M. E. Villiger*, Handbuch der EMRK, Rn. 155. *Ch. Baldus*, Regelhafte Vertragsauslegung nach Parteirollen Teil II, S. 489, spricht von souveränitätsfreundlichen Auslegungstendenzen, behandelt in seinem Werk aber die Regel in dubio mitius, die er mit der souveränitätsschonenden Auslegung identifiziert (ebenda Teil I, S. 123 ff., Teil II S. 495 f., 545 ff.).

120 Die Geeignetheit eines Terminus kann erst dann beurteilt werden, wenn der Inhalt der Auslegungsregel und ihre Legitimation ergründet ist.

121 Zu einzelnen möglichen Gründen einer restriktiven Auslegung vgl. *K. Engisch*, Einführung in das juristische Denken, S. 127 ff., § 12 II 1 a. So verwendet *A. A. Cançado Trindade*, RC 202 (1987 II), 9, 104 ff., in der Bedeutung „restrictive interpretation of provisions which limit or restrict the exercise of recognized human rights".

122 Zu Vertretern dieser Auffassung s.u. § 9 I 2. Erhellend ist insoweit die Stellungnahme des Richters *de Castro* in seiner abweichenden Auffassung im Fall *Aegean Sea Continental Shelf*, ICJ Rep. 1978, S. 3, 62, 70 f., der zwischen der „restriktiven Auslegung von Ausnahmen" und der „restriktiven Auslegung" aufgrund der staatlichen Souveränität unterscheidet (vgl. dazu ausführlichere Betrachtungen unter § 8 II 2, § 9 I 3, II 2 a). Vgl. darüber hinaus *R. Bernhardt*, Die Auslegung völkerrechtlicher Verträge, S. 176, und die klaren Ausführungen bei *K. Engisch*, Einführung in das juristische Denken, S. 127.

Vermutung bzw. Interpretation, dass das hinter der Anwendung stehende Argument die Souveränität ist.[123]

II. Der Begriff der Souveränität

Für die weitere Untersuchung ist die Bestimmung des Begriffs der Souveränität von hoher Bedeutung. Diese Frage war und ist wie kaum eine andere im Völkerrecht Gegenstand wissenschaftlicher Diskussion.[124] Allerdings ist es nicht die Hauptaufgabe der Arbeit, die Souveränität als solche zu beurteilen. Vielmehr untersucht sie deren Bedeutung für die Auslegung, insbesondere ob es eine souveränitätsfreundliche Auslegung gibt und welchen Inhalt sie gegebenenfalls hat. Der Begriff der Souveränität soll daher nicht bis in Einzelheiten erforscht werden, sondern es soll die im Völkerrecht vorherrschende Ansicht zugrunde gelegt werden. Hervorzuheben sind lediglich diejenigen Eigenschaften der Souveränität, die für die weitere Untersuchung von besonderem Interesse sind. Im Übrigen wird auf den Souveränitätsbegriff im Laufe der Arbeit immer wieder einzugehen sein.

1. Überblick über die Entwicklung des Souveränitätsverständnisses

Die Etablierung des Begriffs der *Souveränität* ist hauptsächlich das Verdienst von *Jean Bodin*, der die Souveränität zwar nicht „erfunden", aber doch auf den Punkt gebracht hat.[125] Der Begriff geht auf das mittellateinische Wort *superanus* zurück, dass mit „darüber" bzw. „oberhalb befindlich" zu übersetzen ist.[126] Er bezeichnet die Eigenschaft eines gesellschaftlichen Verbandes, keinen Höheren

---

123 *K. Zemanek*, in: Neuhold/Hummer/Schreuer (Hrsg.), Österreichisches Handbuch des Völkerrechts I, Rn. 359, ist zu Recht der Auffassung, dass der bei der Auslegung zu beachtende Grundsatz der Souveränität der Staaten *missverständlich* sei, wenn er in dem Satz formuliert wird, dass Beschränkungen der staatlichen Freiheit restriktiv auszulegen seien.

124 Allgemeine Auffassung. Vgl. nur *H. Steinberger*, Sovereignty, in: EPIL Vol. IV, S. 500; *H. Kelsen*, Souveränität, in: WVR Bd. 3, S. 278, der seine Beschreibung der Souveränität folgendermaßen beginnt: „Obgleich der Ausdruck Souveränität einen der bedeutsamsten Grundbegriffe der traditionellen Staats- und Völkerrechtstheorie bezeichnet, ist er doch von einer für den Streit um seinen Sinn verhängnisvollen Vieldeutigkeit."

125 *D. Wyduckel*, RTh 29 (1998), 211, der gleichzeitig darauf hinweist, dass die Lehre *Bodins* keineswegs neu war (ebenda, S. 212 mwN. in Fn. 3; vgl. darüber hinaus *H. Quaritsch*, Staat und Souveränität, S. 44 ff.).

126 *H. Quaritsch*, Staat und Souveränität, S. 249 ff. mit weiteren Einzelheiten.

mehr über sich zu haben, also mächtiger als jeder andere Verband zu sein.[127] Damit steht die Souveränität im Zentrum der Auseinandersetzung um die Machtfrage. Der Begriff ist daher stark politisch geprägt und seine Entwicklung wurde von den konkreten historischen Gegebenheiten beeinflusst. Mit der jeweiligen Deutung der Souveränität wurde meist versucht, die herrschenden Verhältnisse zu erklären und zu stabilisieren bzw. sie zu kritisieren und zu verändern.[128]

Im Mittelalter wurde die Machtfrage zwischen Kaiser und Papst theoretisch mittels der Zwei-Schwerter-Lehre gelöst. Danach verfügte der Papst über das kirchliche und der Kaiser über das weltliche Schwert. Faktisch standen beide Seiten bei ihrem Streben nach Macht in einem ständigen Konkurrenzverhältnis. Es kam daher immer wieder zu Auseinandersetzungen zwischen Staat und Kirche und darüber hinaus zwischen Königen, Fürsten, Adel und Ständen. Die einzelnen gesellschaftlichen Verbände kämpften jeweils um Vorherrschaft, Machterhalt und -ausdehnung. Die ständigen Konflikte führten zu erheblichem Unfrieden. Ausgangs des Mittelalters konnte sich die weltliche allmählich gegenüber der kirchlichen Macht durchsetzen. Die damalige Spannungslage als Ausdruck des Umbruches in Staat, Gesellschaft und Religion führte zu dem dringenden Bedürfnis ihrer Lösung und, dafür als Grundlage, der neuen theoretischen Klärung der Machtfrage.

Eine Antwort darauf gab *Machiavelli* in seinem Werk *Il Principe*, geschrieben 1513 und veröffentlicht 1532. Er lehrte, dass ein Herrscher unter Ausschaltung moralischer Kategorien dasjenige tun dürfe und müsse, was für seinen Machterhalt nützlich sei.[129] Einen anderen Weg fand *Bodin* in seinem 1576 erschienen Werk *Six livres de la Rėpublique*[130]. Er stellte nicht, wie *Machiavelli*, auf die po-

---

127 *K. M. Meessen*, Souveränität, in: Handbuch Vereinte Nationen, Nr. 106 Rn. 1; *I. Seidl-Hohenveldern*, Souveränität, in: Lexikon des Rechts Völkerrecht, S. 293.

128 *P. Häberle*, AöR 92 (1967), 259, 265, hebt zu Recht hervor, dass die jeweilige Ausformung des Begriffes die geschichtliche Antwort auf eine bestimmte konkrete Problemlage gewesen sei.

129 *N. Machiavelli*, Der Fürst. Dabei gilt diejenige Macht und Herrschaft als die geeignetste, in der das politische Ziel des Herrschenden adäquat verwirklicht wird. Nur unter diesem Aspekt werden Wege, Methoden und Mittel der Machtausübung beurteilt, es gilt das allgemeine Prinzip: Der Zweck heiligt die Mittel. Ob *Machiavelli* tatsächlich ein Machiavellist ist, oder ob er mit seiner Lehre die bestehenden Missstände offen legen wollte, ist umstritten: *J.-J. Rousseau*, Der Gesellschaftsvertrag, 3. Buch 6. Kapitel, etwa schreibt: „Indem letzterer so tat, als ob er den Königen Lehren erteilen wollte, gab er den Völkern die allerwichtigsten. Machiavellis ‚Fürst' ist das Buch der Republikaner."

130 Deutsch von *B. Wimmer*, Sechs Bücher über den Staat.

litische Macht als solche ab, sondern auf den Staat und die Souveränität als deren bewahrende Form.[131] Die Souveränität wurde der leitende Gedanke seiner Staatslehre und das wesentliche Merkmal seiner Staatsdefinition.[132] Unter ihr verstand er „die dem Staat eigentümliche, absolute und zeitlich unbegrenzte Gewalt".[133] Allerdings unterschied er nicht konsequent zwischen Staatssouveränität und Organsouveränität, sondern identifizierte Staat und Herrscher. Souverän sei derjenige, der dauernd die oberste Befehlgewalt inne habe. Er dürfe in den Grenzen des Natur- und Gottesrechts tun und lassen, was in seinem Belieben stehe, und unterliege keiner Kontrolle durch das Volk. Damit hatte der Souveränitätsbegriff letztlich die Funktion, durch die Konzentration der Macht beim Fürsten die Gefahr bzw. den Zustand des Bürgerkrieges zu überwinden und seine Macht nach innen erfolgreich zu stabilisieren. In der Folgezeit fand das *Bodinsche* Souveränitätsverständnis schnell Verbreitung.

Eine entscheidende Weiterentwicklung[134] erhielt der Begriff der Souveränität durch seine Ausweitung auf den völkerrechtlichen Bereich.[135] *Grotius* war es in der ersten Hälfte des 17. Jh. gelungen, das Bewusstsein für ein zwischen den Völkern geltendes Recht zu schärfen.[136] Damit erhielt die Souveränität unmittelbar eine weitere Dimension: Wer niemandem untergeordnet ist, der kann auch von außen keinem anderen Souverän untergeordnet sein. Diese Entwicklung war

---

131 *H. Hattenhauer*, Europäische Rechtsgeschichte, Rn. 1193.

132 Der Hauptteil seiner Sechs Bücher beginnt mit der Definition: „Unter Staat versteht man die am Recht orientierte, souveräne Regierungsgewalt über eine Vielzahl von Haushaltungen und das was ihnen gemeinsam ist" (*J. Bodin*, Sechs Bücher über den Staat, Buch I Kap. 1 S. 98, Kap. 8 S. 205). Im französischen Original wird für „Staat" der Begriff *république* verwendet, was eigentlich mit „Republik" zu übersetzen ist. Es ist aber allgemeine Auffassung, dass die Begriffe von *Bodin* synonym verwendet werden.

133 *J. Bodin*, Sechs Bücher über den Staat, Buch I Kap. 8, S. 205.

134 *Bodin* verwendete zwar die Begriffe *ius gentium* bzw. *droit des gents* (vgl. die Verweise im Sachregister von *B. Wimmer*, in seiner Ausgabe *J. Bodin*, Sechs Bücher über den Staat, Bd. 1 S. 676; Bd. 2 S. 642) und diskutierte Probleme des Völkerrechts (insb. in V 6, S. 259 ff.), doch stehen diese Stellungnahmen im Hintergrund. Der Begriff *ius gentium* wurde erst im 17. Jahrhundert zum terminus technicus für das zwischen unabhängigen Staaten geltendes Recht (*A. Nussbaum*, Geschichte des Völkerrechts, S. 16). Die Bedeutung von *Bodin* für das Völkerrecht liegt also in der Schaffung der „inneren Souveränität" als Grundlage für die „äußere" und den einzelnen, konsequenten, aber noch nicht systematischen Folgerungen für das Völkerrecht (dazu *H. Quaritsch*, AVR 17 (1977/78), S. 257, 271).

135 Entsprechende Gedanken finden sich schon bei *Vitoria*, *Suarez* und *Gentilis* (nach *A. Verdross/B. Simma*, Universelles Völkerrecht, § 32 mN.).

136 *D. Wyduckel*, RTh 29 (1998), 211.

letztlich eine logische Folge der innerstaatlichen Souveränität.[137] Es war daher für die Zeitgenossen keineswegs überraschend, als im spanisch-niederländischen Friedensvertrag von 1648[138] die niederländische *Souveränität* anerkannt wurde.[139] Im Westfälischen Frieden von 1648 errichteten die europäischen Staaten dann das Leitbild eines internationalen Systems gleichberechtigter, souveräner Staaten.[140] Um der Völkerrechtsgemeinschaft anzugehören, musste man als souverän und gleich akzeptiert sein (und zum westchristlichen Europa gehören).[141]

Fast gleichzeitig trennte *Hobbes* in seinen Büchern *De Cive* und *Leviathan*[142] den Staat als künstliche Person von der Person des Herrschers[143] und legte damit er die Grundlage, um zwischen der Souveränität als Eigenschaft des Staates und ihrem Inhaber, dem Souverän, zu unterscheiden. Der Souverän sei der alleinige Gesetzgeber und keinerlei staatlichen Gesetzen[144] unterworfen.[145] Dabei sprach

---

137 *A. Bleckmann*, in: Simma (Hrsg.), Charta der Vereinten Nationen, Art. 2 Ziff. 1 Rn. 7, 11.

138 Vgl. Art. 1 S. 1 des spanisch–niederländischen Friedens vom 30. 1. 1648 (deutsch von *A. Hense*, RTh 29 (1998), 235, 253).

139 *C. G. Roelofsen*, RTh 29 (1998), 175, 176.

140 *T. O. Hüglin*, RTh 29 (1998), 153, 161. In den Vertragsschlüssen von Münster und Osnabrück, die abgesehen von England und Polen von allen europäischen Mächten unterzeichnet wurden, wurde der Begriff der Souveränität allerdings nur selten verwendet. Grund dafür waren die weithin unklaren Machtverhältnisse in Deutschland. Insbesondere waren die deutschen Reichsstände als eigenständige Kriegsteilnehmer zu beteiligen, obwohl sie nicht im eigentlichen Sinne souverän waren (*H. Quaritsch*, Souveränität, S. 84). Immerhin wird in § 70 des Münsteraner Vertrages, in dem es um die Abtrennung lothringischer Gebiete an Frankreich geht, der Begriff *supremum dominum* verwendet, was ins Deutsche zwar mit „Oberherrschaft" übersetzt wurde, aber wohl nichts anderes als Souveränität bedeutet (*K.-H. Ziegler*, AVR 37 (1999), 129, 136. Der Text der Vorschrift in lateinischer, deutscher und englischer Sprache bei W. G. Grewe (Hrsg.), Fontes Historiae Iuris Gentium Bd. 2 1493 - 1815, S. 186). Zu weiteren Stellen in den Friedensverträgen von Münster und Osnabrück *H. Quaritsch*, Souveränität, S. 82 ff.

141 *H. Quaritsch*, AVR 17 (1977/78), S. 257, 272.

142 *Th. Hobbes*, De cive (1644); *ders.*, Leviathan (1651).

143 Das war *Bodin* nur in Ansätzen bewusst. Bei ihm fehlte eine klare Trennung zwischen Staat und Herrscher. Allerdings gab es schon vor dem *Leviathan* erste Ansätze zu einer Unterscheidung: *Cardin le Bret*, ein Mitarbeiter von *Richelieau*, hielt es 1620 für möglich, zwischen einem Verrat an dem König und einem Verrat an dem Staat zu differenzieren, wobei letzterer härter zu bestrafen sei (vgl. *M. v. Crefeld*, Aufstieg und Untergang des Staates, S. 204).

144 Nach *Th. Hobbes*, Leviathan, Kap. 18 S. 150 ff., insb. 156, folgen aus der Souveränität 12 Rechte, u.a. das Recht, den Krieg und den Frieden gegenüber anderen Nationen und Staaten zu erklären. Ansonsten kann er für das Völkerrecht kaum Schlussfolgerungen ziehen, weil es seiner Auffassung nach kein Zwangsrecht darstelle, son-

sich *Hobbes* für die absolute Monarchie als die geeignetste Regierungsform aus.[146]

Der real existierende Absolutismus entsprach nicht *Hobbes'* Vorstellung. Es wurde im 18. Jh. immer klarer, dass der Souverän in seiner ungebundenen Macht die Bürger stärker bedrohte, als diese sich gegenseitig bedrohten.[147] In zunehmenden Maße suchten fortschrittliche Kräfte einen Ausweg aus der absolutistischen Gesellschaft. Sie diskutierten daher vornehmlich die Frage, wem innerhalb eines Staates die Souveränität zustehe. *Rousseau* erhob die Forderung, die Souveränität stehe dem Volke zu.[148] Dies gipfelte schließlich in der Einführung der Volkssouveränität mit Art. III der französischen Verfassung von 1791[149].

Die völkerrechtliche Seite der Souveränität blieb von dieser Entwicklung weitgehend unberührt, weil es lediglich um die Frage ging, wem die höchste Gewalt innerhalb des Staates zustand. Dennoch erhielt die Souveränität, auch als völkerrechtlicher Begriff, im 18. Jh. immer genauere Konturen. Das Verdienst daran gebührt vor allem *de Vattel* und seinem Lehrbuch *Le Droit des Gens ou principes de la loi naturelle* aus dem Jahre 1758. Für ihn war selbstverständlich, den nach

---

dern nur die Beschreibung eines Zustandes, in welchem die Staaten einander wechselseitig keine institutionelle Sicherheit für die Einhaltung abgeschlossener Verträge gewähren (ebenda, Kap. 30 S. 301). Dem entspricht seine Grundhaltung, nach der Verträge das Schwert bedürfen, damit sie eingehalten werden (ebenda, Kap. 17 S. 145).

145 *Th. Hobbes*, Leviathan, Kap. 26 S. 226. Diese Konsequenz entspricht dem *Machiavellischen* Ansatz, dem er aber mit der Vertragstheorie eine politisch und juristisch befriedigende Antwort auf die Frage der Rechtfertigung der Macht voraus hat. *Hobbes* gewährt sie, um Rechtssicherheit zu schaffen, und nicht, um die bloße Macht zu sichern (vgl. nur ebenda, Kap. 17 S. 145, Kap. 30, S. 284).

146 *Th. Hobbes*, Leviathan, Kap. 19 S. 162 f., wo er viele Gründe für die Vorteile einer Monarchie gegenüber einer Aristokratie und Demokratie aufzählt.

147 *M. v. Crefeld*, Aufstieg und Untergang des Staates, S. 205.

148 *J.-J. Rousseau*, Der Gesellschaftsvertrag, Buch 1 Kap. 6, 7, Buch 2 Kap. 1, 2. Für eine Volkssouveränität zuerst *J. Althusius*, Politica methodice digesta et exempla sacris et profanis illustra (Grundbegriffe der Politik) aus dem Jahre 1603. Seiner Auffassung nach liegt die oberste, nicht mehr ableitbare Gewalt bei dem in Korporation zusammengefassten Volk (Vorwort S. 10, 11 und XVIII 28 S. 37), während die Obrigkeit lediglich Verwalter des obersten Herrschaftsrechts ist (Vorwort S. 10). Sie übt die Macht lediglich aus. Die Lehre von *Althusius* ist aber im Hintergrund geblieben, weil sie nicht dem damaligen Zeitgeist entsprach.

149 Art. III Constitution Française vom 3.9.1791 lautet: „Le principe de toute souveraineté réside essentiellement dans la nation; nul corps, nul individu ne peut exercer d'autorité, qui n'en émane expressément."

innen und außen souveränen Staat als Völkerrechtssubjekt anzuerkennen.[150] Er arbeitete drei wesentliche Merkmale der Souveränität heraus: Selbstregierung, Unabhängigkeit von anderen Staaten und Völkerrechtsunmittelbarkeit.[151] *Moser*, ein Vertreter des völkerrechtlichen Positivismus, definierte denjenigen Staat als souverän, der „von keinem anderen abhängt, sondern in seinen Angelegenheiten nach eigenem Gutdünken verfahren kann."[152]

Eine wichtige Weiterentwicklung erfuhr der Begriff der äußeren Souveränität mit der Ausbreitung des nationalstaatlichen Denkens in Europa im 19. Jh. Die staatliche Politik unterstützte nunmehr vor allem die Interessen des aufstrebenden Bürgertums, dessen Hauptziel die Überwindung innerer ökonomischer Hemmnisse und gleichzeitig der Schutz vor internationaler Konkurrenz war. Außenpolitisch versuchten die Staaten, die Ausfuhr eigener Produkte zu fördern und die Einfuhr ausländischer Produkte zu verhindern.[153] Der Nationalismus führte zur Vergottung des Staates[154], die Souveränität wurde zum nationalen Heiligtum und es setzte sich die Auffassung durch, dass nur derjenige Staat wahrhaft souverän sei, der über den Regeln des Völkerrechts stehe, also durch eigene Entscheidung dessen jeweiligen Inhalt bestimmen könnte.[155] Das Völkerrecht wurde zum äußeren Staatsrecht[156] und die Souveränität erhielt die Funktion der Abwehr des Nationalstaates nach innen und außen. So definierte beispielsweise *Oppenheim*: „Souveränität begreift in sich: 1) die politische Unabhängigkeit von jedem anderen Staate, das Recht der unbedingten Selbständigkeit; – und 2) – was davon nicht zu trennen ist, – die Machtvollkommenheit, d.h. die Kraft und das Recht, zu den in-

---

150 *H. Quaritsch*, Souveränität, S. 104. Er hob zudem hervor, dass *de Vattels* Werk das staatsphilosophische Konzept der Aufklärung zu Grunde lag (ebenda, S. 105 f.).

151 *E. de Vattel*, Le droit des gens ou principes de la loi naturelle, Buch I, Kap. I, §§ 1-4.

152 *J. J. Moser*, Versuch des neuesten europäischen Völker-Rechts (1777, Nachdruck 1959), Teil I Kap. 1 III; ähnlich in *ders.*, Erste Grundlagen des jetzigen Europäischen Völker Rechts (1778), 2. Kap. §§ 14, 15.

153 *F. List*, Das nationale System der politischen Ökonomie (1841, Neudruck 1982), S. 369 ff. und öfter.

154 So ausdrücklich *I. Seidl-Hohenveldern*, Souveränität, in: Lexikon des Rechts Völkerrecht, S. 293; *M. v. Crefeld*, Aufstieg und Untergang des Staates, S. 289.

155 Ideengeschichtlich knüpfte dieses Verständnis an *Th. Hobbes*, Leviathan (insb. Kap. 30 S. 301, Kap. 17 S. 145) an, der als einer der ersten „Leugner des Völkerrechts" die Auffassung vertrat, dass Verträge des Schwerts bedürfen, damit sie eingehalten werden.

156 *H. B. Oppenheim*, System des Völkerrechts (1867), S. 85; *H. Wheaton*, Elements of International Law (1866), § 20, spricht von „droit public externe"; wN. bei *K. Ipsen*, in: ders., Völkerrecht, § 2 Rn. 20.

neren und äußeren Zwecken des Staatslebens über die Kräfte des Staates zu verfügen."[157]

Die Vorstellung von der „absoluten" Souveränität sah sich Ende des 19. Jh. grundlegenden rechtlichen und tatsächlichen Einwänden ausgesetzt: Wenn die Souveränität absolute und uneingeschränkte Macht bedeuten würde, dann könnte kein Rechtssystem kreiert werden, in dem die Beziehungen zwischen den Staaten wirklich reguliert und die Personalität jedes einzelnen geschützt würden. Dazu müsste zumindest die Souveränität eines jeden Staates durch die Souveränität der anderen Staaten begrenzt sein. Ansonsten wäre sie nicht mehr als die Ausübung tatsächlicher Macht.[158] In tatsächlicher Hinsicht stand der alten Auffassung von Souveränität die immer größer werdende Interdependenz der Staaten gegenüber. Ausgelöst durch die industrielle Massenproduktion nahm der internationale Waren- und Personenverkehr stark zu. Dazu bedurfte es der Schaffung internationaler Rechtssicherheit durch die immer mehr am Außenhandel interessierten Industriestaaten. Es entstanden in der Folge in erheblichem Umfange qualitativ neue Rechtsnormen, etwa Normen zum weltweiten Schutz von Urheberrechten, von Marken und von Telekommunikationseinrichtungen, und ferner Konventionen zum Kriegsrecht und zum Schutz des Einzelnen.[159] Darüber hinaus wurden Internationale Organisationen geschaffen, die mit der Befugnis ausgestattet waren, in eigenem Namen gegenüber einem souveränen Staat verbindliche Maßnahmen anzuordnen. Kurz: Das Koexistenzvölkerrecht wurde zunehmend vom Kooperationsvölkerrecht überlagert.[160] Dieser rechtlichen und tatsächlichen Wirklichkeit wurde das „absolute" Souveränitätsverständnis nicht mehr gerecht und es fand im 20. Jh. eine Neubestimmung statt.[161] Die Souveränität wurde nicht mehr als Frei-

---

157 *H. B. Oppenheim*, System des Völkerrechts (1867), S. 88. Ähnlich *H. Wheaton*, Elements of International Law (1866), § 20; *A. Rivier*, Lehrbuch des Völkerrechts (1899), S. 89 f.; *F. v. Liszt/M. Fleischmann*, Völkerrecht, S. 94.

158 *C. Warbrick*, in: GS Akehurst, S. 204 f.; *G. Dahm*, Völkerrecht Bd. 1, S. 152 f. Er betont: „(...) [R]echtslogisch wäre der Begriff einer unbeschränkten Gewalt (...) nicht denkbar. Denn als Norm für menschliches Handeln ist das Recht seinem Wesen nach Schranke."

159 Vgl. *K. Ipsen*, in: ders., Völkerrecht, § 2 Rn. 31 mwN.

160 *A. Bleckmann*, in: Simma (Hrsg.), Charta der Vereinten Nationen, Art. 2 Ziff. 1 Rn. 29 ff. mwN. in Fn. 46.

161 Die Hauptauseinandersetzung scheint dabei zunächst weniger die Diskussion um den Souveränitätsbegriff selbst gewesen zu sein, sondern die um den Dualismus mit Staatsprimat contra dualistischer Theorie mit Völkerrechtsprimat contra Monismus (vgl. etwa *H. Kelsen*, Souveränität, in: WVR Bd. 3, S. 278 ff.). Erste Kritik am absoluten Verständnis gab es bereits Ende des 19. Jh. (vgl. *P. Häberle*, AöR 92 (1967), 259, 265). Der Hauptanstoß für eine Überarbeitung des traditionellen Souveränitäts-

heit vom Recht, sondern als Freiheit im Recht begriffen. Der Ständige Internationale Gerichtshof betonte in seiner Entscheidung *Wimbledon* aus dem Jahre 1924: „The Court declines to see in the conclusion of any Treaty by which a State undertakes to perform or refrain from performing a particular act an abandonment of its sovereignty. (...) [T]he right of entering into international engagements is an attribute of State sovereignty."[162] Ausdruck des Wandels ist Art. 14 Draft Declaration on Rights and Duties of States von 1949: „Every State has the duty to conduct its relations with other States in accordance with international law and with the principle that the sovereignty of each State is subject to the supremacy of international law." Dies entspricht im Wesentlichen dem heute herrschenden Souveränitätsverständnis.

2. *Das heutige Verständnis der äußeren Souveränität*

a) **Der Inhalt der Souveränität und ihr Standort in der Völkerrechtsordnung**

Äußere Souveränität bedeutet nach heute herrschendem Verständnis, dass die Staaten untereinander keiner überstaatlichen Macht, sondern bloß dem vom zwischenstaatlichen Konsens getragenen Völkerrecht untergeordnet sind[163] und einen Achtungsanspruch auf völkerrechtlicher Ebene haben.[164] Dafür hat sich in Abgrenzung zum im 19. Jh. vorherrschenden absoluten Souveränitätsverständnis der Begriff *relative Souveränität* eingebürgert.[165]

---

verständnisses dürfte dann der Erste Weltkrieg und seine Folgen geliefert haben (*B. Graf zu Dohna*, Die Grundprinzipien des Völkerrechts über die freundschaftlichen Beziehungen und die Zusammenarbeit zwischen den Staaten, S. 17) und fand Ausdruck in der Völkerbundsatzung (*K. Dicke*, Effizienz und Effektivität internationaler Organisationen, 57 ff.).

162 PCIJ Ser. A No. 1, S. 25.

163 *A. Verdross/B. Simma*, Universelles Völkerrecht, § 35. Ähnlich *I. Seidl-Hohenveldern*, Souveränität, in: Lexikon des Rechts Völkerrecht, S. 293 f.; *I. Seidl-Hohenveldern/T. Stein*, Völkerrecht, Rn. 6 ff.; *A. Bleckmann*, in: Simma (Hrsg.), Charta der Vereinten Nationen, Art. 2 Ziff. 1 Rn. 11; *ders.*, Allgemeine Staats- und Völkerrechtslehre, S. 200; *H. Steinberger*, Sovereignty, in: EPIL Vol. IV, S. 500, 511 ff.; *A. Randelzhofer*, in: HbdStR I, § 15 Rn. 25.

164 *M. Herdegen*, Völkerrecht, § 28 Rn. 8.

165 Vgl. statt vieler *G. Dahm*, Völkerrecht Bd. 1, S. 153. Ablehnend *L. Henkin*, RC 216 (1989 IV), 9, 24 ff.: „The pervasiveness of that term [die Souveränität; Anm. d. Verf.] is unfortunate (...) Sovereignty is bad word, not only because it has served terrible national mythologies (...)".

Die Souveränität ist nicht nur die Eigenschaft eines, sondern aller Staaten. Deshalb findet sie ihre Grenze in der Souveränität der anderen Staaten.[166] Außerdem folgt daraus notwendigerweise, dass die Staaten einander nicht über- oder untergeordnet, sondern gleichgeordnet sind.[167] Das Völkerrecht ist daher strukturell eine koordinative Rechtsordnung, es hat genossenschaftlichen Charakter.[168]

Der souveräne Staat genießt umfassende, souveräne Handlungsrechte: Vor allem besitzt er unmittelbar die Fähigkeit, sich völkerrechtlich zu binden.[169] Dabei genießt er allgemeine Handlungsfreiheit, soweit nicht Rechte anderer Staaten dadurch beeinträchtigt werden. Zudem ist er im Grundsatz nur an Rechtssätze gebunden, denen er zugestimmt hat, und braucht sich insbesondere nicht der Hoheitsgewalt eines anderen Staates unterzuordnen.[170] Das Konsenserfordernis unterstrich der Internationale Gerichtshof im Urteil *Military and Paramilitary Activities* aus dem Jahre 1986: „[I]n international law there are no rules, other than such rules as may be accepted by the State concerned, by treaty or otherwise, whereby the level of armaments of a sovereign State can be limited, and this principle is valid for all States without exception".[171]

Die Souveränität der Staaten gehört also zu den Grundlagen der Völkerrechtordnung und prägt entscheidend ihre gesamte Struktur.[172]

Für diese Einschätzung sprechen nicht nur konstruktive Gründe. Sie findet Bestätigung und Stärkung in völkerrechtlichen Verträgen und in der Praxis: Vor allem

---

166 *K. M. Meessen*, Souveränität, in: Handbuch Vereinte Nationen, Nr. 106 Rn. 8.

167 Vgl. statt vieler *Ch. Tomuschat*, in: BDGV 28 (1987), S. 9, 19; *R. P. Anand*, RC 197 (1986 II), 9, 22. Souveränität und Gleichheit sind daher zwei Seiten derselben Medaille.

168 Vgl. statt vieler *A. Bleckmann*, in: Simma (Hrsg.), Charta der Vereinten Nationen, Art. 2 Ziff. 1 Rn. 11 f.

169 Vgl. statt vieler *Ch. Tomuschat*, RC 241 (1993 IV), 195, 242; *T. Stein*, Vertragsrecht, in: Handbuch Vereinte Nationen, Nr. 137 Rn. 8.

170 Vgl. statt vieler *A. Randelzhofer*, in: HbdStR I, § 15 Rn. 27.

171 ICJ Rep. 1986, S. 14, 135.

172 Vgl. etwa *A. Bleckmann*, in: Simma (Hrsg.), Charta der Vereinten Nationen, Art. 2 Ziff. 1 Rn. 7, 11; *ders.*, Allgemeine Staats- und Völkerrechtslehre, S. 200 ff.; *H. Quaritsch*, AVR 17 (1977/78), S. 257, 272; *A. Verdross*, ZaöRV 29 (1969), S. 635, 643 mwN.; *Wang Tieya*, RC 221 (1990 II), 195, 288 ff. Insbesondere ist die Souveränität auch Fundament und Voraussetzung der UNO (*U Thant*, Survey of international law: Working paper prepared by the Secretary-General, YILC 1971 II Part 2, S. 1, 9).

wurde das Prinzip der Souveränität in der Charta der Vereinten Nation[173], dem wichtigsten Völkerrechtsdokument der Gegenwart, in Art. 2 Ziff. 1 UN-Charta niedergelegt.[174] Die Vorschrift lautet: „Die Organisation beruht auf dem Grundsatz der souveränen Gleichheit aller ihrer Mitglieder." Damit bekennen sich die Mitglieder der Vereinten Nationen ausdrücklich zum Souveränitätsprinzip[175] und rücken es in das Zentrum der Charta.[176] Mit der Verwendung von souverän als scheinbar bloß nähere Kennzeichnung der Gleichheit ist keine Wertung verbun-

---

173 Dem Grunde nach wurde die Souveränität auch durch die Völkerbundsatzung geschützt. Art. 10 S. 2 VBS lautet: „Die Bundesmitglieder verpflichten sich, die Unversehrtheit des Gebiets und die bestehende Unabhängigkeit aller Bundesmitglieder zu achten (...)." Freilich sollte gerade mit der Schaffung des Völkerbundes das absolute Souveränitätsdenken der Staaten überwunden werden und deswegen wurde wohl auch der Begriff der Souveränität nicht verwendet.

174 Neben der in Art. 2 Ziff. 1 UN-Charta niedergelegten grundlegenden Norm finden sich in der Charta weitere Normen die in engem Zusammenhang mit der Souveränität stehen. Nach Art. 1 II UN-Charta ist es ein Ziel der Vereinten Nationen zwischen den Nationen, freundschaftliche Beziehungen zu entwickeln, die auf dem Grundsatz der Gleichberechtigung und Selbstbestimmung beruhen. In Art. 55 UN-Charta kommt zum Ausdruck, dass Stabilität und Wohlfahrt nur bei Achtung vor dem Grundsatz der Gleichberechtigung und der Selbstbestimmung möglich sind. In der Präambel werden „die Gleichberechtigung aller Nationen, ob groß oder klein", hervorgehoben und die Staaten aufgefordert, „Duldsamkeit zu üben und als gute Nachbarn in Frieden miteinander zu leben." Vgl. zudem Art. 78 UN-Charta. Spezielle Ausformungen der Souveränität stellen die Art. 2 Ziff. 6 und Ziff. 7 UN-Charta dar. Art. 2 Ziff. 6 UN-Charta statuiert als Schutznorm gegenüber anderen Staaten ein allgemeines Gewaltverbot. Nach Art. 2 Ziff. 7 UN-Charta können aus der Charta der Vereinten Nationen keine Befugnisse abgeleitet werden, die ihrem Wesen nach zur inneren Zuständigkeit eines Staates gehören. Eine institutionelle Ausprägung erlangt die souveräne Gleichheit dadurch, dass gem. Art. 18 I UN-Charta jedes Mitglied bei Abstimmungen der Generalversammlung eine Stimme hat (*K. Dicke*, Universalität, in: Handbuch Vereinte Nationen, Nr. 131 Rn. 8). Allerdings ist die Entscheidungsstruktur im Weltsicherheitsrat, der die weitaus wichtigeren Fragen zu entscheiden hat, weit weniger von der souveränen Gleichheit geprägt. Die Privilegien der ständigen Mitglieder liegen weit jenseits einer auf der Souveränität und Gleichheit beruhenden Völkerrechtsgemeinschaft, sie sind insbesondere durch das ihnen gem. Art. 27 III UN-Charta zugestandene Vetorecht in der Lage, ihre eigenen Interessen zu schützen (*C. Warbrick*, in: GS Akehurst, S. 204, 211).

175 Die Charta unterlässt es, den Begriff Souveränität zu definieren oder neu zu bestimmen, sondern übernimmt die Bedeutung, die ihm im allgemeinen Völkerrecht zukommt (*G. I. Tunkin*, RC 119 (1966 III), 1, 14 f.; *A. Bleckmann*, in: Simma, UN-Charta, Art. 2 Ziff. 1 Rn. 2) Allerdings spricht *C. Warbrick*, in: GS Akehurst, S. 204, 210, davon, „that the idea of sovereign equality has taken on a new dimension under the law of the carter."

176 So nachdrücklich *G. Stuby*, in: Hankel/Stuby (Hrsg.), Strafgerichte gegen Menschheitsverbrechen, S. 429, 430, 442, 444.

den.[177] Das ergibt sich aus dem Wesen der Souveränität: Sie ist eben nicht nur die Eigenschaft eines, sondern aller Staaten.[178] Die Souveränität des einen findet daher ihre Grenze in der Souveränität der anderen Staaten. Souveränität und Gleichheit sind also nur zwei Seiten derselben Medaille.[179] Die Vorarbeiten zur Schaffung der Charta bestätigen diese Ansicht.[180] Man hätte ebenso gut von gleicher Souveränität sprechen können[181], oder von Souveränität und Gleichheit.

Daneben finden sich ähnliche Vorschriften in Art. 5 lit. b OAS-Charta von 1948[182], in Art. II Ziff. 1 lit. c, III Ziff. 1, 3 OAU-Charta von 1963[183], in Art. 4, 5, 7 II der Konvention von Montevideo und vielen weiteren wichtigen Verträgen[184]. Die *Friendly Relations Declaration*, die von der Generalversammlung der Vereinten Nationen verabschiedet wurde und maßgebende völkerrechtliche Prinzipien niedergelegt hat[185], berücksichtigt das Souveränitätsprinzip. In Teil I Abschn. 6 heißt es unter der Überschrift *The principle of sovereign equality of*

---

177 Gegen die dem Wortlaut nach mögliche Annahme, dass der Souveränität nur innerhalb der Charta untergeordnete Bedeutung zukommt, spricht auch die Bedeutung des Souveränitätsprinzips im allgemeinen Völkerrecht und die Praxis der Organe der Vereinten Nationen (*A. Bleckmann*, in: Simma, UN-Charta, Art. 2 Ziff. 1 Rn. 6).

178 *K. M. Meessen*, Souveränität, in: Handbuch Vereinte Nationen, Nr. 106 Rn. 8.

179 So *Ch. Tomuschat*, in: BDGV 28 (1987), S. 9, 19. Zumindest die Souveränität der Staaten bedarf der Gleichheit. Gleichheit dagegen kann auch zwischen nichtsouveränen Personen bestehen.

180 UNCIO Vol. 6, S. 457. Dort heißt es zu diesem Artikel: „The Committee voted to use the terminology „sovereign equality“ on the assumtion that it includes the following elements: (1) that states are juridically equal; (2) that each state enjoys the right inherent in full sovereignity; (3) that the personality of the state is respected, as well as its territorial integrity and political independence; (4) that the state should, under international order, comply faithfully with its international duties and obligations.“

181 *A. Bleckmann*, in: Simma (Hrsg.), UN-Charta, Art. 2 Ziff. 1 Rn. 43; *Ch. Tomuschat*, in: BDGV 28 (1987), S. 9, 15.

182 UNTS Vol. 119, S. 3. Vgl. ferner Art. 6, 7, 8 sowie die Präambel der OAS-Charta.

183 UNTS Vol. 479, S. 39.

184 So heißt es beispielsweise in Art. 7 II Zwei-plus-Vier-Vertrag, BGBl. 1990 II, S. 1318: „Das vereinte Deutschland hat demgemäß volle Souveränität über seine inneren und äußeren Angelegenheiten.“ In der Schlussakte von Helsinki steht an erster Stelle zu den Fragen der Sicherheit in Europa der Schutz der souveränen Gleichheit und die Achtung der der Souveränität innewohnenden Rechte (Quelle: Fastenrath (Hrsg.), KSZE/OSZE, A.1, S. 3). Weitere Nachweise bei *U Thant*, Survey of international law: Working paper prepared by the Secretary-General, YILC 1971 II Part 2, S. 1, 9 Ziff. 28; *G. Schwarzenberger*, RC 87 (1955 I), S. 191, 223 f.; *Wang Tieya*, RC 221 (1990 II), 195, 267 ff.

185 Res. 2625 (XXV) vom 24.10.1970. Sie bezeichnet die in ihr aufgeführten Grundsätze im letzten Absatz als *basic principles of international law*.

States in Absatz 1: „All States enjoy sovereign equality. They have equal rights und duties and are equal members of the international community, notwithstanding differences of an economic, social, political or other nature." Sodann werden in Absatz 2 einzelne Elemente der souveränen Gleichheit aufgeführt: Danach sind die Staaten juristisch gleichgestellt, genießen die vollen, der Souveränität innewohnenden Rechte und haben die Pflicht, die Rechtspersönlichkeit der anderen Staaten zu achten. Ihre territorielle Unversehrtheit und politische Unabhängigkeit sind unverletzlich. Jeder Staat soll mit den anderen Staaten in Frieden leben. Weiterhin räumt die Vorschrift jedem Staat das Recht ein, sein politisches, soziales, wirtschaftliches und kulturelles System frei zu wählen und zu entwickeln. Schließlich hat jeder Staat die Pflicht, seine internationalen Verpflichtungen vollständig und nach Treu und Glauben zu erfüllen.[186]

In Chapter I (a) (b), Chapter II Art. 1, 2 der *Charter of Economic Rights and Duties of States* erklärten die Staaten, dass die Souveränität die Grundlage der internationalen ökonomischen Beziehungen bildet.[187]

Die grundlegende Bedeutung der Souveränität wird (im Wesentlichen) von allen Teilnehmern der Völkerrechtsordnung hervorgehoben: Die Überzeugung der *Staaten* findet nicht nur in Verträgen ihren Ausdruck, sondern auch in anderen völkerrechtsrelevanten Äußerungen, etwa vor Gericht und bei der Anwendung von Völkerrecht[188]. Auch die *UN-Organe*[189] und die *internationalen Gerichte*[190]

---

186 Darüber hinaus wird in der Präambel Abs. 12, 17 lit. f auf die Bedeutung der Souveränität hingewiesen und ferner fanden mit der Souveränität verwandte Prinzipien, insbesondere die Statuierung der *politischen Unabhängigkeit* und *territoriellen Unversehrtheit* (Präambel Abs. 9, 10, 15, 18 lit. a; Teil 1 Abschn. 1), Berücksichtigung. Schließlich findet sich mehrfach der Hinweis auf die überragende Bedeutung der grundlegenden Prinzipien der Charta der Vereinten Nationen (Präambel Abs. 1, 12, 16, 17; Teil 1 Abschn. 1 Abs. 10 lit. a, b, Abs. 13, Abschn. 3, 4, 7), zu denen gem. Art. 2 Ziff. 1 UN-Charta auch die Souveränität gehört.

187 Quelle: Yearbook of the United Nations Vol. 28 (1974), S. 403 ff.

188 Vgl. statt vieler die Nachweise bei *B. Graf zu Dohna*, Die Grundprinzipien des Völkerrechts über die freundschaftlichen Beziehungen und die Zusammenarbeit zwischen den Staaten, S. 159 ff.

189 So etwa der *Generalsekretär* der Vereinten Nationen *U Thant*, Survey of international law: Working paper prepared by the Secretary-General, YILC 1971 II Part 2, S. 1, 9 ff. Ziff. 23-32: „The doctrines of the sovereignty and equality of States have provided the basis of international law since the emergence of the society of independently governed States. These elements have formed the starting point for the development of various fundamental principles of international law relating to the conduct of States (...). The basic rights and duties of the States derived from these principles (...)." Vgl. zudem *International Law Commission*, YILC 1949, S. 71

folgen weitestgehend dieser Auffassung. So stellte beispielsweise der Richter des Internationalen Gerichtshofs *Shi* in einer Deklaration zum Gutachten *Legality of the Threat or Use of Nuclear Weapons* aus dem Jahre 1996 klar: „(...) [T]he structure of the international community is built on the principle of sovereign e-quality."[191]

Schließlich ist festzustellen, dass nicht nur dem Prinzip der Souveränität selbst, sondern auch den aus ihr unmittelbar folgenden Prinzipien, etwa dem Konsensprinzip, fundamentaler Charakter zugesprochen wird.[192] Es bleibt daher festzuhalten, dass die Souveränität zu den tragenden Prinzipien im heutigen Völkerrecht gehört.[193]

b) Souveräne Rechte

Unmittelbare Folge der Souveränität sind wichtige Unterprinzipien und einzelne souveräne Rechte, deren juristischen Grund im Kern die Souveränität bildet oder die zumindest mit ihr im Zusammenhang stehen. Zu den souveränen bzw. mit ihr verwandten Rechten werden etwa[194] gezählt[195]:

Ziff. 19 f., S. 73 Ziff. 28 ff., S. 96 Ziff. 92 ff., S. 254 f. Ziff. 85 ff., S. 288. Ausdruck dieser Auffassung sind eine Vielzahl von Deklarationen und Resolutionen. Das ist neben der Friendly Relations Declaration beispielsweise Art. 2 und 6 der Draft Declaration on Rights and Duties of States vom 9.6.1949 (YILC 1949, S. 287 ff.).

190 Das gilt insbesondere auch für den Internationalen Gerichtshof, der etwa im Urteil *Military and Paramilitary Activities*, ICJ Rep. 1986, S. 14, 97 ff., 108, die zentrale Stellung der Souveränität und des mit ihr verbundenen Gewaltverbotes, Interventionsverbotes und Selbstverteidigungsrechts hervorgehoben hat. Vgl. ferner Decl. *Shi*, *Legality of the Threat or Use of Nuclear Weapons*, ICJ Rep. 1996, S. 226, 277, 278; in die gleiche Richtung S. O. *Guillaume*, ebenda, S. 287, 291 f., und D.O. *Koroma*, ebenda, S. 566, 576. Diese Frage wird im Zweiten Abschnitt der Arbeit noch genauer zu untersuchen sein.

191 ICJ Rep. 1996, S. 226, 277, 278.

192 Das wird etwa dann hervorgehoben, wenn es um die Zuständigkeit zur Entscheidung von Rechtsfragen durch ein internationales Gericht geht (vgl. statt vieler *Western Sahara Case*, ICJ Rep. 1975, S. 12; ICJ Rep. 1990, S. 133 f.).

193 Herrschende Meinung, so etwa *J. M. Mössner*, Rechtsquellen, in: Lexikon des Rechts Völkerrecht, S. 253, 254; *A. Verdross/B. Simma*, Universelles Völkerrecht, §§ 454 ff.; *G. I. Tunkin*, RC 119 (1966 III), S. 1, 14; *Wang Tieya*, RC 221 (1990 II), 195, 288 ff.; *A. Bleckmann*, Allgemeine Staats- und Völkerrechtslehre, S. 200 ff.

194 Weitere mögliche souveräne Rechte könnten etwa das von der sozialistischen Völkerrechtslehre hervorgehobene Recht auf friedliche Koexistenz (nach *Th. Schweisfurth*, Der internationale Vertrag in der modernen sowjetischen Völkerrechtstheorie, S. 212 f.), oder das Recht auf gegenseitige Achtung (*F. A. F. von der Heydte*, Völkerrecht I, S. 23; *H. B. Reimann*, Ius cogens im Völkerrecht, S. 45) sein. Zu mögli-

- die Staatenimmunität
- das Recht auf Unabhängigkeit der Staaten,
- das Verbot, in die Rechte dritter Staaten einzugreifen,
- das Verbot von Verträgen, durch die ein Staat einen anderen zwingt, ihm gegenüber völlig und bedingungslos auf die Einhaltung des Völkerrechts und auf dessen Schutz zu verzichten und sich von ihm nach dessen willkürlichen Belieben behandeln zu lassen,
- das Verbot eines Angriffskrieges und das allgemeine Gewaltverbot[196],
- das Verbot der Einmischung in die inneren Angelegenheiten und, damit verbunden, das Recht die Organisation und Rechtsstellung der eigenen Staatsangehörigen zu regeln, sowie
- die territoriale Souveränität und insbesondere die Souveränität über die natürlichen Ressourcen[197].

Viele der aufgezählten Rechte haben zwingenden Charakter.[198] Das unterstreicht ihre hervorragende Bedeutung für die Völkerrechtsordnung und stärkt mittelbar

chen souveränen Rechten im Weltraum vgl. *S. Gorove*, RC 181 (1983 III), 349, 360 ff., 364 ff. Zur Diskussion im Rahmen der Vorarbeiten der Friendly Relations Declaration vgl. *B. Graf zu Dohna*, Die Grundprinzipien des Völkerrechts über die freundschaftlichen Beziehungen und die Zusammenarbeit zwischen den Staaten, S. 158 ff. mwN.

195 Vgl. statt vieler Teil I Abschn. 6 Abs. 2 Friendly Relations Declaration; *A. Bleckmann*, in: Simma (Hrsg.), Charta der Vereinten Nationen, Art. 2 Ziff. 1 Rn. 11 ff.; *F. Ermacora*, ebenda, Art. 2 Ziff. 7 Rn. 12; *S. Kadelbach*, Zwingendes Völkerrecht, S. 219 ff. Auch die Rechtsprechung sah den juristischen Grund für die Geltung der aufgezählten Rechte in der souveränen Gleichheit (so etwa S. O. *Moreno Quintana*, *Application of the Convention of 1902 Governing the Guardianship of Infants*, ICJ Rep. 1958, S. 55, 79, 107; D.O. *Kreća*, *Application of the Convention on the Prevention and Punishment of the Crime of Genocide – Preliminary Objections*, ICJ Rep. 1996, S. 595, 658, 766, hinsichtlich des Rechts auf Unabhängigkeit). Weitere Nachweise zu einzelnen Rechten unter § 11 II 2 e cc.

196 Wie eng das Gewaltverbot mit der Souveränität verknüpft ist, zeigt ein Blick auf die Rechtsfolgen. Über mit unerlaubter Gewaltanwendung gewonnenes Territorium kann keine Souveränität entstehen (*R. Jennings/A. Watts*, Oppenheim's International Law Vol. I Parts 2 to 4, S. 703). Die Souveränität ist also das Schutzgut des Gewaltverbots (so auch Teil 1 Abschn. 1 Friendly Relations Declaration).

197 Dies geht schon aus der Bezeichnung der 1962 United Nation Resolution 1803 (XVII) on Permanent Sovereignty Over Natural Resources hervor.

198 Zum ius cogens-Charakter einzelner aufgezählter Normen s.u. § 11 II 2 e cc.

auch die Souveränität in ihrem Anspruch, eine grundlegende völkerrechtliche Strukturnorm zu sein.

3. *Die Kritik des herrschenden Souveränitätsverständnisses*

Die Souveränität hat seit *Bodin* ungeachtet aller zu ihr geäußerter Kritik und aller Änderungen in Recht und Gesellschaft Bestand. Sie hat das einerseits ihrem rechtlich überzeugenden Kern und andererseits ihrer Anpassbarkeit an die jeweilige gesellschaftliche Situation zu verdanken. Wie in der Vergangenheit, so ist auch die aktuelle Diskussion um den Begriff der äußeren Souveränität von der politischen, sozialen und technischen Entwicklung beeinflusst.[199] Einige wesentliche Bereiche seien aufgezählt:

- Die Souveränität steht als rechtliches Mittel zur Sicherung der Macht der Staaten im Spannungsfeld zwischen Staaten und anderen mächtigen gesellschaftlichen Gruppen, insbesondere weltweit operierenden *wirtschaftlichen Unternehmen*[200] und der in *Nichtregierungsorganisationen* (NGO) engagierten Zivilgesellschaft. Beide wollen nicht mehr nur Publikum sein, sondern aktiv an der Völkerrechtsordnung teilnehmen.[201] Insbesondere möchten viele NGO's in ihrem klassischen Betätigungsfeld – dem Menschenrechtsschutz – kontrollierend und gestaltend mitwirken. Sie werden daran aber im völkerrechtlichen Bereich durch die staatliche Souveränität behindert, weil diese den Staaten die unmittelbare Teilnahme vorbehält und weil sie damit ein rechtliches Mittel der Staaten darstellen kann, um einen ausreichenden Menschenrechtsschutz zu verhindern[202].

---

199 Das gilt ebenso für die hier nur am Rande interessierende innere Souveränität. Dort hat der Begriff der Souveränität unterschiedlichste Deutungen erhalten und wurde teilweise ganz aufgegeben (etwa von *C. J. Friedrich*, Der Verfassungsstaat in der Neuzeit, S. 17 f. mwN. in Fn. 16, und von *E. Forsthoff*, Der Staat in der Industriegesellschaft, S. 13 ff.).

200 *K. M. Meessen*, Souveränität, in: Handbuch Vereinte Nationen, Nr. 106 Rn. 7; *ders.*, in: FS Jaenicke, S. 667 ff., der die Frage aufwirft, wie sich der Systemwettbewerb, verstanden als Wettbewerb der Staaten in politischen, wirtschaftlichen und rechtlichen Bereichen um Investoren, auf die Souveränität auswirkt. Er kommt zum Ergebnis, dass die Souveränität dadurch gestärkt werde (ebenda, S. 675). Für die innerstaatliche Souveränität hat *E. Forsthoff*, Der Staat in der Industriegesellschaft, S. 158 f., die Auffassung vertreten, der Staat habe nicht mehr die höchste Gewalt in der Industriegesellschaft inne und das geistige Bewusstsein der Gesellschaft habe sich verschoben.

201 *M. Herdegen*, Völkerrecht, § 10 Rn. 10 ff., § 13.

202 Dazu ausführlich § 8 IV.

- Die Entwicklung moderner Massenvernichtungswaffen hat eine Diskussion darüber ausgelöst, ob das vom Konsenserfordernis geprägte Völkerrecht nicht durch einen anderen Ansatz abgelöst werden müsse, weil im Fall des Einsatzes solcher Waffen keine Zeit mehr verbleibe, um auf klassischem Wege diesbezügliche Verbotsnormen zu schaffen.[203]

- Darüber hinaus besteht die Tendenz, Menschenrechte auch gegen den Willen einzelner Staaten in ihrem Hoheitsgebiet durchzusetzen, und zwar sowohl mit militärischen als auch mit strafrechtlichen Mitteln. Dies war im Kosovokonflikt und bei der Errichtung des Jugoslawientribunals der Fall. Hier sind das wesentliche souveräne Recht der Nichteinmischung in innere Angelegenheiten und das Konsensprinzip betroffen.[204]

- Ferner erzeugt die Souveränität ein Spannungsfeld zwischen tatsächlicher Ungleichheit in Bezug auf Gebiet, Bevölkerung, militärische und wirtschaftliche Ressourcen und rechtliche Gleichheit.[205] Während die juristische Gleichstellung für arme Staaten einen Zuwachs an internationalem Gewicht bedeutet, bedeutet sie für reiche Staaten zumindest formal einen Machtverlust.[206]

- Souveränitätsfragen treten schließlich im Zusammenhang mit der zunehmenden Vergemeinschaftung in der EG auf. Dabei wurde insbesondere die Frage aufgeworfen, ob die Souveränität zwischen der EG und den Staaten geteilt sei oder ob die Staaten als Herren der Verträge nach wie vor die volle Souveränität inne haben.[207]

---

203 Für eine Änderung ist etwa der Richter *Weeramantry* im Gutachten *Legality of the Threat or Use of Nuclear Weapons* des Internationalen Gerichtshofs eingetreten, D.O., ICJ Rep. 1996, S. 226, 494 ff. (Einzelheiten s.u. § 8 IV 5).

204 Einen juristischen Erklärungsversuch machte das Jugoslawientribunal im *Tadic*-Urteil: Es behauptete, der souveränitätsorientierte Ansatz des Völkerrechts sei durch einen menschenrechtsorientierten Ansatz abgelöst worden (HRLJ 16 (1995), 437, 458 Ziff. 97; zu Einzelheiten s.u. § 8 IV 4).

205 *V. Epping*, in: Ipsen, Völkerrecht, § 26 Rn. 7; *A. Randelzhofer*, in: HbdStR I, § 15 Rn. 31, der zu Recht darauf hinweist, es handele sich dabei eher um ein faktisches als ein rechtliches Problem.

206 Zur Diskussion über die Inhalte der Gleichheit im Rahmen der Kodifikation der Vorarbeiten der Friendly Relations Declaration vgl. *B. Graf zu Dohna*, Die Grundprinzipien des Völkerrechts über die freundschaftlichen Beziehungen und die Zusammenarbeit zwischen den Staaten, S. 166 ff. mwN. Vgl. auch *K. M. Meessen*, in: FS Jaenicke, S. 667, 676 f., der allerdings die Auffassung vertritt, die rechtliche Gleichheit baue heute eher mehr als früher auf tatsächlicher Gleichheit auf. Davon nimmt er freilich ausdrücklich die USA aus.

207 *I. Seidl-Hohenveldern/T. Stein*, Völkerrecht, Rn. 10; *A. Randelzhofer*, in: HbdStR I, § 15 Rn. 33 ff.; *M. Herdegen*, Völkerrecht, § 28 Rn. 7, der hervorhebt, dass die EU-

Zusammenfassend ist festzustellen, dass die Souveränität vor allem aus menschenrechtlicher Sicht kritisiert wird[208], während sie in den Nutznießern, vor allem den entkolonialisierten Staaten der Dritten Welt[209], aber auch in Staaten, die im Verdacht stehen, die Menschenrechte zu verletzen, ihre Verteidiger findet.[210] Auch die mächtigeren Staaten kritisieren die Souveränität nicht grundsätzlich. Bei ihnen scheint eher eine selektive Wahrnehmung der Souveränität zu bestehen. Während sie sich z.B. bei der Frage der Zulässigkeit des Einsatzes von Atomwaffen auf ihre Souveränität berufen, spielten souveränitätsbezogene Überlegungen bei der Frage der Zulässigkeit des Kosovokrieges kaum eine Rolle. Nicht zu Unrecht steht der Begriff der Souveränität daher unter Ideologieverdacht.[211]

Aus rechtlicher Sicht wird gegen das Souveränitätsprinzip u.a. vorgetragen, dass durch die immer größer werdende zwischenstaatliche Interdependenz die Bedeutung des Souveränitätsprinzips abnehme.[212] Hinter dieser Behauptung steht die grundsätzliche Frage, ob sich mit dem Eingehen von völkerrechtlichen Bindun-

---

Mitgliedsstaaten trotz des Schrumpfens ihrer „Unabhängigkeit" zu einem bloßen Torso von der gesamte Staatenwelt als souveräne Staaten begriffen werden.

208 Vgl. dazu die ausführliche Diskussion unter § 8 IV.

209 So die allgemeine Einschätzung; vgl. statt vieler *S. Prakash Sinha*, in: Snyder/ Sathirathai (Hrsg.), Third World Attidudes toward international law, S. 23, 28: „Sovereignty is the most treasured possesion of the newly independent States. On the one hand, it makes them the master of their own hause and, on the other hand, it provides them with legal shield against foreign incursions or attempts thereat by stronger States." Ausdruck der hohen Wertschätzung der Souveränität in der Dritten Welt sind auch die Art. II Ziff. 1 lit. c, III Ziff. 1, 3 OAU-Charta von 1963.

210 Das Bild kann aber nicht darauf reduziert werden, dass die Souveränität von den Mindermächtigen, also vor allem den Staaten der Dritten Welt, verteidigt wird, während sie von den Mächtigen, die ihrer nicht bedürfen, um ihre Interessen durchzusetzen, also vor allem von großen Industriestaaten, kritisiert wird. Gerade die USA und China heben die Bedeutung der Souveränität immer wieder hervor. Das liegt wohl daran, dass sie trotz der Souveränität in der Lage sind, ihre Interessen durchzusetzen.

211 *P. Häberle*, AöR 92 (1967), 259, 262, 264 f. Der Souveränitätsbegriff wurde etwa in der Ost-West-Auseinandersetzung in der zweiten Hälfte des 20. Jh. instrumentalisiert. Ausdruck dessen ist die Diskussion im Rahmen der Vorarbeiten zur Friendly Relations Declaration (vgl. *B. Graf zu Dohna*, Die Grundprinzipien des Völkerrechts über die freundschaftlichen Beziehungen und die Zusammenarbeit zwischen den Staaten, S. 158 ff.). Auch die menschenrechtliche Kritik setzt sich zuweilen dem Verdacht aus, dass sie lediglich instrumentalisiert wird, um Machtinteressen durchzusetzen (so jedenfalls die Hauptkritik am Kosovokrieg).

212 Geschichtlicher Hintergrund dieser Diskussion ist vor allem die immer größer werdende Vergemeinschaftung der EG. Dabei entstand die Frage, ob die Souveränität zwischen der EG und den Mitgliedstaaten geteilt sei.

gen die staatliche Souveränität verkleinert[213] oder nicht[214]. Letzteres ist zutreffend.

Für eine Verringerung der Souveränität spricht zwar, dass die staatliche Entscheidungsfreiheit mit dem Eingehen von völkerrechtlichen Verträgen abnimmt. Wenn sich beispielsweise die USA in Art. 36 I lit. a, c Wiener Konsularrechtskonvention[215] dazu verpflichtet haben, bei Freiheitsentzug zu Lasten von Ausländern die Vertretung des jeweiligen Heimatlandes einzuschalten, dann hat sie in dieser Frage keine Entscheidungsfreiheit mehr.[216]

Allerdings kann diese Auffassung nicht überzeugen, und zwar vor allem aus drei Gründen: Erstens geht sie von einem veralteten bzw. verkürzten Souveränitätsverständnis aus. Sie nimmt die Souveränität lediglich als Unabhängigkeit vom Recht wahr und unterschlägt, dass das Recht, sich völkerrechtlich zu binden, gerade eine wesentliche Folge der Souveränität ist. Diese Auffassung ist seit der zitierten Entscheidung des Ständigen Internationalen Gerichtshofs Fall *Wimbledon* weitestgehend anerkannt.[217] Das Eingehen von Verträgen hat originär keine Einbuße an Souveränität, sondern lediglich eine Einbuße an Entscheidungsfreiheit zur Folge. Zweitens bleibt die Souveränität trotz des Zunehmens der zwischenstaatlichen Interdependenz ein grundlegendes Strukturprinzip der Völkerrechtsordnung[218] und die aus der Souveränität abgeleiteten Rechte bleiben weiterhin bestehen, soweit sie sich nicht gerade auf die abgetretene Hoheitsgewalt bezie-

---

213 Eingebürgert zu haben scheint sich inzwischen die eher vorsichtige Feststellung, dass „supranationale Zusammenschlüsse den überkommenen Souveränitätsbegriff immer stärker aus[höhlen]." (so etwa *R. Müller*, Deutschlands Souveränität, in: FAZ vom 4.11.1999, S. 1).

214 So etwa *I. Seidl-Hohenveldern/T. Stein*, Völkerrecht, Rn. 10, 639, 1440; *I. Seidl-Hohenveldern/G. Loibl*, Das Recht der Internationalen Organisationen, Rn. 0107, 1609; *A. Bleckmann*, in: ders., Europarecht, Rn. 85; *Maastricht-Urteil*, BVerfGE 89, 155, 190.

215 BGBl. 1969 II, S. 1585; internationale Quelle: UNTS Bd. 596 S. 261.

216 Die gegenteilige Ansicht der amerikanischen Regierung und ihrer Behörden im Verfahren gegen die beiden deutschen LaGrand-Brüder stellt daher einen Rechtsbruch dar. Dies hat der IGH inzwischen festgestellt, *LaGrand*, Germany v. United States of America, Urteil vom 25.6.2001.

217 PCIJ Ser. A No. 1, S. 25.

218 *K. M. Meessen*, in: FS Jaenicke, S. 667, 679. Auch das Argument, der Wandel zu einer kooperativen Völkerrechtsordnung spreche gegen die Souveränität ist daher nicht stichhaltig. *L. Henkin*, RC 216 (1989 IV), 9, 138, meint daher zu Recht: „Cooperation is not the benefit of 'the community' but of individual States."

hen[219]. Nur weil inzwischen eine hohe Regelungsdichte besteht, bedeutet das nicht, dass es nicht mehr des Konsenses bedarf, um neues Völkerrecht entstehen zu lassen. Drittens schließlich vergisst die Gegenauffassung, dass die Souveränität eine überzeugende Grundlage im positiven Recht findet. Es gibt insbesondere keinen überzeugenden Grund, warum die Souveränität trotz Art. 2 Ziff. 1 UN-Charta kein Grundsatz des Völkerrechts darstellen soll.

Etwas anderes gilt erst, wenn es in der Völkerrechtsordnung eine von den Staaten unabhängige übergeordnete Macht gibt. Dies ist derzeit jedoch nicht der Fall.[220]

Auch gegen andere Kritik scheint sich die Souveränität als juristischer Begriff behaupten zu können, weil die Angriffe letztlich meist politischer und nicht rechtlicher Natur sind und der Begriff der Souveränität für politische Strömungen offen ist und die Anpassungsfähigkeit des Völkerrechts an neue Entwicklungen nicht verhindert. Vor allem steht die Souveränität nicht im Wege, *durch Schaffung entsprechender Normen*

- den Menschenrechtsschutz effizienter zu gestalten (man denke an die Schaffung des Ständigen Internationalen Strafgerichtshofs),
- gesellschaftliche Gruppen an der Gestaltung der Rechtsordnung zu beteiligen (man denke an die durch Art. 71 UN-Charta geschaffenen Möglichkeit der Beteiligung von NGO's),
- bereits vor der Erstanwendung von Massenvernichtungswaffen absolut geltende Verbotsnormen zu schaffen, sowie
- die souveränitätsbedingte Gleichheit der Staaten vertraglich einzuschränken, um mächtigeren Staaten auch rechtlich eine günstigere Position einzuräumen

---

219 *A. Bleckmann*, in: Simma (Hrsg.), Charta der Vereinten Nationen, Art. 2 Ziff. 1 Rn. 27.

220 *R. P. Anand*, RC 197 (1986 II), 9, 42; *Ch. Tomuschat*, RC 281 (1999), 9, 43 ff., 49, 79 f. Dies gilt insbesondere im Hinblick auf die Vereinten Nationen (s.u. § 11 II 2 b) und für weltweit operierende Unternehmen (*K. M. Meessen*, in: FS Jaenicke, S. 667 ff., 677 f.). Letztgenannte haben zwar keine Loyalität mehr gegenüber einzelnen Staaten, brauchen die Staaten aber, damit die strukturellen Rahmenbedingungen geschaffen werden, um erfolgreich operieren zu können. Es ist zumindest nicht das originäre Interesse der Unternehmen, staatliche Machtbefugnisse zu erlangen (ebenda, S. 672) und an der Völkerrechtsordnung teilzuhaben.

(man denke an den Status und die Befugnisse der ständigen Sicherheitsratsmitglieder der Vereinten Nationen gem. Art. 24 ff., 39 ff. UN-Charta)[221].

Dieser „bürgerliche Zustand" der Völkerrechtsordnung muss aber mit jeder Norm erkämpft werden. Er kann, wenn man sich der Mittel des derzeit geltenden Rechts bedient, nicht unter Umgehung der staatlichen Willensbildung und unter Verletzung des staatlichen Machtmonopols geschaffen werden.

---

221 Vgl. *L. Henkin*, RC 216 (1989 IV), 9, 27. Wie die zunehmende zwischenstaatliche Interdependenz nicht zu einer Schwächung der Souveränität führt, so führt auch die freiwillige Aufgabe der rechtlichen Gleichheit nicht zur Schwächung des Grundsatzes souveräner Gleichheit (vgl. statt vieler *A. Verdross/B. Simma*, Universelles Völkerrecht, § 454 mwN. in Fn. 4).

Zweiter Abschnitt: Die souveränitätsfreundliche Auslegung in Rechtsprechung und Literatur – Entwicklung und Bestandsaufnahme

§ 5 Die Entwicklung bis 1920

I. Einleitung

Wie das zwischen den Staaten geltende Recht auszulegen ist, war seit jeher Gegenstand völkerrechtswissenschaftlicher Untersuchungen. Zunächst orientierte man sich am Römischen Recht und der römisch-rechtlich geprägten Privatrechtsordnung.[1] Es konnte so auf eine bestehende Rechtspraxis zurückgegriffen werden. Zudem wurde noch nicht deutlich zwischen Privatrechtsordnung und der Völkerrechtsordnung unterschieden.[2] Beide Rechtsordnungen wiesen damals sehr viel mehr Gemeinsamkeiten auf als heute, weil nicht die Staaten als die im Völkerrecht agierenden Subjekte angesehen wurden, sondern die souveränen Fürsten. Letztlich schlossen zwei Personen völkerrechtliche Verträge, die sich von der Allgemeinheit lediglich dadurch unterschieden, dass sie souverän waren, d.h. nach *Bodin*, dass sie die absolute und zeitlich unbegrenzte Gewalt zu besaßen.[3] Erst mit dem Beginn der Völkerbundzeit nach dem Ersten Weltkrieg verlor die Auffassung, die Auslegung völkerrechtlicher Verträge richte sich nach dem Römischen Recht endgültig an Boden.[4]

---

1 Vgl. statt vieler *H. Lauterpacht*, Oppenheims International Law Vol. I, S. 857; *D. Anzilotti*, Lehrbuch des Völkerrechts, S. 81. *H. Grotius*, De iure belli ac pacis, 2. Buch Kap. 16 XXXI., weist allerdings darauf hin: „Der Ansicht, dass die Verträge der Könige und Völker möglichst dem römischen Recht entsprechend auszulegen seien, kann ich nicht beitreten. Es müsste denn dies Recht unter einzelnen Völkern auch in völkerrechtlichen Fragen als gültig angenommen worden sein, was man indessen nicht so ohne weiteres voraussetzen darf." Trotzdem entstammen viele seiner Erklärungen innerhalb des Kapitels über Auslegung (ebenda, II. 16.) dem Römischen Recht (ebenso etwa *H. Lauterpacht*, ebenda, S. 857).

2 *A. Schüle*, Völkerrechtswissenschaft, Methoden der, in: WVR 3. Bd., S. 775, 777; *S. M. Grundmann*, Die Auslegung des Gemeinschaftsrechts durch den Europäischen Gerichtshof, S. 52 Fn. 55; *G. Ress*, ZaöRV 36 (1976), 227, 247.

3 *J. Bodin*, Sechs Bücher über den Staat, Buch I Kap. 8.

4 Für eine Auslegung nach römisch-rechtlichen Grundsätzen noch *E. Ullmann*, Völkerrecht (1898), § 72; *A. Rivier*, Lehrbuch des Völkerrechts (1899), S. 348.

Die souveränitätsfreundliche Auslegung besaß keine unmittelbare römisch-rechtliche Grundlage. Die Gründe dafür sind die zeitlich spätere Entwicklung des Rechtsbegriffs der Souveränität und ihre geringe Bedeutung im Privatrecht. Daher errang die Souveränität zunächst keine unmittelbare Bedeutung bei der Auslegung. Immerhin gab es Auslegungsregeln, die man als souveränitätsfreundliche Auslegung im weiteren Sinne ansehen kann.[5] Darüber hinaus wurde in neueren Erklärungen der souveränitätsfreundlichen Auslegung vereinzelt versucht, ihr eine römisch-rechtliche Grundlage zu geben. Zurückgegriffen wurde insbesondere auf den Satz „Obscuritas pacti nocet ei qui apertius loqui potuit“[6]. Daran wird zumindest deutlich, dass es für die souveränitätsfreundliche Auslegung und verwandte Regeln Anknüpfungspunkte gab.[7]

II. Hugo Grotius

Grotius widmete in seinem Maßstäbe setzenden Hauptwerk *De iure belli ac pacis*[8], welches erstmals 1625 veröffentlicht wurde, dem Bereich der Auslegung ein eigenes Kapitel (die folgenden in Klammern angegebenen römischen Zahlen beziehen sich auf das Zweite Buch, 16. Kapitel dieses Werkes). Grundlage der Auslegung ist für ihn die Unterscheidung zwischen günstigen (einen gemeinsamen Nutzen bezweckenden), lästigen (einen Teil belastenden) und gemischten Verträgen.[9] Je nach Einordnung des Versprechens in eine dieser Kategorien sollen unterschiedliche Auslegungsregeln gelten:

---

5 Vgl. die umfangreiche Untersuchung bei *Ch. Baldus*, Regelhafte Vertragsauslegung nach Parteirollen, Teil II, S. 505 ff., 545 ff., 683 ff.

6 So die abweichende Meinung von *Schücking* im Wimbledon-Fall, D.O., PCIJ Ser. A No. 1, S. 43, 44. Dieser dem Römischen Recht entspringende Rechtssatz bildet auch für *H. Lauterpacht*, BYIL 26 (1949), 48, 57, den Ausgangspunkt für die souveränitätsfreundliche Auslegung.

7 Vgl. nochmals *Ch. Baldus*, Regelhafte Vertragsauslegung nach Parteirollen, Teil II, 545 ff., 683 ff.

8 Deutsch von *Walther Schätzel*, 1950.

9 Er definiert: „Die günstigen Versprechen beruhen auf Gleichheit oder bezwecken den gemeinsamen Nutzen. Je größer dieser ist und je weiter er geht, um so stärker ist das Versprechen begünstigend. (...) Lästige Versprechen belasten nur einen Teil oder wenigstens den einen mehr als den anderen; oder sie enthalten eine Strafe oder machen die Handlung ungültig oder ändern etwas darin ab. Bei gemischten Versprechen wird z.B. ein früheres Versprechen geändert (...). Je nach der Größe des Guten oder der Veränderung wird es entweder als günstig oder als lästig aufgefasst werden (...) (X.).“

Günstig: „Bei Handlungen, die nicht zu den lästigen gehören, müssen die Worte in dem vollen Sinne des gewöhnlichen Sprachgebrauchs genommen werden. Bei mehrfachem Sinn in dem weitesten. (...) Bei günstigen Geschäften sind die Worte eines Rechtsverständigen oder dessen, der sich eines solchen bedient, in weiteren Sinne zu nehmen, so dass sie auch den Sinn behalten, der ihnen in der Wissenschaft oder im Gesetz gegeben ist (XII. 1., 2.)." Zusätzlich weist *Grotius* aber darauf hin, dass die Worte „enger als gewöhnlich" zu nehmen sind, wenn es zur Vermeidung einer Unbilligkeit erforderlich ist (XII. 2.).

Lästig: Bei lästigen Geschäften dagegen sei eine enge Auslegung vorzunehmen. So seien etwa Schenkungen auf das zu beschränken, was der Schenkende wahrscheinlich im Sinne gehabt hat. Bei versprochener Hilfe sei anzunehmen, dass der andere, der die Hilfe verlangt, die Kosten trage (XII. 3.).

Grotius schlägt also vor, das auszulegende Recht zu klassifizieren, damit eine Entscheidungsregel angewendet werden kann, die ein bestimmtes Ergebnis präferiert. Damit erscheint der Prozess der Auslegung sehr mechanisch.[10]

Zur Illustration verweist er auf die Streitfrage betreffend eines dem Friedensvertrag zwischen Rom und Karthago nach dem Ersten Punischen Krieges entnommenen Rechtssatz. Dieser lautete: „Die Bundesgenossen beider Teile sollen von keiner von beiden angegriffen werden." Auf diesen Satz beriefen sich die Römer, als sie Karthago wegen des Bruches des Friedens den Krieg erklärten. Die Karthager hatten zuvor den Angriff Hannibals auf die Saguntiner gebilligt, welche die Römer erst nach dem Friedensschluss des Ersten Punischen Krieges als Bundesgenossen aufgenommen hatten. Es stellte sich die Frage, ob unter das Wort Bundesgenosse auch die fallen, die dies erst nach Abschluss des Vertrages werden. *Grotius* meint: „Unzweifelhaft bedeutet das Wort ‚Bundesgenossen' nach richtigem Sprachgebrauch im engeren Sinn nur die zur Zeit des Bündnisses vorhandenen, in weiterem Sinne auch die späteren. Welche Ausführung hier vorzuziehen ist, ist aus den oben aufgestellten Regeln zu entnehmen. Danach meine ich, dass hier die zukünftigen nicht darunter zu verstehen sind, weil es sich um den Bruch eines Bündnisses, das ein lästiger Gegenstand ist, und um die Beschränkung der Karthager handelt, dass sie die, welche ihnen nach ihrer Meinung Unrecht getan haben, nicht durch die Waffen zwingen sollen, während dies doch

---

10 Um mögliche Ungerechtigkeiten zu vermeiden, fügt er jedoch als wichtiges Korrektiv die Billigkeit hinzu (so etwa in XXVI.). Ferner stellt *Grotius* die *Auslegung nach Vermutungen* auf, die entweder ausdehnend oder verengend ist (XX. ff.). Dabei soll die Vermutung gegen eine Verpflichtung leichter zulässig sein (XX.).

ein Recht ist, das man nicht leichthin aufgibt. (XIII.)“ Anders gesagt: die Beschränkung der Souveränität ist eine lästige Verpflichtung, sie soll daher restriktiv ausgelegt werden. Ist nun der römisch-karthagische Vertrag so zu verstehen, dass die Römer in ihrer Souveränität soweit beschränkt sind, dass sie keine neuen Bundesgenossen mehr aufnehmen bzw. diese nicht verteidigen dürfen? Auch hierauf findet *Grotius* eine „souveränitätsfreundliche“ Antwort: Er gibt den Römern diese Rechte. Sie folgen aber nicht aus dem Friedensvertrag, sondern aus natürlichem Recht, dem die Römer nicht entsagt hatten. Mithin hatten die Sanguntiner eine Stellung, als würde die streitige Regel überhaupt nicht existieren. Daher verletzten die Karthager die Regel nicht, als sie die Sangutiner bekriegten und ebenso die Römer nicht, als sie sie verteidigten (XIII.).

Auch wenn *Grotius* die souveränitätsfreundliche Auslegung als solche nicht kennt, so sind doch Anzeichen für eine in diese Richtung gehende Auslegungsregel vorhanden.[11] Seine Ausführungen bilden die Grundlage für die Ansicht, völkerrechtliche Verträge seien generell restriktiv auszulegen, weil sie die Handlungsfreiheit beschränkten[12]. Für die souveränitätsfreundliche Auslegung ist *Grotius* Ausgangspunkt und Autorität, auf die sich teilweise noch in jüngster Zeit berufen wurde[13].

III. Die weitere Entwicklung bis zum 20. Jahrhundert, insbesondere durch Emer de Vattel

In der Folgezeit wurden die wesentlichen Aussagen von *Grotius* fortgeführt. Seine Nachfolger wiederholten dessen Auslegungsregeln und wichen allenfalls in Einzelheiten ab.[14] Der Auslegungsproblematik kam zu jener Zeit innerhalb des

---

11 Vgl. ferner *H. Grotius*, De iure belli ac pacis, 3. Buch Kap. 20 XI, 3. Buch Kap. 21 XIV.

12 Diese Ansicht war zumindest in der ersten Hälfte des 20. Jh. weit verbreitet (vgl. unten § 6, § 9 I 2).

13 So etwa S. O. *De Castro*, Namibia – 1971- Advicory Opinion, ICJ. Rep. 1971, S. 16, 170, 182. In der Literatur beispielsweise *H. Sultan*, in: FS Andrassy, S. 294, 297; *H. Lauterpacht*, The Development of International Law by the International Court, S. 305; *ders.*, BYIL 26 (1949), 48, 49, der aber die souveränitätsfreundliche Auslegung ablehnt.

14 *R. Bernhardt*, Die Auslegung völkerrechtlicher Verträge, S. 6 mN. So stellten etwa *S. Pufendorf*, De Jure Naturae Et Gentium, Lib. V Cap. 12, insb. §§ 12 ff., *J. W. Textor*, Synopsis juris gentium, §§ 15, 19, 20 ff., und *Ch. Wolff*, Grundsätze des Natur- und Völckerrechts, in: Gesammelte Werke I. Abt. Bd. 19, §§ 794 ff., ähnliche und gleiche Regeln auf. Das gilt insbesondere auch für die Regel, dass lästige Verpflichtungen im Zweifel restriktiv auszulegen seien. Vgl. etwa *Christian Wolff*,

Völkerrechts kaum Bedeutung zu. Ein wesentlicher Grund dafür war das Selbstverständnis der Souveräne und das damalige Souveränitätsverständnis, nämlich die Annahme, der Souverän sei niemandem unterworfen. So gelangte beispielsweise *Moser* zum Ergebnis, in streitigen Fällen behalte entweder der Stärkere Recht oder es sei ein Vergleich zu schließen.[15] Das ist in gewissem – wenn auch im Verhältnis zu moderneren Auffassungen zu unterscheidendem – Sinne eine die (hier: absolute) Souveränität beachtende Auslegung.

Gehaltvolles zur Auslegung kann nur derjenige vorbringen, der die Bindungskraft von völkerrechtlichen Verträgen ernst nimmt. Dazu zählt *Emer de Vattel*[16], dessen Hauptwerk *Le droit des gens ou principes de la loi naturelle*, erstmals im Jahre 1758 erschien (die folgenden in Klammern angegebenen Paragraphen beziehen sich auf Buch II, Kapitel XVII dieses Werkes). Er hebt die grundlegende allgemeine Auslegungsregel hervor, dass wegen des verpflichtenden Charakters von Versprechungen keiner der Vertragsschließenden das Recht habe, den Vertrag nach seinem Belieben auszulegen (§ 265).[17] Vielmehr unterliege die Auslegung bestimmten Regeln, die geeignet seien, den Sinn der Verträge zu ermitteln, wie ihn die Beteiligten natürlicherweise haben verstehen müssen, als der Akt er-

---

ebenda, § 810: „Da man bey der Auslegung vorhat zu zeigen, was einer durch seine Worte hat wollen zu verstehen geben; folglich, was er, da er redete, gedacht hat; so muß die Auslegung davon gemacht werden, was einer wahrscheinlicher Weise gedacht hat (...).“Dazu gehöre auch die einschränkende Auslegung, die *interpretatio restrictiva* (ebenda § 813): „Weil man die Auslegung darnach machen muß, was einer wahrscheinlicher Weise gedacht hat; so muß man, wenn es die Sache, wovon gehandelt wird, nicht wohl leidet, daß die Worte in einer so weiten Bedeutung genommen werden, als es scheint, dass sie genommen werden sollten, dieselbe durch die einschränckende Auslegung der Sache gemäß einschräncken (...).“ Ähnlich ebenda, § 809: „Wenn etwas den einen Theil beschwert, oder mehr als den andern, so sind, indem sich nicht vermuthen lässt, daß jemand sich viel beschweren will, die Worte in einer engeren Bedeutung zu nehmen. (...) [Deshalb sei beispielsweise anzunehmen] daß man die Hülfsvölcker, die einem Mächtigern versprochen worden, auf seine Unkosten zu unterhalten versprochen hat.“

15 *J. J. Moser*, Grundsätze des Europäischen Völkerrechts in Friedens-Zeiten (1750), 11. Buch 8. Kap. §§ 5 ff.; *ders.*, Erste Grundlagen des Europäischen Völkerrechts (1778), 16. Kap. §§ 45, 55: „Manchmalen aber muß sich auch wohl der Schwächere des Stärckeren Auslegung, wider seinen guten willen, gefallen lassen.“

16 Deutsch von Wilhelm Euler.

17 Ebenso in § 269: „Nun erkennen aber die Souveräne keinen gemeinsamen Richter, keinen Übergeordneten an, der sie verpflichten könnte, eine auf den Rechtsregeln gegründete Auslegung anzunehmen. Deshalb bildet allein der allgemein verbindliche Grundsatz der Vertragstreue die Sicherheit für die Vertragsschließenden. Diese Vertragstreue wird durch die Ablehnung einer offensichtlich zutreffenden Auslegung genauso verletzt wie durch einen offenen Vertragsbruch.“

richtet und angenommen wurde (§ 268)[18]. Grund für ihre Anwendbarkeit seien die Vernunft und die Billigkeit (§§ 262, 264, 300 und öfter).

Zu den Auslegungsregeln gehören nach seiner Auffassung die enge Auslegung von lästigen Dingen und weite Auslegung von günstigen Dingen.[19]. Im Gegensatz zu *Grotius* ordnet er die Verträge, die eine Beschränkung der absoluten Handlungsfreiheit der Souveräne darstellen, nicht unmittelbar den lästigen Dingen zu. Auf das Beispiel der Auslegung des karthagisch-römischen Friedensvertrages eingehend[20], widerspricht er: „Man kann nicht sagen, dass die Klausel ‚Lästiges' enthält, weil sie die Freiheit eines souveränen Staates einschränkt oder zum Bruch eines Bündnisses führen könnte (§ 309)." Vielmehr sei die auszulegende Klausel günstig, da sie im Einklang mit der Menschlichkeit und der freundlichen Gesinnung stehe. Sie schließe zudem nicht aus, einen gerechten Krieg zu führen (§ 309). Insofern ist *de Vattel* im Kern kein Verfechter einer „souveränitätsfreundlichen Auslegung" *Grotiusscher* Prägung. Immerhin stellt er einige im Zusammenhang mit der souveränitätsfreundlichen Auslegung häufiger genannte Regeln auf: Die interpretatio contra proferentem (§§ 264, 262) und die Auslegung zugunsten der Gleichheit (§ 308)[21].

Das bisher gezeichnete Bild änderte sich in der Folgezeit bis zum Ende des 19. Jh. kaum. Nach wie vor wurden die einzelnen Auslegungsregeln – nunmehr unter Berufung auf *Grotius* und *de Vattel* – enumerativ aufgezählt[22], wobei ihre Zahl beträchtlich schwanken konnte. Teil dieser Aufzählungen waren meist auch

---

18 Auslegung ist für ihn nur dann notwendig, wenn Ausdrücke unklar sind. Was dagegen aufgrund der Klarheit keiner Auslegung bedürfe, dürfe auch nicht ausgelegt werden (§ 263). Immerhin: Auch dieses Verbot bezeichnet er als „Auslegungsregel".

19 Ähnlich wie *Grotius* definiert er: Lästige Dinge sind solche, die nicht dem gemeinsamen Vorteil dienen, sondern darauf abzielen, die Gleichheit des Vertrages aufzuheben, eine Partei allein zu belasten oder mehr als die andere zu belasten, günstige Dinge dagegen sind solche, die in Verträgen auf den gemeinsamen Nutzen und die Gleichheit zwischen den Kontrahenten abzielen (§ 301). Allerdings bleibt *de Vattel* nicht konsequent bei dieser Definition. In der Folge (§§ 301 ff.) gibt er weitere Erläuterungen, was das Günstige und Lästige sei. Zudem führt er in § 300 aus, günstige Dinge seien solche, die zur Wahrung der Billigkeit im weitesten Sinne zu vermuten sind, lästige Dinge solche, deren Einschränkung der Billigkeit entspricht.

20 S.o. § 5 II.

21 Freilich gründet sich diese Regel nicht auf die Souveränität, sondern auf seinem Ansatz der Unterscheidung zwischen günstigen und lästigen Dingen.

22 *H. Wheaton*, Elements of International Law (1866), § 287, begnügt sich etwa damit, auf die Auslegungsregeln von *Grotius* und *de Vattel* Bezug zu nehmen. Vgl. zudem *H. Lauterpacht*, BYIL 26 (1949), 48, 49.

die mit der souveränitätsfreundlichen Auslegung in Zusammenhang stehenden Regeln *contra proferentem* und *in dubio mitius*. Die zuletzt genannte Regel, die besagt, die Staaten wollten sich im Zweifel nicht vertraglich binden, beruhte auf dem damaligen, absoluten Verständnis von Souveränität.[23] Ihr kam als die nach innen und außen wirkende Eigenschaft der Staatsgewalt eine Abwehrfunktion gegen fremde Einflüsse zu.[24] Damit wurden völkerrechtliche Bindungen eher als lästige Dinge im *Grotiusschen* Sinne angesehen und deshalb zugunsten der Ungebundenheit ausgelegt.

Die geringe wissenschaftliche Auseinandersetzung mit den Auslegungsregeln dürfte darauf beruhen, dass die vertragsschließenden Parteien meist selbst ihre Verträge auszulegen hatten und dass bei der Lösung von schwierigen, politisch und rechtlich verzahnten Problemen nicht nur auf ausdifferenzierte rechtliche Überlegungen zurückgegriffen wurde, sondern auch auf andere Handlungsinstrumentarien. Die Lösung konnte durch diplomatische Verhandlungen und durch Ausspielen von Macht erfolgen und, wenn es sein musste, auch mit kriegerischen Mitteln.[25]

Ein neuer Anstoß für eine Auseinandersetzung mit der völkerrechtlichen Auslegungslehre erfolgte erst mit der Festigung der Rechtsordnung durch die immer größer werdenden Interdependenzen zwischen den Staaten Ende des 19. Jahrhunderts, mit der Entstehung und Festigung der bürgerlichen Nationalstaaten und der Entwicklung der innerstaatlichen Auslegungsmethoden, die in einigen Rechtsordnungen ebenso wie ihre völkerrechtlichen Pendants ihren Ausgangspunkt im Römischen Recht hatten[26]. Zudem wurden immer häufiger zur Lösung von rechtlichen Streitigkeiten unabhängige Instanzen angerufen. Die eingesetzten Schiedsrichter hatten die Aufgabe, Streitigkeiten auf einer strikt rechtlichen Grundlage

---

23 *Ch. Baldus*, Regelhafte Vertragsauslegung nach Parteirollen Teil II, S. 746, erklärt, „mitius" als souveränitätsschonend zu verstehen, ist eine Ansicht des 19. Jh., einer Zeit, die in extremen Maße von seinen einzelnen Gliedern und nicht von zentralen Werten der Institutionen her verstand.

24 *K. Ipsen*, in: ders., Völkerrecht, § 2 Rn. 14. Einzelheiten s.o. § 4 II 2.

25 Dieser Zustand ist aus Sicht des absoluten Souveränitätsverständnisses „souveränitätsfreundlich", weil es sich um Lösungen jenseits des Rechts handelt.

26 Neue Anstöße für die Methodenlehre hat insbesondere *F. C. Savigny* in der ersten Hälfte des 19. Jh. mit seinen Werken *System des heutigen Römischen Rechts*, *Juristische Methodenlehre* und *Vorlesungen* gegeben.

zu beurteilen. Damit wurde ein „bürgerlicher" Zustand geschaffen, in dem der Auslegung als Mittel zur Rechtsfindung eine wichtige Funktion zukam.[27]

IV. Der Stand zu Beginn des 20. Jahrhunderts

Die entstandene Kultur der friedlichen Streitbeilegung verstärkte sich durch die Schaffung eines Ständigen Internationalen Schiedshofes mit Sitz in Den Haag durch das I. Haager Abkommen zur friedlichen Erledigung internationaler Streitfälle vom 18.10.1907[28]. Dieser Schiedshof diente in erster Linie als Informations- und Vermittlungsorgan, um Schiedsgerichte zu errichten. Dazu hielt er vor allem eine Liste mit Personen bereit, die gewillt waren, ein schiedsrichterliches Amt zu übernehmen, soweit ihnen das von streitenden Staaten angetragen würde. Außerdem wurden Regeln über den Ablauf des schiedsrichterlichen Verfahrens aufgestellt. Die Vertragsparteien konnten so auf relativ einfache Weise ihre Streitigkeiten durch eine unabhängige Person schlichten lassen.

In schiedsrichterlichen Entscheidungen wurde die Auslegungsregel angewendet, nach der Verträge im Zweifel restriktiv, nämlich so auszulegen seien, dass die staatliche Souveränität möglichst geringen Beschränkungen ausgesetzt werde. Genannt seien etwa die Entscheidungen[29] *North Atlantic Coast Fisheries*[30], *Loy and Marcus v. German Empire*[31], *Sambiaggio*[32], der *Muscat Dhows Case*[33], sowie in den sogenannten *Bond Cases* der *US-Venezuelen Claim Comission*[34] und der *US-Colombian Claim Commission.* In der letztgenannten Entscheidung ent-

---

27 *F. A. F. von der Heydte*, Völkerrecht I, S. 20, schreibt zu Recht: „Der erste große Fortschritt im Bereich des Rechtes ist die Schaffung eines Richteramtes: Mit der Einsetzung des Richters beginnt die Entwicklung des Rechtes fort von der Anarchie, die an seinem Anfang steht."

28 RGBl. 1910, S. 5.

29 In der nationalen Rechtsprechung findet sich ein Beispiel für die Anwendung dieser Regel: *Bundesgericht der Schweiz*, BGE 25 I, S. 89 ff., 94.

30 Permanent Court of Arbitration, 1910, No. 7, S. 114 = RIAA XI, S. 167, insb. 180, 182.

31 *Loy and Marcus v. German Empire*, nach *Y. Chang*, The Interpretation of Treaties by Judical Tribunals, S. 75 Fn. 38.

32 *Sambiaggio Case*, *Italian-Venezuelan Commission*, RIAA X, S. 500, 521 f.

33 *Muscat Dhows Case*, 1905, 1 Scott S. 93, 96.

34 Opinion of *Little*, *US-Venezuelan Bond Cases*, 1885, in: J. B. Moore, History and Digest of the International Arbitrations to which the United States has been a party Vol. IV, S. 3616, 3620.

schied die Kommission, sie habe ihre eigene Kompetenz restriktiv auszulegen, weil sie damit ein souveränes Recht berühre.[35]

Auch die Literatur zu Beginn des 20. Jahrhunderts lassen sich diese und ähnliche Auslegungsregeln nachweisen. So stellte *Heilborn* die Regel auf, nach der im Zweifel zugunsten des Verpflichteten zu entscheiden sei[36], und fügte hinzu, dass über diese und ähnliche Rechtsgrundsätze im großen und ganzen alle Welt einig sein dürfte[37]. Ähnlich die Auffassung von *Oppenheim*. Er führt als Auslegungsregel unter anderem an: „If (...) the meaning of a stipulation is ambiguous, the reasonable meaning is to be preffered to the unreasonable (...), the consistent meaning to the meaning inconsistent with generally recognised principles of International Law and with previous treaty obligations towards third States."[38] Zudem meint er: „The principle *in dubio mitius* must be applied in interpreting treaties. If, therefore, the meaning of a stipulation is ambiguous, such meaning is to be preffered as is less onerous for the obliged party, or as interferes less with the parties' territorial and personal supremacy, or as contains less general restrictions upon the parties."[39]

Die damalige Legitimation der Regel der restriktiven Auslegung von völkerrechtlichen Verträgen beruhte auf zwei Überlegungen: erstens auf der seit *Grotius* herrschenden Auffassung, belastende Verträge (lästige Dinge) seien restriktiv auszulegen[40], und zweitens auf der dem absoluten Souveränitätsverständnis abge-

---

35 Opinion of *Bruce*, *US-Colombian Bond Cases*, in: J. B. Moore, History and Digest of the International Arbitrations to which the United States has been a party Vol. IV, S. 3612, 3614: „Moreover, in all cases in which reasonable doubt exists as to its competence, and especially in those now under consideration which interest directly the credit and the good faith of one of the contracting parties, the commission is bound to decline to entertain them, and to construe its powers in a limited and not in an extensive sense. Were the commission to adopt the contrary principle of interpretation, it would be open to the charge of assuming powers the exercise of which is always jealously reserved by government to themselves."

36 *P. Heilborn*, Grundbegriffe des Völkerrechts, S. 76. Ebenso *E. Ullmann*, Völkerrecht, § 72. Ähnlich *A. Rivier*, Lehrbuch des Völkerrechts, S. 348, der die Vermutungsregel aufstellt, dass man sich so wenig wie möglich binden will.

37 *P. Heilborn*, Grundbegriffe des Völkerrechts, S. 76. Allerdings wendet er sich gegen die Behauptung, eine unklare Erklärung müsse zum Nachteil des Erklärenden ausgelegt werden. Dies solle nur im schwer nachweisbaren Fall *absichtlicher* Unklarheit gelten (ebenda, S. 76 Fn. 3).

38 *L. Oppenheim*, International Law Vol. I, S. 584.

39 *L. Oppenheim*, International Law Vol. I, S. 584.

40 Vgl. etwa die Entscheidungen *Fischbach and Friedericy Cases*, German-Venezuelan Commission, 1903, RIAA X, S. 389, 399, und Opinion of *Little*, *US-*

leiteten Überzeugung, völkerrechtliche Verträge generell als belastend anzusehen, weil sie die Souveränität einschränkten. Ganz besonders galt das für solche Vereinbarungen, in denen eine Seite den Vertrag diktierte: In diesem Fall trete noch deutlicher der belastende Charakter des Vertrages für die Gegenseite hervor. Daher solle der Vertrag zugunsten der Gegenseite restriktiv ausgelegt werden (*interpretatio contra proferentem*).

Es kann also zusammengefasst werden, dass es den Terminus *souveränitätsfreundliche Auslegung* bis zum Beginn des 20. Jh. nicht gab, dafür aber immerhin Auslegungsregeln angewendet wurden, die der Souveränität bei der Auslegung Geltung verschafften. Über diese „Vorläufer der souveränitätsfreundliche Auslegung", die bis auf *Grotius* zurückgehen, bestand weitestgehend Einigkeit: Sie fanden in der Praxis Verbreitung und wurden bei den Aufzählungen der Auslegungsregeln in der Literatur immer wieder berücksichtigt.

§ 6 Die Praxis während der Völkerbundzeit (1921-1945)

Nach den schrecklichen Erfahrungen des Weltkrieges von 1914-1918 versuchten die Siegerstaaten, die internationalen Beziehungen neu zu ordnen und dabei solche völkerrechtlichen Strukturen und Mechanismen zu schaffen, die jeden Krieg und jede Bedrohung mit Krieg verhindern.[41] Dazu wurde der Völkerbund gegründet.[42] Neben dem Bekenntnis zur Abrüstung (Art. 8 und 9 VBS), dem Ver-

---

Venezuelan Bond Cases, 1885, in: J. B. Moore, History and Digest of the International Arbitrations to which the United States has been a party Vol. IV, S. 3616, 3625, in denen bei der Auslegung einer Norm der ausdrücklich auf die von *Grotius* getroffene Unterscheidung zwischen begünstigenden und belastenden Dingen abgestellt wurde.

41 Vgl. etwa *H. Fischer*, in: Ipsen, Völkerrecht, § 59 Rn. 3 ff. Den Bemühungen zur Schaffung einer Friedensordnung auf vertraglicher Ebene steht das tatsächliche Staatenverhalten gegenüber. Trotz ständiger Abrüstungsdebatten und Friedensbeteuerungen im Völkerbund wurde bei allen Staaten ständig aufgerüstet. Es bestand eine eigenartige Schieflage in den internationalen Beziehungen, wenn man einerseits die rechtlichen Errungenschaften, wie das Genfer Protokoll und den Briad-Kellogg-Pakt, nimmt, und andererseits die kriegerischen Auseinandersetzungen betrachtet, die auch in den 1920ern und 30ern keine Seltenheit waren. Erwähnt seien nur die Kriege in Sowjetrussland und China, die Konflikte im Nahen Osten, die kolonialen Auseinandersetzungen, sowie der italienische Krieg mit Abessinien aus den Jahren 1935/36, der den beginnenden Auflösungsprozess des Völkerbundes und das Ende einer relativen Friedensphase markierte.

42 Vgl. die Präambel und Art. 11 VBS. Die Völkerbundsatzung wurde auf der Pariser Konferenz am 28.4.1919 angenommen und ist Bestandteil der Friedensverträge (RGBl. 1919, S. 717).

sprechen, alle Streitigkeiten dem Streitschlichtungsmechanismus zu unterwerfen (Art. 12-15 VBS) und dem Prinzip der kollektiven Sicherheit (Art. 16 VBS), sicherte man sich die Beachtung und Aufrechterhaltung der territorialen Integrität und politischen Unabhängigkeit zu (Art. 10 VBS). Mit dem Ständigen Internationalen Gerichtshof trat ein Gericht völlig neuen Typs auf die internationale Bühne.[43]

Das bisherige starre Souveränitätsdenken wurde mit der Völkerbundsatzung und der Schaffung eines ständigen internationalen Gerichts überwunden. Gleichzeitig wurde die Achtung der Souveränität vertraglich zu einem Eckpfeiler für die neue internationale Ordnung gemacht. Unter diesen veränderten Bedingungen kam es in der Praxis zur Weiterentwicklung der souveränitätsfreundlichen Auslegung.

I. Die Rechtsprechung des Ständigen Internationalen Gerichtshofs

Einen besonderen Platz bei der Auswertung der Rechtsprechung gebührt dem Ständigen Internationalen Gerichtshof. Er wurde im Jahre 1921[44] durch den Völkerbund aufgrund von Art. 14 der Völkerbundsatzung geschaffen[45] und war das erste ständige Gericht mit universellem Anspruch und umfassender Zuständigkeit zur Entscheidung völkerrechtlicher Streitigkeiten.[46] Bis dahin gab es lediglich von 1908 bis 1918 einen Zentralamerikanischen Gerichtshof, der aber nur wenige Streitigkeiten zu entscheiden hatte und relativ bedeutungslos blieb.[47] Mit der Errichtung des Ständigen Internationalen Gerichtshofs gelang ein entscheidender Schritt in der Fortentwicklung der internationalen Gerichtsbarkeit: Man hatte ein weltweit agierendes und kontinuierlich arbeitendes Gericht geschaffen. Es war befugt, über alle von den Streitparteien unterbreiteten internationalen Streitfragen

---

43 Die Neuordnung des Völkerrechts bewirkte auch den Fortschritt der Völkerrechtswissenschaft. So wurden neue Zeitschriften gegründet und es erfolgte eine genauere Beobachtung, Sammlung und Untersuchung der Rechtsprechung. Genannt seien nur der englische Annual Digest, und das deutsche Fontes Iuris Gentium.

44 Das Statut des Gerichtshofes (RGBl. 1927 II, S. 227) wurde am 13.12.1920 beschlossen und trat am 2.9.1921 in Kraft. Der Gerichtshof wurde im Februar 1922 in Den Haag eröffnet.

45 Anders als später das UN-Organ IGH war der Ständige Internationale Gerichtshof kein Organ des Völkerbundes.

46 *F. v. Liszt/M. Fleischmann*, Völkerrecht, S. 432 ff.; *H.-J. Schlochauer*, Permanent Court of International Justice, in: EPIL Vol. III, S. 988 ff. Das Gericht arbeitete von 1922 bis 1939, es fällte 22 Urteile und erstellte 27 Gutachten.

47 *H. M. Hill*, Central American Court of Justice, in: EPIL Vol. I, S. 551 ff.; *R. Bernhardt*, ZaöRV 47 (1987), 17, 20.

zu entscheiden. Eine diesbezügliche Kompetenz konnte ihr von Staaten generell übertragen werden (dies geschah unter anderem für Teile des Versailler Vertrages) oder indem eine ad hoc-Vereinbarung getroffen wurde. Darüber hinaus konnte es zu anderen Streitfragen und Angelegenheiten in Gutachten Stellung nehmen.

1. Das Rechtsgutachten Competence of the ILO for Agriculture

Zu Beginn seiner Tätigkeit hatte sich der Ständige Internationale Gerichtshof in einem Rechtsgutachten vom 12.8.1922 mit den Regelungen zur Zuständigkeit der Internationalen Arbeitsorganisation (International Labour Organisation – ILO) auseinander zu setzen.[48] Die ILO war durch Teil XIII (Art. 387 ff.) des Versailler Vertrages im Jahre 1919 geschaffen worden. In der Überschrift vor Art. 387 Versailler Vertrag und an anderen Stellen wurde der Begriff Arbeit bzw. *Labour* und *Travail* verwendet, ohne näher zu definieren, wer Arbeiter im Sinne des Vertrages ist. In einigen verstreuten Artikeln wird auf den industriellen Bereich verwiesen.[49] Es stellte sich daher die Frage, ob sich die Regelungen zur ILO auch auf in der Landwirtschaft tätige Personen erstreckt.[50]

Die Richter wiesen in der Begründung zunächst darauf hin, dass die an dem Verfahren beteiligten Staaten den Standpunkt verfochten hätten, mit Gründung einer Internationalen Organisation sei die Übertragung nationaler Souveränität verbunden und deshalb dürfe die Kompetenz der Organisation nicht im Wege der Interpretation ausgedehnt werden.[51] Diese Argumentation hätte zur Konsequenz gehabt, die ILO nicht auf die in der Landwirtschaft tätigen Personen auszuweiten. Das Gericht führte dazu jedoch aus: „There may be some force in this argument, but the question in every case must resolve itself into what the terms of the treaty

---

48 PCIJ Ser. B No. 2/3; Der englische Text ist verbindlich (S. 43).

49 Nach Art. 412 Versailler Vertrag z.B. soll jeder Mitgliedstaat drei in industriellen Fragen maßgebenden Personen in den Untersuchungsausschuß senden. Art. 427 I Versailler Vertrag spricht von *industrial wage-earners* beziehungsweise *travailleurs salariés* und Lohnarbeiter (nach Art. 440 Versailler Vertrag sind der französische und englische Text gleichermaßen maßgeblich).

50 Die zu begutachtende Frage lautete: „Does the competence of the International Labour Organisation extend to international regulation of the conditions of labour of persons employed in agriculture."

51 PCIJ Ser. B No. 2/3, S. 23: „It was much urged in argument that the establishment of the International Labour Organisation involved an abandonment of rights derived from national sovereignty, and that the competence of the Organisation therefore should not be extended by interpretation."

actually mean, and it is from this point of view that the Court proposes to examine the question."[52] Zunächst solle also der Wortlaut untersucht werden und dabei stellte das Gericht fest, die gebrauchten Worte *travailleurs* bzw. *workpeople* seien allgemeiner Natur, auch Landarbeiter seien darunter subsumierbar. Außerdem seien die in Art. 427 Versailler Vertrag niedergelegten Ziele und Grundsätze, wie zum Beispiel Abschaffung der Kinderarbeit und Einführung einer Wochenarbeitszeitbegrenzung, nur erreichbar, wenn sie in allen Wirtschaftszweigen durchgesetzt würden. Schließlich behandelten die vorangegangenen ILO-Konferenzen auch die Landwirtschaft betreffende Probleme, ohne für diese Praxis Widerspruch zu erzeugen.[53] Aufgrund dieser überzeugenden Argumente kam man zum Ergebnis, die Kompetenz der ILO erstrecke sich auch auf die Regelung der Arbeitsbedingungen der in der Landwirtschaft tätigen Personen. Das Argument, Teil XII des Versailler Vertrages souveränitätsfreundlich auszulegen, hatte also keine durchschlagende Wirkung.

Es bleibt an diesem Gutachten festzuhalten, dass das Gericht die Souveränität im Rahmen der Interpretation als Argument berücksichtigt und ihm „some force" zugesteht. Die Passage ist gleichwohl kaum mehr als eine Besänftigung des mit der Abgabe von Machtbefugnissen verbundenen Unbehagens der Staaten. Im Ergebnis gaben richtigerweise andere Argumente den entscheidenden Ausschlag.

2. Der Ostkarelienstreit

Im *Eastern Carelia Case*[54] hatte der Gerichtshof zu klären, wie weit seine Kompetenz reicht. In dieser häufig zu klärenden Rechtsfrage beruft sich oftmals eine Streitpartei auf die souveränitätsfreundliche Auslegung, um die Kompetenz des angerufenen Entscheidungsträgers zu verneinen. In der Tat berührt die Frage ein wesentliches souveränes Recht, nämlich das Recht auf Freiheit von fremder Gerichtsbarkeit. Zusätzliche Brisanz entsteht durch das „Selbstbestimmungsrecht"

---

52 PCIJ Ser. B No. 2/3, S. 23.

53 PCIJ Ser. B No. 2/3, S. 39. Interessant daran ist die Formulierung: „If there were any ambiguity, the Court might, for the purpose of arriving at the true meaning, consider the action which has been taken under the Treaty." Das kann als Auslegungsregel formuliert werden: Im Zweifel soll die Praxis weiteren Aufschluss geben. In den folgenden Entscheidungen meinte das Gericht dann, die souveränitätsfreundliche Auslegung sei im Zweifelsfalle anzuwenden. In welchem Verhältnis beide „Zweifelsregeln" bestehen, bleibt allerdings im Dunkel. Im vorliegenden Fall wurde das Argument nämlich lediglich zur Erhärtung der anderen, gegen die Richtung der souveränitätsfreundlichen Auslegung sprechenden Argumente verwendet.

54 Gutachten vom 23.7.1923, PCIJ Ser. B No. 5.

des angerufene Organs: Es darf bzw. muss seine Kompetenz und damit den Umfang seiner Macht selbst bestimmen.[55]

In der Sache rief der Rat des Völkerbundes das Gericht mit der Bitte an, über die Auslegung eines Vertrages zwischen Russland und Finnland ein Gutachten zu erstatten, obwohl sich Russland in keiner Weise einem solchen Verfahren unterworfen hatte. Der Rat war dennoch der Ansicht, der Gerichtshof müsse ein Gutachten erstatten, weil er gem. Art. 14 VBS zur Erstattung von Gutachten jeder Art verpflichtet sei, wenn ihm vom Rat oder der Bundesversammlung eine Frage vorgelegt werde.[56] Zudem sei ein Gutachten für niemanden rechtlich verbindlich.

Einer solchen Argumentation verschloss sich das Gericht mit Hinweis auf Art. 17 VBS. Danach müsse sich jeder Nichtmitgliedstaat des Völkerbundes einem Streit erst vertraglich unterwerfen, bevor er die gleichen Pflichten wie ein Mitgliedsstaat habe. Zusätzlich hob das Gericht hervor: „This rule, moreover, only accepts and applies a principle of international law, namely, the principle of the independence of States. It is well established in international law that no State can, without its consent, be compelled to submit its disputes with other States either to mediation or to arbitration, or to any other kind of pacific settlement."[57]

Damit machte das Gericht die staatliche Souveränität zu einem wesentlichen Entscheidungskriterium der Auslegung der eigenen Kompetenz und kam zum Ergebnis, Art. 14 VBS dürfe nicht so ausgelegt werden, dass unabhängig vom Willen der Staaten Gutachten erstattet werden können. Richtigerweise spricht dagegen auch nicht die Unverbindlichkeit der Gutachten: Diesem Gegenargument wird zurecht Formalismus vorgeworfen.[58] Im Kern will der Gerichtshof nämlich nicht nur wie ein Rechtsgelehrter seine unverbindliche Meinung dartun[59], sondern in einem geregelten Verfahren, an dem die Streitparteien beteiligt werden, in der Sache eine Entscheidung treffen.

---

55 Nach allgemeiner Auffassung haben völkerrechtliche Rechtsprechungsorgane das Recht, die eigene Kompetenz zu bestimmen (vgl. statt vieler *Laguna del Desierto*, Argentinia-Chile Arbitral Tribunal, ILR 113, S. 1, 42). Insofern haben sie in diesem Punkt eine Kompetenz-Kompetenz.

56 PCIJ Ser. B No. 5, S. 9. Dieser Argumentation folgend *K. Strupp*, Karelienstreit, in: WVR[1] Bd. 1, S. 616, 620.

57 PCIJ Ser. B No. 5, S. 27.

58 *K. Herndl*, Karelien-Streit, in: WVR 2. Bd., S. 199, 200.

59 So aber *K. Strupp*, Karelienstreit, in: WVR[1] Bd. 1, S. 616, 620. *K. Herndl*, Karelien-Streit, in: WVR 2. Bd., S. 199, 201, hebt demgegenüber zu Recht hervor, dass einem solchen Gutachten zumindest moralische Autorität zukomme.

3. Der Fall Wimbledon

Einen Meilenstein in der Diskussion um die souveränitätsfreundliche Auslegung stellt die Entscheidung vom 17.8.1923 im *Wimbledon*-Fall dar, dem ersten Urteil des Ständigen Internationale Gerichtshofes.[60] Zu einem Zeitpunkt, da Polen im Kriegszustand mit Sowjetrussland stand, charterte eine französische Befrachtungsgesellschaft einen britischen Dampfer, die „Wimbledon", um damit Kriegsgerät nach Polen zu transportieren. Dazu wollte sie den Kieler Kanal, der durch Art. 380 Versailler Vertrag[61] internationalisiert worden war, passieren. Die deutschen Behörden verweigerten der „Wimbledon" die freie Durchfahrt durch den Kieler Kanal unter Hinweis auf die Wahrung der Neutralität des Deutschen Reiches. Die „Wimbledon" lichtete, nachdem sie 11 Tage gewartet hatte, den Anker und nahm den Umweg durch die dänischen Meerengen.

Daraufhin reichten Großbritannien, Frankreich, Italien und Japan am 16.1.1923 in Den Haag Klage gegen Deutschland mit dem Ziel ein, festzustellen, dass die deutschen Behörden zu Unrecht dem Dampfer den freien Zugang zum Kieler Kanal verweigert hatten.[62] Außerdem sollte der erlittene Schaden ersetzt werden.[63] Die Möglichkeit der Klage eröffnete Art. 386 I Versailler Vertrag, der den beteiligten Mächten das Recht einräumte, im Falle der Verletzung einer der den Kieler Kanal betreffenden Vorschriften (Art. 380-386) oder bei Meinungsverschiedenheiten über die Auslegung dieser Artikel, den Gerichtshof anzurufen.

Das Deutsche Reich war bestrebt, den Umfang der sich aus den Art. 380 ff. Versailler Vertrag ergebenden Pflichten möglichst gering zu halten, insbesondere deshalb, weil das Durchfahrtsrecht die Ausübung der Souveränität einschränkt, weil möglicherweise die souveräne Entscheidung, sich in einem Konflikt neutral zu verhalten, betroffen war und weil es die vertraglichen Pflichten als Kriegsver-

---

60 PCIJ Ser. A No. 1.

61 Art. 380 Versailler Vertrag steht im Teil XII (Häfen, Wasserstraßen und Eisenbahnen), Abschnitt IV (Bestimmungen über den Kieler Kanal). Absatz 1 lautet: Der Kieler Kanal und seine Zugänge stehen den Kriegs- und Handelsschiffen aller mit Deutschland in Frieden lebenden Nationen auf dem Fuße völliger Gleichberechtigung dauernd frei und offen.

62 Polen stellte am 22.5.1923 einen Interventionsantrag (PCIJ Ser. A No. 1, S. 9 f.) und wurde wegen des vom Gerichtshof festgestellten rechtlichen Interesses an dem schwebenden Rechtsstreit zugelassen (Urteil vom 28.6.1923, ebenda, S. 12 ff.); Dies stellte neben der Bedingung, dass Polen Vertragspartei des Versailler Vertrages ist, die entscheidende Voraussetzung des Art. 62 des Statuts des StIGH dar.

63 PCIJ Ser. A No. 1, S. 6 ff., 12.

lierer mehr oder weniger aufoktroyiert bekommen hatte. Auf den Rechtsfall bezogen handelte es sich um das Bestreben, unter Beachtung der Souveränität bei der Auslegung ein möglichst enges, „souveränitätsfreundliches" Ergebnis zu erzielen, so dass Schiffen kein Durchfahrtsrecht gewährt werden musste, wenn dadurch die Stellung des Deutschen Reiches als neutraler Staat berührt würde.

Der Gerichtshof legte zunächst dar, bei der Verpflichtung Deutschlands, freien Zugang zum Kanal zu gewähren, handele es sich um eine Beschränkung der Souveränität[64], und betonte dann: „This fact constitutes a sufficent reason for the restrictive interpretation, in case of doubt, of the clause which produces such a limitation."[65] Damit erkannte es die restriktive Interpretation (*restrictive interpretation* bzw. *interprétée restrictive*) von souveränitätsbeschränkenden Verträgen an. Der maßgebliche Grund für diese Regel sei die Souveränität. Insofern könnte man ebenso von souveränitätsfreundlicher Auslegung sprechen.

Unmittelbar nach der grundsätzlichen Anerkennung dieser Auslegungsregel stellte das Gericht zweierlei klar. Zum einen könne im Abschließen von Verträgen kein Verzicht der Souveränität gesehen werden, dies sei vielmehr gerade Ausdruck der Souveränität, auch wenn es eine Einschränkung in der Ausübung der souveränen Rechte bedeute.[66] Zum zweiten komme der restriktiven Interpretation nur untergeordnete Bedeutung zu. Sie könne nicht angewendet werden, wenn der Wortsinn der auszulegenden Norm klar sei.[67] Der gewonnene Prüfungsaufbau – zunächst Wortlautauslegung, dann bei verbleibenden Unklarheiten (Zweifeln) restriktive Auslegung – wendete die Richtermehrheit auf die behandelte Vorschrift, Art. 380 Versailler Vertrag, an und stellte fest, ihr Wortlaut sei so eindeutig, dass sie zu Zweifeln keinen Anlass biete.[68] Damit war der Weg zu einer „souveräni-

---

64 „(...) [T]he fact remains that Germany has to submit to an important limitation of exercise of the sovereign rights which no one disputes that she possesses over the Kiel Canal" (PCIJ Ser. A No. 1, S. 24).

65 PCIJ Ser. A No. 1, S. 24.

66 PCIJ Ser. A No. 1, S. 25: „The Court declines to see in the conclusion of any Treaty by which a State undertakes to perform or refrain from performing a particular act an abandonment of its sovereignty. No doubt any convention creatingan obligation of this kind places a restriction upon the exercise of the sovereign rights of the State, in the sense that it requires them to be exercised in a certain way. But the right of entering into international engagements is an attribute of State sovereignty."

67 PCIJ Ser. A No. 1, S. 24 f.: „But the Court feels obliged to stop at the point where the so-called restrictive interpretation would be contrary to the plain terms of the article and would destroy what has been clearly granted."

68 PCIJ Ser. A No. 1, S. 22, 24 f.; Daneben stellte die Richtermehrheit systematische Erwägungen an: Die den Kieler Kanal betreffenden Bestimmungen seien ein in sich

tätsfreundlichen Auslegung“ versperrt. Im Ergebnis schlug sich das Souveränitätsargument daher nicht streitentscheidend nieder: Der „Wimbledon“ hätte Durchfahrt gewährt werden müssen.

Dagegen wanden sich die beiden Richter *Anzilotti* und *Huber*.[69] Sie stellten die zu beantwortende Rechtsfrage anders[70], wählten einen abweichenden methodischen Ansatz und gelangten so zum entgegengesetzten Ergebnis. Hier interessiert vor allem der methodische Ansatz: Zunächst erkannten sie – insoweit übereinstimmend mit der Richtermehrheit – an, dass im Falle eines klaren Wortlautes des Vertrages der buchstäbliche Sinn weder eingeschränkt noch ausgeweitet werden dürfe. Unter Betonung subjektiven Ansatzes fügten sie jedoch hinzu: „Though it is true that when the wording of a treaty is clear its literal meaning must be accepted as it stands, without limitation or extension, it is equally true that the words have no value except in so far as they express an idea; but it must not be presumed that the intention was to express an idea which leads to contradictory or impossible consequences or which, in the circumstances, must be regarded as going beyond the intention of the parties. The purely grammatical interpretation of every contract, and more especially of international treaties, must stop at this point."[71] Der grammatikalischen Auslegung solle also nur beschränkte Bedeutung zukommen. Beachtet werden müsse auch, „that, for the purposes of interpretation of contracts which take the form of international conventions, account must be taken of the complexity of interstate relations and of the fact that the contracting parties are independent political entities"[72]. Das kann man sowohl in der Argumentation als auch im Ergebnis als „souveränitätsfreundliche Auslegung“ bezeichnen. Die Regel sei dabei nicht „im Zweifel“ anzuwenden, vielmehr

---

geschlossener Abschnitt, sie könnten daher nicht unter Heranziehung anderer Teile des Versailler Vertrages ausgelegt werden (S. 23 f.). Zudem bewiesen andere Kanalregelungen, dass die Benutzung internationaler Wasserstraßen durch Kriegsschiffe kriegführender Saaten nicht unvereinbar mit der Neutralität des Uferstaates seien (S. 25 ff.).

69 D.O., PCIJ Ser. A No. 1, S. 35 ff. Die ablehnende Haltung *Anzilottis* ist berühmt geworden, weil zum ersten Male ein Richter in einem internationalen bedeutendem Rechtsstreit gegen eine von der eigenen Regierung eingebrachte Klage votierte. Damit unterstrich er die Unabhängigkeit des Ständigen Internationalen Gerichtshofes.

70 D.O., PCIJ Ser. A No. 1, S. 35: „Do the clauses of the Treaty of Versailles relating to the Kiel Canal also apply in the event of Germany's neutrality, or do they only contemplate normal circumstances, that is to say, a state of peace, without affecting the rights and duties of neutrality?"

71 D.O., PCIJ Ser. A No. 1, S. 35, 36.

72 D.O., PCIJ Ser. A No. 1, S. 35, 36.

bilde sie eine Ausgangsvermutung für die Ungebundenheit der Staaten. Die Auslegung müsse den Willen der Parteien nachweisen, sich vertraglich zu binden. Gelänge das nicht zweifelsfrei, dann bleibe es bei der Aufrechterhaltung der „Unversehrtheit".[73]

Auch der vom Deutschen Reich beigeordnete Richter *Schücking* schloss sich dem Urteil nicht an. Seine Begründung stützte sich auf die restriktive Interpretation: „According to the teaching of writers on international law, all treaties concerning servitudes must be interpreted restrictively in the sense that the servitude, being an exceptional right resting upon the territory of a foreign State, should limit as little as possible the sovereignity of that State."[74] Das Gewicht dieser Regel sei seiner Ansicht nach so stark, dass die Auslegung im Ergebnis auch auf das Gegenteil des Wortlautes hinauslaufen könne.

Das Urteil zur *SS. Wimbledon* hat hervorragende Bedeutung für das Völkerrecht. Es war das erste Urteil eines mit weitgehenden Zuständigkeiten ausgestatteten, ständigen internationalen Gerichts war. Mit der Entscheidung durchbrach die Praxis das starre Souveränitätsdenken des 19. Jahrhunderts.[75] Dies war ein Schritt über den Rubicon und deshalb war es den beteiligten Staaten wie schon im Fall *Competence of the ILO for Agriculture* besonders wichtig[76], sich ihrer Souveränität auch durch das Gericht versichern zu lassen. Nicht zuletzt deshalb hat sich der Ständige Internationale Gerichtshof in diesen beiden Entscheidungen zu Beginn seiner Tätigkeit – gewissermaßen als vertrauensbildende Maßnahme – zur restriktiven Auslegung geäußert und den ihm in wichtigen Fragen unabhängig vom Einzelfall unterworfenen Staaten ein Gefühl der Sicherheit, der Souveränität, vermittelt. Daher sollten die Ausführungen des Gerichts nicht überbewertet werden. Immerhin wird in ihr so etwas wie eine souveränitätsfreundliche Auslegung anerkannt.

---

73 D.O., PCIJ Ser. A No. 1, S. 35, 37.

74 D.O., PCIJ Ser. A No. 1, S. 43. Außerdem wies *Schücking* darauf hin, Deutschland habe bei den Friedensverhandlungen vorgeschlagen, bezüglich Art. 380 Versailler Vertrag eine genauere Vereinbarung zu treffen. Da dem die Siegerstaaten nicht entsprochen hätten, müssten sie den Grundsatz des römischen Rechts *obscuritas pacti nocet ei qui apertius loqui potuit* gegen sich gelten lassen (D.O., ebenda, S. 43, 44).

75 Zur weitergehenden Bedeutung, vgl. *I. v. Münch*, The Wimbledon, in: EPIL Vol. IV, S. 1482, 1483 f. mwN.

76 Vgl. etwa die Stellungnahme des französischen Bevollmächtigten *de Lapradelle*, PCIJ Ser. C No. 1, S. 174, der sehr deutlich klarstellte, dass Beschränkungen der Souveränität nur bei textlichem Niederschlag angenommen werden könnten. Er führte jedoch aus, dass der Text hier klar sei und für sich selbst spreche.

In der Literatur wurde das Urteil unterschiedlich interpretiert.[77] Teilweise wurde behauptet[78], der Gerichtshof statuiere die Auslegungsregel nicht allgemein für Verträge, insbesondere nicht für gegenseitig gleichmäßig verpflichtende Verträge, sondern lediglich für die Servituten[79]. Tatsächlich unterschied die Literatur schon früher nach ähnlichen Gesichtspunkten.[80] Der Gerichtshof selbst nahm jedoch zumindest nicht ausdrücklich eine derartige Beschränkung auf Servituten vor.[81] Die Ausführungen begannen vielmehr mit der Feststellung, es handele sich um eine die Souveränität beschränkende Verpflichtung. Das lässt eher auf eine weitergehendere Bedeutung schließen.[82] Herrschend[83] ist die Lesart des Urteils geworden, es stelle fest, dass es eine restriktive Auslegung gebe, sie allerdings

---

77 Vgl. nur *K. Strupp*, „Wimbledon"-Fall, der, in: WVR[1] Bd. 3, S. 538 ff.; *I. v. Münch*, Wimbledon-Fall, in: WVR 3. Bd., S. 850 ff.; *ders.*, The Wimbledon, in: EPIL Vol. IV, S. 1482 ff. jew. mwN. Zu dem Streit um die zutreffende Interpretation des Urteils dürfte nicht unwesentlich der Gerichtshof selbst beigetragen haben, indem er später unter Hinweis auf das Wimbledon-Urteil einerseits eine Anwendbarkeit der Regel bei nicht einseitig belastenden Verträgen verneinte (so etwa PCIJ Ser. B No. 10, S. 21), sie andererseits aber auch bei derartigen Verträgen ansprach und verwendete (etwa in der *Free Zones in Upper Savoy and District of Gex*-Rechtsprechung, PCIJ Ser. A No. 24, S. 12; Ser. A/B No. 46, S. 138 f.).

78 Etwa *G. Dahm*, Völkerrecht Bd. 3, S. 54.

79 Ob es sich im Wimbledon-Fall um eine Servitut handelt, die ursprünglich dem Römischen Recht entstammt (vgl. *A. Nußbaum*, Geschichte des Völkerrechts, S. 14), ließ der Gerichtshof ausdrücklich offen (PCIJ Ser. A No. 1, S. 24), da es nach seiner Auffassung damals noch umstritten war, ob es dieses Institut im internationalen Recht überhaupt gibt. Für eine *servitus juris publici voluntuaria* sprach sich *Schücking* in seiner abweichenden Meinung in diesem Fall aus (S. 43). Dieser Völkerrechtsbegriff hat sich durchgesetzt, seine Existenz ist inzwischen unumstritten (vgl. *V. Epping*, in: Ipsen, Völkerrecht, § 5 Rn. 27; *C. Gloria*, in: Ipsen, Völkerrecht, § 23 Rn. 16 ff.; *U. Fastenrath*, Servitudes, in: EPIL Vol. IV, S. 387 ff.; *J. G. Starke*, Introduction to International Law, S. 196 f.; *Right of Passage over Indian Territory*, ICJ Rep. 1960, S. 6; wN., insbesondere des Haager Schiedshofes bei *A. Verdross/ B. Simma*, Universelles Völkerrecht, § 1024). Art. 380 Versailler Vertag erfüllt die für Servituten aufgestellten Merkmale: Er räumt anderen Völkerrechtssubjekten (den vertragsschließenden Staaten) im Hinblick auf bestimmte funktional begrenzte Rechte (Freier Zugang) auf seinem Staatsgebiet (Kieler Kanal) ein, ohne dass die Gebietshoheit des einräumenden Staates untergeht (das Deutsche Reich besaß weiterhin die territoriale Souveränität). *C. Gloria*, in: Ipsen, Völkerrecht, § 23 Rn. 20, 90, ordnet den Wimbledon-Fall ausdrücklich den Servituten zu. Das Oberste Gericht der britischen Besatzungszone, OGHZ 4, 195, 199, bezeichnete die Internationalisierung ausdrücklich als Staatsservitut.

80 So insb. *H. Grotius*, De iure belli ac pacis, 2. Buch Kap. 16 X ff.

81 Lediglich *Schücking*, D.O., PCIJ Ser. A No. 1, S. 43, verwendete die Servitut in seiner Argumentation.

82 So etwa *A. Verdross*, Staatsverträge. 5. Interpretationsregeln im Völkerrecht, in: WVR[1] Bd. 2, S. 663; *P. Guggenheim*, Lehrbuch des Völkerrechts I, S. 128; *W. Sauer*, System des Völkerrechts, S. 381.

nur zurückhaltend anzuwenden sei, nämlich wenn die grammatikalische Auslegung zu keinen eindeutigen Ergebnissen führe. Diese Einschätzung ist, sieht man von den weitergehenden abweichenden Stellungnahmen ab, zutreffend.

4. Die Folgerechtsprechung

Nachdem im *ILO-Fall* und im *Wimbledon-Fall* die souveränitätsfreundliche Auslegung zumindest als ein mögliches Auslegungsmittel in Betracht gezogen und im Ostkarelienstreit sogar streitentscheidend verwendet wurde, entwickelte sich der weitere Umgang mit der Regel uneinheitlich. Vorsichtig sind die Gutachten *Acquisition of Polish Nationality*[84] und *Polish-Czechoslovakian Frontier*[85]. In ihnen wurde keine restriktive Auslegung vorgenommen, da ansonsten der jeweilige Zweck der auszulegenden Verträge nicht in vollem Umfang erreicht werden könne.

Dagegen wendete der Gerichtshof im Urteil *Mavrommatis Concessions Cases* die Auslegungsregel *in favour to the smaller obligation* bei der Auslegung eines zweisprachigen Vertrages an. Wenn beide Vertragstexte einander widersprächen, dann gelte nur das gemeinsame Minimum.[86] Diese Auslegungsregel könnte von

---

83 *G. Dahm (Begr.)/J. Delbrück/R. Wolfrum (Bearb.)*, Völkerrecht Bd. I/1, S. 222; *A. Verdross/B. Simma*, Universelles Völkerrecht, § 780; *P. Guggenheim*, Lehrbuch des Völkerrechts I, S. 128; *R. Bernhardt*, Die Auslegung völkerrechtlicher Verträge, S. 146 f.; *J. Anweiler*, Die Auslegungsmethoden des Gerichtshofs der Europäischen Gemeinschaften, S. 131.

84 Gutachten vom 15.09.1923, PCIJ Ser. B No. 7.

85 Gutachten vom 6.12.1923, PCIJ Ser. B No. 8, S. 39 f. Es wurde unter anderem die Frage behandelt, wie weit die Kompetenzen einer von beiden Parteien eingesetzten Kommission gingen. Dazu heißt es: „From one point of view this power is fairly wide; for it is not subject to any definite limitation („The Commission shall be empowered to propose any modifications"); nothing is said as regards the time at which such proposals may be made and there appears to be nothing to prevent their being made more than once. Since the object of this clause is one of equity, it must not be interpreted in too rigid a manner."

86 Urteil vom 30.8.1924, PCIJ Ser. A No. 2, S. 19: „The Court is of opinion that, where two versions possessing equal authority exist one of which appears to have a wider bearing than the other, it is bound to adopt the more limited interpretation which can be made to harmonise with both versions and which, as far as it goes, is doubtless in accordance with the common intention of the Parties. In the present case this conclusion is indicated with especial force because the question concerns an instrument laying down the obligations of Great Britain in her capacity as Mandatory for Palestine and because the original draft of this instrument was probably made in English." Ähnlich der Richter *Moore*, D.O., ebenda, S. 54, 69 f.: Bestehe ein unterschiedlicher Sinn eines Begriffes in den jeweiligen Rechtsordnungen der vertrags-

der Souveränität inspiriert sein: Fehlt ein gemeinsamer Wille der Parteien, dann gebietet die Souveränität das Fehlen einer vertraglichen Bindung.

Auf das im Wimbledon-Fall nicht angesprochene Problem, ob je nach Art des völkerrechtlichen Vertrages das Auslegungskriterium unterschiedlich anzuwenden ist, ging das Gutachten *Exchange of Greek and Turkish Populations*[87] ein, bei dem ein Begriff der Lausanner Konvention über den beiderseitigen Austausch der ethnischen Gruppen der Türkei und Griechenlands auszulegen war. Das Gericht meinte: „But as the Court has already had occasion to point out in its judgement in the case of the Wimbledon, 'the right of entering into international engagements is an attribute of State sovereignty'. In the present case, moreover, the obligations of the contracting States are absolutely equal and reciprocal. It is therefore impossible to admit that a convention which creates obligations of this kind, construed according to its natural meaning, infringes the sovereign rights of the High Contracting Parties.“[88] Mit Ausübung der Souveränität durch völkerrechtliche Vertragsschlüsse verliert man diese richtigerweise nicht, sondern übt sie nur aus. Die Verfügbarkeit über Rechte ist gerade eine Eigenschaft der Souveränität. Daher beeinträchtige die natürliche Auslegung nicht die Souveränität der vertragsschließenden Parteien.[89] Welche Folgerungen sich daraus für die souveränitätsfreundliche Auslegung ergeben, dazu äußerte sich das Gericht nicht. Immerhin verliert damit eine möglichen Begründung dieser Regel – die Fiktion, die Parteien wollten sich möglichst nicht binden – an Überzeugungskraft. Ob es sich tatsächlich um eine Beeinträchtigung der Souveränität handelt, wenn nichtreziproke Verpflichtungen eingegangen werden, mag hier dahinstehen. Jedenfalls scheint das Gericht dann zu einer stärkeren Beachtung der Souveränität bei der Auslegung zu tendieren.

Die Entscheidung *Polish Postal Service*[90] knüpfte an das *ILO-Gutachten* und das *Wimbledon-Urteil* an[91]. Die Existenz der restriktiven (und extensiven) Interpreta-

---

schließenden Parteien, dann liege die Präferenz bei derjenigen, die durch den Vertrag einen Nachteil erleide.

87 Gutachten vom 21.2.1925, PCIJ Ser. B No. 10.

88 PCIJ Ser. B No. 10, S. 21.

89 Das Gericht hatte sich damit zu befassen, weil die türkische Regierung, deren Argumentation insgesamt kaum überzeugen konnte, u.a. die Meinung vertat, wenn nicht ihrer Auffassung gefolgt würde, dann sei die nationale Souveränität der Türkei verletzt.

90 Gutachten vom 16.5.1925, PCIJ Ser. B No. 11.

91 *R. Bernhardt*, Die Auslegung völkerrechtlicher Verträge, S. 147, sieht darin die „erste allgemeine Aussage des Gerichtshofes, dass die ‚ordentlichen' Auslegungsre-

tion wurde anerkannt, sie solle jedoch im Vergleich zu den herkömmlichen Methoden subsidiär sein: „In the opinion of the Court, the rules as to a strict or liberal construction of treaty stipulations can be applied only in cases where ordinary methods of interpretation have failed. It is a cardinal principle of interpretation that words must be interpreted in the sense which they would normally have in their context, unless such interpretation would lead to something unreasonable or absurd.“[92]

Bei einer anderen Gelegenheit, im Gutachten *Interpretation of Treaty of Lausanne (Frontier between Turkey and Iraq)*[93], erklärte der Gerichtshof: „(...) [I]f the wording of a treaty provision is not clear, in choosing between several admissible interpretations, the one which involves the minimum of obligations for the parties should be adopted. This principle may be admitted to be sound.“[94] Das klingt, obwohl in der Sache wohl weitgehend identisch, anders als im *Polish Postal Service*-Fall. Anwendungsvoraussetzung für die Auslegung zugunsten eines Minimums an Pflichten für die Parteien war dort das Scheitern der gewöhnlichen Auslegungsmethoden, hier sind es Unklarheiten des Wortlautes.[95] Das Gericht fügte auf den Fall bezogen allerdings hinzu, der Wortlaut des auszulegenden Vertrages sei klar und deshalb könne diese Regel nicht angewendet werden. Damit wurde wiederholt trotz Betonung der Regel eine in der Sache andere Entscheidung getroffen.

Das Gutachten *Competence of the ILO concerning Personal Work of the Employer*[96] behandelte wie das erste *ILO-Gutachten*[97] die Fragestellung, ob die ILO

---

geln den Vorrang vor einer auf Souveränitätserwägungen gestützten restriktiven Interpretation besitzen.“ Meines Erachtens lässt sich diese Feststellung auch schon, wenn auch weniger deutlich in den Fällen *Wimbledon*, PCIJ Ser. A No. 1, S. 24 f., und *Competence of the ILO*, PCIJ Ser. B No. 2/3, S. 23 (s.o. 6 I 1, 3), treffen.

92 PCIJ Ser. B No. 11, S. 39. Der französische Text spricht von *l'interpretation restrictive ou extensive*.

93 Gutachten vom 21.11.1925, PCIJ Ser. B No. 12. Teilweise firmiert die Entscheidung auch unter „Mossul-Frage".

94 PCIJ Ser. B No. 12, S. 25. Zudem sei nicht zu vermuten, die Parteien hätten über den Wortlaut eines Vertrages hinausgehende Verpflichtungen übernehmen wollen (ebenda).

95 Ein Unterschied ist freilich schon dann gegeben, wenn die grammatikalische Auslegung nicht das einzige „gewöhnliche Auslegungsinstrument“ ist. Allerdings betonte der Gerichtshof immer wieder die *ordinary meaning rule*, so dass sich die beiden Entscheidungen in der Sache eben kaum unterscheiden.

96 Gutachten vom 23.7.1926, PCIJ Ser. B No. 13.

97 PCIJ Ser. B No. 2/3.

für einen bestimmten Regelungsbereich zuständig sei. Einige der am Verfahren beteiligten Staaten stützten sich in ihrer Argumentation wieder auf die Souveränität, um im Ergebnis die Zuständigkeit der ILO verneinen zu können. Das Gericht zitierte die entsprechende Passage aus dem ersten ILO-Gutachten[98] und stellte noch einmal ausdrücklich fest, es sei die Aufgabe des Gerichtshofes, zu untersuchen, was die Parteien vereinbart haben, und dass hierfür zunächst der Wortlaut des Vertrages maßgebend sei.[99]

Eine etwas eingehendere Auseinandersetzung findet sich im Urteil zum *Case concerning the Factory at Chorzów*[100], in dem der Begriff Zweifel genauer untersucht wurde: „It has been argued repeatedly in the course of the present proceedings that in case of doubt the Court should decline jurisdiction. If it is true that the Court`s jurisdiction is always a limited one, existing only in so far as States have accepted it; consequently, the Court will, in the event of an objection – or when it has automatically to consider the question – only affirm its jurisdiction provided that the force of the arguments militating in favour of it is preponderant. The fact that weighty arguments can be advanced to support the contention that it has no jurisdiction cannot itself create a doubt calculated to upset its jurisdiction. When considering whether it has jurisdiction or not, the Court`s aim is always to ascertain whether an intention on the part of the Parties exists to confer jurisdiction upon it. The question as to the existence of a doubt nullifying its jurisdiction need not be considered when, as in the present case, this intention can be demonstrated in a manner convincing to the Court.“[101] Nur weil es Gründe für das Nichtbestehen der Zuständigkeit gäbe, bestünden also noch keine hinreichenden Zweifel. Vielmehr müsse auch in diesem Fall eine Abwägung der einzelnen Gründe erfolgen. Gehe der (feststellbare) Wille der Parteien in eine andere Richtung, so sei dies für die Auslegung maßgeblich. Damit schränkte der Gerichtshof die Anwendbarkeit der souveränitätsfreundlichen Auslegung, verstanden als Zweifelsregel zugunsten der Ungebundenheit, weiter ein: Es bedürfe eines qualifizierten Zweifels.

---

98 PCIJ Ser. B No. 13, S. 22. Dies ist die bereits oben in der Auswertung des Gutachtens PCIJ Ser. B No. 2/3, S. 23, zitierte Stelle.

99 PCIJ Ser. B No. 13, S. 22 f. In diesem Zusammenhang führte der Gerichtshof aus: „The Court (...) is called upon to perform a judical function, and, taking the question actually before it in connection with the terms of the Treaty, there appears to be no room for the discussion and application of political principles or social theories, of which, it may be observed, no mention is made in the Treaty.“ Diese Aussage steht allerdings sowohl in der Praxis als auch in der Theorie allein.

100 Urteil vom 26.7.1927, PCIJ Ser. A No. 9.

101 PCIJ Ser. A No. 9, S. 32.

Im *Lotus*-Urteil[102] trug die Souveränität zur Auslegung bei: Am 2.8.1926 stießen auf Hoher See das französische Schiff „Lotus" und das türkische Schiff „Boz-Kourt" zusammen. Das türkische Schiff zerbrach und versank, 8 Seeleute fanden den Tod. Am darauffolgenden Tag lief die „Lotus" in Istanbul ein, der türkische Kapitän und der verantwortliche französische Wachoffizier wurden festgenommen und gegen beide ein Strafverfahren wegen fahrlässiger Tötung eingeleitet. Später erfolgte tatsächlich die Verurteilung. Da die französische Regierung hiermit nicht einverstanden war, wurde dem Ständigen Internationalen Gerichtshof die Frage unterbreitet, ob die Türkei nach den Grundsätzen des internationalen Rechts eine Zuständigkeit für ein Strafverfahren gegen den französischen Wachoffizier besaß.[103] Sie vertrat die Auffassung, das internationale Recht müsse der Türkei einen Titel für deren Zuständigkeit zuweisen, ansonsten sei sie nicht befugt, über einen französischen Staatsbürger, der auf Hoher See möglicherweise eine Straftat begangen habe, zu richten. Dagegen war nach türkischer Auffassung die Gerichtszuständigkeit der Türkei anzuerkennen, solange das nicht gegen internationales Recht verstoße.

Die Mehrheit der Richter[104] entschied zugunsten der Türkei. In der Frage des Nachweises von Völkerrecht führten sie aus: „International law governs relations between independent States. The rules of law binding upon States therefore emanate from their own free will as expressed in conventions or by usages generally accepted as expressing principles of law and established in order to regulate the relations between these co-existing independent communities or with a view to the achievement of common aims. Restrictions upon the independence of states cannot therefore be presumed."[105] Die Richtermehrheit ging von einer Vermutung zugunsten der Unabhängigkeit der Staaten, also der staatlichen Handlungsfreiheit, aus. Grenze sei freilich die souveräne Gleichheit: Auf dem Gebiet eines anderen Staates dürfe man keine Macht ausüben: „Now the first and foremost restriction imposed by international law upon a State is that – failing the existen-

---

102 Urteil vom 7.9.1927, PCIJ Ser. A No. 10.

103 Die Entscheidung wurde aufgrund eines zwischen Frankreich und der Türkei geschlossenen Kompromisses getroffen.

104 Allerdings mit der geringsten möglichen Mehrheit: Bei 6 gegen 6 Stimmen entschied die Stimme des Präsidenten *Max Huber*. Die abweichende Stimme des Richters *Moore* teilte zumindest im Ergebnis die Auffassung der Richtermehrheit (PCIJ Ser. A No. 10, S. 65 ff.).

105 PCIJ Ser. A No. 10, S. 18.

ce of a permissive rule to the contrary – it may not exercise its power in any form in the territory of another State. In this sense jurisdiction is certainly territorial; it cannot be exercised by a State outside its territory except by virtue of a permissive rule derived from international custom or from a convention."[106] Für den Fall wurde daher geschlussfolgert: „It does not, however, follow that international law prohibits a state from exercising jurisdiction in its own territory, in respect of any case which relates to acts which have taken place abroad, and in which it cannot rely on some permissive rule of international law. Such a view would only be tenable if international law contained a general prohibition to States to extend the application of their laws and the jurisdiction of their courts to persons, proberty and acts outside their territory, and if, as an exception to this general prohibition, it allowed States to do so in specific cases. But this is certainly not the case under international law as it stands at present. Far from laying down a general prohibition to the effect that States may not extend the application of their laws and the jurisdiction of their courts to persons, property and acts outside their territory, it leaves them in this respect a wide measure of discretion which is only limited in certain cases by prohibitive rules; as regards other cases, every State remains free to adopt the principles which it regards as best and most suitable."[107] Zusammenfassend stellte die Richtermehrheit fest: „In these circumstances, all that can be required of a State is that it should not overstep the limits which international law places upon its jurisdiction; within these limits, its title to exercise jurisdiction rests in its sovereignty."[108]

Bemerkenswert ist zum einen, dass sich das Urteil auf die Souveränität stützt, zum zweiten aber auch, dass es nicht von einer (sekundär anzuwendenden) Zweifelsregel, sondern von einer (im Ausgangspunkt bestehenden) Vermutungsregel spricht. Die Existenz von (entgegenstehendem) internationalen Recht, sei es Gewohnheitsrecht, sei es Vertragsrecht, müsse nachgewiesen werden. In welchem Zusammenhang die Vermutungs- mit der Zweifelsregel steht, bleibt offen. Denkbar wäre dreierlei:

Zum einen ein Paradigmenwechsel im Rahmen der souveränitätsfreundlichen Auslegung, weg von der sekundären Zweifelsregel hin zur primären Vermutung zugunsten der Souveränität, etwa mit der Begründung, dass Auslegungsregeln keine Zweifels-, sondern Vermutungsregeln seien.

---

106 PCIJ Ser. A No. 10, S. 18 f.

107 PCIJ Ser. A No. 10, S. 19.

108 PCIJ Ser. A No. 10, S. 19.

Denkbar wäre auch ein Nacheinander von unterschiedlichen interpretativen Prüfungsschritten: Zunächst besteht eine Vermutung für die (souveräne) Handlungsfreiheit, soll eine Pflicht entstehen, so ist ein Gegennachweis zu führen, bestehen daran Zweifel, dann findet eine Rückkehr zur Ausgangsvermutung statt.[109]

Schließlich käme ein Nebeneinander in Betracht, wenn Vermutungs- und Zweifelsregel unterschiedliche Funktionen haben, etwa im grotiusschen Sinne, der bei der Auslegung zwischen Vermutungs- und technischen Regeln unterscheidet[110].

Jedenfalls erscheint das Bild der souveränitätsfreundlichen Auslegung um einen Tupfer bunter. Angesichts der besonderen Konstellation des Falles ist Vorsicht hinsichtlich einer Verallgemeinerung angebracht. Wenn sich die methodischen Ausführungen in der Entscheidung auch nicht nur auf ungeschriebenes Völkerrecht beziehen, so ist gleichwohl zu beachten, dass Gewohnheitsrecht festzustellen und kein Vertrag auszulegen war. Immerhin wurde die Vermutung zugunsten der Freiheit der Staaten schon von *Anzilotti* und *Huber* im Wimbledon-Fall[111] bei der Auslegung des Versailler Vertrages verwendet.

Richter *Loder* unterstrich in seiner abweichenden Meinung, Ausnahmen seien restriktiv auszulegen.[112] Er führte zudem aber aus, aus der Unabhängigkeit und Souveränität von Staaten folge, dass sich die Jurisdiktion grundsätzlich nicht über das staatliche Territorium hinaus erstrecke, da ansonsten die Souveränität eines anderen Staates verletzt wäre. Wenn sich also ein Ausländer nicht auf dem Gebiet der Türkei aufgehalten habe, dann könne das Strafgesetz der Türkei keine Anwendung finden, sie sei nicht zuständig.[113] *Loder* vertrat demnach ebenso einen die Souveränität beachtenden methodischen Ansatz, verstand unter Souveränität aber etwas anderes und gelangte daher zu einem anderen Ergebnis. In die

---

[109] Für die Deutung i.S. v. Nachweispflichtigkeit spricht die Feststellung des Gerichtes, die Türkei müsse sich nicht auf ein Recht *berufen* (PCIJ Ser. A No. 10, S. 19 aE.; franz. *prévaloir*, eng. *cite*). Ähnlich wohl auch die beiden Richter *Anzilotti* und *Huber* im Fall *Wimbledon*, D.O., PCIJ Ser. A No. 1, S. 35 ff. (s.o. § 6 I 3).

[110] S.o. § 5 II.

[111] D.O., PCIJ Ser. A No. 1, S. 35, 36 ff. (s.o. § 6 I 3).

[112] D.O., PCIJ Ser. A No. 10, S. 34, 35.

[113] D.O., PCIJ Ser. A No. 10, S. 34, 35; ähnlich D.O. *Nyholm*, ebenda, S. 59, 62, D.O. *Moore*, ebenda, S. 65, 68.

gleiche Richtung geht auch die Hauptkritik an der Entscheidung: Sie vergesse, dass die souveräne Freiheit durch die souveräne Gleichheit begrenzt sei.[114]

6. Der Fall Jurisdiction of the European Commission of the Danube

Exemplarisch für die Rechtsprechung ist der Fall *Jurisdiction of the European Commission of the Danube* aus dem Jahre 1927.[115] Der Sachverhalt sei kurz skizziert: Mit einem völkerrechtlichen Vertrag aus dem Jahre 1856 wurde der Unterlauf der Donau internationalisiert und unter die Jurisdiktion der Europäischen Kommission gestellt. Das betroffene Gebiet reichte seit 1878 von Galatz bis zur Mündung. Durch den Londoner Vertrag von 1883 wurde der Bereich stromaufwärts bis Braila ausgedehnt. Obwohl Rumänien diesen Vertrag nicht ratifizierte, also kein Vertragsteilnehmer war, tolerierte es das Handeln der Europäischen Kommission auch in diesem Gebiet, allerdings unter Aufrechterhaltung der formalen Rechtsposition. Während des 1. Weltkrieges stellte die Kommission ihre Arbeit ein, der Vorkriegszustand sollte durch Art. 346 Versailler Vertrag und die Donauakte wieder hergestellt werden. Nach wie vor war aber die Frage ungeklärt, ob die Europäische Donaukommission die gleichen Befugnisse für den Abschnitt Galatz bis Braila besitze, wie für den Unterlauf ab Galatz.

Das Gericht entschied mit 9 Stimmen gegen eine des rumänischen Richters *Negulesco,* die Europäische Kommission besitze nach geltendem Recht in dem Abschnitt von Galatz bis Braila die nämlichen Befugnisse wie im stromabwärts von Galatz gelegenen Abschnitt, und dies trotz einer relativ „unklaren" Rechtslage: Einerseits legte die systematische Auslegung von Art. 6 und 9 der Akte nahe, dass die Kommission bis Braila zuständig sei, während Art. 5 und 6 dafür sprachen, dass die Vorkriegssituation wiederhergestellt werden solle. Zudem war „zweifelhaft", wie das Regime vor dem Weltkrieg rechtlich einzuordnen sei. Es hätte also nach der bisherigen Rechtsprechung nahegelegen, die oft angesprochene Zweifelsregel, nämlich die restriktive Auslegung von Souveränitätsbeschränkungen, heranzuziehen. Dies tat das Gericht nicht. Statt dessen untersuchte es den Fall genauer und räumte vor allem mit Hilfe teleologischer Argumente bestehende „Zweifel" aus. Es verwies auf das Ziel der Akte, wonach die Donau von Ulm bis zur Mündung durchgehend internationalisiert und die faktische Vorkriegslage wieder hergestellt werden sollte. Auf die Souveränität Rumäniens bezogen wurde

---

114 Vgl. nur *V. Bruns*, ZaöRV 1 (1929), 1, 53; *J. Bertele*, Souveränität und Verfahrensrecht, S. 56 ff. mwN.

115 Gutachten vom 8.12.1927, PCIJ Ser. B No. 14.

lediglich festgestellt: „(...) as the Court has had occasion to state in previos judgements and opinions, restrictions on the exercise of sovereign rights accepted by treaty by the State concerned cannot be considered as infringement of sovereignity."[116] Mit der Verdeutlichung, dass vertragliche Beschränkungen der Souveränität keine Verletzung derselben darstellen könnten, sagte der Gerichtshof aber nicht, wie weit die Souveränität eingeschränkt sei, sondern nur, dass das Ergebnis der Auslegung keine Verletzung der Souveränität darstellen könne. Das ist richtig, hat aber nichts damit zu tun, welche Rolle die Souveränität bei der Auslegung spielen könnte.

Dagegen zog *Negulesco* in seinem abweichenden Votum gerade die vom Gericht bisher propagierte Auslegungsregel zur Begründung heran: „The word ‚modifications' (of its powers) relates to the whole of the duties which the European Commission had to fulfil. This word does not relate to a territorial extension of the Commission's jurisdiction. But even if it did, it would then have a double meaning, and, in case of doubt, the interpretation must be in favour of sovereignty."[117] Zudem verwies er darauf, wesentliche Bestandteile der Souveränität könnten nur durch einen klar bestimmten Willen übertragen werden.[118]

Das Gutachten *Jurisdiction of the European Commission of the Danube* besitzt die typischen Merkmale der Entscheidungen des Ständigen Internationalen Gerichtshofs mit Bezug zur souveränitätsfreundlichen Auslegung:

- Der betroffene Staat, Rumänien, berief sich auf die Regel, im Zweifel zugunsten der staatlichen Souveränität auszulegen.
- Für die Richtermehrheit war dieses Argument nicht schlagend, weil primäre Erwägungen mit ausreichender Klarheit ein anderes Ergebnis nahe legten.
- Der nationale Richter vertrat das entgegengesetzte Ergebnis unter Berufung auf eben jene Regel.

All das trug dazu bei, dass die souveränitätsfreundliche Auslegung Abnutzungserscheinungen unterlag: Nachdem sie in den ersten Entscheidungen vom Gericht

---

116 PCIJ Ser. B No. 14, S. 36. Auch *Nyholm*, S. O., PCIJ Ser. B No. 14, S. 71, 79, strich in seiner separaten Auffassung noch einmal hervor, das Ergebnis stelle keine Beeinträchtigung der Souveränität dar. Er hebt zudem hervor, dass es letztlich nur darum ging, ob in dem betreffenden Abschnitt die Internationale Kommission oder die Europäische Kommission zuständig sei.

117 D.O., PCIJ Ser. B No. 14, S. 84, 89.

118 D.O., PCIJ Ser. B No. 14, S. 84, 109.

akzeptiert worden war, beriefen sich in der Folge vor allem jene Staaten auf das Argument, die eine relativ schwache argumentative Basis für ihre Position inne hatten. Das Gericht war daher häufig genötigt, zu ihm Stellung zu beziehen, obwohl häufig die entgegengesetzte Position die besseren Argumente für sich hatte.

7. *Die folgende Rechtsprechung*

Im *Brazilian Loans Case* wendete der Ständige Internationale Gerichtshof die *interpretatio contra proferentem* an.[119]

Die Tendenz zur Einschränkung des Anwendungsbereichs der restriktiven Auslegung zugunsten der staatlichen Ungebundenheit in den Fällen *Jurisdiction of the European Commission of the Danube* und *Chorzów Factory* setzte er im *Oderkommisionsfall* fort.[120] Einmal mehr hatte sich eine Streitpartei (Polen) auf die restriktive Auslegung zugunsten der staatlichen Ungebundenheit berufen. In der Tat hätte es nach der bisherigen Rechtsprechung nahe gelegen, diese Regel anzuwenden, da die grammatikalische Auslegung zu keinem eindeutigen Ergebnis gelangte. Das Gericht zog jedoch allgemeine, das völkerrechtliche Wasserstraßenrecht betreffende Prinzipien zur Auslegung heran und bemerkte zur restriktiven Auslegung zugunsten der staatlichen Ungebundenheit lediglich, sie sei nur mit größter Vorsicht anwendbar und gab ihr den kleinstmöglichen Anwendungsbereich: Sie solle nur als letztes Mittel angewendet werden, wenn nach allen sachlichen Erwägungen noch Zweifel bestünden.[121] So verstanden wären für diese Regel kaum noch Anwendungsfälle denkbar.

---

119 PCIJ Ser. A No. 21, S. 90, 114: „Moreover, there is a Familiar rule for the construction of instruments that, where they are found to be ambigeous, they should taken *contra proferentem*. In this case, as the Brazilian Government by its representative assumed reponsibility for the prospectus, which this representative, who had signed the bonds, had 'seen and approved', it would seem to be proper to construe them in case of doubt *contra proferentem* and to ascribe to them the meaning which they would naturally carry to those taking the bonds under the prospectus."

120 *International Commission of the River Oder*, Urteil vom 10.9.1929, PCIJ Ser. A No. 23.

121 PCIJ Ser. A No. 23, S. 26. Die entsprechende Passage des Urteils lautet: „Nor can the Court, on the other hand, accept the Polish Goverment's contention that, the text being doubtful, the solution should be adopted which imposes the least restriction on the freedom of States. This argument, though sound in itself, must be employed only with the greatest caution. To rely upon it, it is no sufficient that the purely grammatical analysis of a text should not lead to definite results; there are many other methods of interpretation, in particular, reference is properly had to the principles underlying the matter to which the text refers; it will be only when, in spite of all pertinent considerations, the intention of the Parties still remains doubtful, that

8. *Case concerning free Zones of Upper Savoy and the District of Gex und spätere Entscheidungen*

Wurde die auf dem Argument der Souveränität beruhende restriktive Auslegung im *Oderkommissionsfall* nur noch formal aufrecht erhalten und inhaltlich fast vollständig aufgegeben, so stellt der *Case concerning free Zones of Upper Savoy and the District of Gex*[122] das Gegenteil dar.[123] Diesem langwierigen Rechtsstreit lag folgender Sachverhalt zugrunde: In der Folge des Wiener Kongresses von 1814/15 erlangte die Schweiz wieder den Status der Neutralität. Um die exponiert gelegene Stadt Genf militärisch etwas besser schützen zu können, wurde eine Zone in Savoyen zur neutralisierten Zone erklärt. Die sardinischen und später französischen Grenzen wurden hinter die eigentlichen Landesgrenzen zurückversetzt. Nach dem 1. Weltkrieg versuchte Frankreich diese Servitut aufzuheben. Diesbezüglich wurde in Art. 435 Versailler Vertrag festgestellt, die Bestimmungen über die Zone Savoyens entsprächen nicht mehr den Nachkriegsverhältnissen. Nachdem längere Verhandlungen keinen Erfolg hatten, schloss man den Kompromiss, die streitigen Fragen dem Ständigen Internationalen Gerichtshof vorzulegen.

In einer Verfügung in diesem Rechtsstreits vertrat das Gericht die Meinung: „(...), [T]his settlement must also respect the sovereignty of France over the territories in question; as this sovereignty is complete and unimpaired in so far as it is not limited by the aforesaid treaties; as no obligation going beyond these treaties can be imposed on France without her consent."[124] Außerdem stellte das Gericht fest: „(...) [I]n case of doubt, a limitation of sovereignty must be construed restrictively."[125] Eine Aussage über die Tragweite bzw. die Stellung zu anderen Auslegungsregeln, so wie das in den bisherigen Fällen war, wurde nicht getrof-

---

that interpretation should be adopted which is most favourable to the freedom of States."

122 Zunächst traf der Gerichtshof die Verfügung vom 19.8.1929, PCIJ Ser. A No. 22, dann eine als „Judgement" bezeichnete weitere Verfügung vom 1.5.1930, PCIJ Ser. A No. 24, und schließlich das Urteil vom 7.6.1932, PCIJ Ser. A/B No. 46, S. 92. Allerdings ist er in der Verfügung vom 19.8.1929, PCIJ Ser. A No. 22, S. 13, der (richtigen) Auffassung, der Telos könne sowohl eine enge als auch eine weite Auslegung gebieten. Diese Stelle ist aber nicht als Abkehr von der technisch verstandenen souveränitätsfreundlichen Auslegung zu verstehen.

123 *H. Lauterpacht*, BYIL 26 (1949), 48, 62, und *R. Bernhardt*, Die Auslegung völkerrechtlicher Verträge, S. 148 f., sehen darin nur einen Sonderfall in einer sonst gleichbleibenden Rechtsprechung. Dies ist unzutreffend, s.u. § 6 I 9.

124 PCIJ Ser. A No. 24, S. 12.

125 PCIJ Ser. A No. 24, S. 12.

fen, vielmehr wurden sofort konkrete fallbezogene Schlussfolgerungen gezogen.[126] Das ist neu, bisher wurde die Methode zwar regelmäßig genannt, dann aber in der Regel[127] keine konkreten und fallentscheidenden Schlussfolgerungen gezogen.

Auch im Endurteil des Streites wurde die Regel erneut fruchtbar gemacht. Das Gericht meinte: „(...) In case of doubt a limitation of sovereignty must be construed restrictively."[128] An anderer Stelle hielt es fest: „If the Court, in settling the questions involved by the execution of Article 435, paragraph 2, of the Treaty of Versailles, must respect Switzerlands right to the zones, it must also respect the sovereignty of France over the zones; this sovereignty is complete in so far as it has not been limited by the provisions of the treaties of 1815 and 1816."[129] Schließlich befürwortete der Gerichtshof die „strikte Auslegung von Jurisdiktionsklauseln".[130] Diese Stellungnahme ist als Beispiel für die souveränitätsfreundliche Auslegung angeführt worden.[131] In der Tat ist es wahrscheinlich, dass hier und bei ähnlichen Stellungnahmen der für das Gericht maßgebende Grund für die Anwendbarkeit der Regel die Souveränität gewesen ist.

Die nächsten Entscheidungen zeigen, dass die Ansicht des Gerichtshofs im Streit *Free Zones of Upper Savoy and the District of Gex* kein Ausreißer ist, sondern eher Teil einer in Details uneinheitlichen Rechtsprechung. Zurückhaltender ist die Entscheidung *Polish War Vessels in the Port of Danzig*[132]. Das Gericht betonte einerseits, die Preisgabe souveräner Rechte könne nur angenommen werden, wenn dies auf einer klaren rechtlichen Grundlage basiere, andererseits gelangte er mit primären Auslegungsmitteln zu einem anderen Ergebnis.[133]

---

126 PCIJ Ser. A No. 24, S. 12 f.: Frankreich bekam vor allem die Steuer- und Zollhoheit zugesprochen.

127 Anders vor allem *Anzilotti* und *Huber*, sowie *Schücking* im *Wimbledon*fall, D.O., PCIJ Ser. A No. 1, S. 35 ff., 43 ff., und *Negulesco* im Fall *Jurisdiction of the European Commission of the Danube*, D.O., PCIJ Ser. B No. 14, S. 84 ff.

128 PCIJ Ser. A/B No. 46, S. 92, 167.

129 PCIJ Ser. A/B No. 46, S. 92, 164.

130 PCIJ Ser. A/B No. 46, S. 92, 138 f.; ebenso D.O. *M. Negulesco*, ebenda, S. 189.

131 *R. Bernhardt*, Die Auslegung völkerrechtlicher Verträge, S. 150.

132 Gutachten vom 11.12.1931, PCIJ Ser. A/B No. 43, S. 124.

133 PCIJ Ser. A/B No. 43, S. 124, insb. S. 142.

Eindringlich auf den Souveränitätsgesichtspunkt stellte das Urteil *Interpretation of the Statute of Memel Territory* ab.[134] Durch den Vertrag vom 8.5.1924 zwischen Großbritannien, Frankreich, Italien, Japan und Litauen erlangte Litauen die Souveränität über das Memelgebiet unter gewissen Bedingungen, insbesondere unter Gewährung weitgehender Autonomie. Im Jahre 1932 entstand ein Streit darüber, ob der Repräsentant der litauischen Staatsgewalt, der Gouverneur des Memelgebiets, das Recht habe, den Präsidenten des Direktoriums abzuberufen. Eine entsprechende Befugnis oder ein diesbezügliches Verbot war ihm nicht erteilt worden. Das Gericht beantwortete die Frage zugunsten des Gouverneurs. Es hob zunächst hervor, dass Litauen den vollen Besitz der Souveränität über das Memelgebiet erlangt habe; lediglich bei Ausübung der Souveränität seien Grenzen in Form der Autonomierechte gezogen worden.[135] Daher besäße Litauen überall Rechtsmacht, soweit sich aus vertraglichen Pflichten nichts abweichendes ergebe. Ein Autonomierecht dürfe dabei weder stillschweigend noch durch ausdehnende Auslegung auf Kosten der souveränen Rechte Litauens entstehen.[136] Die streitentscheidende Qualität der Zuweisung der Souveränität an Litauen, zeigt ein Blick auf die abweichenden Meinungen der Richter *de Bustamante, Altamira, Schücking* und *van Eysingen.* Sie waren der Auffassung, der Inhalt der Souveränität Litauens beschränke sich auf das, was durch das Memel-Statut übertragen worden sei. Insofern sei gerade fraglich, ob die Befugnis des Gouverneurs zur Abberufung des Präsidenten des Direktoriums übertragen worden sei. Eine souveränitätsfreundliche Auslegung könne in einem solchen Fall jedenfalls nicht weiterhelfen.[137] Mit anderen Erwägungen kamen die Richter zu einem abweichenden Ergebnis. Bemerkenswert daran ist, dass die Kritik nicht an der Methode der souveränitätsfreundlichen Auslegung, sondern an einer anderen Stelle, dem Inhalt der Souveränität, ansetzte.

Hinzuweisen bleibt zuletzt auf einige späte Entscheidungen des Ständigen Internationalen Gerichtshofes, die wenig Neues zur konzeptionellen Seite der souveränitätsfreundlichen Auslegung enthalten. Im Urteil *Oscar Chinn* hieß es: „It cannot be supposed that the contracting Parties adopted new provisions with the idea that they might lend themselves to a broad interpretation going beyond what

---

134 Urteil vom 11.8.1932, PCIJ Ser. A/B No. 49.

135 PCIJ Ser. A/B No. 49, S. 294, 313.

136 PCIJ Ser. A/B No. 49, S. 294, 313 f.

137 D.O., PCIJ Ser. A/B No. 49, S. 294, 340, 346, 347.

was expressly laid down."[138] Das Gutachten *Minority Schools in Albania*[139] und das Urteil *Phosphates in Morocco*[140] stellten fest, nur im Zweifel solle der in Frage stehende Text zugunsten der Souveränität ausgelegt werden, die auszulegenden Begriffe aber klar seien und es daher keine Gelegenheit gäbe, diese Auslegungsregel anzuwenden.

Der ad hoc bestimmte Richter *Séfériadès* vertrat in seiner separaten Auffassung zum Fall *Lighthouses in Crete and Samos*[141] folgende Ansicht: „In accordance with a general principle which is unanimously accepted by the doctrine of international law, all treaties 'stipulating servitudes should be interpreted restrictively, so that the servitude, which is an exceptional right attaching to the territory of a foreign State, may limit the sovereignty of the said State as little as possible'. That is, indeed, a general principle of law, recognized by all civilized nations, and it is one of the general principles which the Court is obliged to apply in virtue of Article 38 of its Statute."[142] Zusammenfassend fügte er hinzu: „Any international convention, whatever its form, may stipulate exeptions even to some of the general principles of international law, and in particular it may establish servitudes. But (...) such reservations and servitudes cannot possibly be presumed; they must be clear and distinct."[143]

Schließlich vertrat Spanien im *Borchgrave*-Fall die Auffassung, das Gericht sei nicht zuständig, da der zugrundeliegende Schiedsvertrag eng auszulegen sei, hatte mit diesem Argument aber keinen Erfolg.[144]

---

138 Urteil vom 12.12.1934, PCIJ Ser. A/B No. 63, S. 65, 84. *Altamira*, D.O., ebenda, S. 65, 91, 93, hob demgegenüber hervor, das Eingehen von völkerrechtlichen Verpflichtungen bedeute keine Einschränkung der Souveränität.

139 Gutachten vom 6.4.1935, PCIJ Ser. A/B No. 64, S. 22. Darauf hatte sich Albanien berufen. Zu bemerken ist allerdings, dass die Richter *Hurst, Rostworowski* und *Negulesco*, D.O., ebenda, S. 24 ff., die Auslegung der Richtermehrheit ablehnten, ohne allerdings auf das albanische Argument, die Verpflichtung müsse restriktiv ausgelegt werden, einzugehen. Immerhin haben sie versucht, genau zu ermitteln, wozu sich Albanien verpflichtet habe.

140 Urteil vom 14.6.1938, PCIJ Ser. A/B No. 74, S. 10, 23.

141 S O., Urteil vom 8.10.1937, PCIJ Ser. A/B No. 71, S. 94, 131.

142 S. O., PCIJ Ser. A/B No. 71, S. 94, 131, 137 f.

143 S. O., PCIJ Ser. A/B No. 71, S. 94, 131, 150.

144 Urteil vom 6.11.1937, PCIJ Ser. A/B No. 72, S. 158, 163.

9. *Resümee*

Die staatlichen Vertreter beriefen sich in ihren Klageschriften, Memoranden und Denkschriften häufig auf die souveränitätsfreundliche Auslegung. Der Ständige Internationale Gerichtshof nahm sich dieses Hinweises in den ersten Entscheidungen an. Dabei sprach es allerdings nicht ausdrücklich von souveränitätsfreundlicher Auslegung, sondern von restriktiver Auslegung zugunsten der Ungebundenheit der Staaten. Es schuf eine Erwartungshaltung bei den Staaten, die vor allem dazu führte, dass zusätzlich neben anderen Argumenten quasi zur Abrundung von den Streitbeteiligten beharrlich behauptet wurde, eine andere als die vom eigenen Staat vorgeschlagene Auslegung verletze seine souveränen Rechte. Oft handelte es sich um einen argumentativen Rettungsanker bei insgesamt kraftloser rechtlicher Darlegung. Dadurch wurde das Gericht genötigt, zu diesem speziellen Punkt Stellung zu nehmen, obwohl eine relativ klare Rechtslage gegen die das Souveränitätsargument in das Feld führende Partei bestand. Damit unterlag diese Interpretationsregel schnell starken Abnutzungserscheinungen. Es verwundert daher kaum, dass es vor allem in den abweichenden Auffassungen der beigeordneten nationalen Richter und seltener in den Entscheidungen der Richtermehrheit als schlagendes Argument auftauchte.

Trotz gewisser Brüche ist als Grundaussage des Ständigen Internationalen Gerichtshofes festzuhalten, das Beschränkungen der als staatliche Handlungsfreiheit verstandenen Souveränität durch Vertrags- oder Gewohnheitsrecht nicht vermutet werden können. Es bedürfe immer einer ausdrücklichen und klaren vertraglichen Grundlage für deren Beschränkung. Eine Ausdehnung der vertraglichen Verpflichtungen mit Hilfe der Auslegung dürfe nicht erfolgen. Dies gebiete die Souveränität. Im Zweifel sei zugunsten der Souveränität auszulegen. Diese Regel gelte allerdings nur sekundär bei Unklarheit des Wortlautes. Trete dieser Fall ein, dann solle sie nicht als eine Regel neben anderen zur Anwendung kommen, sondern vielmehr mechanistisch zum souveränitätsfreundlicheren Ergebnis führen. Es handele sich also nicht lediglich um eine relative, sondern um eine absolute Ergebnispräferenz in Zweifelsfällen. Wann ein solcher Zweifelsfall vorliegen soll, bleibt etwas im Verborgenen. Jedenfalls ist erforderlich, dass der Wortlaut unklar ist.

Zu den Grundlagen sagt das Gericht kaum etwas. Es hält immerhin fest, die Auslegungsregel sei wohlbekannt und anerkannt. Teilweise scheint es, dass sie als ein Unterfall der restriktiven Auslegung von Ausnahmen[145] angesehen wurde.

II. Andere Entscheidungen

Auch Entscheidungen der sonstigen internationalen Rechtsprechung setzten sich mit der souveränitätsfreundlichen bzw. restriktiven Auslegung auseinander.

Zur souveränitätsfreundlichen Auslegung nahm die schiedsrichterliche Entscheidung *Reparation Commission v. German Government* vom 3.9.1924 Stellung.[146] Ihr lag folgende Konstellation zugrunde: Der in englischer und französischer Fassung verbindliche Versailler Vertrag enthielt nach dem englischen Text eine unmissverständliche Verpflichtung Deutschlands, während der französische Text in dieser Frage vieldeutig war. Ein souveränitätsfreundliches Ergebnis erzielen hieße in diesem Zusammenhang, den Umfang der Verpflichtungen trotz der eindeutigen englischen Textversion einzuschränken. Das Schiedsgericht sprach die *Interpretation in favour to the smaller obligation* bei der Auslegung bilingualer Verträge zwar an und hielt sie für „argueable", maß aber der Regel *Preference to the text which is clear* einen höheren Wert bei.[147]

Hohe Bedeutung wurde der Souveränität von dem Schiedsrichter *Sandenburg* in der Entscheidung *Arbitration between Germany and the Commissioner of Con-*

---

145 Der Grundsatz der restriktiven Auslegung von Ausnahmen wurde auch in anderen Zusammenhängen verwendet, etwa in den Fällen *Nationality Decrees in Tunis and Morocco*, PCIJ Ser. B No. 4, S. 25; D.O. *Oda*, *Mavrommatis Concessions Cases*, PCIJ Ser. A No. 2, S. 85; *Case concerning certain German interests in Polish Upper Silesia*, PCIJ Ser. A No. 7, S. 76; D.O. *Loder*, *Lotus*, PCIJ Ser. A No. 10, S. 35; D.O *Nyholm*, *Readaption of the Mavrommatis Concessions Cases*, PCIJ Ser. A No. 11, S. 30.

146 *Reparation Commission v. German Government*, 3.9.1924, AD 2 (1923/24), Case No. 194, S. 334 = RIAA I, S. 429. Ebenfalls die Bedeutung der Souveränität im Völkerrecht hervorhebend *Spanish Zone of Morocco Claims, Great Britain v. Spain*, 23.10.1924, AD 2 (1923/24), Case No. 85, S. 157, 158 f.

147 *Reparation Commission v. German Government*, AD 2 (1923/24), Case No. 194, S. 334, 336. Vgl. auch die Entscheidung des Ständigen Internationalen Gerichtshofs *Mavrommattis Concessions Cases*, PCIJ, Ser. A No. 2, S. 19, in der dieses Argument streitentscheidend war (s.o. § 6 I 4). Im Unterschied zu hier war allerdings keiner der Texte des bilingualen Vertrages von hinreichender Klarheit.

trolled Revenues beigemessen.[148] Er war der Auffassung, dass dann eine möglichst jede weitergehende Verpflichtung ausschließende Auslegung angebracht sei, wenn ein Vertrag die Ausübung der Souveränitätsrechte begrenze. Eine solche Auslegung war von Deutschland vorgeschlagen worden. Gleichzeitig wies *Sandenburg* aber darauf hin, diese Auslegung dürfe nicht dasjenige verweigern, was die Worte forderten.[149]

Eine eingehende Stellungnahme zur souveränitätsfreundlichen Auslegung findet sich in der die völkerrechtliche Interpretationslehre nachhaltig beeinflussenden[150] schiedsrichterlichen Entscheidung zum Fall *The Kronprins Gustaf Adolf and Pacific*[151] vom 18.2.1932. Ihr lag eine Streitigkeit aus den Jahren 1917/18 zwischen Schweden und den Vereinigten Staaten zugrunde. Die beiden schwedischen Schiffe „Kronprins Gustaf Adolf" und „Pacific" liefen Mitte 1917 in amerikanische Häfen ein. In der Folge ergaben sich Schwierigkeiten, die Genehmigung zum Verlassen der Häfen zu erlangen. Erst Mitte 1918 erhielten sie die Erlaubnis auszulaufen. Schweden verlangte deshalb wegen Verletzung der schwedisch-amerikanischen Verträge von 1783 und 1827 Schadensersatz. Der eingesetzte Schiedsrichter *Borel* entschied zugunsten der USA, weil die Schiffe nicht unter Zuwiderhandlung der Verträge zurückgehalten wurden. Eine Zurückhaltung (detention) sei nur unter zwei Voraussetzungen gegeben: der Fahrbereitschaft der Schiffe und der negativen Bescheidung eines Ausfahrtsgesuches von Seiten der zuständigen amerikanischen Behörde. Diese Voraussetzungen hätten aber zu keinem Zeitpunkt vorgelegen. Die Bedeutung des Begriffes „Zurückhaltung" erlangte *Borel* durch Auslegung. Dabei spielte der Souveränitätsgesichtspunkt eine entscheidende Rolle: Zunächst wies er allerdings darauf hin, die Auffassung der Vereinigten Staaten, der in Rede stehende Vertrag solle lediglich die Souveränität der beiden Staaten sichern, sei abzulehnen. Dazu hätte es keines Vertrages bedurft.[152] Dann betonte er aber, eine vertragliche Verpflichtung könne nur dort entstehen, wo dies klar und unzweifelhaft vereinbart werde: „On the other hand it

---

[148] *Arbitration between Germany and the Commissioner of Controlled Revenues (Dawes Plan Interpretation)*, 23.6.1923, AD 3 (1925/26), Case No. 277, 365 = RIAA II, S. 755.

[149] *Arbitration between Germany and the Commissioner of Controlled Revenues (Dawes Plan Interpretation)*, AD 3 (1925/26), Case No. 277, 365 f., vgl. auch RIAA II, S. 755, 761, 764, 773.

[150] *P. Schneider*, Kronprins Gustav Adolf und Pacific-Fall, in: WVR 2. Bd., S. 378.

[151] *The Kronprins Gustaf Adolf; Pacific, United States and Sweden*, 18.7.1932, RIAA II, S. 1239 = AD 6 (1931/32), Case No. 205, S. 372 = AJIL 26 (1932), 834.

[152] *The Kronprins Gustaf Adolf; Pacific*, RIAA II, S. 1239, 1254 = AD 6 (1931/32), Case No. 205, S. 372, 374.

must be observed that, considering the natural state of liberty and independence which is inherent in sovereign States, they are not to be presumed to have abandoned any part thereof, the consequence being that the high contracting Parties to a Treaty are to be considered as bound only within the limits of what can be clearly and unequivocally found in the provisions agreed to and that those provisions, in case of doubt, are to be interpreted in favor of the natural liberty and independence of the Party concerned."[153] An anderer Stelle fügte er hinzu: „The general rule that limitations imposed by treaty on the natural liberty of a State are to be strictly interpreted applies with special emphasis to provisions of (...) exceptional a nature (...)."[154] Damit bekannte sich *Borel* zu den Auslegungsregeln, es sei von einer Vermutung zugunsten der Souveränität auszugehen und es sei im Zweifel zu ihren Gunsten auszulegen.[155]

In der Streitigkeit *Greece v. Bulgaria*[156] vertrat der Schiedsrichter *Undén* die Auffassung, Jurisdiktionsklauseln unterlägen den gleichen Auslegungsregeln wie andere Vertragspflichten. Es sei diejenige Auslegung zu bevorzugen, die plausibler sei.[157] Damit widersprach er der Auffassung Bulgariens, bei Zweifeln über die Bedeutung einer Schiedsgerichtsklausel müsse der Schiedsrichter vermuten, er besitze keine Entscheidungsmacht.[158] Dies ist zutreffend. Eine Vertragspartei darf sich nicht mit der bloßen Behauptung, es sei zweifelhaft, ob der streitige Fall unter die Schiedsgerichtsklausel fällt, einer schiedsrichterlichen Beurteilung entziehen können. Entsprechende vertragliche Abreden verlören dann jeglichen Sinn. Inwieweit eine andere als die von Bulgarien vorgeschlagene souveränitätsfreundliche Auslegung zu den allgemeinen Auslegungsregeln zählt, dazu traf *Undén* keine Aussage.

---

153 *The Kronprins Gustaf Adolf; Pacific,* RIAA II, S. 1239, 1254 = AD 6 (1931/32), Case No. 205, S. 372, 375.

154 *The Kronprins Gustaf Adolf; Pacific,* RIAA II, S. 1239, 1287 = AD 6 (1931/32), Case No. 205, S. 372, 377.

155 Ähnlich der Ständige Internationale Gerichtshof in der *Lotus*-Entscheidung, s.o. § 6 I 6.

156 *Interpretation of Article 181 of the Treaty of Neuilly, Greece v. Bulgaria,* 4.11.1931, AJIL 28 (1934), 760 = AD 6 (1931/32), Case No. 211, S. 389 = RIAA III, S. 1389.

157 *Greece v. Bulgaria,* AJIL 28 (1934), 760, 773 = AD 6 (1931/32), Case No. 211, S. 389, 392.

158 *Greece v. Bulgaria,* AJIL 28 (1934), 760, 770, 773.

Entscheidend auf den Souveränitätsgesichtspunkt stellt die Entscheidung *Radio Corporation of America v. National Government of China* ab[159]. Es heißt dort: „But as a sovereign government, on principle free in its action for the public interest as it sees it, it cannot be presumed to have accepted such restriction of its freedom of action, unless the acceptance of such restriction can be ascertained distinctly and beyond reasonable doubt.“[160] Dabei komme es nicht darauf an, ob die Regierung oder die Verwaltung den Vertrag geschlossen habe. Es bestehe kein Unterschied, wer die souveränen Rechte ausübe.[161]

Schließlich befasste sich die schiedsrichterliche Entscheidung *Interpretation of Baden-Baden Agreement*[162] mit dem Anwendungsbereich der Auslegungsregel, bei Zweifeln sei diejenige Bedeutung anzunehmen, welche zu Lasten der den Vertrag niederschreibenden Partei geht (*interpretatio contra proferentem*). Dieses Argument hatte die regierende Kommission des Saarterritoriums in Bezug auf Art. 10 II Baden-Baden Agreement hervorgebracht, da der Vertragspartner Deutschland diese zu Zweifeln Anlass gebende Norm formuliert hatte.[163] Das Schiedsgericht verneinte die Anwendbarkeit der Regel, da der Vertrag auf der gemeinsamen und freiwilligen Entscheidung zweier gleicher, souveräner Partner beruhe, bei der eine Seite zufällig die auszulegende Norm entworfen habe. Nur wenn der Vertrag insgesamt von einer Seite diktiert werde, solle die Regel *contra proferentem* anwendbar sein. Diese Einschränkung ist mit der Basis der bisherigen Legitimation dieser Auslegungsregel vereinbar: Diktierte (und nicht bloß zu-

---

159 *Radio Corporation of America v. National Government of China*, 13.4.1935, AD 8 (1935-7), Case No. 12, S. 26 = RIAA III, S. 1621.

160 *Radio Corporation of America v. National Government of China*, RIAA III, S. 1621, 1627 (vgl. auch die Ausführungen auf den S. 1631-4) = AD 8 (1935-7), Case No. 12, S. 26, 27.

161 *Radio Corporation of America v. National Government of China*, RIAA III, S. 1621, 1927 = AD 8 (1935-7), Case No. 12, S. 26, 27. Ferner war das Schiedsgericht der Auffassung: „It is a correct rule, known and recognized in common law as well as in international law, that any restriction of a contracting government's rights must be effected in a clear and distinct manner: ‚Contracts affecting the public interest are to be construed liberally in favour of the public'.“ (ebenda, in die gleiche Richtung die Stellungnahme auf S. 1629). Hier scheint das Gericht die im angloamerikanischen Rechtskreis wohlbekannten *liberal interpretation* zu einer souveränitätsfreundlichen Auslegung umzuformulieren. Während hier aber die staatlichen Interessen weit ausgelegt werden, wird sonst eigentlich der zu interpretierende Vertrag weit ausgelegt (vgl. etwa *G. H. Hackworth*, Digest of International Law Vol. V, S. 255 ff. mN.).

162 *Pensions of officials of the Saar Territory (Interpretation of Baden-Baden Agreement)*, Germany v. Commission of the Saar Territory, 4.9.1934, RIAA III, S. 1553.

163 *Interpretation of Baden-Baden Agreement*, RIAA III, S. 1553, 1563.

fällig von einer Seite formulierte) Verträge sind für die andere Seite besonders belastend, weil sie die Handlungsfreiheit gegen ihren Willen einschränken. Deshalb solle restriktiv ausgelegt werden.[164] Angewendet wurde die *interpretatio contra proferentem* auf Normen des Versailler Vertrages vom Roumano-German Mixed Arbitral Tribunal im Fall *Weitzenhoffer v. Germany.*[165]

Es bleibt festzuhalten, dass die Souveränität in einigen schiedsrichterlichen Entscheidungen beachtet wurde.[166] Auch in der nationalen Rechtsprechung zu völkerrechtlichen Verträgen wurde gelegentlich souveränitätsfreundlich bzw. restriktiv ausgelegt.[167]

---

164 S.o. § 5 III.

165 *Weitzenhoffer v. Germany*, Roumano-German Mixed Arbitral Tribunal, 18.1.1926, AD 3 (1925/26), Case No. 278, S. 366 f.

166 Im Fall *The Wanderer, British-American Claims Commission*, 9.12.1921, RIAA VI, S. 68, 71 = AD 1 (1919-22), Case No.120, S. 177, vertrat die *Commission* die Auffassung, ein Vertrag, der eine Ausnahme zu allgemeinen Prinzipien des Völkerrechts darstelle, müsse restriktiv ausgelegt werden. In die gleiche Richtung gingen die Entscheidungen *Georges Pinson Case, France and Mexico: Mixed Claimes Commission*, 19.10.1928, AD 4 (1927/28), Case No. 292, S. 426, 427 (zudem war der Schiedsrichter *Verzijl* im Fall *Pinson* der Auffassung, im Zweifel müsse zugunsten der zusichernden Partei ausgelegt werden) und *The Lusitana, United States and Germany: Mixed Claimes Commission*, 1.11.1923, AD 2 (1923/24), Case No. 196, S. 339 = RIAA VII, S. 91. Sie stellten klar, internationale Konventionen bzw. vertragliche Verpflichtungen seien im Lichte der allgemeinen Regeln des Völkerrechts auszulegen, auch wenn keine entsprechende ausdrückliche Anordnung im Vertrag vorhanden sei. Diese Feststellungen sind insofern von Belang, als auch die Souveränität zu den allgemeinen Regeln des Völkerrechts gezählt werden kann.

167 Vgl. RGZ 113, 281, 285; *Rhine Navigation Commission Case, Germany, Court of Appeal of Karlsruhe*, AD 6 (1931/32), Case No. 56, S. 117 ff.; RGZ 137, 1, 5 ff. = AD 6 (1931/32), Case No. 206, S. 380: „Zweifel in der Auslegung aber wenden sich gegen diejenige Partei, von der die Fassung herrührt (RGZ 137, 1, 7).“; *Spanish Subjects in Cuba*, Cuba, Audiencia de la Habana, AD 5 (1929/30), Case No. 249, S. 397, 398; *Whittall v. The Administrator of German Property, England, High Court of Justice*, AD 6 (1931/32), Case No. 191, S. 345 f.; *Polish Officials in Danzig Case, Danzig High Court*, AD 6 (1931/32), Case No. 64, S. 130, 131; *District Court of Danzig*, AD 8 (1935-7), S. 467; *De Viforano v. Société Francaise Schenker & Co, France, Tribunal de Commerce of the Seine*, AD 9 (1938-40), Case No. 190, S. 476, 477; *Ministero della Marina v. The Anglo-Palestine Bank*, Italian Prize Tribunal, AD 12 (1943-45), Case No. 120, S. 357, 358 f.; mit Einschränkungen auch *Holder v. Ministère Public*, Egypt, Mixid Court of Cassation, 24.4.1944, AD 13 (1946), Case No. 38, S. 90, 91 f.; wN. aus der schweizerischen Rechtsprechung bei *M. Kronauer*, Die Auslegung von Staatsverträgen durch das Schweizerische Bundesgericht, S. 90 f. Die souveränitätsfreundliche Auslegung eher umgehend der Österreichische Oberste Gerichtshof im Fall *Zenia Company v. Austrian Federal Railways*, AD 5 (1929/30), S. 364 f.; *Shoshone Indians v. United States*, USA, AJIL 39 (1945), 818, in der auf die Regel *in dubio mitius* abgestellt wurde.

III. Literatur

Eingehendere Untersuchungen zur souveränitätsfreundlichen Auslegung gab es nicht. Die Literatur begnügte sich mit der Feststellung, die Regel sei allgemein anerkannt. Allerdings wurde der Terminus „souveränitätsfreundliche Auslegung" nicht verwendet. Die enumerativen Aufzählungen der einzelnen anwendbaren Auslegungsregeln enthielten unter anderem die Regeln *Auslegung zugunsten der Souveränität der Staaten* bzw. *in dubio mitius* und *contra proferentem*[168], oft unter Berufung auf entsprechende Urteile, insbesondere die Fälle *North Atlantic Coast Fisheries Arbitration*, *Wimbledon* und *Kronprins Gustav Adolf*. Typisch ist etwa die Auffassung von *W. E. Hall*: „Whenever, or in so far as, a state does contract itself out its fundamental rights by express language a treaty must be so construed as to give effect to those rights. Thus, for example, no treaty can be taken to restrict by implication the exercise of rights of sovereignty or property or self-preservation. Any restriction of such rights must be effected in a clear and distinct manner."[169]

---

168 So etwa bei *A. Verdross*, Staatsverträge. 5. Interpretationsregeln im Völkerrecht, in: WVR[1] Bd. 2, S. 663; *D. Anzilotti*, Lehrbuch des Völkerrechts, S. 82, 84; *E. Isay*, Völkerrecht, S. 68; *W. Prieur*, Die Auslegung völkerrechtlicher Verträge, S. 37 f., *P. Guggenheim*, Lehrbuch des Völkerrechts I, S. 125 ff., insb. S. 128; *Y. Chang*, The Interpretation of Treaties by Judical Tribunals, S. 24, 75; *F. v. Liszt/M. Fleischmann*, Völkerrecht, S. 262, die allerdings die Methode, dass eine Auslegung zuungunsten dessen erfolgen muss, der einseitig Vorteile fordert, wenn der Wille der Parteien nicht erforscht werden kann, als *in dubio pro reo* bezeichnen; eingeschränkt auch noch (vgl. § 7 IV 1) *H. Lauterpacht*, Private Law Sources and Analogies of International Law, S. 179, der darauf hinweist, dass die Regel nur subsidiär anwendbar ist; vgl. zudem *ders.*, The Function of Law in the International Community, Part II §§ 17-19, S. 93 ff.; vorsichtig auch *A. D. McNair*, Law of Treaties[1], Chap. XX, S. 211 ff., der anerkennt, dass diese Methoden im Völkerrecht Anwendung finden, sich dann aber für das aus dem anglo-amerikanischen Bereich stammende „principle of liberal construction" einsetzt: „ (...) [I]n case of ambiguity they ought to receive a liberal construction (S. 217)." Vollkommen anders *Ch. Ch. Hyde*, International Law Vol. II, S. 61 ff., insb. 69 ff. Er äußerte sich zwar nicht zur restriktiven Auslegung, setzte sich aber mit der im amerikanischen Recht verwendeten liberalen Auslegung, die er als technische Regel bezeichnet, auseinander. Da diese nichts für das Ziel der Auslegung, die Feststellung des vertraglich niedergeschlagenen Parteiwillens, beitragen könne, hält er sie für nicht überzeugend und meint, technische Auslegungsregeln seien insgesamt von zweifelhaftem Wert. Ohne das *Hyde* es ausdrücklich getan hat, ließe sich gleiches von der restriktiven Auslegung sagen.

169 *W. E. Hall*, A Treatise of International Law, S. 394.

Die deutsche Völkerrechtslehre setzte sich besonders für die *interpretatio contra proferentem* ein, wohl nicht zuletzt deswegen, um die Wirkungen des „Diktats von Versailles“ für Deutschland abzuschwächen.[170]

Die Rechtsprechungsübersichten dieses Zeitraumes enthielten regelmäßig einen Unterpunkt Auslegung zugunsten der Unabhängigkeit der Staaten[171] bzw. Restrictive Interpretation (Restrictions of Sovereignty, Interpretation against the Party Responsible for the Drafting)[172]. Dabei wurde teilweise die souveränitätsfreundliche Auslegung als Unterpunkt der restriktiven Auslegung angesehen, teilweise aber auch zwischen beidem unterschieden.

§ 7 Die Praxis in der Nachkriegszeit (1945-1969)

Der Ausbruch des Zweiten Weltkrieges offenbarte das Scheitern des Völkerbunds und des Ständige Internationale Gerichtshof[173], das Auseinanderklaffen von Anspruch und Wirklichkeit trat offen zutage. Beide Institutionen waren in Wahrheit keine universellen, kollektiv friedenssichernden Organe. Die faschistischen Regimes zeigten Desinteresse an friedlicher Streitschlichtung.[174] So über-

---

170 Vgl. RGZ 113, 281, 285; 137, 1, 5 ff., insb. 7. Außerdem fand die Auseinandersetzung mit dieser Methode fast ausschließlich in Fällen mit deutscher Beteiligung statt. Vgl. etwa *Weitzenhoffer v. Germany*, Roumano-German Mixed Arbitral Tribunal, AD 3 (1925/26), Case No. 278, S. 366 f.

171 So *V. Bruns* (Begr.), Fontes Iuris Gentium, A I 1, S. 74 ff.; A I 3, S. 38 f.; A I 4, S. 74 f.

172 So etwa *J. F. Williams/H. Lauterpacht* (Begr.), Annual Digest of Public International Law Cases, z.B. Vol. 1 (1919-22), S. xlvii; *Hackworth*, Digest of International Law Vol. V, S. 255 ff.; *E. Hambro/A. W. Rovine*, The Case Law of the Permanent Court of International Justice, Vol. I; *K. Schmid*, Die Rechtsprechung des Ständigen Internationalen Gerichtshofs, S. 107 ff.; *H. Lauterpacht*, Private Law Sources and Analogies of International Law, S. 178.

173 Zwar existierte der Ständige Internationale Gerichtshof bis zu seiner Auflösung in der letzten Sitzung des Völkerbundes am 19.4.1946 fort, seine Arbeit ruhte jedoch seit dem Jahre 1939 (*K. Ipsen*, in: ders., Völkerrecht, § 62 Rn. 36).

174 So beendete das Institut für Politik und Internationales Recht an der Universität Kiel (Hrsg.), Entscheidungen des Ständigen Internationalen Gerichtshofs, Ausgabe in deutscher Übersetzung Dreizehnter Band, Vorwort, die Übersetzungen der Entscheidungen des Ständigen Internationalen Gerichtshofs mit den resignierenden Worten: „Mit dem hier zur Ausgabe gelangenden XIII. Band, welcher die Entscheidungen des Ständigen Internationalen Gerichtshofs im Haag in deutscher Übersetzung aus den Jahren 1936 und 1937 bringt, findet diese Veröffentlichungsreihe ihren Abschluss. (...) Heute wird (...) das Vorliegen eines wirklich dringenden Bedürfnisses nach einer Verbreitung der Entscheidungen in deutscher Sprache (...) kaum

fiel Italien das unabhängige Völkerbundmitglied Abessinien, und die Mechanismen des Völkerbundes versagten. So wurde im Münchener Abkommen die Abtrennung des Sudetendeutschen Gebiets von der ČSR beschlossen, ohne den betroffenen Staat überhaupt zu beteiligen. Der Niedergang des Völkerrechts und des internationalen Streitschlichtungssystems fand seinen Tiefpunkt mit dem Ausbruch des Zweiten Weltkrieges durch Deutschlands Überfall auf Polen am 1. September 1939. Es folgte der verlustreichste und verheerendste Krieg der Geschichte, in dem über 60 Millionen Menschen starben. Das von Deutschland praktizierte antizivilisatorische Verhalten stellte eine völlige Negation des im Völkerrecht niedergelegten zivilisatorischen Minimums dar.[175]

Diese Unzulänglichkeiten vor Augen sollte nach dem Krieg eine neue weltweite Friedensorganisation geschaffen werden. Bereits 1941 verständigten sich der US-amerikanische Präsident *Roosevelt* und der britische Premier *Churchill* in der Atlantik-Charta über die Schaffung eines umfassenden und dauerhaften Systems allgemeiner Sicherheit.[176] Dieser Erklärung schlossen sich 21 Staaten an. Im Jahre 1943 beschlossen die Außenminister der Sowjetunion, der USA, des Vereinigten Königreiches und Chinas in der Moskauer Deklaration zur Friedenssicherung die Errichtung einer Internationalen Organisation auf Basis der souveränen Gleichheit. Konkretisiert wurde dieser Plan durch die Erklärung von Dumberton Oaks und die Beschlüsse der Jaltakonferenz.

Nach dem Ende des Krieges wurden die Pläne realisiert. Die Gründungskonferenz fand vom 25.4. bis 26.6.1945 in San Francisco statt. Am 26.6.1945 wurde die Charta der Vereinten Nationen angenommen und am darauffolgenden Tag unterzeichnet. Als wichtiger Bestandteil der neuen Friedensorganisation entstand gem. Art. 7 I und 92 UN-Charta der Internationale Gerichtshof, dessen Statut[177]

---

mehr (...) als vorhanden behauptet werden können. Einmal ist allen für den Bestand und die Entwicklung des Völkerrechts aufrichtig interessierten Kreisen die Überzeugung von dem Wert und der Bedeutung der Entscheidungen der ‚Cour Permanente de Justice internationale' längst Gemeingut geworden; gerade bei diesen Kreisen aber wird man auch regelmäßig eine hinreichende Kenntnis der französischen und englischen Sprache voraussetzen können."

175 *G. Stuby*, in: Hankel/Stuby (Hrsg.), Strafgerichte gegen Menschheitsverbrechen, S. 429, 443. Da das Völkerrecht wesentlich davon abhängt, dass ihre Subjekte den Willen haben, es zu beachten, konnte es während des Zweiten Weltkrieges kaum seine Funktion erfüllen, mit rechtlichen Mitteln einen bürgerlichen Zustand zu gewährleisten.

176 *V. Epping*, in: Ipsen, Völkerrecht, § 32 Rn. 7.

177 BGBl. 1973 II, S. 505.

zusammen mit der Charta unterzeichnet wurde. Damit wurde in der Nachfolge des Ständigen Internationalen Gerichtshofes wieder ein auf Dauer angelegtes quasiuniverselles internationales Gericht geschaffen.

Daneben entstanden vor allem auf regionaler Ebene weitere internationale Gerichte. Genannt seien etwa der Europäische Gerichtshof, der Europäische Gerichtshof für Menschenrechte und der Interamerikanische Gerichtshof.[178]

Das Prinzip der Souveränität der Staaten sollte nach Auffassung der Staatengemeinschaft weiterhin die Grundlage der Rechtsordnung bilden.[179] Ausdruck dessen ist Art 2 Ziff. 1 UN-Charta: Danach beruht die UNO auf der souveränen Gleichheit ihrer Mitglieder.

I. Der Internationale Gerichtshof

Der Internationale Gerichtshof wurde 1945 in der in der Tradition des Ständigen Internationalen Gerichtshofs gegründet. Sein Statut lehnt sich an das Statut des Ständigen Internationalen Gerichtshofs an, und die Richter wollten die Rechtsprechung, insbesondere hinsichtlich der anzuwendenden Auslegungsregeln, fortführen.[180]

Der Gerichtshof ist gem. Art. 7 I UN-Charta ein Hauptorgan der Vereinten Nationen und nimmt gem. Art. 92 UN-Charta als Aufgabe die Rechtsprechung der Organisation wahr. Damit stellt der Beitritt zur UN-Charta gleichzeitig ein Beitritt zum IGH-Statut dar. Zusätzlich steht auch Nichtmitgliedstaaten der UNO der Zugang zum IGH offen, wenn sie dem Statut beitreten. Jeder Staat kann sich insbesondere der Fakultativklausel des Art. 36 II IGH-Statut unterwerfen, um eine obligatorische Gerichtsbarkeit zu begründen.

1. Frühe Entscheidungen

In Bezug auf die souveränitätsfreundliche Auslegung knüpfte die Rechtsprechung des Internationalen Gerichtshofs an ihren Vorgänger an. Die Souveränität selbst

---

178 Für einen genaueren Überblick: *N. Wühler*, Gerichtsbarkeit, internationale, in: Lexikon des Rechts Völkerrecht, S. 108 ff.

179 S.o. § 4 II. Auch gegenüber den Verlierern des Zweiten Weltkrieges wurde die staatliche Souveränität respektiert (*G. Stuby*, in: Hankel/Stuby (Hrsg.), Strafgerichte gegen Menschheitsverbrechen, S. 429, 454).

180 Vgl. die Nachweise bei *G. Fitzmaurice*, BYIL 33 (1957), 203, 209.

wurde eher selten ausdrücklich als Argument herangezogen, jedoch lassen sich einige Entscheidungen finden, bei der sie im Hintergrund gestanden hat und bei denen verwandte Auslegungsregeln angewendet wurden.[181]

Bezüglich der Frage, wie das Gericht die eigene Kompetenz auszulegen hat, führte der Richter *Badawi Pasha* in seiner abweichenden Ansicht zum *Corfu Channel Case* aus: „And if there still were any doubt, the exceptional nature of the Court's Jurisdiction, founded on the consent of the Parties and, as corollary, on the restrictive interpretation of the Special Agreement, should in any case exclude such jurisdiction."[182]. Im selben Fall verwendete *Krylow* in seiner abweichenden Auffassung diese Methode: „I consider, that the Court should interpret the Special Agreement of March 25th, 1948, restrictively, bearing in mind that its jurisdiction is based solely on the consent of the Parties."[183] Schließlich meinte *Ečer* in diesem Zusammenhang: „We must keep strictly to the terms of the Special Agreement, because that agreement constitutes the *petitia* of the Parties."[184] *Ečers, Badawi Pashas* und *Krylows* Ausführungen stellten eine Antwort auf die Ansicht der Richtermehrheit dar. Sie entschied sich in der Sache für eine Kompetenz des Gerichtshofes, ohne auf die Argumente der Minderheit einzugehen.[185]

---

181 Die Richter *Basdevant, Winiarski, McNair* und *Read* wendeten in einer der ersten Entscheidungen in einer abweichenden Auffassung im Fall *Conditions of Admission to the United Nations*, Gutachten vom 28.5.1948, D.O., ICJ Rep. 1948, S. 57, 82, 86, die Regel der restriktiven Auslegung von Ausnahmen an: „There is a rule of interpretation frequently applied by the Permanent Court of International Justice, when confronted with a rule or a principle of law, to the effect that no restriction upon this rule or principle can be presumed unless it has been clearly established, and that in case of doubt it is the rule or principle of law which must prevail." Die Passage bezog sich allerdings nicht auf den Grundsatz der Souveränität.

182 Urteil vom 9.4.1949, D.O., ICJ Rep. 1949, S. 4, 58, 67. Eine fast identische Stellungnahme findet sich im *Free Zones*-Fall, PCIJ Ser. A/B No. 46, S. 92, 138 f. (s.o. § 6 I 8).

183 D.O., ICJ Rep. 1949, S. 4, 68, 73.

184 D.O., ICJ Rep. 1949, S. 4, 115, 128.

185 ICJ Rep. 1949, S. 4 ff. Das Gericht betonte dabei, ebenda, S. 35, aber auch: „Between independent States, respect for territorial sovereignty is an essential foundation of international relations."

2. *Der Fall Reparation for Injuries suffered in the Service of the United Nations*

Im Gutachten *Reparation for Injuries suffered in the Service of the United Nations*[186] hätte die souveränitätsfreundliche Auslegung eine entscheidende Rolle spielen können. Jedoch wurde sowohl in der Argumentation als auch im Ergebnis eine entgegengesetzte Linie vertreten. Folgender Sachverhalt lag zugrunde: Am 17.9.1948 wurde der UN-Vermittler für den Palästinakonflikt, der Schwede Graf *Bernadotte*, durch ein Bombenattentat ermordet. Weitere UN-Mitarbeiter wurden verletzt. Deshalb richtete die Generalversammlung der Vereinten Nationen an den IGH die Frage, ob die UNO internationale Ansprüche für die entstandenen Schäden gegen *de jure*- oder *de facto*-Regierungen geltend machen könne.

Das Gericht stellte zunächst fest, die UNO besitze eine eigene Rechtspersönlichkeit[187]: Die Gründerstaaten hätten eine Organisation schaffen wollen, die unabhängig auftreten und handeln solle. Ohne eigene Rechtspersönlichkeit könne sie die zugewiesenen Aufgaben nicht erfüllen. Die Organisation bedürfe zum Wirksamwerden alle nötigen Rechte, auch wenn sie in der Satzung nicht aufgeführt seien.[188] An mehreren Stellen verwies das Gericht zur Begründung auf die Funktion und den Zweck der Organisation. So hieß es etwa an einer Stelle: „It must be acknowledged that its Members, by entrusting certain functions to it, with the attendant duties and responsibilities, have clothed it with the competence required to enable those functions to be effectively discharged."[189]

Zudem stellte das Gericht fest, dass die Vereinten Nationen zur Geltendmachung aller derjenigen Schäden befugt sei, die die Organisation selbst erleide. Das gelte nicht nur für Mitgliedsstaaten, sondern auch für Nichtmitgliedsstaaten, weil die Vereinten Nationen eine *objektive Völkerrechtspersönlichkeit* besäßen: „(...) [F]ifty States, representing the vast majority of the members of the international community, had the power, in conformity with international law, to bring into being an entity possessing objective international personality, and not merely personality recognized by them alone, together with the capacity to bring international claims.“[190]

---

186 Gutachten vom 11.4.1949, ICJ Rep. 1949, S. 174.

187 ICJ Rep. 1949, S. 174, 177-9.

188 ICJ Rep. 1949, S. 174, 178 f.

189 ICJ Rep. 1949, S. 174, 179.

190 ICJ Rep. 1949, S. 174, 185.

Schließlich bejahte der IGH mit einer Mehrheit von 11 zu 5 Stimmen die weitere Frage, ob die Vereinten Nationen auch für das Opfer selbst und dessen Rechtsnachfolger Ansprüche stellen könnten. Dies sei eine Folge der Notwendigkeit des Schutzes für Mitarbeiter der UNO. Die UNO selbst müsse ausreichenden Schutz gewähren und nicht lediglich vermittelt durch die vom entsendenden Staat verliehenen diplomatischen Status.

Methodologisch und im Ergebnis fand die Souveränität kaum Beachtung.[191] Vielmehr nahm der IGH trotz des Schweigens des Vertragstextes unter Zuhilfenahme der funktionellen Methode, insbesondere der Grundsätze der Effektivität und der implied powers, an, dass die UNO Rechtspersönlichkeit besitze, dass sie alle Schäden, die die Organisation erleide, geltend machen dürfe, dass sie dazu auch gegenüber Nichtmitgliedsstaaten in der Lage sei, und dass sie für die Opfer selbst, bzw. deren Rechtsnachfolger Ansprüche stellen dürfe. Gerade die Schadensersatzpflicht eines Nichtmitgliedstaates entsprach aber nicht dem souveränen Recht, nur dann völkerrechtlich gebunden zu sein, wenn man sich dazu verpflichtet hat. Es hätte daher nahe gelegen, sich mit der souveränitätsfreundlichen Auslegung auseinander zu setzen.

Das Fehlen einer Auseinandersetzung mit dieser Regel und die Verwendung der Regeln effet utile und implied powers wurde in der Literatur teilweise als Anzeichen für die zurückgehende Bedeutung der souveränitätsfreundlichen Auslegung interpretiert.[192] Ob damit eine Ablehnung der souveränitätsfreundlichen Auslegung und ähnlichen Regeln verbunden ist, muss allerdings angesichts entgegengesetzter Stellungnahmen in anderen Urteilen bezweifelt werden. Das Urteil gibt die souveränitätsfreundliche Auslegung jedenfalls nicht ausdrücklich auf.

---

191 Zu einer anderen Einschätzung gelangt *H. Sultan*, in: FS Andrassy, S. 294, 302 f. Er sah in den Aussagen den Beweis, dass der IGH die restriktive Auslegung akzeptiert habe, weil das Gericht während der gesamten Diskussion betont hätte, die über den Wortlaut hinausgehende Interpretation sei essentiell für das Funktionieren der Organisation. Der Umstand allein, dass das Gericht eine extensive Auslegung an Bedingungen geknüpft hat, taugt kaum als Beweis für die Existenz der restriktiven Auslegung.

192 *K. Zemanek*, ZaöRV 24 (1964), 453, 456, *G. Ress*, ZaöRV 36 (1976), 227, 256 Fn. 57; *H. Lauterpacht*, The Development of International Law by the International Court, S. 297 ff.

3. Die weitere Entwicklung

Tendenziell in die andere Richtung als im Fall *Reparation for Injuries suffered in the Service of the United Nations* ging eine Passage im Fall *Status of South West Africa (The Advisory Opinion of 1950)*. Hier entschied die Richtermehrheit: „Had the parties to the Charter intended to create an Obligation of this kind for a mandatory State, such intention would necessarily have been expressed in positive terms."[193] Das Fehlen einer klaren Verpflichtung war eine entscheidende Erwägung, um die Verpflichtung Südafrikas zur Unterwerfung unter die Regeln zur Treuhandschaft zu verneinen. Ohne die Souveränität ausdrücklich zu nennen, dürfte sie der maßgebliche hinter der Regel stehende Grund sein.[194]

Die Frage der Besetzung einer Schiedskommission behandelte das Gutachten *Interpretation of Peace Treaties with Bulgaria, Hungary and Romania (Second Phase)*. Eine Partei weigerte sich, einen Schiedsrichter zu bestellen. Die Gegenpartei vertrat die Auffassung, der Generalsekretär der Vereinten Nationen könne Schiedsrichter einsetzen, weil ihm zumindest das vertragliche Recht eingeräumt war, den dritten Schiedsrichter zu bestellen. Das Gericht verwarf diese Auffassung und begründete dies folgendermaßen: „The Secretary-General's power to appoint a third member is derived solely from the agreement of the parties as expressed in the disputes clause of the Treaties; by its very nature such a clause must be strictly construed and can be applied only in the case expressly provided for therein."[195] Auch der Effektivitätsgrundsatz könne zu keinem anderen Ergebnis verhelfen: „The principle of interpretation expressed in the maxim: *Ut res magis valeat quam pereat*, often referred as the rule of effectiveness, cannot justify the Court in attributing to the provisions for the settlement of disputes in the Peace Treaties a meaning which (...) would be contrary to their letter and spirit".[196] Nicht das Zweckmäßigste, sondern das Zweckmäßige, begrenzt durch den Wortlaut und Geist des Vertrages, solle im Rahmen der Interpretation ermittelt

---

193 Gutachten vom 11.6.1950, ICJ Rep. 1950, S. 128, 140. Es ging um die Frage, ob die UN-Charta Südafrika Verpflichtungen auferlegt.

194 Die Entscheidung wurde aufgeführt in *V. Bruns* (Begr.), Fontes Iuris Gentium A I 5, S. 207, unter dem Punkt „Auslegung zugunsten der Unabhängigkeit der Staaten", und bei *R. Bernhardt*, Die Auslegung völkerrechtlicher Verträge, S. 151, unter dem Punkt „Berücksichtigung der staatlichen Souveränität bei der Auslegung".

195 Gutachten vom 18.7.1950, ICJ Rep. 1950, S. 221, 227.

196 ICJ Rep. 1950, S. 221, 229; im französischen Text: „(...) principe souvent désigné sous le nom de principe de l'effet utile (...)."

werden.[197] Auf den Fall bezogen bedeutete das, dass es zwar zweifellos der Zweck des Vertrages war, eine Schiedsgerichtsbarkeit einzusetzen und deshalb die Pflicht bestand, die Schiedsrichter zu bestellen. Jedoch ergab sich aus dieser Pflicht nicht das Recht, bei einer Pflichtverletzung die Bestellung durch einen Dritten vornehmen zu lassen.

Richter *Read* vertrat in seiner Abweichenden Auffassung zu diesem Gutachten die Meinung, ein Vertrag sei nur dann restriktiv auszulegen, wenn es sich um eine Spezialvereinbarung (special agreement) handele, während für gewöhnliche Verträge (general treaties) eine derartige Auslegung nicht angebracht sei.[198]

Relativ deutlich klingt der Souveränitätsgesichtspunkt im *Asylum Case* an. Das Gericht verneinte ein generelles Recht auf Asyl für Personen, die wegen politischer Delikte verfolgt werden. Dies könne weder der Havana Convention on Asylum von 1928 entnommen werden, noch bestehe eine entsprechende Lateinamerikanische Staatenpraxis. Dabei wurde darauf verwiesen: „It is clear that the adaption of such a criterion would lead to foreign interference of a particulary offensive nature in the domestic affairs of States (...)“[199]. Insgesamt erweckt die Urteilspassage den Anschein, als müssten für den Nachweis von solchem Gewohnheits- und Vertragsrecht, das souveräne Rechte beschränkt, besonders hohe Anforderungen gelten. Offenbar soll dies auch für den Nachweis von Menschenrechten gelten.[200]

---

197 Dieser Stelle kann man daher kein Bekenntnis des Gerichtshofs zur generellen extensiven Auslegung von rechtsetzenden Verträgen entnehmen (anders *K. Doehring*, Völkerrecht, Rn. 395 mit Fn. 112; *A. E. Bredimas*, Methodes of Interpretation and Community Law, S. 20, 28 Fn. 71, zitierte dieses Urteil genau entgegengesetzt als Beispiel für die restriktive Auslegung). Das Bekenntnis zum Zweckmäßigen muss nicht zur Folge haben, dass Normen extensive Ergebnisse erzeugen.

198 „The Disputes Article is an arbitration clause. It is not contained in a special agreement providing for arbitration of a particular case, but in a general treaty, the Treaty of Peace. It is designed to provide for the judical settlement of any disputes arising under the treaty (…). Accordingly, it is not open to the Court to give a narrow or restrictive interpretation of the Disputes Article." (D.O., ICJ Rep. 1950, S. 221, 232).

199 Urteil vom 20.11.1950, ICJ Rep. 1950, S. 266, 286. Vgl. ferner S. 275 und S. 282, wo die Präambel der Konvention zur Unterstützung der restriktiven Auslegung herangezogen wurde.

200 Bis heute konnte sich nach h.M. kein Gewohnheitsrecht auf *humanitäres Asyl* herausbilden. Es fehlt an einer ausreichenden Staatenpraxis und zudem an der Überzeugung, einer rechtlichen Verpflichtung nachzukommen, wenn der betroffene Staat das Asyl gewährt (*H. Fischer*, in: Ipsen, Völkerrecht, § 35 Rn. 68 f.).

Eine neuartige Auffassung zur souveränitätsfreundlichen Auslegung vertrat der Richter *Read* in seiner abweichenden Auffassung im *Anglo-Iranian Oil*-Fall. Er lehnte die restriktive Auslegung von vertraglichen Verpflichtungen völlig ab. „There is an additional consideration which, strictly speaking, is not a principle, but a rejection of a fallacious theory. It has been contended that the Court should apply a restrictive construction to the provisions of the Declaration, because it is a treaty provision or a clause conferring jurisdiction on the Court. Further, it has been suggested that a jurisdictional clause is a limitation upon the sovereignty of a State, and that, therefore, it should be strictly construed. The making of a declaration is an exercise of State sovereignty, and not, in any sense, a limitation. It should therefore be construed in such a manner as to give effect to the intention of the State, as indicated by the words used; and not by restrictive interpretation, designed to frustrate the intention of the State in exercising this sovereign power."[201] Dagegen sprach nach seiner Auffassung auch nicht die bisherige Rechtsprechung. Sie führe die in Frage stehende Methode lediglich in *obiter dicta* an, die keine Basis für die Entscheidungen gebildet hätten.[202] Statt einer „strikten Auslegung" sprach sich *Read* für eine Interpretation aus, die unter Beachtung des normalen Sprachgebrauchs in seinem Kontext eine möglichst effektive Interpretation erreicht.[203] In dieser Deutlichkeit neu ist die Ablehnung der souveränitätsfreundlichen Auslegung, weil Verträge keinen Ausnahmen von der Souveränität darstellten und weil es nicht das Ergebnis der Auslegung sein dürfe, mit Hilfe der souveränitätsfreundlichen oder restriktiven Auslegung den Willen der Vertragspartner zu frustrieren.

In die entgegengesetzte Richtung ging die ergänzende Stellungnahme von *Basdevant* im Fall *Minquiers and Ecrehos*, bei dem sich Frankreich und Großbritannien um die Souveränität dieser beiden kleinen Inselchen bei Jersey stritten. Er

---

201 Urteil vom 22.7.1952, D.O., ICJ Rep. 1952, S. 93, 142, 143.

202 D.O., ICJ Rep. 1952, S. 93, 142, 143. Er zitierte den *Free Zones of Upper Savoy and the District of Gex*-Fall, PCIJ Ser. A/B No. 46, S. 138, und den *Phosphates of Morocco*-Fall, Ser. A/B No. 74, S. 23 (vgl. dazu auch die obigen Ausführungen). Gleichzeitig gab er allerdings zu, nicht die gesamte Rechtsprechung des IGH und des StIGH ausgewertet zu haben und fügte hinzu: „I have been unable to find any case in which either Court relied upon a restrictive interpretation to a jurisdictional clause as a basis for its judgement." Vgl. ferner seine abweichende Stellungnahme im *Certain Norwegian Loans*, ICJ Rep. 1957, S. 9, 79, 83.

203 D.O., ICJ Rep. 1952, S. 93, 142. Dabei berief er sich auf die Entscheidungen *Admission to the United Nations*, ICJ Rep. 1950, S. 4, 8, und *Interpretation of Peace Treaties with Bulgaria, Hungary and Romania (Second Phase)*, ICJ Rep. 1950, S. 221, 229, also auf Entscheidungen in denen der Grundsatz effet utile verwendet wurde.

führte aus: „From the fact that Ecrehos and Minquiers are not expressly mentioned here and from the fact that in other instruments they do not appear in one or another of the enumerations of islands, or that after the indication of certain islands there is or is not a reference to their dependencies, no conclussion can be drawn as to the sovereignty over the islets. (...) In case of doubt, therefore, this Treaty should be interpreted in favour of the grantor, in the sense of restricting the gift."[204]

Im Fall *Administration Tribunal of ILO* zog der Gerichtshof eine Grenze der Anwendbarkeit der souveränitätsfreundliche Auslegung: Sie seien nur dann anwendbar, wenn es sich nicht nur formal, sondern auch materiell um eine völkerrechtliche Streitigkeit handele.[205] Da es sich im zu entscheidenden Fall um organisationsinterne Fragen einer Internationalen Organisation ging, wurden Souveränitätsargumente nicht berücksichtigt.

Einmal mehr um die Zuständigkeit des IGH ging es in der Entscheidung *Aerial Incident of July 27th, 1955*. Nachdem ein israelisches Verkehrsflugzeug am 27.7.1955 von der bulgarischen Luftabwehr abgeschossen wurde, stellte Israel an Bulgarien erfolglos Schadensersatzforderungen. Daher rief Israel den IGH an. Dessen Zuständigkeit hatte es gem. Art. 36 II IGH-Statut anerkannt. Für Bulgarien war die Sache komplizierter. Ursprünglich hatte es die Zuständigkeit des Ständigen Internationalen Gerichtshofes gem. Art. 36 II Statut des StIGH anerkannt. Art. 36 V IGH-Statut sah dazu vor: „Nach Artikel 36 des Statuts des Ständigen Internationalen Gerichtshofs abgegebene Erklärungen, deren Geltungsdauer noch nicht abgelaufen ist, gelten nach Maßgabe ihrer Bedingungen für ihre restliche Geltungsdauer im Verhältnis zwischen den Vertragsparteien dieses Statuts als Annahme der obligatorischen Gerichtsbarkeit des Internationalen Gerichtshofes." Obwohl es der Wortlaut zugelassen hätte und es noch andere Anhaltspunkte für eine Verpflichtung gab, kam der IGH zu einer anderen, im Ergebnis souveränitätsfreundlichen Entscheidung. Er stellte fest, dass Art. 36 V IGH-Statut nur für Gründungsmitglieder gelte. Bulgarien dagegen sei erst 1955

---

204 Urteil vom 17.11.1953, S. O., ICJ Rep. 1953, S. 47, 74, 77. Die Richtermehrheit stellte dagegen auf die tatsächlichen Verhältnisse ab. Da Großbritannien die Hoheitsrechte seit langer Zeit ohne den Protest Frankreichs ausgeübt habe, gehörten sie zu Großbritannien (ebenda, S. 47 ff.).

205 Gutachten vom 23.10.1956, ICJ Rep. 1956, S. 77, 97: „The arguments, deduced from sovereignty of States, which might have been invoked in favor of a restrictive interpretation of provisions governing the jurisdiction of the a tribunal adjudicating between States are not relevant to a situation in which a tribunal is called upon a complaint of an official against an international organisation".

Mitglied der UNO und damit des IGH-Statuts geworden. Die Zuständigkeit sei daher zunächst erloschen und könne nicht mehr aufblühen.[206] Sie hätte nur dann bejaht werden können, wenn der betroffene Staat zugestimmt habe, also einen Vertragsbindungswillen besäße.[207] Dieses Argument hat insofern Souveränitätsbezug, als das Zustimmungserfordernis Ausfluss des Souveränitätsgrundsatzes ist.

Ausdrücklich auf den Souveränitätsgesichtspunkt verwiesen wurde in einigen abweichenden Ansichten im Streitfall *Right of Passage over Indian Territory*[208] zwischen Portugal und Indien. Nachdem Indien 1947 von Großbritannien die Unabhängigkeit erlangte, entstand eine Kontroverse um die im indischen Subkontinent gelegenen portugiesischen Enklaven. Nationalistische indische Gruppierungen okkupierten einige Enklaven, Indien verweigerte zudem Portugal das Durchgangsrecht für Militär, Zivilbeamte, private Personen und Waren. Daraufhin reichte Portugal im Jahr 1955 Klage beim IGH ein. Dieser stellte zunächst fest, dass Portugal, von Großbritannien und Indien anerkannt, die Souveränität über die Enklaven inne hatte. Umstritten war nunmehr, ob und in welchem Umfang Portugal ein Durchgangsrecht durch indisches Gebiet besaß.

Die Souveränität spielte dabei in doppelter Hinsicht eine Rolle: Indiens Souveränität war durch ein Durchgangsrecht betroffen, weil das allgemeine Völkerrecht nichts derartiges kennt[209]. Portugals Souveränität war betroffen, weil ein fehlendes Durchgangsrecht seine Souveränität über die Enklaven völlig ausgehöhlt und des Sinnes beraubt hätte.

In der Entscheidung der Richtermehrheit erfolgte allerdings keine Auseinandersetzung mit Souveränitätsargumenten. Sie stellte lediglich fest, dass für Nichtmilitärisches ein Gewohnheitsrecht auf Durchzug bestehe, für Militärisches dagegen nicht. Damit bestand kein Bedürfnis mehr zu weiteren Ausführungen.

---

206 Urteil vom 26.5.1959, ICJ Rep. 1959, S. 127, 145.

207 ICJ Rep. 1959, S. 127, 142; ebenso S. O. *Armand-Urgon*, ebenda, S. 152, 153. Das Gericht zitiert den Fall *Monetary gold removed from Rome in 1943*, ICJ Rep. 1954, 32. Das Konsenserfordernis wurde vom IGH häufig hervorgehoben, vgl. nur D.O., *Ečer, Badawi Pasha* und *Krylow, Corfu Channel Case (Merits)*, ICJ Rep. 1949, S. 4, 67, 73, 128; *Interpretation of Peace Treaties with Bulgaria, Hungary and Romania (Second Phase)*, ICJ Rep. 1950, 221, 227; anders nur D.O., *Read*, ICJ Rep. 1952, 93, 142 f.

208 Urteil vom 12.4.1960, ICJ Rep. 1960, S. 6.

209 Vgl. *K. Herndl*, Durchzugsrecht, in: WVR 1. Bd., S. 408 f.

Die abweichenden Meinungen setzten sich dagegen mit der Souveränitätsproblematik auseinander. *Spender* begründete seine Auffassung, nach der das Durchgangsrecht zu einer Enklave nicht nur für Nichtmilitärisches, sondern gerade auch für Militärisches bestehe, vor allem damit, dass die Ausübung der Souveränität einem Land ermöglicht werden müsse, ansonsten sei die Souveränität bedeutungslos.[210] So hieß es etwa: „Another vital and indisputable fact is that this sovereignty could not be exercised unless some passage was accorded the Portuguese."[211] Ähnlich äußerten sich *Moreno Quintana*[212] und *Armand-Urgon*. Letzterer führte an: „Our reasoning must proceed on the basis of the validity of the argument in favour of full sovereignty (...)"[213]. Deswegen sei klar, dass die Portugiesen ein Durchgangsrecht besäßen, weil sie sonst ihre Souveränität nicht ausüben könnten. Zusätzlich stellte er fest: „Transit, or the fact of transit, during the Maratha period is a definite right vested in the Portuguese State. It is an implied right, to be inferred from the 1779 Treaty and from the supplementary agreements in favour of the Portuguese State, even if it was not specifically expressed. (...) Portugal therefore acquired the powers necessary for effective exercise of the powers and rights expressly granted. Those powers imply recognition of a right of passage."[214] Besonders interessant ist an dieser Auslegung, dass die *rule of effectiveness* und die Regel der *implied powers* die gleiche Rechtsfolge nahe legten, wie die souveränitätsfreundliche Auslegung, nämlich zugunsten der Souveränität Portugals. *Armand-Urgon* stellte seine Ausführungen in die Tradition der Entscheidung *Interpretation of the Statute of Memel Territory* des Ständigen Internationalen Gerichtshofes[215], welches die Souveränität als Kriterium für die Auslegung herangezogen hatte, und in die des Gutachtens *Reparation for Injuries suffered in the Service of the United Nations*, bei dem die Anwendung der Regel *implied powers* zu einer im Ergebnis sehr weiten Auslegung zugunsten der Vereinten Nationen herangezogen wurde.[216] Daraus ist ersichtlich, dass er von keiner

---

210 D.O., ICJ Rep. 1960, S. 6, 97, 109.

211 D.O., ICJ Rep. 1960, S. 6, 97, 109.

212 D.O., ICJ Rep. 1960, S. 6, 88, 92. Zusätzlich greift er unter Berufung auf die Entscheidung *Mavrommatis Concessions*, PCIJ Ser. A No. 2, S. 19 (s.o. § 6 I 4) auf die Regel zurück, dass bei bilingualen Texten im Zweifel eine restriktive Auslegung vorzuziehen sei.

213 D.O., ICJ Rep. 1960, S. 6, 76, 79. *Armand-Urgon* betonte zudem in einer abweichenden Meinung zum Urteil *Barcelona Traction (Preliminary Objections)*, 24.7.1964, ICJ Rep. 1964, S. 6, 116, 141, 146 f., 150, die Anwendbarkeit der Regel der restriktiven Auslegung von Jurisdiktionsklauseln.

214 D.O., ICJ Rep. 1960, S. 6, 76, 79 f.

215 PCIJ Ser. A No. 49, S. 313 f. (s.o. § 6 I 8), allerdings ist dort nicht von implied powers die Rede.

fundamentalen Konfrontation zwischen souveränitätsfreundlicher und effektiver Auslegung ausgeht.

In der Entscheidung *Temple of Preah* wendete der Richter *Fitzmaurice* in Bezug auf die Frage, ob ein Staat über ein bestimmtes Gebiet seine territoriale Souveränität aufgegeben habe, die Vermutungsregel *in favorem eius qui dat* an.[217] Danach sei die Aufgabe der Souveränität nicht zu vermuten. Allerdings konnte er dann in wesentlicher Übereinstimmung mit der Richtermehrheit[218] entgegenstehendes Gewohnheitsrecht nachweisen und mithin die zunächst aufgestellte Vermutung widerlegen.[219]

Ohne die souveränitätsfreundliche oder restriktive Auslegung ausdrücklich zu erwähnen, stellte der Gerichtshof einmal mehr in der *South West Africa (1966-Decision)* klar, dass Rechte und Pflichten für Vertragsparteien nur dann entstehen könnten, wenn dies vereinbart werde.[220] Auch Richter *Ammoun* hält in seiner separaten Stellungnahme zum Urteil *North Sea Continental Shelf* die Souveränität für ein Auslegungskriterium und legt gleichzeitig dessen Grenze fest: Wie restrik-

---

216 ICJ Rep. 1949, S. 174, 178, 179, 180 (zur Urteilsanalyse s.o. § 7 I 2). Das diese Entscheidung in diesem Kontext zu finden ist, ist vor allem auch deswegen bemerkenswert, weil sie für Teile der Literatur als deutliches Anzeichen für die Aufgabe der souveränitätsfreundlichen Auslegung durch den IGH gewertet wurde (so z.B. *K. Zemanek*, ZaöRV 24 (1964), 453, 456; *G. Ress*, ZaöRV 36 (1976), 227, 256 Fn. 57; vorsichtiger *R. Bernhardt*, Die Auslegung völkerrechtlicher Verträge, S. 152). Das ist freilich angesichts der entgegenstehender Stellungnahmen des Gerichtes überzogen.

217 Urteil vom 15.6.1962, S. O., ICJ Rep. 1962, S. 6, 39, 52. Es handelte sich um den Streit bezüglich der Grenze zwischen Thailand und Kambodscha, die durch einen Grenzvertrag von 1904 zulasten von Thailand verschoben wurde. Seitdem war umstritten, zu welchem Staat ein Gebiet, in dem der Tempel Preah Vihear lag, gehörte. Die Vermutung wirkte sich also zugunsten von Thailand aus.

218 Die Richtermehrheit stellte dabei in erster Linie auf das Verhalten der beiden Staaten ab, insbesondere sei von Thailand die Handhabung nicht in ausreichender Form bestritten worden. Dadurch seien Erwartungen entstanden, an die die Partei nach Treu und Glauben gebunden sei (*estoppel*-Prinzip; ICJ Rep. 1962, S. 6, 32).

219 S. O., ICJ Rep. 1962, S. 6, 39, 52 ff., insb. 63 ff.; Im Ergebnis wurde eine Entscheidung zugunsten Kambodschas getroffen.

220 Urteil vom 18.7.1966, ICJ Rep. 1966, S. 6, 48. Es betonte zudem: „Rights cannot presumed to exist merely because it might seem desirable that they should." Es hob ferner unter Berufung auf das Gutachten *Interpretation of Peace Treaties with Bulgaria, Hungary and Romania (Second Phase)*, ICJ Rep. 1950, S. 221, 229, hervor, die Aufgabe des Gerichtes sei es, die Verträge zu interpretieren, nicht sie zu revidieren (ebenda, S. 48). Vgl. auch die abweichende Stellungnahme von *Mbanefo*, ebenda, S. 484, 499 f., der betonte, dass die restriktive Auslegung nur in Zweifelsfällen anwendbar sei, hier jedoch keine Zweifel bestünden.

tiv auch immer eine Auslegung unter Berücksichtigung der Souveränität ausfallen sollte, soweit der Wille der Wille der Parteien überdeutlich klar sei, müsse er beachtet werden.[221] Erwähnt sei schließlich, dass die restriktive Auslegung von Ausnahmen, als deren Ausformung die souveränitätsfreundliche Auslegung angesehen wurde, in einigen Fällen angewendet wurde.[222]

4. Resümee

Die Rechtsprechung des Internationalen Gerichtshofs in der Nachkriegszeit entspricht in ihrer Grundtendenz der des Ständigen Internationalen Gerichtshofs. In einigen Entscheidungen wurde die souveränitätsfreundliche Auslegung herangezogen, meist ohne sie als solche ausdrücklich zu bezeichnen. Geläufiger Sprachgebrauch war vielmehr „restrictive interpretation". Lediglich *Read* maß der souveränitätsfreundlichen Auslegung keine Bedeutung mehr bei.

Anders als früher vertraten einzelne Richter in separaten und abweichenden Auffassungen verschiedene methodologische Konzepte. Das zeigt, wie wichtig die Auslegungslehre genommen wurde, aber auch, dass insoweit kein Konsens bestand. Insgesamt trat die teleologische Auslegung in den Fordergrund. Dabei wurden unter anderem die Regeln effet utile und implied powers angewendet und darauf hingewiesen, dass die auszulegenden Normen ihren Zweck möglichst weitgehend erfüllen sollen. Damit ist entgegen einer Literaturmeinung[223] keine

---

221 S. O. *Ammoun, North Sea Continental Shelf,* Urteil vom 20.2.1969, ICJ Rep. 1969, S. 3, 100, 101 f.

222 D.O. *Spender* und *Fitzmaurice, South West Africa (1962-decision)*, Urteil vom 21.12.1962, ICJ Rep. 1962, S. 319, 465, 483, 513; D.O. *Armand-Urgon, Barcelona Traction (Preliminary Objections)*, ICJ Rep. 1964, S. 6, 116, 146 f.; D.O. *Lachs, North Sea Continental Shelf,* Urteil vom 20.2.1969, ICJ Rep. 1969, S. 3, 218, 239; D.O. *Tanaka*, ebenda, S. 171, 186. Letzterer führte aus: „The clause does not constitute an independent principle which can replace equidistance, but it means the adaption of this principle to concrete circumstances. If for the foregoing reasons the exceptional nature of this clause is admitted, the logical consequence would be its strict interpretation. *Exceptions sunt strictissimae interpretationis*". Ähnlich D.O. *Sørensen*, ebenda, S. 241, 257 f., der für vage formulierte Klauseln eine „narrow interpretation" empfiehlt.

223 Vgl. *K. Zemanek*, ZaöRV 24 (1964), 453, 456, und *G. Ress*, ZaöRV 36 (1976), 227, 256 Fn. 57, die neben dem Gutachten *Reparation for Injuries suffered in the Service of the United Nations*, ICJ Rep. 1949, S. 174, auf das Gutachten *United Nations Administrative Tribunal*, ICJ Rep. 1954, S. 47, 57, und das Gutachten *Certain Expenses of the United Nations*, ICJ Rep. 1962, S. 151, 167 f., verweisen. Vgl. zudem S. O. *Spencer*, ebenda, S. 151, 182, 186. *R. Bernhardt*, Die Auslegung völkerrechtlicher Verträge, S. 152 Fn. 707, nimmt in diesem Zusammenhang allgemein auf sei-

Ablehnung oder eine zurückgehende Bedeutung der souveränitätsfreundlichen Auslegung verbunden. Dies zeigt sich bereits daran, dass die Regel in einigen Entscheidungen verwendet wurde. Es finden sich keine Entscheidungen, in denen die souveränitätsfreundliche Auslegung ausdrücklich aufgeben wurde. Schließlich besteht kein offener Widerspruch zwischen souveränitätsfreundlicher und effektiver Auslegung.[224] Immerhin zeigt diese Entwicklung, dass mehr auf teleologische und weniger auf technische Argumente bei der Auslegung Wert gelegt wurde. Insofern scheint der restriktiven Auslegung, verstanden als technisch anzuwendende Zweifelsregel, tatsächlich etwas weniger Bedeutung zuzukommen.

II. Andere Entscheidungen

Nach dem Zweiten Weltkrieg wurden eine Vielzahl von Schiedsgerichten ins Leben gerufen, um die Folgen des Krieges und der großen territorialen Verschiebungen und Umsiedlungen durch Abwicklung der gegenseitigen Ansprüche juristisch aufzuarbeiten. Daneben entstanden neue ständige Gerichtshöfe auf regionaler Ebene. In ihrer Rechtsprechung und in anderen Entscheidungen finden sich Bezüge zur souveränitätsfreundlichen Auslegung.

Im *UNESCO Constitution Case*[225] behandelte ein Schiedsgericht die Frage, in wie weit die Mitgliedsstaaten Einfluss auf die Wiederwahl von Boardmitgliedern haben. Dazu sieht Art. 5 I UNESCO-Satzung vor, dass die 18 Mitglieder des Executive Board von der Vollversammlung aus der Zahl der von den Mitgliedsstaaten ernannten Delegierten gewählt werden. Art. 5 III UNESCO-Satzung lässt die Wiederwahl zu, schweigt allerdings zu der Frage, ob der Wiederwahlkandidat noch der Delegation eines Landes in der Vollversammlung angehören muss. Das zur Beantwortung dieser Frage ad hoc gebildete Schiedsgericht, bestehend aus den Richtern *Rolin, Adolfo du Costa* und *Lachs*, legte den Vertrag in mehreren Schritten aus: I. Grammatical Context and the Language of the Constitution; II. The Independence of the Members of the Board; III. Interpretation by Reference to Subsequent Practice; V. Analogy with Other Constitutions and Instruments;

---

ne Ausführungen zu den implied powers Bezug. Am extremsten *H. Lauterpacht*, The Development of International Law by the International Court, S. 297 ff., für den alle auf den Grundsatz effet utile abstellenden Urteile gegen die restriktive Auslegung sprechen.

224 Das zeigen schon die abweichenden Stellungnahmen von *Armand-Urgon, Moreno Quintana* und *Spender* in der Entscheidung *Right of Passage over Indian Territory*, ICJ Rep. 1960, S. 6, 76, 88, 97. Zu Einzelheiten zu diesem Konflikt s.u. § 10 II 2 b bb, § 12 II 1 b.

225 *UNESCO Constitution Case*, 19.9.1949, AD 16 (1949), Case No. 113, S. 331.

VI. Consideration of Sovereignty of States; VII. Relevance of Preparatory Work. Unter Punkt VI. hält es fest: „Assuming that the above considerations had not been convincing and that a doubt subsisted, again, in the Tribunal's opinion, that doubt must be resolved in conformity with the interpretation set out above, since paragraph 1 of Article V affords States a guarantee that none of their nationals will be elected a member of the Executive Board of the Unesco without having been proposed by his government, indirectly at least, by his nomination as a delegate to the General Conference. To deprive Member States of Unesco of that right where the original mandate of a member of the Executive Board was renewed would amount to a restriction of their sovereignty. It is an established rule of law that such a restriction cannot be presumed."[226] Das Gericht bezeichnete es als eine etablierte Auslegungsregel, die *Erwägungen der Souveränität* zu beachten und stellte sie gleichberechtigt neben die anderen Methoden. Da auch systematische und funktionale Erwägungen in dieselbe Richtung deuteten, gelangte das Schiedsgericht zum Ergebnis, dass die Wiederwahl eines Boardmitgliedes unzulässig sei, wenn es nicht mehr der Delegation seines Landes in der Vollversammlung angehört.

Die *Franco-Italian Conciliation Commission*, in der Besetzung *Bolla, Perier de Feral* und *Sorrentino*, unterschied im Fall *Rizzo and Others* zwischen der Auslegung zugunsten der geringeren Verpflichtung – so wurde die souveränitätsfreundliche Auslegung in der Literatur häufig verstanden – und der restriktiven Auslegung von Ausnahmen. Die Ergebnisse, die die Anwendung der jeweiligen Auslegungsregel nahe legten, deuteten in unterschiedliche Richtungen, weil es sich bei der auszulegenden Norm um eine Rückausnahme von einer vertraglichen Verpflichtung handelte. Das Schiedsgericht räumte der Auslegung zugunsten der geringeren Verpflichtung Vorrang ein: „Among the technical rules of construction of treaties is the maxim *'exeptio est strictissimae applicationis'*. (…) The maxim is only applicable in case of doubt, and, in this instance, it cannot prevail against the other traditional rule of interpretation that obligations contained in conventions must be interpreted in such a way as impose the minimum burdon of the debtor party."[227] Das ist hervorhebenswert, weil es belegt, dass beide Auslegungsmethoden durchaus nicht identifiziert werden müssen. Die bisherige Rechtsprechungspraxis war demgegenüber offensichtlich davon überzeugt, dass die Ausle-

226 *UNESCO Constitution Case*, AD 16 (1949), Case No. 113, S. 331 , 335 f., unter Berufung auf die Entscheidungen *North Atlantic Coast Fisheries*, Permanent Court of Arb., 1910, No. 7, S. 114, 122; *Interpretation of Treaty of Lausanne (Frontier between Turkey and Iraq)*, Ser. B No. 12, S. 25, und *Lotus*, PCIJ Ser. A No. 7, S. 18.

227 *Rizzo and Others*, 25.6.1952, ILR 19, Case No. 107, S. 478, 481 f.

gung zugunsten der Unabhängigkeit eine Ausformung der restriktiven Auslegung sei.[228]

Die *Anglo-Italian Conciliation Commission* befand im Fall *Competence of Conciliation Commission* in Bezug auf die Grenzen der eigenen Jurisdiktion: „The provisions of a treaty must be interpreted in such a way that they may conform as much as possible with the rules established by international law rather than derogate from these rulings. And let us say once for all that the arbitrator cannot replace the legislator. (...) International jurisprudence normally interprets the provisions of international treaties in a restrictive manner, as it regards them as limitations of the sovereignty of the State, by application of the principle which submits to a restrictive interpretation provisions which derogate from common law."[229] Internationales Vertragsrecht solle also möglichst in Übereinstimmung mit den allgemeinen Regeln des Völkerrechts und zugunsten der Freiheit der Staaten interpretiert werden. Diese Überzeugung der Kommission entspricht der klassischen Vorstellung von der souveränitätsfreundlichen Auslegung.

In der Entscheidung *Lake Lanoux Arbitration* äußerte sich ein anderes Schiedsgericht in die entgegengesetzte Richtung. Der Souveränität könne bei der Auslegung keine absolute Bedeutung zukommen, sondern lediglich eine erste Vermutung darstellen: „It has been contended before the Tribunal that these modifications should be strictly construed because they are in derogation of sovereignty. The Tribunal could not recognize such an absolute rule of construction. Territorial sovereignty plays the part of a presumtion. It must bend before all international obligations, whatever their origin, but only before such obligations."[230] Damit wird die Auslegungsregel zwar aufrecht erhalten, ihr käme aber kaum noch prak-

---

228 Ansonsten billigte die *Franco-Italian Conciliation Commission* der Regel der restriktiven Auslegung von Ausnahmen unterschiedliche Bedeutung zu. Im Fall *Duc de Guise Claim*, 15.9.1951, ILR 18, Case No. 130, S. 423, 426 = RIAA XIII, S. 150, wurde festgestellt, dass eine restriktive Auslegung dem Willen der Parteien und dem Geist der auszulegenden Norm widersprechen würde und daher abzulehnen sei. Im Fall *Franco-Ethiopian Railway Company Claim*, 16.3.1956, ILR 24, S. 602, 605, wurde dagegen die Regel *exceptio est strictissimae applicationis* angewendet und damit ein restriktives Ergebnis begründet. In *Pertulosa Claim*, 8.3.1951, ILR 18, 414, 422 = RIAA XIII, S. 195, wurde die interpretatio contra proferentem angewendet.

229 *Competence of Conciliation Commission*, 8.5.1954, ILR 22, S. 867, 874 = *Cases of Dual Nationality*, RIAA XIV, S. 27, 35 f., unter Hinweis auf *Ch. Rousseau*, RC 1948 II, S. 211.

230 *Lake Lanoux Arbitration*, 16.11.1957, ILR 24, S. 101, 120.

tische Bedeutung zu, weil sie nicht auf die auszulegende Norm angewendet werden soll.

Sehr weit zugunsten der sogenannten restriktiven Auslegung ging die *Italian-United States Conciliation Commission* im Fall *De Pascale*. Es legte die restriktivste Variante von drei möglichen Auslegungen zugrunde und begründete dies so: „The international legal system is in favor of the freedom of the subjects involved. The principle of interpretation that preserves this freedom harmonizes with the prevailing tendency of international intercourse, a fact which also flows, among other things, from the jurisprudence of the Permanent Court of International Justice."[231] In der Tat entspricht diese Auffassung dem Verständnis der souveränitätsfreundlichen Auslegung des Ständigen Internationales Gerichtshofs. In einer späteren Entscheidung, dem Fall *Droutzky Claim*, schränkte die Kommission diese Aussage ein. In Bezug auf die eben zitierte Passage betonte sie: „The Commission feels obliged to stop at the point where the so-called restrictive interpretation would be contrary to the plain terms (...), and (...) would destroy what has been clearly granted."[232] Ansonsten ging die *Italian-United States Conciliation Commission* eher vorsichtig mit Freiheits-, Gleichheits- und Souveränitätsargumenten um: So lehnte sie im Fall *Mergé*[233] die Auslegung zugunsten der Gleichheit für diktierte Verträge ab. Zwar handele es sich bei dem auszulegenden Vertrag um einen „ungleichen Vertrag", weiche also vom Prinzip der Gleichheit zwischen souveränen Staaten ab, doch stelle der Vertragsschluss auch für den unterlegenen Partner eine Ausübung der Souveränität dar. Der Vertrag sei daher vom Konsens getragen und gelte für den benachteiligten Staat in vollem Umfang.

Das *Austrian-German Arbitral Tribunal* hatte in der *Binding Opinion No. 37* einen mehrsprachigen Vertrag auszulegen. Es war der Auffassung, bei solchen Verträgen sei diejenige Auslegung zu Grunde zu legen, die mit allen Versionen der verschiedenen Sprachen übereinstimmten. Wo ein Wort aber unterschiedliche

---

231 *De Pascale*, 24.6.1961, ILR 40, S. 250, 256 = RIAA XVI, S. 229.

232 *Droutzky Claim*, 26.2.1965, ILR 40, S. 442, 458 = RIAA XVI, S. 379.

233 *Mergé*, 10. 6.1955, ILR 22, S. 443, 448. Vgl. ferner *Armstrong Cork Company Case*, RIAA XIV, S. 159, 167, wonach die Auslegung zugunsten der benachteiligten Partei und die restriktive Auslegung nur im Zweifelsfalle anwendbar seien, sowie *Fubini Claim*, ILR 29, S. 34, 38 f. = RIAA XIV, S. 420, 424 f., indem die restriktive Auslegung nicht angewendet wurde, obwohl sie von einem der Beteiligten vorgeschlagen worden war. Ansonsten bleibt festzuhalten, dass die *Italian-United States Conciliation Commission* die Regel der restriktiven Auslegung von Ausnahmen im Fall *De Leon*, ILR 40, S. 117, 127, 146, und im Fall *Flegenheimer Claim*, ILR 25, S. 91, 157, anwendete.

Bedeutungen habe, solle die Version bevorzugt werden, die zu Gunsten des verpflichteten Staates ginge.[234] Zudem sei bei Bedeutungsunterschieden von Begriffen in multilingualen Verträgen deren Reichweite auf ein gemeinsames Minimum zu reduzieren.[235] Die beiden letztgenannten Regeln ordnete *Seidl-Hohenveldern* der Auslegungsregel *in dubio mitius* zu.[236]

Beachtung fand die souveränitätsfreundliche Auslegung in Entscheidungen der *Schiedskommission für Deutschland*. Der Fall *Bareiss*[237] sei dargestellt. Der US-Amerikaner Bareiss erhielt im Jahre 1955 einen Vermögensabgabebescheid vom Finanzamt Göppingen. Dagegen beschritt er den deutschen Rechtsweg und versuchte zudem bei der *Schiedskommission für Deutschland* Recht zu erhalten.[238] Die Schiedskommission hatte zu entscheiden, ob sie zuständig sei: „Die Art und Weise, wie die deutschen Behörden die Bestimmungen der Reichsabgabenordnung durchführen, ist eine reine Verfahrensfrage und die Genehmigung des Antrags auf Aussetzung der Vollziehung aus einem Abgabenbescheid ist eine reine

---

234 *Binding Opinion No. 37* vom 14.11.1962, in: Seidl-Hohenveldern, The Austrian-German Arbitral Tribunal, S. 146, 149: „The international law rules provide that where multilingual text of a treaty is declared to be equally authentic in several languages, it shall be interpreted in a way compatible with all such versions. (...) Where a word has different meanings in two States, international tribunals consistently have held that it shall be interpreted according to that language which is more favorable to the State assuming an obligation under the treaty".

235 *Binding Opinion No. 37*, in: Seidl-Hohenveldern, The Austrian-German Arbitral Tribunal, S. 146, 150: „Even if the legal terminology of all the Contracting States of the State Treaty there would exist several meanings of the word 'charitable', and if these meanings would be common to all of them, still the meaning should prevail which would define in the most restrictive manner the obligation of the Republic of Austria to return charitable property. (...) However, under international law, even if there were differences as to the meaning of the word in the two States, the doubt should be resolved by reducing the meaning to the point where it corresponds to the conceptions of both States". Das *Austrian-German Arbitral Tribunal* verwendete ferner die Regel der restriktive Auslegung von Ausnahmevorschriften: *Binding Opinion No. 1*, 28.2.1961, in: Seidl-Hohenveldern, The Austrian-German Arbitral Tribunal, S. 113, 115; wiederholt in *Binding Opinion No. 33*, 15.6.1962, S. 144, 145; *Binding Opinion No. 37*, 14.11.1962, S. 146, 149, 151. Allerdings kommt das Tribunal im letztgenannten Fall (S. 148) nach der historischen Auslegung zum Ergebnis: „Those documents show that the exception should be interpreted in a ‚generous' manner."

236 *I. Seidl-Hohenveldern*, The Austrian-German Arbitral Tribunal, S. 87 mit Fn. 478.

237 *Bareiss*, Entscheidungen vom 20.5.1959 und 24.9.1959, in: Entscheidungen der Schiedskommission für Deutschland Bd. II, Urteil Nr. 52 S. 72, 74 f. = ILR 28, S. 580.

238 *Bareiss*, in: Entscheidungen der Schiedskommission für Deutschland Bd. II, Urteil Nr. 52 S. 72, 73.

Ermessenshandlung im Rahmen der verfahrensrechtlichen Zuständigkeit der deutschen Steuerbehörden und Gerichte und unterliegt daher nicht der Zuständigkeit der Schiedskommission. Jede derartige Befugnis müsste ausdrücklich und speziell auf die Schiedskommission übertragen werden und als Eingriff in die Steuerbefugnisse eines souveränen Staates eng ausgelegt werden. Es darf nicht vergessen werden, dass Artikel 1 des Vertrages über die Beziehungen zwischen der Bundesrepublik Deutschland und den Drei Mächten in der gemäß dem Pariser Protokoll vom 23. Oktober 1954 geänderten Fassung die Beendigung des Besatzungsregimes (...) vorsah und feststellt: ,Die Bundesrepublik wird demgemäß die volle Macht eines souveränen Staates über ihre inneren und äußeren Angelegenheiten haben'."[239] In gleicher Weise wurde die souveränitätsfreundliche Auslegung auch im Fall *Singer Nähmaschinen* verwendet.[240] Die Schiedskommission verneinte ihre Zuständigkeit für die Auslegung von deutschen verfahrensrechtlichen Normen. Eine solche Zuständigkeit hätte ihr ausdrücklich übertragen werden müssen. Sie wiederholte zudem: „Jeder Eingriff in die Souveränitätsrechte eines selbständigen Staates ist eng auszulegen."[241]

Damit kann festgehalten werden, dass neben dem IGH auch andere internationale Gerichte die souveränitätsfreundliche Auslegung verwendeten.[242]

III. Die Nationale Rechtsprechung

Wie schon vor dem Zweiten Weltkrieg finden sich auch in der Nachkriegsepoche Bezugnahmen zur souveränitätsfreundlichen und restriktiven Auslegung in der nationalen Rechtsprechung zu völkerrechtlichen Verträgen.[243]

---

239 *Bareiss*, in: Entscheidungen der Schiedskommission für Deutschland Bd. II, Urteil Nr. 52 S. 72, 74 f.

240 *Singer Nähmaschinen*, Entscheidung vom 23.6.1959, in: Entscheidungen der Schiedskommission für Deutschland Bd. II, Urteil Nr. 59 S. 95 = ILR 28, S. 583.

241 *Singer Nähmaschinen*, in: Entscheidungen der Schiedskommission für Deutschland Bd. II, Urteil Nr. 59 S. 95, 97.

242 Vgl. ferner *Air Transport Services Agreement Arbitration*, France/United States, 22.12.1963, ILR 38, S. 182, 242, bei dem die restriktive Auslegung angesprochen wurde, aber unklar blieb, ob ihre Anwendbarkeit auf der Souveränität beruhte.

243 Beispielhaft eine Entscheidung *Security for Costs*, Switzerland, Commercial Court of Zürich, 1.4.1954, ILR 21, S. 303: „It has always been held – and there is no reason to depart from this position – that international treaties must be interpreted restrictively (...)." Weitere Nachweise aus der schweizerischen Rechtsprechung bei *M. Kronauer*, Die Auslegung von Staatsverträgen durch das Schweizerische Bundesgericht, S. 91 f.; *Schleiffer v. Directorate of Finance for Vienna, Lower Austria and Burgenland*, Austria, Administrative Court, 23.5.1958, ILR 26, S. 609, 610; *Société*

Das gilt insbesondere für die deutsche Rechtsprechung. Die Rechtssache *Aslaug* sei kurz skizziert: Am 24.8.1942 stießen im Kieler Kanal der norwegische Dampfer Log und der dänische Dampfer Aslaug zusammen. Die Eigentümerin der Log verlangte Schadensersatz vor einem deutschen Gericht. Ein Problem des Falles war, ob das im Jahre 1950 mit der Klage befasste Oberste Gericht der britischen Besatzungszone zuständig war. Wäre der Kieler Kanal als Hohe See einzustufen, hätte die Zuständigkeit verneint werden müssen. Ansonsten würde Tatortrecht gelten.[244] Es stellte sich daher die Frage, ob der durch den Versailler Vertrag in-

---

aux Éditions Nuit et Jour v. Société Enterprise Graphique „O Cruzeiro", France, Court of Cassation, 5.5.1959, ILR 28, 478 f.: „The Convention must be interpreted strictly and not extended by way of analogy."; *Caldumbide v. French State*, France, Court of Cassation, 9.6.1966, ILR 47, 342 f.; vorsichtig *Commissioner of Taxes v. Aktiebolaget Tetra Pak*, Southern Rhodesia, High Court, Appellate Division, 12.8.1966, ILR 45, S. 427, 433. Der US-amerikanische Supreme Court of Wisconsin wendete die restriktive Auslegung von Ausnahmen an: „One seeking exemption must bring himself within the terms of the exemption statute, and exemptions are to be strictly construed (*Wieboldt's Estate*, 5.11.1958, ILR 26, S. 592, 596)." Im selben Fall betonte das Gericht unter Berufung auf den Fall *United States v. Pink*, 315 U.S. 203, 230, 62 S. Ct. 552, 565, 86 L.Ed. 796: „It is of course true that even treaties with foreign nations will be carefully construed so as not to derogate from the authority and jurisdiction of the State of this nation unless clearly necessary to effectuate the national policy (ILR 26, S. 592, 597)." In einer anderen US-amerikanischen Entscheidung wurde ein Vertrag zugunsten gleicher Verpflichtungen der Vertragspartner ausgelegt (*Arbulich v. Arbulich*, United States, Supreme Court of California, 26.5.1953, ILR 20, S. 292 ff.). Vgl. allerdings auch den bekannt gewordenen Abu Dhabi Oil-Fall, *Petroleum Development Ltd. v. Sheikh of Abu Dhabi*, Entscheid des Schiedsrichters *Lord Asquith of Bishopstone*, September 1951, ILR 18 (1951), S. 144: In einem durch Konzessionsvertrag zwischen dem Scheich von Abu Dhabi, einem unter englischem Protektorat stehenden Fürstenstaat am Persischen Golf, und der Petroleum Development Ltd. wurde zur Behebung von Streitigkeiten ein Schiedsverfahren festgeschrieben. Zur Behebung von Streitigkeiten über den Umfang des Gebietes zur Erdölsuche musste der Konzessionsvertrag ausgelegt werden. Dabei wendete der Schiedsrichter auch die Regel expressio unius est exclusio alterius an und fügte dann hinzu: „Much more dubious to my mind is the application to this case of certain other English maxims relied on by one or the other party in this case. For instance, *verba chartarum fortius accipiuntur contra proferentem*: or the rule that grants by a sovereign are to be construed against the grantee. The latter is an English rule which owes its origin to incidents of our own feudal policy and royal prerogative which are now ancient history; and its survival, to considerations which, though quite different, seem to have equally little relevance to considerations in a protected State of a primitive order on the Persian Gulf (S. 150)." Das ist nicht unbedeutsam: Wenn die souveränitätsfreundliche Auslegung tatsächlich nur die Bedeutung inne hat, die ihr *Lord Asquith of Bishopstone* beimisst, dann dürfte sie in der modernen Völkerrechtslehre kaum einen Platz haben.

244 OGHZ 4, S. 195, 196. Dies ergab sich sowohl aus internationalem Privatrecht, wie aus deutschem Recht.

ternationalisierte Kieler Kanal[245] soweit internationalisiert wurde, dass er auch hinsichtlich der Rechtsanwendung der Hohen See gleichzustellen sei.

Das Gericht verneinte diese Frage, und legte dabei den Versailler Vertrag unter Berufung auf souveräne Rechte Deutschlands eng aus: Da die deutsche Gebietshoheit nur zugunsten des ungehinderten Schiffsverkehrs beschränkt sei, habe sie nach wie vor die Gerichtshoheit.[246] Dem lag der Gedanke zugrunde, dass die Beschränkung von souveränen Rechten nur dann angenommen werden kann, wenn sie in den Bestimmungen eines Vertrages deutlich zum Ausdruck kommt.

IV. Literatur

In der Literatur fand im Vorfeld der Kodifizierung der Auslegungsregeln in der Wiener Vertragsrechtskonvention eine intensive wissenschaftliche Auseinander-

---

245 OGHZ 4, S. 195, 198 f. = ILR 17, Case No. 34, 133 ff. Der Kieler Kanal war bekanntlich nach dem Ersten Weltkrieg durch die Art. 380 ff. Versailler Vertrag internationalisiert worden. Das Gericht ließ die Frage offen, ob der Kieler Kanal überhaupt noch internationalisiert sei und nicht durch das Schweigen der Signatarmächte des Versailler Vertrag auf die deutsche Note über die deutschen Wasserstraßen vom 14.11.1936 der Status beendet wurde. Eine entsprechende Klarstellung zugunsten der uneingeschränkten deutschen Souveränität über den Kieler Kanal erfolgte im *Arifall*, Beschluss des OLG Schleswig vom 24.11.1954, JIR 7, 405. Später ging man dann ohne weiteres davon aus, dass es sich um deutsches Hoheitsgebiet handele (etwa BGHSt 8, S. 59, 61).

246 OGHZ 4, S. 195, 199: „Das wesentliche Kennzeichen des internationalen Wasserlaufes ist die Schiffahrtsfreiheit. Sie bedeutet eine Einschränkung der Gebietshoheit des Uferstaates, eine Art Staats-Servitut, soweit die Schiffahrtsfreiheit es erfordert. (...) Sofern nicht ausdrücklich völkerrechtliche Bestimmungen über eine weitergehende Einschränkung der Gebietshoheit getroffen sind, schließt die Schiffahrtsfreiheit auf internationalen Wasserstraßen jedoch keineswegs eine Beschränkung der Gerichtshoheit und des Herrschaftsbereiches der örtlichen Rechtsordnung ein. (...) Die Gebietshoheit des Uferstaates wird zwar durch die Internationalisierung eines Wasserlaufes wesentlich eingeschränkt, aber doch immer nur im Rahmen ihrer Zweckbestimmung, eben der allgemeinen Schiffahrtsfreiheit. Die Annahme (...), dass die Schiffahrtsfreiheit wie jede Freiheit so extensiv wie möglich zu verstehen sei, ist willkürlich und jedenfalls mit den Bestimmungen des Versailler Vertrages nicht vereinbar. Die in den Art. 380 ff. des Versailler Vertrages aufgeführten Beschränkungen der deutschen Gebietshoheit zu Gunsten aller mit Deutschland in Frieden lebenden Nationen beziehen sich nur auf den ungehinderten Verkehr im Kanal. Die Ausübung der deutschen Gerichtshoheit und die Geltung des deutschen Rechts im Kanalgebiet kann aber nicht als Beschränkung des Verkehr aufgefasst werden. Der Versailler Vertrag hat nur in die Benutzung des Kanals, aber nicht in die Rechtsverhältnisse eingegriffen, die sich aus der Benutzung zwischen den Beteiligten ergeben (...).“

setzung zu den Auslegungsregeln statt. Die souveränitätsfreundliche Auslegung wurde eingehender von *Lauterpacht*, *McNair*, *Bernhardt* und *Sultan* untersucht.

1. Lauterpacht

Die Diskussion um die souveränitätsfreundliche Auslegung im Völkerrecht ist maßgeblich von *Hersch Lauterpacht* beeinflusst worden. Er versuchte in mehreren Beiträgen Ende der vierziger und Anfang der fünfziger Jahre die Regel der restriktiven Auslegung von Souveränitätsbeschränkungen ad absurdum zu führen. Insbesondere sein Aufsatz *Restrictive Interpretation and the Principle of Effectiveness in the Interpretation of Treaties*, veröffentlicht im British Yearbook of International Law des Jahres 1949 (die im folgenden Abschnitt des Textes angegebenen Seitenzahlen beziehen sich auf diesen Aufsatz)[247], ist zum Standardwerk in der Auseinandersetzung geworden.

Zunächst vertrat *Lauterpacht* die Auffassung, dass die restriktive Auslegung subsidiär anwendbar sei.[248] Im Zuge der Diskussion des *Institut de Droit International* zur Auslegungsproblematik[249] Ende der 1940er Jahre bestimmte er seine Position zu dieser speziellen Auslegungsregel neu. Ausgangspunkt seiner Überlegungen war das fundamentale Prinzip von Treu und Glauben (S. 56), auf das alle Interpretationsregeln zurückzuführen seien. Unter Zugrundelegung dieses Maßstabs untersuchte *Lauterpachts* die restriktive Auslegung.

---

247 *H. Lauterpacht*, BYIL 26 (1949), 48.

248 *H. Lauterpacht*, Private Law Sources and Analogies of International Law, S. 179: „(...) [I]t is frequently maintained that a treaty beeing a restriction of sovereignty, such of its provisions as impose obligations upon either of the contracting parties must be interpreted restrictively. It is pointed out that the very fact of concluding a treaty constitutes a limitation of sovereignty, and that restrictive interpretation should therefore be a general rule governing the construction of treaty obligations. Now, the maxim *in dubio mitius* is certainly a well-founded rule of private law, but it is only a subsidiary means of interpretation, subject to the dominant principle which says that effect is to be given to the declared will of the parties and that the compact is to be effective rather than ineffective." Vgl. zudem *ders.*, The Function of Law in the International Community, Part II §§ 17-19, S. 93 ff.; *ders.*, Oppenheims International Law Vol. I, S. 859 f. Regeln 5 und 8. Er hielt die restriktive Auslegung im Zweifelsfall allerdings für eine Auslegungsregel „von fragwürdigem Charakter" (ebenda, S. 858 Fn. 1). Zu seiner Stellungnahme in diesem Lehrbuch meinte er zudem an anderer Stelle: „ (...) a section which the present editor has left without substantial changes more out of piety than conviction (...)" (*ders.*, BYIL 26 (1949), 48, 49).

249 Der Aufsatz im British Yearbook basierte auf seiner Stellungnahme in diesem Institut (BYIL 26 (1949), S. 48 Fn. 1).

Zunächst stellte er fest, dass die Bedeutung im innerstaatlichen Bereich unterschiedlich ist. Der kontinentaleuropäische Bereich wende die restriktive Auslegung an, während der anglo-amerikanische Rechtskreis die liberale Auslegung kenne (S. 56 f.). Für den völkerrechtlichen Bereich musste er konstatieren, dass die restriktive Auslegung anerkannt ist (S. 57 f.). Sie habe folgenden Inhalt: „(...) [I]t implies an interpretation unfavourable to the recipient of benefits under the contract and one which is less onerous to the party burdened with an obligation (...) (S. 59)." Hauptgrund für die Prominenz sei die Berücksichtigung der Souveränität bei der Auslegung: „However, the main reason why the rule of restrictive interpretation has acquired prominence in international law is not that it has been considered by many to represent a general principle of law. The main explanation of the prominence of the rule of restrictive interpretation in the international sphere is that it has been resorted to by reference to and on account of the sovereignty of independent states. It is not only that in case of doubt the contractual obligation must be interpreted in favour of the debtor; it is because states are sovereign that a restrictive interpretation must be put upon their obligations (S. 57 f.)." Sei die Souveränität bei der Auslegung zu beachten, so führe dies zu einer generellen restriktiven Auslegung von Vertragsverpflichtungen.

Unter Zugrundelegung dieses Verständnisses der souveränitätsfreundlichen Auslegung maß er der Auslegungsregel fast keinerlei Wert zu. Ansatz seiner Kritik war das Verhältnis von Souveränität und Vertrag. Seiner Auffassung nach stelle jeder Vertrag eine Restriktion der Souveränität dar (S. 60). Man habe die Alternative, Verträge entweder effektiv oder restriktiv auszulegen (S. 52, 60, 65, 67 und öfter). Einen Vertrag voll funktionieren zu lassen, ihn also effektiv auszulegen, bedeute, ihn zu Lasten der Souveränität auszulegen. Restriktiv auslegen bedeute dagegen, einen Vertrag nicht funktionieren zu lassen. Die Ineffizienz des Vertrages aber widerspreche dem Gebot von Treu und Glauben (S. 59, 60).[250]

Gegen die Auslegungsregel spräche zudem, dass die Annahme, Verträge verschlechterten die Freiheit der Vertragspartner, eine unzutreffende Unterstellung sei, welche die Vorteile des Vertrages nicht berücksichtige (S. 59). Es sei eben

---

[250] *Lauterpacht* schrieb: „In the international sphere there seems to be no justification for it unless we make the notions of sovereignty and of presumtive freedom of action the decisive considerations and the starting-point of the task of interpretation. There is no warrant for doing that. The purpose of treaties – and of international law in general – is to limit the sovereignty of states in the particular sphere with which they are concerned. Their purpose is to lay down rules regulating by restricting, in that particular sphere, the freedom of action of states. To large extent treaties have no meaning except when conceived as fulfilling that function (S. 60)."

nicht augenscheinlich, dass sich die Parteien in einem möglichst geringen Umfange binden wollten. Aus dem Prinzip von Treu und Glauben folge das jedenfalls nicht (S. 59). Dagegen liefere letztlich auch die Rechtsprechung keinen Gegenbeweis. Sie führe zwar oft die Regel auf, verweise dann aber darauf, dass die Regel das allerletzte Mittel zur Behebung verbliebener Zweifel darstelle und dass bisher keine Entscheidung getroffen worden sein soll, in der das Ergebnis exklusiv auf der Basis des Prinzips der restriktiven Auslegung beruhe (S. 61 f.). Ihre zögerliche, unschlüssige Verwendung und ihr Fehlen an Stellen, wo sie eindeutig in Betracht käme, sei eine Quelle der Ungewissheit und beruhe letztlich auf ihrer zweifelhaften Qualifikation (S. 51).

Lauterpacht fasste daher zusammen: „It would thus appear that the time is ripe for drawing the necesassary concequences both from the inherent shortcomings of the doctrine of restrictive interperetation of treaties and from the circumstance that it has been more honoured in the breach than in the observance – in particular from the fact of wide adoption of the principle of effectiveness of treaty obligations as an element of interpretation. These two principles – that of restrictive interpretation and that of effectiveness – are mutually incompatible (S. 66 f.)." Im Ergebnis plädierte er daher für eine starke Beachtung des Effektivitätsprinzips.

Lediglich für zwei Ausnahmekonstellationen hielt *Lauterpacht* die restriktive Auslegung für anwendbar. Zum einen liege die Beweislast für vertragliche Pflichten bei der Partei, die sich darauf beruht. Fehle dieser Beweis, dann könne nicht vermutet werden, dass sich die andere Partei verpflichtet habe (S. 59). Zum anderen sei die Auslegung contra proferentem eine allgemeine Auslegungsregel, die auf dem Grundsatz von Treu und Glauben beruhe (S. 59 f., 57). Sie besage, dass im Zweifelsfalle zulasten derjenigen Partei zu interpretieren ist, die verantwortlich für die Entstehung sei (S. 63). Allerdings könne sie nur äußerst selten Anwendung finden, nämlich wenn eine Seite den Vertrag diktiert habe, nicht dagegen, wenn der fragliche Artikel zufällig von einer Partei vorgeschlagen wurde. Grundsätzlich hätten die Parteien nämlich für ihre Interessen alleine zu sorgen. Es sei nicht Aufgabe der Interpretation, die Interessen der Parteien zu sichern (S. 64).

Lauterpacht bekräftigte seine Auffassung nochmals in seinem Buch *The Development of International Law by the International Court*: Ein Gericht müsse bei der Auslegung zwischen den widersprechenden Auslegungsregeln der Effektivität und der Souveränität wählen.[251] Dabei entschieden sich die Gerichte – nach seiner Auffassung richtigerweise – zunehmend für ersteres und lehnten damit die restriktive Auslegung ab. Bei den immer weniger werdenden abweichenden Entscheidungen handele es sich um Ausnahmefälle und niemals um tragende Entscheidungsgründe.[252]

2. *McNair*

In die gleiche Richtung wie *Lauterpacht* geht die Auffassung des britischen Völkerrechtlers *Lord McNair*. Er setzte sich in seinem bedeutenden Werk *Law of Treaties* mit der Souveränität und ihrer Relevanz für die Auslegung auseinander.[253] An *de Vattel* anknüpfend verstand er unter restriktiver Interpretation eine Auslegung, die zur geringst möglichen Bedeutung eines Begriffes gelange. Angewendet werde diese Regel nach seiner Auffassung vor dem Hintergrund, dass „lästigen Dingen" die geringst mögliche Bedeutung beizumessen sei, und dass vom Standpunkt *de Vattels* aus gesehen, völkerrechtliche Verträge „lästige Dinge" seien, weil sie Restriktionen über die Aktivitäten eines Souveräns darstellten (S. 765).

So verstanden, lehnte er jegliche Bedeutung der Souveränität für die Auslegung ab. Stattdessen sei es gerade Ausdruck der Souveränität, sich vertraglich zu binden (S. 754 ff., 764, 765 und öfter). Daher könne ein Vertrag kein lästiges Ding sein, und die Auslegungsregel müsse schon vom Standpunkt der Logik aus abgelehnt werden. Es wäre absurd, so *McNair*, mit Hilfe der restriktiven Auslegung den gegenseitigen Vorteil, den sich die Vertragsparteien versprochen haben, zu reduzieren. Damit würde der Wille des souveränen Staates konterkariert werden.

Seiner Meinung nach stamme die Regel aus einer Zeit, da Verträge von Staatsmännern und Diplomaten ausgelegt wurden und prophezeite, dass sie bald aus den Lehrbüchern verschwunden sein werde. Für diesen Wandel sprächen drei

---

251 *H. Lauterpacht*, The Development of International Law by the International Court, S. 297 ff. Er hob nochmals hervor, dass jeder Vertrag eine Begrenzung der Souveränität darstelle. Den Vertrag zu effektuieren bedeute daher, die Souveränität einzuschränken und ihn nicht ineffizient oder mit beschränkter Effizienz auszugestalten (ebenda, S. 298).

252 *H. Lauterpacht*, The Development of International Law by the International Court, S. 297 ff.

253 *A. D. McNair*, Law of Treaties, S. 754 ff. Die im folgenden Abschnitt des Textes angegebenen Seitenzahlen beziehen sich auf dieses Buch.

wichtige neuere Äußerungen zu diesem Thema: Art. 19 des Harvard-Drafts und seines Kommentars, ein Aufsatz von Lauterpacht und die *1956-Resolution upon the Interpretation of Treaties* des Institute de Droit International (S. 766).[254]

Während *McNair* im Abschnitt *Treaties and Sovereignty* der Souveränität keinerlei Bedeutung für die Auslegung beimaß, führte er im Abschnitt *Interpretation and Application of Treaties* unter Berufung auf *Grotius* die Regel *in dubio mitius* auf. Danach sei im Zweifelsfalle eine Auffassung zu bevorzugen, welche weniger lästig für die verpflichtende Partei ist (S. 462). Außerdem führte er einige Beispiele an, in denen diese Regel zur Anwendung kam.[255]

3. Bernhardt

Eingehend mit der Bedeutung der staatlichen Souveränität für die Auslegung hat sich *Rudolf Bernhardt* in seinem Buch *Die Auslegung völkerrechtlicher Verträge*[256] auseinandergesetzt. Ausgehend von der Grundannahme, dass Auslegungsregeln ihren Geltungsgrund im Gewohnheitsrecht und damit in der Völkerrechtspraxis finden (S. 144, 28 ff., insb. 29)[257] kam er zur Einschätzung, dass die souveränitätsfreundliche Auslegung als subsidiär anzuwendende Auslegungsregel anerkannt sei (S. 156). Zwar zähle sie zu den am häufigsten zitierten Auslegungsregeln (S. 145). Allerdings existierten auch Entscheidungen, in denen bei ihrer Anwendung andere Ergebnisse vorstellbar gewesen wären (S. 152, 143 f.)[258].

---

254 Zum *Harvard Draft* und der *1956-Resolution* s.u. § 8 I 2.

255 Es bleibt spekulativ, ob *McNair* tatsächlich zwischen der Regel *in dubio mitius* und der restriktiven Auslegung von Vertragspflichten unterscheiden möchte, oder ob sich seine Auffassung geändert hat. Für Letzteres spricht, dass der Abschnitt *Treaties and Sovereignty* nachträglich als Anhang eingefügt wurde. In der ersten Auflage von 1938 (*A. D. McNair*, Law of Treaties[1], S. 211) sprach er sich noch für eine restriktive Auslegung von vertraglichen Pflichten aus. Vgl. zudem seine abweichende Auffassung im *Iranian Oil Case*, ICJ Rep. 1952, S. 93, 117 f., in der er feststellte, dass zwei Interpretationen grammatikalisch möglich seien und reale Zweifel bestünden. Er wendete nunmehr nicht die Regel *in dubio mitius* an, sondern versuchte genaueren Aufschluss durch die Begleitumstände (surrounding circumstances) zu gewinnen.

256 Die im folgenden Abschnitt des Textes angegebenen Seitenzahlen beziehen sich auf dieses Buch.

257 Ebenso in *ders.*, Vertragsauslegung, in: Lexikon des Rechts Völkerrecht, S. 385, 386; vorsichtiger in *ders.*, in: FS Kutscher, S. 17, 24; *ders.*, Interpretation in International Law, in: EPIL Vol. 2, S. 1416, 1418.

258 Daher merkt er an, dass durch die teilweise ablehnende Haltung in Entscheidungen die Auslegungsregel zumindest zweifelhaft ist (S. 143).

Die Subsidiarität begrüßte er[259]: „Das von den Parteien Gewollte, wie es aus dem Vertragstext und anderen Anhaltspunkten hervorgeht, verdient den Vorrang vor dem Gesichtspunkt der staatlichen Souveränität. Auch dürfte dieser Auslegungsregel eher in eine Epoche passen, in der die freie staatliche Entscheidungsbefugnis die Regel und die vertragliche Bindung die Ausnahme war, während die fortschreitende zwischenstaatliche Interdependenz mit ihrer Vielzahl von Vertragsbeziehungen das Souveränitätsdenken zurücktreten lassen sollte. Andererseits ist im gegenwärtigen Übergangsstadium der internationalen Beziehungen die staatliche Souveränität weder aufgegeben noch entbehrlich, so dass die subsidiäre Geltung der entsprechenden Auslegungsregel kein bloßes Relikt, sondern Ausdruck fortwirkender Elemente der internationalen Ordnung ist" (S. 156).

Systematisch ordnete *Bernhardt* die Auslegungsregel in eine Reihe mit Völkergewohnheitsrecht, Allgemeine Rechtsgrundsätze und allgemeine Rechts- und Sozialordnung ein[260], die gemeinsam unter den Punkt *Berücksichtigung der Rechts- und Lebensordnung, die den Vertrag umgibt* gefasst wurden (S. 134 ff.). Diesen Auslegungsregeln sei gemein, dass sie ohne entsprechende Anhaltspunkte innerhalb oder außerhalb des Vertragstextes bei der Auslegung zu berücksichtigen seien (S. 134). „Jeder Vertrag – wie jedes innerstaatliche Gesetz – steht innerhalb einer bestimmten Rechts- und Lebensordnung, und die Einwirkung dieser Ordnungen auf und in den Vertrag ist nicht nur bei ihrer (fingierten) Aufnahme in den Parteiwillen zuzulassen, sondern stets und solange anzunehmen, wie kein gegenteiliger Parteiwille erkennbar ist" (S. 135). Ihre Anwendbarkeit beruhe auf Gewohnheitsrecht und nicht auf einen „fiktiven" oder „hypothetischen" Parteiwillen (S. 135).

Von der Rechts- und Lebensordnung und damit von der Souveränität trennte er *technisch-formale Auslegungsregeln* ab, zu denen er unter anderem die restriktive Auslegung von Ausnahmevorschriften, die Auslegung contra proferentem und das Analogieverbot zählte (S. 175 ff., 184 f.), also Regeln, die oft auch als Ausformungen der souveränitätsfreundlichen Auslegung angesehen werden. Diese Regeln entstammten der formalen juristischen Logik und Dogmatik (S. 175).

---

259 Nimmt man es mit der gewohnheitsrechtlichen Geltung der Auslegungsregeln ganz genau, dann müsste die Feststellung des Bestehens bzw. Nichtbestehens der Regel das Ende der rechtlichen Betrachtungen sein (s.o. § 3 II).

260 Die beiden erstgenannten und die Souveränität seien normative Erwägungen, während das letztgenannte faktische Erwägungen seien (S. 136). Zusätzlich untersucht er noch inwiefern die Eigen- und Fortentwicklung internationaler Organisationen als möglicher Faktor in diesem Zusammenhang in Betracht kommt (S. 136, 168 ff.).

Verbindend zur souveränitätsfreundlichen Auslegung stellte er fest, jene Regel entstamme letztlich der restriktiven Auslegung von Ausnahmen (S. 145, vgl. auch S. 182 mit Fn. 843).

Insgesamt nahm *Bernhardt* in Bezug auf die souveränitätsfreundliche Auslegung einen relativ distanzierten Standpunkt ein. Er konnte sich aber aufgrund seiner Grundannahme, nach der die Auslegungsregeln Gewohnheitsrecht darstellten, nicht dem Ergebnis verschließen, dass souveränitätsfreundliche und restriktive Auslegung anerkannt seien.

In seinen späteren Arbeiten wurde *Bernhardt* resoluter in der Ablehnung der souveränitätsfreundlichen Auslegung. So hob er in der von ihm herausgegebenen *Encyclopedia of International Law* hervor: „It has been noted that the often-invoked rule that treaties should be interpreted restrictively and in favor of State sovereignty can no longer be considered valid.“[261] Ein Grund dafür sei die Weiterentwicklung der Staatenpraxis.[262] Die Bedeutung der staatlichen Souveränität bei der Auslegung wirke nach seiner Auffassung nur insoweit fort, als die Ver-

---

261 *R. Bernhardt*, Interpretation in International Law, in: EPIL Vol. II, S. 1418, 1421, vgl. auch S. 1419 f. Schon in einem Artikel aus dem Jahre 1967, einer Kommentierung zu den Interpretationsregeln im 1966-ILC-Draft, stellt er fest: „The restrictive interpretation of treaty obligations with regard to State sovereignty is, in my opinion, even now longer a generally accepted principle, and so it is rightly not to be found among the primary rules of interpretation (ZaöRV 27 (1967), 491, 504).“ Ähnliche, die Auslegungsregel ablehnende Stellungnahmen finden sich in *ders.*, Vertragsauslegung, in: Lexikon des Rechts Völkerrecht, S. 385, 387 f.; *ders.*, GYIL 42 (1999), 11, 14; vorsichtiger in *ders.*, in: FS Kutscher, S. 17, 19, 20, 21. Speziell in Bezug auf die Interpretation von Menschenrechtsverträgen meint er: „According to an old (and now outdated) maxim, treaties should, in case of doubt, be interpreted in favour of the freedom of the States concerned, i.e. in favour of State sovereignty. If this principle were applied to human-rights treaties, the rights guaranteed to individuals would have to be construed restrictively. But such a rule would be plain contradiction to another maxim occassionally relied on by the European Court of Human Rights, namely that individual liberties need a broad interpretation, whereas restrictions on these liberties require a restrictive interpretation. There are (...) good reasons for doubting whether either of these principles is entirely correct. (...) The 'fair balance' which must be struck between the rights of the individual and community interests cannot be found by applying technical rules (interpretation in favour of State sovereignty on the one hand or unrestricted individual liberty on the other), but rather through a process in which civil liberties and community interests must be weighed against each other (*ders.*, in: FS Wiarda, S. 65, 70).“

262 *R. Bernhardt*, in: FS Kutscher, S. 17, 19 f.; *ders.*, Vertragsauslegung, in: Lexikon des Rechts Völkerrecht, S. 385, 387; *ders.*, GYIL 42 (1999), 11, 14. Zudem sei die Regel nicht kodifiziert worden.

tragspartner die Herren der Verträge seien und sie diese daher auch authentisch interpretieren könnten.[263]

4 Schwarzenberger

Einen neuen Weg abseits von genereller Zustimmung bzw. Ablehnung des herkömmlichen Verständnisses der souveränitätsfreundlichen Auslegung schlug *Georg Schwarzenberger* ein. Er verwarf die als logische Regel verstandene restriktive und extensive Auslegung, weil für sie keinerlei logische Notwendigkeit bestehe.[264] Ohne ein Kriterium, warum diese oder jene „logische" Regel angewendet werden solle, seien solche Regeln bedeutungslos.[265]

Schwarzenberger fand für die souveränitätsfreundliche Auslegung eine andere Rechtfertigung. Unter der Überschrift *Restrictive Interpretation of Limitations of Sovereignty* führte er aus: „Once a State has limited its independence by way of treaty, it may exercise its sovereignty only subject to its treaty obligations. Yet the right of independence is so fundamental that, in line with general presumtions in favor of State sovereignty, complementary rules exist which apply to the interpretation of such treaties. If a choice between two possible interpretations can be made, the interpretation must be prefered by which lesser obligations are imposed on a contracting State; for it must be presumed that a State intended to accept only the minimum of restriction of its freedom. (...) Moreover, limitations of independence have to be interpreted restrictively."[266] Grund für die Anwendung sei also nicht das Konzept der restriktiven Auslegung, sondern die Auslegung unter

263 *R. Bernhardt*, in: FS Kutscher, S. 17, 21. Zudem bemerkt er in der Einleitung in *ders.*, Interpretation in International Law, in: EPIL Vol. II, S. 1416: „The inherent structure and special features found in each branch of the law are of primary importance for the principles and rules of interpretation. This is especially true for the field of international law which is based on the sovereignity and sovereign equality of States (...)" Dies scheint etwas im Widerspruch zu seiner sonst hervorgehobenen rigorosen Ablehnung zu stehen.

264 *G. Schwarzenberger*, International Law Vol. 1, S. 509. Darüber hinaus kann es nach seiner Auffassung keine Regel geben, die einen Staat davor schützt, seine souveränen Rechte teilweise oder völlig aufzugeben (S. 122, vgl. auch *ders.*, RC 87 (1955 I), S. 191, 217 f., 222).

265 *G. Schwarzenberger*, RC 87 (1955 I), S. 191, 301; ebenso ablehnend gegenüber der restriktiven und extensiven Auslegung in *ders.*, International Law Vol. 1, S. 509 f.; *ders.*, International Law and Order, S. 124.

266 *G. Schwarzenberger*, International Law Vol. 1, S. 123.

Berücksichtigung des generellen internationalen Rechts[267]: „In a manner which is less unfashionable than direct invocation of the presumtions in favour of State sovereignty, the interpretation of a treaty in the light of general international law can lead to exactly the same result; for the rules underlying the principle of sovereignty are part and parcel of general international law."[268]

5. *Die Unterscheidung zwischen Gründungsverträgen Internationaler Organisationen und anderen völkerrechtlichen Verträgen*

In der Nachkriegszeit etablierte sich schließlich eine differenzierte Auffassung. Sie unterschied in Bezug auf die Anwendbarkeit der souveränitätsfreundlichen Auslegung nach der Art des auszulegenden Vertrages. Die Regel solle nicht auf Gründungsverträge Internationaler Organisationen anwendbar sein. Zur Begründung berief sich *Zemanek* auf die moderne Völkerrechtslehre[269] und die Recht-

---

[267] *G. Schwarzenberger*, International Law Vol. 1, S. 529 ff.; zu dieser Einordnung vgl. auch RC 87 (1955 I), S. 191, 214 ff.: Da die Souveränität zudem Bestandteil vieler multilateraler Verträge, insb. auch der UN-Charta, sei, komme ihr auch als Kontext anderer Normen wichtige Bedeutung zu (ebenda, S. 224 f.).

[268] *G. Schwarzenberger*, International Law Vol. 1, S. 531. Diese Konstruktion allerdings ausdrücklich ablehnend: *R. Bernhardt*, Die Auslegung völkerrechtlicher Verträge, S. 144 Fn. 679.

[269] *K. Zemanek*, ZaöRV 24 (1964), 453, 456 Fn. 14. Die dort angegebenen Vertreter lassen sich allerdings kaum für dessen Auffassung verwenden: Der Aufsatz von *C. W. Jenks*, BYIL 22 (1945), 11, ist eher rechtspolitischer Natur. Er fordert eine kluge und flexible Ausgestaltung der Gründungsverträge von Internationalen Organisationen, damit sie tatsächlich ihre selbstgesetzten Aufgaben erfüllen können (ebenda, S. 11 ff., insb. 15 f.). So heißt es etwa: „Viewing the matter from the standpoint of any one organization there is clearly much to said for defining the purposes of that organization in broad language so as to allow the widest possible scope for future development under unforeseen conditions (S. 16)." Natürlich muss eine derartige Ausgestaltung auch bei der Auslegung beachtet werden, da das der Wille des Normgebers ist. Damit ist aber noch nichts zur anzuwendenden Methodik gesagt. Insoweit schweigt der Aufsatz bis auf wenige Ausnahmen (diesbezügliche Äußerungen etwa auf S. 15 f., 64 f.). *H. Kraus*, in: FS Smend (1952), S. 189, vertritt zwar tatsächlich die Auffassung, die Montanverfassung sei im Zweifel zugunsten der Gemeinschaft auszulegen. Grund dafür sei allerdings die solidarische Grundstruktur der Europäischen Gemeinschaft für Kohle und Stahl (S. 203 f.). Hintergrund ist sein Standpunkt, dass der EGKSV gar kein völkerrechtlicher Vertrag, sondern davon zu unterscheidendes Verfassungsrecht sei (S. 190, 205 ff.). Er fügt in Bezug zur Auslegung hinzu: „Es gilt hier also nicht der allgemeine völkerrechtliche Auslegungsgrundsatz, wonach Verträge im Zweifel zugunsten der belasteten Partei zu interpretieren sind (S. 204)." Anders als *Zemanek* auch *R. L. Bindschedler*, Rechtsfragen der europäischen Einigung, 53: Handele es sich um eine völkerrechtliche Staatenverbindung, dann gelte nach seiner Auffassung folgendes: „Bei einer völkerrechtlichen Verbindung sind die Pflichten der Mitgliedstaaten und die Zuständigkeiten der Ge-

sprechung des IGH: „Die Zeiten des Ständigen Internationalen Gerichtshofs, der Satzungen internationaler Institutionen als Beschränkungen der staatlichen Souveränität restriktiv auslegte – ich denke dabei etwa an das Gutachten über die Europäische Donaukommission – sind längst vorbei. Auch der Internationale Gerichtshof vertritt die hier verfochtene These, nach der die Satzung einer Internationalen Organisation ihre Verfassung ist. Zur entsprechenden Interpretation hat er die funktionelle Methode entwickelt, die ihre nahe Verwandtschaft mit der nach *implied powers* fragenden amerikanischen Verfassungsinterpretation und der auf dem europäischen Kontinent beheimateten teleologischen Auslegungsmethode nicht verleugnen kann."[270] Das Recht aller Internationalen Organisationen ließe sich als Verfassungs- und Verwaltungsrecht erfassen und mithin ließen sich bei der Auslegung dessen allgemeine Rechtsgrundsätze anwenden, zu denen die restriktive bzw. souveränitätsfreundliche Auslegung nicht gehörten.[271]

Hintergrund dieser Differenzierung war vor allem das neuartige Europäische Gemeinschaftsrechts und der Wunsch nach dessen dynamischer Entwicklung.[272] Diese Entwicklungsoffenheit schien durch die souveränitätsfreundliche Auslegung bedroht. Daher suchte der Teil der Literatur, der sich über die relativ gefestigte Rechtsprechung zu dieser Auslegungsregel nicht hinwegsetzen wollte, den Ausweg in einer Einschränkung des Anwendungsbereiches. Dies wurde von der Rechtsprechung vereinzelt aufgegriffen.[273]

---

meinschaft restriktiv zu interpretieren. Da die Völkerrechtsgemeinschaft aus unabhängigen Staaten besteht und Staatsverträge im Lichte des allgemeinen Völkerrechts auszulegen sind, ist zu Gunsten der Freiheit der Staaten zu entscheiden, sofern nicht der Wortlaut der in Frage stehenden Bestimmung dem entgegensteht oder der Wille der Parteien auf etwas anderes gerichtet ist. Als Grundsatz gilt, dass Einschränkungen der staatlichen Freiheit restriktiv auszulegen sind." Nur bei einer staatsrechtlichen Verbindung gelte etwas anderes (S. 53). Auch an anderen Stellen verweist er darauf, dass das allgemeine Völkerrecht bei der Auslegung des Gemeinschaftsrechts anzuwenden sei (etwa S. 37, 159). Damit sind die bei *Zemanek* aufgeführten Stellungnahmen nicht geeignet, eine überzeugende Praxis nachzuweisen. Restriktive bzw. souveränitätsfreundliche Auslegung sollen nur dann nicht mehr anwendbar sein, wenn es sich nicht um die Auslegung eines völkerrechtlichen Vertrages, sondern um die Auslegung einer davon abgehobenen Verfassung (*Krauss*) bzw. um die Auslegung einer staatsrechtlichen Verbindung (*Bindschedler*) handele. Eine breitere Basis für die Ansicht *Zemaneks* dürfte also (noch) nicht vorhanden sein.

270 *K. Zemanek*, ZaöRV 24 (1964), 453, 456.

271 *K. Zemanek*, ZaöRV 24 (1964), 453, 457. Hintergrund dessen ist *Zemaneks* Grundkonzept. Er ist der Auffassung, dass die herkömmlichen völkerrechtlichen Regeln dem Privatrecht entstammten (S. 454, vgl. auch das Bsp. auf S. 470).

272 Vgl. *K. Zemanek*, ZaöRV 24 (1964), 453, 455 ff.; *H. Kraus*, in: FS Smend (1952), S. 189 ff.

273 *Wemhoff Case*, ECHR Ser. A Vol. 7 = ILR 41, 281 (Einzelheiten s.u. § 8 IV 3 a bb).

6. *Sultan*

Während die meisten eigenständigen Beiträge zur souveränitätsfreundlichen Auslegung eher versuchten, ihre Bedeutung zu relativieren, setzte sich *Hamed Sultan* in einem Festschriftbeitrag und einem Aufsatz, ganz der traditionellen Linie verpflichtet, stark für die „restriktive Auslegung“ ein.[274] Unter restriktiver Auslegung versteht er mehr als eine vage Präferenz für eine enge Auslegung. Vielmehr habe sie folgende Funktion: „It is the special function of the principle of restrictive interpretation both to point to the factors in the context of an agreement, such as the varying responsibilities of the Parties as Governments or private associations, which experience has established as valid indices of limits upon the expectations of the Parties as to the extent of commitment, and to prescribe that the implementing inference of an interpreter in remedying ambiguities or gaps or contradictions in the agreement should be confined to what is necessary to achieving the essential purposes and unnacessary detailed obligations upon the Parties. The authoritative role of the principle, is, in other words, to preserve the integrity of agreement as an instrument for ordering human affairs."[275] Ohne ein solches Limit für interpretative Schlussfolgerungen, so *Sultan* weiter, sei es unmöglich, die Erwartungen der Parteien hinsichtlich der Stabilität von Vereinbarungen zu erfüllen. Die Annahme von Rechten mittels Implikation müsse Begrenzungen unterliegen.[276] Die restriktive Auslegung sei daher ein unentbehrliches Gegengewicht zum Effektivitätsprinzip. Er führte für seine Auffassung zudem die Rechtsprechungspraxis an.[277]

7. *Weitere Literaturauffassungen*

Die meisten Lehrbücher der Nachkriegszeit erwähnten in ihrer Aufzählung der Auslegungsregeln unter Berufung auf die Rechtsprechung entweder die restriktive Auslegung[278], die Auslegung zugunsten der Unabhängigkeit der Staaten[279], die

---

274 *Hamed Sultan*, The Special Function of the Principle of Restrictive Interpretation, in: Mélanges offerts à Juraj Andrassy, 1968, S. 294 ff.

275 *H. Sultan*, in: FS Andrassy, S. 294.

276 *H. Sultan*, in: FS Andrassy, S. 294, 302 f., 303.

277 *H. Sultan*, in: FS Andrassy, S. 294, 301 ff. Allerdings dürfte die Entscheidung im Gutachten *Reparation for Injuries suffered un the Service of the United Nations*, ICJ Rep. 1949, S. 174, eher gegen die restriktive Auslegung sprechen (s.o. § 7 I 2).

278 *F. Berber*, Lehrbuch des Völkerrechts 1. Bd., S. 447, *G. Dahm*, Völkerrecht Bd. III, S. 56; *R. L. Bindschedler*, Rechtsfragen der europäischen Einigung, S. 53; mit Ausnahme für Internationale Organisationen auch *K. Zemanek*, ZaöRV 24 (1964), 453, 455 ff.; praktisch angewendet bei *E. Brüel*, AVR 7 (1958/59), 24, 56, 59; vorsichtig

Regel *in dubio mitius*[280], *contra proferentem*[281] oder die Regel, dass bei Verwendung mehrerer Sprachen das gemeinsame Minimum gelten soll[282]. *Berber* begründete: „Das Prinzip der restriktiven Auslegung folgt aus dem Wesen des Völkerrechts und seinem Grundprinzip der Souveränität der Staaten. Da Einschränkungen der Souveränität nicht vermutet werden dürfen, ist unter mehreren möglichen Auslegungen diejenige zu wählen, die die geringsten Verpflichtungen für die Vertragsparteien oder zum mindesten für eine Vertragspartei, um deren Verpflichtungen es sich im konkreten Fall handelt, beinhaltet. Doch darf diese Auslegungsregel nicht dazu führen, dass die im Vertrag bei sinngemäßer Auslegung anzunehmenden Einschränkungen der Unabhängigkeit mit Hilfe dieses Prinzips wegeskamotiert werden."[283] Während einige Autoren dem Auslegungssatz große Bedeutung zumaßen[284], betonten viele einschränkend, er sei nur im Zweifelsfalle anwendbar[285] bzw. könne keine allgemeine Geltung beanspruchen[286] oder dass

---

G. Fitzmaurice, BYIL 28 (1951), 1, 9: „(...) [P]ositive obligations, or exeptions thereto, cannot be *read into* a treaty. If not actually expressed, they must at least be a *necessary* (and not merely a *possible*) inference from what *is* expressed." Ähnlich S. 22. Nach seiner Auffassung verfolgt der Gerichtshof jedenfalls den Ansatz, eher einschränkend auszulegen (S. 23 f.); vgl. auch S. 25, 27 f.; *ders.*, BYIL 33 (1957), 203, 238.

279 *P. Guggenheim*, Lehrbuch des Völkerrechts I, S. 128; *F. Berber*, Lehrbuch des Völkerrechts 1. Bd., S. 447, *G. Dahm*, Völkerrecht Bd. III, S. 54; *W. Sauer*, System des Völkerrechts, S. 381; *ders.*, Völkerrecht und Weltfrieden, S. 236; *A. Verdross*, Völkerrecht, S. 174; *R. L. Bindschedler*, Rechtsfragen der europäischen Einigung, S. 53; *H. Bülck*, Vertragsauslegung, in: WVR 3. Bd., S. 547, 551. Die sowjetische Völkerrechtslehre hebt in besonderem Maße die Bedeutung der Souveränität bei der Auslegung hervor (nach *Th. Schweisfurth*, Der internationale Vertrag in der modernen sowjetischen Völkerrechtstheorie, S. 265, 268, 271, 272, 273, 280, 281).

280 *W. Sauer*, System des Völkerrechts, S. 381; *ders.*, Völkerrecht und Weltfrieden, S. 236.

281 *F. Berber*, Lehrbuch des Völkerrechts 1. Bd., S. 447; *P. Guggenheim*, Lehrbuch des Völkerrechts I, S. 128; *G. Dahm*, Völkerrecht Bd. III, S. 56; auch *H. Lauterpacht*, BYIL 26 (1949), S. 48, 63 f.; *H. Kraus*, in: FS Smend (1952), S. 189, 204; *H. Bülck*, Vertragsauslegung, in: WVR 3. Bd., S. 547, 551; *A. Verdross*, Völkerrecht, S. 174.

282 *P. Guggenheim*, Lehrbuch des Völkerrechts I, S. 128; *F. Berber*, Lehrbuch des Völkerrechts 1. Bd., S. 447.

283 *F. Berber*, Lehrbuch des Völkerrechts 1. Bd., S. 447.

284 So vor allem die sowjetische Völkerrechtslehre (nach *Th. Schweisfurth*, Der internationale Vertrag in der modernen sowjetischen Völkerrechtstheorie, S. 271, 272, 273, 280, 281). Ferner auch *F. Berber*, Lehrbuch des Völkerrechts 1. Bd., S. 447; *W. Sauer*, System des Völkerrechts, S. 381; *ders.*, Völkerrecht und Weltfrieden, S. 236; *H. Sultan*, in: FS Andrassy, S. 294; *E. Brüel*, AVR 7 (1958/59), 24, 56, 59; *R. L. Bindschedler*, Rechtsfragen der europäischen Einigung, S. 53.

285 *G. Dahm*, Völkerrecht Bd. III, S. 54; *H. Kraus*, in: FS Smend (1952), S. 189, 204; *A. Verdross*, Völkerrecht, S. 174; *P. Guggenheim*, Lehrbuch des Völkerrechts I, S. 128, mit dem Hinweis, dass der Methode trotzdem große Bedeutung zukomme.

seine Grenze der Grundsatz effet utile sei[287]. Praktisch jede dieser Auffassungen konnte sich wegen der uneinheitlichen Spruchpraxis auf entsprechende Urteile berufen.

Die Rechtsprechungsübersichten enthalten meist einen Unterpunkt restriktive bzw. souveränitätsfreundliche Auslegung.[288] Soweit das aufgegeben wurde, ist das offenbar nicht einer Abkehr von der souveränitätsfreundlichen Auslegung geschuldet, sondern der allgemein gröberen Unterscheidung.[289]

V. Resümee – Italy-United States Air Transport Arbitration

Typisch für die Auseinandersetzung mit der souveränitätsfreundlichen Auslegung in der Nachkriegszeit ist die gutachterliche Stellungnahme vom 17.7.1965 der Richter *Riese*, *Metzger* und *Monaco*, die das Schiedsgericht im Fall *Italy-United States Air Transport Arbitration*[290] bildeten. Daher soll diese Entscheidung als Resümee dieser Epoche etwas genauer behandelt werden.

Im Jahre 1963 entstand ein Disput zwischen der italienischen und der amerikanischen Regierung über die Auslegung des zwischen ihnen geschlossenen Air Transport Services Agreement und seiner Annexe. Da der Streit nicht unterein-

---

286 Ablehnend für Gründungsverträge Internationaler Organisationen *K. Zemanek*, ZaöRV 24 (1964), 453, 455 ff.; *G. Dahm*, Völkerrecht Bd. III, S. 54, mit der Begründung, es gäbe keine Vermutung zugunsten der Ungebundenheit der Staaten mehr (*ders.*, Völkerrecht Bd. I, S. 160); *G. Fitzmaurice*, BYIL 28 (1951), 1, 9, 22 hält sie zunächst für eine subsidiär anzuwendende Regel, meinte aber in einem späteren Artikel, *ders.*, BYIL 33 (1957), 203, 227 Fn. 3, dazu: „The phrase ‚subsidiary interpretative findings', used in the 1951 article, does not seem quite apt to describe pronouncements a number of which are of considerable significance for treaty interpretation." Nunmehr ordnete er die Regel den *untergeordneten und anderen Interpretationsregeln* zu (ebenda, S. 227); strikt ablehnend *A. D. McNair*, Law of Treaties, S. 764 ff. und *H. Lauterpacht*, BYIL 26 (1949), S. 48 ff.; *ders.*, The Development of International Law by the International Court, S. 297 ff.; *E. Sauer*, Grundlehre des Völkerrechts, S. 183, mit der Begründung, dass die UN-Charta eine Art Weltverfassung darstelle und daher die Verträge nicht mehr zugunsten der Souveränität, sondern zugunsten der Solidarität auszulegen seien (vgl. dazu § 11 II 2 b).

287 *R. L. Bindschedler*, Rechtsfragen der europäischen Einigung, S. 53; *H. Bülck*, Vertragsauslegung, in: WVR 3. Bd., S. 547, 551.

288 *V. Bruns* (Begr.), Fontes Iuris Gentium, A I 5, S. 207 f.; A I 6, S. 300; *J. F. Williams, H. Lauterpacht* (Begr.), International Law Reports, z.B. Vol. 17, S. 318; *E. Hambro/A. W. Rovine*, The Case Law of the International Court of Justice, z.B. Vol. III, S. 131.

289 Vgl. etwa die veränderte Gliederung in ILR 18, S. xl.

290 ILR 45, S. 393 = RIAA 16, S. 81.

ander geklärt werden konnte, einigte man sich, die Frage einem zu bildenden Schiedsgericht vorzulegen. Das Tribunal sollte folgende Frage beantworten: „Does the Air Transport Agreement between the United States of America and Italy of February 6, 1948, as amended, grant the right to a designated airline of either party to operate scheduled flights carrying cargo only?"

Der Vertrag garantierte den Parteien die Benutzung der internationalen Flugrouten in der im Annex näher spezifizierten Art und Weise: „One or more air carriers designated by each of the contracting parties under the conditions provided in the present Agreement and the Annex thereto will enjoy, in the territory of the other contracting party, rights of transit and stops for non-traffic purposes, as well as the right of commercial entry and departure for international traffic in passengers, cargo and mail at the points enumerated on each of the routes specified in the schedule attached."

Ob der Vertrag auch für „all-cargo services" gilt oder nur für Flüge, die Fracht und Post befördern, richtete sich nach der Auslegung von „cargo and mail". Handelte es sich um eine Aufzählung, so die Auffassung der US-amerikanischen Regierung, oder war dies kumulativ, wie es die italienische Regierung vertrat, zu verstehen? Ein zwischen den USA und Großbritannien geschlossener Vertrag, dem der Air Transport Services Agreement zwischen den USA und Italien nachgebildet worden war, legte jedenfalls die US-amerikanische Auffassung nahe.[291] Die italienische Regierung war dagegen der Auffassung, dass die Regel *contra proferentem* angewendet werden müsse, weil der Entwurf von Seiten der USA stammte. Zudem sei diejenige Interpretation angebracht, welche die Souveränität der Staaten am wenigsten beeinträchtige.[292]

Das Gericht entschied mit den Stimmen der Richter *Riese* und *Metzger* gegen die des Italieners *Monaco* zugunsten der USA. Wortlaut, Kontext, Wille der Parteien sowie die nachfolgende Praxis sprächen für dieses Ergebnis.[293] Daher bleibe kein Raum für die von italienischer Seite vorgeschlagenen Auslegungsregeln: „It should be stated at this point that since the Tribunal is of the opinion (...) that the meaning of the Agreement is clear and not ambiguous, neither the theory of interpretation *contra proferentem* nor the principle according to which the interpretation to be placed on an international agreement should be that which least

[291] *Italy-United States Air Transport Arbitration*, ILR 45, S. 393, 406, 394 f.

[292] *Italy-United States Air Transport Arbitration*, ILR 45, S. 393, 407, 395.

[293] *Italy-United States Air Transport Arbitration*, ILR 45, S. 393, 407 ff.

restricts the sovereignty of States, can be applied to the case at this point: in these circumstances, it is not necessary for the Tribunal to pronounce on these principles, the second of which, in particular, is fairly controversial."[294]

Anders der Richter *Monaco*. Er meinte: „The Agreement, beyond doubt, provided for *combination services* and made explicit mention of all-cargo services. (...) Consequently, if all-cargo services are not expressly provided for in the Agreement they must be regarded as excluded. Even if a different view were to be maintained – quite an extremistic view – it could never lead to the conclusion that such types of services are included in the Agreement. If any ambiguity exists, the interpretation principle *contra proferentem* must be applied, together with the principle according to which the interpretation to be adopted is that which least restricts the sovereignty of the State."[295] An anderer Stelle wies er darauf hin, es bestehe keinesfalls ein gemeinsamer Parteiwille bezüglich des „all-cargo service" und bekräftigte nochmals: „It would (...) be contrary to the principle of assent (...) to interpret the Italo-American Agreement in an extensive manner, giving it a scope which would restrict the sovereignty of one of the two parties to a greater degree than intended by that party."[296] Deshalb könne er, *Monaco*, der Ansicht der Richtermehrheit nicht folgen.

Zusammenfassend zum *Italy-United States Air Transport Arbitration* und zur Nachkriegsepoche insgesamt ist festzustellen, dass die souveränitätsfreundliche Auslegung und mit ihr verwandte Auslegungsregeln von der herrschenden Meinung nach wie vor anerkannt wurden. Insbesondere beriefen sich viele Staaten in internationalen Streitigkeiten auf sie und in einigen Entscheidungen wurden sie streitentscheidendes Argument benutzt. Allerdings ist auch eine anwachsende Skepsis ihr gegenüber zu beobachten.

---

294 *Italy-United States Air Transport Arbitration*, ILR 45, S. 393, 411. Zur Begründung dieser Ansicht berufen sich *Riese* und *Metzger* auf die Entscheidungen *International Commission of the River Oder*, PCIJ Ser. A No. 23, S. 26 und *Lake Lanoux Arbitration*, Rev gen. 62 (1958), S. 99, sowie die Ausführungen *Bernhardts*, Die Auslegung völkerrechtlicher Verträge, S. 143 ff. (s.o. § 7 IV 3).

295 *Italy-United States Air Transport Arbitration*, ILR 45, S. 393, 424.

296 *Italy-United States Air Transport Arbitration*, ILR 45, S. 393, 426.

§ 8 Die Entwicklung seit Einführung der Wiener Vertragsrechtskonvention im Jahre 1969

I. Die souveränitätsfreundliche Auslegung und die Kodifikation der Auslegungsregeln

1. Einleitung

Im Gegensatz zu großen Teilen des innerstaatlichen Rechts besteht das allgemeine Völkerrecht vor allem aus ungeschriebenen Rechtssätzen. Dieser Umstand führt zu erheblicher Unsicherheit, immer wieder ist bei einzelnen Rechtsnormen ihre Geltung und ihr Inhalt umstritten. Gerade in Fällen, in denen zwei oder mehrere Parteien nicht einig darüber sind, ob eine Norm des Gewohnheitsrechts in ihren Rechtsbeziehungen anwendbar ist – also gerade dann, wenn es darauf ankommt –, gestaltet sich der Nachweis der Voraussetzungen des Gewohnheitsrechts – die längere Staatenpraxis mit einhergehender Rechtsüberzeugung – besonders schwierig.

Um diese strukturbedingten Schwächen zu überwinden, bemühten sich die Staaten und die Völkerrechtswissenschaft seit dem 19. Jh. darum, wichtige Bereiche des Völkerrechts durch Kodifikation weiterzuentwickeln. Genannt seien die 1873 gegründete und seit 1895 unter diesem Namen bekannte *International Law Association* sowie das seit 1873 existierende *Institut de Droit International* als Beispiele für wissenschaftliche Vereinigungen und Institute, ferner der Wiener Kongress 1814/15 sowie die Haager Friedenskonferenzen von 1899 und 1907 als Beispiele für Staatenkonferenzen, die sich mit Kodifikationen beschäftigten. Intensiviert wurden die Kodifikationsbemühungen nach dem 2. Weltkrieg. Im Jahre 1947 schuf die Generalversammlung der Vereinten Nationen[297] die *International Law Commission*, welche gem. Art. 13 I lit. a) Alt. 2 UN-Charta unter anderem die Aufgabe hat, „die fortschreitende Entwicklung des Völkerrechts sowie seine Kodifizierung zu begünstigen". Damit unterstrich die UNO ihren Anspruch, Mittelpunkt der Völkerrechtsordnung zu sein[298], und hatte ein in der Praxis sehr gut funktionierendes Instrument zur Entwicklung des Völkerrechts geschaffen.

---

[297] Zu den Kodifizierungsbemühungen im Rahmen der Vereinten Nationen *H. Steinberger*, ZaöRV 28 (1968), 617 ff.

[298] Vgl. etwa die Präambel, Art. 1, 2, 103 und insb. Art. 6. 1 Nr. 4 UN-Charta.

Wichtige Ergebnisse des Kodifizierungsprozesses waren die umfassende Kodifizierung des Kriegsrechts[299] und die Kodifikation des Diplomatenrechts durch das Wiener Übereinkommen über diplomatische Beziehungen vom 18.4.1961[300].

Der Vorteil solcher Kodifikationen ist vor allem die größere inhaltliche Klarheit des Rechts und damit die höhere Anwendungssicherheit. Dabei muss die Präzision und die Eindeutigkeit freilich durch jede einzelne Norm geschaffen werden. Die Kodifikation kann insbesondere für den Nachweis von Gewohnheitsrecht bedeutsam werden[301]: Sie kann eine entsprechende Rechtsentwicklung initiieren, eine bestimmte Rechtsüberzeugung (mit-)nachweisen oder unpraktikabel gewordenes Gewohnheitsrecht ablösen. Die Völkerrechtsordnung wird durch Kodifikationen also gefestigt, und die Justiziabilität wird durch verlässliche und sachgerechte Normen erhöht.[302]

2. *Die Kodifikation der Auslegungsregeln*

Auch der Bereich der Auslegungsregeln war immer wieder Gegenstand von Kodifikationsbestrebungen, weil bei den Rechtsanwendern der Wunsch nach größerer Anwendungssicherheit bestand. Sieht man von katalogisierenden Zusammenstellungen einzelner Autoren[303] und vereinzelten Auslegungsvorschriften mit geringer Tragweite[304] ab, sind als Versuche einer umfassenden völkerrechtlichen Kodifikation der Auslegungsregeln vor allem der 1935-Harvard-Draft[305] und die Bemühungen des *Institut de Droit International*[306] in den Jahren 1950 bis 1956

---

[299] Genannt seien das Abkommen zur friedlichen Erledigung internationaler Streitfälle vom 18.10.1907 (RGBl. 1910, S. 5) und das Abkommen betreffend die Gesetze und Gebräuche des Landkrieges vom 18.10.1907 (RGBl. 1910, S. 107).

[300] UNTS Vol. 500, S. 95; BGBl. 1964 II, S. 958.

[301] Vgl. statt vieler *W. Kägi*, Kodifikation, in: WVR 2. Bd., S. 228 ff.

[302] Genauere Untersuchungen bei *W. Kägi*, Kodifikation, in: WVR 2. Bd., S. 228 ff.; *W. K. Geck*, ZaöRV 36 (1976), 96 ff. jew. mwN.; *A. D. McNair*, The Development of International Justice, S. 24 ff.

[303] Deren Historie ist lang. Schon *H. Grotius*, De iure belli ac pacis, 2. Buch Kap. 16, hatte bekanntlich diverse Interpretationsregeln zusammengestellt (s.o. § 5 II).

[304] Einige wenige völkerrechtliche Verträge regelten mit, wie sie jeweils ausgelegt werden sollen (s.o. § 3 II 1 a mN.).

[305] AJIL 29 (1935), S. 937 ff.; vgl. auch die Einschätzung von *R. Bernhardt*, Die Auslegung völkerrechtlicher Verträge, S. 12.

[306] Annuaire 44 I (1952 Tome I), S. 197 ff.; Annuaire 44 II (1952 Tome II), S. 359 ff., 383 ff.; Annuaire 45 I (1954 Tome I), S. 225 ff.; Annuaire 46 (1956), S. 317 ff.

zu nennen. Ergebnis der Bemühungen war eine Resolution im Jahre 1956[307], die in Form von Rechtssätzen die wesentlichen Ergebnisse zusammenfasste[308].

Endgültig auf den Weg der Kodifikation gelangten die Auslegungsregeln durch das Bestreben der *International Law Commission*, das Vertragsrecht zu kodifizieren. Ergebnis war die Wiener Konvention über das Recht der Verträge vom 23.5.1969[309], die in Teil III, Abschnitt 3, Art. 31-33, Auslegungsregeln enthält. Während das Vertragswerk insgesamt mit 79 Stimmen bei 1 Gegenstimme und 19 Enthaltungen angenommen wurde, stimmten für Art. 31 WVK 97 Staaten, für Art. 32 WVK 101 Staaten und für Art. 33 WVK ebenfalls 101 Staaten, jeweils ohne Gegenstimme und Enthaltung. Das ist angesichts der vielen Meinungsverschiedenheiten im Bereich der Methodenlehre erstaunlich.[310] Über die Gründe dafür kann man nur mutmaßen: Es könnte sich um eine besonders gelungene Kodifikationsarbeit handeln. Tatsächlich gab es in der Literatur nicht wenige Stimmen, die die Regelungen begrüßt und als gelungen bewertet haben.[311] Es könnte möglicherweise auch an den geringen Erwartungen an diese Normen liegen. Ziel war es nicht, neue Auslegungsregeln zu schaffen, sondern die in erster Linie von der internationalen Gerichtsbarkeit entwickelten Grundsätze schriftlich zu fixieren.[312] Zudem enthält die Konvention eher spärliche Regelungen.[313] Den Staaten

---

307 Sie bildete die Diskussionsgrundlage der *International Law Commission* für die Kodifizierung der Auslegungsregeln (YILC 1964 II, S. 55 f. Ziff. 10-12).

308 Annuaire 46 (1956), S. 317, 358. Die Resolution wurde mit 35 zu 6 Stimmen angenommen (S. 349).

309 UNTS Vol. 1155, S. 331; BGBl. 1985 II, S. 927. Später kam die in diesem Punkte inhaltsgleiche WVKIO hinzu (Text in: GYIL 29 (1986), 516, 528 f.).

310 So beginnen die ersten Ausführungen der Arbeit der *International Law Commission* zur Kodifikation der Auslegungsregeln mit den Worten: „The utility and even the existence of rules of international law governing the interpretation of treaties are questions which are not free from controversy (YILC 1964 II, S. 53)." Im Rahmen der Diskussion der ILC waren die Regelungen dagegen stark umstritten (s.u. § 8 I 3).

311 Etwa *S. M. Grundmann*, Die Auslegung des Gemeinschaftsrechts durch den Europäischen Gerichtshof, S. 188 mwN. in Fn. 844; *H. J. Hahn/W. Braun*, in: Behrens (Hrsg.), Die Wertsicherung der Young-Anleihe, S. 9, 15. Kritisch dagegen *Ch. Schreuer*, in: BDGV 23 (1982), S. 61; *K. Doehring*, Völkerrecht, Rn. 390.

312 YILC 1964 II, S. 54 f. So stellte der Kommentar zum Final draft fest: „The Commission provisionally attempt to isolate and codify the basic rules of interpretation was generally approved by Governments in their comments and the rules contained in its draft appeared largely to be endorsed by them (YILC 1966 II, S. 219 Ziff. 7)."

313 Diese Einschätzung teilen *K. Doehring*, Völkerrecht, Rn. 390; *K. Zemanek*, in: Neuhold/Hummer/Schreuer (Hrsg.), Österreichisches Handbuch des Völkerrechts I, Rn. 349; *J. M. Mössner*, Einführung in das Völkerrecht, S. 122, der betont, dass die Regeln selbst der Interpretation bedürfen. Das nur das Grundlegendste in der Kon-

war bewusst, dass daneben die herkömmlichen Auslegungsregeln weiter gelten würden.

Die kodifizierten Auslegungsregeln stellen für die Unterzeichnerstaaten der Konvention verbindliches Recht dar.[314] Sie werden – wie anderes kodifiziertes Recht – als Ausdruck allgemeiner Überzeugung auch dann zur Auslegung herangezogen, wenn der Anwendungsbereich der Wiener Vertragsrechtskonvention nicht eröffnet ist, beispielsweise wenn eine auszulegende Norm vor ihrem Inkrafttreten erlassen wurde und die Konvention deshalb gem. Art. 4 WVK keine Anwendung findet[315] oder wenn eine auszulegende Norm aus einem Vertrag stammt, der zwischen Staaten und einer Internationalen Organisation geschlossen wurde und die Konvention deshalb gem. Art. 1, 3 und 5 WVK keine Anwendung findet[316] oder obwohl die Konvention von den betroffenen Staaten nicht ratifiziert wurde[317]. Art. 31-33 WVK haben in der internationalen Praxis Verbreitung gefunden und damit die Aufgabe, das Völkerrecht weiterzuentwickeln, erfüllt.[318]

---

vention normiert werden sollte, war beabsichtigt (vgl. YILC 1964 I, S. 278 Ziff. 47, S. 279 Ziff. 55, 60).

314 S.o. § 3 II. Teilweise werden die Regeln in Rechtsprechung und Literatur als Völkergewohnheitsrecht angesehen (vgl. *Territorial Dispute (Libyan Arab Jamahiriya/Chad)*, ICJ Rep. 1994, S. 6, 21; w.N. s.o. § 3 I).

315 So z.B. S. O. *Ammoun*, *Barcelona Traction*, ICJ Rep. 1970, S. 3, 286, 303; S. O. *de Castro*, *Fisheries Jurisdiction (FRG v. Iceland)*, ICJ Rep. 1974, 175, 225, 226; D.O. *de Castro*, *Aegean Sea*, ICJ Rep. 1978, S. 3, 62, 68 f.; *Golder*, ECHR Ser. A Vol. 18, S. 14 Tz. 29; *Ringeisen*, ECHR Ser. A Vol. 13, S. 50 = ILR 56, S. 487; Schiedsspruch im Fall *Young-Anleihe*, GYIL 23 (1980), 414, 435 f. = ILR 59, S. 494; *Greece v. F.R.G.*, ILR 47, S. 418, 422, 450 f. Auch andere Normen der Wiener Vertragsrechtskonvention wurden als Ausdruck allgemeiner Rechtsüberzeugung ohne ihr Inkrafttreten angewendet: vgl. *South-West Africa (1971-decision)*, ICJ Rep. 1971, S. 16, 47; *Fisheries Jurisdiction (UK v. Iceland)*, ICJ Rep. 1973, S. 3, 14, 18; *Aegean Sea*, ICJ. Rep. 1978, S. 3, 39; *Territorial Dispute (Libyan Arab Jamahiriya/Chad)*, ICJ Rep. 1994, S. 6, 21.

316 S. O. *Sette-Camara*, *Interpretation of Agreement*, ICJ Rep. 1980, S. 73, 178.

317 Neben den eben genannten Urteilen etwa *McGimpsey and McGimpsey v. Ireland*, Ireland, High Court, Entscheidung vom 29.7.1988, ILR 87, 334, 348; wN. bei *S. Torres Bernárdez*, in: FS Seidl-Hohenveldern (1998), S. 721 ff.

318 Vgl. nur *Ruda*, YILC 1964 I, S. 277 Ziff. 35; *R. G. Wetzel/O. Rauschning*, The Vienna Convention on the Law of Treaties – Traveaux Préparatoires, S. 12, 13 mwN.; *F. Matscher*, in: FS Mosler, S. 545, 548. Die Konvention wird in Bezug auf die Auslegung von Verträgen von allen internationalen Tribunalen angewendet (*J. I. Charney*, RC 271 (1998), 101, 139 ff., 186).

3. Die Wiener Vertragsrechtskonvention und die souveränitätsfreundliche Auslegung

Auch wenn die vertraglich niedergeschriebenen Auslegungsregeln keine abgeschlossene Regelung darstellen sollen und zudem sehr allgemein gehalten sind[319], so ist ein neuer Fixpunkt im Bereich der Vertragsauslegung entstanden. Heute kann über Auslegung im Völkerrecht nicht mehr sinnvoll diskutiert werden, wenn man die Wiener Vertragsrechtskonvention ausblendet. Es hat ein Paradigmenwechsel stattgefunden, und die souveränitätsfreundliche Auslegung muss sich im neuen System einen Platz suchen. Insofern ist es von großer Bedeutung, ob die Auslegungsregel im Vertrag einen Niederschlag gefunden hat und inwieweit sie bei der Diskussion im Kodifikationsprozess berücksichtigt wurde.

a) Das Fehlen der souveränitätsfreundlichen Auslegung in der Kodifikation

Die souveränitätsfreundliche Auslegung und verwandte bzw. ähnliche Regeln wie die restriktive Auslegung, die interpretatio contra proferentem und der Grundsatz in dubio mitius, aber auch die Regeln effet utile, implied powers und die dynamische Auslegung, die teilweise als der souveränitätsfreundlichen Auslegung widersprechende Auslegungsregeln angesehen werden, haben keinen textlichen Niederschlag gefunden.

Eine mit der souveränitätsfreundlichen Auslegung in Zusammenhang stehende Regel findet sich nur in Art. 47 des Internationalen Paktes über bürgerliche und politische Rechte und Art. 25 des Internationalen Paktes über wirtschaftliche, soziale und kulturelle Rechte. Die gleichlautenden Vorschriften besagen: „Keine Bestimmung des Paktes ist so auszulegen, dass sie das allen Völkern innewohnende Recht auf den Genuss und die volle und freie Nutzung ihrer natürlichen Reichtümer und Mittel beeinträchtigt.“ Die Souveränität über die natürlichen Ressourcen stellt ein souveränes Recht dar.[320]

---

319 Daher bestehen gewisse Zweifel, ob sie in der Praxis zu höherer Anwendungssicherheit beitragen können. *D. P. O'Connell*, International Law Vol. I, S. 253, stellt zutreffend fest, dass die Auslegung nicht unproblematischer geworden sei. Ihre Nützlichkeit bezweifelt auch *R. Bernhardt*, Die Auslegung völkerrechtlicher Verträge, S. 29, weil eine Kodifikation von Auslegungsregeln der weiteren Rechtsentwicklung hinderlich wäre.

320 S.o. § 4 II 2 aE. Nach *H. Guradze*, JIR 15 (1971), 242, 248, wurden die beiden Vorschriften wegen der „Lebensinteressen der Entwicklungsländer“ aufgenommen. Zur ihrer Entstehungsgeschichte *M. Nowak*, CCPR Commentary, Art. 47 Rn. 1 f. mwN.

Dieses Schweigen zur souveränitätsfreundliche Auslegung kann mehrere Gründe haben:

- Sie könnte als Unterfall einer kodifizierten Regel angesehen worden sein. In Betracht kämen vor allem die der Art. 31 I und III c).[321] Art. 31 III c) WVK regelt, dass bei der Auslegung alle einschlägigen Prinzipien des Völkerrechts zu beachten sind. Ein solches allgemeines Prinzip des Völkerrechts könnte die Souveränität darstellen.[322] Nach Art. 31 I WVK ist ein Vertrag nach Treu und Glauben auszulegen, und dabei insbesondere der Zweck eines Vertrages und die Systematik zu beachten. Auch in diesem Rahmen könnte die Souveränität eine Rolle spielen.[323]
- Die souveränitätsfreundliche Auslegung könnte auch deshalb fehlen, weil in der Konvention nur das Grundlegende geregelt werden sollte und sie zu unwichtig ist, beispielsweise weil sie nur eine beschränkte Tragweite hat und eine Ausgangsvermutung[324] oder eine sekundär anzuwendende Zweifelsregel[325] ist, oder weil sie nur einen beschränkten Anwendungsbereich hat[326].
- Denkbar ist freilich auch, dass sich *McNair* und *Lauterpacht* mit ihrer strikt ablehnenden Haltung durchgesetzt haben.[327]

---

321 So etwa *J. M. Mössner*, Einführung in das Völkerrecht, S. 124; wN. unter § 8 VI 1 a, 2 b.

322 So etwa *G. Schwarzenberger*, International Law Vol. 1, S. 509 (s.o. § 7 IV 4).

323 In diese Richtung *I. Seidl-Hohenveldern/T. Stein*, Völkerrecht, Rn. 340 ff.; *W. Graf Vitzthum*, in: ders. (Hrsg.), Völkerrecht[1], 1. Abschn. Rn. 125 (anders 2. Aufl., Rn. 124).

324 Das betonte beispielsweise das Schiedsgericht im Fall *Lake Lanoux Arbitration*, ILR 24, S. 101, 120; ähnlich *S. M. Grundmann*, Die Auslegung des Gemeinschaftsrechts durch den Europäischen Gerichtshof, S. 116; *W. Graf Vitzthum*, in: ders. (Hrsg.), Völkerrecht, 1. Abschn. Rn. 124.

325 *K. Doehring*, Völkerrecht, Rn. 393; *I. Brownlie*, Principles of Public International Law, S. 636; *K. Zemanek*, in: Neuhold/Hummer/Schreuer (Hrsg.), Österreichisches Handbuch des Völkerrechts I, Rn. 359; *I. v. Münch*, Völkerrecht in programmierter Form, S. 181; *J. Anweiler*, Die Auslegungsmethoden des Gerichtshofs der Europäischen Gemeinschaften, S. 130 ff., 136 f.; wN. unter § 8 VI 1 b.

326 So vor allem *R. Bernhardt*, ZaöRV 27 (1967), 491, 504; vgl. ferner *G. Ress*, ZaöRV 36 (1976), 227, 246 f.; *S. M. Grundmann*, Die Auslegung des Gemeinschaftsrechts durch den Europäischen Gerichtshof, S. 116; etwas abgeschwächt *J. Anweiler*, Die Auslegungsmethoden des Gerichtshofs der Europäischen Gemeinschaften, S. 130 ff., 136 f.; wN. unter § 8 VI 1 c.

327 *A. D. McNair*, Law of Treaties, S. 764 ff. und *H. Lauterpacht*, BYIL 26 (1949), S. 48 ff.; *ders.*, The Development of International Law by the International Court, S. 297 ff. Für diese Deutung etwa *A. E. Bredimas*, Methods of Interpretation in Community Law, S. 20 f., 23; *R. Bernhardt*, GYIL 42 (1999), 11, 14.

- Schließlich kommt in Betracht, dass die International Law Commission von vornherein problematische Bereiche ausschloss, um den Gesamtkodifizierungsprozess nicht zu gefährden und die souveränitätsfreundliche Auslegung, die zu diesem Zeitpunkt in der Tat nicht unumstritten war, deshalb nicht kodifizierte.

Jede dieser Deutungen wurde in der Literatur vertreten. Inwieweit sie jeweils zutreffen, ist mit den traveaux preperatoires, das sind die Diskussionen der *International Law Commission*, die Berichterstattungen von *Waldock* und die diesbezüglichen staatlichen Stellungnahmen, aufzuklären.

b) Die souveränitätsfreundliche Auslegung im Kodifikationsprozess und in der Wiener Vertragsrechtskonvention

Die Diskussion im Rahmen der Vorarbeiten zur Kodifikation geben kaum Anhaltspunkte, ob methodologische Überlegungen Grund für das Fehlen der Regel waren. Wahrscheinlich ist, dass eher äußere Umstände dafür verantwortlich sind:

Diskussionsgrundlage waren der *1935-Harvard-Draft*, der Resolution des *Institut de Droit International* und den Arbeiten von *Fitzmaurice.*[328] In diesen, die Auslegungsregeln gesetzartig zusammenfassenden Arbeiten, findet sich nicht die Regel der souveränitätsfreundlichen Auslegung. Daher fehlt im ersten Kodifikationsentwurf zu den Auslegungsregeln, dem *Third Report on the Law of Treaties by Sir Humphrey Waldock*, eine Bezugnahme zu dieser Regel.

Bei der Fülle von anderen Streitpunkten – es wurde u.a. um die Bedeutung und das Verhältnis der grammatikalischen, der systematischen und der teleologischen Auslegung gestritten[329] – hatte die ohnehin umstrittene, aber weniger bedeutsame souveränitätsfreundliche Auslegung mit ihrer unübersichtlichen Praxis und ihren widersprüchlichen Ansätzen in der Literatur von vornherein kaum Chancen, in die Kodifikation mit aufgenommen zu werden.

---

328 Third Report on the Law of Treaties by Sir Humphrey Waldock, YILC 1964 II, S. 53 Ziff. 1, S. 55 Ziff. 10-12; YILC 1964 I, S. 277 ff. Ziff. 28, 49, 62, S. 290, 98; Commentary of the ILC-Final Draft, YILC 1966 II, S. 218, Ziff. 1. Die Rechtsprechung wurde dagegen nur punktuell als Argument in Einzelfragen herangezogen.

329 YILC 1964 I, S. 281 ff., 310 ff.; YILC 1966 I Part II, S. 185 ff. Immer wieder wurde betont, dass dieser Bereich eine komplexe und schwierige Materie darstelle (z.B. von *de Luna*, YILC 1966 I Part II, S. 185 Ziff. 3, und von *Tabibi*, ebenda, S. 197 Ziff. 43).

In der Tat wurde die Aufnahme der souveränitätsfreundlichen Auslegung in der weiteren Diskussion nicht ernsthaft in Erwägung gezogen. Das verhinderten schon die äußeren Rahmenbedingungen: Zeitknappheit[330], der fehlende Wille zur normativen Entscheidung von methodischen Streitigkeiten[331], daraus resultierend das Bedürfnis nach pragmatischen und allgemein getragenen Kompromissen[332] und der Wille zu möglichst knappen und überschaubaren Regelungen, die nur das Wesentlichste kodifizieren sollten.[333]

Ein Berührungspunkt ist in Art. 75 III Waldock Report III vorhanden. Nach dieser Vorschrift soll bei mehrdeutigen plurilingualen Verträgen diejenige Bedeutung bevorzugt werden, die allen Texten gemeinsam ist. Die Vorschrift lautet: „If each of two or more authentic texts a term is capable of being given more than one meaning compatible with the objects and purposes of the treaty, a meaning which is common to both or all the texts is to be adopted."[334] Hinter dieser Regel steht der Gedanke, aus der staatlichen Souveränität folge, dass ein Staat nur dann vertraglich gebunden ist, wenn er sich gemeinsam mit seinen Partnern gebunden hat.[335] Im Dissensfalle fehle dagegen eine solche Bindung. In der Kommentierung dieser Vorschrift berief sich Berichterstatter *Waldock* auf das Urteil *Mavrommatis Concessions Case* des Ständigen Internationalen Gerichtshofs. Das Gericht hob in dieser Entscheidung hervor: „Where two versions possessing equal autho-

---

330 *Tunkin*, YILC 1964 I, S. 275 Ziff. 3; *Bartoš*, ebenda, Ziff. 4.

331 *Tunkin*, YILC 1964 I, S. 275 Ziff. 3; *Bartoš*, ebenda, Ziff. 4; *Ruda*, ebenda, S. 277 Ziff. 31 ff.; *Rosenne*, ebenda, S. 283 Ziff. 17; *Amado*, ebenda, S. 312 Ziff. 34.

332 Dieses Bedürfnis kommt an den verschiedensten Stellen zum Ausdruck. Erinnert sei an die Diskussion der *International Law Commission* in Bezug auf die grundlegenden Fragen zum Ziel der Auslegung (s.o. § 2 III), zum Normcharakter der Auslegungsmethoden an (s.o. § 3 II) und zur Frage, ob Beweislastregeln bei der Auslegung eine Rolle spielen könnten (s.u. § 12 II 1 d). Ebenso etwa die Diskussion zum späteren Art. 31 I WVK (z.B. YILC 1964 I, S. 310 ff.).

333 So wurde in der Diskussion die Forderung nach weiterer Verknappung der zunächst 6 einzelnen Artikel zur Auslegung (Art. 56, 70-75 Third Report on the Law of Treaties by Sir Humphrey Waldock, YILC 1964 II, S. 52 ff.) und nach nicht in das Detail gehenden Normen erhoben (so etwa *Castrén*, YILC 1964 I, S. 276 Ziff. 21; *Tunkin*, ebenda, S. 278 Ziff. 47, S. 310 Ziff. 8, S. 314 Ziff. 68; *Yasseen*, ebenda, S. 279 Ziff. 55, YILC 1966 I Part II, S. 197 Ziff. 48; *Verdross*, YILC 1964 I, S. 279 Ziff. 60; *Rosenne*, ebenda, S. 283 Ziff. 17; *Reuter*, YILC 1966 I Part II, S. 188 Ziff. 38; *Tsuruoka*, ebenda, S. 196 Ziff. 36, S. 197 Ziff. 41). In der Tat wurde nur Grundlegendes geregelt und die Normen auf 3 Artikel reduziert (Commentary of the ILC-Final Draft, YILC 1966 II, S. 217 ff., insb. Ziff. 5, 6, 7).

334 Third Report on the Law of Treaties by Sir Humphrey Waldock, YILC 1964 II, S. 62.

335 So etwa auch *K. Doehring*, Völkerrecht, Rn. 393.

rity exist one of which appears to have a wider bearing than the other, it is bound to adopt the more limited interpretation which can be made to harmonise with both versions and which, as far as it goes, is doubtless in accordance with the common intention of the Parties."[336] Zu dieser Passage fügte *Waldock* jedoch einschränkend hinzu: „But (...) the Court does not necessarily appear to have intended by the first sentence of this passage to lay down as a general rule that *the more limited interpretation* which can be made to harmonize with both texts is the one which must always be adopted. Restrictive interpretation was appropriate in that case. But the question whether in case of ambiguity a restrictive interpretation ought to be adopted is a more general one the answer to which hinges on the nature of a treaty and the particular context in which the ambigeous term occurs (...) The mere fact that the ambiguity arises from a difference of expression in a plurilingual treaty does not alter the principles by which the presumtion should or should not be made in favour of a restrictive interpretation."[337] Der ursprüngliche Text des Art. 75 III Waldock Report III wurde bis zu seiner endgültigen Fassung in Art. 33 IV WVK mehrmals geändert[338], der in zum Ausdruck kommende Gedanke sollte jedoch erhalten bleiben.[339] Gem. Art. 33 IV WVK wird bei Bedeutungsunterschieden im Zweifel „diejenige Bedeutung zugrunde gelegt, die unter Berücksichtigung von Ziel und Zweck des Vertrages die Wortlaute am besten miteinander in Einklang bringt."

Die teilweise in der Literatur vertretene Argumentation, die sog. *restriktive Auslegung* sei wegen des vermeintlichen Widerspruchs zur Maxime *ut res magis valeat quam pereat* abzulehnen[340], findet keine Unterstützung in den Vorarbeiten der *International Law Commission*. Zwar wurde vorgeschlagen, diese Maxime zu

---

336 PCIJ Ser. A No. 2, S. 19; zit. bei Third Report on the Law of Treaties by Sir Humphrey Waldock, YILC 1964 II, S. 64 Ziff. 8.

337 Third Report on the Law of Treaties by Sir Humphrey Waldock, YILC 1964 II, S. 64 f. Ziff. 8.

338 Vgl. YILC 1964 I, S. 319 Ziff. 56, 66; Commentary of the ILC-Final Draft, YILC 1966 II, S. 224.

339 Die eben zitierte Passage aus dem Waldock III-Report, insbesondere das Stützen auf den *Mavrommatis Concessions Case*, findet sich fast wörtlich im Commentary of the ILC-Final Draft, YILC 1966 II, S. 225 Ziff. 8, wieder. In der Auslegungspraxis bilateraler Verträge wurde Art. 33 IV WVK als Argument für die restriktivere Bedeutung eines Textes herangezogen (z.B. von Italien im Fall *Elettronica Sicula S. p.A. (ELSI)*, Urteil vom 20.7.1989, ICJ Rep. 1989, S. 15, 70 f.).

340 *H. Lauterpacht*, BYIL 26 (1949), 48 ff., siehe dazu oben § 7 IV 1.

normieren (Art. 72 Waldock Report III)[341] Die *International Law Commission* entschloss sich aber von einer Normierung der Maxime u.a. deshalb Abstand zu nehmen, weil sie den falschen Schluss nahe legen könnte, dass damit der sog. extensiven Auslegung gegenüber der restriktiven Auslegung ein allgemeiner Vorrang eingeräumt werden solle.[342] Man begnügte sich daher festzustellen, dass die Maxime implizit in dem Erfordernis des *good faith* berücksichtigt worden sei.[343] Daraus folgt, dass die *International Law Commission* kein Ausschlussverhältnis von effektiver und restriktiver Auslegung annimmt.[344]

Mit dem Entfernen der Maxime aus dem Entwurf sollte die restriktive Auslegung allerdings nicht aufgewertet werden. So ließ *Ago* im Protokoll vermerken: „He

---

341 Art. 72 Third Report on the Law of Treaties by Sir Humphrey Waldock, YILC 1964 II, S. 53. Die Vorschrift lautet: „*Effective interpretation of the terms* (ut res magis valeat quam pereat). In the application of articles 70 and 71 a term of a treaty shall be so interpreted as to give it the fullest weight and effect constitent – (a) with its natural and ordinary meaning and of the other terms of the treaty; and (b) with the objects and purposes of the treaty." Maßgeblicher Grund für die Aufnahme der Maxime *ut res magis valeat quam pereat* in den Kodifikationsvorschlag waren die Arbeiten *Fitzmaurice* (YILC 1964 I, S. 290 Ziff. 98). In ihnen wurde dieser Auslegungsgrundsatz ausdrücklich aufgezählt (Third Report on the Law of Treaties by Sir Humphrey Waldock, YILC 1964 II, S. 55 Ziff. 12).

342 Zweifelnd schon Third Report on the Law of Treaties by Sir Humphrey Waldock, YILC 1964 II, S. 61 f. Ziff. 27; Chairman *Ago* betonte in Bezug auf seinen Vorschlag, die *effektive Interpretion* nicht zu kodifizieren: „In addition, the article as drafted was definitely weighted in favour of extensive interpretation. That was his real reason for thinking that the article should be omitted, for he considered that the Commission should not express a preference either for extensive or for restrictive interpretation." (YILC 1964 I, S. 289 Ziff. 91; bekräftigt ebenda, S. 290 Ziff. 104; ähnlich *Castrén*, ebenda, S. 276 Ziff. 21, *Rosenne*, ebenda, S. 290 Ziff. 105; *Ruda*, ebenda, S. 290 Ziff. 96, zustimmend *Amado*, ebenda, S. 291 Ziff. 111). Der Vorschlag von *Waldock*, die Norm so umzuformulieren, dass keine Präferenz für die extensive Auslegung herausgelesen werden könne (ebenda, S. 290 Ziff. 98), wurde ebenso abgelehnt (ebenda, S. 290 Ziff. 99 ff.).

343 Third Report on the Law of Treaties by Sir Humphrey Waldock, YILC 1964 II, S. 61 f. Ziff. 27, 29; Commentary of the ILC-Final Draft, YILC 1966 II, S. 219 Ziff. 6; weitestgehend zustimmend die Mitglieder der *International Law Commission*, etwa *Castrén*, YILC 1964 I, S. 288 Ziff. 73.

344 So bekräftigt *Waldock*, Third Report on the Law of Treaties by Sir Humphrey Waldock, YILC 1964 II, S. 61 f. Ziff. 28: „It was true that, when international tribunals have had recourse to the principle in their jurisprudence [gemeint ist das *principle of effective interpretation*; Anm. d. Verf.], it has usually been for the purpose of rejecting a restrictive interpretation which was being urged upon them by one of the parties. But in most of these cases restrictive interpretation was one which would defected or largely defeated the intention of the parties as it appeared from the natural meaning of the terms of the treaty (...)" Vgl. auch ebenda, S. 57 Ziff. 16, S. 60 Ziff. 27, sowie *de Luna*, YILC 1964 I, S. 289 Ziff. 82 f.

[*Ago*, Anm. d. Verf.] did not wish to suggest that the Commission should endorse the principle of restrictive interpretation, which was in any case applicable in situation where, out of respect for State sovereignty commitments had to be narrowly construed. Yet, it would be unwise even to suggest an extensive interpretation, in however prudent language, and for that reason he also favoured deletion of the text [Art. 72 Waldock Report III; Anm. d. Verf.].“[345] Diese Skepsis gegenüber der restriktiven (und extensiven) Auslegung wurde auch von anderen Mitgliedern der *International Law Commission* geteilt.[346] So erklärte *de Luna*, dass beide Auslegungsregeln abzulehnen seien, als sie eine Auslegung forderten, die einen möglichst kleinen bzw. großen Geltungsumfang aufweisen.[347] Weniger skeptisch äußerte sich *Waldock*. Er betonte lediglich, dass die restriktive Auslegung insoweit abzulehnen sei, als sie zu einer Auslegung führe, die dem klaren Wortlaut widerspreche.[348]

Die *International Law Commission* stand zumindest der restriktiven Auslegung, verstanden als unreflektierte Forderung nach einem möglichst geringem Geltungsumfang, ablehnend gegenüber. Zu einer souveränitätsfreundlichen Auslegung mit anderem Inhalt äußerte sie sich nicht.[349] Ihre Berücksichtigung wurde

---

345 Chairman *Ago*, YILC 1964 I, S. 290 Ziff. 104.

346 *Castrén*, YILC 1964 I, S. 276 Ziff. 21; *de Luna*, ebenda, S. 289 Ziff. 82 f.; in Bezug auf die von der effektiven Auslegung zu unterscheidende extensive Auslegung bekräftigend der Commentary of the ILC-Final Draft, YILC 1966 II, S. 219 Ziff. 6.

347 *De Luna*, YILC 1964 I, S. 289 Ziff. 82 f.

348 Third Report on the Law of Treaties by Sir Humphrey Waldock, YILC 1964 II, S. 57 Ziff. 16, in dem *Waldock* bemerkenswerter Weise die restriktive und die effektive Auslegung gemeinsam behandelt, vgl. ferner S. 61 f. Ziff. 27 f. und S. 64 f. Ziff. 8.

349 Ohne sich damit im Einzelnen befassen zu wollen, wird an einigen Stellen angedeutet, dass Austauschverträge möglicherweise mit Hilfe der restriktiven Auslegung und der interpretatio contra proferentem auszulegen seien, während Verfassungsnormen Internationaler Organisationen extensiv auszulegen seien (*de Luna*, YILC 1964 I, S. 276 Ziff. 18; Third Report on the Law of Treaties by Sir Humphrey Waldock, YILC 1964 II, S. 55 Ziff. 9 mit Fn. 264 f., S. 64 f. Ziff. 8; Commentary of the ILC-Final Draft, YILC 1966 II, S. 219 Ziff. 6, S. 225 Ziff. 8. Im Final Draft wurde beispielsweise darauf hingewiesen, dass die Beschränkung in der Anwendung einer Auslegungsregel auf einzelne Konstellationen durchaus möglich sei, dass aber für die Zwecke der Formulierung genereller Regeln der Auslegung eine derartige Unterscheidung nicht möglich sei (YILC 1966 II, S. 219 Ziff. 6, S. 225 Ziff. 8; ähnlich Third Report on the Law of Treaties by Sir Humphrey Waldock, YILC 1964 II, S. 55 Ziff. 9; begrüßend *El-Erian*, YILC 1966 I Part II, S. 195 Ziff. 29). *De Luna*, YILC 1964 I, S. 276 Ziff. 19, erwähnte schließlich die „alte Maxime *in dubio pro libertate*“, die den Inhalt habe, dass die Existenz von Souveränitätsbeschränkungen nicht vermutet werden könnten. Ihr sei aber nur geringe Bedeutung beizumessen.

auch nicht nachdrücklich von staatlicher Seite gefordert.[350] Dennoch folgt daraus nicht, dass mit der Kodifizierung die souveränitätsfreundliche Auslegung aufgegeben werden sollte. Angesichts der Tatsache, dass nur das Wichtigste normiert werden sollte und die Regeln so *offen* gefasst wurden, so dass sie weitere in der Praxis verwendete Auslegungsregeln mitumfassen können[351], könnte die souveränitätsfreundliche Auslegung einen Unterfall einer kodifizierten Auslegungsregel darstellen. Das ist ausdrücklich jedenfalls weder ausgeschlossen noch eingeschlossen worden.

4. *Resümee*

Mit der Kodifizierung grundlegender Auslegungsregeln in der Wiener Vertragsrechtskonvention hat in der Auslegungslehre ein Paradigmenwechsel stattgefunden. Soweit die einzelnen Auslegungsregeln positivrechtlich Niederschlag gefunden haben, sind sie als Vorschriften der Wiener Vertragsrechtskonvention anzuwenden. Die souveränitätsfreundliche Auslegung bzw. mit ihr verwandte Auslegungsregeln gehören nicht zu den ausdrücklich normierten Auslegungsvorschriften. Das schwächt ihre Position im Methodencanon. Ob die souveränitätsfreundliche Auslegung auch in der Praxis geschwächt wurde, bleibt im folgenden zu untersuchen.

II. Die Rechtsprechung des Internationalen Gerichtshofs

1. *Die Uneinheitlichkeit der richterlichen Stellungnahmen – Die Entscheidungen Barcelona Traction, South-West Africa (1971-decision) und Nuclear Tests*

Schon die Rechtsprechung der Nachkriegsepoche war teilweise davon geprägt, dass die einzelnen Richter des Internationalen Gerichtshofs unterschiedliche methodische Konzepte verfolgten. Begünstigt durch das Fehlen eines methodischen Grundkonsenses in der Wiener Vertragsrechtskonvention verstärkte sich diese

---

Zudem behauptete er: „In case of doubt, the lack of proof of an obligation was a stronger argument than the principle of State sovereignty." (ebenda, S. 289 Ziff. 84).

350 Vgl. *Comments of the Governments*, YILC 1966 II, S. 279 ff.

351 *Amado*, YILC 1964 I, S. 312 Ziff. 34; *Reuter*, YILC 1966 I Part II, S. 188 Ziff. 38; *Tsuruoka*, ebenda, S. 196 Ziff. 37, S. 197 Ziff. 41; *Tabibi*, ebenda, S. 197 Ziff. 43; Chairman *Yasseen*, ebenda, S. 197 Ziff. 48. Für die Maxime ut res magis valeat quam pereat wurde ausdrücklich bestätigt, dass sie von Art. 31 I WVK umfasst sei (Commentary of the ILC-Final Draft, YILC 1966 II, S. 219 Ziff. 6).

Tendenz in den 1970er Jahren.[352] Nicht selten finden sich in separaten Stellungnahmen Ausführungen zur Methodenlehre im allgemeinen und zu den Auslegungsregeln im besonderen.[353] Die dabei auftretenden Unterschiede spiegeln die Differenzen in der Völkerrechtslehre wieder. Der Umgang mit der souveränitätsfreundlichen Auslegung stellt davon keine Ausnahme dar. Die einzelnen Richter vertraten (wie die Literatur) bejahende, einschränkende und ablehnende Auffassungen.

Im Grundsatz bejaht wird die souveränitätsfreundliche Auslegung durch den Richter *Ammoun* im Urteil *Barcelona Traction*.[354] Im Rahmen der Auslegung des Begriffes „innere Angelegenheit" des Art. 2 Ziff. 7 UN-Charta erklärte er, dass der Inhalt dieses Begriffs von der Entwicklung im Völkerrecht abhänge.[355] Dabei sei allerdings zu beachten, „that in case of doubt a limitation of sovereignty must be construed restrictively."[356] Im Ergebnis kam er aber zu einer weiten Auslegung, weil sich die Vorstellungen des Begriffes „innere Angelegenheit" geändert hätten.[357]

Im Gutachten *South-West Africa (1971-decision)*[358] legte die Richtermehrheit bei der Auslegung der einzelnen Bestimmungen ein *dynamisches Verständnis* zu Grunde.[359] Dies wurde von einigen Stimmen in der Literatur als weiterer Schritt zur Aufgabe der souveränitätsfreundlichen Auslegung gewertet, weil die dynamische und die souveränitätsfreundliche Auslegung nicht miteinander vereinbar sei-

---

352 *S. Torres Bernárdez*, in: FS Seidl-Hohenveldern (1998), S. 721, 722 ff.

353 Vgl. etwa D.O. *de Castro*, *South-West Africa (1971-decision)* ICJ Rep. 1971, S. 16, 170, 182 ff.; D.O. *Fitzmaurice*, ebenda, S. 220 ff., insb. 266 ff.; D.O. *Dillard*, *ICAO Council*, ICJ Rep. 1972, S. 46, 101 ff.; S. O. *Jiménez de Aréchaga*, ebenda, S. 140, 144 ff.; in jüngerer Zeit D.O. *Weeramantry*, *Arbitral Award of 31 July 1989*, ICJ Rep. 1991, S. 53, 130 ff. ; S. O. *Torres Bernárdez*, *Land, Island and Maritime Frontier Dispute (El Salvador/Honduras)*, ICJ Rep. 1992, S. 351, 629, 728.

354 Urteil vom 5.2.1970, ICJ Rep. 1970, S. 3, 303.

355 S. O. *Ammoun*, ICJ Rep. 1970, S. 3, 303, 313 unter Berufung auf das Gutachten *Nationality Decrees Issued in Tunis and Morocco*, PCIJ Ser. B No. 4, S. 24.

356 S. O. *Ammoun*, ICJ Rep. 1970, S. 3, 303, 313, der wörtlich das Urteil *Free Zones of Upper Savoy and the District of Gex*, PCIJ Ser. A/B No. 46, S. 167, zitiert.

357 S. O. *Ammoun*, ICJ Rep. 1970, S. 3, 303, 314.

358 *Legal Consequences for States of the Continued Presence of South Africa in Namibia (South West Africa) notwithstanding Security Council Resolution 276 (1970)*, Gutachten vom 21.6.1971, ICJ Rep. 1971, S. 16.

359 ICJ Rep. 1971, S. 16 ff., insb. 31. Gegen den von der Richtermehrheit zugrunde gelegten dynamischen Ansatz ist vor allem *Fitzmaurice* in seiner ablehnenden Stellungnahme eingetreten (ebenda, S. 208 ff., insb. 223).

en.[360] An dem Ausschlussverhältnis der beiden Auslegungsregeln müssen bereits jetzt Zweifel angemeldet werden: Selbst wenn der Auslegung ein dynamisches Verständnis zugrunde gelegt werden würde und Verträge daher generell im Lichte des *aktuellen* allgemeinen Völkerrechts auszulegen wären[361], ist die souveränitätsfreundliche Auslegung deshalb nicht ausgeschlossen. Für das Gegenteil spricht, dass die Souveränität auch im aktuellen allgemeinen Völkerrecht eine tragende Rolle spielt.[362] Vorsichtig klingt das auch im Gutachten *South-West Africa (1971-decision)* selbst an: Die Richtermehrheit bestätigte, dass die Auslegung die Normen der UN-Charta und die allgemeinen Prinzipien des Völkerrechts beachten müsse.[363] Und dazu zählt m.E. gem. Art. 2 Ziff. 1 UN-Charta auch die Souveränität. Deutlicher als die Richtermehrheit sprachen sich *de Castro*[364] und *Fitzmaurice*[365] in ihren eigenen Stellungnahmen zu diesem Gutachten gegen die Aufgabe der souveränitätsfreundlichen Auslegung aus.

Der Entscheidung *South-West Africa (1971-decision)* und ihrer Interpretation hinsichtlich der souveränitätsfreundlichen Auslegung sind Passagen des Urteils *Nuclear Tests* von 1974[366] gegenüberzustellen. In dieser Sache hatte Australien[367] gegen Frankreich wegen der von Frankreich im Pazifik durchgeführten oberirdischen Kernwaffenversuche Klage erhoben. Das Gericht erklärte mit neun gegen sechs Stimmen den australischen Antrag als gegenstandslos, weil zwischen den

---

360 *A. E. Bredimas*, Methods of Interpretation in Community Law, S. 21, 23, 29 f. Fn. 71, 99; *R. Bernhardt*, in: FS Kutscher, S. 17, 20. In diese Richtung auch *C. Buck*, Über die Auslegungsmethoden des Gerichtshofs der Europäischen Gemeinschaft, S. 86 f.

361 ICJ Rep. 1971, S. 16, 47.

362 S.o. § 4 II 2, 3 und unten § 10 II 2 b dd.

363 ICJ Rep. 1971, S. 16, 46. Ebenso S. O. *de Castro*, ebenda, S. 170, 180; D.O. *Fitzmaurice*, ebenda, S. 220, 293.

364 S. O., ICJ Rep. 1971, S. 16, 170, 186. Im Rahmen der Erörterung, ob eine Stimmenthaltung eines ständigen Sicherheitsratsmitgliedes Vetowirkung auf Sicherheitsratsresolutionen entfalte, legte er dar: „Nor can be overlooked that the right of veto is a privilege, and that therefore it can be renounced and can be modified *in meius* [gemeint ist wohl *maius*; Anm. d. Verf.]; and in any case that it should not be interpreted extensively (*privilegia restringenda sunt*)."

365 D.O., ICJ Rep. 1971, S. 16, 220 ff., insb. 226, 294 (vgl. dazu auch die Interpretation von D.O. *El-Kosheri*, ICJ Rep. 1992, S. 3, 94, 104). *Fitzmaurice* trat dabei allerdings ausdrücklich dem von der Richtermehrheit vertretenen dynamischen Ansatz entgegen.

366 Urteil vom 20.12.1974, ICJ Rep. 1974, S. 253.

367 Neben Australien hatte auch Neuseeland gegen Frankreich in der selben Angelegenheit geklagt. Das Urteil in diesem Streit erging ebenfalls am 20.12.1974 und ist weitestgehend inhaltsgleich (ICJ Rep. 1974, S. 457).

Parteien kein Streit mehr vorliege.[368] Denn Frankreich habe sich einseitig dazu verpflichtet, keine weiteren oberirdischen Kernwaffenversuche durchzuführen. In diesem Rahmen erörterte das Gericht, ob derartige einseitige *Erklärungen* rechtliche Qualität haben können. Dies wurde im Grundsatz bejaht. Es erklärte, dass sie Rechtsqualität, d.h. obligatorischen Charakter, besitzen können, aber nicht müssen.[369] Die Entscheidung darüber obliege dem Staat, der die Erklärung abgebe. Er müsse den Willen haben, sich zu binden. Bei der Auslegung, ob eine Bindungswille bestehe, sei besonders zu beachten: „When States make statements by which their freedom of action is to be limited, a restrictive interpretation is called for."[370]

Diese Ansicht fand in der Literatur Zustimmung.[371] Insbesondere *Jennings* und *Watts* hoben hervor, dass diese Stellungnahme zwar lediglich auf einseitige Erklärungen von Staaten beziehe, aber die generelle Akzeptanz des Prinzips der restriktiven Auslegung von Völkerrecht reflektiere.[372] In der Tat scheint das Gericht (nach wie vor) grundsätzlich bereit zu sein, eine solche Auslegungsregel zu verwenden. Umso weniger kann eine Interpretation der *South-West Africa (1971-decision)* überzeugen, die aus der Zugrundelegung eines dynamischen Verständnisses bei der Auslegung ableitete, die souveränitätsfreundliche Auslegung sei vom Internationalen Gerichtshof aufgegeben worden.[373]

---

368 So allerdings nur die fünf Richter, die das Mehrheitsvotum abgaben. Die Richter *Gros*, *Petrén* und *Ignacio-Pinto* gingen auch inhaltlich auf das Vorbringen Australiens ein und stellten mehr oder weniger fest, dass die französischen Tests nicht gegen das Völkerrecht verstießen, weil es keine entsprechende Verbotsregel des allgemeinen Völkerrechts gebe (ICJ Rep. 1974, S. 253, 276 ff., 298 ff., 308 ff.).

369 ICJ Rep. 1974, S. 253, 267.

370 ICJ Rep. 1974, S. 253, 267; inhaltsgleich ICJ Rep. 1974, S. 457, 472 f.

371 So wurde die Verwendung der Regel durchaus als selbstverständlich angesehen; vgl. etwa *R. S. J. Macdonald/B. Hough*, GYIL 20 (1977), 337, 341; *R. Jennings/ A. Watts*, Oppenheim's International Law Vol. I Parts 2 to 4, § 633 (3) S. 1278 f. Fn. 16. Der Kritik unterlag vielmehr die konkrete Auslegung der französischen Erklärungen. Im Gegensatz zum Mehrheitsvotum wurde dabei die Auffassung vertreten, es handele sich um politische Absichtserklärungen, denen es am Rechtsbindungswillen fehle (so etwa D.O. *de Castro*, ICJ Rep. 1974, 253, 375; *W. A. Kewenig*, in: FS Menzel, S. 323, 340 ff.).

372 *R. Jennings/A. Watts*, Oppenheim's International Law Vol. I Parts 2 to 4, § 633 (3) S. 1278 f. Fn. 16. Sie ordnen diese Stellungnahme des IGH dem Auslegungsprinzip *in dubio mitius* zu.

373 So aber *A. E. Bredimas*, Methods of Interpretation in Community Law, S. 21, 23, 29 f. Fn. 71, 99; *R. Bernhardt*, in: FS Kutscher, S. 17, 20.

2. *Die Rechtsprechung zur eigenen Jurisdiktion*

Ansonsten beschäftigte sich der Internationale Gerichtshof in den 1970er Jahren vor allem dann mit dem Argument der Souveränität bzw. mit der auf diesem Argument basierenden restriktiven Auslegung, wenn die Frage der eigenen Zuständigkeit aufgeworfen wurde.[374] *Nagendra Singh* erinnerte in seiner abweichenden Meinung zum Urteil *Appeal Relating to the Jurisdiction of the ICAO Council*[375] unter Berufung auf das Gutachten *Interpretation of Peace Treaties with Bulgaria, Hungary and Romania (Second Phase)*[376] sowie auf die abweichenden Auffassung zur *South West Africa (1962-decision)* von *Spender* und *Fitzmaurice*[377] daran, dass Jurisdiktionsklauseln strikt auszulegen seien und es einer ausdrücklichen Verpflichtung, also des Konsenses der Vertragsparteien bedürfe, um die eigene Jurisdiktion zu begründen.[378]

In derselben Entscheidung wies *Lachs* in einer Deklaration allerdings darauf hin, dass Jurisdiktionsklauseln zwar grundsätzlich strikt auszulegen seien, es sich im vorliegenden Falle jedoch um die Auslegung von Normen im Rechtsweg und nicht zum Gericht überhaupt gehe. Würde man in diesem Falle die restriktive Auslegung anwenden und somit die Kompetenzen des „court of appeal" einschränken, dann hätte das seiner Ansicht nach zur Folge, dass die Kompetenz des erstinstanzlichen Gerichts extensiv ausgelegt würde.[379] Vielmehr müsse hier gerade extensiv ausgelegt werden, weil es um das Recht der Staaten ginge, möglichst von fehlerhaften Entscheidungen verschont zu bleiben.[380] Diese Überlegung ist im weiteren Sinne durchaus als souveränitätsfreundlich zu bezeichnen, soweit darunter zu verstehen ist, dass gegenüber Staaten nur das Recht gelten sol-

---

374 Das liegt daran, dass sich die meisten Entscheidungen teilweise oder ausschließlich mit der Frage der eigenen Jurisdiktion beschäftigen mussten, weil eine Partei dazu Bedenken hervorbrachte und sie sich in diesem Rahmen auch auf die restriktive Auslegung stützte. Eine restriktive Auslegung wurde beispielsweise von Südafrika im Fall *South-West Africa (1971-decission)* (nach S. O. *de Castro*, ICJ Rep. 1971, S. 16, 186), und von Pakistan im Fall ICAO Councel (nach S. O. *Jiménez de Aréchaga*, ICJ Rep. 1972, S. 46, 140, 145) vorgeschlagen.

375 Urteil vom 18.8.1972, ICJ Rep. 1972, S. 46.

376 ICJ Rep. 1950, S. 221, 227.

377 ICJ Rep. 1962, S. 319, 465, 467.

378 D.O. *Nagendra Singh*, ICJ Rep. 1972, S. 46, 164 f.; ähnlich S. O. *Jessup*, *Barcelona Traction*, ICJ Rep. 1970, S. 3, 166.

379 Declaration of *Lachs*, ICJ Rep. 1972, S. 46, 72, 74.

380 Declaration of *Lachs*, ICJ Rep. 1972, S. 46, 72, 74. In einer anderen Entscheidung berief er sich ausdrücklich auf die restriktive Auslegung (D.O. *Lachs*, Order of 11 September 1976, ICJ Rep. 1976, S. 19 f.).

le, in das sie eingewilligt haben. Wenn durch eine Appellationsentscheidung ein falsches Urteil berichtigt wird, dann wird mit ihr gerade der souveränen Entscheidung der betroffenen Staaten zur Durchsetzung verholfen. Allerdings ist zu bedenken, dass die Unterwerfung unter eine zweite Instanz genauso wie die Unterwerfung unter eine internationale Gerichtsbarkeit überhaupt der Zustimmung der beteiligten Völkerrechtssubjekte bedarf. Sie muss gewollt sein. Richter *Onyeama* stellte in diesem Zusammenhang in seiner separaten Meinung zu dem Urteil fest, dass aus der Jurisdiktionsklausel im konkreten Fall nicht klar hervor gegangen sei, ob die Parteien beabsichtigt hatten, eine Rechtsmittel zuzulassen, und dass deshalb das Gericht seine Jurisdiktion hätte ablehnen müssen.[381]

Zur Frage, wann die auf dem Argument der Souveränität beruhende restriktive Auslegung nicht anwendbar sei, nahm das Gutachten *Application for Review of Judgement No. 158 of the United Nations Administrative Tribunal*[382] Stellung. Es erklärte, die restriktive Auslegung sei dann nicht anwendbar, wenn sie sich gegen die klare Intention der auszulegenden Vorschrift auswirken würde.[383] Ferner hob *De Castro* in seiner abweichenden Meinung zu diesem Urteil unter Berufung auf das Gutachten *Judgements of the Administrative Tribunal of the ILO upon Complaints Made against Unesco*[384] hervor, dass eine restriktive Auslegung von Völkerrecht, die auf Argumenten der Souveränität beruhe, dann nicht in Betracht komme, wenn es sich zwar formal um internationales Recht handele, materiell jedoch um Streitigkeiten eines „internal system of law" ginge, etwa – wie in diesem Falle – um die Auslegung von internem Recht einer Organisation.[385] Auch wenn das Argument der Souveränität also aus unterschiedlichen Gründen nicht zum Tragen kam, so ist aus den Urteilen die Bereitschaft des IGH, die Regel anzuwenden, erkennbar.

---

381 S. O. *Onyeama*, ICJ Rep. 1972, S. 46, 86, 87.

382 Gutachten vom 12.7.1973, ICJ Rep. 1973, S. 166.

383 ICJ Rep. 1973, S. 166, 172. In der Tat gab es bei der in Rede stehenden Rechtsfrage kaum Probleme: Der von der Generalversammlung gegründete Ausschuss stellte ohne jeden Zweifel ein Organ iSd. Art. 96 iVm. 22, 7 II UN-Charta dar. Nach Ansicht des Richters *Koroma* bestehe diese Grenze auch im Hinblick auf den Vertragstext (D.O., *Legality of the Use by a State of Nuclear Weapons in Armed Conflict*, ICJ Rep. 1996, S. 68, 172, 205).

384 ICJ Rep. 1956, S. 97.

385 D.O. *de Castro*, ICJ Rep. 1973, S. 166, 274, 282.

Anklang gefunden hat das Argument der Souveränität in der abweichenden Stellungnahme von *Gros* im Urteil *Fisheries Jurisdiction (FRG v. Iceland).*[386] Bei der Bestimmung des Maßstabes für die Auslegung einer Jurisdiktionsklausel führte er aus: „An agreement can never define anything other than what was subject to negotiation at the appropriate time between the parties who concluded it; as the Court has said, ‚no party can impose its terms on the other party' *(I.C.J. Reports 1950, p. 139)*. Nor can the Court impose its interpretation of an agreement on the States which concluded it, so as to make it say something more than, or something different from, what it says."[387] Unter Berufung auf den *Free Zones*-Fall[388] unterstrich *Gros*, dass nur die Parteien frei seien, über ihre Rechte zu disponieren, und ein Gericht diese Freiheit nicht besäße.[389]

In einer separaten Auffassung im Urteil *Fisheries Jurisdiction (United Kingdom v. Iceland)* erklärte *Dillard*, dass Jurisdiktionsklauseln strikt auszulegen seien und dass die Kompetenz des Gerichts dadurch begrenzt sei, was die Parteien in Betracht gezogen hätten.[390] In die gleiche Richtung ging die gemeinsame abweichende Auffassung der Richter *Onyeama, Dillard, Jiménez de Aréchaga* und *Waldock* im *Nuclear Tests Case*[391], die abweichende Auffassung von *Lachs* im Fall *Aegean Sea Continental Shelf, Interim Protection*[392] und die Begründung des Gerichts im *Western Sahara Case.*[393] In der Entscheidung *Western Sahara* betonte das Gericht nachdrücklich unter Berufung auf den *Eastern Carelia Case* das „fundamental principle of consent to jurisdiction"[394].[395]

---

386 D.O. *Gros*, Urteil vom 25.7.1974, ICJ Rep. 1974, S. 175, 234, 236 f.

387 D.O. *Gros*, ICJ Rep. 1974, S. 175, 234, 237.

388 *Free Zones of Upper Savoy and the District of Gex*, Order vom 6.12.1930, PCIJ Ser. A No. 24, S. 11.

389 D.O. *Gros*, ICJ Rep. 1974, S. 175, 234, 237.

390 Urteil vom 25.7.1974, ICJ Rep. 1974, S. 3, 53, 63.

391 D.O. *Onyeama, Dillard, Jiménez de Aréchaga, Waldock*, Urteil vom 20.12.1974, *Nuclear Tests*, ICJ. Rep. 1974 S. 253, 312, 325: Sie bekräftigten, dass die Jurisdiktion im besonderen und das internationale Recht im allgemeinen auf dem Konsens der Staaten beruhe und dass diese Grenze durch die Auslegung nicht überschritten werden dürfe.

392 D.O. *Lachs*, Order vom 11.9.1976, ICJ Rep. 1976, S. 19 f. Er vertritt die Meinung, dass die Kompetenz des Gerichts zum Erlass vorläufiger Maßnahmen restriktiv ausgelegt werden müsse.

393 Gutachten vom 16.10.1975, ICJ Rep. 1975, S. 12.

394 ICJ Rep. 1975, S. 12, 23 ff., 28 f. Im Gegensatz zum *Eastern Carelia Case* (PCIJ Ser. B No. 5) bejahte das Gericht jedoch die eigene Kompetenz, weil keine Parallele zu den damaligen Umständen vorläge.

Bezüge zur souveränitätsfreundlichen Auslegung finden sich auch im Fall *Aegean Sea Continental Shelf*.[396] Griechenland hatte gegen die Türkei Klage erhoben, um die Abgrenzung des Festlandsockels zwischen beiden Staaten bestimmen zu lassen. Die Türkei verweigerte eine Teilnahme an dem Verfahren mit dem Hinweis auf die fehlende Zuständigkeit des Gerichts.

Eine Zuständigkeit hätte sich unter anderem aus Art. 17 der Generalakte von 1928 über die friedliche Beilegung internationaler Streitigkeiten ergeben können, der sowohl Griechenland als auch die Türkei mit gewissen Vorbehalten beigetreten waren. Jedoch hatte gerade eine Vorbehalt Griechenlands darüber bestanden, dass von der Jurisdiktion alle Streitigkeiten ausgenommen wurden, die nach internationalem Recht in die innerstaatliche Zuständigkeit fielen, insbesondere Streitigkeiten, die sich auf den territorialen Bereich bezogen.[397] Da Griechenland bestrebt war, den Fall gerichtlich klären zu lassen, versuchte es, den eigenen Vorbehalt nicht zur Anwendung kommen zu lassen.[398]

Dieser Ansicht folgte der dem IGH von Griechenland ad-hoc beigeordnete Richter *Stassinopoulos*. Er erklärte den griechischen Vorbehalt für nicht anwendbar, weil er seiner Ansicht nach eine Ausnahme von der generellen Unterwerfung unter die Zuständigkeit sei und daher restriktiv ausgelegt werden müsse.[399] Bemerkenswert ist das deshalb, weil der Grundsatz der restriktiven Auslegung von Ausnahmen nicht selten zur Begründung der souveränitätsfreundlichen Ausle-

---

395 Ferner hatte das Gericht eine Reihe von völkerrechtlichen Verträgen auszulegen, die ihm von Marokko als Beweis der internationalen Anerkennung seiner Souveränität über die westliche Sahara vorgelegt wurden (ICJ Rep. 1975, S. 12, 49 ff.). Der IGH legte die Verträge vorsichtig aus und kam zum Ergebnis, dass die Verträge nur eine begrenzte Bedeutung hinsichtlich der Anerkennung der Souveränität Marokkos über die westliche Sahara hätten und das nur schwache Anzeichen für die internationale Anerkennung bestünden (ebenda, S. 56 f.). Zwar verwendete das Gericht nicht ausdrücklich die souveränitätsfreundliche Auslegung, doch entsprechen Art und Weise sowie Ergebnis der Auslegung der Linie, wonach Verträge, die eine bestimmte Grenze oder die Souveränität eines Gebietes anerkennen, restriktiv auszulegen seien. Im Zusammenhang mit der Auslegung der von Marokko vorgelegten Verträge ließ es das von einer Partei angeführte Argument, bilinguale Verträge seien restriktiv auszulegen, unwidersprochen (ebenda, S. 50).

396 Urteil vom 19.12.1978, ICJ Rep. 1978, S. 3.

397 Text in ICJ Rep. 1978, S. 3, 20. Vgl. auch § 9 I 3.

398 Vgl. ICJ Rep. 1978, S. 3, 28 f.

399 D.O. *Stassinopoulos*, ICJ Rep. 1978, S. 3, 72, 79 f. (zu Einzelheiten s.u. § 9 I 3). Die Richtermehrheit befasste sich nur am Rande mit diesem Argument und stellte insoweit fest, dass es bei der Auslegung des Vorbehalts auf die Intentionen Griechenlands ankomme (ebenda, S. 29).

gung herangezogen wird, hier jedoch gerade einmal in die entgegengesetzte Richtung wirkte.

Wie *Stassinopoulos* argumentierte auch der Richter *de Castro* in seiner abweichenden Auffassung. Er stellte sich darüber hinaus aber die Frage, ob das mit der „traditional rule of *exceptio strictissimi interpretationis*" gefundene Ergebnis (Jurisdiktion des IGH) durch das „so-called principle of restrictive interpretation" zugunsten der staatlichen Souveränität wieder erschüttert werden könnte. Unter dem Prinzip der restriktiven Auslegung sei folgendes zu verstehen: „This principle or rule of interpretation is justified in so far as it is used to counter attempts at extensive or analogical interpretation. States are mistrustful of any restriction on their sovereignty. Instruments referring the settlement of disputes to a court or arbitral tribunal are justified in their view only by virtue of an express declaration whereby they give their consent. The Charter of the United Nations shows its respect for this idea in the limits it lays down in Article 2 paragraph 7".[400] Ferner bestehe zugunsten dieser Regel eine gefestigte Rechtsprechung. Daher müsse sie bei der Auslegung der eigenen Kompetenz eines Gerichtes immer eine Rolle spielen. Im Ergebnis hielt *de Castro* dieses Argument dennoch nicht für streitentscheidend und kam zum Schluss, dass auch unter seiner Beachtung die Zuständigkeit des IGH zu bejahen sei.[401]

Seit den 1980er Jahren wurde bei der Bestimmung der eigenen Jurisdiktion weitgehend auf die souveränitätsfreundliche bzw. auf die restriktive Auslegung als Argument verzichtet. Vielmehr entwickelte der IGH unter Berufung auf die Entscheidung *Western Sahara Case*[402] die Standardformel, nach der es des Konsenses der Parteien bedürfe, um die eigene Zuständigkeit zu begründen.[403] Die Betonung des Konsenserfordernisses steht immerhin in einem gewissen Zusammenhang mit der Souveränität: Es wird klargestellt, dass eine Zuständigkeit nur dann

---

400 D.O. *de Castro*, ICJ Rep. 1978, S. 3, 62, 70 f.

401 D.O. *de Castro*, ICJ Rep. 1978, S. 3, 62, 71.

402 ICJ Rep. 1975, S. 12, 23 ff., 28 f.

403 *Applicability of Article VI, Section 22, of the Convention on the Privileges and Immunities of the United Nations*, ICJ Rep. 1989, S. 177, 191; S. O. *Oda*, *Armed Actions*, ICJ Rep. 1988, S. 69, 109, 125 mwN.; *Certain Phosphate Lands in Nauru (Nauru v. Australia), Preliminary Objections*, ICJ Rep. 1992, S. 240, 260; *Case Concerning East Timor*, ICJ Rep. 1995, S. 90, 105; D.O. *Weeramantry*, ebenda, S. 163 f.

begründet werden kann, wenn sie auf dem souveränen Willen beider Parteien beruht.[404]

Ausdrücklich beachtet wurde die Regel der restriktiven Auslegung von Schiedsklauseln von Richter Oda in den Fällen Application of the Convention on the Prevention and Punishment of the Crime of Genocide (Bosnia and Herzegovina v. Yugoslavia) – Preliminary Objections[405] und Oil Platforms (Islamic Republic of Iran v. United States of America) – Preliminary Objection. In der zuletzt genannten Entscheidung heisst es etwa: „In the case of a bilateral treaty in particular, the basic principle concerning the jurisdiction of the Court to the effect that the jurisdiction is based on the consent of sovereign States given on an ad hoc basis or in advance in one way or the other, should be interpreted restrictively and not given any kind of loose interpretation."[406]

3. *Die Festlandssockelfälle*

Neben den Auseinandersetzungen um die eigene Jurisdiktion hatte sich der Internationale Gerichtshof vor allem mit Grenzstreitigkeiten und insbesondere mit Abgrenzungsfragen von Seegebieten mit küstenstaatlichen Nutzungsvorrechten – den sog. *Continental Shelf Cases* – zu beschäftigen. In aller Regel begehrten die Antragsteller ein feststellendes Urteil darüber, wem ein bestimmtes Gebiet aufgrund eines völkerrechtlich anerkannten Gebietserwerbstitels gehöre.[407]

Als leitenden Gesichtspunkt bei der Gebietsabgrenzung arbeitete das Gericht den Grundsatz der *Billigkeit* heraus.[408] Er sei ein „direkter Ausfluss der Gerechtigkeitsidee" und als Recht anwendbar, wobei sein Inhalt nur im Einzelfall vom Ergebnis her bestimmt werden könne.[409] Auch die dafür erheblichen Gesichtspunkte

---

404 So auch die Erklärung bei D.O. *de Castro*, ICJ Rep. 1978, S. 3, 62, 70 f.

405 Decl. *Oda*, Urteil vom 11.7.1996, ICJ Rep. 1996, S. 595, 625, 629 f. In die gleiche Richtung D.O. *Kreća*, ebenda, S. 658, 742, 766, 769.

406 D.O. *Oda*, Urteil vom 12.12.1996, ICJ Rep. 1996, S. 803, 890, 898. Gegen diese Ansicht ausdrücklich S. O. *Higgins*, ebenda, S. 847, 857.

407 Vgl. *C. Gloria*, in: Ipsen, Völkerrecht, § 23 Rn. 65.

408 Erstmals *North Sea Continental Shelf*, ICJ Rep. 1969, S. 3, 48 ff., insb. 53; zum Begriff Billigkeit vgl. *M. E. Villiger*, AVR 25 (1987), 174 ff.

409 *Continental Shelf (Tunisia/Libyan Arab Jamahiriya)*, ICJ Rep. 1982, S. 18, 60; *Continental Shelf (Libyan Arab Jamahiriya/Malta)*, ICJ Rep. 1985, S. 13, 39. Allerdings ist an dem Sinn von Rechtssätzen, deren einziger Inhalt es ist, auf die Billigkeit abzustellen, angezweifelt worden (vgl. *M. E. Villiger*, AVR 25 (1987), S. 174, 178 mit Fn. 29, S. 191 mit Fn. 114).

könnten nicht abstrakt, sondern nur im Einzelfall ermittelt und abgewogen werden.[410]

Bei der Erarbeitung und Gewichtung der einzelnen Kriterien, die zu einer billigen Abgrenzung seeischer Gebiete führen sollen, unterstrich das Gericht mehrfach, dass im Rahmen der Erarbeitung und Gewichtung der einzelnen Gesichtspunkte die staatliche Souveränität zu beachten sei. Zu nennen sind vor allem die Entscheidungen *Continental Shelf (Tunisia/Libyan Arab Jamahiriya)*[411], *Continental Shelf (Libyan Arab Jamahiriya/Malta)*[412] und *Gulf of Maine*[413]. Auch wenn es

---

410 *North Sea Continental Shelf*, ICJ Rep. 1969, S. 3, 46 f.; *Continental Shelf (Tunisia/Libyan Arab Jamahiriya)*, ICJ Rep. 1982, S. 18, 59; *Gulf of Maine*, ICJ Rep. 1984, S. 246, 312; *Continental Shelf (Libyan Arab Jamahiriya/Malta)*, ICJ Rep. 1985, S. 13, 40.

411 Urteil vom 24.2.1982, ICJ Rep. 1982, S. 18, 61. Das Gericht führte insbesondere aus: „It should first be recalled that exclusive rights over submarine areas belong to the coastal State. The geographic correlation between coast and submerged areas of the coast is the basis of the coastal State's legal title. As the Court explained in the *North Sea Continental Shelf* cases the continental shelf is a legal concept in which 'the principle is applied that the land dominates the sea' *(I.C.J. Reports 1969, p. 51, para. 96)*. In the *Aegean Sea Continental Shelf* case the Court emphasized that 'it is solely by virtue of the coastal State's sovereignty over the land that rights of exploration and exploitation in the continental shelf can attach to it, *ipso jure*, under international law. In short, continental shelf rights are legally both an emanation from and an automatic adjunct of the territorial sovereignty of the coastal State.' *(I.C.J. Reports 1978, p. 36, para. 86.)*".

412 Urteil vom 3.6.1985, ICJ Rep. 1985, S. 13. Hier stimmten sowohl das Mehrheitsvotum (ebenda, S. 39), als auch das Minderheitsvotum (Joint S. O. *Ruda, Bedjaoui, Jiménéz de Aréchaga*, ebenda, S. 83) und die abweichende Stellungnahme von *Schwebel* (D.O., ebenda, S. 180) darin überein, dass die Souveränität im Rahmen der Billigkeitserwägungen eine Rolle spiele.

413 Urteil vom 12.10.1984, ICJ Rep. 1984, S. 246, 296. Die Entscheidung betonte zudem, dass die *Convention on the Continental Shelf* und die *Convention on the Territorial Sea and the Continguous Zone*, welche Abgrenzungsvorschriften für Seegebiete enthalten, u.a. das Ziel hätten, die Staaten vor Verletzungen der territorialen Souveränität zu schützen. Darüber hinaus stellte sie fest, dass der Einfluss der Souveränität auf die Billigkeitsentscheidung umso mehr dem Maße abnehme, je weniger es um Fragen der Souveränität, sondern um rein wirtschaftliche Fragen ginge. Daher könnten in einem Bereich, der bis zu 200 Meilen von der Küste entfernt sei, nicht die gleichen Maßstäbe angelegt werden, wie bei der Abgrenzung von festlandsnahen Gebieten, etwa seeischen Gebieten, die in den beiden genannten Konventionen geregelt werden. Sie konnten daher nicht bei der Abgrenzung der Fischereigrenze zwischen Kanada und den USA im Bereich des Gulf of Maine als Gesichtspunkt zur Abgrenzung herangezogen werden (ebenda, S. 301 f.). Erwähnenswert ist ferner, dass *Ziccardi Capaldo* diese Passage als Beispiel für die *restrictive interpretation* ansieht (*G. Ziccardi Capaldo*, Répertoire de la jurisprudence de la cour internationale de justice (1947-1992) Vol. I, S. 125, 127 Ziff. 1126).

sich dabei nicht um klassisches Auslegen von völkerrechtlichen Verträgen handelte, so ging es immerhin um die Erkennung von bestehendem Recht.

Ähnliche Feststellungen wie bei der Abgrenzung von Seegebieten sind bei der Abgrenzung von Festlandsgrenzen zu machen. So hat *Ajibola* im Fall *Territorial Dispute (Libyan Arab Jamahiriya/Chad)* hervorgehoben, dass das dort eine wichtige Rolle spielende *uti possidetis-Prinzip* im Lichte des Prinzips der Souveränität zu betrachten sei.[414]

4. Weitere Entscheidungen

Die Souveränität wurde vom IGH auch in anderen Fallkonstellationen beachtet. Er hob im Urteil *Military and Paramilitary Activities* die zentrale Stellung der Souveränität und des mit ihr verbundenen Gewaltverbotes, Interventionsverbotes und Selbstverteidigungsrechts hervor.[415] Dabei stützte es sich auch auf Normen der UN-Charta und der Friendly Relations Declaration, Res. 2625 (XXV). Außerdem bestärkte das Urteil die Auffassung der *Lotus*-Entscheidung, nach der ein Staat nur dann völkerrechtlich gebunden sei, wenn er zugestimmt habe.[416] Beides ist bemerkenswert, denn in der Literatur wird trotz dieses und weiterer in die gleiche Richtung gehender Urteile[417] vereinzelt behauptet, dass die souveränitätsfreundliche Auslegung an Bedeutung verloren habe, weil die Souveränität im modernen Völkerrecht nur noch eine untergeordnete Rolle spiele.[418] Der Internationale Gerichtshof scheint dieser These nicht zu folgen.

Ferner ist auf eine Passage in diesem Urteil hinzuweisen, die sich mit der Auslegung eines zwischen beiden Streitparteien geschlossenen Freundschaftsvertrages

---

414 S. O. *Ajibola*, Urteil vom 3.1.1994, ICJ Rep. 1994, S. 6, 51, 87. Zum uti-possidetis Prinzip und seiner Beziehung zur Souveränität vgl. § 8 III 4.

415 Urteil vom 27.6.1986, ICJ Rep. 1986, S. 14, 97 ff., 108. Die Entscheidung hatte die Frage der Rechtmäßigkeit der militärischen und paramilitärischen Aktionen der USA gegenüber Nikaragua zu beantworten.

416 ICJ Rep. 1986, S. 14, 135. Es heisst dort: „[I]n international law there are no rules, other than such rules as may be accepted by the State concerned, by treaty or otherwise, whereby the level of armaments of a sovereign State can be limited, and this principle is valid for all States without exception".

417 *Legality of the Threat or Use of Nuclear Weapons*, ICJ Rep. 1996, S. 226, 238 f.; Decl. *Shi*, ebenda, S. 277, 278; S. O. *Guillaume*, ebenda, S. 287, 291 f.; D.O. *Koroma*, ebenda, S. 566, 576 (vgl. zu diesem Urteil auch § 8 IV 5).

418 So etwa *J. Anweiler*, Die Auslegungsmethoden des Gerichtshofs der Europäischen Gemeinschaften, S. 132, 136 f.; *C. Buck*, Über die Auslegungsmethoden des Gerichtshofs der Europäischen Gemeinschaft, S. 85 f.

befasste. Fraglich war, ob sich aus dem Faktum des Eingehens eines Freundschaftsvertrages die Pflicht ergäbe, jeden als unfreundlich einzustufenden Akt zu unterlassen. Eine solch weitreichende Auslegung würde den Vertrag jedenfalls mit hoher Effizienz ausstatten. Das Gericht verschloss sich dieser Argumentation mit dem Hinweis darauf, dass Begriffe wie *treaty of friendship* und *unfriendly act* zu offen und zu vage seien. Ziel und Zweck dieses Vertrages sei lediglich die „effective implementation of friendship in the specific fields provided for in the Treaty, not friendship in a vague general sense."[419] Das Gericht traf damit zumindest im Ergebnis eine souveränitätsfreundliche Entscheidung. Es ließ außerdem erkennen, dass der Grundsatz effet utile nicht immer angewendet werden könne[420].[421]

Weiterhin sind die abweichenden Meinungen von Weeramantry und dem ad hoc-Richter El-Kosheri in den Fällen Questions of Interpretation and Application of the 1971 Montreal Convention arising from the Aerial Incident at Lockerbie (Libyan Arab Jamahiriya v. United Kingdom[422] und Libyan Arab Jamahiriya v. United States of America[423]) – Provisional Measures – zu nennen. Im Rahmen der Beurteilung, wie weit die Kompetenzen des Sicherheitsrats gingen, bekräftigten beide Richter, dass die Auslegung in Übereinstimmung mit den Prinzipien, die in

---

419 ICJ Rep. 1986, S. 14, 137.

420 Das verdient deshalb besondere Erwähnung, weil teilweise behauptet wurde, der Grundsatz effet utile und die souveränitätsfreundliche Auslegung würden einander ausschließen. Vorsichtig hinsichtlich der Anwendung des Grundsatzes effet utile auch die Entscheidung *Land, Island and Maritime Frontier Dispute (El Salvador/Honduras)*, Urteil vom 11.9.1992, ICJ Rep. 1992, S. 351, 584.

421 Ebenso wie das *Military and Paramilitary Activities*-Urteil ist die Auslegung einer Jurisdiktionsklausel in einem italienisch-amerikanischen Freundschafts- und Wirtschaftsvertrag einzustufen. Die Norm bestimmte, dass alle Streitigkeiten vor dem Internationalen Gerichtshof entschieden werden sollten. Der IGH legte die Norm so aus, dass erst der innerstaatliche Rechtsweg ausgeschöpft werden müsse, bevor ein internationales Gericht angerufen werden könne. Diese Beschränkung sei zwar nicht aus der Jurisdiktionsklausel zu entnehmen, jedoch könne nicht ohne eine ausdrückliche Vereinbarung angenommen werden, dass das wichtige Prinzip des Internationalen Gewohnheitsrechtes, nachdem zunächst der innerstaatliche Rechtsweg ausgeschöpft sein müsse, abbedungen sein solle (*Elettronica Sicula S. p.A. (ELSI)*, Urteil vom 20.7.1989, ICJ Rep. 1989, S. 15, 41 f.). Auch hier ist zumindest das Ergebnis souveränitätsfreundlich, weil es dem Staat erlaubt, die Angelegenheit zunächst unter eigener Regie zu überprüfen. Eine stärkere Beachtung des Grundsatzes effet utile bei der Auslegung von Art. 36 IGH-Statut hätte durchaus ein anderes Ergebnis nahe legen können.

422 Order vom 14.4.1992, ICJ Rep. 1992, S. 3.

423 Order vom 14.4.1992, ICJ Rep. 1992, S. 114.

Kapitel I der Charta der Vereinten Nationen niedergelegt sind, erfolgen müsse.[424] Besonders El-Kosheri maß dabei dem Prinzip der Souveränität und den souveränen Rechten hohe Bedeutung zu.[425]

Schließlich beriefen sich auch einzelne Streitparteien bzw. deren Prozessvertreter vor dem Internationalen Gerichtshof auf die souveränitätsfreundliche Auslegung und auf mit ihr verwandte Regeln.[426]

5. Ablehnende Stimmen

Ausdrücklich ablehnende Stimmen gegenüber der mit der staatlichen Souveränität begründeten restriktiven Auslegung finden sich relativ selten. In diese Richtung äußerte sich *Torres Bernárdez*. Der im Fall *Land, Island and Maritime Frontier Dispute (El Salvador/Honduras)*[427] ad hoc bestellte Richter vertrat ein gegenüber der Richtermehrheit unterschiedliches Auslegungskonzept[428] und stellte unter anderem fest: „Old theories about the so-called ‚restrictive' interpretation of conventional instruments providing for the jurisdiction of international courts and tribunals do not correspondend to the present rules of treaty interpretation. They were consciously left out of those rules when the latter were codified by the Vienna Convention. No longer does restrictiveness in treaty interpretation govern

---

424 D.O. *Weeramantry*, ICJ Rep. 1992, S. 3, 50, 65; ICJ Rep. 1992, S. 114, 160, 175; D.O. *El-Kosheri*, ICJ Rep. 1992, S. 3, 94, 96, 101 ff. mwN.; ICJ Rep. 1992, S. 114, 199, 201, 206 ff.

425 D.O. *El-Kosheri*, ICJ Rep. 1992, S. 3, 94, 101 ff., insb. 104, 106 f.; ICJ Rep. 1992, S. 114, 199, 206 ff. Er betonte mehrfach, dass die gesamte UN-Organisation auf der souveränen Gleichheit der Staaten basiere und das die Souveränität durch die Charta geschützt werde. Unter ihrer besonderen Berücksichtigung gelangte er zum Ergebnis, dass die zu überprüfende Sicherheitsratsresolution 748 unter Kompetenzmissbrauch zustande gekommen sei und daher ein Handeln *ultra vires* darstellen würde.

426 So etwa *Crook*, Verbatim Record, 7. 4.1998, *Case concerning the Application of the Vienna Convention on Consular Relations (Paraguay v. USA)*, Request for the Indication of Provisional Measures, Punkt 3.3, www.icj-cij.org/icjwww/idocket/ipaus/ipauscr980407/ipaus_icr9807.html. Vgl. zudem die Hinweise bei S. O. *de Castro*, *South-West Africa (1971-decision)*, ICJ Rep. 1971, S. 16, 186 und bei S. O. *Jiménez de Aréchaga*, *ICAO Councel*, ICJ Rep. 1972, S. 46, 140, 145; S. O. *Shahabuddeen*, *Certain Phosphate Lands in Nauru (Nauru v. Australia)*, ICJ Rep. 1992, 240, 270, 298. Anders allerdings das *Counter-Memorial of Canada, Fisheries Jurisdiction (Spain v. Canada)*, www.icj-cij.org/icjwww/idocket/iec/iecpleadings/iec_ipleading_860200_countermemorialcanada.htm.

427 Urteil vom 11.9.1992, ICJ Rep. 1992, S. 351.

428 Vgl. ICJ Rep. 1992, S. 351, 582 ff. einerseits und die S. O. *Torres Bernárdez*, ebenda, S. 629, 717 ff. andererseits.

a priori in any way the act of treaty interpretation of such kinds of conventional instrument."[429] Ähnlich äußerten sich die Richter *Higgins*[430], *Schwebel*[431] und *Shahabuddeen*[432]. Letzterer lehnte zwar im Fall *Applicability of the Obligation to Arbitrate under Section 21 of the United Nations Headquarters Agreement of 26 June 1947* die restriktive Auslegung ab, betonte jedoch im Fall *Certain Phosphate Lands in Nauru*: „I agree with Australia that the 'fact that international disputes may be increasingly multilateral in nature is no reason to ignore the fundamental international law principles of sovereignty of States and the requirement of consent to adjunction'."[433]

6. *Resümee*

In jüngerer Zeit fand die souveränitätsfreundliche Auslegung in der Rechtsprechung des IGH von Zeit zu Zeit Beachtung. Meist handelte es sich eher um versteckte Anleihen. In einigen Fällen erklärte das Gericht, dass bei der Auslegung die Grundsätze der Charta zu beachten seien, wobei die Souveränität und ihre Ausformungen zu diesen Grundsätzen hinzugezählt wurden. Zudem fand die sogenannte restriktive Auslegung bei der Auslegung von Jurisdiktionsklauseln Anwendung. Ansonsten war das Gericht zurückhaltend. Dies beruht auch darauf, dass die Auslegung meist unter pauschalem Hinweis auf Art. 31 WVK erfolgte.

In der Literatur wurde die Haltung des Gerichtshofes unterschiedlich interpretiert. Während einige davon ausgehen, die Regel der souveränitätsfreundlichen Auslegung fände keine Anwendung mehr, sind andere der Auffassung, dass der Gerichtshof ihr nach wie vor eine gewisse Bedeutung zumesse. Bei richtiger Betrachtung fehlt es der Rechtsprechung in dieser Frage schlicht an Einheitlichkeit:

---

429 S. O. *Torres Bernárdez*, ICJ Rep. 1992, S. 351, 629, 728.

430 S. O., *Oil Platforms*, ICJ Rep. 1996, S. 803, 847, 857.

431 Der US-amerikanische Richter äußerte sich in seinen eigenen Stellungnahmen häufig zur Auslegung, wendete aber nie die souveränitätsfreundliche Auslegung oder mit ihr im Zusammenhang stehende Auslegungsregeln an. In seinem Buch *International Arbitration*, S. 149 Fn. 12, betonte er vielmehr, dass die mit der staatlichen Souveränität begründeten restriktiven Auslegung von Kompetenznormen internationaler Gerichte abzulehnen sei, und solche Normen vielmehr wie jede andere Vertragsverpflichtung auszulegen sei.

432 S. O., *Applicability of the Obligation to Arbitrate under Section 21 of the United Nations Headquarters Agreement of 26 June 1947*, Gutachten vom 26.4.1988, ICJ Rep. 1988, S. 12, 62.

433 S. O., *Certain Phosphate Lands in Nauru (Nauru v. Australia)*, ICJ Rep. 1992, S. 240, 270, 298.

Einige Richter haben sich ausdrücklich gegen, andere für die Regel ausgesprochen. Besonders auffällig ist das im Fall *Aerial Incident at Lockerbie, Provisional Measures*: Einerseits verwendete der Richter *El-Kosheri* das Prinzip der Souveränität bei der Auslegung[434] und andererseits lehnte der Richter *Torres Bernárdez* die restriktive Auslegung ab[435].

III. Weitere Entscheidungen auf internationaler Ebene

Wie in der jüngeren Rechtsprechung des Internationalen Gerichtshofs hat sich auch in der sonstigen Rechtsprechung die Herangehensweise an die Auslegung verändert. Die Auslegungsregeln der Wiener Vertragsrechtskonvention wurden – gleich ob unmittelbar oder mittelbar, ob als Gewohnheitsrecht oder als Ausdruck allgemeiner Akzeptanz[436] – zum Ausgangspunkt der Überlegungen gemacht. Trotz des Fehlens der souveränitätsfreundlichen Auslegung in der Kodifikation finden sich einige Entscheidungen, in der dieses Argument oder eine seiner Ausprägungen berücksichtigt wurde. Allerdings gibt es auch kritische Stellungnahmen.

1. Das Urteil zur Young-Anleihe

Besondere Bedeutung kommt dem Schiedsurteil zur *Young-Anleihe*[437] aus dem Jahre 1980 zu, weil es sich umfassender mit der völkerrechtlichen Methodenlehre befasste.[438] Zu Grunde lag eine noch aus den Folgen des Ersten Weltkrieges entstandene Reparationsproblematik. Zur Neuregelung der ursprünglich im Dawes-Plan festgelegten Reparationsleistungen des Deutschen Reiches wurde im Jahre 1929 der Young-Plan beschlossen.[439] Dessen Ziel war die Überführung der deutschen Reparationsverpflichtungen von der politischen auf die finanzielle Ebe-

---

434 D.O. *El-Kosheri*, ICJ Rep. 1992, S. 3, 94, 101 ff., insb. 104, 106 f.; ICJ Rep. 1992, S. 114, 199, 206 ff.

435 S. O. *Torres Bernárdez*, ICJ Rep. 1992, S. 351, 629, 728.

436 Vgl. zum Streit um den rechtlichen Charakter der Auslegungsregeln oben § 3.

437 Entscheidung des Schiedsgerichtshofes vom 16.5.1980, GYIL 23 (1980), 414 = ILR 59, S. 494 = RIAA XIX, S. 67.

438 So die Einschätzung von *I. Seidl-Hohenveldern*, GYIL 23 (1980), 401; *H. Hablitzel*, JZ 1981, 49 ff.

439 Einen genaueren geschichtlichen Überblick liefern *H. J. Hahn/W. Braun*, in: Behrens (Hrsg.), Die Wertsicherung der Young-Anleihe, S. 1 ff; *H. Hablitzel*, JZ 1981, 49 ff.

ne.[440] Die Schuld wurde soweit wie möglich einer normalen Geschäftsverbindlichkeit angeglichen. Das Abkommen sah zudem eine Aufteilung der Schuld in 59 jährliche Raten sowie die Platzierung von Schuldverschreibungen, die in neun Emissionswährungen aufgelegt wurden, die sogenannten Young-Anleihen, an den internationalen Märkten vor. Die nationalsozialistische Regierung stellte jedoch im Jahre 1934 ihre Zahlungen ein.[441] Erst 1953 wurde zu diesen Zahlungsverpflichtungen aus der Zeit vor dem Zweiten Weltkrieg eine erneute Regelung durch das Londoner Schuldabkommen getroffen.

In diesem Abkommen wurde zum Schutz der Gläubiger der Young-Anleihe vor Verlusten durch Währungsschwankungen eine in englischer, französischer und deutscher Sprache verbindliche Währungssicherungsklausel eingefügt (Art. 2 lit. e II Annex I A Londoner Schuldabkommen). Sie lautet: „Sollte sich der am 1. August 1952 für eine der Emissionswährungen maßgebende Wechselkurs später um 5 v. H. oder mehr ändern, so sind die nach diesem Zeitpunkt fälligen Raten zwar nach wie vor in der Währung des Emissionslandes zu leisten; sie sind jedoch auf der Grundlage der Währung mit der geringsten Abwertung (im Verhältnis zu dem Wechselkurs vom 1. August 1952) zu berechnen und zu dem im Zeitpunkt der Fälligkeit der betreffenden Zahlung maßgebenden Wechselkurs wieder in die Emissionswährung umzurechnen."[442]

Trotz der Aufwertungen der Deutschen Mark in den Jahren 1961 und 1969 nahm die Bundesschuldenverwaltung keine Aufwertung der nicht in DM lautenden Tranchen der Young-Anleihe vor. Deshalb wurde auf Antrag Belgiens, der USA, Großbritanniens und der Schweiz ein Schiedsgerichtshof gebildet. Sie machten geltend, die Bestimmung des Art. 2 lit. e II Annex I A Londoner Schuldabkommen sei nicht nur im Falle einer Abwertung, sondern auch im Falle einer Aufwertung einer Emissionswährung anzuwenden. Dies ergebe sich aus dem Wortlaut der streitigen Klausel, die im englischen und französischen Text von „depreciation" bzw. „dépréciation" spreche, ein Ausdruck, der, im Gegensatz zu den termini „devaluation" bzw. „dévaluation", nicht nur eine durch Staatsakt angeordnete Entwertung sondern auch eine bloße Entwertung einer Währung erfasse. Jede

---

440 GYIL 23 (1980), 414, 416. Es wurde eine Kommerzialisierung und Mobilisierung der deutschen Reparationsverpflichtungen angestrebt (*H. Hablitzel*, JZ 1981, 49, 50 mwN. in Fn. 15).

441 GYIL 23 (1980), 414, 417.

442 BGBl. 1953 II, S. 331, 369 f. = GYIL 23 (1980), 414, 426.

Aufwertung einer Währung bedeute in diesem weiteren Sinne automatisch die Entwertung aller anderen Währungen.[443]

Die deutsche Seite machte dagegen geltend, der strittige Begriff sei in der deutschen Sprache klar. Der Begriff „Abwertung" bedeute in der Fachsprache die Herabsetzung des Außenwertes einer Währung – im Verhältnis zu einem festen Wertmaßstab – durch staatlichen Hoheitsakt.[444] Das war unstrittig. Der Vertragstext war also in der Arbeitssprache Englisch unklar, in der deutschen hingegen klarer. Zudem waren die Vertragsverhandlungen von einem gewissen Abhängigkeitsverhältnis der Bundesrepublik geprägt.

Eine solche Konstellation gab Gelegenheit zur Stellungnahme zu einigen bekannten und umstrittenen Auslegungsregeln, namentlich zur Auslegung zugunsten des kleinsten gemeinsamen Nenners, zur Auslegung zugunsten der Arbeitssprache, zur Auslegung zugunsten des Vorranges des klareren Textes und zur interpretatio contra proferentem, die alle keinen ausdrücklichen Niederschlag in der Wiener Vertragsrechtskonvention erhalten hatten. Das Gericht scheute sich dabei nicht, einige grundlegende Bemerkungen dazu und zur Auslegung im allgemeinen zu machen. So wendete es die Regeln der Wiener Vertragsrechtskonvention als geltendes Gewohnheitsrecht an[445], obwohl dieser Vertrag noch nicht von allen Streitparteien ratifiziert worden war und die Konvention gem. Art. 4 WVK nicht anwendbar war, weil die auszulegende Norm aus dem Jahre 1953 stammte.

An den genannten Auslegungsregeln, insbesondere an der „Auslegungsmaxime zugunsten des kleinsten gemeinsamen Nenners", übte das Gericht Kritik.[446] Sie seien abzulehnen, weil sie aus mehr oder weniger formalen Gesichtspunkten eine bestimmte Fassung des Vertrages bevorzugten, ohne auf den von Art. 33 IV WVK geforderten *object and purpose* abzustellen[447], also letztlich sie nicht in den Auslegungscanon der Wiener Vertragsrechtskonvention passten. Es scheint

---

443 GYIL 23 (1980), 414, 429.

444 GYIL 23 (1980), 414, 436.

445 GYIL 23 (1980), 414, 435 f.; zustimmend *H. J. Hahn/W. Braun*, in: Behrens (Hrsg.), Die Wertsicherung der Young-Anleihe, S. 9, 14 f.

446 GYIL 23 (1980), 414, 451. Diese Auslegungsregel wird auch von den Richtern, die eine abweichende Auffassung vertraten, abgelehnt (S. 478 mwN.). Zustimmend *E. Hirschberg*, in: Behrens (Hrsg.), Die Wertsicherung der Young-Anleihe, S. 89, 95. Die Auslegung zugunsten des kleinsten gemeinsamen Nenners hätte im vorliegenden Fall zugunsten der engeren deutschen Bedeutung gesprochen.

447 GYIL 23 (1980), 414, 451.

somit offenbar *technisch-formalen* Auslegungsregeln insgesamt aufgeben zu wollen.

Darüber hinaus stellte das Gericht in Bezug auf die von deutscher Seite mehrfach mit Nachdruck berufene Auslegungsregel contra proferentem fest: „Sie würde im konkreten Fall Gläubigern die Nachteile aus dem unklar formulierten englischen und französischen Text der streitigen Klausel aufbürden, ohne gleichzeitig die Frage zu beantworten, ob das Ergebnis denn auch tatsächlich beabsichtigt war und dem Vertragszweck entspricht. Es kann deshalb dahinstehen, ob es sich bei der Regel ‚contra proferentem' tatsächlich um eine allgemein akzeptierte Auslegungsmaxime im völkerrechtlichen Bereich handelt und wie die Voraussetzungen für ihre Anwendung im einzelnen aussehen. Nach der Überzeugung des Gerichts kann im konkreten Fall von einem Abhängigkeitsverhältnis zu Lasten der Antragstellerin nicht die Rede sein."[448] Das Urteil meldet also Zweifel an der Anwendbarkeit dieser Regel an, verneint allerdings bereits eine wesentliche Voraussetzung ihrer Anwendbarkeit, nämlich das Vorliegen eines Abhängigkeitsverhältnisses. *Seidl-Hohenveldern* hat an beiden Aussagen zu Recht Kritik geübt: Die BRD sei bei der Formulierung der strittigen Klausel in der Tat nicht gleichberechtigt gewesen.[449] Das geben auch die Richter, wenngleich an anderer Stelle, zu.[450] Zudem dürfte vor und nach der Einführung der Wiener Vertragsrechtskonvention eine ausreichende Praxis vorgelegen haben, um –das ist für die aus Sicht des Gerichtes, welches vom gewohnheitsrechtlichen Charakter der Auslegungsregeln ausgeht, entscheidende Argument – die „allgemeine Akzeptanz" der Auslegungsmaxime zu begründen.[451]

---

448 GYIL 23 (1980), 414, 451.

449 *I. Seidl-Hohenveldern*, GYIL 23 (1980), 401, 411 f.

450 GYIL 23 (1980), 414, 448.

451 In einer ebenso die Young-Anleihe und die Auslegung des Londoner Schuldabkommen betreffende Entscheidung eines anderen von Griechenland und der BRD eingesetzten Schiedsgerichts (*Greece v. F.R.G.*, Entscheidung vom 26.1.1972, ILR 47, 418, 438) wurde im Gegensatz zum Schiedsspruch im Fall *Young-Anleihe* festgestellt: „Multilateral Treaties were to be interpreted according to their wording, any obscurity being construed against the party which drafted it. From the text of the London Debt Agreement it clearly appeared that the Federal Republic of Germany had an obligation to conduct further negotiations. The subjective representations and views of the negotiating parties were unimportant." Auch wenn das Gericht hier bloß eine indirekte Rede verwendete, sah es doch offenbar die interpretatio contra proferentem als weiterhin anwendbar an, und das, obwohl es sich an anderer Stelle ebenso ausdrücklich zur Anwendbarkeit der in Art. 31 ff. WVK niedergelegten Auslegungsregeln bekannt hatte (ebenda, S. 450 f.).

Dennoch konnte die deutsche Seite das Beiseiteschieben der Auslegung zugunsten des kleinsten gemeinsamen Nenners und der interpretatio contra proferentem verschmerzen, weil das Schiedsgericht letztlich mit 4 gegen 3 Stimmen zu ihren Gunsten entschied. Entscheidend dafür waren allerdings der Zweck, der Kontext und die Entstehungsgeschichte des Vertrages.[452]

2. Weitere Entscheidungen

Nicht nur die BRD im Young-Anleihen-Prozess, auch andere Staaten forderten die Berücksichtigung der Souveränität bei der Auslegung. So sah sich ein Schiedsgericht im Fall *Case concerning Air Service Agreement* folgender Auffassung ausgesetzt: „France argues that the 1919 Paris Convention and the 1944 Chicago Convention on International Civil Aviation recognise sovereignty of States over the air space above their territory and that the bilateral air services agreements granting air traffic rights must hence be interpreted strictly, in the sense that, wherever an agreement does not expressly permit changes of gauge (…) such changes must be deemed to be prohibited. This interpretation (...) is supported by the application of general principles of treaty interpretation, not only by the abovementioned rule according to which treaty rules implying limitations on sovereignty must be interpreted restrictively (…)"[453] Hier zeigt sich die (nach wie vor) von staatlicher Seite bestehende Bereitschaft zur Berufung auf diese Auslegungsregel. Ohne dieses Argument zu bewerten, hielt das Gericht allerdings andere Argumente für streitentscheidend.[454]

Auch in der Entscheidung *Amco v. Indonesia (Decision of Jurisdiction)*[455], die einmal mehr eine Schiedsgerichtsklausel auszulegen hatte, berief sich eine Partei auf die souveränitätsfreundliche Auslegung. Nach Ansicht der indonesischen Seite stellten Schiedsgerichtsklauseln eine Ausnahme von der Souveränität dar und seien daher strikt auszulegen.[456] Das mit der Entscheidung befasste *International Centre for the Settlement of Investment Disputes* (ISCID) lehnte dagegen die Regel der strikten Auslegung von Schiedsklauseln ab. Nach seiner Auffassung gebot

---

452 GYIL 23 (1980), 414, 435 ff.

453 *United States v. France*, Entscheidung vom 9.12.1978, RIAA XVIII, S. 417, 425 = ILR 54, 304, 317.

454 RIAA XVIII, S. 417, 435. Es berief sich insbesondere auf die systematische Auslegung.

455 *International Centre for the Settlement of Investment Disputes*, Entscheidung vom 25.9.1983, ILR 89, 366, 379.

456 ILR 89, 366, 379, 394.

die Auslegung solcher Klauseln weder eine restriktive noch eine liberale Auslegung, vielmehr sei der *common will and intention of the parties* zu ermitteln.[457] Danach sei eine Jurisdiktion zu bejahen.[458]

Die bereits im *Wimbledon*-Fall[459] hervorgehobene Feststellung, Vertragsschlüsse könnten nicht als Ausnahmen von der Souveränität gedeutet und deshalb vertragliche Verpflichtungen nicht mit dem Hinweis auf die Souveränität ausgehebelt werden, wurde im Fall *Texaco Overseas Petrolium Company and California Asiatic Oil Company v. The Government of the Libyan Arab Republic* bestätigt: „The result is that a State cannot invoke its sovereignty to disregard commitments freely undertaken through the exercise of this same sovereignty and cannot, through measures belonging to its internal order, make null and void the rights of the contracting party which has performed its various obligations under the contract."[460] Bemerkenswert ist das vor allem deshalb, weil diese inzwischen weitgehend anerkannte Aussage in diesem Fall auf Verträge zwischen Staaten und ausländischen Privatunternehmen ausgeweitet wurde.[461] Mit Nachdruck bestätigt wurde diese Auffassung in der Entscheidung *Revere Copper v. OPIC*[462].

3. Die Rechtsprechung des Iran-United States Claims Tribunal

Das Iran-United States Claims Tribunal beachtete die souveränitätsfreundliche Auslegung. Das Tribunal entstand im Jahre 1981 aufgrund eines Vertrages, um die gegenseitigen Ansprüche von Personen dieser Staaten abzuwickeln.[463] Obwohl das Gericht sich dabei vor allem der Auslegungsregeln der Wiener Ver-

---

457 ILR 89, 366, 379, 394.

458 ILR 89, 366, 379 ff.; In diesem Zusammenhang betonte das Tribunal, dass es das Ziel der Schiedsklausel war, die in Indonesien investierende Firma AMCO zu schützen. Weil Indonesien Investitionen ausländischer Unternehmen anstrebte, sei ein Schutz durch eine internationale Schiedsgerichtsbarkeit auch im Interesse Indonesiens gewesen (S. 392). Daraus schlussfolgerte das Tribunal: „On their side, the investors were entitled to consider that Indonesia would not offer a ‚restrictive' interpretation of the arbitration clauses (S. 392)."

459 PCIJ Ser. A No. 1.

460 Award of the Merits, Entscheidung vom 19.1.1977, ILR 53, 389, 422, 475.

461 ILR 53, 389, 473 ff.

462 *Revere Copper v. OPIC (Liability Issues)*, Arbitration Tribunal, Entscheidung vom 24.8.1978, ILR 56, 258, 261, 283.

463 Zu den Grundlagen, Geschichte, Struktur und Arbeitsweise des Tribunals vgl. *C. N. Brower*, RC 224 (1990 V), 123 ff.

tragsrechtskonventionen bediente[464], verschloss es sich keineswegs weiteren Auslegungsregeln. Insbesondere im Rahmen von Streitigkeiten über die eigene Zuständigkeit übernahm das Gericht des öfteren die immer wieder von einer Partei vorgetragene Auffassung, dass nur in den ausdrücklich vorgesehenen Fällen eine Gerichtsbarkeit begründet werden könne, da ansonsten die Souveränität verletzt sei. Im Laufe der Zeit kam es so zur regen Anwendung der souveränitätsfreundlichen Auslegung, etwa in den Fällen *Flexi-Van Leasing v. Iran*[465], *Grimm v. Iran*[466], *Iran-United States Case No. A/18*[467], *Iran-United States Case No. A/19*[468], in der Auffassung *Shafeieis* und *Kashanis* im Fall *Iran-United States A/1*[469], sowie in den beiden abweichenden Meinungen von *Shafeiei* in den Fällen *Golprira v. Iran & Esphahanian v. Bank Tejarat*[470] und *Phillips Petroleum Company v. Iran and National Iranian Oil Company & Amoco Iran Oil Company v. Iran*[471] und von *Kashani* im Fall *Starrett Housing Corp. v. Iran*[472].

Im Fall *Flexi-Van Leasing v. Iran* argumentierte das Gericht: „Tribunals of exceptional jurisdiction may not expand their jurisdiction on the basis of presumtions. It is more so (...) where treaties between sovereign States must be interpreted restrictively."[473] Ähnliche Begründungen liefern auch die anderen genannten Urteile, die sich damit in der Tradition der internationalen Rechtsprechung[474] sehen.

---

464 Vgl. etwa D.O., *Interpretation of the Algerian Declarations of 19. January 1981*, ILR 62, 595, 605 f.; D.O. *Lagergren*, *Iran-United States A/1*, ILR 68, S. 523, 542, 543; D.O. *Shafeiei*, ILR 72, 501, 533, *Iran-United States Case No. A/18*, ILR 75, 176, 210. Die letztgenannte Entscheidung schränkte die Anwendbarkeit von anderen Auslegungsregeln als denen der Wiener Vertragsrechtskonvention auf Fälle ein, wenn jene keine Klarheit erbringen könnten.

465 Entscheidung vom 15.12.1982, ILR 70, S. 496, 524.

466 Entscheidung vom 18.2.1983, ILR 71, 650, 653.

467 Entscheidung vom 6.4.1984, ILR 75, 176, 183, 216, 218, 261.

468 Entscheidung vom 30.9.1987, ILR 86, S. 307, 310.

469 Opinion of *Kashani and Shafeieis*, *Iran-United States A/1*, Entscheidung vom 3.8.1982, ILR 68, S. 523, 547, 556 ff.

470 D.O. *Shafeiei*, Entscheidung vom 12.10.1983, ILR 72, 501, 533 f. mwN.

471 D.O. *Shafeiei*, Entscheidung vom 2.9.1983, ILR 78, 637, 640, 654, 655.

472 D.O. *Kashani*, Entscheidung vom 16.7.1984 und 13.9.1984, ILR 85, 349, 420, 436.

473 ILR 70, S. 496, 524.

474 Dabei wird insbesondere auf die Entscheidungen *Eastern Carelia Case*, PCIJ Ser. B No. 5, S. 27; *Case concerning the Factory at Chorzów*, PCIJ Ser. A No. 9, S. 32 und *Case concerning free Zones of Upper Savoy and the District of Gex*, PCIJ Ser. A/B No. 46, 138 f.; *Columbian Bonds*, in: J. B. Moore, History and Digest of the International Arbitrations to which the United States has been a party Vol. IV,

Noch einen Schritt weiter geht *Shafeiei* in seiner abweichenden Meinung zu den Fällen *Phillips Petroleum Company v. Iran and National Iranian Oil Company & Amoco Iran Oil Company v. Iran.* Er meinte: „However, the fact is that this conclusion [gemeint ist die weite Auslegung der auszulegenden Bestimmung durch die Richtermehrheit] conflicts with the rules of international law on interpretation of treaties, which require that international tribunals *must* [Hervorhebung durch Verf.] interpret treaties restrictively so as to avoid unduly limiting the sovereignty and independence of States."[475] Ganz ähnlich äußerte sich *Kashani* im Fall *Starrett Housing Corp. v. Iran*: „The terms and provisions (...), which govern this Tribunal's jurisdiction, are *always* [Hervorhebung durch Verf.] subject to the principle of restrictive interpretation, in accordance with the recognized general international principle and the policy of the Tribunal itself."[476] Offenbar soll die Auslegungsregel zwingenden Charakter besitzen, sie *muss immer* angewendet werden, so dass von vornherein eine erweiternde Auslegung, mögen auch gute Gründe dafür sprechen, ausgeschlossen ist.

Eine zusätzliche Stärkung erhält das Argument der souveränitätsfreundlichen Auslegung nach Ansicht von *Shafeiei*, wenn es nicht nur allgemein um die Zuständigkeit des Tribunals geht, sondern um die Zugangsberechtigung eines Klägers mit doppelter Staatsangehörigkeit.[477] In den Fällen *Golprira v. Iran & Esphahanian v. Bank Tejarat* unterstrich er: „Restrictive interpretation is even more imperative here, inasmuch as the issue of dual nationality becomes basically a problem of State sovereignty and anything touching on State sovereignty must be restrictively interpreted."[478]

Gegenüber dieser weitreichenden Verwendung der souveränitätsfreundlichen Auslegung wies *Lagergren* auf die Grenzen einer der Souveränität geschuldeten

---

S. 3614; *The Kronprins Gustaf Adolf; Pacific, United States and Sweden*, RIAA II, S. 1239, verwiesen (D.O. *Shafeiei, Golprira v. Iran* und *Esphahanian v. Bank Tejarat*, ILR 72, 501, 533 f.; *Iran-United States Case No. A/18*; ILR 75, 176, 216 f.).

475 ILR 78, S. 637, 654.

476 D.O. *Kashani*, ILR 85, 349, 420, 436, unter Hinweis auf die Entscheidung des eigenen Tribunals im Fall *Grimm v. Iran*, ILR 71, 650, sowie auf die Entscheidungen *Free Zones of Upper Savoy and the District of Gex*, PCIJ Ser. A No. 24, S. 12 und Ser. A/B No. 46, S. 138 f.; *Eastern Carelia Case*, PCIJ Ser. B No. 5, S. 27; *Factory at Chorzów*, PCIJ Ser. A No. 9, S. 32; *The Kronprins Gustaf Adolf; Pacific*, RIAA II, S. 1239, 1254; *Mixed United States/Colombia Commission*, RIAA II, S. 488.

477 Vorliegend war zu klären, ob ein Kläger, der sowohl die amerikanische als auch die iranische Staatsangehörigkeit besaß, klageberechtigt war. Grundsätzlich sollten laut Vereinbarung US-Amerikaner und Iraner klageberechtigt sein.

478 ILR 72, S. 501, 534.

restriktiven Anerkennung von vertraglichen Verpflichtungen hin: „(...) [T]he so-called rule of ‚restrictive interpretation' should not be applied so as to restrict the obligations of one sovereign State to the detriment of the treaty benefits provided to another sovereign State."[479] In anderen Entscheidungen des Tribunals wurde zudem eine Einschränkung der Anwendbarkeit dieser Auslegungsregel auf Zweifelsfälle vorgenommen.[480]

Bemerkenswert an der Rechtsprechung des *Iran-United States Claims Tribunal* ist vor allem, dass die Souveränität zum Teil sehr offensiv als Argument im Rahmen der Auslegung verwendet wird und zwar neben den Auslegungsregeln der Wiener Vertragsrechtskonvention.[481]

4. Der Case Concerning the Arbitral Award of 31 July 1989 und weitere Grenzstreitigkeiten

Welche Bedeutung die Souveränität für die inhaltliche Ausgestaltung und Begrenzung anderer Prinzipien haben kann, zeigte *Bedjaoui* in seinem Sondervotum zum Schiedsspruch *Case Concerning the Arbitral Award of 31 July 1989.*[482] In dieser Streitigkeit zwischen Guinea-Bissau und Senegal wurde um den Verlauf der Seegrenze zwischen beiden Staaten gestritten.

Grenzen können neben vertraglicher Festlegung und längerer widerspruchsloser Duldung auch durch unbestrittenen Besitzstand, d.h. mit dem sogenannten Effektivitätsprinzip bestimmt werden: Nach diesem Grundsatz gehört ein bestimmtes Gebiet einem Staat, falls er hierauf während längerer Zeit tatsächliche und unbestrittene Herrschaftsgewalt ausübt. Eine besondere Ausprägung des Effektivitätsprinzips ist das sogenannte *uti possidetis-Prinzip.* Als allgemeiner völkerrechtlicher Begriff bedeutet „uti possidetis" die völkerrechtliche Anerkennung der faktischen Innehabung zum Zeitpunkt der Streitbeendigung oder des Friedensschlus-

---

479 D.O. *Lagergren*, *Iran-United States A/1*, Entscheidung vom 14.5.1982 und 3.8.1982, ILR 68, S. 523, 542, 543. Diese Aussage steht in der Tradition der *Wimbledon*entscheidung (PCIJ Ser. A No. 1) des Ständigen Internationalen Gerichtshofes.

480 *Iran-United States Case No. A/18*, ILR 75, 176, 183, 216; Opinion of *Kashani and Shafeieis*, *Iran-United States A/1*, Entscheidung vom 3.8.1982, ILR 68, S. 523, 547, 557 mwN.

481 *C. N. Brower*, RC 224 (1990 V), 123, 237 ff., insb. 238, der diese Auslegungsregel ablehnt, schätzt die Rechtsprechung des Tribunals zu diesem Punkt als „konfus" ein.

482 D.O. *Bedjaoui*, Arbitration Tribunal for the Determination of the Maritime Boundary, Entscheidung vom 31.7.1989, Guinea-Bissau v. Senegal, ILR 83, S. 1, 49 = RIAA XX, S. 121.

ses.[483] Eingang in das Völkerrecht fand es mit der Aufsplitterung des spanischen Kolonialreiches in Südamerika. Die Grenzziehung der entstandenen unabhängigen Staaten erfolgte nach den Grenzen der ehemaligen Verwaltungszonen des Kolonialreiches, um von vornherein Streitigkeiten zu vermeiden. Später fand es vor allem in Afrika Anwendung. Dort hatten viele Staaten nach Erlangung ihrer Unabhängigkeit ebenfalls die Frage zu klären, in welchen Grenzen sie entstanden sind. Tatsächlich hat die Umsetzung dieser Doktrin zur Stabilisierung in einigen Teilen Afrikas beigetragen.[484]

Obwohl das im Kern gefestigte *uti possidetis-Prinzip* grundsätzlich nur auf Landgrenzen Anwendung fand[485], berief sich im vorliegenden Fall eine Partei darauf, um die Seegrenze zu bestimmen.[486] Es stellte sich daher die Frage, wie weitreichend das Prinzip im allgemeinen ist und ob es im besonderen von Land- auf Wassergrenzen übertragen werden darf. Dazu äußerte sich *Bedjaoui* so: „Clearly, it is necessary to exercise caution since it must not be forgotten that the *uti possidetis* principle constitutes an exception to the relativity of the effects of treaties and hence an exception which restricts the principle of State sovereignty. Now, in sound legal doctrine, an exception must be interpreted restrictively."[487] Interessant an dieser Aussage ist die methodische Vorgehensweise:

Zwischen der Souveränität und dem *uti possidetis-Prinzip* stellte *Bedjaoui* eine Regel-Ausnahmeverhältnis fest und wendete die Regel *restriktiven Auslegung von Ausnahmen* an.[488]

Zudem ist interessant, dass das *uti possidetis-Prinzip* in seinem möglichen Anwendungsbereich eingeschränkt werden solle, weil die Souveränität ein überge-

---

[483] *C. Gloria*, in: Ipsen, Völkerrecht, § 23 Rn. 72 f.; *W. Schaumann*, Uti Possidetis-Doktrin, in: WVR 3. Bd., S. 483.

[484] Allerdings auf Kosten des Selbstbestimmungsrechts und der Bewahrung der gewaltsamen Trennung von Völkern durch die willkürliche Grenzziehung der ehemaligen Kolonien.

[485] Vgl. dazu die Untersuchungen der Richtermehrheit, ILR 83, S. 1, 36 f., die immerhin Ansätze für den maritimen Bereich finden.

[486] ILR 83, S. 1, 2, 15, 36.

[487] D.O. *Bedjaoui*, Arbitration Tribunal for the Determination of the Maritime Boundary, ILR 83, S. 1, 49, 67.

[488] Diese altbekannte Auslegungsregel wurde schon in der Entscheidung *The Kronprins Gustaf Adolf; Pacific, United States and Sweden*, RIAA II, S. 1239 = AD 6 (1931/32), Case No. 205, S. 372 = AJIL 26 (1932), 834, zur Begründung der souveränitätsfreundlichen Auslegung herangezogen.

ordnetes Prinzip darstelle. Offenbar solle die Souveränität Ausstrahlungswirkung auf das *uti possidetis-Prinzip* haben. Tatsächlich besteht zwischen beiden eine enge Beziehung, da es um den Erwerb und den Verlust der territorialen Souveränität geht. Dabei leistet das *uti possidetis-Prinzip* einerseits einen Beitrag zur Klärung darüber, wem die territoriale Souveränität zustehen soll, andererseits besteht die Gefahr, mit seiner Hilfe die bestehende territoriale Souveränität zu überwinden. Daraus ergeben sich inhaltliche Konkretisierungen für die Anwendung des Prinzips: Es kann zwar ein Hilfsmittel bei der Lösung von Streitigkeiten sein, die aus unklaren Grenzverläufen resultieren, es darf jedoch richtigerweise selbst keinen Gebietserwerb auf Kosten einer bestehenden Souveränität begründen[489].

Ebenso wie der *Case Concerning the Arbitral Award of 31 July 1989* behandelte der *Rann of Kutch Case* eine Grenzstreitigkeit. In diesem schwierigen, die Grenze zwischen Pakistan und Indien betreffenden Fall wurde erklärt, Gebietsabtretungen bzw. Verzichtserklärungen bezüglich eines Gebietes seien restriktiv auszulegen.[490]

IV. Die Rechtsprechung zur Auslegung in Menschenrechtsfragen

1. Die Problemfelder im Spannungsverhältnis zwischen dem Menschenrechtsschutz und der Souveränität

Beginnend mit den 1920er Jahren und verstärkt seit dem 2. Weltkrieg sind zum Schutze von Menschenrechten eine Vielzahl von völkerrechtlichen Verträgen auf globaler und regionaler Ebene geschaffen worden. Die wichtigsten Verträge sind die Allgemeine Erklärung der Menschenrechte[491], der Pakt über bürgerliche und politische Rechte (IPbpR)[492] und der Pakt über wirtschaftliche, soziale und kultu-

---

489 So auch *R. Lagoni*, Gebietserwerb, in: Lexikon des Rechts Völkerrecht, S. 99, 100. Nicht zuletzt weil das bei einzelnen Grenzziehungen in Afrika nicht ausreichend beachtet wurde, wurde Kritik geübt. In Spanisch-Amerika ging es dagegen, anders als in Afrika, um die Aufteilung von nicht okkupierten Gebieten (*F. Wooldridge*, uti possidetis Doctrine, in: EPIL Vol. IV, S. 1259, 1260).

490 Opinion of the Chairman, *Rann of Kutch Case, Pakistan v. India*, Entscheidung vom 19.2.1968, ILR 50, S. 1, 514; vgl. *D. Conrad*, Rann of Kutch Arbitration (Indo-Pakistan Western Boundary), in: EPIL Vol. IV, S. 23, 24. Ähnlich *Basdevant* im Fall *Minquiers and Ecrehos*, S. O., ICJ Rep. 1953, S. 47, 74, 77, und *Fitzmaurice* im Fall *Temple of Preah*, S. O., ICJ Rep. 1962, S. 6, 39, 52.

491 UN-Doc. A/810., S. 71.

492 BGBl. 1973 II, S. 1534.

relle Rechte (IPwskR)[493]. Inzwischen gibt kaum einen Lebensbereich, der keine Regelung erfahren hat, und keinen Staat, der sich nicht in der einen oder anderen Form zur Einhaltung der Menschenrechte verpflichtet hat.

Zu dieser beeindruckenden Entwicklung steht allerdings die tatsächliche Effizienz des internationalen Menschenrechtsschutzes im krassen Gegensatz. Nach wie vor besteht eine Kluft im Verhalten der Staaten zwischen dem Bekennen zu den Menschenrechtsgeboten und ihrem Befolgen.[494] Dazu trägt wesentlich das Fehlen von völkerrechtlichen Instanzen bei, die das Recht effektiv durchsetzen.[495] Die Staaten müssen und dürfen hinsichtlich der Einhaltung der Menschenrechtspflichten im Wesentlichen über sich selbst wachen.

Über dieses Effizienzdefizit hinaus ist oftmals bezüglich der gefundenen Formulierungen im Vertragstext ein inhaltlicher Dissens der vertragsschließenden Parteien vorhanden: Die Erklärungen, die in aller Regel von keiner bestimmten Staatengruppe ausgearbeitet werden, entstehen vor dem Hintergrund unterschiedlicher „Philosophien". Individualistische und kollektivistische, freiheitliche und soziale Konzeptionen von Staaten mit unterschiedlichen politischen, ökonomischen und sozialen Traditionen stehen einander gegenüber.[496] Das verbale Pathos vermag diesen Dissens zwar oft zu verdecken[497], aber die Auslegung dieser Vorschriften muss ihn beachten, insbesondere deshalb, weil das Ziel der Auslegung die Ermittlung des Willens des Normgebers ist. Hier eröffnet sich ein Anwendungsfeld für die souveränitätsfreundliche Auslegung: Nur wo Konsens besteht,

---

493 BGBl. 1973 II, S. 1570.

494 *J. Delbrück*, GYIL 22 (1979), 384, 385; *T. H. Irmscher*, Kritische Justiz 31 (1998), 472. Das ist kein Geheimnis. Vor allem NGO's und die unabhängige Presse leisten vielfach Aufklärungsarbeit. So schreiben beispielsweise *W. Krach* und *G. Masolo*, Prozess gegen die Supermacht, Der Spiegel 44/2000, S. 22, zur Hinrichtung der LaGrand-Brüder in den USA: „(...) [D]ie USA, die sich sonst gern zu Hause als Hort und weltweit als Hüter der Menschenrechte geben, [sollen] gezwungen werden, sich endlich nicht nur dann an internationale Vereinbarungen zu halten, wenn sie ihnen gefallen."

495 Darüber dürfte weitgehend Einigkeit bestehen. So z.B. *C. Hollweg*, JZ 1993, 980; *T. H. Irmscher*, Kritische Justiz 31 (1998), 472. Immerhin scheint die UNO neuerdings verstärkt den Menschenrechtsschutz auf internationaler Ebene durchzusetzen (vgl. z.B. *O.V.*, Artikel ‚Rebellenführer bittet um Vergebung', in: FAZ vom 10.7.1999, S. 1; *O.V.*, Artikel ‚Annan ruft nach mehr Einsatz der Vereinten Nationen zur Konfliktlösung', in: FAZ vom 22.9.1999, S. 1). Zu den Wegen der Durchsetzung des humanitären Völkerrechts *M. Bothe*, in: FS K. Ipsen, S. 23 ff.

496 *R. Bernhardt*, in: FS Wiarda, S. 65, 66; *J. Delbrück*, GYIL 22 (1979), 384, 385; *J. Donnelly*, Universal Human Rights in Theory and Practice, S. 47 ff.

497 *J. Delbrück*, GYIL 22 (1979), 384, 385.

ist eine Verpflichtung entstanden.[498] *Delbrück* hat darauf hingewiesen, dass der Dissens in der Praxis thematisiert wird, wenn mittels des Souveränitätsanspruchs bzw. des ihm Rechnung tragenden Interventionsverbotes über die Grenzen der internationalen Einwirkung auf Staaten gestritten wird, denen Menschenrechtsverletzungen zur Last gelegt werden.[499]

Während die Dissensproblematik nicht nur für den Menschenrechtsschutz kennzeichnend ist, besteht ein besonderes Spannungsfeld zur Souveränität durch die Schutzrichtung der Menschenrechte: Menschenrechte sind in erster Linie Abwehrrechte gegenüber dem Staat, sie gewähren unmittelbar Individualschutz gegenüber Menschen und Menschengruppen.[500] Das Individuum erhält partielle Völkerrechtssubjektivität, es wird zur Zuordnungsperson von völkerrechtlichen Rechten und Pflichten.[501] Die Souveränität dagegen wurde klassischerweise als Handlungsfreiheit nach innen und außen verstanden. Sie schützte den Staat davor, dass der Einzelne auf völkerrechtlicher Ebene zum Akteur wurde und davor, dass das Völkerrecht unmittelbar auf das Verhältnis Staat-Bürger einwirkte. Legt man dieses Verständnis zugrunde, dann stehen sich Menschenrechtsschutz und Souveränität diametral gegenüber.[502] Konkretisiert auf die Auslegung von Menschenrechtsverträgen würde das bedeuten, dass eine souveränitätsfreundliche Auslegung zugleich eine „menschenrechts*un*freundliche Auslegung“ zur Folge hätte und umgekehrt eine „menschenrechtsfreundliche Auslegung“ – das ist

---

498 Zur Tragfähigkeit dieses Ansatzes s.u. § 12 II 2.

499 *J. Delbrück*, GYIL 22 (1979), 384, 385 mwN. in Fn. 4. Gerade die Staaten der Dritten Welt haben den entwickelten Industriestaaten den Vorwurf gemacht, ausschließlich ihre eigenen Wertvorstellungen bei der Auslegung von Menschenrechtsverträgen zugrunde zu legen.

500 *K. Ipsen*, in: ders., Völkerrecht, 11. Kapitel, Vorwort Rn. 2. Umstritten ist, ob eine Gruppe als gesamtheit Rechte besitzen kann oder nur einzelne Individuen als Teil der Gruppe (so etwa *J. Donnelly*, Universal Human Rights in Theory and Practice, S. 19 f., 143 ff.). Unabhängig davon bleibt das Spannungsverhältnis von Souveränität und Menschenrechten dasselbe.

501 *V. Epping*, in: Ipsen, Völkerrecht, § 7 Rn. 3 f.

502 Vgl. statt vieler *R. Bernhardt*, GYIL 42 (1999), 11, 14: „Every effective protection of individual freedoms restricts State sovereignty.“ *Polyukhovitch v. Commonwealth of Australia and another*, Australia, High Court, Entscheidung vom 14.8.1991, ILR 91, 3, 130: „When analysed legally, and from the perspective of the time, the tension is seen to be between two fundamental notions: on the one hand, the doctrine of sovereignty with its concomitant principle of non-intervention between nations; and on the other, fundamental principles of human rights, including the right of a people to be protected by the world community if abused by a sovereign power.“ S. O. *Fleischhauer, Legality of the Threat or Use of Nuclear Weapons*, ICJ Rep. 1996, S. 226, 305.

gleichbedeutend mit der Anwendung des Grundsatzes effet utile auf Menschenrechtsverträge – eine souveränitäts*un*freundliche Auslegung nach sich zöge.

An diesem Verständnis seien schon jetzt Zweifel angemeldet, und zwar sowohl was das Verhältnis Souveränität-Menschenrechte angeht als auch was die Auswirkungen bei der Auslegung betrifft. Trotzdem muss die verengte Vorstellung in der Literatur nach wie vor als herrschend angesehen werden[503]: So fordert beispielsweise *Villiger* für die Auslegung von Menschenrechtsverträgen die Anwendung des Grundsatzes effet utile und hebt hervor: „Dieser *effet utile* soll (...) einen *wirksamen* (d.h. wenn nötig auch souveränitäts-unfreundlichen) *Rechtsschutz* gewähren."[504] *Delbrück* sieht Souveränität als das entscheidende Hindernis für einen effektiven Menschenrechtsschutz.[505] Richtig daran ist jedenfalls das Vorhandensein eines Spannungsverhältnisses. Genannt sei das Problem, ob die gewaltsame Durchsetzung von Menschenrechten auf Kosten der Souveränität als zulässig angesehen werden kann. Von dieser Frage hängt es ab, ob der Kosovokrieg rechtmäßig war oder nicht.[506] Richtig daran ist auch, dass die Staaten gelegentlich versuchen, sich mit Hilfe der souveränitätsfreundlichen Auslegung einer Verpflichtung zu entziehen, d.h. im Einzelfall eine Auslegung zu erreichen, nach der sich das in der Untersuchung befindliche staatliche Handeln nicht als menschenrechtswidrig darstellt. Die souveränitätsfreundlichen Auslegung steht damit unter Missbrauchsverdacht.[507] Die Kluft zwischen dem Bekennen und Befolgen der Menschenrechte könnte womöglich durch den Missbrauch der souveränitätsfreundlichen Auslegung, indem sie fehlerhaft angewendet wird, (mit-)erzeugt sein. Wohl nicht zuletzt deswegen haben einige Menschenrechtsverträge „vorbeugend" die Grenzen der Auslegung ausdrücklich normiert. So betonen etwa die gleichlautenden Art. 5 I IPbpR und Art. 5 I IPwskR[508]: „Keine Bestimmung des Paktes darf dahin ausgelegt werden, dass sie für einen Staat, eine Gruppe oder eine Person das Recht begründet, eine Tätigkeit auszuüben oder eine Handlung

---

503 Sie wurde vor allem von *H. Lauterpacht*, BYIL 26 (1949), S. 48 ff., geprägt (s.o. § 7 IV 1). Ebenso *M. E. Villiger*, Handbuch der EMRK, Rn. 155; *H. Miehsler*, in: Karl (Hrsg.), Internationaler Kommentar zur EMRK, Art. 6 Rn. 53 f. mwN.; *R. Bernhardt*, GYIL 42 (1999), 11, 14; wohl auch *C. C. Morrisson*, ICLQ 19 (1970), 361 ff.

504 *M. E. Villiger*, Handbuch der EMRK, Rn. 155.

505 *J. Delbrück*, Die Konstitution des Friedens als Rechtsordnung, S. 20.

506 Vgl. dazu unten § 12 III 2.

507 Zum Missbrauchsrisiko s.o. § 4 II 3.

508 *M. Nowak*, CCPR Commentary, Art. 5 Rn. 3 ff., bezeichnet die Regel als „Prohibition of Misuse".

zu begehen, die auf die Abschaffung der in diesem Pakt anerkannten Rechte und Freiheiten oder auf weitergehende Beschränkungen dieser Rechte und Freiheiten, als in dem Pakt vorgesehen, hinzielt.“ Eine fast identische Formulierung findet sich in Art. 30 Allgemeine Menschenrechtserklärung.

Die Literatur, die sich speziell mit dem humanitären Völkerrecht beschäftigt, neigt inzwischen dazu, den klassischen Souveränitätsansatz gegen einen menschenrechtsorientierten Ansatz auszuwechseln.[509] Folgte man diesem Rechtsstandpunkt, dann wäre die Kluft zwischen dem Bekennen zu den Menschenrechten und ihrem Befolgen noch größer.

Eine völkerrechtliche Rechtsprechung, die es insofern auszuwerten gälte, existiert kaum.[510] Nach wie vor obliegt es in erster Linie den Staaten selbst, den Menschenrechten innerstaatlich zur Durchsetzung zu verhelfen.

2. *Zum Beispiel: Die Entscheidung Affo and another v. Commander Israel Defence Force in West Bank des israelischen Supreme Courts*

Das Spannungsverhältnis zwischen Souveränität und Menschenrechten, die bestehende Kluft in der Praxis der Staaten zwischen dem Bekennen einerseits und dem Befolgen andererseits, und damit letztlich die Möglichkeit, mit Hilfe der Souveränität als Argument im Auslegungsprozess die Effektivität des Menschenrechtsschutzes zu beeinträchtigen, verdeutlicht der Fall *Affo and another v. Commander Israel Defence Force in West Bank.*[511] Der als High Court of Justice fungierenden israelischen Supreme Court hatte die Frage zu klären, ob die Verschleppung von drei Personen aus den besetzten Gebieten West Bank und Gaza eine Verletzung des Art. 49 I des IV. Genfer Abkommen zum Schutze von Zivilpersonen in Kriegsgebieten, das vor Deportationen schützt, darstellt. Es handelte

---

509 So *C. Kreß*, EuGRZ 1996, 638 ff., zusammenfassend S. 648; wN. bei *H. Miehsler*, in: Karl (Hrsg.), Internationaler Kommentar zur EMRK, Art. 6 Rn. 54 Fn. 1.

510 Hinzuweisen ist auf die Tätigkeit des *United Nations Human Rights Committee* (s.u. § 8 IV 3 c) und auf einige Entscheidungen des IGH (etwa dem Gutachten vom 8.7.1996, *Legality of the Threat or Use of Nuclear Weapons*, ICJ Rep. 1996, S. 226, s.u. § 8 IV 5). Zu den einzelnen internationalen Kontrollorganen und -verfahren *W. Karl*, in: BDGV 33 (1993), S. 83 ff.; *F. Reindel*, Auslegung menschenrechtlicher Verträge am Beispiel der Spruchpraxis des UN-Menschenrechtsausschusses, des Europäischen und des Interamerikanischen Gerichtshofs für Menschenrechte, Dissertation 1995.

511 Israel, Supreme Court sitting as High Court of Justice, Entscheidung vom 10.4.1988, ILR 83, 121.

sich dabei um *Affo*, einen Aktivisten der terroristischen Organisation Popular Front[512], *Rafia*, einen Lehrer, Prediger und spirituellen Führer der Gruppe Islamischer Jihad[513], und *Hindi*, dessen Prüfung durch Israel das Muster von beständigen feindseligen Aktivitäten in Zusammenarbeit mit einer terroristischen Organisation ergab[514]. Sie wurden aus den besetzten Gebieten auf Anweisung des jeweiligen Kommandeurs der Israel Defence Force nach Israel gebracht, also deportiert. Daraufhin reichten sie jeweils beim israelischen Supreme Court Klage ein, um feststellen zu lassen, dass die Deportationen gegen Art. 49 I des IV. Genfer Abkommen zum Schutze von Zivilpersonen verstoßen. Diese Vorschrift lautet: „Individual or mass forcible transfers, as well as deportations of protected persons from occupied territory to the territory of the Occupying Power or to that of any other country, occupied or not, are prohibited, regardless of their motive."[515] Unter Zugrundelegung einer vor allem auf die Souveränität abstellenden Auslegung kam das Gericht zum Ergebnis, es liege keine Verletzung gegen das Deportationsverbot vor.

Das Urteil zerfällt in zwei Teile. Bevor das Gericht auf die zu lösende Rechtsfrage einging und Art. 49 IV. Genfer Abkommen zum Schutze von Zivilpersonen in Kriegsgebieten auslegte, bestimmte es zunächst abstrakt den Beurteilungsmaßstab zur Auslegung von internationalem Recht.

Ausgangspunkt bildete die Wiener Vertragsrechtskonvention. Nach der Feststellung, dass sie kein bestimmtes Ziel der Auslegung bevorzuge, sie nicht alle Auslegungsregeln abschließend regele und darüber hinaus keine einheitliche Methode im Völkerrecht existiere[516], machte das Gericht klar, was nach seiner Auffassung in jedem Falle zu beachten sei: „The method must take into account that the treaty is an act stemming from the free will of the treaty-makers, and that it is not a one sided act; that the parties to the treaty are sovereign States, and that it is not a contract between individuals, nor the internal law of the State. Lastly this me-

---

512 *Affo and another v. Commander Israel Defence Force in West Bank* (HC 785/87), ILR 83, 121, 125, 166 ff.

513 *Rafia and another v. Commander Israel Defence Force in the Gaza Strip and Another* (HC 845/87), ILR 83, 121, 125, 171 ff.

514 *Hindi and another v. Commander Israel Defence Force in Judea and Samaria Region* (HC 27/88), ILR 83, 121, 125, 176 ff.

515 Deutsch, BGBl. 1954 II, S. 917 ff.: „Einzel- oder Massenzwangsverschickungen sowie Verschleppungen von geschützten Personen aus besetztem Gebiet nach dem Gebiet der Besatzungsmacht oder dem irgendeines anderen besetzten oder unbesetzten Staates sind ohne Rücksicht auf deren Beweggrund untersagt."

516 ILR 83, 121, 132 ff.

thod must keep in mind the characteristics of the international legal order, a field in which formalism does not have the upper hand, a field in which States are not only parties to a treaty, but also the ones to whom the treaty is directed (ie the States must be its executors), and a field in which the preference for peaceful means to settle disputes depends upon the free will of States."[517] An anderer Stelle fügte das Gericht hinzu: „The aim (...) is to interpret restrictively any provision in a treaty which limits the authority of the States."[518] Damit machte das Gericht schon im Vorfeld der konkreten Auslegung klar, dass bei ihm nicht die Effektivität der Menschenrechte, sondern die Souveränität Israels im Mittelpunkt der Überlegungen steht.

In Bezug auf die konkrete Auslegung musste das Gericht die Hürde „überwinden", dass der Wortlaut des Art. 49 IV. Genfer Abkommen dem ersten Anschein nach klar für die Position der drei Deportierten[519] sprach: Er schützt in personeller Hinsicht auch einzelne Personen (das wird zudem von Art. 4 IV. Genfer Abkommen unterstrichen) und in materieller Hinsicht jegliche Art von Deportation „regardless of their motive", also letztlich dem Wortlaut nach auch Verbrecher, Terroristen, Eindringlinge und ausländische Spione.

Das Gericht gab unter Zugrundelegung der historischen Auslegung dagegen zu bedenken, dass die Norm eine Reaktion auf die Methoden des Naziregimes gewesen sei, in dem ganze Bevölkerungsgruppen deportiert worden seien.[520] Ziel sei also der Schutz von Bevölkerungsgruppen, die das Hauptopfer in modernen Kriegen sind, und die Annahme von Regeln, die die Zivilbevölkerung schützen, gewesen.[521] In diesem Zusammenhang könne es nicht darauf ankommen, wie die Deportation erfolge – die Methode der Nazis beruhte teilweise auf der Räumung ganzer Ghettos, Straßen oder Häuser, teilweise aber auch auf Einzeldeportationen –, und deshalb gebiete die Vorschrift auch Schutz vor Einzeldeportationen.[522] Wenn also der Einzelne als geschützte Person in Art. 49 IV. Genfer Abkommen ausdrücklich genannt sei, so als Teil der Zivilbevölkerung Mit dem Verweis auf

---

517 ILR 83, 121, 134. Das Gericht knüpfte dabei vor allem an die Aussagen von *Yasseen*, RC 151 (1976), S. 1, 10, und *J. G. Starke*, Introduction to International Law, an (vgl. ILR 83, 121, 132 ff. und die Zustimmung des Gerichts auf S. 134, 135, 148).

518 ILR 83, 121, 133.

519 ILR 83, 121, 143.

520 ILR 83, 121, 139 ff.

521 ILR 83, 121, 142 f.

522 ILR 83, 121, 143.

Einzelpersonen sei nur die Art und Weise der Deportation geschützt. Wer sich aus der Zivilbevölkerung heraus begibt – Mörder, Terroristen, Saboteure –, der dürfe nicht, weil er sich in einem okkupierten Gebiet aufhalte, ein sicheres Leben genießen.[523] Der materielle Schutzbereich der Norm müsse daher eingeschränkt werden. In diesem Zusammenhang erinnerte das Gericht noch einmal an die zur Auslegung im allgemeinen gemachten Aussagen, insbesondere an die hohe Bedeutung der Souveränität[524], und verneinte deshalb eine Verletzung des Art. 49 IV. Genfer Abkommen.

Im Ergebnis wurde also ein eher restriktiver Menschenrechtsschutz gewährt und zur Begründung auch auf die Souveränität zurückgegriffen. Wiewohl die Entscheidungsbegründung nachvollziehbar ist – ob die Entscheidung im Ergebnis richtig ist, mag dahinstehen –, Fall und Entscheidung zeigen deutlich, wo das Gefahrenpotential liegt: Es liegt letztlich in der Hand des einzelnen Staates, den entsprechenden Sachverhalt festzustellen und zu interpretieren (hier die Einstufung als Terrorist und Saboteur), ihn menschenrechtlich zu würdigen und entsprechend zu handeln (hier Erlass und Durchführung der Maßnahmen der Israel Defence Force und deren gerichtliche Beurteilung). Dabei kann es schnell zugunsten der Staatsraison und mit Hilfe der souveränitätsfreundlichen Auslegung zu einer Verkürzung und zum Effizienzdefizit der Menschenrechte kommen.

3. Die Rechtsprechung internationaler Kontrollorgane für Menschenrechte

Eine Ausnahme von den beschriebenen tatsächlichen und rechtlichen Defiziten im universell angelegten Menschenrechtsschutz bildet der durch die Europäische Menschenrechtskonvention (EMRK) und die Amerikanische Menschenrechtskonvention (AMRK) vermittelte internationale Menschenrechtsschutz. Zunächst besteht der einer pluralistischen Staatengemeinschaft geschuldete Hang zum verdeckten Dissens bei diesen beiden Verträgen kaum, weil sie von einem relativ homogenen Kreis geschlossen wurden.[525] Die Ausfüllungsbedürftigkeit vieler Begriffe ist keinem verschleierten Dissens, sondern der besonderen Materie geschuldet. Insofern wirkt sich dieses besonders im universellen Völkerrecht auftretende Problem kaum auf die Auslegung von regionalen Menschenrechtsverträgen aus.[526]

---

[523] ILR 83, 121, 143, 145, 147.

[524] ILR 83, 121, 148.

[525] *R. Bernhardt*, in: FS Wiarda, S. 65, 66.

[526] *R. Bernhardt*, in: FS Wiarda, S. 65, 66.

Beide Konventionen heben sich von herkömmlichen Verträgen ab, weil in ihnen eigene Organe geschaffen wurden, die bindende Entscheidungen gegenüber Mitgliedsstaaten erlassen dürfen. Eine solche institutionelle Absicherung eröffnet eine neue Qualität für den Schutz der Menschenrechte gegenüber den Staaten auf internationaler Ebene.[527] Sie verringert das tatsächliche Effizienzdefizit der garantierten Rechte. Die Bürger können sich nicht nur bei staatlichen Stellen, sondern auch bei einem internationalen Organ auf die Verletzung von Menschenrechen berufen.

Infolge dessen entsteht eine neue Qualität und eine neue Quantität im Spannungsverhältnis zwischen Menschenrechten und Souveränität: Der Staat hat eben nicht mehr die Befugnis in letzter Instanz alleinverbindlich über (auch durch sich selbst) begangene Menschenrechtsverletzungen zu entscheiden. Die Staaten sind daher einem sehr viel höherem Druck ausgesetzt, die Verpflichtungen auch tatsächlich umzusetzen. Insofern erhalten die Konventionen auch einen sehr viel höheren Einfluss auf die innerstaatlichen Rechtsordnungen als das bisherige Völkerrecht. Je höher dabei der Menschenrechtschutz angelegt ist, desto mehr ist der Staat in seinen Handlungsmöglichkeiten beschränkt.

Hinzu kommt, dass die meisten Bestimmungen in Menschenrechtskonventionen vergleichsweise offen formuliert sind und ihre Auslegung somit besondere Schwierigkeiten aufweisen.[528] Die Völkerrechtspraxis wendete für derartige „unklare“ Vertragsbestimmungen mit Blick auf die Souveränität nicht selten eine restriktive Auslegung an[529], um im Ergebnis zu einer vergleichsweise „menschenrechts-unfreundlichen Auslegung“ zu gelangen, d.h. zu einem Ergebnis, in dem die individualschützende Norm den Fall nicht regelt.

---

527 *R. Bernhardt*, in: FS Wiarda, S. 65, 66.

528 *M. E. Villiger*, Handbuch der EMRK, Rn. 153; *F. Matscher*, in: FS Mosler, S. 544, 550 f.

529 Diese Einschätzung teilen *H. Miehsler*, in: Karl (Hrsg.), Internationaler Kommentar zur EMRK, Art. 6 Rn. 53; *C. C. Morrisson*, ICLQ 19 (1970), 361 f. Für eine souveränitätsfreundliche Auslegung bei unklaren Vertragsbestimmungen etwa *Interpretation of Treaty of Lausanne (Frontier between Turkey and Iraq)*, PCIJ Ser. B No. 12, S. 25 (s.o. § 6 I 4).

a) Die Rechtsprechung zur EMRK

Die Europäische Menschenrechtskommission hat zunächst in den 1950er und 1960er Jahren – eher die souveränitätsfreundliche Auslegung beachtet[530], sich in jüngerer Zeit jedoch häufig von vornherein zugunsten der zweiten Alternative entschieden.[531]. In einer ihrer ersten Stellungnahmen betonte sie, vor ihr könnten nur die in der Menschenrechtskonvention genannten und keine anderen Rechte geltend gemacht werden, sie sei kein allgemeines Rechtsmittelgericht gegenüber nationalen Entscheidungen, und machte die staatliche Souveränität zumindest zum Ausgangspunkt weiterer Überlegungen.[532] Im Fall *de Becker* wies sie unter Berufung auf die Entscheidungen *Nationality Decrees in Tunis and Morocco*[533] und *Polish Upper Silesia*[534] des Ständigen Internationalen Gerichtshofs darauf hin, dass es zur Einschränkung der Souveränität einer klar zum Ausdruck kommenden Verpflichtung bedürfe.[535]

aa) Insbesondere: Die Auslegung des Art. 6 I EMRK

Von Anfang an hat bei der Kontroverse „souveränitätsfreundliche Auslegung contra effet utile" die Bestimmung des Art. 6 I EMRK besondere Aufmerksamkeit erhalten. Sie beinhaltet die Garantie auf ein faires Verfahren, in Satz 1 das Recht auf gerichtliches Gehör und in Satz 2 die Pflicht des Gerichts zur öffentlichen Verkündung von Urteilen.

Das Recht auf öffentliche Verkündung von Urteilen wurde in Deutschland vor dem Hintergrund von § 116 II, III VwGO eingehend erörtert. Diese Vorschriften lassen statt einer öffentlichen Verkündung von Verwaltungsgerichtsurteilen auch

---

530 *W. G. Geck*, DVBl. 1956, 525, 526; *W. Morvay*, ZaöRV 21 (1961), 316, 333 ff.; in diese Richtung auch *K. J. Partsch*, in: Bettermann/Neumann/Nipperdey, Die Grundrechte I/1, S. 235, 383; wN. bei *H. Miehsler*, in: Karl (Hrsg.), Internationaler Kommentar zur EMRK, Art. 6 Rn. 53 Fn. 8.

531 So ausdrücklich *M. E. Villiger*, Handbuch der EMRK, Rn. 155.

532 *Menschenrechtskommission*, Annuaire 1, S. 198 ff; 2, S. 354 ff.

533 PCIJ Ser. B No. 4, S. 25.

534 PCIJ Ser. A No. 7, S. 76. Die beiden Entscheidungen verwendeten die Regel der restriktiven Auslegung von Ausnahmen.

535 *De Becker v. Belgium*, European Commission of Human Rights, 9.6.1958, ILR 25, 172, 185. Ausdrücklich im Zusammenhang mit der souveränitätsfreundliche Auslegung wird die Entscheidung auch von *R. Bernhardt*, Die Auslegung völkerrechtlicher Verträge, S. 154, und von *D. P. O'Connell*, International Law Vol. I, S. 257 Fn. 72, zitiert.

die bloße Zustellung an die Parteien zu. Wenn Art. 6 I 2 EMRK auch auf die Verwaltungsgerichtsbarkeit anwendbar wäre, dann würden die beiden Vorschriften – Art. 6 I 2 EMRK und § 116 VwGO – in offenem Widerspruch zueinander stehen[536].

Die maßgeblichen französischen und englischen Fassungen sprechen von *droit de caractère civil* und von *civil rights and obligations*. Der Wortlaut, insbesondere in seiner französischen Fassung, deutet also sehr stark auf eine Beschränkung des Geltungsumfanges[537], während der Zweck der Vorschrift eher in die entgegengesetzte Richtung deutet: Mit der öffentlichen Verkündung sollte sichergestellt werden, dass die Öffentlichkeit ihre Kontrollfunktion gegenüber den Gerichten wahrnehmen kann, um auf Willkür und Ungerechtigkeiten angemessen reagieren zu können.[538] Bei verwaltungsgerichtlichen Entscheidungen, die oft gerade sensible grundrechtliche Bereiche berühren, könnte aber mit der Zustellung der Schutz des Art. 6 I 2 EMRK ausgeklammert werden.[539] Damit würde tatsächlich dessen Schutzbereich entscheidend eingeschränkt.

Die deutsche Rechtsprechung und mit ihr ein Großteil der älteren Literatur haben dennoch eine Ausweitung des Art 6 I EMRK auf den verwaltungsrechtlichen Bereich verneint.[540] Zur Begründung verwies sie nicht selten auf die restriktive Auslegung.[541] *Morvay* etwa meinte: „Dieser Rechtsprechung ist zuzustimmen. Der

---

536 Zwar hat der Europäische Gerichtshof für Menschenrechte auch andere Veröffentlichungen als die öffentliche Verkündung für noch zulässig erachtet – in diesen Fällen war die Kontrolle der Öffentlichkeit, die durch Art. 6 I 2 EMRK geschützt werden soll, in anderer Weise gewahrt (EGMR Axen A 72, Sutter A 74) – doch durch Zustellung an die Parteien wird keinesfalls die Wahrung der Öffentlichkeit gewährt (*Ch. Tomuschat*, in: FS Redeker, S. 273, 285).

537 So auch *W. G. Geck*, DVBl. 1956, 525, 526; *R. Lippold*, NVwZ 1996, 137; dag. allerdings *T. Buergenthal/W. Kewenig*, AVR 13 (1966/67), 393, 406.

538 *Ch. Tomuschat*, in: FS Redeker, S. 273, 285; ähnlich *R. Lippold*, NVwZ 1996, 137, 139.

539 *Ch. Tomuschat*, in: FS Redeker, S. 273, 284 f.

540 BVerwG NJW 1956, 1374 f.; MDR 1957, 697; MDR 1958, 446; DÖV 1972, 129; VGH München NVwZ 1997, 1232, 1233; *W. G. Geck*, DVBl. 1956, 525, 526; *W. Morvay*, ZaöRV 21 (1961), 316, 333 ff.; wN. bei *H. Miehsler*, in: Karl (Hrsg.), Internationaler Kommentar zur EMRK, Art. 6 Rn. 53 Fn. 8. Die neuere Literatur fordert dagegen zunehmend die Einbeziehung von Verwaltungsgerichtsentscheidungen in den Geltungsbereich des Art. 6 I EMRK, insbesondere *Ch. Tomuschat*, in: FS Redeker, S. 273, 285.

541 *W. G. Geck*, DVBl. 1956, 525, 526; *W. Morvay*, ZaöRV 21 (1961), 316, 333 ff.; *K. J. Partsch*, in: Bettermann/Neumann/Nipperdey, Die Grundrechte I/1, S. 235, 383; wN. bei *H. Miehsler*, in: Karl (Hrsg.), Internationaler Kommentar zur EMRK, Art. 6

französische Text spricht klar für die Beschränkung auf strafrechtliche Anklagen und zivilrechtliche Ansprüche. Der englische Text schließt diese Beschränkung nicht aus. Die Geltung des Art. 6 EMRK ist daher nach dem Prinzip der restriktiven Interpretation völkerrechtlicher Verpflichtungen auf strafrechtliche Anklagen und zivilrechtliche Ansprüche zu beschränken."[542] Und in einer Fußnote fügt er erklärend hinzu: „Da dieses Interpretationsprinzip aus der Vermutung zugunsten der staatlichen Handlungsfreiheit folgt, verbietet sich auch die (...) analoge Anwendung des Art. 6 auf das Verwaltungsstreitverfahren."[543] Während die deutsche Rechtsprechung nach wie vor von der Zulässigkeit der schriftlichen Zustellung ausgeht[544], versucht die Literatur neuerdings verstärkt, § 116 VwGO einschränkend auszulegen, und fordert als weitere Voraussetzung für die Zulässigkeit der Zustellung die Zustimmung der Parteien.[545]

Der Europäische Gerichtshof für Menschenrechte hat zu diesem speziellen Problem – Vereinbarkeit des § 116 VwGO mit der EMRK – noch keine Stellung bezogen, er hat sich aber schon verschiedentlich mit den Begriffen *droit de caractère civil* und *civil rights and obligations* auseinander gesetzt. Richtigerweise hat er ihnen unabhängig von seinem Gehalt in den einzelnen staatlichen Rechtsordnungen einen autonomen Gehalt gegeben.[546] Dabei nahm er die Begrenzung auf „*civil* rights" im Grundsatz ernst, so dass nicht schon von vornherein alle Streitigkeiten öffentlich verkündet werden müssen. Davon ausgehend legte er den Begriff allerdings weit aus und verstand darunter auch alle grundrechtlich fundierten Rechtspositionen, insbesondere Rechte aus bestehendem Eigentum und die Freiheit der Berufsausübung.[547] Für die Auslegung des § 116 VwGO folgt daraus, dass unter Zugrundelegung der völkerrechtskonformen Auslegung diejenigen Urteile verkündet werden müssen, die in den Anwendungsbereich des

---

Rn. 53 Fn. 8; einschränkend *Buergenthal /Kewenig*, AVR 13 (1966/67), 393, 406 Fn. 40.

542 *W. Morvay*, ZaöRV 21 (1961), 316, 335.

543 *W. Morvay*, ZaöRV 21 (1961), 316, 335 Fn. 174.

544 So erst jüngst der VGH München NVwZ 1997, 1232, 1233.

545 So etwa *Ch. Tomuschat*, in: FS Redeker, S. 273, 285; *J. Ruthig*, NVwZ 1997, 1188, 1190 mwN.

546 Ansonsten könnten die einzelnen Staaten, indem sie beispielsweise eine Streitigkeit der Verwaltungsgerichtsbarkeit zuweisen, die aus Art. 6 I 2 EMRK resultierenden Verpflichtungen umgehen.

547 Vgl. *J. Ruthig*, NVwZ 1997, 1188, 1189 mit Fn. 17-20, und *B. Huber*, NVwZ 1992, 856, 857, jew. mit entsprechenden Nachweisen aus der Rechtsprechung des Gerichtshofes.

Art. 6 I 2 EMRK fallen.[548] Im Rahmen der vorstehenden Überlegungen finden sich in den Stellungnahmen des Europäischen Gerichtshofs für Menschenrechte keine Bezugnahmen zur souveränitätsfreundlichen Auslegung. Auch das Ergebnis ist nicht „souveränitätsfreundlich" im klassischen Sinne.

bb) Die grundsätzlich ablehnende Haltung des Gerichtshofs gegenüber der souveränitätsfreundlichen Auslegung – die Rechtssachen Wemhoff und Golder

Der Europäische Gerichtshof für Menschenrechte wendet die souveränitätsfreundliche Auslegung nicht an. Das hat insbesondere *Morrisson* in seinem Aufsatz *Restrictive Interpretation of Sovereignty-Limiting Treaties: The Practice of the European Human Rights Convention System* nachgewiesen.[549] Er verweist auf einige Urteile, insbesondere auf die Rechtssachen *Lawless*, *Hopfinger*, *Ofner* und *Wemhoff*, bei denen eine höhere Beachtung dieser Auslegungsregel zu einem anderen Urteil hätte führen können.[550]

Besonders hervorzuheben ist in diesem Zusammenhang die Entscheidung vom 27.6.1968[551] im Fall *Wemhoff*, weil in ihm der Gerichtshof explizit von staatlicher Seite und von Seiten der Kommission zu einer mit der staatlichen Souveränität begründeten restriktiven Auslegung aufgefordert wurde.[552] Die Entscheidung musste die Frage beantworten, was eine angemessene Frist auf Aburteilung iSd. Art. 5 III EMRK ist und welcher Zeitraum für diese Frist maßgeblich ist.

---

548 Ebenso *R. Lippold*, NVwZ 1996, 137, 139. Ob die Parteien durch Zustimmung zur schriftlichen Zustellung auf die Öffentlichkeit verzichten können (so *Ch. Tomuschat*, in: FS Redeker, S. 273, 285; kritisch *R. Lippold*, ebenda, S. 138 f. jew. mwN.), mag hier offen bleiben. Die Entscheidung wird maßgeblich vom genauen Zweck des Art. 6 I 2 EMRK abhängen: Sollen lediglich die Parteien vor aus der Nichtöffentlichkeit entstehenden Risiken zu Ungerechtigkeiten geschützt werden, oder ist darüber hinaus in persönlicher Hinsicht die Öffentlichkeit als solche geschützt, weil sie etwa neben den Parteien ein eigenes Interesse an ordnungsgemäßen Prozessen hat. Trifft die letztere Variante zu, dann wäre nicht ohne weiteres einzusehen, warum die Prozessparteien Sachwalter deren Interessen sein sollen.

549 *C. C. Morrisson*, ICLQ 19 (1970), 361 ff.

550 *C. C. Morrisson*, ICLQ 19 (1970), 361, 363 ff.

551 Auch wenn die Entscheidung vor Erlass der Wiener Vertragsrechtskonvention datiert und daher eigentlich zeitlich in den Abschnitt 1945-1969 gehörte, so soll sie angesichts der besonderen Entwicklung im Bereich der Rechtsprechung zu den Menschenrechten hier behandelt werden. Sie passt sich zudem weitgehend in moderne Entwicklungen ein.

552 *Wemhoff Case*, ECHR Ser. A Vol. 7 = ILR 41, 281.

Der Deutsche Wemhoff wurde am 9.11.1961 verhaftet. Die Hauptverhandlung begann nach genau drei Jahren. Das Urteil erging drei Jahre und fast fünf Monate nach der Verhaftung des Angeklagten und wurde sechs weitere Monate später rechtskräftig. Bevor der Gerichtshof entscheiden konnte, was eine angemessene Frist iSd. Art. 5 III EMRK ist, musste er zunächst den dafür maßgeblichen Zeitraum bestimmen.

Die Bundesregierung und ihr folgend die Kommission hatten die Auffassung vertreten, die Frist umfasse den kürzesten Zeitraum, also von der Verhaftung bis zum Beginn der Hauptverhandlung. Dafür spreche unter anderem die englische Fassung des Textes, die *entitled to trial within a reasonable time* lautet, sowie die restriktive Auslegung.

Der Gerichtshof folgte dieser Argumentation jedoch nicht.[553] Zum einen scheide dieser Zeitpunkt nach dem französischen Wortlaut der Passage aus[554], zum anderen sei es Zweck der Vorschrift, den Angeklagten vor einer überlangen Haftdauer zu schützen. Das gelte auch für die Zeit während der Verhandlung und deshalb sei als Endpunkt des in Art. 5 III EMRK genannten Zeitraumes der Tag anzusehen, an dem über die Begründetheit der Anklage entschieden werde.[555] Im Hinblick auf die geforderte restriktive Auslegung fügte der Gerichtshof hinzu: „Given that it is a lawmaking treaty it is (...) necessary to seek the interpretation that is most appropriate in order to realize the aim and achieve the object of the treaty, not that which would restrict to the greatest possible degree the obligations undertaken by the Parties."[556] Damit folgte das Gericht Stimmen aus der Literatur, die angesichts der weitverbreiteten Anerkennung der souveränitätsfreundlichen Auslegung eine Ausnahme für Verträge mit rechtsetzendem Charakter zu schaffen versuchten.[557]

---

553 Insbesondere im Hinblick auf die von deutscher Seite vorgeschlagene und von der Kommission unterstützte restriktive Auslegung sagte der Gerichtshof ausdrücklich: „The Court cannot accept this restrictive interpretation (ECHR Ser. A Vol. 7, S. 23)."

554 Er lautet „droit d'être jugée dans un délai raisonnable".

555 ECHR Ser. A Vol. 7, S. 23.

556 ECHR Ser. A Vol. 7, S. 23.

557 Vgl. die Nachweise in § 7 IV 5, § 8 VI 1, 2, sowie ferner § 2 II 3, IV 1. Etwas anders *C. C. Morrisson*, ICLQ 19 (1970), 361 ff., der zwar feststellt, dass der Europäische Gerichtshof für Menschenrechte anders als die bisherige völkerrechtliche Rechtsprechung die Souveränität bei der Auslegung nicht beachtet, aber angesichts seiner strengen normativen Auffassung die Begründung, es handele sich um einen rechtsetzenden Vertrag, als solche ablehnt (ebenda S. 362).

Gefestigt wurde diese ablehnende Haltung durch die Entscheidung vom 21.2.1975 im Fall *Golder*[558], dem Grundsatzurteil des Gerichtshofs zu den Auslegungsregeln. Der Gerichtshof erkannte in ihr auf eine Verletzung von Art. 6 I EMRK, weil dem Sträfling Golder von der englischen Gefängnisbehörde die Genehmigung zur Konsultierung eines Anwalts zwecks Einleitung einer Schadensersatzklage gegen einen Gefängnisbeamten wegen Verleumdung verweigert worden war. Bei der Auslegung der Vorschrift ließ sich der Gerichtshof von den Bestimmungen der Wiener Vertragsrechtskonvention leiten[559] und stimmte der Kommission zu, die gefordert hatte, dass sich eine restriktive Auslegung verbiete, weil sie dem Zweck der Konvention nicht gerecht würde.[560] Lediglich *Fitzmaurice* äußerte sich in seiner abweichenden Auffassung kritisch und meinte, dass eine Auslegung nicht zu Verpflichtungen führen dürfe, die von den Staaten nicht gewollt waren.[561]

Auch in der jüngeren Rechtsprechung hat sich der Gerichtshof der souveränitätsfreundlichen Auslegung nicht mehr bedient und ist damit in der Literatur auf weitgehende Zustimmung getroffen.[562] Vielmehr wurde häufig mit Hilfe des Grundsatzes effet utile eine sehr weite Auslegung der Konvention vorgenommen.[563] Es sei nochmals erinnert an die Forderung *Villigers* zur Nicht-Anwendung der souveränitätsfreundliche Auslegung und zur Anwendung des Grundsatzes effet utile: „Dieser *effet utile* soll dem Beschwerdeführer einen *wirksamen* (d.h. wenn nötig auch souveränitäts-unfreundlichen) *Rechtsschutz* gewähren.“[564] Die Kommission, die anfänglich vorsichtig bei der Herleitung von Verpflichtungen vorgegangen war und noch im Fall Wemhoff eine mit der Souverä-

---

558 ECHR Ser. A Vol. 18 = ILR 57, 200 = EuGRZ 1975, 91.

559 ECHR Ser. A Vol. 18, S. 14 ff. Er berief sich zudem auf das Urteil *Wemhoff*, ebenda, S. 18.

560 Ser. B Vol. 16, S. 33 f.

561 ECHR Ser. A Vol. 18, S. 32 ff.; *F. G. Jacobs/R. C. A. White*, The European Convention on Human Rights, S. 37, ordnen diese Stellungnahme der „interpretation in favour of States” zu.

562 Vgl. etwa *R. Bernhardt*, in: FS Wiarda, S. 65, 70; *J. A. Frowein*, in: Frowein/Peukert, EMRK-Kommentar, Einführung Rn. 7 ff.; *M. E. Villiger*, Handbuch der EMRK, Rn. 155; wN. bei *H. Miehsler*, in: Karl (Hrsg.), Internationaler Kommentar zur EMRK, Art. 6 Rn. 54 Fn. 1; sich dagegen ausdrücklich enthaltend *C. C. Morrisson*, ICLQ 19 (1970), 361, 362 Fn. 5.

563 Nachweise bei *H. Miehsler*, in: Karl (Hrsg.), Internationaler Kommentar zur EMRK, Art. 6 Rn. 54 Fn. 1; *J. A. Frowein*, in: Frowein/Peukert, EMRK-Kommentar, Einführung Rn. 7.

564 *M. E. Villiger*, Handbuch der EMRK, Rn. 155.

nität begründete restriktive Auslegung gefordert hatte, hat sich in jüngerer Zeit ebenfalls nicht mehr auf jene Regel berufen.

cc) Die Doktrin „margin of appreciation" – eine Ausnahme?

Ist also im allgemeinen eine gefestigte Rechtsprechung gegen die souveränitätsfreundliche Auslegung zu konstatieren, so haben *Jacobs* und *White* eine Ausnahme für den Bereich der Auslegung der eigenen Prüfungskompetenzen des Gerichtshofs festgestellt. Sie heben bei der Zusammenstellung der vom Gericht verwendeten *Principles of interpretation* hervor: „The resolution of doubts in favour of States has found its clearest exposition in the concept of the 'margin of appreciation' which has been used extensively by the Court."[565] Die in der Rechtsprechung des Europäischen Gerichtshofs für Menschenrechte gefestigte[566] Doktrin der „margin of appreciation" besagt, dass innerstaatliche Behörden einen gewissen Ermessensspielraum[567] in der Beurteilung eines Sachverhalts anhand des anzuwendenden Rechts haben.[568] Die Anerkennung eines Ermessens umfasst dabei sowohl die individuell-konkrete Würdigung durch den einzelnen staatlichen Beamten als auch kulturelle und soziale Unterschiede in Europa.[569] Im Ergebnis souveränitätsfreundlich ist die Feststellung des Gerichts, dass der primäre Rechtschutz den staatlichen Gerichten obliege, es hat sich selbst also Grenzen der Prüfungsbefugnis gezogen.[570] Allerdings verwendete der Gerichtshof bei der Entwicklung der Doktrin der *margin of appreciation* zumindest nicht ausdrücklich das Argument der Souveränität.

---

565 *F. G. Jacobs/R. C. A. White*, The European Convention on Human Rights, S. 37.

566 *F. Reindel*, Auslegung menschenrechtlicher Verträge am Beispiel der Spruchpraxis des UN-Menschenrechtsausschusses, des Europäischen und des Interamerikanischen Gerichtshofs für Menschenrechte, S. 105 ff. mwN.

567 So die allgemein verwendete deutsche Übersetzung des Begriffs margin of appreciation (vgl. z.B. die Übersetzung des Urteils *Ireland v. United Kingdom* in EuGRZ 1977, 149, 155 Ziff. 207).

568 So heißt es beispielsweise im Urteil vom 7.12.1976 in der Rechtssache *Handyside Case*, Ser. A Vol. 24, S. 22 Ziff. 48 mwN. aus der Rechtsprechung: „Consequently, Article 10 § 2 leaves to the Contracting States a margin of appreciation. This margin is given both to domestic legislator ('prescribed by law') and to the bodies, judical amongst others, that are called upon to interpret and apply the laws in force."

569 *M. E. Villiger*, Handbuch der EMRK, Rn. 162 f. mwN. in Fn. 31.

570 So ausdrücklich *Ireland v. United Kingdom*, Urteil vom 18.1.1978, Ser. A Vol. 25, Ziff. 207; st. Rspr. vgl. statt vieler *Brannigan and McBride v. United Kingdom*, Urteil vom 26.5.1993, Ser. A Vol. 258-B, S. 29.

b) Der Amerikanische Gerichtshof für Menschenrechte

Ebenso wie der Europäische Gerichtshof für Menschenrechte wendet der *Inter-American Court of Human Rights* (IACHR) die souveränitätsfreundliche Auslegung nicht an.[571] Ein möglicher Grund für diese Zurückhaltung könnte die partielle Normierung der Auslegungsregeln bzw. der Grenzen der Auslegung sein[572]: Ähnlich wie Art. 30 Allgemeine Menschenrechterklärung, Art. 5 I IPbpR und Art. 5 I IPwskR normiert die Amerikanische Menschenrechtskonvention (AMRK) in Art. 29 unter der Überschrift *Restrictions Regarding Interpretation*: „Keine Bestimmung dieser Konvention darf dahin ausgelegt werden, dass sie: a) einem Staat (...) gestattet, den Genuss oder die Ausübung der in dieser Konvention anerkannten Rechte und Freiheiten zu unterdrücken oder sie stärker als darin vorgesehen zu beschränken."[573] Weitere Regeln in Art. 29 und 30 AMRK zielen in die gleiche Richtung.

Mit der ausdrücklichen Normierung der Grenzen der Auslegung wollte der Normgeber sicher gehen, dass der geschaffene Menschenrechtsschutz im Ernstfall, d.h. wenn er gegenüber einem einzelnen Staat angewendet wird, nicht mit Hilfe der Auslegung unterlaufen wird. Die Normen sollen von vornherein eine mögliche Tendenz zur ineffektiven Auslegung der Konvention verhindern. Darin kommt zum einen das Misstrauen gegenüber den „Möglichkeiten der Auslegung was das Ergebnis betrifft" zum Ausdruck. Zum anderen sah sich der Normgeber offenbar Auslegungstendenzen und -regeln ausgesetzt, die möglicherweise den angestrebten Effekt der Amerikanischen Menschenrechtskonvention einge-

---

571 In der Praxis kam es vielmehr zur „restrictive interpretation of provisions which limit or restrict the exercise of recognized human rights" (*A. A. Cançado Trindade*, RC 202 (1987 II), 9, 104 ff. mN.). Die Entscheidung *Restrictions to the Death Penalty*, IACHR, 8.9.1983, ILR 70, S. 449, 466, deutet die ablehnende Haltung gegenüber der souveränitätsfreundlichen Auslegung an: Weil sich Menschenrechtsverträge gerade gegen die vertragsschließenden Staaten richteten, komme es bei ihrer Auslegung weniger auf die Intentionen der Parteien an. Statt dessen sei eine objektive Auslegung geboten.

572 Ansonsten greift das Tribunal vor allem auf die Auslegungsregeln der Wiener Vertragsrechtskonvention zurück (vgl. etwa *Consultative Jurisdiction Case*, IACHR, 24.9.1982, ILR 67, S. 594, 606; *Restrictions to the Death Penalty*, IACHR, ILR 70, S. 449, 466; *Proposed Amendments to the Naturalization Provisions of the Political Constitution of Costa Rica*, IACHR, 19.1.1984, ILR 79, S. 282, 291 f.; D.O. *Buergenthal, Enforceability of the Right to Reply or Correction*, IACHR, 29.8.1986, ILR 79, S. 336, 356, 357; wN. bei *F. Reindel*, Auslegung menschenrechtlicher Verträge am Beispiel der Spruchpraxis des UN-Menschenrechtsausschusses, des Europäischen und des Interamerikanischen Gerichtshofs für Menschenrechte, S. 130 ff.).

573 Deutsch von *G. Lübbe-Wolff/U. Wölker*, EuGRZ 1980, 235, 438.

schränkt hätten. Mit der Klarstellung der Grenzen der Auslegung wurde versucht, von vornherein einen Schutz vor ineffektiver Auslegung zu schaffen.

Ginge man davon aus, dass nur entweder souveränitätsfreundlich oder ein Menschenrecht effektiv ausgelegt werden kann[574], dann spräche die Regelung des Art. 29 AMRK für eine Entscheidung zugunsten der menschenrechtsfreundlichen Auslegung. Bei Ablehnung (zutreffender) eines solchen Verständnisses[575] spricht Art. 29 AMRK nicht gegen die souveränitätsfreundliche Auslegung. Wie jede andere Auslegungsregel muss auch souveränitätsfreundliche Auslegung mit dem Ziel angewendet werden, den Willen des Normgebers zu ermitteln. Wird dies beachtet, so ist der möglichen Tendenz zur ineffektiven Auslegung ausreichend vorgebeugt. Insofern könnte die Normierung weniger als Skepsis vor der souveränitätsfreundlichen Auslegung, sondern vielmehr als Skepsis vor den Möglichkeiten ihrer Überdehnung zu verstehen sein.

c) Der UN-Menschenrechtsausschuss

Das *United Nations Human Rights Committee* kontrolliert die Einhaltung des Internationalen Paktes über bürgerliche und politische Rechte. Es hat insbesondere die Befugnis, gem. Art. 40 IV IPbpR allgemeine Bemerkungen zum Pakt zu machen und darf nach dem Fakultativprotokoll vom 19.12.1966[576] über Individualbeschwerden entscheiden. Dabei hat das *United Nations Human Rights Committee* vor allem die Auslegungsregeln der Wiener Vertragsrechtskonvention herangezogen.[577] Anwendungsbeispiele für die souveränitätsfreundliche Auslegung oder mit ihr verwandte Regeln finden sich, abgesehen von der Anwendung der Doktrin der *margin of appreciation*[578], nicht.[579] Vielmehr sprach sich *Baghwati* in der Entscheidung *Stewart v. Canada* für eine weite Auslegung aus.[580]

---

574 Zu Vertretern dieser Auffassung vgl. oben § 8 IV 1; § 10 II 2 b bb (1).

575 Zu den Gründen vgl. unten § 10 II 2 b bb, § 12 II, III.

576 UNTS Vol. 999, S. 171.

577 *F. Reindel*, Auslegung menschenrechtlicher Verträge am Beispiel der Spruchpraxis des UN-Menschenrechtsausschusses, des Europäischen und des Interamerikanischen Gerichtshofs für Menschenrechte, S. 69 ff.

578 Vgl. *F. Reindel*, Auslegung menschenrechtlicher Verträge am Beispiel der Spruchpraxis des UN-Menschenrechtsausschusses, des Europäischen und des Interamerikanischen Gerichtshofs für Menschenrechte, S. 79 ff. mN.

579 Allerdings bemerkt *Reindel*, ebenda. S. 71, in seiner Untersuchung zur Auslegungspraxis des UN-Menschenrechtsausschusses, dass eine enge Auslegung immer dann erfolgt, wenn die Souveränität des Staates in nachvollziehbaren Fragen der Landesverteidigung betroffen ist. Er berief sich dabei insbesondere auf die Rechtssache

Der Ausschuss hat insbesondere noch nicht die Auslegungsregel des Art. 47 IPbpR, wonach die Auslegung die Souveränität der Staaten über ihre natürlichen Ressourcen nicht beschränken darf, herangezogen. Diese im Zusammenhang mit der souveränitätsfreundlichen Auslegung stehende Regel[581] hat allerdings kaum einen Anwendungsbereich.[582] In Betracht kommt vor allem eine einschränkende Auslegung anderer im Pakt über bürgerliche und politische Rechte aufgeführter Menschenrechte, wenn sie einmal im Konflikt mit dem Recht auf Nutzung der natürlichen Ressourcen stehen.[583]

4. *Das Urteil im Fall Tadic des Internationalen Straftribunals für das ehemalige Jugoslawien – Wandel vom souveränitätsorientierten zum menschenrechtsorientierten Ansatz im humanitären Völkerrecht?*

Für den Bereich des universell angelegten Menschenrechtsschutzes musste eingangs[584] das Fehlen eines effektiven Menschenrechtschutzes konstatiert worden. In rechtlicher Hinsicht wurde dafür von einigen Seiten nicht zuletzt die Souveränität der Staaten verantwortlich gemacht. In tatsächlicher Hinsicht wurde insbesondere das Fehlen internationaler Rechtsprechungsorgane als entscheidender Hemmschuh für die Weiterentwicklung zu einem effizienteren Schutz der Menschenrechte ausgemacht. Für beides scheint sich ein Wandel abzuzeichnen:

Mit der Errichtung der Internationalen Straftribunale für das ehemalige Jugoslawien und für Ruanda, vor allem aber mit der Verabschiedung eines Vertrages zur

---

L.T.K. v. Finland, United Nations Human Rights Committee, Entscheidung vom 9.7.1985, EuGRZ 13 (1986), 3 f. = ILR 94, S. 396 ff., in der der Ausschuss entschied, dass die Nichtanerkennung des Status als Wehrdienstverweigerer keine Verletzungen der Rechte auf Glaubens- oder Meinungsfreiheit, die gem. Art. 18 und 19 IPbpR geschützt sind, darstellten. Eine ausdrückliche Bezugnahme auf die Souveränität erfolgte dabei allerdings nicht. Vielmehr begründete man die Entscheidung mit einer Auslegung im Lichte Art. 8 III lit. c) ii) IPbpR. Diese Vorschrift wurde im Interesse der Landesverteidigung, einem souveränitätssensiblen Bereich, aufgenommen.

580 D.O. *Baghwati, Stewart v. Canada, United Nations Human Rights Committee*, Entscheidung vom 1.11.1996, ILR 115, 319, 344. Ebenso *M. Nowak*, CCPR Commentary, Introduction Rn. 20.

581 S.o. § 8 I 3 a.

582 *M. Nowak*, CCPR Commentary, Art. 47 Rn. 1. *H. Guradze*, JIR 15 (1971), 242, 248, meint, die Vorschrift sei systemwidrig. Dem ist insoweit zuzustimmen als die Bestimmungen zur Auslegung nur rudimentär und allgemein sind, während Art. 47 IPbpR einen sehr speziellen Fall betrifft.

583 *M. Nowak*, CCPR Commentary, Art. 47 Rn. 1.

584 § 8 IV 1.

Schaffung eines Ständigen Strafgerichtshofs am 17.7.1998[585] wurden entscheidende Schritte unternommen[586]. Doch nicht nur ein politischer Wille zur Schaffung eines effektiveren Schutzes, sondern auch ein Wille zur Änderung in der Anwendung des vorhandenen Völkerrechts und folglich in seiner Auslegungspraxis ist vorhanden. Es ist der Wille fort von einem souveränitätsorientierten hin zu einem menschenrechtsorientierten Ansatz.[587] Konkretisiert auf die Auslegung könnte das bedeuten: weg von der souveränitätsfreundlichen hin zur menschenrechtsfreundlichen Auslegung.

Ein derartiger Wandel wurde zunächst von der Literatur gefordert. Mit dem Urteil des Internationalen Straftribunals für das ehemalige Jugoslawien vom 2.10.1995 im Fall *Tadic (Decision on the Defence Motion for Interlocutory Appeal on Jurisdiction)*[588] scheinen nun auch Teile der Rechtsprechung endgültig diesen Weg eingeschlagen zu haben. Es handelte sich bei dieser Entscheidung um ein Zwischenurteil der Berufungsinstanz über das gegen die Jurisdiktion gerichtete Rechtsmittel der Verteidigung Tadics, in der das Gericht über Bestehen und Reichweite der Kompetenz des Gerichtshofs zu entscheiden hatte.

a) Die Errichtung des Jugoslawientribunals und ihre rechtliche Zulässigkeit

Angesichts der schrecklichen Ereignisse im ehemaligen Jugoslawien seit 1991 und da andere Zwangsmaßnahmen des UN-Sicherheitsrats erfolglos waren[589], wurde mit Annahme der Sicherheitsratsresolution 808 (1993) vom 22.2.1993[590] der Grundstein zur Errichtung eines internationalen Tribunals zur Verfolgung der Kriegsverbrecher gelegt. Nachdem sich die Lage in Bosnien im Winter 1992/93 dramatisch zugespitzt hatte, sollte die Drohung mit einem Tribunal ein letztes Signal an die Kriegsparteien und Einzeltäter darstellen, von weiteren schweren Verletzungen des humanitären Völkerrechts abzulassen, um den Konflikt auf friedli-

---

585 Quelle: http://www.un.org/law/icc/statute/romefra.htm (A/CONF. 183/9).

586 So etwa der damalige Bundesminister des Auswärtigen *Klaus Kinkel*, NJW 1998, 2650.

587 Vgl. *C. Kreß*, EuGRZ 1996, 638 ff., 648.

588 Appeals Chamber, HRLJ 16 (1995), 437 = ILR 105, S. 419.

589 Zu nennen sind insbesondere die Sicherheitsratsresolutionen 713 vom 25.9.1991, 764 vom 13.7.1992, 771 vom 13.8.1992 und 780 vom 6.10.1992; vgl. darüber hinaus *K. J. Partsch*, VN 1994, 11 f.

590 Deutscher Text in: Vereinte Nationen 1993, 71.

che Weise und auf internationalem Verhandlungsweg zum Ende zu bringen.[591] In der Resolution wurde der damalige Generalsekretär der Vereinten Nationen, *Boutros-Ghali*, beauftragt, innerhalb von zwei Monaten ein entsprechendes Statut auszuarbeiten. Sein Bericht lag am 3.5.1993 vor[592] und bildete die Vorlage zur weiteren Diskussion. Da sich die Verhältnisse im Kriegsgebiet kaum geändert hatten, wurde am 25.5.1993 mit der Sicherheitsratsresolution 827 beschlossen, „einen internationalen Gerichtshof zu schaffen, zu dem ausschließlichen Zweck, die Personen zu verfolgen, die für die zwischen dem 1.1.1991 und einem vom Sicherheitsrat nach Wiederherstellung des Friedens festzusetzenden Zeitpunkt im Hoheitsgebiet des ehemaligen Jugoslawien begangenen schweren Verstöße gegen das humanitäre Völkerrecht verantwortlich sind, und zu diesem Zweck das Statut des Internationalen Strafgerichtshofs (...) zu verabschieden" (Art. 2)[593]. Bei dem Gerichtshof handelt es sich rechtlich gesehen um ein Hilfsorgan des Sicherheitsrats iSd. Art. 29 UN-Charta, das aufgrund Kapitel VII der UN-Charta[594], insbesondere Art. 41 UN-Charta, der dem Sicherheitsrat die Kompetenz zum Erlassen von Zwangsmaßnahmen zur Wiederherstellung des Friedens verleiht, gebildet wurde.

Dieses Vorgehen war vollkommen neuartig. Die Errichtung eines Internationalen Strafgerichtshofs war bis dato nach allgemeiner Auffassung vom Abschluss eines entsprechenden völkerrechtlichen Vertrages, dem die betroffenen Staaten zustimmen müssen, abhängig.[595] Maßgeblicher Grund für diese Auffassung bildete die Souveränität. Aus ihr folgt in der Tat, dass die Strafverfolgung zunächst eine nationale Angelegenheit ist. Im Unterschied zur nationalen Gerichtsbarkeit gilt daher im Völkerrecht: „Ohne Zustimmung keine internationale Gerichtsbarkeit."[596] Mit der Einsetzung des Jugoslawientribunals ist diese Überzeugung ohne

---

591 *C. Hollweg*, JZ 1993, 980; vgl. insofern die Gründe in der Sicherheitsratsresolution 808 und der Stellungnahme des Generalsekretärs, insb. Para. 12 (S/25704).

592 UN Doc. S/25704.

593 Deutsch in VN 1993, 156.

594 Para. 22 ff. des Reports des Generalsekretärs (S/25704), 11. Erwägungsgrund der Sicherheitsratsresolution 827; 1. Erwägungsgrund des Statuts des Internationalen Tribunals für Jugoslawien; eine ausdrückliche Bezugnahme auf Art. 41 UN-Charta findet sich dagegen erst im *Tadic*-Urteil.

595 Diese Feststellung wird auch von den Befürwortern der Zulässigkeit der Errichtung des Tribunals hervorgehoben. So insbesondere der Generalsekretär *Boutros-Ghali* in Para. 19 seines Reports (S/25704), ebenso *K. Oellers-Frahm*, in: FS Bernhardt, S. 733, 733 f.; *B. Graefrath*, Neue Justiz 1993, 433 mwN. in Fn. 3, *W. Heintschel von Heinegg*, HuV 1996, 75, 80 mwN. in Fn. 80.

596 *K. Oellers-Frahm*, in: FS Bernhardt, S. 733, 734.

Zweifel erschüttert worden. Es stellte sich daher – insbesondere für die Beteiligten, den Sicherheitsrat, den Generalsekretär und schließlich den Gerichtshof selbst – die Frage nach der rechtlichen Zulässigkeit der Errichtung des Straftribunals. Das Ergebnis ist bekannt: alle unmittelbar Beteiligten haben sich für die Zulässigkeit ausgesprochen.[597] Auch die Literatur hat die Einsetzung des Tribunals durch den Sicherheitsrat (zunächst) weitestgehend begrüßt.[598]

In Anbetracht der Tragweite der Einsetzung hätte es nahegelegen, sich bei der Herleitung der Kompetenz des Sicherheitsrats, insbesondere bei der Auslegung des Art. 41 UN-Charta, eingehend mit der Souveränität auseinander zu setzen. Festzustellen ist indes ein weitgehendes Schweigen zu dieser Rechtsfrage. Sowohl der Generalsekretär als auch der Sicherheitsrat haben hier kaum Probleme gesehen oder zumindest keine Bedenken geäußert. Der Generalsekretär gestand zwar ein, dass es unter normalen Umständen eines völkerrechtlichen Vertrages bedurft hätte[599], hielt aber die Errichtung angesichts der Notwendigkeit und der räumlichen und zeitlichen Begrenzung dennoch für zulässig.[600] Der Sicherheitsrat begnügte sich damit, pauschal Kapitel VII UN-Charta als Ermächtigungsgrundlage zu benennen und hervorzuheben, er sei überzeugt, dass die fortgesetzten Verstöße gegen das humanitäre Völkerrecht eine Bedrohung des Weltfriedens darstellten und unter den besonderen Umständen im ehemaligen Jugoslawien die

---

597 Der Sicherheitsrat mit den Resolutionen 808 und 827, der Generalsekretär mit seinem Report vom 3.5.1993 (S/25704) und das Jugoslawientribunal mit den Entscheidungen des Trial Chamber vom 10.8.1995 (HRLJ 16 (1995), 426) und des Appeals Chamber vom 2.10.1995 im Tadic-Fall (HRLJ 16 (1995), 437). Immerhin hat der Vertreter Chinas im Vorfeld gewisse Einwände gegen die Einsetzung des Gerichts geäußert (vgl. *K. J. Partsch*, VN 1994, 11). Die Staaten der Dritten Welt verhielten sich dagegen zurückhaltend bis skeptisch (*G. Stuby*, in: Hankel/Stuby (Hrsg.), Strafgerichte gegen Menschheitsverbrechen, S. 429, 457 mwN. in Fn. 80). Ausdrücklich ablehnend lediglich Jugoslawien, das am Willensbildungsprozess nicht unmittelbar beteiligt war (vgl. *K. J. Partsch*, VN 1994, 11, 12).

598 So *C. Hollweg*, JZ 1993, 980 ff.; *K. Oellers-Frahm*, in: FS Bernhardt, S. 733 ff.; *T. H. Irmscher*, Kritische Justiz 31 (1998), 472, 480. Allerdings wurde teilweise bemängelt, dass dieser „Sanktion“ keine solide rechtliche Grundlage gegeben wurde (so etwa *K. J. Partsch*, VN 1994, 11, 17). Später dagegen wurde auch einiges Kritisches zu dieser Entscheidung vorgebracht: etwa bereits *B. Graefrath*, Neue Justiz 1993, 433 ff.; *W. Heintschel von Heinegg*, HuV 1996, 75, 79 ff.; *G. Stuby*, in: Hankel/Stuby (Hrsg.), Strafgerichte gegen Menschheitsverbrechen, S. 429 ff., insb. 457.

599 In Para. 19 seines Reports (S/25704) stellt er fest: „The approach which, in the normal course of events, would be followed in establishing an international tribunal would be the conclusion of a treaty by which the States parties would establish a tribunal and approve its statute.”

600 Para. 20 ff. (S/25704).

Schaffung eines internationalen Gerichts als Ad-hoc-Maßnahme des Rates zur Wiederherstellung und Wahrung des Friedens beitragen werde.[601]

Auch das Jugoslawientribunal (Appeals Chamber), welches sich ausführlicher mit der Zulässigkeit der Errichtung des Tribunals aufgrund Kapitel VII UN-Charta befasste[602], nahm auf Erwägungen der Souveränität keinen Bezug. Es begnügte sich im Wesentlichen mit der Feststellung, der Sicherheitsrat sei nicht nur auf die in Art. 41 UN-Charta aufgeführten Maßnahmen beschränkt, und ihm sei ein weiter Ermessensspielraum zuzubilligen.[603]

Dagegen bestehen Bedenken, und zwar vor allem[604] hinsichtlich der Argumentation bei der Festlegung der rechtlichen Schranken, die der Sicherheitsrat bei der Entscheidung über die Maßnahmen des Art. 41 UN-Charta besitzt. Diese Vorschrift ermächtigt den Sicherheitsrat, bestimmte Maßnahmen zur Wahrung oder Wiederherstellung des Friedens zu erlassen und zählt beispielhaft mögliche Maßnahmen[605] auf. Dabei handelt es sich ausschließlich um Maßnahmen, die in rechtsverbindlicher Weise Zwang ausüben, ohne eine richterliche oder legislative Gewalt auf den Sicherheitsrat zu übertragen.[606] Die Wiederherstellung des Friedens mit judikativen Mitteln ist insofern dem Canon des Art. 41 UN-Charta der Art nach fremd. Da die Maßnahme einerseits ungewöhnlich und neuartig war und andererseits die die Kompetenz des Sicherheitsrats nicht unbegrenzt ist und ihm

---

601 4., 6., 7. und 11. Erwägungsgrund der Sicherheitsratsresolution 827.

602 HRLJ 16 (1995), 437, 441 ff., Ziff. 26-48. *C. Kreß*, EuGRZ 1996, 638, 640, hebt hervor, dass die entsprechenden Urteilspassagen die bisher ausführlichste richterliche Befassung mit Kapitel VII UN-Charta darstellen.

603 HRLJ 16 (1995), 437, 443 f., Ziff. 34-36.

604 Weniger große Bedenken bestehen hinsichtlich der Argumentation zur Begründung, dass auch *interne Konflikte* eine Bedrohung des Friedens iSd. Art. 39 UN-Charta darstellen können. Zwar erfolgt in diesem Zusammenhang eine sehr pauschale Begründung (HRLJ 16 (1995), 437, 442, Ziff. 30) und so unumstritten ist die Ausweitung auf interne Konflikte angesichts der Souveränität nicht (vgl. *J. A. Frowein*, in: Simma (Hrsg.), Charta der Vereinten Nationen, Art. 39 Rn. 19 ff.; *J. E. Alvarez*, EJIL 7 (1996), 245, 256; weniger Bedenken dag. bei *K. Oellers-Frahm*, in: FS Bernhardt, S. 733, 737), doch ist das Ergebnis im wesentlichen zutreffend.

605 *J. A. Frowein*, in: Simma (Hrsg.), Charta der Vereinten Nationen, Art. 41 Rn. 8 f. mwN. in Fn. 20; *K. Oellers-Frahm*, in: FS Bernhardt, S. 733, 737; *C. Hollweg*, JZ 1993, 980, 981 mwN. in Fn. 9; *W. Heintschel von Heinegg*, HuV 1996, 75, 78. Darauf beruft sich auch der Appeals Chamber im Tadicurteil (HRLJ 16 (1995), 437, 443, Ziff. 35).

606 *B. Graefrath*, Neue Justiz 1993, 433, 434; *W. Heintschel von Heinegg*, HuV 1996, 75, 79. *J. A. Frowein*, in: Simma (Hrsg.), Charta der Vereinten Nationen, Art. 41 Rn. 8, spricht von einer Aufzählung von *Boykottmaßnahmen*.

deshalb eine entsprechende Kompetenz übertragen werden muss, wäre es angebracht gewesen, auf die Souveränität einzugehen.[607] Dass sie bei der Auslegung eine wichtige Rolle hätte spielen können, dafür sprechen weitere Argumente: Im UN-System nimmt die in Art. 2 Ziff. 1 UN-Charta verbürgte Souveränität eine zentrale Stellung ein.[608] Zudem handelt es sich um Fragen aus einem souveränitätsempfindlichen Bereich. Die Strafhoheit ist originär eine nationale Angelegenheit und ureigene Domäne des souveränen Staates.[609]

Schließlich hätte die Souveränität bei der Frage eine Rolle spielen können, ob die Einsetzung eines internationalen Straftribunals angemessen ist. Angesichts der geringen Geeignetheit der Maßnahme – der ausschließlich zulässige Zweck nach Art. 41 UN-Charta ist die Wiederherstellung des Friedens, der mit der Errichtung des Tribunals kaum gefördert wird[610] – hätte der Sicherheitsrat angesichts des tiefen Einschnitts in die Souveränität Jugoslawiens durchaus zu einem anderen Ergebnis kommen können.[611]

---

607 So haben sich auch diejenigen Stimmen aus der Literatur, welche die Gründung eines Tribunals als rechtlich zulässig erachten, ausführlich mit dem Souveränitätsargument auseinandergesetzt, etwa *K. Oellers-Frahm*, in: FS Bernhardt, S. 733, 744 ff.; anders aber *C. Hollweg*, JZ 1993, 980, 983, der die Errichtung für zulässig erachtet, weil das ad-hoc-Tribunal eine zeitliche und räumlich Begrenzung erfahren habe. Warum jedoch in Fällen, in denen die Souveränität „nur ein bisschen berührt ist", kein völkerrechtlicher Vertrag nötig sein soll, bleibt weiter erklärungsbedürftig.

608 *G. Stuby*, in: Hankel/Stuby (Hrsg.), Strafgerichte gegen Menschheitsverbrechen, S. 429, 430, insb. 457.

609 Vgl. statt vieler *T. H. Irmscher*, Kritische Justiz 31 (1998), 472, 481; *O.V.*, DRiZ 1999, 10, 11. Der Artikel, der über die Verabschiedung des Ständigen Internationalen Gerichtshofs informiert, steht bezeichnenderweise unter der Überschrift *Globalisierung der Menschenrechte contra staatliche Souveränität.*

610 So auch *K. J. Partsch*, VN 1994, 11, 17; a.A. *K. Oellers-Frahm*, in: FS Bernhardt, S. 733, 738; *C. Hollweg*, JZ 1993, 980, 982 mwN. in Fn. 13, später allerdings stark relativierend (S. 989); sie weisen zu Recht darauf hin, dass die Drohung mit möglicher Strafverfolgung durchaus kontraproduktiv für den Erfolg von Friedensbemühungen sein könnte. Die internationale Strafverfolgung der Täter darf dagegen nicht zum primären Zweck der Errichtung des Tribunals werden, denn dafür besitzt der Sicherheitsrat keine Kompetenz. Es ist insofern sehr bedenklich, wenn der Sicherheitsrat als Ziel der Maßnahme auch die internationale Strafverfolgung nennt (5. und 6. Erwägungsgrund der Sicherheitsratsresolution 827).

611 Zu Einzelheiten s.u. § 10 II 3. Diese Kritik richtet sich vor allem an den Sicherheitsrat. Das Hilfsorgan des Sicherheitsrats, das Gericht, hat – wohl zurecht – hier die Grenze seiner Rechtskontrolle gezogen und dem Sicherheitsrat eine Einschätzungsprärogative zugebilligt. Es kann kaum überraschen, dass sich der Gerichtshof als Hilfsorgan des Sicherheitsrats nicht über dessen Entscheidung hinweggesetzt hat.

Die rechtliche Kritik an der Zulässigkeit der Gerichtsgründung durch den Sicherheitsrat setzt daher häufig an Überlegungen der Souveränität an.[612] Auch wenn es für die Zulässigkeit durchaus gute Gründe gibt, so hätte bei der Begründung mehr Augenmerk auf die Souveränität gelegt werden müssen.[613] Die Art und Weise, wie sie erfolgt ist, lässt den Verdacht aufkommen, dass das Ergebnis im Vordergrund stand und seine rechtliche Begründung nur eine sekundäre Rolle gespielt hat.

b) Die Rechtmäßigkeit des Kompetenzvorranges des Tribunals gegenüber nationalen Gerichten

Nachdem das Gericht die Rechtmäßigkeit der Einsetzung des Tribunals bejaht hatte, konnte es zu den einzelnen Normen des Statuts selbst Stellung nehmen. Die Verteidigung von Tadic rügte hierbei zunächst die Regelung des Art. 9 II des Statuts. Der darin geregelte Vorrang des Internationalen Gerichts vor einzelstaatlichen Gerichten verletze die staatliche Souveränität.[614]

Im Gegensatz zur Auslegung des Art. 41 UN-Charta hätte hier allerdings die Beachtung der souveränitätsfreundlichen Auslegung angesichts des klaren Wortlauts von Art. 9 II[615] zu keinen anderen Ergebnissen führen können. In Betracht kam also von vornherein nur eine Prüfung, ob die Norm die Souveränität verletze. Das verneinte das Gericht.[616] Hinsichtlich der Souveränität Jugoslawiens berief es sich dabei richtigerweise auf Art. 2 Ziff. 7 Hs. 2 UN-Charta, der ausdrücklich Eingriffe in die inneren Angelegenheiten durch Zwangsmaßnahmen auf der Grundlage des Kapitel VII UN-Charta zulässt.[617]

Erklärungsbedürftig bleibt allerdings, warum der Gerichtshof jedes Verfahren an sich ziehen kann, egal in welchem Staat es stattfindet. Das Tribunal ist gem.

---

612 *B. Graefrath*, Neue Justiz 1993, 433 ff.; *W. Heintschel von Heinegg*, HuV 1996, 75, 79 ff.; *J. E. Alvarez*, EJIL 7 (1996), 245, 253, 256; *G. Stuby*, in: Hankel/Stuby (Hrsg.), Strafgerichte gegen Menschheitsverbrechen, S. 429 ff., insb. 457. In der vorbereitenden Phase Anfang 1993 hatten lediglich China und Jugoslawien Souveränitätsbedenken geäußert (vgl. *K. J. Partsch*, VN 1994, 11 f.).

613 In welcher Form das im Einzelnen geschehen könnte, dazu § 10 II 3.

614 HRLJ 16 (1995), 437, 446 Ziff. 50.

615 Art. 9 II 1 lautet: „Das Gericht hat Vorrang vor einzelstaatlichen Gerichten."

616 HRLJ 16 (1995), 437, 448 f. Ziff. 56-60.

617 HRLJ 16 (1995), 437, 449 Ziff. 58, noch deutlicher S. O. *Sidhwa*, ebenda, S. 470, 483 f. Ziff. 86.

Art. 9 II des Statuts berechtigt, in die Hoheitsgewalt eines jeden beliebigen Staates einzugreifen. *Graefrath* hat zu Recht darauf hingewiesen, dies sei ein Eingriff in die Souveränitätsrechte aller Staaten.[618] Das Gericht bemerkte dazu lediglich, dass Deutschland und Bosnien-Herzegowina durchaus bereitwillig mit dem Gericht kooperiert hätten[619] und es sich um unter das Weltrechtsprinzip fallende Delikte handele.[620]

In der Stellungnahme zu Art. 9 II des Statuts wird deutlich, dass nach Ansicht des Gerichts die Souveränität kaum etwas zur Auslegung beitragen könne. Im Rahmen der Fragestellung, ob sich im Prozess nur Staaten auf Souveränität berufen dürfen[621], stellte das Gericht fest: „Dating back to a period when sovereignty stood as a sacrosanct and unassailable attribute of statehood, this concept recently has suffered progressive erosion at the hands of the more liberal forces at work in the democratic societies, particularly in the field of human rights."[622]

c) Die Bestimmung des Umfanges der Zuständigkeit – Zur Auslegung der Artikel 2 und 3 des Statuts

Was eben schon anklang – der Wechsel von einem souveränitätsorientierten zu einem menschenrechtsorientierten Ansatz –, wurde noch deutlicher bei der Auslegung der materiellen strafrechtlichen Normen.

Im Rahmen der Bestimmung des Umfangs der Zuständigkeit des Gerichts, die u.a. in den Art. 2 und 3 des Statuts geregelt sind, stellte sich die Frage, inwieweit diese Vorschriften auf interne bewaffnete Konflikte anwendbar sind. Nach Art. 2 sollen Personen verfolgt werden, die schwere Verletzungen der Genfer Konven-

---

618 *B. Graefrath*, Neue Justiz 1993, 433, 435.

619 HRLJ 16 (1995), 437, 448 Ziff. 56.

620 HRLJ 16 (1995), 437, 448 f. Ziff. 57.

621 So einige staatliche Gerichte, vgl. die Nachweise in HRLJ 16 (1995), 437, 448 Ziff. 55; *C. Kreß*, EuGRZ 1996, 638, 643 Fn. 51.

622 HRLJ 16 (1995), 437, 448 Ziff. 55.

tionen begangen haben[623], und nach Art. 3 Personen, die gegen die Gesetze und Gebräuche des Krieges verstoßen haben.[624]

Für Art. 2 wurde eine Anwendbarkeit auf interne bewaffnete Konflikte verneint.[625] Bei seiner Auslegung wurde die Souveränität nicht unmittelbar als Argument verwendet, sie fand aber mittelbar Eingang über die historische Auslegung.[626]

Eine solch „konservative Lösung" konnte sich das Gericht leisten, weil es den internen bewaffneten Konflikt – um es mit *Kreß*[627] zu sagen – mit einer „progressiven Lösung", sprich mit einer die souveränitätsfreundliche Auslegung außer Betracht lassenden Auslegung, unter Art. 3 des Statuts fasste[628]. Zur Begründung führte das Gericht aus: „This dichotomy [gemeint ist der intensiv geregelte internationale und der nur rudimentär geregelte interne bewaffnete Konflikt] was clearly sovereignty-oriented and reflected the traditional configuration of the international community, based on the coexistence of sovereign States more inclined to look after their own interests than community concerns or humanitarian demands."[629] Weiter heißt es: „A State-sovereignty-oriented approach has been gradually supplanted by a human-being-oriented approach. (...) If international law, while of course duly safeguarding the legitimate interests of States, must

623 Art. 2 lautet: „Grave breaches of the Geneva Conventions of 1949. The International Tribunal shall have the power to prosecute persons committing or ordering to be committed grave breaches of the Geneva Conventions of 12 August 1949, namely the following acts against persons or property protected under the provisions of the relevant Geneva Convention: (...)."

624 Art. 3 lautet: „Violations of the laws or customs of war The International Tribunal shall have the power to prosecute persons violating the laws or customs of war. Such violations shall include, but not be limited to: (...)."

625 HRLJ 16 (1995), 437, 454 f. Ziff. 79-84.

626 HRLJ 16 (1995), 437, 454 Ziff. 80. Es heißt dort: „The international armed conflict requirement was a necessary limitation on the grave breaches system in light of the intrusion on State sovereignty that such mandatory universal jurisdiction represents. State parties to the 1949 Geneva Conventions did not want to give other States jurisdiction over serious violations of international humanitarian law committed in their internal armed conflicts - at least not the mandatory universal jurisdiction involved in the grave breaches system."

627 *C. Kreß*, EuGRZ 1996, 638, 645 f.

628 HRLJ 16 (1995), 437, 465 Ziff. 137.

629 HRLJ 16 (1995), 437, 457 Ziff. 96.

gradually turn to the protection of human beings, it is only natural that the aforementioned dichotomy should gradually lose its weight."[630]

Diese Begründung ist in ihrer Tragweite kaum zu unterschätzen. Nach Ansicht des Gerichts habe ein Wechsel vom souveränitätsorientierten zu einem menschenrechtsorientierten Ansatz stattgefunden. Das lässt zugleich die anderen Passagen des Urteils in neuem Licht erscheinen. Es wird klarer, warum bei der Auslegung des Art. 41 UN-Charta eine Auseinandersetzung mit Souveränitätsargumenten fehlte. Es wirft gleichzeitig neue Fragen auf, vor allem die, ob dieser Schritt begründbar ist und gegebenenfalls welche Folgen das für die Rechtsordnung hätte. Zu klären wäre insbesondere, welche Bedeutung die bisher als grundlegend angesehene Norm des Art. 2 Ziff. 1 UN-Charta dann noch haben könnte. Hierzu gab das Gericht keine Auskunft.

Für die Durchsetzung des neuartigen Ansatzes wird mitentscheidend sein, ob diese Entwicklung die Probe standhält: Würden diejenigen, die sich aktiv an der Schaffung des Tribunals beteiligt waren, insbesondere die Sicherheitsratsmitglieder, eine entsprechende Maßnahme auch gegen sich selbst gelten lassen? Die Öffentlichkeit scheint daran zu zweifeln.[631] In der Tat gibt es bereits deutliche Signale in die entgegengesetzte Richtung: Sowohl China als auch die USA haben gegen das Statut des Ständigen Internationalen Strafgerichtshofs gestimmt.[632]

---

630 HRLJ 16 (1995), 437, 458 Ziff. 97.

631 So beklagt *T. H. Irmscher*, Kritische Justiz 31 (1998), 472, 483 mwN., „dass manche Staaten, vor allem aber die Großmächte, aus (...) souveränitätswahrenden Interessen nicht gewillt sein werden, ein solches Gericht und eine solche Rechtsprechung zu akzeptieren. So ist die Ablehnung gegenüber einem effektiven IStGH (...) vor allem von Seiten der Vereinigten Staaten schon vor und während der Verhandlung deutlich zu Tage getreten."

632 Dieses Gericht wurde anders als das Jugoslawientribunal auf klassischem Wege – durch völkerrechtlichen Vertrag – geschaffen und ist von seinen Zielsetzungen her mit diesem vergleichbar. Teilweise hat der Ständige Internationale Strafgerichtshof sogar geringere Befugnisse: So sieht das Statut insbesondere das Prinzip der Komplementarität vor, d.h. das Gericht wird nur dann tätig, wenn ein Staat zur Strafverfolgung selbst nicht Willens oder in der Lage ist. Es hat also keinen allgemeinen Vorrang, wie das Jugoslawientribunal.

5. *Das Gutachten des IGH über die Völkerrechtswidrigkeit des Einsatzes von Atomwaffen*

Den weitreichenden Überlegungen des *Tadic*-Urteils aus dem Jahre 1995 ist das Gutachten *Legality of the Threat or Use of Nuclear Weapons*[633] des IGH aus dem Jahre 1996 gegenüberzustellen. In ihm hatte das Gericht die von der Generalversammlung vorgelegte Frage zu beantworten hatte, ob die Androhung oder der Einsatz von Atomwaffen in irgendeiner Situation nach dem Völkerrecht erlaubt sei. Dabei war zunächst zu klären, ob die Frage überhaupt richtig gestellt worden war. Nach Auffassung einiger Staaten, die zum Gutachtenantrag Stellung bezogen, hätte nämlich nicht nach der *Erlaubnis*, sondern nach dem *Verbot* gefragt werden müssen. Unter Berufung auf die Entscheidungen *Lotus* von 1927[634] und *Military and Paramilitary Activities* von 1986[635] begründeten sie ihre Ansicht damit, dass der Ausgangspunkt im Völkerrecht die Prinzipien der Souveränität und des Konsenses darstellten.[636] Daher bedürfe es im Grundsatz keiner Erlaubnisnorm für die Androhung und den Einsatz von Atomwaffen. Diese Überlegungen sind – um es mit dem Dictum der *Tadic*-Entscheidung zu sagen – vom „State-sovereignty-oriented approach“ geprägt. Würde dagegen der „human-being-oriented approach” zugrundegelegt, dann bedürfte der Atomwaffengebrauch als Abweichung vom Idealbild des humanitären Völkerrechts[637] der *Erlaubnis*.

Hinter dem Streit um die zutreffende Formulierung der Rechtsfrage steht also letztlich – versteckt – die grundlegende Frage nach dem Völkerrechtsansatz. Der IGH äußerte sich jedoch nicht dazu und bemerkte lediglich, dass die unterschiedliche Formulierung ohne Signifikanz für die Entscheidung sei, weil jedenfalls Klarheit darüber bestehe, dass die staatliche Unabhängigkeit durch Prinzipien und Regeln des Völkerrechts und insbesondere des humanitären Rechts eingeschränkt sei.[638] Gegen die Absicht des IGH, in jener Frage seine noch 1986 bekräftigte Ansicht zu ändern, sprechen freilich einige persönliche Stellungnahmen

---

633 Gutachten vom 8.7.1996, ICJ Rep. 1996, S. 226.

634 PCIJ Ser. A No. 10, S. 18, 19.

635 ICJ Rep. 1986, S. 14, 135.

636 ICJ Rep. 1996, S. 226, 238 f.

637 Über die Gegensätzlichkeit von humanitärem Völkerrecht einerseits und dem Atomwaffengebrauch andererseits besteht Einigkeit (vgl. nur ICJ Rep. 1996, S. 226, 256 ff., insb. 260, 262; S. O. *Fleischhauer*, ebenda, S. 305).

638 ICJ Rep. 1996, S. 226, 239.

der beteiligten Richter.[639] Außerdem prüfte das Gericht im Verlauf der weiteren Untersuchung vor allem, ob einzelne Normen den Atomwaffengebrauch verbieten und nicht ob es eine entsprechenden Erlaubnisnorm gibt.[640] Darüber hinaus legte es die einzelnen in Betracht gezogenen Verbotsnormen anders als die *Tadic*-Entscheidung nicht (über-)betont „menschenrechtsfreundlich“ aus[641] und berücksichtigte, wenn auch am Rande, das Argument der Souveränität.[642] Art und Weise der Argumentation unterscheiden sich deutlich von den Ausführungen des Jugoslawientribunals. Es bleibt daher festzuhalten, dass sich der IGH nicht für einen Wandel weg vom souveränitätsorientierten hin zum menschenrechtsorientierten Ansatz ausgesprochen hat. Vielmehr haben sich einige Staaten in ihren Stellungnahmen zum Gutachtenantrag mehr oder weniger klar gegen eine derartige Änderung des Völkerrechts ausgesprochen.

---

639 Decl. *Shi*, ICJ Rep. 1996, S. 226, 277, 278, stellte klar, dass die Struktur des Völkerrechts auf dem Prinzip der souveränen Gleichheit beruhe. In die gleiche Richtung S. O. *Guillaume*, ebenda, S. 287, 291 f., und D.O. *Koroma*, ebenda, S. 566, 576, wohl auch D.O. *Shahabuddeen*, ebenda, S. 375, 417. Vorsichtiger S. O. *Fleischhauer*, ebenda, S. 305, der lediglich feststellte, dass ein Konflikt zwischen dem humanitären Völkerrecht und der souveränen Gleichheit bestehe. Dag. aber D.O. *Weeramantry*, ebenda, S. 429, 492 ff., relativierend aber die Bemerkungen S. 495. Seine Meinung unterstrich er in S. O. *Weeramantry*, *Application of the Convention on the Prevention and Punishment of the Crime of Genocide – Preliminary Objections*, ICJ Rep. 1996, S. 595, 640, 645 ff.

640 ICJ Rep. 1996, S. 226, 239 ff.; anders D.O. *Weeramantry*, ebenda, S. 429, 492 ff.

641 ICJ Rep. 1996, S. 226, 356 ff. Eine menschenrechtsfreundliche(re) Auslegung, also letztlich eine Auslegung zugunsten eines weiten Anwendungsbereichs von Normen des humanitären Völkerrechts, hätte durchaus dazu führen können, dass der Fall des Atomwaffeneinsatzes mit erfasst ist.

642 Weitgehende Einigkeit unter den Richtern bestand darüber, dass die Souveränität der neutralen Staaten Beachtung finden müsse (vgl. nur ICJ Rep. 1996, S. 226, 260). So schreibt beispielsweise *Weeramantry*, D.O., ebenda, S. 429, 495: „[S]overeignty of other States should be respected. One of the characteristics of nuclear weapons is that they violate the sovereignty of other countries who have in no way consented to the intrusion upon their fundamental sovereign rights, which is implicit in the use of the nuclear weapon.“ Die Grenzenlosigkeit der Strahlenwirkung wurde bei der Katastrophe in Tschernobyl drastisch vor Augen geführt. Ansonsten ist festzustellen, dass die einzelnen Richter unterschiedlich mit dem Argument der Souveränität umgingen: Tendenziell betonten die Vertreter der absoluten Illegalität eher die Relativität der Souveränität (D.O. *Shahabuddeen*, ebenda, S. 375 ff., insb. 391 ff.; D.O. *Weeramantry*, ebenda, S. 429, 492 ff.), während die Vertreter der teilweisen Legalität ihre Bedeutung hervorhoben und zum Ergebnis kommen, dass jedenfalls dann, wenn es um das Überleben eines Staates ginge, der Einsatz von Atomwaffen gerechtfertigt sein kann (S. O. *Guillaume*, ebenda, S. 287 ff.; D.O. *Schwebel*, ebenda, S. 311 ff.; D.O. *Higgins*, ebenda, S. 583 ff.).

In der Hauptsache selbst kam das Gericht zum Ergebnis, dass die Androhung oder der Einsatz von Atomwaffen generell illegal seien. Darüber hinaus sei es nicht möglich – aus Sicht des gegenwärtigen Standes des Völkerrechts und des zur Verfügung stehenden Faktenmaterials – endgültig über ihre Legalität in Extremsituationen, in denen es um das Überleben eines Staates gehe, zu entscheiden.[643] Die unvollständige Beantwortung der Rechtsfrage überrascht und ist letztlich der Kompromiss eines Richterkollegiums, dessen Einzelauffassungen stark divergierten.[644] Aus Sicht der hier untersuchten Auslegungsregel ist an dem Ergebnis bemerkenswert, dass das eigentlich für eine solche „ausweglose Situation" geschaffene Argument, im Zweifel sei restriktiv, d.h. zugunsten der staatlichen Unabhängigkeit, auszulegen, nicht in Betracht gezogen wurde.

6. Resümee

Bilanzierend zur Auslegung von humanitärem Völkerrecht ist festzustellen, dass es an einer einheitlichen Linie fehlt. Kaum noch praktischen Nutzen wird der Souveränität im *Tadic*-Urteil des Jugoslawientribunals eingeräumt. In ihm sollte ganz offensiv auf Kosten der Souveränität dem Menschenrechtsschutz zum Durchbruch verholfen werden. Argumentativ wurde das bewerkstelligt, indem ein Wandel des Völkerrechts weg vom souveränitätsorientierten hin zum menschenrechtsorientierten Ansatz propagiert wurde. Mit dieser Auffassung ist das Jugoslawientribunal in der Völkerrechtsgemeinschaft bisher allein geblieben.[645] Insbesondere der Internationale Gerichtshof ist dieser Auffassung in seinem Gutachten *Legality of the Threat or Use of Nuclear Weapons* nicht gefolgt.

Ohne eine solche tiefgreifende Umstellung der Struktur des Völkerrechts zu behaupten, haben auch der Europäische und der Amerikanische Menschenrechtsge-

---

643 ICJ Rep. 1996, S. 226, 266 Nr. 2 E. Das Urteil kam in diesem entscheidenden Punkt mit der geringsten möglichen Mehrheit zustande. Bei jeweils 7 Stimmen für und gegen diese Auffassung gab die des vorsitzenden Richters *Bedjaoui* den Ausschlag.

644 Vgl. nur *N. Paech*, HuV 9 (1996), 176, 177. Das sehen auch die Richter selbst so (vgl. nur S. O. *Fleischhauer*, ICJ Rep. 1996, S. 226, 305).

645 Immerhin haben die Staaten haben die Errichtung des Tribunals weitgehend akzeptiert. Das darf freilich nicht mit der Zustimmung zum Wechsel der Grundordnung des Völkerrechts gleichgesetzt werden. Am ehesten in diese Richtung noch D.O. *Weeramantry, Legality of the Threat or Use of Nuclear Weapons*, ICJ Rep. 1996, S. 226, 429, 492 ff.; *ders.*, S. O., *Application of the Convention on the Prevention and Punishment of the Crime of Genocide – Preliminary Objections*, ICJ Rep. 1996, S. 595, 640, 645 ff. In der Literatur scheint dieser Ansatz dagegen eher Zustimmung zu finden (s.o. § 8 IV 1).

richtshof auf die Anwendung der souveränitätsfreundlichen Auslegung verzichtet.[646] Charakteristisch für die Auslegung von humanitärem Völkerrecht ist folgende Stellungnahme *Baghwatis* in einer Entscheidung des *United Nations Human Rights Committee*: „The question is: are we going to read human rights in a generous and purpositive manner or in a narrow and constricted manner? Let us not forget that basically, human rights in the International Covenant are rights of the individual against the State; they are protections against the State and they must therefore be construed broadly and liberally."[647] Für den innerstaatlich Bereich ist demgegenüber festzustellen, dass die souveränitätsfreundliche Auslegung bzw. mit ihr verwandte Regeln verschiedentlich angewandt wurden.[648]

V. Nationale Rechtsprechung

In der innerstaatlichen und insbesondere in der deutschen Rechtsprechung wurde die Souveränität als Argument bei der Auslegung von völkerrechtlichen Verträgen weiterhin verwendet.

Zu nennen ist vor allem das Urteil des Bundesverwaltungsgerichtes zum *NDR-Staatsvertrag*.[649] Nachdem die schleswig-holsteinische Regierung den zwischen ihr und den Ländern Niedersachsen und Hamburg geschlossenen NDR-Staatsvertrag ordnungsgemäß gekündigt hatte[650], musste geklärt werden, welche Auswirkungen das für den Fortbestand des Vertrages hat. In Betracht kamen die Alternativen Gesamtauflösung oder Fortführung des Vertragsverhältnisses zwischen Niedersachsen und Hamburg.

---

646 *K. Zemanek*, in: Neuhold/Hummer/Schreuer (Hrsg.), Österreichisches Handbuch des Völkerrechts I, Rn. 359, stellt zurecht fest, dass die internationalen Überwachungsorgane eher zur extensiven Auslegung tendieren.

647 D.O. *Baghwati*, *Stewart v. Canada*, *United Nations Human Rights Committee*, Entscheidung vom 1.11.1996, ILR 115, 319, 344.

648 Anders als im Völkerrecht ist das humanitäre Recht im innerstaatlichen Recht kaum abgrenzbar, weil die Rechtsbeziehungen zwischen dem Einzelnen und dem Staat viel enger sind (vgl. insofern auch die Entscheidungen der nationalen Rechtsprechung unter § 8 V).

649 *NDR-Staatsvertrag*, Entscheidung vom 28.5.1980, BVerwG DVBl. 1980, 845 = ILR 90, 365 = BVerwGE 60, 162.

650 Das stellte der erste Teil des Urteiles fest (BVerwG DVBl. 1980, 845, 846 ff.).

Die Kündigungsvorschrift des § 24 NDR-Staatsvertrag enthielt dazu keinerlei Regelungen.[651] Unter Zugrundelegung der Auslegungsregeln der Wiener Vertragsrechtskonvention – das Gericht behandelte den Vertrag im wesentlichen so, als entstamme er dem Völkerrecht – stellte das Bundesverwaltungsgericht fest, dass die Entstehungsgeschichte, der Zweck und der Wortlaut des Vertrages keine Präferenz für eine der beiden Alternativen erkennen ließen.[652] Auch die interpretatio contra proferentem und das Verhalten der Vertragspartner nach Abschluss des Vertrages gäben keinerlei weiteren Aufschluss.[653]

Das Gericht sah sich daher zur ergänzenden Vertragsauslegung, „die an dem hypothetischen Parteiwillen als einem objektiv zu ermittelnden, die Rechtsanwendung bestimmenden Element der im Vertrag angelegten rechtlichen Ordnung ausgerichtet ist", gezwungen.[654] Leitender Gesichtspunkt seien dabei die am Kündigungszweck orientierten Interessen der Länder an den jeweiligen Rechtsfolgen.

Dabei stellte das Gericht fest, dass die schleswig-holsteinische Seite ein gegenüber Niedersachsen und Hamburg vergleichsweise geringes Interesse an der Beantwortung der Frage nach dem Fortbestand des Vertrages hatte. Daher käme es vor allem auf die Interessen jener beiden verbleibenden Länder an. Sie hätten eher Interesse am Fortbestand des Vertrages, weil sie dann selbst entscheiden könnten, ob sie das Vertragsverhältnis aufrecht erhalten, oder ob sie es im Wege einer Anschlusskündigung insgesamt beenden. Sie hätten also in mit dieser Alternative die größere Handlungsfreiheit.[655] Das Gericht führte aus: „Die auf den Austritt begrenzte Kündigungswirkung trägt zugleich dem im Völkervertrags-

---

651 Die Vorschrift lautet: „Kündigungsrecht, Auseinandersetzung (1) Der Vertrag kann von jedem der beteiligten Länder erstmalig 10 Jahre nach seinem Inkrafttreten gekündigt werden. Die Kündigungsfrist beträgt jeweils 2 Jahre auf den Schluss des Rechnungsjahres. Wird der Vertrag nicht gekündigt, verlängert er sich stillschweigend um jeweils 5 Jahre. (2) Nach der Kündigung kann jedes Vertragsland durch Mitteilung an die anderen Vertragsländer die Einsetzung eines Schiedsgerichts verlangen, das über die Auseinandersetzung endgültig entscheidet. Das Schiedsgericht kann auch eine einstweilige Regelung treffen. (3) Einigen sich die Vertragsländer nicht über die Zusammensetzung des Schiedsgerichts, so ist der Präsident des Bundesverwaltungsgerichts um die Ernennung eines aus 3 Mitgliedern bestehenden Schiedsgerichts zu bitten. Die Schiedsrichter müssen die Fähigkeit zum Richteramt besitzen."

652 BVerwG DVBl. 1980, 845, 849 ff.

653 BVerwG DVBl. 1980, 845, 850.

654 BVerwG DVBl. 1980, 845, 851.

655 BVerwG DVBl. 1980, 845, 851 f.

recht vielfach vertretenen, aber auch auf das Gliedstaatsvertragsrecht übertragbaren Grundsatz Rechnung, dass bei Staatsverträgen derjenigen Auslegung der Vorzug zu geben ist, die die staatliche Souveränität – unter Bundesländern die Landeshoheit – und die damit verbundene Entschließungsfreiheit möglichst geringen Beschränkungen aussetzt. (...) Als Austrittskündigung entfaltet eine Kündigung (...) umfassende Wirkungen nur für die Rechtslage des kündigenden Landes und schont die außerhalb seines Herrschaftsbereichs liegenden Vertragsbeziehungen der beiden anderen Länder. (...) Eine Auslegung der Kündigungsklausel in § 24 StV, die diese äußerst gewichtigen Belange ohne Not zur vollen Disposition eines einzigen der drei beteiligten Länder stellen würde, kann nach Auffassung des Senats nicht im Sinne der im NDR-Staatsvertrag angelegten inneren Ordnung liegen, nach der der im Vertrag selbst nicht vollständig zum Ausdruck gekommene Parteiwille zu Ende gedacht werden muss."[656]

Bemerkenswert an diesem Urteil des Bundesverwaltungsgerichtes ist die Akzeptanz der souveränitätsfreundlichen Auslegung als ergänzender Auslegungsregel neben den Regeln der Wiener Vertragsrechtskonvention und ihre Übertragung auf Verträge zwischen Bundesländern.

In einer weiteren Entscheidung – *Niederlassung von spanischen Familienangehörigen*[657] – hatte das Bundesverwaltungsgericht die Rechtsfrage zu beantworten, ob eine Spanierin, die im Haushalt ihrer in Deutschland lebenden und arbeitstätigen Tochter lebt, eine „Familienangehörige" iSd. Art. 2 II 2 des spanisch-deutschen Niederlassungsvertrages vom 23.4.1970[658] ist. Der Vertrag selbst definierte den Begriff „Familienangehöriger" nicht und das Gericht meinte zudem, dass sich sein Inhalt auch nicht schon nach dem allgemeinen Wortsinn oder aus der Entstehungsgeschichte des Vertrages ergebe.[659] Tatsächlich war diese Frage vor und nach Abschluss der Vereinbarung Gegenstand von Besprechungen zwi-

---

656 BVerwG DVBl. 1980, 845, 852.

657 Entscheidung vom 3.5.1973, BVerwGE 42, 148 = ILR 74, 570.

658 Art. 2 II lautet: „Den Staatsangehörigen einer Vertragspartei, die sich im Hoheitsgebiet der anderen Vertragspartei nach Maßgabe dieses Vertrages niederlassen wollen, um eine selbständige oder unselbständige Erwerbstätigkeit auszuüben, werden die Einreise in das Hoheitsgebiet der anderen Vertragspartei sowie der Aufenthalt, die freie Wahl des Aufenthaltsorts und die Freizügigkeit nach Maßgabe der in diesem Gebiet gültigen Rechtsvorschriften gestattet. Das gleiche gilt für die zum Haushalt eines Staatsangehörigen einer Vertragspartei gehörenden Familienangehörigen gleich welcher Staatsangehörigkeit, sofern der Staatsangehörige ihnen Unterhalt gewährt."

659 BVerwGE 42, 148, 149.

schen der Bundesregierung und der spanischen Regierung gewesen, wobei keine Einigung erzielt werden konnte. Die deutsche Delegation hatte die Auffassung vertreten, der Begriff umfasse nur „Mann, Ehefrau und Kind", während die spanische Delegation ein weiteres Verständnis gefordert hatte.[660]

Das Gericht entschied, „Familienangehörige" iSd. deutsch-spanischen Niederlassungsvertrages seien nur Ehegatten und Kinder, nicht dagegen Eltern. Es begründete: „Bei dieser Sachlage [gemeint ist der fehlende Konsens über den Begriffsinhalt] und angesichts des weiteren Umstandes, dass der Text des Vertragswerkes des Niederlassungsvertrages sonst allerorten auf abschließende Begriffsklärung bedacht ist, muss Art. 2 Abs. 2 NV hinsichtlich des Begriffs der Familienangehörigen im Sinne des deutschen Vertragsteiles eng ausgelegt werden. Nach den für die Auslegung völkerrechtlicher Verträge allgemein entwickelten Grundsätzen ist in Fällen, in denen eine Vertragsbestimmung unklar ist, diejenige Auslegung zu wählen, die, ohne den Vertragszweck in Frage zu stellen, die Vertragspartei, um deren Verpflichtungen es geht, nicht über das gewollte Maß hinaus bindet."[661] Wahrscheinlich dürfte der Grund für die Anwendbarkeit der restriktiven Auslegung die Souveränität sein. So haben *Jennings* und *Watts* diesen Fall ohne weiteres dem Prinzip *in dubio mitius* zugeordnet[662], einem Prinzip, welches nach ihrer Auffassung den Zweck habe, die Souveränität der Staaten zu verteidigen[663].

Noch zwei weitere Entscheidungen deutscher Gerichte sind im Zusammenhang mit der souveränitätsfreundlichen Auslegung zu nennen: Dem 1. Zivilsenat des BGH lagen im Jahre 1969 zwei Klagen vor, in denen Normen des deutsch-französischen Abkommens über den Schutz von Herkunftsangaben vom 8.3.1960 auszulegen waren. Zur Bestimmung des Auslegungsmaßstabes führte das Gericht im Fall *Champagner-Weizenbier* aus: „Bei der Auslegung internationaler Verträge sind die Grundsätze zu berücksichtigen, die das Völkerrecht entwickelt hat. (...) Nur bei Zweifeln über den Wortsinn spricht eine Vermutung zugunsten der

---

660 BVerwGE 42, 148, 150.

661 BVerwGE 42, 148, 150, unter Berufung auf BVerfGE 4, 157, 168, *F. Berber*, Lehrbuch des Völkerrechts, Bd. 1, S. 447, und *A. Verdross*, Völkerrecht, S. 173 f.

662 *R. Jennings/A. Watts*, Oppenheim's International Law Vol. I Parts 2 to 4, S. 1278 f. Fn. 16.

663 Sie definieren: „The principle *in dubio mitius* applies in interpreting treaties, in defence to the sovereignty of states." (*R. Jennings/A. Watts*, Oppenheim's International Law Vol. I Parts 2 to 4, S. 1278) Das zeigt einmal mehr, dass dem Terminus *in dubio mitius* keine spezifische Bedeutung im Verhältnis zu anderen im Zusammenhang mit der Beachtung der Souveränität bei der Auslegung verwendeten Begriffen beigemessen wird.

Freiheit der Vertragspartner und damit für eine restriktive Auslegung."[664] Im Fall *Champi-Krone* meinte der BGH: „Da dem Wortlaut von Staatsverträgen für deren Auslegung besondere Bedeutung zukommt, der Wortlaut des Abkommens aber keinen Anhaltspunkt (...) ergibt, (...) erscheint eine ausdehnende Auslegung insoweit um so weniger angängig, als bei der Auslegung von Staatsverträgen im Zweifel Zurückhaltung geboten ist (...)."[665] Mit diesen Aussagen – zurückhaltende Anwendbarkeit der restriktiven Auslegung – steht der Bundesgerichtshof in der Tradition der deutschen Rechtsprechung.[666]

Auch die Rechtsprechung anderer Staaten verwendete in ihrer Argumentation die souveränitätsfreundliche Auslegung.[667] Hervorzuheben ist neben der Entschei-

---

664 *Champagner-Weizenbier*, Entscheidung vom 25.6.1969, BGHZ 52, 216, 220 f.

665 *Champi-Krone*, Entscheidung vom 25.6.1969, BGH NJW 1969, 2087, 2088 f.

666 Auch der BGH selbst sieht sich in dieser Tradition und zitiert unter anderem die Entscheidung RGZ 130, 220, 221, sowie den Aufsatz von *Zacharias*, DJZ 1929 Sp. 1370, 1374 (*Champagner-Weizenbier*, BGHZ 52, 216, 220 f.).

667 Etwa *Libya v. LIAMCO (Swiss Proceedings)*, Switzerland, Federal Supreme Court, Entscheidung vom 19.6.1980, ILR 62, S. 228, 228, 233; *US v. Caro-Quintero and others*, US District Court, Central District, California, Entscheidung vom 10.8.1990, ILR 90, 649, 660 f., in der behauptet wird, alle Verträge dienten letztlich dem Schutz der Souveränität; *Frolova v. USSR*, United States Court of Appeals, Seventh Circuit, Entscheidung vom 1.5.1985, ILR 85, 236, 244; *Gunaleela v. Minister for Immigration*, Australia, Federal Court, General Division, Entscheidung vom 21.8.1987, ILR 90, 9, 25 f.; *New Central Jute Mills v. VEB Deutfracht*, India, Calcutta High Court, Entscheidung vom 20.1.1983, ILR 92, 509, 517; *Hagerman v. United States and others*, Canada, Court of Appeal, Entscheidung vom 24.9.1990, ILR 92, 719, 724 ff.; *McGimpsey and McGimpsey v. Ireland*, Ireland, High Court, Entscheidung vom 29.7.1988, ILR 87, 334, 348; France, Constitutional Court, Entscheidung vom 22.5.1985, ILR 111, 195, 196. Besonders hervorzuheben sind eine Reihe von Fällen, bei denen es um die Frage ging, in wie weit ein anderer Staat bzw. Immunität beanspruchende Personen vor einem ausländischen nationalen Gericht verklagt werden dürfen. Ausgangspunkt der Überlegungen stellte jeweils die aus der Souveränität folgende Staatenimmunität dar. Auch wenn die Urteile unterschiedlich ausfielen, so spielte die Souveränität als Argument im Auslegungsprozess zumindest eine Rolle, vgl. *Russel v. Società Immobiliare Soblim*, Italy, Constitutional Court, Entscheidung vom 18.7.1979, ILR 78, 101 ff.; *FAO v. INPADI*, Italy, Court of Cassation, Entscheidung vom 18.10.1982, ILR 87, 1, 7 ff.; *Union of India v. Sukumar Sengupta*, India, Supreme Court, Entscheidung vom 3.5.1990, ILR 92, 554, 566 ff., 575 f.; *Fusco v. O'dea*, Ireland, Supreme Court, Entscheidung vom 7.7.1994, ILR 103, 320 f.; *Governor of Pitcairn v. Sutton*, New Zealand, Court of Appeal, Entscheidung vom 30.11.1994, ILR 104, 508, 524 f.; *KPMG v. Davison*, New Zealand, Court of Appeal, Entscheidung vom 16.2.1996, ILR 104, 526, 618 f.; *Propend Finance Pty Ltd. v. Sing and Others*, England, High Court, Queen's Bench Division, Entscheidung vom 11.3.1996, ILR 111, 611, 632; *Abbott v. South Africa*, Spain, Constitutional Court (Second Chamber), Entscheidung vom 1.7.1992, ILR 113, 411, 419 f., 422 f.; *Manauta v. Embassy of Russian Federation*, Argentinia, Supreme

dung *Affo and another v. Commander Israel Defence Force in West Bank* des israelischen Supreme Court[668], die bereits im Abschnitt zur Rechtsprechung zu den Menschenrechten ausführlich behandelt wurde[669], die Entscheidung *R. v. Parisien* des kanadischen Supreme Court.[670] Ihr lag folgender Fall zugrunde: Der Beschwerdeführer (R), ein Kanadier, der sich kürzere Zeit in Brasilien aufgehalten hatte, war von Brasilien an Kanada aufgrund eines Auslieferungsvertrages ausgeliefert worden. Der Vertrag sah vor, dass R nur wegen solcher Straftaten verurteilt werden dürfe, die Brasilien zur Zeit der Inhaftierung bekannt gemacht worden waren. Nach der Auslieferung unternahm R eine Reise nach Portugal und kehrte freiwillig nach Kanada zurück. Daraufhin wurde er wegen weiterer Straftaten angeklagt, die vor der Auslieferung begangen wurden und Brasilien nicht mitgeteilt worden waren. R war der Auffassung, dies verstoße gegen den Auslieferungsvertrag und legte deshalb zuletzt Beschwerde beim Supreme Court ein.

Das Gericht verwarf die Beschwerde und war der Auffassung, dass der brasilianisch-kanadische Auslieferungsvertrag mit der zusätzlichen Anklage nicht verletzt worden sei. Dabei stellte es streitentscheidend auf die Souveränität Kanadas über seine Bürger ab: „To accord the appellant the perpetual immunity he seeks would constitute a significant derogation from Canada's freedom and independence in dealing with its own citizens within its territory. The freedom and independence of States is central to the international legal order and such restrictions are not to be presumed. In particular, absent clear intentions, it is generally agreed that in construing treaties and international agreements, 'that interpretation should be adopted which involves the minimum obligation for the parties and which is most favourable to the freedom and independence of States'."[671] Das Gericht fügte hinzu, dass es sich um eine lang etablierte Auslegungsregel handele, welche auch in der kanadischen Rechtsprechung zum Völkerrecht Widerhall

---

Court, Entscheidung vom 22.12.1994, ILR 113, 429, 433. Hinzu kommen einige Urteile, in denen hervorgehoben wurde, dass im Zweifel restriktiv auszulegen sei. Hinter dieser Überlegung dürfte ebenso die Souveränität stehen, vgl. *Vafdar*, Belgium, Court of Cassation, Entscheidung vom 18.12.1979, ILR 82, 97, 98; *R. v. Algeria and Mayan*, Canada, Newfoundland Supreme Court (Trial Division), Entscheidung vom 4.11.1987, ILR 92, 675, 679; *Riley and Butler v. The Commonwealth*, Australia, High Court, Entscheidung vom 18.12.1985, ILR 87, 144, 154 f.; *Quazi v. Quazi*, Entscheidung vom 22.11.1979, England, House of Lords, ILR 74, 530, 552, in dem festgestellt wird, dass sich restriktive Auslegungsregeln jedenfalls dann verbieten, wenn der Wortlaut keine Zweifel offen lasse.

668 ILR 83, 121 ff., insb. 126 ff.

669 S.o. § 8 IV 2.

670 *R. v. Parisien*, Canada, Supreme Court, Entscheidung vom 26.5.1988, ILR 92, 683.

671 ILR 92, 683, 688.

gefunden habe.[672] Sie besage, „ 'that no independent sovereignty is to be construed to contract itself, by implication, out of its fundamental rights ...'."[673]

VI. Literatur

Während sich in der Rechtsprechung einiges Berichtenswertes fand, gab es in der Literatur seit 1969 kaum Neues zur souveränitätsfreundlichen Auslegung. Im Gegensatz zur Diskussion im Vorfeld der Verabschiedung der Wiener Vertragsrechtskonvention, in der eine intensive Auseinandersetzung mit einzelnen Auslegungsregeln stattfand, wurden danach fast ausschließlich die Folgen der Konvention diskutiert.[674]

1. Das vielgestaltige Meinungsbild zur souveränitätsfreundlichen Auslegung

Ist von der Normierung Klarheit erwartet worden, so ist diese Erwartung jedenfalls für die souveränitätsfreundliche Auslegung nicht erfüllt worden. Abgesehen davon, dass über den Inhalt der souveränitätsfreundlichen Auslegung kaum Einigkeit besteht, wird zu folgenden Aspekten Unterschiedliches vertreten:

(1) Das Verhältnis zur *Wiener Vertragsrechtskonvention* ist umstritten. Teilweise wird die souveränitätsfreundliche Auslegung als Ausformung der in der Konvention niedergelegten Auslegungsregeln angesehen, sie wird etwa aus dem in Art. 31 I WVK statuierten Prinzip von Treu und Glauben[675] oder aus Art. 31 III c) WVK[676] abgeleitet, meist wird sie als außerhalb stehend angesehen[677].

---

672 ILR 92, 683, 688. Das Gericht beruft sich insbesondere auf die Entscheidung des Ständigen Internationalen Gerichtshofs zum Fall Lotus, PCIJ Ser. A No. 10, auf den Harvard Draft on the Law of Treaties (1935), sowie auf *Briggs'* Lehrbuch The Law of Nations.

673 ILR 92, 683, 688, unter Berufung auf die Entscheidung des Richters Hodgins im Fall Dunbar and Sullivan Dredging Co. v. The Ship Milwaukee (1907), 11 Ex. CR 179, S. 188.

674 Vgl. nur *H. F. Köck*, Vertragsinterpretation und Vertragsrechtskonvention; *R. G. Wetzel/O. Rauschning*, The Vienna Convention on the Law of Treaties – Traveaux Préparatoires; *F. G. Jacobs*, ICLQ 18 (1969), S. 318 ff.; *S. Torres Bernárdez*, in: FS Seidl-Hohenveldern (1998), S. 721 ff.

675 *I. Seidl-Hohenveldern/T. Stein*, Völkerrecht, Rn. 340 ff., sind der Auffassung, dass der in der WVK niedergelegte Auslegungsgrundsatz von Treu und Glauben in der internationalen Praxis zur Aufstellung weiterer Regeln und insbesondere zur souveränitätsfreundlichen Auslegung geführt habe; *W. Heintschel v. Heinegg*, in: Ipsen, Völkerrecht, § 11 Rn. 19 f.; ähnlich *K. Zemanek*, in: Neuhold/Hummer/Schreuer (Hrsg.), Österreichisches Handbuch des Völkerrechts I, Rn. 358 f., der den Ausle-

(2) Nach wie vor besteht keine Einigkeit hinsichtlich der *Tragweite*: Selten wird der souveränitätsfreundlichen Auslegung überragende Bedeutung beigemessen.[678] Oft wird sie neben anderen Regeln aufgezählt.[679] Teilweise wird ihr nur eingeschränkte Bedeutung beigemessen, etwa indem betont wird, sie stelle lediglich eine Vermutung dar[680], sie sei nur im Zweifelsfall anzuwenden[681] oder nur dann, wenn sie vom Konsens der Vertragsparteien gedeckt sei[682]. Schließlich gibt es Stimmen, die ihr keinerlei Bedeutung einräumen[683].

---

gungsgrundsatz als „mit der Auslegung nach Ziel und Zweck zusammenhängend" bezeichnet.

676 Danach sind alle zwischen den Vertragsparteien einschlägigen Völkerrechtssätze zu beachten. Für diese Einordnung etwa *J. M. Mössner*, Einführung in das Völkerrecht, S. 124.

677 *R. Bernhardt*, GYIL 42 (1999), 11, 14; *K. Doehring*, Völkerrecht, Rn. 393; *D. P. O'Connell*, International Law Vol. I, S. 257; *A. Verdross/B. Simma*, Universelles Völkerrecht, § 780 Nr. 2; *I. Brownlie*, Principles of Public International Law, S. 636; *R. Jennings/A. Watts*, Oppenheim's International Law Vol. I Parts 2 to 4, § 633 S. 1275; *I. v. Münch*, Völkerrecht in programmierter Form, S. 181; *J. Anweiler*, Die Auslegungsmethoden des Gerichtshofs der Europäischen Gemeinschaften, S. 127, 130 ff.; *A. E. Bredimas*, Methods of Interpretation in Community Law, S. 21, S. 29 Fn. 73; *R. Bernhardt*, in: FS Kutscher, S. 17, 19; *ders.*, Vertragsauslegung, in: Lexikon des Rechts Völkerrecht, S. 385, 387 f.; *P. Fischer/H. F. Köck*, Europarecht, S. 341.

678 *A. Cassese*, International Law in a Divided World, S. 188.

679 *J. M. Mössner*, Einführung in das Völkerrecht, S. 124; *D. P. O'Connell*, International Law Vol. I, S. 257; *I. Seidl-Hohenveldern/T. Stein*, Völkerrecht, Rn. 340 ff.; *R. Jennings/A. Watts*, Oppenheim's International Law Vol. I Parts 2 to 4, § 633 (3) S. 1278 f.; etwas anders *W. Heintschel v. Heinegg*, in: Ipsen, Völkerrecht, § 11 Rn. 19 f., der der Auffassung ist, dass die Regel in dubio mitius in der teleologischen Auslegung aufgehe bzw. von ihr erfasst werde.

680 *S. M. Grundmann*, Die Auslegung des Gemeinschaftsrechts durch den Europäischen Gerichtshof, S. 116. Er meint zudem: „Die vielfach geforderte, eine grundsätzlich restriktive Auslegung bedingende Beachtung der Souveränität der Vertragsschließenden findet immer weniger Rückhalt. Dies ist erst recht bei Satzungen internationaler Organisationen der Fall. (ebenda, S. 115)". *W. Graf Vitzthum*, in: ders. (Hrsg.), Völkerrecht, 1. Abschn. Rn. 124 Fn. 294.

681 Dass diese Regel nur eingeschränkt, subsidiär oder nur im Zweifel anwendbar sei, betonen etwa *K. Doehring*, Völkerrecht, Rn. 393; *I. Brownlie*, Principles of Public International Law, S. 636; *K. Zemanek*, in: Neuhold/Hummer/Schreuer (Hrsg.), Österreichisches Handbuch des Völkerrechts I, Rn. 359; *I. v. Münch*, Völkerrecht in programmierter Form, S. 181; *A. Bleckmann*, Grundgesetz und Völkerrecht, S. 47; *J. Anweiler*, Die Auslegungsmethoden des Gerichtshofs der Europäischen Gemeinschaften, S. 130 ff., 136 f.; *G. Ress*, ZaöRV 36 (1976), 227, 246 f.; *G. Dahm (Begr.)/J. Delbrück/R. Wolfrum (Bearb.)*, Völkerrecht Bd. I/1, S. 222 f., sind der Auffassung, die Regel habe keine allgemeine Bedeutung mehr, es komme allerdings auf die Umstände des Einzelfalles an.

682 *A. Verdross/B. Simma*, Universelles Völkerrecht, § 781.

(3) Zum Teil wird der *Anwendungsbereich* eingeschränkt. Danach sei die Regel nur bei der Auslegung von rechtsgeschäftlichen Verträgen anwendbar, nicht dagegen bei rechtsetzenden Verträgen.[684] Seltener wird vertreten, dass sie nur auf einseitige und ungleiche Verträge anwendbar sei.[685] Daneben findet sich in der Literatur zum humanitären Völkerrecht oft der Hinweis, dass jedenfalls bei der Auslegung von Menschenrechtsverträgen die souveränitätsfreundliche Auslegung keine Rolle spielen dürfe[686]. Für einen Großteil der Literatur kommt die souveränitätsfreundliche Auslegung dagegen *immer* als potentielle Auslegungsregel in Betracht.[687]

---

683 *A. E. Bredimas*, Methods of Interpretation in Community Law, S. 20 f., 23; *P. Fischer/H. F. Köck*, Europarecht, S. 341. Wegen der abnehmenden Bedeutung der Souveränität kaum eine Bedeutung mehr einräumend *C. Buck*, Über die Auslegungsmethoden des Gerichtshofs der Europäischen Gemeinschaft, S. 219; in die gleiche Richtung *R. Bernhardt*, Interpretation in International Law, in: EPIL Vol. II, S. 1416, 1421; *ders.*, GYIL 42 (1999), 11, 14 (vgl. auch die ausführlichere Auseinandersetzung zu dessen Auffassung unter § 7 IV 3).

684 *K. Doehring*, Völkerrecht, Rn. 393 f.; *R. Bernhardt*, in: FS Kutscher, S. 17, 19; *ders.*, Vertragsauslegung, in: Lexikon des Rechts Völkerrecht, S. 385, 387 ff.; *M. Herdegen*, Völkerrecht, § 15 Rn. 31; *K. Zemanek*, in: Neuhold/Hummer/ Schreuer (Hrsg.), Österreichisches Handbuch des Völkerrechts I, Rn. 359 f.; *G. Ress*, ZaöRV 36 (1976), 227, 246 f.; *S. M. Grundmann*, Die Auslegung des Gemeinschaftsrechts durch den Europäischen Gerichtshof, S. 116; etwas abgeschwächt *J. Anweiler*, Die Auslegungsmethoden des Gerichtshofs der Europäischen Gemeinschaften, S. 130 ff., 136 f., der die Auffassung vertritt, die Regel würde bei multilateralen Normenverträgen noch mehr in den Hintergrund gedrängt; ausdrücklich für Gründungsverträge Internationaler Organisationen ablehnend und ansonsten eher skeptisch *I. v. Münch*, Völkerrecht in programmierter Form, S. 181.

685 *G. Dahm (Begr.)/J. Delbrück/R. Wolfrum (Bearb.)*, Völkerrecht Bd. I/1, S. 223.

686 *M. E. Villiger*, Handbuch der EMRK, Rn. 155; *H. Miehsler*, in: Karl (Hrsg.), Internationaler Kommentar zur EMRK, Art. 6 Rn. 53 f. mwN.; wohl auch *K. Zemanek*, in: Neuhold/Hummer/Schreuer (Hrsg.), Österreichisches Handbuch des Völkerrechts I, Rn. 359.

687 *J. M. Mössner*, Einführung in das Völkerrecht, S. 124; *A. Cassese*, International Law in a Divided World, S. 188; *D. P. O'Connell*, International Law Vol. I, S. 257; *I. Seidl-Hohenveldern/T. Stein*, Völkerrecht, Rn. 340 ff.; *W. Heintschel v. Heinegg*, in: Ipsen, Völkerrecht, § 11 Rn. 19 f.; *R. Jennings/A. Watts*, Oppenheim's International Law Vol. I Parts 2 to 4, § 633 (3) S. 1278 f.; etwas anders, aber jedenfalls die Unterscheidung nach Vertragsarten ablehnend *A. Verdross/B. Simma*, Universelles Völkerrecht, § 780 Nr. 2, §§ 776, 537; ähnlich *W. Graf Vitzthum*, in: ders. (Hrsg.), Völkerrecht, 1. Abschn. Rn. 124, wonach die Regel immer dann anwendbar sei, wenn ein dahingehender Wille der Vertragsparteien vorhanden sei. *E. Klein*, in: Vitzthum (Hrsg.), Völkerrecht, 4. Abschn. Rn. 39, bemerkt, dass die Auslegungsregeln im Bereich der Auslegung eines Gründungsvertrags stark akzentuiert gelten.

(4) Schließlich werden die hier unter dem Begriff souveränitätsfreundliche Auslegung zusammengefassten Regeln unterschiedlich bezeichnet. Dabei lässt die gleiche Bezeichnung nicht unbedingt auf gleiche inhaltliche Vorstellungen schließen und trotz unterschiedlicher Bezeichnung kann durchaus das Gleiche gemeint sein[688].

Zur souveränitätsfreundlichen Auslegung ist ein vielgestaltiges, ja geradezu buntes Meinungsbild[689] vorhanden. Eine herrschende Meinung gibt es nicht. Immerhin können einige Tendenzen bzw. repräsentative Gruppen ausgemacht werden:

Die größte Gruppe hat zwar die Normierung der Auslegungsregeln in der Wiener Vertragsrechtskonvention registriert, sieht darin aber lediglich eine Kodifikation, die zum Ausdruck bringe, worüber weitgehend Einigkeit bestehe, und zudem keine abschließende Regelung. Sie weicht daher kaum von der klassischen Darstellung der Auslegungsregeln – Aufzählung der einzelnen Regeln – ab. In der Aufzählung befinden sich dann meist Auslegungsregeln, die in der einen oder anderen Form zur souveränitätsfreundlichen Auslegung gezählt wurden, insbesondere die Auslegung zugunsten der Handlungsfreiheit des staatlichen Schuldners[690], die Regeln *in dubio mitius*[691] und *contra proferentem*[692], die Vermutung zugunsten der Souveränität[693] und die restriktive Auslegung[694]. Ausdrücklich von souveränitätsfreundlicher Auslegung sprechen *Mössner*[695] sowie *Seidl-Hohen-*

---

688 S.o. § 4 I und unten § 12 IV, V.

689 So schon *R. Bernhardt*, Die Auslegung völkerrechtlicher Verträge, S. 155.

690 *W. Graf Vitzthum*, in: ders. (Hrsg.), Völkerrecht, 1. Abschn. Rn. 124. Er betont zudem, dass im allgemeinen keine Analogieschlüsse stattfinden.

691 *A. Verdross/B. Simma*, Universelles Völkerrecht, § 780 Nr. 2; *W. Heintschel v. Heinegg*, in: Ipsen, Völkerrecht, § 11 Rn. 20; *W. Graf Vitzthum*, in: ders. (Hrsg.), Völkerrecht, 1. Abschn. Rn. 124; *R. Jennings/A. Watts*, Oppenheim's International Law Vol. I Parts 2 to 4, § 633 (3) S. 1278 f.; *I. v. Münch*, Völkerrecht in programmierter Form, S. 181; *M. Herdegen*, Völkerrecht, § 15 Rn. 31.

692 *A. Verdross/B. Simma*, Universelles Völkerrecht, § 780 Nr. 1; *W. Heintschel v. Heinegg*, in: Ipsen, Völkerrecht, § 11 Rn. 19; *R. Jennings/A. Watts*, Oppenheim's International Law Vol. I Parts 2 to 4, § 633 (4) S. 1279; den Status als rechtliche Auslegungsregel ablehnend *V. D. Degan*, Sources of International Law, S. 495; skeptisch *I. v. Münch*, Völkerrecht in programmierter Form, S. 181.

693 *D. P. O'Connell*, International Law Vol. I, S. 257.

694 *I. Brownlie*, Principles of Public International Law, S. 636; *J. G. Starke*, Introduction to International Law, S. 480; *K. Zemanek*, in: Neuhold/Hummer/Schreuer (Hrsg.), Österreichisches Handbuch des Völkerrechts I, Rn. 358 f., der allerdings hinzufügt, dass die Bezeichnung als restriktive Auslegung missverständlich sei.

695 *J. M. Mössner*, Einführung in das Völkerrecht, S. 124.

veldern und *Stein*[696]. Auch die Rechtsprechungsübersichten enthalten nach wie vor einen Unterpunkt restriktive bzw. souveränitätsfreundliche Auslegung.[697]

Ein Teil der Literatur nimmt eine neue Darstellungsweise der Auslegungsregeln vor. Sie orientiert sich sehr eng am Auslegungscanon der Wiener Vertragsrechtskonvention und bezieht keine Stellung zu nicht ausdrücklich normierten Auslegungsregeln.[698] Der Grund dafür dürfte darin liegen, dass anderen als den ausdrücklich normierten Auslegungsregeln keine oder kaum Bedeutung beigemessen wird.[699] Allerdings fällt auch auf, dass es nur wenige ausdrücklich die souveränitätsfreundliche Auslegung ablehnende Stimmen gibt. Weitgehende Einigkeit besteht lediglich hinsichtlich der Grenze der souveränitätsfreundlichen Auslegung: Sie darf nicht zu einer ineffektiven Auslegung führen.[700]

2. *Die Begründungen der einzelnen Auffassungen*

Erklärungen für die jeweilige Auffassung gibt es abgesehen von Verweisungen auf Urteile der internationalen Rechtsprechung nur selten. Soweit eine Begründung erfolgt, findet sich kaum Neues.

---

696 *I. Seidl-Hohenveldern/T. Stein*, Völkerrecht, Rn. 342 ff.

697 E. Lauterpacht (Hrsg.), International Law Reports, Consolidated Tables of Cases and Treaties an Consolidated Index Volums 81-100, S. 546, 636, 702 ff.; *E. Hambro/A. W. Rovine*, The Case Law of the International Court of Justice, z.B. Vol. VI; *V. Bruns* (Begr.), Fontes Iuris Gentium, A I 6, S. 300. Die Aufgabe dieses Unterpunktes in der Nachfolgereihe *Max Planck Institute for International Law*, World Court Digest I, ist primär der allgemein gröberen Unterscheidung geschuldet.

698 *M. N. Shaw*, International Law, S. 655 ff.; *V. D. Degan*, Sources of International Law, S. 89 ff., 494 ff. Vielmehr wird eher vorsichtig davon gesprochen, die Regel werde immer mehr in den Hintergrund gedrängt und habe kaum noch Bedeutung (*S. M. Grundmann*, Die Auslegung des Gemeinschaftsrechts durch den Europäischen Gerichtshof, S. 116; *C. Buck*, Über die Auslegungsmethoden des Gerichtshofs der Europäischen Gemeinschaft, S. 219; *J. Anweiler*, Die Auslegungsmethoden des Gerichtshofs der Europäischen Gemeinschaften, S. 130 ff., 136 f.; *I. v. Münch*, Völkerrecht in programmierter Form, S. 181).

699 So etwa *G. Dahm (Begr.)/J. Delbrück/R. Wolfrum (Bearb.)*, Völkerrecht Bd. I/1, S. 223. Vgl. zu den möglichen Gründen für das Fehlen der souveränitätsfreundlichen Auslegung in der Konvention oben § 8 I.

700 Vgl. nur *J. M. Mössner*, Einführung in das Völkerrecht, S. 124.

a) Bekanntes

Anweiler versteht unter der *Auslegung in dubio mitius* eine Maxime, nach der „Vertragsbestimmungen, die Beschränkungen der staatlichen Entscheidungs- und Gestaltungsfreiheit enthalten, im Zweifel restriktiv auszulegen sind."[701] Diese Regel sei bei klassischen völkerrechtlichen Verträgen allerdings vorsichtig und subsidiär heranzuziehen und trete bei multilateralen Normenverträgen noch mehr in den Hintergrund.[702] Unter Berufung auf *Bernhardt* legt er die Gründe für diese Auffassung dar: „Der Grundsatz beruht auf der Annahme, dass Souveränität und Entscheidungsfreiheit der Partner im Völkerrecht und in den zwischenstaatlichen Beziehungen die Regel seien. Jeder völkerrechtliche Vertrag, der regelmäßig ein ‚Mehr' gegenüber den Verpflichtungen des allgemeinen Völkerrechts beinhalte, stelle daher eine Ausnahme von der Regel dar und sei im Hinblick darauf auszulegen. Man kann darüber hinaus auf den Parteiwillen abstellen, um diese restriktive Interpretationsmethode zu begründen, denn es ist davon auszugehen, dass die Kontrahenten ihre Entscheidungsfreiheit im Zweifel nicht weiter als klar aus dem Vertrag erkennbar einschränken wollten."[703] Dass diese Regel in jüngerer Zeit zurückgetreten sei, liege daran, dass „das frühere Souveränitätsdenken, nach der vertragliche Bindungen noch eine Ausnahme bildeten, angesichts der fortschreitenden zwischenstaatlichen Interdependenz, die vor allem durch die Existenz einer Vielzahl von internationalen Organisationen zum Ausdruck kommt, inzwischen überholt sein [dürfte]."[704]

---

701 *J. Anweiler*, Die Auslegungsmethoden des Gerichtshofs der Europäischen Gemeinschaften, Dissertation 1996, S. 130.

702 *J. Anweiler*, Die Auslegungsmethoden des Gerichtshofs der Europäischen Gemeinschaften, S. 131 f., 136 f.

703 *J. Anweiler*, Die Auslegungsmethoden des Gerichtshofs der Europäischen Gemeinschaften, S. 131. Er zieht außerdem einige Urteile des Ständigen Internationalen Gerichtshofs heran und behauptet, dass sich der Internationale Gerichtshof dieser Auslegungsregel nicht bedient habe (S. 131 f.). Auch nach Auffassung von *D. Ninčić*, The Problem of Sovereignty in the Charter and the Practice of the United Nations, S. 327, finde die Souveränität durch die Regel der restriktiven Auslegung von Ausnahmen Beachtung bei der Auslegung. Voraussetzung für ihre Anwendbarkeit sei allerdings die Wahl des voluntaristischen Ansatzes. Ähnlich auch *A. Bleckmann*, in: FS Scupin, S. 407, 410 ff., 415. Er ist der Auffassung, dass Ausnahmen besonders nachzuweisen seien (S. 407). Im Völkerecht gebiete die Souveränität, dass völkerrechtliche Pflichten nachzuweisen bzw. nicht zu vermuten seien (S. 410 ff.).

704 *J. Anweiler*, Die Auslegungsmethoden des Gerichtshofs der Europäischen Gemeinschaften, S. 132. Das gelte ganz besonders für internationale Organisationen, die zudem „durch die Existenz eigener, kollektiv besetzter Organe gekennzeichnet sind" (S. 136 f.).

Ähnlich wie *Anweiler* begründet *Buck* die abnehmende Bedeutung der souveränitätsfreundlichen Auslegung: Während sie früher streng beachtet wurde, sei inzwischen „angesichts der abnehmenden Bedeutung des Prinzips der staatlichen Souveränität" mehr und mehr die Tendenz zur dynamischen Auslegung vorhanden.[705] Auch er beruft sich dabei auf *Bernhardt*.[706]

Warum die souveränitätsfreundliche Auslegung nicht auf Gründungsverträge Internationaler Organisationen anwendbar sein soll, wurde schon erwähnt: Zum einen hätten solche Verträge im Gegensatz zu herkömmlichen rechtsgeschäftlichen Verträgen ein anderes Auslegungsziel[707], und zum anderen habe in diesem Bereich die Souveränität noch weniger Bedeutung.[708]

---

705 *C. Buck*, Über die Auslegungsmethoden des Gerichtshofs der Europäischen Gemeinschaft, Dissertation 1997, S. 85 f. In diesem Zusammenhang betont er: „Früher ist mehrheitlich davon ausgegangen worden, dass als Ausdruck der staatlichen Souveränität folgende Regeln streng beachtet werden müssten: – zugunsten der staatlichen Souveränität sollten sämtliche, die Vertragsstaaten einengende Verpflichten im Zweifel restriktiv ausgelegt werden, – maßgeblich muss auf den (...) Willen der Staaten im Zeitpunkt des Vertragsschlusses abgestellt werden."

706 *C. Buck*, Über die Auslegungsmethoden des Gerichtshofs der Europäischen Gemeinschaft, S. 87.

707 *K. Doehring*, Völkerrecht, Rn. 390, 393; in diese Richtung äußerte sich auch der Europäische Gerichtshof für Menschenrechte im Fall *Wemhoff*, ECHR Ser. A Vol. 7, S. 23 (s.o. § 7 IV 3 a bb).

708 So schreibt beispielsweise *G. Ress*, ZaöRV 36 (1976), 227, 246 f.: „Findet die Auslegungsregel, dass Einschränkungen der Souveränität der Vertragspartner nicht zu vermuten sind, bei multilateralen Konventionen je nach Gegenstand schon erhebliche Einschränkungen, so erst recht bei Satzungen internationaler Organisationen. Hier steht der Zweck des Verbandes als selbstständiges Element – nach dem Willen der Parteien – so stark im Vordergrund, dass die Auslegung sich daran auszurichten hat."; Vgl. zudem *ders.*, in: Simma, UN-Charta, Auslegung Rn. 1. Ihm folgend *S. M. Grundmann*, Die Auslegung des Gemeinschaftsrechts durch den Europäischen Gerichtshof, S. 116. Er fügt hinzu (ebenda, S. 247): „Wir müssen also folgende Unterschiede für die Auslegung zugrunde legen: Was die rechtsgeschäftliche Seite des Gründungsvertrages [Internationaler Organisationen, Anm. des Verf.] angeht (...), sind (...) die normalen Grundsätze der Auslegung völkerrechtlicher Verträge anzuwenden (...). Die normative Seite des Gründungsvertrages (...) lässt sich dagegen sachgerecht nur in Parallele zum Verfassungs- und Verwaltungsrecht setzen." Diese Auffassung hatte bereits *Zemanek* im Jahre 1964 vorgetragen (*K. Zemanek*, ZaöRV 24 (1964), 453, 455 ff., s.o. § 7 IV 5).

b) Neues: Argumente aus dem Verhältnis der Regel zur Wiener Vertragsrechtskonvention

Einige Befürworter der souveränitätsfreundlichen Auslegung begründen ihre Meinung damit, dass die Regel eine Ausformung der in der Wiener Vertragsrechtskonvention niedergelegten Regeln sei. *Mössner* sieht sie als Ausformung des Art. 31 III lit. c) an.[709] Mit dieser Norm sei nach seiner Auffassung klargestellt, „dass bei der Auslegung völkerrechtlicher Verträge die grundlegenden Prinzipien des Völkerrechts zu berücksichtigen sind. Vor allem der Grundsatz der Souveränität verlangt Beachtung. So lautet denn eine grundlegende Auslegungsregel, dass bei Unklarheit des Textes im Zweifel diejenige Auslegung zu wählen ist, die die Souveränität des Staates am wenigsten beeinträchtigt (souveränitäts-freundliche Auslegung)."[710]

Andere knüpfen an den in Art. 31 I WVK statuierten Grundsatz von Treu und Glauben an. Für *Heintschel v. Heinegg* folgt aus diesem Grundsatz, dass jeder Vertrag so auszulegen sei, „dass seine Bestimmungen einen seinem Ziel und Zweck gemäßen Sinn ergeben."[711] Er fügt hinzu: „Bei Gewährleistung von Ziel und Zweck ist im Zweifel beispielsweise das die andere Partei weniger belastende Auslegungsergebnis zu wählen (*in dubio mitius*)."[712]

Allerdings wird auch die umgekehrte Argumentation vertreten: Weil die Auslegungsregel in der Konvention nicht genannt sei, handele es sich jedenfalls nicht um eine „allgemein anerkannte Regel".[713]

---

709 *J. M. Mössner*, Einführung in das Völkerrecht, S. 124.

710 *J. M. Mössner*, Einführung in das Völkerrecht, S. 124. Wie die souveränitätsfreundliche Auslegung im Einzelfall Beachtung finden kann, zeigt er im Aufsatz *Zur Auslegung von Doppelbesteuerungsabkommen* (in: FS Seidl-Hohenveldern (1988), S. 403, 414, 426).

711 *W. Heintschel v. Heinegg*, in: Ipsen, Völkerrecht, § 11 Rn. 20.

712 *W. Heintschel v. Heinegg*, in: Ipsen, Völkerrecht, § 11 Rn. 20.

713 *R. Bernhardt*, in: FS Kutscher, S. 17, 19; *ders.*, GYIL 42 (1999), 11, 14; *F. Reindel*, Auslegung menschenrechtlicher Verträge am Beispiel der Spruchpraxis des UN-Menschenrechtsausschusses, des Europäischen und des Interamerikanischen Gerichtshofs für Menschenrechte, S. 41 f.; *J. Schwarze*, EuR 18 (1983), 1, 32. *P. Fischer/H. F. Köck*, Europarecht, S. 341, meinen, dass die Auslegung zugunsten der Ungebundenheit weder direkt noch indirekt in der Konvention enthalten seien Ähnlich *Ch. Baldus*, Regelhafte Vertragsauslegung nach Parteirollen Teil I, S. 125. *C. N. Brower*, RC 224 (1990 V), 123, 237 f., ist der Auffassung, dass bei zutreffender Anwendung des Art. 31 I WVK auf die restriktive Auslegung, d.h. die Auslegung

c) Die Rechtsprechung als Argument

Nach wie vor werden Rechtsprechungsbelege zur Begründung bzw. zur Untermauerung der Auslegungsregel herangezogen. Sie wird sowohl als pro-[714] als auch als contra-Argument[715] angeführt. Die unterschiedliche Bewertung der Rechtsprechung fügt sich in das uneinheitliche Bild ein.

3. Die Konsequenz: Inhaltliche Divergenzen

Alle diese Unterschiede schlagen sich in inhaltlichen Divergenzen nieder. Wer etwa die restriktive Auslegung von Ausnahmen als Grundlage der souveränitätsfreundlichen Auslegung ansieht, der erhält eine technisch-formal anzuwendende Auslegungsregel. Einen anderen Inhalt erlangt dagegen derjenige, der die souveränitätsfreundliche Auslegung als Ausformung der teleologischen oder systematischen Auslegung ansieht. Je nach Auffassung hinsichtlich des Auslegungszieles, des Normcharakters und der Auswirkungen der Wiener Vertragsrechtskonvention erhält die Regel einen unterschiedlichen Standort im Methodencanon.

Dabei ist der unterschiedliche methodische Zugang nur einer der Gründe für die inhaltlichen Divergenzen. Hinzu kommen unterschiedliche Deutungen der Souveränität selbst: Diejenigen, die die Souveränität im Völkerrecht für bedeutungslos halten, lehnen auch ihre Bedeutung im Rahmen Auslegung ab.

VII. Resümee

Mit der Positivierung von Auslegungsregeln in der Wiener Vertragsrechtskonvention im Jahre 1969 ist die gesamte völkerrechtliche Methodendiskussion in ein neues Stadium getreten. Wurde davon erhofft, Klarheit und Anwendungssicherheit zu schaffen, so ist im Hinblick auf die souveränitätsfreundliche Auslegung eher das Gegenteil zu bilanzieren: Die zu ihr vertretenen Meinungen sind noch vielgestaltiger geworden. Das liegt unter anderem daran, dass die souveränitätsfreundliche Auslegung und mit ihr verwandte Auslegungsregeln nicht aus-

---

„that in case of doubt a limitation of sovereignty must be construed restrictively", verzichtet werden sollte.

714 Vgl. nur *R. Jennings/A. Watts*, Oppenheim's International Law Vol. I Parts 2 to 4, § 633 S. 1278 f.

715 *A. E. Bredimas*, Methods of Interpretation in Community Law, S. 20 f., 23; *J. Anweiler*, Die Auslegungsmethoden des Gerichtshofs der Europäischen Gemeinschaften, S. 131 f.; *R. Bernhardt*, GYIL 42 (1999), 11, 14.

drücklich in der Konvention berücksichtigt worden sind und ihr Verhältnis zur Konvention unklar bzw. umstritten ist. Ihre Position ist dadurch geschwächt worden. Immerhin kann es nicht als Verstoß gegen die Wiener Vertragsrechtskonvention angesehen werden, wenn die souveränitätsfreundliche Auslegung bzw. mit ihr verwandte Auslegungsregeln weiterhin verwendet werden. Die Kodifikation sollte nämlich keine abschließende Regelung darstellen, sondern nur einige grundlegende Auslegungsregeln aufzählen. Zudem erscheint nicht ausgeschlossen, dass die souveränitätsfreundliche Auslegung eine Ausprägung einer kodifizierten Regel ist.

In der Praxis berufen sich staatliche Vertreter nach wie vor auf die souveränitätsfreundliche Auslegung oder auf verwandte Auslegungsregeln. Das ist sicherlich zum Teil Prozesskalkül. Trotzdem hat die Auffassung der Staaten Gewicht. Es darf nicht vergessen werden, dass sie primär rechtsetzungs- und anwendungsbefugt sind.[716]

Eine einheitliche Rechtsprechungslinie existiert nicht mehr. Die Bandbreite der Entscheidungen verläuft von äußerst konservativen Stellungnahmen (erinnert sei an die Rechtsprechung des *Iran-United States Claims Tribunal* und an einige Urteile der nationalen Rechtsprechung[717]) bis hin zu neuartigen (*Young-Anleihe*) und gewagten Stellungnahmen (*Tadic-Urteil*). Naturgemäß liefern die meisten Entscheidungen kaum Begründungen für die Verwendung und Nichtverwendung von Auslegungsregeln[718] und sind meist auf den Einzelfall bezogen. Das verkom-

716 S.o. § 3 III.

717 Die nationalen Gerichte handhaben die souveränitätsfreundliche Auslegung oft resoluter als die internationale Rechtsprechung. Man denke nur an die Entscheidung *Affo and another v. Commander Israel Defence Force in West Bank*, Israel, Supreme Court sitting as High Court of Justice, ILR 83, 121 ff. Das liegt wohl nicht zuletzt daran, dass eine Vertragspartei, bzw. eines ihrer Organe selbst auslegt, wie weitgehend ihre Verpflichtungen gehen sollen. Die nationalen Gerichte werden wahrscheinlich dazu neigen, völkerrechtliche Pflichten möglichst zugunsten des eigenen Staates auszulegen, und das bedeutet im Streitfall meist, keine vertraglichen Pflichten zu besitzen. Ob dieses weitverbreitete Phänomen auf einer rechtlichen Grundlage basiert, oder ausschließlich psychologisch und machttheoretisch zu erklären ist, wird zu untersuchen sein. Immerhin macht diese „Ergebnisanfälligkeit“ der restriktiven Auslegung sie zu einem Instrument des möglichen Missbrauches.

718 Finden sich in Entscheidungen Begründungen, so ist das noch kein Indiz für eine allgemeine Überzeugung in der Rechtsprechung. Insbesondere auf die Entscheidung *Affo and another v. Commander Israel Defence Force in West Bank*, Israel, Supreme Court sitting as High Court of Justice, ILR 83, 121 sei noch einmal hingewiesen. Zudem ist zu beobachten, dass Wissenschaftler ihre (meist zusätzliche) Richtertätigkeit nutzen, um eigene Konzepte zu publizieren. Eine solche Tendenz ist insbeson-

pliziert die Einschätzung der Rechtsprechung. Sie hat jedenfalls eine uneinheitliche Praxis geschaffen, die sie selbst kaum wieder beenden kann.

Prädestiniert zur Klärung wäre die Literatur. Aber auch sie ist vielgestaltig. Eine klare Linie gibt es nicht. Ausgehend von unterschiedlichen Grundauffassungen zur Methodenlehre, die durch die Wiener Vertragsrechtskonvention nicht beseitigt wurden, wird nahezu jede denkbare Meinung zur souveränitätsfreundlichen Auslegung vertreten: Bezeichnung, Inhalt, Tragweite, Anwendungsbereich und Verhältnis zur Wiener Vertragsrechtskonvention sind umstritten. Oftmals wird deshalb betont, dass bei ihrer Anwendung Vorsicht geboten ist.

Diese Unklarheiten müssen sich zwangsläufig auf die Rechtsprechung auswirken. Sie erzeugen eine Unsicherheit, die es ratsam erscheinen lässt, „lieber nicht" das Souveränitätsargument bei der Auslegung zu verwenden, zumal man im Rahmen des Auslegungsvorgangs nicht unbedingt auf ein einzelnes Argument oder eine einzelne Auslegungsregel angewiesen ist.

Neue Entwicklungen sind vor allem im Bereich der Auslegung von Gründungsverträgen Internationaler Organisationen und von Menschenrechtsverträgen zu verzeichnen. In diesem Bereich wird nicht selten gefordert, nicht mehr souveränitätsfreundlich auszulegen. In der Tat wenden das Jugoslawientribunal, der Europäische und der Amerikanische Gerichtshof für Menschenrechte diese Regel nicht mehr an.

Eine größere Klarheit wäre wünschenswert und notwendig. Sie kann nur geschaffen werden, wenn die einzelnen Begründungen einer Kritik unterzogen werden.

Abschließend stellt sich die Frage, wie diese Praxis einzuschätzen ist, wenn man der Ansicht folgte, Auslegungsregeln stellten Gewohnheitsrecht dar.[719] Eine gewohnheitsrechtsbegründende Übung läge zumindest bis zur Kodifikation der Auslegungsregeln im Jahre 1969 vor, weil die Verhaltensweisen der Staaten und darüber hinaus der Rechtsprechung und Wissenschaft von einer gewissen Dauer, Einheitlichkeit und Verbreitung[720] waren. Zur Änderung oder Aufhebung von bestehendem Gewohnheitsrecht bedarf es nicht eines bloßen Verzichts der Anwen-

---

dere im Rahmen der Gutachtertätigkeit des Internationalen Gerichtshofs zu beobachten (vgl. *S. Torres Bernárdez*, in FS Seidl-Hohenveldern (1998), S. 721, 729 ff.).

719 Zu den Gegenargumenten s.o. § 3 II.

720 *W. Heintschel v. Heinegg*, in: Ipsen, Völkerrecht, § 16 Rn. 7.

dung, sondern ebenso wie bei seiner Schaffung eine vom Rechtsbewusstsein getragene, internationale Übung von Völkerrechtssubjekten.[721] Diese Voraussetzungen liegen jedoch nicht vor. Sieht man vom Bereich des internationalen Menschenrechtsschutzes ab, war lediglich eine *gewachsene Skepsis* und *Unsicherheit*, aber keine klare und einheitliche internationale Übung zu konstatieren. Zudem besteht keine einheitlich geänderte Rechtsüberzeugung. Die Überzeugung einiger Rechtsgenossen reicht nicht aus. Das Gewohnheitsrecht wäre ebenso wenig durch die Kodifikation in der Wiener Vertragsrechtskonvention zerstört worden. Mit ihr sollten nur einige grundsätzliche Auslegungsregeln kodifiziert werden, die anderen Auslegungsregeln sollten unberührt bleiben. Es spräche also vom Standpunkt des Gewohnheitsrechts einiges für das Bestehen einer souveränitätsfreundlichen Auslegung. Eine Ausnahme bildete lediglich der Bereich des Menschenrechtsschutzes. Nach der hier vertretenen Ansicht ist es aber überzeugender als diese Überlegungen, wenn es für die so verstandene souveränitätsfreundliche Auslegung eine tragfähige Begründung gäbe.[722]

---

721 *W. Heintschel v. Heinegg*, in: Ipsen, Völkerrecht, § 16 Rn. 48.

722 Das ist die Konsequenz, dass eine Regel geeignet sein muss, den Normgehalt zu erhellen (s.o. § 3 II).

Dritter Abschnitt: Die Kritik der souveränitätsfreundlichen Auslegung

Bis hierher wurden Erkenntnisse über die grundlegenden Anforderungen an eine Auslegungsregel (Erster Abschnitt) und über die Praxis der souveränitätsfreundlichen Auslegung (Zweiter Abschnitt) gewonnen:

Ziel der Auslegung ist die Ermittlung des Willens des Normgebers (§ 2). Dazu bedarf es der Hilfe von geeigneten Auslegungsregeln. Wenn eine Auslegungsregel dieser Aufgabe gerecht werden kann, wenn sie also grundsätzlich in der Lage ist, den vom Rechtsetzer vorgegebenen normativen Gehalt einer Vorschrift aufzudecken, ist sie legitimiert und darf angewendet werden (§ 3 II, III). Daneben ist sie anzuwenden, wenn sie, wie in den Art. 31-33 WVK, ausdrücklich normiert wurde (§ 3 I 1 a, III).

Auch die souveränitätsfreundliche Auslegung bedarf einer Legitimationsgrundlage. Um zu weiterem Aufschluss zu gelangen, wurde ihre Verwendung in Rechtsprechung und Literatur ausführlich untersucht (§§ 5-8). Dabei traten eine Vielzahl unterschiedlicher Auffassungen hinsichtlich Legitimation, Tragweite und Anwendungsbereich zu Tage.

Nun sollen die einzelnen Rechtfertigungsansätze, die in der Praxis zur souveränitätsfreundlichen Auslegung vertreten wurden, der Einzelkritik unterzogen werden. Dabei können einige von vornherein ausgeschlossen werden, weil sie offensichtlich der Rechtfertigungsgrundlage entbehren: Die souveränitätsfreundliche Auslegung kann nicht bloß durch eine überzeugende Praxis als Gewohnheitsrecht legitimiert werden (§ 3 II). Außerdem wurde sie zumindest nicht ausdrücklich in einem völkerrechtlichen Vertrag normiert (§ 8 I 3). Deshalb ist ihre Legitimation im Grundsatz jenseits positivierter Normen zu suchen. Genauerer Untersuchung bedürfen insbesondere die Auffassungen, die souveränitätsfreundliche Auslegung stelle einen Fall der restriktiven Auslegung von Ausnahmen dar oder sei im Rahmen der teleologischen und systematischen Auslegung zu beachten. Eher die Art und Weise der Auslegung betreffen die Einordnung als Zweifelsregel und als Vermutungsregel bzw. die allgemeine Forderung, die souveränitätsfreundliche Auslegung gebiete eine restriktive Auslegung aller völkerrechtlichen Verträge.

Das Besondere an der souveränitätsfreundlichen Auslegung ist aus methodologischer Sicht der materielle Gehalt der Auslegungsregel. Ihre Legitimation muss daher von zwei Seiten erfolgen, von der Seite der Souveränität und von der Seite der Methodik. Dem Ziel der Arbeit entsprechend, wird das Hauptaugenmerk auf der methodischen Seite liegen. Der Inhalt der Souveränität wurde bereits bestimmt (§ 4 II), auf ihn wird innerhalb der einzelnen Begründungsansätze zurückzukommen sein.

Sind die maßgeblichen Gründe für die Brauchbarkeit bzw. Unbrauchbarkeit der einzelnen Ansätze gefunden, so können Aussagen darüber getroffen werden, wie die souveränitätsfreundliche Auslegung anzuwenden ist, in welchem Verhältnis sie zu anderen Auslegungsregeln steht und welche Bezeichnung am geeignetsten erscheint.

Daraus ergibt sich der weitere Aufbau. Zunächst sind die einzelnen Begründungen der Kritik zu unterziehen (§§ 9-11). Im Anschluss daran können die Folgerungen, die sich aus der Begründung ergeben, untersucht werden (§ 12).

§ 9 Die souveränitätsfreundliche Auslegung als Fall der restriktiven Auslegung von Ausnahmen?

I. Die Konzeption

1. Der Grundgedanke

Die souveränitätsfreundliche Auslegung wurde häufig damit begründet, dass sie einen Fall des Grundsatzes der restriktiven Auslegung von Ausnahmen darstelle. Den Ansatz beschreibt *Bernhardt* folgendermaßen: „In seiner allgemeinsten Ausprägung besagt der zu erörternde Auslegungsgrundsatz, dass Vertragspflichten generell, unabhängig von ihrem konkreten Inhalt und von einer gleichen oder ungleichen Belastung der Kontrahenten, restriktiv zu interpretieren sind. Der so verstandene Grundsatz beruht auf der Annahme, dass Souveränität und Entscheidungsfreiheit der Partner im Völkerrecht und in den zwischenstaatlichen Beziehungen die Regel sind, jeder Vertrag daher eine Ausnahme von der Regel darstellt und im Hinblick auf sie auszulegen ist.“[1]

Die Auslegungsregel *restriktive Auslegung von Ausnahmen* besagt, dass von einer Regel abweichende Ausnahmevorschriften in keinem Falle analog angewen-

---

[1] *R. Bernhardt*, Die Auslegung völkerrechtlicher Verträge, S. 145.

det werden dürfen – *singularia non sunt extendenda* –, sondern möglichst restriktiv dahingehend zu interpretieren sind, dass der Bedeutungsumfang eingeschränkt wird.[2]

2. *Vertreter*

Vertreter dieser Auffassung finden sich sowohl in der Literatur[3] als auch in der Rechtsprechung[4]. Hervorzuheben ist die einflussreiche Entscheidung *The Kronprins Gustaf Adolf and Pacific* aus dem Jahre 1932[5], weil sie in der Folgezeit als Nachweis dafür, dass vertragliche Verpflichtungen restriktiv auszulegen seien, herangezogen wurde. Daneben ist die Entscheidung *The Wanderer* der *British-American Claims Commission* zu nennen. Im Zusammenhang mit der Frage, ob die USA durch einen britisch-amerikanischen Vertrag berechtigt war, das der unerlaubten Jagd verdächtige britische Schiff „The Wanderer" aufzubringen, erklärte das Gericht: „The fundamental principle of the international maritime law is that no nation can exercise a right of visitation and search over foreign vessels pursuing a lawful vocation on the high seas, except in time of war or by special agreement. The *Wanderer* was on high seas. There is no question here of war. It lies, therefore, on the United States to show that its naval authorities acted under special agreement. Any such agreement being an exception to the general prin-

---

2 *F. J. Säcker*, in: Münchener Kommentar zum BGB Bd. 1, Einleitung Rn. 102 mwN. Er weist darauf hin, dass es ergänzend zu diesem methodischen Grundsatz die Ausformungen *enumeratio, ergo limitatio* und *exceptiones sunt strictissimae interpretationis* gebe.

3 *H. Sultan*, in: FS Andrassy, S. 294 ff.; *J. Anweiler*, Die Auslegungsmethoden des Gerichtshofs der Europäischen Gemeinschaften, S. 131 f.; *F. Berber*, Völkerrecht 1. Bd., S. 147; *E. Brüel*, AVR 7 (1958/59), 24, 56, 59. In diese Richtung auch *G. Dahm*, Völkerrecht Bd. III, S. 56, der am Vorliegen der Souveränität Abstriche macht, und *K. Doehring*, Völkerrecht, Rn. 393, der meint, Folge dieser Auslegung sei lediglich, dass jede Verpflichtung einer Begründung bedarf; *D. Ninčić*, The Problem of Sovereignty in the Charter and the Practice of the United Nations, S. 327, meint schließlich, die restriktive Auslegung von Ausnahmen sei dann Grundlage für der Beachtung der Souveränität bei der Auslegung, wenn man einen voluntaristischen Völkerrechtsansatz vertritt.

4 *Arbitration between Germany and the Commissioner of Controlled Revenues (Dawes Plan Interpretation)*, AD 3 (1925/26), Case No. 277, S. 365 f. (s.o. § 6 II); *Georges Pinson Case*, AD 4 (1927/28), Case No. 292, S. 426, 427; *Radio Corporation of America v. National Government of China*, RIAA III, S. 1621, 1627; *The Kronprins Gustaf Adolf; Pacific, United States and Sweden*, RIAA II, S. 1239, 1287; *The Wanderer*, RIAA VI, S. 68, 71; D.O. *Bedjaoui*, *Guinea-Bissau v. Senegal*, ILR 83, S. 1, 49, 67.

5 *The Kronprins Gustaf Adolf; Pacific, United States and Sweden*, RIAA II, S. 1239 ff., insb. 1287 (zu Einzelheiten s.o. § 6 II).

ciple, must be construed *stricto jure.*“[6] In der Völkerrechtsliteratur hat vor allem *Sultan* diesen Begründungsansatz vertreten.[7] Auch in der jüngeren Vergangenheit finden sich Vertreter für diese Ansicht, z.B. *Bedjaoui* in seinem Sondervotum zu dem Schiedsspruch *Case Concerning the Arbitral Award of 31 July 1989*[8], und *Anweiler*[9]. Daneben gibt es eine Reihe weiterer Stellungnahmen, die sich damit begnügen, „restriktiv auszulegen, weil dies die Souveränität gebiete“[10], ohne ausdrücklich auf die restriktive Auslegung von Ausnahmen Bezug zu nehmen[11].

Eine Einschätzung der Rechtsprechung und Literatur ist nicht einfach: Einerseits ist die Anzahl derjenigen, welche diesen Ansatz ausdrücklich vertreten, im Verhältnis zur Gesamtzahl derjenigen, welche die souveränitätsfreundliche Auslegung anerkennen und anwenden, relativ gering. Andererseits gibt die Mehrheit überhaupt keine Gründe für die Legitimation der souveränitätsfreundliche Auslegung an. Fest steht jedenfalls, dass die souveränitätsfreundliche Auslegung ihren historischen Ursprung zum Großteil in dieser Begründung findet und dass sie unter den verschiedenen Begründungsansätzen für die souveränitätsfreundliche Auslegung nach wie vor eine beachtliche Stellung einnimmt.

Der Grundsatz der restriktiven Auslegung von Ausnahmen wurde auch in anderen Zusammenhängen von staatlicher Seite in Gerichtsprozessen zur Auslegung völkerrechtlicher Verträge vorgeschlagen und in der Rechtsprechung von natio-

---

6 *The Wanderer*, RIAA VI, S. 68, 71 (zu Einzelheiten s.o. § 6 II).

7 *H. Sultan*, in: FS Andrassy, S. 294 ff. (zu Einzelheiten s.o. § 7 IV 6).

8 D.O. *Bedjaoui*, Arbitration Tribunal for the Determination of the Maritime Boundary, ILR 83, S. 1, 49, 67 (zu Einzelheiten s.o. § 8 III 4).

9 *J. Anweiler*, Die Auslegungsmethoden des Gerichtshofs der Europäischen Gemeinschaften, S. 131. Er meint: „Der Grundsatz [in dubio mitius; Anm. d. Verf.] beruht auf der Annahme, dass Souveränität und Entscheidungsfreiheit der Partner im Völkerrecht und in den zwischenstaatlichen Beziehungen die Regel seien. Jeder völkerrechtliche Vertrag, der regelmäßig ein ‚Mehr' gegenüber den Verpflichtungen des allgemeinen Völkerrechts beinhalte, stelle daher eine Ausnahme von der Regel dar und sei im Hinblick darauf auszulegen.“ Zu weiteren Einzelheiten seiner Auffassung vgl. oben § 8 VI 2 a. Ähnlich *A. Bleckmann*, in: FS Scupin, S. 407, 410 ff., 415.

10 So etwa *D. Blumenwitz*, Die Ostverträge im Lichte des internationalen Vertragsrechts, S. 21.

11 Dieser Ansatz ist zumindest hinsichtlich der Folge der Beachtung der Souveränität identisch mit der als Fall der restriktiven Auslegung von Ausnahmen verstandenen souveränitätsfreundlichen Auslegung. Beide gebieten eine generelle Präferenz zugunsten der Ungebundenheit der Staaten. Jedoch bleibt offen, ob der maßgebliche methodische Grund der Grundsatz der restriktiven Auslegung von Ausnahmen ist.

nalen Gerichten[12], von verschiedenen Schiedsgerichten[13], vom Ständigen Internationalen Gerichtshof[14] und vom Internationalen Gerichtshof[15] verwendet.

Der Grundsatz hat eine lange Tradition[16], die letztlich auf den römischen Juristen *Paulus* zurückgeht. Er erklärte: „Quod uero contra rationem iuris receptum est, non est producendum ad consequentias.“[17] Davon ausgehend fand der Grundsatz der restriktiven Auslegung von Ausnahmen im Völkerrecht und in vielen anderen Rechtsordnungen[18] Verbreitung. Bei der Kodifikation der Auslegungsregeln im

---

12 *Largueche v. Tancredi Fenu*, Italy, Court of Cassation, ILR 101, S. 377, 379.

13 Vgl. statt vieler *Austrian-German Arbitral Tribunal*, Binding Opinion No. 1, 33 und 37 in: Seidl-Hohenveldern, The Austrian-German Arbitral Tribunal, S. 113, 115; 144, 145; 146, 149, 151; *Rizzo and Others*, Franco-Italian Conciliation Commission, ILR 19, Case No. 107, S. 478, 481 f.; *Flexi-Van Leasing v. Iran*, Iran-United States Claims Tribunal, ILR 70, S. 496, 524; *La Bretagne Arbitration*, Canada-France Arbitration Tribunal, ILR 82, S. 590, 665.

14 *Nationality Decrees in Tunis and Morocco*, PCIJ Ser. B No. 4, S. 25; D.O. *Oda*, *Mavrommatis Concessions Cases*, PCIJ Ser. A No. 2, S. 85; D.O. *Loder*, *Lotus*, PCIJ Ser. A No. 10, S. 35; D.O *Nyholm*, *Readaption of the Mavrommatis Concessions Cases*, PCIJ Ser. A No. 11, S. 30. So meinte das Gericht z.B. im *Case concerning certain German interests in Polish Upper Silesia*, PCIJ Ser. A No. 7, S. 76: „It should be observed, moreover, that the liability to expropriation of rural property constitutes, under the Geneva Convention, an exeption; in case of doubt as the scope of this exception, its terms must therefore be strictly construed.“

15 D.O. *Ečer*, *Corfu Channel Case (Merits)*, ICJ Rep. 1949, S. 4, 58, 67; D.O. *Badawi Pasha*, ebenda, S. 68, 73; D.O. *Krylow*, ebenda S. 115, 128; D.O. *Tanaka*, *North Sea Continental Shelf*, ICJ Rep. 1969, S. 3, 171, 186; D.O. *Lachs*, ebenda, S. 218, 239; ähnlich D.O. *Sørensen*, ebenda, S. 241, 254, 257 f.; D.O. *Stassinopoulos*, *Aegean Sea Continental Shelf*, ICJ Rep. 1978, S. 3, 72, 79 f.; D.O. *de Castro*, ebenda, S. 62, 70 f.; S. O. *Shahbuddeen*, *Maritime Delimitation in the Area Between Greenland and Jan Mayen (Denmark v. Norway)*, ICJ Rep. 1993, S. 38, 130, 142 f.

16 Zur Geschichte dieser Regel in der deutschen Rechtsordnung *J. Schröder*, in: FS M. Heckel, S. 615 ff.: Im 16. Jahrhundert sei der Grundsatz der restriktiven Auslegung von Ausnahmen lediglich in bestimmten Einzelfällen, wie die vom römischen Recht abweichenden Statuten, sowie privilegierende Normen angewendet worden (S. 616 ff.), später kam das Strafrecht hinzu, bevor sich im 18. Jh. die Regel zu der heute bekannten Form verallgemeinerte (S. 625).

17 D 1, 3, 14. Deutsch von *K. E. Otto/B. Schilling/K. F. F. Sintenis*, Das Corpus Iuris Civilis Bd. I, S. 241: „Was aber wider die Regel des gemeinen Rechts angenommen worden ist, darf auf ähnliche Fälle nicht bezogen werden.“

18 Zur deutschen Rechtsordnung vgl. *J. Schröder*, in: FS M. Heckel, S. 615 ff. In jüngerer Zeit wurde die restriktive Auslegung von Ausnahmen etwa von *Th. Maunz*, Staatsrecht[23], S. 246, vertreten. In einer neueren Entscheidung (BGHZ 121, 299, 302) untersucht der BGH, ob auch Ausnahmevorschriften zu einem Grundsatz verallgemeinert werden können und meint dazu: „Einem derartigen Schluss steht schon entgegen, dass aus einer Ausnahmevorschrift nicht auf einen allgemeinen Grundsatz geschlossen werden kann.“ Ähnlich RGZ 47, 356, 360; BGHZ 4, 219, 222; 7, 30ff.;

Völkerrecht wurde er dagegen – ebenso wie die souveränitätsfreundliche Auslegung – weder als Norm noch im Kodifikationsprozess berücksichtigt.[19]

Obwohl es einige Entscheidungen gibt, die den Grundsatz der restriktiven Auslegung von Ausnahmen verwenden, ist fraglich, ob man von einer gefestigten Rechtsprechung sprechen kann. Die Anforderungen an die Einheitlichkeit und Verbreitung der Regel sind jedenfalls hoch, da Auslegungsregeln im konkreten Fall zwar nicht immer mit Nutzen verwendet werden können, aber doch Geltung für eine Vielzahl von Fällen beanspruchen und prinzipiell geeignet sein müssen, den Willen des Normgebers zu erhellen.[20] Das gilt gerade hier, wo die souveränitätsfreundliche Auslegung als Fall der restriktiven Auslegung von Ausnahmen gebieten soll, dass *alle* Verträge grundsätzlich restriktiv auszulegen sind. So gesehen handelt es sich um relativ wenige Fundstellen, so dass im Ergebnis keine gefestigte Rechtsprechung vorliegt.[21] Insbesondere zur Rechtsprechung des IGH ist anzumerken, dass die restriktive Auslegung von Ausnahmen nur in separaten und abweichenden Stellungnahmen einzelner Richter Anwendung gefunden hat und die Richtermehrheit eher vorsichtig und zurückhaltend mit ihr umgegangen ist.[22]

---

wN. bei *F. J. Säcker*, in: Münchener Kommentar zum BGB Bd. 1, Einleitung Rn. 102 Fn. 273, und *L. Enneccerus (Begr.)/H. C. Nipperdey (Bearb.)*, Allgemeiner Teil des Bürgerlichen Rechts 1. Hb., S. 297 Fn. 9. Unklar BVerfGE 27, 363, 405: „Für jede Vorschrift, auch für die Ausnahmevorschrift, gilt, dass sie korrekt und das heißt hier ihrem eindeutigen Sinn und Inhalt entsprechend auszulegen ist. Der Charakter einer Ausnahmevorschrift verbietet nur, sie über ihren eindeutigen Inhalt und Sinn hinaus ausdehnend auszulegen; mehr gibt die Formel ‚Ausnahmen sind eng auszulegen' nicht her."

19 S.o. § 8 I 3.

20 S.o. § 3 III.

21 So schon *R. Bernhardt*, Die Auslegung völkerrechtlicher Verträge, S. 183, 184, im Jahre 1963. An dieser Einschätzung hat sich bis heute wenig geändert. A.A. *H. Sultan*, in: FS Andrassy, S. 294, 301 ff., der im Jahre 1968 zur Einschätzung gelangte, es handele sich um eine gefestigte Rechtsprechung.

22 So hätte die Regel beispielsweise im Fall *Elettronica Sicula S. p.A. (ELSI)*, ICJ Rep. 1989, S. 15, 41 f., insb. § 50, bei der Behandlung der Frage angewendet werden können, ob der innerstaatliche Rechtsweg ausgeschöpft werden müsse, bevor auf internationaler Ebene geklagt werden dürfe. Dagegen sprach eine allgemeine Regel des Völkerrechts und die auszulegende Norm erklärte lediglich, dass ein Klagerecht auf internationaler Ebene bestehe. Der IGH legte die Norm jedoch ohne Mithilfe der restriktiven Auslegung von Ausnahmen aus. In den vom *Heidelberger Institut für ausländisches öffentliches Recht und Völkerrecht* herausgegebenen Handbüchern der Entscheidungen des StIGH und IGH, „Fontes Iuris Gentium" und „World Court Digest", die sich die Aufgabe stellen, das Material der Entscheidungen zu sammeln, zu sichten und in eine systematische Ordnung zu bringen (V. Bruns (Hrsg.), Fontes

Wie die Rechtsprechung, so ist auch die völkerrechtliche Literatur einzuschätzen: Es gibt zwar einige, die den Grundsatz der restriktiven Auslegung von Ausnahmen für anwendbar halten[23], oft wird er aber auch vernachlässigt. Es besteht also kein einheitliches Bild.

Bemerkenswert ist immerhin, dass sich auch der EuGH des Grundsatzes der restriktiven Auslegung von Ausnahmen bedient hat. Bereits in einer der ersten Stellungnahmen in der Entscheidungssammlung lässt sich folgende Aussage finden: „Sämtliche Bestimmungen des Abkommens [es handelte sich um ein Übergangsabkommen; Anm. d. Verf.] haben also ihrem Wesen nach einen Ausnahmecharakter und müssen daher eng ausgelegt werden."[24] Ähnliche Ausführungen lassen sich immer wieder in der Rechtsprechung des EuGH nachweisen.[25] Insofern kann von einer gefestigten Überzeugung gesprochen werden.[26]

Iuris gentium Series A Sectio I Tomus I, S. VII), finden sich keine Hinweise, dass sich der IGH auf diese Interpretationsregel berufen hätte.

23 *D. Anzilotti*, Lehrbuch des Völkerrechts, S. 82; *A. Verdross*, Staatsverträge. 5. Interpretationsregeln im Völkerrecht, in: WVR[1] Bd. 2, S. 663; *W. Heintschel v. Heinegg*, in: Ipsen, Völkerrecht, § 11 Rn. 19 aE.; *R. L. Bindschedler*, Rechtsfragen der europäischen Einigung, S. 53; mit Ausnahme für Internationale Organisationen auch *K. Zemanek*, ZaöRV 24 (1964), 453, 455 ff.; *E. Brüel*, AVR 7 (1958/59), 24, 56, 59; *H. Sultan*, in: FS Andrassy, S. 294 ff.; *D. P. O'Connell*, International Law Vol. I, S. 257 Nr. 8; *B. Cheng*, General Principles of Law, S. 41; *A. Verdross*, Die Verfassung der Völkerrechtsgemeinschaft, S. 53, meint, wenn eine Ausnahme unklar sei, finde der Hauptgrundsatz Anwendung; *G. Dahm*, Völkerrecht Bd. III, S. 56, ist der Auffassung, Ausnahmen seien nicht zu vermuten. Wo aber die Regel durchbrochen ist, dort sei die Ausnahme eng auszulegen. Anschließend vermerkt er aber einschränkend, dass dieser Regel eher ein heuristischer Wert zukommt; eingeschränkt zustimmend auch *I. Brownlie*, Principles of Public International Law, S. 636.

24 Schlussanträge des Generalanwalts *Lagrange* EuGH Rs. 2/54 *Italien/Hohe Behörde* 1954-55, 115, 128. Das hohe Gericht berief sich zum ersten Mal in der Entscheidung EuGH Rs. 7/56 und 3 bis 7/57 *Alegra u.a./Gemeinsame Versammlung* 1957, 83, 121 auf diesen Grundsatz, nachdem er von Generalanwalt *Lagrange* im Schlussantrag vorgeschlagen wurde (ebenda, S. 139, 179). In den Entscheidungen EuGH Rs. 3/59 *BRD/Hohe Behörde der EGKS* 1960, 121, 136, und Rs. 27-29/58 *Compagnie des Hauts Fourneaux u.a./Hohe Behörde der EGKS* 1960, 536, betonte das Gericht, dass im Falle des Schweigens des Wortlauts einer Bestimmung die Existenz einer Ausnahme nicht angenommen werden könne und Ausnahmen daher ausdrücklich geregelt sein müssten.

25 EuGH Rs. 90, 91/63 *EWG-Kommission/Großherzogtum Luxemburg und Königreich Belgien* 1964, 1329, 1347; Rs. 3/65 *Espérance-Longdoz* 1965, 1403, 1423; Rs. 52, 55/65 *BRD/EWG-Kommission* 1966, 219, 235; Rs. 29/72 *SpA Marimex/Italienische Finanzverwaltung* 1972, 1309, 1318 Rz. 4; Rs. 119/75 *Terrapin/Terranova* 1976, 1039, 1061 f. Rz. 5; Rs .46/76 *Bauhuis/Niederlande* 1977, 5, 15 Rz. 12/15; Rs. 113/80 *Kommission/Irland* 1981, 1625, 1638 Rz. 7; Rs. 61/86 *Vereinigtes Königreich/Kommission* 1988, 431, 462 Rz. 9, 463 Rz. 14, 15; Rs. 228/87 *Pretura unifi-*

3. Art und Weise der Verwendung

Wie die souveränitätsfreundlichen Auslegung, verstanden als Fall der restriktiven Auslegung von Ausnahmen, im Einzelfall zu verwenden ist richtet sich danach, wie der Grundsatz der restriktiven Auslegung von Ausnahmen zu verwenden ist. Aus seiner Bezeichnung geht schon hervor, dass Ausnahmen möglichst restriktiv[27] auszulegen seien (*exceptiones sunt strictissimae interpretationis*[28]). Darüber hinaus dürfe eine Regelwidrigkeit nicht durch Auslegung zur Regel werden und nicht analog angewendet werden (*singularia non sunt extendenda*).[29] Die souveränitätsfreundliche Auslegung würde so zur restriktiven Auslegung des Umfanges der vertraglich eingegangenen Verpflichtungen, also zu einer Präferenzregel zugunsten der staatlichen Ungebundenheit. Man spricht insoweit vom „Primat der

---

cata Turin gegen X 1988, 5099, 5120 Rz. 10; Rs. 189/87 *Kalfelis/Schröder ua.* 1988, 5565, 5583 Rz. 8; Rs. 51/89 *Hamann/Finanzamt Hamburg-Elmsbüttel* 1989, 767, 784 Rz. 19. Typisch ist etwa folgende zu Art. 36 des EG-Vertrages gemachte Aussage im Urteil EuGH Rs. 29/72 *SpA Marimex/Italienische Finanzverwaltung* 1972, 1309, 1318 Rz. 4: „Als Ausnahme von der Grundregel, dass alle Hindernisse für den freien Warenverkehr zwischen den Mitgliedstaaten zu beseitigen sind, ist diese Vorschrift eng auszulegen und kann daher nicht verstanden werden, dass sie andere als die in den Artikeln 30 bis 34 genannten Maßnahmen zuließe." W.N. bei *A. E. Bredimas*, Methods of Interpretation in Community Law, S. 110 f.

26 Ebenso *M. Zuleeg*, EuR 1969, 97, 106 Fn. 105; *A. E. Bredimas*, Methods of Interpretation in Community Law, S. 109 f. Anders *C. Buck*, Über die Auslegungsmethoden des Gerichtshofs der Europäischen Gemeinschaft, S. 219 f., der die Urteile so interpretiert, dass sich der EuGH an Ziel und Zweck der Grundbestimmung orientiere und den Umfang der Schutzklausel dann flexibel und einzelfallbezogen an den Maßstäben und Vorgaben der Marktfreiheiten messe. Er ist also der Auffassung, dass der EuGH die Regel nicht als eine technisch formale Auslegungsregel verwendet. Dem stehen aber die Ausführungen in den obengenannten Urteilen entgegen. So hieß es z.B. in EuGH Rs. 189/87 *Kalfelis/Schröder u.a.* 1988, 5565, 5583 Rz. 8: „Es ist darauf hinzuweisen, dass das Übereinkommen von dem Grundsatz der Zuständigkeit der Gerichte des Wohnsitzes des Beklagten ausgeht und dass die in Artikel 6 Nr. 1 vorgesehene Zuständigkeit eine Ausnahme von diesem Grundsatz darstellt. Daraus folgt, dass eine solche Ausnahme in einer Weise auszugestalten ist, die das Bestehen des Grundsatzes selbst nicht in Frage stellen kann." Hier wird per se eng ausgelegt.

27 Gleichbedeutend mit restriktiver Auslegung wird auch von enger, einschränkender bzw. strikter Auslegung gesprochen.

28 So ausdrücklich D.O. *Tanaka*, *North Sea Continental Shelf*, ICJ Rep. 1969, S. 3, 171, 186.

29 So etwa *F. C. von Savigny*, Vorlesungen, S. 150 f. Vorsichtig *A. Brinz*, Lehrbuch der Pandekten Bd. 1, § 25 S. 111, der blumenreich formuliert: „Im Gegensatze zum normalen Rechte, das einer unabsehbaren Propagation fähig ist, wird also dem anomalen gewissermaßen die Zeugungsfähigkeit abgesprochen – ein Ausspruch, der sich denn doch nicht von selbst versteht."

restriktiven gegenüber der extensiven Interpretation".[30] Außerdem würde die souveränitätsfreundliche Auslegung ein allgemeines Analogieverbot im Völkervertragsrecht zum Inhalt haben.

Der Grundsatz der restriktiven Auslegung von Ausnahmen wird oftmals als *technisch-formale Auslegungsregel* bezeichnet, weil er auf einer formalen juristischen Logik beruhen soll[31] und weil er mechanisch[32] bzw. technisch[33] anzuwenden sei, d.h. weil er das Ergebnis unabhängig vom Einzelfall aufgrund einer formalen Voraussetzung, das ist der Ausnahmecharakter einer Norm, vorgebe.

Wie die Anwendung in der Praxis erfolgt, soll anhand der Auslegung eines von Griechenland gemachten Vorbehalts zu seinem Beitritt zur Generalakte von 1928 über die friedliche Beilegung internationaler Streitigkeiten erklärt werden. Mit diesem Vorbehalt wurden von der Zuständigkeit eines internationalen Rechtsprechungsorgans u.a. Streitigkeiten ausgeschlossen, „die völkerrechtlich in die innerstaatliche Zuständigkeit fallen und, insbesondere, Streitigkeiten, die sich auf den territorialen Status Griechenlands beziehen."[34] *Stassinopoulos* legte die Vorschrift restriktiv aus und begründete seine Auffassung folgendermaßen: „It is an argument derived from the principle, which may indirectly be deduced from the case-law of this Court, that reservations must be interpreted strictly, and not read broadly. Such a restrictive interpretation is required (...) because reservations are exceptions to a general rule, and all exceptions, restrictions and limitations of a rule are, as a general principle of law, *always* interpreted restrictively."[35] Da das Feststellen der Voraussetzung, die Bestimmung einer Ausnahme, relativ einfach erscheint und die Anwendung der Auslegungsregel in der Tat einfach ist, erfreut

---

30 *P. Guggenheim*, Lehrbuch des Völkerrechts I, S. 128.

31 *R. Bernhardt*, Die Auslegung völkerrechtlicher Verträge, S. 174, 183; *M. Kronauer*, Die Auslegung von Staatsverträgen durch das Schweizerische Bundesgericht, S. 87, 89 ff.; vgl. ferner *F. C. von Savigny*, System des heutigen Römischen Rechts 1. Bd., S. 61 ff.

32 Vgl. *F. Bydlinski*, Juristische Methodenlehre und Rechtsbegriff, S. 440.

33 *Rizzo and Others*, Franco-Italian Conciliation Commission, ILR 19, Case No. 107, S. 478, 481 f.; D.O. *Read, Certain Norwegian Loans*, ICJ Rep. 1957, S. 9, 79, 83, bezeichnet das argument als „highly technical".

34 Deutsch von *S. Magiera*, GYIL 22 (1979), S. 403, 409; Originaltext in ICJ Rep. 1978, S. 3, 20.

35 D.O. *Stassinopoulos, Aegean Sea Continental Shelf*, ICJ Rep. 1978, S. 3, 72, 79 f. [Hervorh. d. Verf.]. Vgl. auch die ausführlichere Betrachtung des Falles unter § 8 II 2.

sich die restriktive Auslegung von Ausnahmen in der Praxis beträchtlicher Beliebtheit.

Vereinzelt werden der Grundsatz der restriktiven Auslegung von Ausnahmen im allgemeinen und der darauf beruhenden souveränitätsfreundlichen Auslegung im besonderen nicht nur als bei der Auslegung neben anderen Auslegungsregeln zu berücksichtigende Gesichtspunkte, sondern als zwingende Vorschriften angesehen. Das hätte zur Folge, dass völkerrechtliche Verträge (als Ausnahmen von der Souveränität) immer restriktiv ausgelegt werden müssten.

II. Bewertung

Die Ansicht, nach der die souveränitätsfreundliche Auslegung einen Fall der restriktiven Auslegung von Ausnahmen darstellt, ist abzulehnen. Einer derartigen Begründung stehen zwei grundlegende Kritikpunkte gegenüber: Der Grundsatz der restriktiven Auslegung von Ausnahmen ist methodisch verfehlt (1.)[36]. Selbst wenn man diesen Grundsatz nicht ablehnte, so ist die Vorstellung, völkerrechtliche Verträge stellten eine Ausnahme von der Souveränität dar, inzwischen veraltet und abzulehnen (2.).

1. Die verfehlte Konzeption des Grundsatzes der restriktiven Auslegung von Ausnahmen

So großer Beliebtheit sich der Grundsatz der restriktiven Auslegung von Ausnahmen Jahrhunderte lang in der Praxis erfreute, so sparsam sind in der Theorie die Erklärungsversuche geblieben.

---

36 Skeptisch bis ablehnend auch *R. Bovensiepen*, Artikel ‚Analogie und per argumentum e contrario', in: Handwörterbuch der Rechtswissenschaft 1. Bd., S. 133, 135; *C. Buck*, Über die Auslegungsmethoden des Gerichtshofs der Europäischen Gemeinschaft, S. 220; *F. Bydlinski*, Juristische Methodenlehre und Rechtsbegriff, S. 440; *C.-W. Canaris*, Die Feststellung von Lücken im Gesetz, S. 181; *K. Engisch*, Einführung in das juristische Denken, S. 129 ff., 195; *U. Häfelin*, in: FS Eichenberger, S. 625, 637 mwN. in Fn. 77, 85, 86; *K. Larenz*, Methodenlehre S. 355 f.; *F. Müller*, Juristische Methodik, Rn. 370; *W. Weinsheimer*, NJW 1959, 566; *H.-M. Pawlowski*, Methodenlehre für Juristen, Rn. 489a; *F. J. Säcker*, in: Münchener Kommentar zum BGB Bd. 1, Einleitung Rn. 102; *F. C. von Savigny*, Juristische Methodenlehre, S. 39 ff.; *ders.*, Vorlesungen, S. 150; *M. Zuleeg*, EuR 1969, 97, 106. Eine gewachsene Skepsis stellte *J. Schröder*, in: FS M. Heckel, S. 615, 619 ff., schon bei vielen Juristen des 18. Jh. fest.

a) Kritik an älteren Begründungsversuchen

Für die ältere Literatur wurde die methodische Begründung ausführlich von *Schröder* untersucht.[37] Auch wenn es dabei in erster Linie um die deutsche Rechtsordnung ging, so können die einzelnen dort aufgeführten Argumente dem Grunde nach auf die Völkerrechtsordnung übertragen werden. Im 16. Jh. begründete man die restriktive Auslegung des Statutenrechts der deutschen Städte im Verhältnis zum römischen Recht damit, dass die Statuten meistens in Städten von unerfahrenen Personen verfasst würden und deshalb nach den Grundsätzen des gemeinen Rechts korrigiert und interpretiert werden müssten.[38] Später berief man sich in erster Linie auf die römischen Rechtsquellen, vor allem auf die eben schon erwähnte Sentenz des *Paulus*[39], ferner auf den vermutlichen Willen des Gesetzgebers, auf eine langandauernde Praxis[40] oder auf die alltägliche Erfahrung.[41] Schließlich führte *Regelsberger* zur Begründung an, dass hinter Spezialisierung und Individualisierung Willkür und Rechtsunsicherheit lauerten[42].

(1) Das erste Argument überzeugt nicht. Die Frage, ob dem Normgeber eine Regelung *gelungen* ist[43], d.h. ob er sie gut oder schlecht verfasst hat, ist keine Frage

---

37 *J. Schröder*, in: FS M. Heckel, S. 615 ff., insb. 625 ff.

38 So *C. Lagus*, Iuris utriusque traditio methodica, 1543 (zit. nach *J. Schröder*, in: FS M. Heckel, S. 615, 618 Fn. 21).

39 D 1, 3, 14 (s.o. § 9 I 2). Zur Diskussion weiterer römischrechtlicher Quellen *F. C. von Savigny*, Juristische Methodenlehre, S. 42 ff.; *F. Regelsberger*, in: Festgabe der Göttinger Juristenfakultät für R. v. Jhering, S. 43 ff., insb. S. 43 Fn. 3; *W. Scharlach*, AcP 62 (1879), 435 ff.

40 D.O. *Stassinopoulos, Aegean Sea Continental Shelf*, ICJ Rep. 1978, S. 3, 72, 79 f.

41 Nach *J. Schröder*, in: FS M. Heckel, S. 615, 626 mwN.

42 *F. Regelsberger*, in: Festgabe der Göttinger Juristenfakultät für R. v. Jhering, S. 43, 55: Deshalb überwiege im Juristen die generalisierende Richtung und setzt neben das Sonderrecht eine Warnungstafel. Zudem beruft er sich auf die Logik und die Ästhetik. Ähnlich *A. Brinz*, Lehrbuch der Pandekten Bd. 1, § 25 S. 111.

43 In diese Richtung aber *F. Bydlinski*, Juristische Methodenlehre und Rechtsbegriff, S. 440. Er lehnt die restriktive Auslegung von Ausnahmen zwar grundsätzlich ab, fügt jedoch hinzu: „Nur *verfehlte* Ausnahmeregeln, die eine sachliche nicht begründbare Verschiedenbehandlung gleichliegender Fälle mit sich bringen, werden, wenn und solange sie nicht an Verfassungswidrigkeit überhaupt scheitern, mindestens so eng wie möglich zu deuten und erst recht ohne Erweiterung durch Analogie anzuwenden sein." *H. Grotius*, De iure belli ac pacis, 2. Buch Kap. 16 XXII., sprach sich ebenfalls für eine enge Auslegung von Ausnahmen aus, nahm allerdings kein Bezug auf die restriktive Auslegung von Ausnahmen. Überhaupt wurde in der älteren Völkerrechtsliteratur nicht zwischen Regel und Ausnahme, sondern vor allem nach günstigen und lästigen Dingen unterschieden und davon ausgehend weit bzw. eng ausgelegt (s.o. § 5 II-IV).

von Regel und Ausnahme, weil misslungene Normen die gleiche Geltungskraft haben[44] und mit einer solchen Klassifizierung zum Regel-Ausnahme-Verhältnis zwischen den Normen nichts ausgesagt wird. Vielmehr handelt es sich um eine Frage nach dem Verhältnis des normativen Willens[45] und dessen Wiedergabe bei der schriftlichen Fixierung. Soweit der normative Wille im Wortlaut nicht oder unvollkommen zum Ausdruck kommt, ist eine berichtigende Auslegung geboten, die auch extensiv sein kann.

(2) Zumindest teilweise kann das Argument überzeugen, dass der Grundsatz im Falle einer *ausdrücklichen Normierung* als Rechtsnorm anzuwenden ist. Dann wäre die Regel nicht mehr deshalb anzuwenden, weil sie den Normgehalt erhellen kann, sondern weil es der Normgeber anordnet.[46] Eine solche ausdrückliche rechtliche Anordnung wie im Römischen Recht gibt es im Bereich des Völkerrechts jedoch nicht.[47]

(3) Das Abstellen auf den mutmaßlichen *Willen des Normgebers* überzeugt nur insofern, als sich dieser bewusst der Regel-Ausnahme-Technik bedient, damit die Ausnahme restriktiv ausgelegt werde. Dann entspricht es in der Tat dem verbindlichen Willen des Normgebers, dass der Norminterpret unter Anwendung der restriktiven Auslegung von Ausnahmen zu einem restriktiven Auslegungsergebnis gelangt. Dieser Wille muss allerdings grundsätzlich für jede einzelne Ausnahmevorschrift nachgewiesen werden. Ein allgemeiner Wille aller völkerrechtlicher Normgeber läge nur dann vor, wenn sich die Normgeber und die Normenanwender in Bezug auf den Grundsatz der restriktiven Auslegung von Ausnahmen in genau dieser Weise aufeinander eingestellt hätten.

---

44 *F. C. von Savigny*, System des heutigen Römischen Rechts 1. Bd., S. 218. Allerdings darf in eine Norm, in der kein normativer Wille vorhanden ist, ein solcher nicht durch Auslegung ein solcher hineininterpretiert werden. Das wäre etwa denkbar, wenn für einen Tatbestand zwei sich ausschließende Rechtsfolgen angeordnet würden.

45 Darauf kommt es nach hier vertretener Ansicht an, vgl. oben § 2.

46 S.o. § 3 II.

47 Ein Beispiel für eine ausdrückliche normative Anordnung der Auslegung ist das in der deutschen Rechtsordnung angeordnete Analogieverbot für das Strafrecht gem. Art. 103 II GG und § 1 StGB. Die Übereinstimmung dieser Rechtsfolge mit einer der Folgen bei dem Vorliegen einer Ausnahme ist nicht nur zufällig. *J. Schröder*, in: FS M. Heckel, S. 615, 623 ff., weist nach, dass das Strafgesetz in der deutschen Rechtstradition als Ausnahme der natürlichen bürgerlichen Freiheit angesehen wurde.

Ein Argument für eine derartige Aufeinanderbezogenheit wäre eine langandauernde und einheitliche Praxis.[48] Eine derartige Praxis liegt jedoch nicht vor.[49] Stattdessen ist der Grundsatz in der Literatur zum Teil auf Ablehnung gestoßen. Deshalb fehlt es an einer allgemeinen Überzeugung innerhalb der Völkerrechtsordnung.

Abgesehen von der ungenügenden Verbreitung der Aufeinanderbezogenheit gibt es gegenüber diesem Ansatz grundlegende Einwände: Das Argument „Wille des Normgebers" wird dazu verwendet, den Grundsatz der restriktiven Auslegung von Ausnahmen zu begründen. Dieser Grundsatz wird wiederum verwendet, um den Willen des Normgebers zu ermitteln. Das ist umständlich: Es würde ausreichen, sofort auf den Willen des Normgebers abzustellen. Nur weil er wollte, dass die Ausnahme restriktiv ausgelegt wird und sich deshalb einer bestimmten Gesetzgebungstechnik bedient hat, muss in diesem Fall restriktiv ausgelegt werden. Die Gesetzgebungstechnik der Schaffung von Ausnahmevorschriften kann aber auch andere Gründe haben. So könnte etwa auch deshalb eine Ausnahmeregelung geschaffen werden, um einem neuen Prinzip allmählich zum Durchbruch zu verhelfen. Dass auch solche Ausnahmen restriktiv auszulegen seien, erklärt dieser Ansatz nicht.

(4) Das Argument der *alltäglichen Erfahrung* enthält gegenüber dem Argument des Normgeberwillens und dem damit im Zusammenhang stehenden Gedanken der Aufeinanderbezogenheit von Normgeber und Normadressat nichts Neues. Wie bereits festgestellt, kann das Alltagsgeschäft immerhin ein Gesichtspunkt sein, ob eine Regel akzeptiert ist.[50]

---

48 Dann spräche einiges dafür, dass sich der Normgeber im Reflex auf diese Praxis bewusst der Regel-Ausnahmetechnik bedient, damit die Ausnahmen restriktiv ausgelegt werden. Er kann so sicherstellen, dass er vom Rechtsanwender besser verstanden wird und somit das Risiko von Fehlinterpretationen minimieren (vgl. oben § 3 II).

49 S.o. § 9 I 2.

50 Darüber hinaus ist mit dem Verweis auf die alltägliche Erfahrung der Versuch verbunden, den Grundsatz mit Sprichworten, wie den Sätzen „Ausnahmen bestätigen die Regel" (vgl. *R. Schmidt-Wiegand*, Artikel ‚Regel', in: Deutsche Rechtsregeln und Rechtssprichwörter, S. 276 mwN.) und „Ausnahmen sollen nicht ausgedehnt werden" (vgl. *D. Liebs*, Lateinische Rechtsregeln und Rechtssprichwörter, S. 40, vgl. auch E 40, 42, J 56, Q 2 f., 89) zu begründen (Nachweise für diese methodische Begründung bei *J. Schröder*, in: FS M. Heckel, S. 615, 626 Fn. 60 f.). Aber auch Sprichwörter sprechen nicht für sich selbst, sondern bedürfen einer tragfähigen Begründung. Das gilt hier ganz besonders, weil der Grundsatz der restriktiven Auslegung von Ausnahmen in der Methodenlehre oft abgelehnt wird. Darüber hinaus

(5) Nicht überzeugend ist schließlich das Argument von *Regelsberger*. Er ist der Auffassung, dass hinter Spezialisierung und Individualisierung Willkür und Rechtsunsicherheit lauerten, so dass Ausnahmen restriktiv auszulegen seien.[51] Dabei vergisst er, dass auch die Ausnahme geltendes Recht darstellt und insofern per se kein willkürliches Recht oder sogar Unrecht darstellt.

Die älteren Begründungen überzeugen daher nicht.

b) Kritik an der Begründung mit Hilfe der Ordnungsfunktion

Zugunsten des Grundsatzes der restriktiven Auslegung von Ausnahmen wird auf die dem Schluss innewohnende Logik verwiesen.[52] Daneben beruhe der Grundsatz auf dem Gedanken, dass allgemeinen Regeln in möglichst weitem Umfange Geltung verschafft werden solle. Mit ihnen wolle die Gesetzgebung für eine zunächst unabsehbare Zeit Ordnung schaffen.[53] Ausnahmen dagegen stellten einen die Ordnung störenden Fremdkörper dar. Um die Homogenität der Ordnung nicht zu stören, müssten Ausnahmen möglichst vermieden werden und seien deshalb restriktiv auszulegen. Mit anderen Worten: Das grundsätzliche Recht übt einen solch großen Einfluss auf das Ausnahmerecht aus, dass dieses restriktiv auszulegen ist[54] oder gar nach vereinzelter Ansicht immer restriktiv ausgelegt werden muss.

---

kann die so verstandene Alltagserfahrung allein nicht die nötige Sicherheit vermitteln, die es rechtfertigte, eine Auslegungsregel anzuwenden.

51 So ausdrücklich *F. Regelsberger*, in: Festgabe der Göttinger Juristenfakultät für R. v. Jhering, S. 43, 55: Deshalb überwiege im Juristen die generalisierende Richtung und setzt neben das Sonderrecht eine Warnungstafel. Zudem beruft er sich auf die Logik und die Ästhetik. Ähnlich *A. Brinz*, Lehrbuch der Pandekten Bd. 1, § 25 S. 111.

52 *F. Regelsberger*, in: Festgabe der Göttinger Juristenfakultät für R. v. Jhering, S. 43 ff.; *Rizzo and Others*, Franco-Italian Conciliation Commission, ILR 19, Case No. 107, S. 478, 481. Daneben wird von vielen Vertretern, die dem Argument der Logik skeptisch bzw. ablehnend gegenüber stehen, behauptet, dass es das entscheidende Argument sei, warum die restriktive Auslegung von Ausnahmen in der Praxis große Verbreitung fand (vgl. etwa *R. Bernhardt*, Die Auslegung völkerrechtlicher Verträge, S. 174, 183; *M. Kronauer*, Die Auslegung von Staatsverträgen durch das Schweizerische Bundesgericht, S. 87, 89 ff.).

53 *P. Klein*, Artikel ‚Ausnahmegesetze', in: Staatslexikon Erster Band[5], Spalte 477.

54 Damit wird die restriktive Auslegung von Ausnahmen zu einer Ausprägung der systematischen Auslegung (*F. Müller*, Juristische Methodik, Rn. 370).

Richtig daran ist, dass der Ordnungsgedanke bei der Auslegung eine wichtige Rolle spielt. Er findet Ausdruck in der systematischen und teleologischen Auslegung.[55] Dass der Grundsatz der restriktiven Auslegung von Ausnahmen aber eine von der systematischen und teleologischen Auslegung abgehobene technisch-formale Auslegungsregel darstellen soll, überzeugt nicht.

aa) Schwierigkeiten bei der Ermittlung von Regel und Ausnahme

Schon gegenüber der Möglichkeit der Ermittlung dessen, was Regel und was Ausnahme sein soll, bestehen Bedenken. Zur Verdeutlichung der Kritik soll zunächst dargestellt werden, was die Vertreter des Grundsatzes der restriktiven Auslegung von Ausnahmen unter den Begriffen *Ausnahme* und *Regel*[56] verstehen.

Paulus bezeichnete Ausnahmen als *ius singulare* und definierte: „Ius singulare est, quod contra tenorem rationis propter aliquam utilitatem auctoritate constituentium introductum est."[57] Nach herrschender Meinung[58] sind Ausnahmen die-

---

55 S.u. § 10 II 1.

56 Andere synonym verwendete Bezeichnungen für den Begriff der *Ausnahme* und *Regel* sind singuläres, regelwidriges, prinzipwidriges, anomales Recht bzw. Grundsatz, prinzipmäßiges Recht, ius commune bzw. tenor rationes. *P. Klein*, Ausnahmegesetze, in: Sacher (Hrsg.), Staatslexikon Erster Band, Spalte 477; *L. Enneccerus (Begr.)/H. C. Nipperdey (Bearb.)*, Allgemeiner Teil des Bürgerlichen Rechts 1. Hb., S. 296 Fn. 4, der aber Kritik am ius commune in diesem Zusammenhang übt: „Jus Commune scheint mir nicht, wie bisher wohl allgemein angenommen wird, den Gegensatz zum jus singulare, sondern zu dem nur für gewisse Klassen geltenden Recht zu bezeichnen, das zwar singulär sein kann, oft auch singulär ist, aber nicht singulär zu sein braucht, (...)."

57 D 1, 3, 16. Deutsch von *K. E. Otto/B. Schilling/K. F. F. Sintenis*, Das Corpus Iuris Civilis Bd. I, S. 242: „Ein besonderes Recht ist dasjenige, welches gegen den strengen Inhalt der gemeinen Rechtsregel, der Nützlichkeit wegen, durch die Autorität der Gesetzgeber eingeführt worden ist." Etwas anders übersetzt bei *P. Klein*, Ausnahmegesetze, in: Sacher (Hrsg.), Staatslexikon Erster Band, Spalte 477: „Ausnahmerecht ist das Recht, das gegen die Ordnung der Folgerichtigkeit aus einem Zweckmäßigkeitsgrund durch Bestimmung des Gesetzgebers eingeführt worden ist." Zum ius singulare bei *Paulus* und weiteren römischen Rechtsgelehrten vgl. *F. Regelsberger*, in: Festgabe der Göttinger Juristenfakultät für R. v. Jhering, S. 43 ff.

58 Dem Begriff Ausnahme wird zuweilen auch im gesetzestechnischen Sinne und im statistischen Sinne verwendet (*C.-W. Canaris*, Die Feststellung von Lücken im Gesetz, S. 181 Fn. 35). Noch anderer Ansicht *Ph. Heck*, AcP 112, 1, 187: Er definiert: „Ausnahmevorschriften nennt man solche Vorschriften, die nicht ausgedehnt werden dürfen." Dabei stützt er sich auf den Sprachgebrauch des Alltags (ihm folgend *E. Schneider*, Logik für Juristen, S. 151). So verstanden handelt es sich aber nicht um einen Begriff, der die Voraussetzung für die restriktive Auslegung darstellen

jenigen allgemeinen Rechtssätze, die ein allgemeines Rechtsprinzip für besonders geartete Fälle durchbrechen (Ausnahme im normativen Sinne).[59] Als Regel werden diejenigen Normen bezeichnet, die im Verhältnis zur Ausnahme ein höherrangiges Prinzip beinhalten, d.h. eines, das eine allgemeinere Bedeutung im Regelungszusammenhang beansprucht. Es handelt sich also letztlich um eine Beschreibung zweier sich widersprechender Normen aus systematischer Sicht, die darüber Klarheit erbringen soll, welche von beiden einem höheren Rechtsprinzip entspricht und welche ihm widerstreitet.[60] Ausnahme und Regel sind also ein untrennbares gemeinsames Begriffspaar.[61] Bei ihrer Ermittlung kommt es nicht auf die formale Bezeichnung an[62], sondern auf den materiellen Gehalt. Was eine Ausnahme und was eine Regel ist, ist also durch Auslegung zu ermitteln. Für die Stellung als Ausnahme können etwa der Wortlaut, die systematische Stellung, vor allem aber der Zweck der Vorschrift sprechen.

Die Vorgehensweise der Vertreter des Grundsatzes der restriktiven Auslegung von Ausnahmen kann demnach wie folgt zusammengefasst werden: Die Gewinnung von Ausnahmevorschriften erfordert eine *Vor-Auslegung* mit den *herkömmlichen Auslegungsregeln.* Die dadurch gewonnene Klassifizierung als Regel und Ausnahme wird dann erneut zur Voraussetzung gemacht, nun mit der technisch-

---

kann, sondern kennzeichnet nur das Ergebnis einer Auslegung. Das bestätigt auch *Ph. Heck*, AcP 112, 1, 187 f., selbst, wenn er feststellt, dass man dort, wo die Unzulässigkeit der Ausdehnung festgestellt wird, von einer Norm sagen kann, sie sei eine Ausnahme. Und wo Erkenntnis schon vorliegt, sei die Formel „singularia non sunt extendanda" nicht notwendig. Es wäre eine *petitio principii*, wenn man nun sagen würde, die Vorschrift darf nicht ausdehnend ausgelegt werden, deshalb handele es sich um eine Ausnahme, und deshalb sei sie restriktiv auszulegen. *Hecks* Ansatz ist daher ungeeignet für den Grundsatz der restriktiven Auslegung von Ausnahmen. Während er den Begriff auf der Folgenseite verwendet, ist er im Rahmen der restriktiven Auslegung von Ausnahmen auf der Tatbestandsseite zu verwenden.

59 *L. Enneccerus (Begr.)/H. C. Nipperdey (Bearb.)*, Allgemeiner Teil des Bürgerlichen Rechts 1. Hb., S. 295; *C.-W. Canaris*, Die Feststellung von Lücken im Gesetz, S. 181. Zu allgemein *E. Baader*, JZ 1990, 409, 413: Er bezeichnet die generellere Regelung als Regel, die speziellere als Ausnahme.

60 *L. Enneccerus (Begr.)/H. C. Nipperdey (Bearb.)*, Allgemeiner Teil des Bürgerlichen Rechts 1. Hb., S. 296.

61 Die Umkehrung des Rechtssprichwortes „Keine Regel ohne Ausnahme" (*R. Schmidt-Wiegand*, Artikel ‚Regel', in: Deutsche Rechtsregeln und Rechtssprichwörter, S. 276 mwN.) hat also noch mehr Berechtigung als sein Original: Keine Ausnahme ohne Regel.

62 Der Wortlaut ist nicht immer zuverlässiges Kriterium für den Charakter einer Norm als Ausnahmevorschrift (*P. Schwacke*, Juristische Methodik, S. 71). Es kann sich genauso gut um eine gleichberechtigte Regel für andere typische Konfliktfälle handeln.

formalen Maßgabe, die Ausnahme möglichst restriktiv auszulegen, d.h. ihr einen möglichst kleinen Anwendungsbereich zu geben.

Gegen dieser Vorgehensweise ist einzuwenden, dass die Feststellung dessen, was eine Regel und was eine Ausnahme sein soll, zu einem gewissen Grade willkürlich ist[63], weil zwei Normen aus dem Gesamtzusammenhang herausgenommen und isoliert betrachtet werden. In Wirklichkeit gibt es solch isolierte Vorschriften nicht, sie lassen sich auch nicht künstlich isolieren. Dies soll am Beispiel der Auslegung des Art. 95 IV EGV erläutert werden:

Aufgrund des Art. 95 IV EGV können Staaten trotz erfolgter Harmonisierungsmaßnahmen auf EG-Ebene eigene Sonderregeln u.a. zum Schutze der Umwelt beibehalten. Betrachtet man den Bereich über die Rechtsangleichung im Binnenmarkt, dann stellt Art. 95 IV EGV eine Ausnahme der Vereinheitlichung dar und müsste daher restriktiv ausgelegt werden.[64] Anders fällt die Beurteilung aus, wenn man die Perspektive der Rechtsangleichung mit der des Umweltschutzes auswechselt. Dann handelte es sich bei Art. 95 IV EGV ebenso wie bei Art. 176 EGV um eine Schutzverstärkungsklausel zugunsten des Umweltschutzes und stellt daher in diesem Bereich die Regel dar. Ausnahmen in Bezug auf diese Regel sind alle Normen, die zu einem geringeren Standard im Umweltschutz führen, also auch Harmonisierungsmaßnahmen, wenn eine alte nationale Regelung schärfer war. Zum Teil wird daher sogar gefordert, Art. 95 IV EGV tendenziell extensiv auszulegen.[65]

Je nachdem, was in diesem Beispiel isoliert in das Zentrum der Überlegungen gestellt wird – die Vereinheitlichung oder der Umweltschutz –, muss eine unterschiedliche Bestimmung des Regel-Ausnahme-Verhältnisses erfolgen. Sobald ein einzelner Gesichtspunkt aus dem gesamten Normengefüge herausgegriffen wird, kann man zu ihm zwar relativ einfach Ausnahmen bilden, aber die Vor-Auslegung ist dann in jedem Falle nur ein erster Schritt und unvollständig. Werden weitere Gesichtspunkte einbezogen, so kann sich das auf das Regel-Ausnah-

---

63 Wenn es in einer Vorschrift „es sei denn“, „außer wenn“ oder ähnlich heißt, so spricht einiges dafür, dass damit eine Ausnahmevorschrift geschaffen werden sollte. Beabsichtigte der Normgeber mit dieser Formulierung, dass die Vorschrift restriktiv ausgelegt wird, so ist das, wie bereits gesagt, zu berücksichtigen (s.o. § 3 II 2, § 9 II 1 b).

64 Vgl. *V. Fröhling*, JuS 1996, 688, 689 mN. in Fn. 11.

65 Vgl. *V. Fröhling*, JuS 1996, 688, 689 mN. in Fn. 12.

me-Verhältnis auswirken.[66] Das gilt insbesondere dann, wenn eine Norm – wie Art. 95 IV EGV – in einem Kontext die Ausformung eines bestimmten Prinzips darstellt und gleichzeitig in einem anderen Kontext als Ausnahme eines anderen Prinzips charakterisiert werden könnte. So hätte bei der Auslegung des Art. 95 IV EGV keine der beiden Perspektiven isoliert werden dürfen. Betrachtet man aber die Zwecke der Norm und ihre systematische Stellung insgesamt, so wird deutlich, dass mit ihr ein Ausgleich zweier grundlegender Ziele des EG-Rechts hergestellt werden sollte.

Der Einwand gegen die Vor-Auslegung ist noch zu erweitern. Die Ausnahme wird häufig nicht nur unzureichend ermittelt, es wird darüber hinaus oft unmöglich sein, Normen als Regel und Ausnahme zu klassifizieren, weil die Völkerrechtsordnung nicht auf das Bild einer Ordnung von Regeln und Ausnahme reduziert werden kann. Wird nur nach der Relation von Regel und Ausnahme gesucht, dann blendet man zu sehr aus, dass Normen einander ergänzen sollen und systematisch als einheitlicher Regelungskomplex betrachtet werden können.[67] Bei der Vielschichtigkeit von Strukturen, Prinzipien und Unterprinzipien der Rechtsordnung einerseits und der oft nicht eindimensionalen, sondern meist vielschichtigen

---

66 Das soll ein weiteres Bespiel veranschaulichen: In einem (fiktiven) zwischenstaatlichen Vertrag werden männliche Staatsangehörige, die sich dauernd im anderen Staat aufhalten, der Inlandsbevölkerung gleichgestellt und insbesondere die gleichen politischen Rechte verliehen. Weiblichen Staatsangehörigen wurde in diesem Vertrag dagegen nur ein Kommunalwahlrecht verliehen. Nun stellt sich die Frage, ob weibliche Staatsangehörige bei einer Kommunalwahl der Stadt X teilnehmen dürfen, die aufgrund der besonderen politischen Gliederung – die Stadt mag gleichzeitig eine größere Verwaltungseinheit sein – gleichzeitig eine Regionalwahl ist. Betrachtet man nur den Vertrag selbst, so stellt das Frauenwahlrecht (scheinbar) eine Ausnahme dar und müsste deshalb restriktiv gehandhabt werden. Stellt man aber den Vertrag insgesamt in das Licht des allgemeinen Völkerrechts, dann könnte sich die Privilegierung der männlichen Staatsangehörigen als eine Ausnahme von der grundsätzlichen Gleichberechtigung von Mann und Frau darstellen (vgl. etwa die Präambel der UN-Charta). Noch anders könnte das Regel-Ausnahme-Verhältnis gedeutet werden, wenn man die Gleichberechtigung im Lichte der staatlichen Auffassungen beider Vertragspartner betrachtete. Neben der innewohnenden Willkür einer Isolation von bestimmten Gesichtspunkten wird auch deutlich, dass die Stellung einer Norm als Ausnahme umso zweifelhafter werden kann, je detaillierter die Untersuchung vorgenommen wird.

67 *K. Engisch*, Einführung in das juristische Denken, S. 79, verwendete daher einmal das Bild, eine einzelne Norm sei lediglich ein rechtlicher Gedankensplitter, der auf der Basis der Einheit der Rechtsordnung zu einem Mosaik zusammengefügt werden müsse. Er weist zudem auf die Relativität von Regel und Ausnahme hin und lehnt daher die so verstandene restriktive Auslegung ab (ebenda, S. 130 f.).

Zwecke einer Norm andererseits[68] wird jedenfalls die unreflektierte Anwendung dieser Regel zu unhaltbaren Ergebnissen führen.

Oft ist es nur eine Frage der Formulierung, ob eine Norm als Ausnahme oder ob sie als integraler Bestandteil einer Gesamtkonzeption hingestellt wird, weil ein fließender Übergang bei der Einordnung in systemwidrig und systemtragend besteht[69]. Zur Verdeutlichung dessen soll auf das Beispiel des Falls *Aegean Sea Continental Shelf* zurückgegriffen werden. Dort vertrat *Stassinopoulos* die Ansicht, dass Griechenlands Unterwerfung unter die Jurisdiktion des IGH die Regel sei, die Nichtunterwerfung für originär staatliche Angelegenheiten dagegen die Ausnahme (Stilisierung zu einem Regel-Ausnahme-Verhältnis). Genauso gut könnte aber auch ein Gesamtzusammenhang hergestellt und der Norminhalt folgendermaßen umformuliert werden: Soweit es sich nicht um eine originär staatliche Angelegenheit handelt, unterwirft sich Griechenland unter die Jurisdiktion des IGH. Wann eine Norm integraler Bestandteil der Gesamtkonzeption ist und wann sie ein davon zu trennendes eigenes Konzept darstellt, dafür gibt es wegen der Vielschichtigkeit des Rechts keine abstrakte oder generelle Regel.

Damit bleibt festzuhalten, dass bereits Zweifel an der Ermittelbarkeit von Ausnahmen bestehen. Wenn überhaupt, so kann erst nach umfassender Vor-Auslegung eine Norm als Ausnahmevorschrift charakterisiert werden.[70] Es handelt sich also keinesfalls um eine einfach zu handhabende Auslegungsregel.

Aber nicht nur die Art und Weise der Ermittlung ist problematisch, auch gegen die Aufspaltung des Auslegungsprozesses bestehen Bedenken. Die Vor-Auslegung mit den herkömmlichen Auslegungsregeln hat nicht primär zum Ziel, den Inhalt einer Norm zu erhellen, sondern ist darauf zugeschnitten, den Grundsatz der restriktiven Auslegung von Ausnahmen zur Anwendung kommen zu lassen. Es muss mit den „herkömmlichen Auslegungsregeln“ eine umfassende Analyse erfolgen, um eine Situation zu konstruieren, in der möglicherweise die „Technik der restriktiven Auslegung“ angewendet werden könnte. *Müller* kritisiert in diesem Zusammenhang zutreffend: „Die Frage, ob es sich überhaupt um eine Ausnahmevorschrift handle, setzt bereits eine mit allen verfügbaren Konkre-

---

68 Vgl. *R. Zippelius*, Juristische Methodenlehre, § 10 III c, S. 55.

69 *C.-W. Canaris*, Systemdenken und Systembegriff in der Jurisprudenz, S. 53.

70 *J. Schröder*, in: FS M. Heckel, S. 615, 629, schreibt: „Was eine „Ausnahme“ ist, lässt sich nicht logisch, sondern nur im Kontext der jeweiligen Rechtsordnung entscheiden. Und inwieweit man im Recht überhaupt von einem System von Regeln und Ausnahmen sieht, hängt vom jeweiligen rechtstheoretischen Standpunkt ab.“

tisierungselementen erarbeitete Vorentscheidung darüber voraus, welche normative Wirkung die Rechtsnorm als ‚Ausnahmevorschrift' kennzeichnen solle."[71] Diesem Einwand ist zuzustimmen. Er ist einer der entscheidenden Gründe dafür, weshalb in der Methodenlehre, etwa von *Larenz*[72] und *Engisch*[73], die restriktive Auslegung von Ausnahmen inzwischen weitgehend abgelehnt wird.

bb) Die unzureichende Begründung des technisch-formalen Charakters

Darüber hinaus fehlt dem Grundsatz der restriktiven Auslegung von Ausnahmen eine tragfähige Begründung für den technisch-formalen Charakter und die daraus abgeleitete mechanische Handhabung. Der bloße Hinweis auf die Logik reicht nicht aus. Dieses Argument wäre nur dann in Erwägung zu ziehen, wenn man die Rechtsordnung als System von Regeln und Ausnahmen verstehen würde. Diese Ansicht war jedoch aus den eben genannten Gründen abzulehnen. Nochmals sei hervorgehoben, dass die Ermittlung des Regel-Ausnahme-Verhältnisses keine rein logische Frage ist[74], und dass ein und dieselbe Norm, je nachdem, in welchen Kontext sie gestellt wird, sowohl eine Regel als auch eine Ausnahme darstellen kann.

Darüber hinaus sind einige entscheidende Einwendungen gegen einen solchen Formalismus zu erheben: Erstens nimmt der Grundsatz durch die mechanische Anwendung weder auf die Eigenheiten des Vertrages noch auf die Besonderheiten der internationalen Rechtsordnung Rücksicht.[75] Aber gerade auf ihre Beachtung kommt es an, damit das Ziel der Auslegung, die Aufdeckung des Willens des Normgebers, erreicht werden kann.

Zweitens ergeben sich sogar *Widersprüche*, die konstruktionsbedingt sind: Wenn eine Ausnahmevorschrift selbst eine Unterausnahme hat, dann müssten bei konsequenter Anwendung des Grundsatzes sowohl die Ausnahme als auch die Unterausnahme restriktiv ausgelegt werden, und zwar insbesondere auch dann, wenn die Unterausnahme zum Grundprinzip zurückkehrt. Eine solche Konstellation lag

---

71 *F. Müller*, Juristische Methodik, Rn. 370.

72 *K. Larenz*, Methodenlehre, S. 355.

73 *K. Engisch*, Einführung in das juristische Denken, S. 129 ff., 194.

74 So auch *J. Schröder*, in: FS M. Heckel, S. 615, 629; *G. Schwarzenberger*, International Law Vol. 1, S. 509 f., zu seiner Auffassung s.o. § 7 IV 4.

75 *R. Bernhardt*, Die Auslegung völkerrechtlicher Verträge, S. 41, 175 f., 182 f. *Ch. Baldus*, Regelhafte Vertragsauslegung nach Parteirollen Teil I,S. 123, lehnt die Regel in dubio mitius ab, weil sie zu formal sei.

etwa im Beispiel des griechischen Vorbehalts im Fall *Aegean Sea Continental Shelf*[76] vor: Die Unterwerfung Griechenlands unter die Jurisdiktion des IGH könnte als Ausnahme von der Souveränität, verstanden als Ungebundenheit, restriktiv ausgelegt werden. Der griechische Vorbehalt von der Unterwerfung für originär staatliche Angelegenheiten, also die „Rückkehr" zur Ungebundenheit, müsste als Unterausnahme aber ebenso restriktiv ausgelegt werden.[77]

Drittens endlich kann auch das Analogieverbot, bezogen auf Ausnahmevorschriften, nicht überzeugen. Geht man von der Konzeption der Analogie aus, dann ist der Analogieschluss unzulässig, wenn eine der Voraussetzungen – eine verdeckte Lücke und vergleichbare bzw. ähnliche Sachverhalte – nicht vorliegen. *Engisch* hat zu Recht hervorgehoben: „Wenn eine Vorschrift für einen bestimmten Ausnahmefall oder eine Gruppe solcher Fälle erlassen ist, so darf sie selbstverständlich nicht analog angewendet werden auf Fälle, in denen diese Ausnahmesituation nicht gegeben ist."[78] Das gleiche gilt, wenn keine verdeckte Lücke vorliegt. Bei Ausnahmevorschriften wird in der Tat häufig ein Analogieschluss unzulässig sein, da grundsätzlich die Regel zum Tragen kommt, wenn die Ausnahme nicht greift.[79] Um dieses Ergebnis methodengerecht zu begründen, bedarf es aber nicht des Grundsatzes der restriktiven Auslegung von Ausnahmen. Vielmehr reicht die Feststellung aus, dass die Voraussetzungen einer Analogie nicht vorliegen. Darüber hinaus geht ein striktes Verbot fehl. Es wäre vielmehr *unbillig*, keine Analogie zu ziehen, obwohl ihre Voraussetzungen vorliegen. *Canaris* erklärt etwa:

---

76 *Aegean Sea Continental Shelf*, ICJ Rep. 1978, S. 3, insbesondere D.O. *de Castro*, ebenda, S. 62, 70 f., der die Widersprüchlichkeit sieht, die Regel aber trotzdem anwendet (vgl. auch oben § 8 II 2). Er spricht sich zugunsten der restriktiven Auslegung von Ausnahmen aus. Vor dem gleichen Problem stand die *Franco-Italian Conciliation Commission* im Fall *Rizzo and Others*, ILR 19, Case No. 107, S. 478, 481 f. Hier entschied man sich zugunsten der Auslegung zugunsten der geringeren Verpflichtung.

77 Das zeigt noch einmal deutlich: Werden die Vertragsbestimmungen isoliert betrachtet, kann sich eine andere Auslegung ergeben, als wenn man isoliert das Verhältnis von Souveränität und Vertrag betrachtet (vgl. aber auch die Kritik daran, dies als Regel-Ausnahme-Verhältnis zu betrachten, § 9 II 2).

78 *K. Engisch*, Einführung in das juristische Denken, S. 194.

79 Nach Auffassung von *F. C. von Savigny*, Vorlesungen, S. 150 f., komme eine Analogie nie in Betracht, weil deren Voraussetzungen nie vorliegen können. Es gäbe logisch gesehen niemals eine Lücke, denn da, wo die Ausnahme nicht griffe, da müsse die Regel greifen. Anders *E. Zitelmann*, Lücken im Recht, S. 24 f. Nach seiner Auffassung sei eine Analogie gerade bei Ausnahmen vorzunehmen: „Lückenfüllung bedeutet, dass der Richter jene allgemeine Regel für diese besonderen Tatbestände durchbricht und für sie einen neuen Rechtssatz, meist in Weiterbildung anderer schon vorhandener Sondersätze findet."

„[A]uch eine Ausnahmevorschrift ist insoweit der Analogie zugänglich, als das ihr zugrundeliegende – engere – Prinzip seinem Sinne nach Anwendung auf einen nicht geregelten Fall finden kann."[80] Diese Aussage trifft auch auf die Völkerrechtsordnung zu.[81] Gerade wenn eine Ausnahme normiert wird, um einem neuen Rechtsgedanken in bestimmten Fällen Anerkennung zu verschaffen, kann das Ausnahmerecht Vorläufer des grundsätzlichen Rechts sein.[82]

cc) Resümee

Es bleibt also festzuhalten, dass Ausnahmen nur dann eng ausgelegt werden dürfen, wenn ein dahingehender Wille des Normgeber vorhanden ist, also dann, wenn er bei der Abfassung des Vertragstextes bewusst die „Regel-Ausnahme-Technik" verwendet hat. Als Auslegungsgrundsatz kann eine Regel der restriktiven Auslegung von Ausnahmen sowohl hinsichtlich der Vor-Auslegung als auch hinsichtlich des technisch-formalen Charakters nicht überzeugen. Zustimmung finden kann nur der Ausgangspunkt seiner Rechtfertigung: In der Tat ist der Ordnungsgedanke bei der Auslegung zu beachten. Er findet Ausdruck in der systematischen und teleologischen Auslegung, sowie der Auslegung im Lichte des allgemeinen Völkerrechts.[83]

Selbst wenn man den Grundsatz der restriktiven Auslegung von Ausnahmen nicht ablehnen würde, so wäre seine Handhabung keinesfalls einfach. Es müssten dann hohe Anforderungen an die Vor-Auslegung gestellt werden. Ihnen genügt die Praxis bei der Auslegung im Einzelfall, wenn sie die Regel anwendet, oftmals nicht.[84] Die vermeintlich dem Grundsatz innewohnende Logik scheint zu einer

---

80 *C.-W. Canaris*, Die Feststellung von Lücken im Gesetz, S. 181 mwN. in Fn. 34. Er fügte hinzu, dass der „verfehlte" Grundsatz, Ausnahmevorschriften seien ihrem Wesen nach einer Analogie unzugänglich, wie kaum ein anderer „so viel Unheil gestiftet" habe. Ähnlich *H.-M. Pawlowski*, Methodenlehre für Juristen, Rn. 489a.

81 *P. Guggenheim*, Lehrbuch des Völkerrechts I, S. 128, ist der Auffassung, dass gegenüber der analogen Anwendung (lediglich) „große Vorsicht am Platze ist".

82 *P. Klein*, Ausnahmegesetze, in: Sacher (Hrsg.), Staatslexikon Erster Band, Spalte 477, 478.

83 Daher dürfte das Auslegungsergebnis mit und ohne Beachtung der restriktiven Auslegung von Ausnahmen oft identisch sein. Einzelheiten zu den genannten Auslegungsregeln s.u. § 10 II 1.

84 Eine Ungeeignetheit des Grundsatzes der restriktiven Auslegung von Ausnahmen liegt allerdings nicht schon deshalb vor, weil die Regel besonders *missbrauchsanfällig* ist. Immerhin ist sie latent vorhanden, weil der Gewinnung von Regel und Ausnahme immer eine gewisse Willkürlichkeit innewohnt. Wie gezeigt, kann dabei je nach Blickwinkel eine andere Bestimmung zur Regel stilisiert werden (s.o. § 9 II 1

oberflächlichen Argumentation zu verleiten. Die durch die Anwendung des Grundsatzes vermittelte Sicherheit ist jedenfalls oft trügerisch.[85]

c) Die Lehre vom Vermutungscharakter

Nach Auffassung einiger Vertreter des Grundsatzes der restriktiven Auslegung von Ausnahmen sind Ausnahmen nicht technisch, sondern nur *grundsätzlich* bzw. *regelmäßig* einschränkend auszulegen.[86] Damit verlöre die Regel ihren ausschließlich technischen Charakter[87] und würde gewissermaßen zu einer (widerlegbaren) Vermutungsregel.[88] So verstanden, kann sich der Grundsatz den eben vorgebrachten Einwänden zum Teil entziehen, weil er den technisch-formalen Charakter aufgibt.

Dennoch kann auch dieser Grundsatz keine Bestätigung finden: Vor allem kann er ebenso wenig die Kritik an der Vor-Auslegung ausräumen. Hinzu kommt, dass der so verstandene Grundsatz noch mehr an Kontur verliert und die durch ihn Grundsatz vermittelte Sicherheit sehr gering ist, da nunmehr lediglich ein eingeschränktes Restriktionsgebot und Analogieverbot bestünde. Darüber hinaus scheint die Auslegungsregel *unnötig* zu sein. Der Ordnungsgedanke findet besondere Beachtung im Rahmen der systematischen und teleologischen Auslegung. Wozu es noch zusätzlich einer eigenständigen Auslegungsregel bedarf, ist nicht ersichtlich.

Das mag nochmals am Beispiel der Auslegung des Art. 95 IV EGV verdeutlicht werden: Kommt man nach umfassender Analyse des Zwecks und der Systematik

---

a). Das reicht jedoch nicht aus, um den Grundsatz als unbrauchbar zu charakterisieren. Es zeigt nur, dass derjenige, der den Grundsatz für anwendbar hält, bei seiner Anwendung Vorsicht walten lassen muss. Auch bei der Anwendung anderer Auslegungsregeln besteht eine Missbrauchsmöglichkeit. Insofern kann nur dazu aufgerufen werden, dass der Rechtsanwender rechtschaffen, also redlich auslegt.

85 So auch *F. Müller*, Juristische Methodik, Rn. 370, der zutreffend darauf hinweist, dass durch die Stilisierung des Grundsatzes der restriktiven Auslegung von Ausnahmen zu einer eigenen begrenzten Methode eine Verführung zu formalistischen Zirkelschlüssen bestehe.

86 So z.B. *P. Schwacke*, Juristische Methodik, S. 71; RGZ 153, 1, 23; BGHZ 11, 135, 143 mwN.; *G. Dahm*, Völkerrecht Bd. III, S. 56 f., meint, dass diese Regel zwar keine eindeutigen Ergebnisse zulasse, aber immerhin Richtlinien vermittele.

87 Ähnlich *F. J. Säcker*, in: Münchener Kommentar zum BGB Bd. 1, Einleitung Rn. 104.

88 Zum Konzept, die souveränitätsfreundliche Auslegung als eine Vermutungsregel anzusehen, vgl. unten § 12 II 1 c.

dieser Vorschrift zum Ergebnis, dass sie kein möglichst hohes und daher womöglich ungleiches Schutzniveau der einzelnen Staaten anstrebt, sondern lediglich einzelnen Staaten ermöglichen soll, sich in einer Übergangszeit dem gemeinsamen europäischen Schutzniveau anzupassen, so wären in der Tat *im Ergebnis* schärfere nationale Regelungen nicht durch diese Vorschrift gedeckt.

Nähme man den Grundsatz der restriktiven Auslegung von Ausnahmen ernst, so handelte es sich bei ihm nicht um das End-Ergebnis der Auslegung, sondern lediglich um ein Zwischen-Ergebnis der Vor-Auslegung: Man hätte lediglich ermittelt, dass Art. 95 IV EGV eine Ausnahme in Hinblick auf die in Art. 95 EGV angestrebte Harmonisierung darstellt und sie deswegen vermutlich restriktiv, d.h. gegen die Möglichkeit einer schärferen nationalen Regelung auszulegen sei. Nunmehr müsste diese Vermutung wieder in den „allgemeinen Auslegungsprozess" eingegliedert werden. Dieser Umweg ist unnötig. In Wirklichkeit holt man aus der Anwendung der restriktiven Auslegung von Ausnahmen nur das an Ergebnissen heraus, was man an Vor-Auslegung hineingesteckt hat. Gleiches gilt für die Sicherheit der Vermutung: sie ist so sicher, wie man an Aufwand in die Vor-Auslegung investiert hat. Wenn der Grundsatz aber keine zusätzliche Sicherheit vermittelt, dann ist er eher fehlleitend, weil er scheinbare Sicherheit gewährt, wo tatsächlich genauere Argumentation, sprich eine genaue Bestimmung der Zwecke und der Systematik, erforderlich wäre.

Daher ist auch der als Vermutungsregel verstandene Grundsatz der restriktiven Auslegung von Ausnahmen abzulehnen.[89]

2. *Die verfehlte Konzeption von völkerrechtlichen Verträgen als Ausnahmen*

Selbst wenn man den Grundsatz der restriktiven Auslegung von Ausnahmen anerkennen würde, kann die souveränitätsfreundliche Auslegung keinen Fall dieses Grundsatzes darstellen. Die gegenteilige Ansicht sei nochmals kurz skizziert: Danach sollen die als staatliche Handlungs- und Entscheidungsfreiheit und, damit verbunden, als Freiheit von rechtlicher Bindung oder sogar vom Recht verstandene Souveränität einerseits und völkerrechtliche Verträge andererseits in einem Regel-Ausnahme-Verhältnis stehen, weil die Staaten durch Verträge völkerrechtlich gebunden werden und daher nicht mehr „frei" seien. Unter Anwendung des

---

89 Zu generellen Einwänden gegen Vermutungsregeln im Bereich der Auslegung s.u. § 12 II 1 c.

Grundsatzes der restriktiven Auslegung von Ausnahmen müsse daher jeder Vertrag restriktiv ausgelegt werden.

a) Das Verhältnis von Souveränität und Vertrag

In der Tat kann nicht geleugnet werden, dass Souveränität und vertragliche Verpflichtung in einem gewissen Spannungsverhältnis stehen. Mit dem Eingehen einer Verpflichtung wird die Entscheidungs- und Handlungsfreiheit der betreffenden Staaten in den vertraglich geregelten Punkten aufgehoben, weil Verträge einzuhalten sind (*pacta sunt servanda*, Art. 26 WVK).[90]

Die Reduzierung des Verhältnisses von Souveränität und Vertrag auf diese Sichtweise ist jedoch verkürzt und beruht vor allem auf einem veralteten Souveränitätsverständnis. Souveränität beinhaltet richtigerweise nämlich nicht die „ausschließliche Freiheit von rechtlicher Bindung" – dies entspricht dem Verständnis des 19. Jh. –[91], sondern gerade auch die Möglichkeit, sich völkerrechtlich zu binden.[92] Einen Vertrag zu schließen bedeutet also, sich der Souveränität bedienen. In der Ausübung eines Grundsatzes gleichzeitig ein Durchbrechen zu sehen, wäre widersinnig. Die typische Eigenschaft von Ausnahmevorschriften besitzt der völkerrechtliche Vertrag nicht: Er durchbricht gerade nicht ein allgemeines Rechtsprinzip für besonders geartete Fälle, er legt sich gewissermaßen nicht „quer zur Grundstruktur der Völkerrechtsordnung". Diese Auffassung ist seit der Entscheidung des Ständigen Internationalen Gerichtshofs aus dem Jahre 1924 im Fall *Wimbledon* anerkannt[93] und hat seither zu Recht weitgehend Zustimmung gefunden.[94]

---

90 Das scheint noch immer keine Selbstverständlichkeit zu sein. So sollen Vertreter der Bundeswehr angesichts der humanitären Katastrophe die Meinung vertreten haben, man müsse militärisch handeln, auch wenn man damit das Völkerrecht verletze (vgl. *R. Müller*, in: FAZ vom 29.1.2001, S. 12).

91 S.o. § 4 II 1.

92 S.o. § 4 II 2. Ausdruck dessen ist die Vorschrift des Art. 6 WVK. Sie lautet: „Jeder Staat besitzt die Fähigkeit, Verträge zu schließen."

93 PCIJ Ser. A No. 1, S. 25 (Einzelheiten s.o. § 4 II 1 aE., § 6 I 3.

94 Vgl. nur *Exchange of Greek and Turkish Populations*, PCIJ Ser. B No. 10, S. 21; *European Commission of the Danube between Galatz and Braila*, PCIJ Ser. B No. 14, S. 36; D.O. *Read, Anglo-Iranian Oil Case*, ICJ Rep. 1952, S. 93, 142, 143; D.O. *Shahabuddeen, Legality of the Threat or Use of Nuclear Weapons*, ICJ Rep. 1996, S. 226, 375, 417; *Texaco Overseas Petrolium Company and California Asiatic Oil Company v. The Government of the Libyan Arab Republic*, Award of the Merits, ILR 53, 389, 422, 475; *Revere Copper v. OPIC (Liability Issues)*, Arbitration Tribunal, ILR 56, 258, 261, 283; *A. D. McNair*, Law of Treaties, S. 754 f.; *R. Bernhardt*,

Die Kritik an der Kennzeichnung von Verträgen als Ausnahme macht einen entscheidenden Einwand gegen den Grundsatz der restriktiven Auslegung von Ausnahmen deutlich: Das Herausgreifen einer bestimmten Beziehung und ihre Stilisierung zu Regel und Ausnahme ist auch in diesem Falle willkürlich[95]: Die Gestaltung der rechtlichen Beziehungen zwischen zwei Staaten wird beeinflusst von der Souveränität, den vertraglichen Verpflichtungen und anderen Rechtsnormen. So betrachtet könnte man die Beziehung zwischen Souveränität und Vertrag eher als Ergänzungsverhältnis charakterisieren.

Eine Berechtigung hätte die Kennzeichnung von Verträgen als Ausnahme allenfalls dann, wenn man mit einem veralteten, bis zum Beginn des 20. Jh. vertretenen Verständnis die Souveränität nicht als Freiheit im Recht, sondern als Freiheit vom Recht verstehen würde. Dann läge es sehr viel näher, völkerrechtliche Verträge als Ausnahme zu klassifizieren. Mit der Änderung des Souveränitätsverständnisses musste sich – gewissermaßen als Reflex – auch die Ansicht zum herkömmlichen Verständnis der „souveränitätsfreundlichen Auslegung" verändern.[96]

b) Kein Regel-Ausnahme-Verhältnis wegen abnehmender Bedeutung der Souveränität?

Neben den grundsätzlichen Bedenken, völkerrechtliche Verträge als Ausnahmen der Souveränität zu betrachten, wird von *Dahm*, *Anweiler* und anderen eingewendet, dass von einem Regel-Ausnahme-Verhältnis auch deswegen nicht ge-

---

Die Auslegung völkerrechtlicher Verträge, S. 145; *W. Graf Vitzthum*, in: ders. (Hrsg.), Völkerrecht, 1. Abschn. Rn. 72 f.

95 Darüber hinaus zeigt dieser Fall deutlich die innere Widersprüchlichkeit der Regel bei konsequenter Anwendung. Einerseits müsste jeder Vertrag restriktiv ausgelegt werden, andererseits müssten Normen, die den Anwendungsbereich des Vertrages einschränken, wiederum restriktiv ausgelegt werden.

96 Folgte man allerdings der Auffassung, dass Auslegungsregeln ihre Grundlage im Gewohnheitsrecht finden (zum Streit vgl. oben § 3), dann wäre diese Argumentation nicht tragfähig, weil sich das Verständnis der Souveränität nämlich nicht einfach reflexartig auf die Auslegung auswirken könnte. Vielmehr müsste sich die gewohnheitsrechtliche Auslegungsregel selbst ändern, also eine andere allgemeine Übung mit einhergehender Rechtsüberzeugung entstehen. Diese Schwerfälligkeit wäre von Nachteil, weil die Auslegungsregeln nicht mehr ohne weiteres auf neue Entwicklungen in der Rechtsordnung und neue wissenschaftliche Erkenntnisse reagieren könnten. Hier scheint meines Erachtens der Hauptgrund zu liegen, dass die so verstandene souveränitätsfreundliche Auslegung auch heute noch vereinzelt angewendet wird.

sprochen werden könne, weil die Bedeutung der Souveränität in der Völkerrechtsordnung abgenommen habe.[97] Dieses Gegenargument überzeugt nicht:

Zwar ist zutreffend, dass *statistisch* gesehen immer mehr Fälle völkerrechtlich normiert sind und die zwischenstaatliche Interdependenz daher im Laufe des 20. Jh. stark zugenommen hat. Aber wie hoch die Anzahl der geregelten Fälle auch sein mag, die Souveränität gehört in *normativer Hinsicht* dennoch zu den Grundprinzipien, auf denen die Völkerrechtsordnung basiert.[98] Sie ist das entscheidende Merkmal dafür, dass man an der Völkerrechtsordnung teilnehmen darf. Die Souveränität nimmt (nach wie vor) eine zentrale Stellung in der Völkerrechtsordnung ein. Dies kommt u.a. in einzelnen völkerrechtlichen Verträgen und insbesondere in Art. 2 Ziff. 1 UN-Charta zum Ausdruck.[99]

Letztlich handelt es sich bei *Dahms* Argument nicht um einen normativen, sondern um einen rechtstatsächlichen, statistischen Einwand gegen die souveränitätsfreundliche Auslegung. Insofern ist er auch inkonsequent, weil das Verhältnis von Regel und Ausnahme durch Vor-Auslegung normativ bzw. logisch bestimmt werden soll[100], hier jedoch von einem tatsächlichen Regel-Ausnahme-Verhältnis ausgegangen wird.

Anzumerken ist, dass vereinzelt vertreten wurde, dass das Regel-Ausnahme-Verhältnis nicht normativ, sondern statistisch[101] zu bestimmen sei.[102] Regel solle

---

[97] *G. Dahm*, Völkerrecht Bd. III, S. 56; *ders.*, Völkerrecht Bd. I, S. 160 f.: „In der Übergangslage, in der der Staat sich heute befindet, besteht doch wohl keine Vermutung für das Bestehen der uneingeschränkten Hoheitsgewalt. Eine solche Vermutung glaubte zwar die auf die Idee der Souveränität gegründete klassische Völkerrechtslehre annehmen zu müssen. (...) Doch dürfte die Maxime jedenfalls dem gegenwärtigen Völkerrecht nicht mehr entsprechen. Beschränkungen der staatlichen Hoheitsgewalt zu Gunsten der internationalen Gemeinschaft, insbesondere auch der zwischenstaatlichen und überstaatlichen Organisationen, sind im internationalen Rechtsleben der Gegenwart so weit verbreitet, dass sich eine dagegen sprechende Vermutung nicht wohl annehmen lässt." *A. Rest*, Interpretation von Rechtsbegriffen in internationalen Verträgen, S. 71; *G. Dahm (Begr.)/J. Delbrück/R. Wolfrum (Bearb.)*, Völkerrecht Bd. I/1, S. 222; *J. Anweiler*, Die Auslegungsmethoden des Gerichtshofs der Europäischen Gemeinschaften, S. 132; *C. Buck*, Über die Auslegungsmethoden des Gerichtshofs der Europäischen Gemeinschaft, S. 85 f.

[98] S.o. § 4 II 2, 3, § 11 II 2 b bb, dd, e cc.

[99] S.o. § 4 II 2.

[100] S.o. § 9 II 1 b bb.

[101] Bezeichnung als statistischer Begriff nach *F. Regelsberger*, in: Festgabe der Göttinger Juristenfakultät für R. v. Jhering, S. 43, 46 f. Daneben gibt es noch weitere Deutungen des Begriffs Ausnahme. Deshalb besteht eine hohe Gefahr von Missver-

danach sein, „was in der Mehrzahl verwandter Erscheinungen eintritt".[103] Unter Zugrundelegung dieses Ansatzes müssten völkerrechtliche Verträge in der Tat je nach dem, ob sie statistisch eine Ausnahme vom Grundsatz der Souveränität darstellten, restriktiv ausgelegt werden oder nicht, und die zwischenstaatliche Interdependenz würde zum entscheidenden Kriterium für die Legitimation der souveränitätsfreundlichen Auslegung werden.

Aber auch dieser Ansatz ist abzulehnen.[104] Die so verstandene restriktive Auslegung von Ausnahmen wäre zu unsicher, weil sie zu sehr die Anpassung an die tatsächlichen Gegebenheiten betont und vergisst, dass in der auszulegenden Vorschrift ein entgegenstehender, konkreter normativer Wille zur Bindung vorhanden ist.[105] Schließlich erscheint problematisch, wie die Ermittlung des Regel-Ausnahme-Verhältnisses erfolgen soll, da Recht und insbesondere Prinzipien nicht „abzählbar" sind. Das Argument der abnehmenden Bedeutung der Souveränität im Völkerrecht kann daher nicht überzeugen.

III. Resümee

Die Legitimation der souveränitätsfreundlichen Auslegung mit Hilfe des Grundsatzes der restriktiven Auslegung von Ausnahmen überzeugt aus zwei Gründen nicht: Erstens bestehen schon gegen den Grundsatz der restriktiven Auslegung

ständnissen und Fehlanwendungen (*F. C. von Savigny*, Juristische Methodenlehre, S. 39; *L. Enneccerus (Begr.)/H. C. Nipperdey (Bearb.)*, Allgemeiner Teil des Bürgerlichen Rechts 1. Hb., S. 295; *Ph. Heck*, AcP 112, 1, 187 f.).

102 In diese Richtung *G. Dahm*, Völkerrecht Bd. I, S. 160 f.; *J. Anweiler*, Die Auslegungsmethoden des Gerichtshofs der Europäischen Gemeinschaften, S. 131 ff. Er meinte, dass die Auslegung zugunsten der Ungebundenheit auf der restriktiven Auslegung von Ausnahmen beruhe und insbesondere die „Souveränität und Entscheidungsfreiheit der Partner im Völkerrecht und in den zwischenstaatlichen Beziehungen die Regel seien".

103 *F. Regelsberger*, in: Festgabe der Göttinger Juristenfakultät für R. v. Jhering, S. 43, 46 f.

104 Dagegen auch *L. Enneccerus (Begr.)/H. C. Nipperdey (Bearb.)*, Allgemeiner Teil des Bürgerlichen Rechts 1. Hb., S. 296 Fn. 5; *C.-W. Canaris*, Die Feststellung von Lücken im Gesetz, S. 181 Fn. 35.

105 Zu Recht betonte *E. Zitelmann*, Lücken im Recht, S. 18, in seiner Rektoratsantrittsrede an der Bonner Universität: „(...) [S]oweit die Rechtsordnung an eine gewisse Tatsache diese bestimmte rechtliche Folge nicht geknüpft hat, kann sie auch nicht eintreten; ist es ja die Rechtsordnung allein, die der Tatsache die Kraft diese Folge zu erzeugen verleihen könnte." Damit würde, so *Zitelmann*, ebenda, S. 24, eine besondere rechtliche Behandlung im Gesetz zu einer Abweichung von der allgemeinen Regel und alle Rechtsnormen müssten restriktiv ausgelegt werden.

von Ausnahmen grundlegende Bedenken. Er kann deshalb nicht als Grundlage zur Begründung der souveränitätsfreundlichen Auslegung dienen.[106] Zweitens ist das Verhältnis zwischen Souveränität und Vertrag keinesfalls ein Regel-Ausnahme-Verhältnis. Einen völkerrechtlichen Vertrag als Ausnahme von der Souveränität anzusehen ist veraltet und vergisst, dass die Fähigkeit, sich völkerrechtlich zu binden, gerade eine wesentliche Eigenschaft der Souveränität darstellt.

§ 10 Die souveränitätsfreundliche Auslegung als Ausformung der teleologischen und systematischen Auslegung

I. Die Konzeption

1. Der Grundgedanke

Die Arbeit kommt nun zum entscheidenden Legitimationsansatz der souveränitätsfreundlichen Auslegung. Die These lautet: Die souveränitätsfreundliche Auslegung stellt eine besondere Ausformung der teleologischen und systematischen Auslegung, sowie der Auslegung im Lichte des Allgemeinen Völkerrechts dar.

So verstanden müsste die souveränitätsfreundliche Auslegung nachweisen, dass sie als teleologisches bzw. systematisches Argument geeignet ist, den Inhalt von Normen zu erhellen.[107]

2. Vertreter

Ein solches Verständnis der souveränitätsfreundlichen Auslegung hat sich zeitlich in drei Phasen entwickelt:

---

106 Zu ihm sei noch angemerkt, dass es auffällt, dass ein Großteil der Literatur zur Methodenlehre diesem Grundsatz skeptisch bis ablehnend gegenüber steht (Nachweise s.o. § 9 II vor 1). Dagegen scheint sich die Regel bei der Auslegung einzelner Vorschriften, also dem normalen Tagesgeschäft, nach wie vor einer gewissen Beliebtheit zu erfreuen (Nachweise s.o. § 9 I 2, 3; *V. Fröhling*, JuS 1996, 688, 689 mwN. in Fn. 11). Das liegt wohl daran, dass die Anwendung der Regel relativ einfach erscheint und daher dazu verleitet, sich die Mühe einer genaueren Begründung zu ersparen (so auch *C.-W. Canaris*, Die Feststellung von Lücken im Gesetz, S. 181; *F. J. Säcker*, in: Münchener Kommentar zum BGB Bd. 1, Einleitung Rn. 103).

107 So die Grundanforderung an jede Auslegungsregel (s.o. § 3 II).

In der *ersten Phase*, die in den 1950er Jahren endet, vertrat niemand diese Legitimation der souveränitätsfreundlichen Auslegung explizit. Sie dürfte aber *implizit* eine Rolle gespielt haben. Es wurde oft betont, dass die Souveränität eine zentrale Stellung einnehme und deshalb bei der Auslegung zu beachten sei.[108] Allerdings wurde die souveränitätsfreundliche Auslegung eher technisch-formal als Auslegung zugunsten der staatlichen Freiheit verstanden[109] und deshalb erfolgte keine Anknüpfung an die systematische bzw. teleologische Auslegung. So wies der Ständige Internationale Gerichtshof im Fall *International Commission of the River Oder* aus dem Jahre 1929 darauf hin, dass zunächst eine Auslegung im Lichte allgemeiner Rechtsgrundsätze erfolgen müsse und erst wenn dann noch Zweifel verblieben, dürfe auf die Regel der restriktiven Auslegung zugunsten der staatlichen Ungebundenheit zurückgegriffen werden.[110] Statt die souveränitätsfreundliche Auslegung als Ausformung der Auslegung im Lichte allgemeiner Rechtsgrundsätze zu verstehen, wurden beide Auslegungsregeln getrennt und einander gegenübergestellt. Darüber hinaus wurde die als generelle restriktive Auslegung verstandene souveränitätsfreundliche Auslegung gerade mit teleologischen Argumenten kritisiert: Es wurde hervorgehoben, dass völkerrechtliche Verträge einen Zweck hätten und deshalb effektiv und gerade nicht zugunsten der Ungebundenheit auszulegen seien.[111]

In einer *zweiten Phase*, beginnend in den 1950er Jahren, fand der Ansatz, die souveränitätsfreundliche Auslegung als Ausformung der teleologischen bzw. systematischen Auslegung anzusehen, vereinzelt *explizit* Anerkennung. Vor allem *Schwarzenberger* hat diese Ansicht vertreten. Er hielt die „restrictive interpretation of limitations of sovereignty" für anwendbar, weil das Souveränitätsprinzip Teil des allgemeinen Völkerrechts sei.[112] *Bülck* ordnete die Auslegungsregel, nach der „kraft des gewohnheitsrechtlichen Souveränitätsprinzips Verträge zu-

---

108 Insbesondere wurde auf die Freiheit, die eigenen Angelegenheiten nach eigenem Belieben zu regeln, verwiesen. *The Kronprins Gustaf Adolf; Pacific,* RIAA II, S. 1239, 1287; *Radio Corporation of America v. National Government of China,* RIAA III, S. 1621, 1627.

109 S.o. § 5 IV, § 6, § 9 I 2.

110 PCIJ Ser. A No. 23, S. 26.

111 Höhepunkt und gleichzeitig das Ende dieser Entwicklung stellt *Lauterpachts* Aufsatz „Restrictive Interpretation and the Principle of Effectiveness in the Interpretation of Treaties", BYIL 26 (1949), 48 ff. (zu Einzelheiten s.o. § 7 IV 1, 7), und dessen Echo in der Literatur in den 1950er Jahren dar.

112 *G. Schwarzenberger*, International Law Vol. 1, S. 529 ff., insb. 531. Einzelheiten seiner Ansicht s.o. § 7 II 4.

gunsten der staatlichen Freiheit, mithin einschränkend [auszulegen sind]", ausdrücklich der „systematisch-teleologischen Auslegung" zu.[113]

Unter dem durch die Normierung der Auslegungsregeln in der Wiener Vertragsrechtskonvention neu entstandenen Fixpunkt in der Auslegungslehre wurde in einer *dritten Phase* diese Ansicht etwas gefestigt und die souveränitätsfreundliche Auslegung als *Ausformung* des Art. 31 I bzw. III c) WVK angesehen.[114]

Aus methodologischer Sicht ist dieser Ansatz anders als die bisherigen einzuschätzen: Er ist weniger traditionsreich und wurde insgesamt nicht so häufig vertreten. In jüngerer Zeit hat er unter den einzelnen vertretenen Legitimationen eine nicht unbeachtliche Stellung eingenommen.[115] Zudem sind gegen ihn nur wenige Einwände erhoben worden. Soweit grundsätzliche Kritik geübt wurde, handelte es sich weniger um methodologische Einwände, sondern um Einwände gegen den grundlegenden Charakter der Souveränität[116].

II. Bewertung

Um die These bestätigen zu können, soll zunächst untersucht werden, was unter teleologischer und systematischer Auslegung zu verstehen ist und inwieweit sie in der Völkerrechtsordnung anerkannt sind (1). Dies braucht nicht mit dem Anspruch zu geschehen, die Auslegungsmethoden jeweils allumfassend abzuhandeln. Vielmehr soll es darauf ankommen, einige Besonderheiten hervorzuheben, die zur Begründung der aufgestellten These Bedeutung haben. Danach wird zu prüfen sein, ob und wie die souveränitätsfreundliche Auslegung als Ausformung dieser Methoden angesehen werden kann (2 a) und inwiefern die ihr entgegengebrachten Einwände überzeugen können (2 b). Schließlich soll an einem Beispiel erklärt werden, welche Funktion die so legitimierte souveränitätsfreundliche Auslegung bei der Auslegung hat und wie sie im Einzelfall anzuwenden ist (3).

---

113 *H. Bülck*, Vertragsauslegung, in: WVR 3. Bd., S. 547, 551, 550.

114 S.o. § 8 VI 2 b. So etwa *J. M. Mössner*, Einführung in das Völkerrecht, S. 124; *K. Zemanek*, in: Neuhold/Hummer/Schreuer (Hrsg.), Österreichisches Handbuch des Völkerrechts I, Rn. 358 f.; *W. Heintschel v. Heinegg*, in: Ipsen, Völkerrecht, § 11 Rn. 19 f.; in diese Richtung, aber auf den Grundsatz von Treu und Glauben abstellend *I. Seidl-Hohenveldern/T. Stein*, Völkerrecht, Rn. 340 ff.

115 Von einer herrschenden Auffassung kann angesichts des bunten Meinungsbildes und angesichts der vielfach vertretenen ablehnenden Haltung nicht gesprochen werden (s.o. § 8 VI 1, VII).

116 So etwa *U. Fastenrath*, Lücken im Völkerrecht, S. 239 ff., insb. 240, 248.

1. *Die teleologische und die systematische Auslegung*

a) Die teleologische Auslegung

Nach der teleologischen Auslegung sind Normen gemäß ihrem Ziel und Zweck auszulegen. Völkerrechtliche Verträge werden zur Verwirklichung bestimmter Ziele geschlossen, also um Verhaltensweisen verbindlich zu regeln oder bestimmte Zustände festzuschreiben. Auf Seiten des Normgebers bedarf es dazu einer planvollen Vorgehensweise. Er analysiert die gegenwärtige Sach- und Rechtslage, setzt sich Ziele und sucht dann nach geeigneten Wegen, sie durchzusetzen. Im Völkerrecht bedeutet das, dass sich die Vertragsschließenden auf gemeinsame Ziele und Strategien zu ihrer Verwirklichung einigen müssen.

Die Legitimation der teleologischen Auslegung liegt unter Zugrundelegung des subjektiven Auslegungsansatzes auf der Hand: Ist es das Ziel der Auslegung, den Willen des Normgebers zu ermitteln, dann müssen die Zweck- und Zweckmäßigkeitsvorstellungen des Normgebers beachtet werden.[117] Das Auffinden der beabsichtigten Folgen der Rechtssetzung kann dann Aufschluss über den rechtlichen Gehalt von Normen geben.[118]

Die Zwecke, die mit der Rechtsetzung verwirklicht werden sollen, können unterschiedlichster Natur sein. Vorschriften können etwa dem Umweltschutz dienen, zur Sicherung von Grenzen, zur Schaffung eines freien Warenverkehrs usw. Ihre Qualifikation als Zweck erhalten sie durch den *normativierten Willen* der Vertragspartner und sind gleichermaßen legitim, soweit sie nicht gegen höherrangiges Recht verstoßen. Hinter diesen konkreten Zwecken stehen allgemeinere Zwecke des Rechts, wie Rechtssicherheit, Friedenssicherung, gerechte Streitentscheidung und Ausgewogenheit.[119] Alle verfolgten Zwecke sind möglichst umfassend zu ermitteln und dann in den Auslegungsprozess zu integrieren.

Die teleologische Auslegung wurde in der Wiener Vertragsrechtskonvention kodifiziert. Gem. Art. 31 I aE. WVK ist ein Vertrag „im Lichte seines Zieles und Zweckes auszulegen“. Weitere Details der teleologischen Methode wurden nicht

---

117 *R. Zippelius*, Juristische Methodenlehre, § 10 II S. 50.

118 *K. F. Röhl*, Allgemeine Rechtslehre, S. 226.

119 *K. Larenz*, Methodenlehre, S. 333. Er nennt sie objektiv-teleologische Kriterien, weil sie nicht immer im aktuellen Bewusstsein des Normgebers vorhanden wären.

vertragsrechtlich geregelt[120], und deshalb bestehen hinsichtlich einzelner Fragen (nach wie vor) Meinungsunterschiede[121]. Unabhängig davon ist die teleologische Auslegung im Kern allgemein anerkannt[122] und wird in der Völkerrechtspraxis häufig angewendet[123].

Eine besondere Ausprägung erhält die teleologische Auslegung durch die Grundsätze effet utile und implied powers.[124] Der Grundsatz *effet utile* bzw. *ut res magis valeat quam pereat* oder *Effektivitätsgrundsatz* besagt, dass eine Norm möglichst so auszulegen ist, dass ihr Gestaltungsziel und ihr Regelungszweck bestmöglich erreicht werden kann. Er war ursprünglich im Kodifikationsvorschlag zur WVK enthalten[125], wurde nach der Diskussion der International Law Com-

---

120 Insofern können zumindest aus dem Text der Vorschrift keine Argumente für die diversen Streitigkeiten über die Art und Weise der teleologischen Methode gefolgert werden; so aber z.B. *E. Klein*, in: Vitzthum (Hrsg.), Völkerrecht, 4. Abschn. Rn. 39, und *J. Anweiler*, Die Auslegungsmethoden des Gerichtshofs der Europäischen Gemeinschaften, S. 118.

121 Vgl. dazu *S. M. Grundmann*, Die Auslegung des Gemeinschaftsrechts durch den Europäischen Gerichtshof, S. 167. Die Divergenzen beruhen nicht zuletzt auf unterschiedlichen theoretischen Ansätzen (zu ihrer Bedeutung für die völkerrechtliche Methodenlehre insgesamt vgl. die umfassende Analyse bei *U. Fastenrath*, Lücken im Völkerrecht, S. 32 ff.).

122 *J. Anweiler*, Die Auslegungsmethoden des Gerichtshofs der Europäischen Gemeinschaften, S. 118 ff.; *F. Berber*, Völkerrecht 1. Bd., S. 444 f.; *R. Bernhardt*, Die Auslegung völkerrechtlicher Verträge, S. 89 mwN. in Fn. 444; *ders.*, Interpretation in International Law, in: EPIL Vol. II, S. 1416, 1420; *ders.*, Vertragsauslegung, in: Lexikon des Rechts Völkerrecht, S. 385, 387; *H. Bülck*, Vertragsauslegung, in: WVR 3. Bd., S. 547, 550; *G. Dahm*, Völkerrecht Bd. III, S. 50; *U. Fastenrath*, Lücken im Völkerrecht, S. 186; *S. M. Grundmann*, Die Auslegung des Gemeinschaftsrechts durch den EuGH, S. 103, 101 mwN. in Fn. 461; *W. Heintschel v. Heinegg*, in: Ipsen, Völkerrecht, § 11 Rn. 15; *E. Klein*, in: Vitzthum (Hrsg.), Völkerrecht, 4. Abschn. Rn. 39; *H. F. Köck*, Vertragsinterpretation und Vertragsrechtskonvention, S. 39; *A. D. Mc Nair*, Law of Treaties, S. 380 ff.; *M. N. Shaw*, International Law, S. 656; *A. Verdross*, Staatsverträge. 5. Interpretationsregeln im Völkerrecht, in: WVR[1] Bd. 2, S. 663.

123 In der Rechtsprechung wird die Methode seit langem zur Auslegung herangezogen: *Employment of Women during the Night*, PCIJ Ser. A/B No. 50, S. 383; ICJ Rep. 1951, 15 ff., insb. 24; wN. bei *A. D. McNair*, Law of Treaties, S. 380 ff. und *R. Bernhardt*, Die Auslegung völkerrechtlicher Verträge, S. 89 ff.

124 Absolut herrschende Meinung, vgl. statt vieler *I. Seidl-Hohenveldern/G. Loibl*, Das Recht Internationaler Organisationen, Rn. 1601 b ff.; *J. Anweiler*, Die Auslegungsmethoden des Gerichtshofs der Europäischen Gemeinschaften, S. 120 ff.; *C. Buck*, Über die Auslegungsmethoden des Gerichtshofs der Europäischen Gemeinschaft, S. 202 ff.

125 Art. 72 Third Report on the Law of Treaties by Sir Humphrey Waldock, YILC 1964 II, S. 53. Zu Einzelheiten s.o. § 8 I 3.

mission aber mit dem Hinweis entfernt, dass damit keine Ablehnung verbunden sei[126]. Der Grundsatz ist in der völkerrechtlichen Rechtsprechung und Literatur anerkannt.[127]

Nach der Lehre von den *implied powers* dürfen Internationale Organisationen im Rahmen ihres Aufgabenbereiches auch solche Mittel einsetzen, die ihnen zwar nicht ausdrücklich eingeräumt worden, die aber zur Erreichung des Organisationszweckes notwendig sind. Diese Regel erkannte der IGH im Gutachten *Reparation for Injuries suffered in the Service of the United Nations* an.[128] Auch diese Ausformung der teleologischen Auslegung ist anerkannt.[129]

b) Die systematische Auslegung

Die systematische Auslegung bindet eine einzelne Sinnäußerung in die größeren Sinnzusammenhänge ein, d.h. Begriff, Norm und der Vertrag als Ganzes sind jeweils auf die sie umgebende Struktur zu beziehen.[130] Zu ermitteln ist ihre jeweilige Stellung im System. Dieses Auslegungsargument bezieht seine Überzeugungskraft daraus, dass mit seiner Hilfe der Wille des Normgebers präzisiert und zur Geltung gebracht werden kann.[131]

Nicht ein einheitliches Ziel, sondern die einheitliche Vorgehensweise bei der Ermittlung der Zusammenhänge ist das Gemeinsame an der systematischen Auslegung. Die aus ihr gewonnenen Erkenntnisse lassen sich in mehrerlei Hinsicht verwerten: Mit Hilfe der systematischen Auslegung kann die Wortbedeutung präzisiert werden. Beispielsweise ergibt sich bereits aus der Einordnung des Begriffs „Parkfläche" in eine straßenverkehrsrechtliche Regelung, dass es sich um eine Parkfläche für Verkehrsmittel und nicht etwa um die Fläche eines Schlossparks handelt. Die dahinter stehende Regel formulierte Ständige Internationale Gerichtshof im Rechtsgutachten *Competence of the ILO for Agriculture*: „In consi-

---

126 YILC 1964 I, S. 288 ff.

127 Vgl. statt vieler *Interpretation of Peace Treaties with Bulgaria, Hungary and Romania (Second Phase)*, ICJ Rep. 1950, S. 221, 229.

128 ICJ Rep. 1949, S. 174 ff., insb. 182. Zu Einzelheiten des Falles s.o. § 7 I 2.

129 Vgl. statt vieler *S. M. Grundmann*, Die Auslegung des Gemeinschaftsrechts durch den Europäischen Gerichtshof, S. 111 ff. mwN.

130 Die vielbeachtete Definition von *Reuter*, YILC 1966 I Part II, S. 188 Ziff. 39, nachdem der Terminus ‚Kontext' der Text als Ganzes in seiner Beziehung zur Einzelnorm bedeute, ist zu eng.

131 *R. Zippelius*, Juristische Methodenlehre, § 8 S. 43.

dering the question before the Court upon the language of the Treaty, it is obvisious that the Treaty must be read as whole, and that its meaning is not to be determined merely upon particular phrases which, if detached from the context, may be interpreted in more then one sense."[132]

Weitere Ausformungen der systematischen Auslegung sind das Argument, der Normgeber habe eine einheitliche Terminologie verwendet[133] und die Vermutung, dass Ausdrücke eines mehrsprachigen Vertrages in jedem authentischen Text dieselbe Bedeutung haben (Art. 33 III WVK)[134].

Daneben wird durch die Beachtung anderer Normen und der Struktur der Rechtsordnung als organisches Ganzes vermieden, dass einzelne Normen unanwendbar oder funktionslos werden. Vielmehr soll sich die Norm logisch[135] und

---

132 PCIJ Ser. B No. 2/3, S. 23. St. Rspr., vgl. statt vieler *Maritime Safety Committee of the IMCO*, ICJ Rep. 1960, S. 150, 158; *Land, Island and Maritime Frontier Dispute (El Salvador/Honduras)*, ICJ Rep. 1992, S. 351, 583.

133 *K. Larenz*, Methodenlehre, S. 328; *R. Zippelius*, Juristische Methodenlehre, § 10 III a) S. 53. Die Kehrseite dieser Regel ist die Forderung an den Normgeber, Begriffe möglichst einheitlich zu verwenden (*H. Hill*, Einführung in die Gesetzgebungslehre, S. 124; *P. Noll*, Gesetzgebungslehre, S. 244; für das Völkerrecht *Sprachdienst des Auswärtigen Amtes der Bundesrepublik Deutschland*, Standardformulierungen für Vertragstexte, S. V). *Ch. S. Peirce*, Schriften zum Pragmatismus und Pragmatizismus, S. 130, nach *J. Lege*, Pragmatismus und Jurisprudenz, S. 156, erhebt die Forderung allgemein für die Verwendung von Sprache zur Maxime: „Eine bessere Regel, um die Tücken der Sprache zu vermeiden, ist folgende: Erfüllen Dinge praktisch dieselbe Funktion? Dann bezeichne sie mit demselben Wort. Erfüllen sie sie nicht? Dann unterscheide sie." Die Anwendbarkeitsgrenze dieser Auslegungsregel ist freilich ein entgegenstehender Wille der Vertragsparteien. Dies stellt auch Art. 31 IV WVK nochmals klar.

134 Dahinter steht der Gedanke, Recht möglichst harmonisch auszulegen (in diese Richtung *R. Bernhardt*, Vertragsauslegung, in: Lexikon des Rechts Völkerrecht, S. 385, 388; *R. Geiger*, Grundgesetz und Völkerrecht, S. 111; *J. M. Mössner*, AVR 15 (1971/72), 273, 282). Ist in den sprachlichen Divergenzen allerdings inhaltlicher Dissens verborgen, so besteht keine der Auslegung zugängige Übereinkunft mehr (*L. Doehring*, Völkerrecht, Rn. 392; *K. Zemanek*, in: Neuhold/Hummer/Schweitzer (Hrsg.), Österreichisches Handbuch für Völkerrecht Bd. 1, Rn. 354; *I. Seidl-Hohenveldern/T. Stein, Völkerrecht*, Rn. 371).

135 *G. Dahm*, Völkerrecht Bd. III, S. 51 mwN., formuliert drastisch: „Absurde Ergebnisse sind juristisch falsch (...) [D]ie Auslegung muss retten, was zu retten ist. Eine Auslegung, auf Grund deren die Norm ungültig wäre, ist nach Möglichkeit zu vermeiden." Aus diesem Grunde gibt es auch die Regel lex superior um vertikale Widersprüche, sowie die Regeln lex specialis und lex posterior um horizontale Widersprüche zu vermeiden.

teleologisch in den Kontext einfügen.[136] Die systematische Auslegung trägt so zu einer widerspruchsfreien, in sich konsistenten Lösung im Rahmen der teleologischen Auslegung bei.

Außerdem können aus dem Standort einer Norm im Vertrag Rückschlüsse gezogen werden. Regelmäßig bedienen sich Normgeber der Regelungstechnik, zunächst das Allgemeine und Grundsätzliche festzulegen, um später Einzelheiten zu normieren. Beispielsweise sind in Kapitel III UN-Charta allgemeine, die Organe der Vereinten Nationen betreffende Vorschriften geregelt. Dabei wurde in Art. 8 UN-Charta klargestellt, dass im Hinblick auf alle in den Organen zu vergebenden Arbeitsstellen Gleichberechtigung von Mann und Frau besteht. Insofern kann auch eine Frau Generalsekretärin werden, obwohl in der diese Frage betreffenden Vorschrift des Art. 97 UN-Charta lediglich die maskuline Form verwendet wird.

Wie die teleologische Auslegung ist die systematische Auslegung im Völkerrecht allgemein anerkannt[137] und in der Wiener Vertragsrechtskonvention positiviert worden.[138] Sie wurde vergleichsweise ausführlich in den Art. 31 I, II, III WVK geregelt.

c) Zusammenhänge zwischen der teleologischen und systematischen Auslegung und die Auslegung nach Strukturprinzipien

Die teleologische und systematische Auslegung sind eigenständige Auslegungsregeln, weil sie jeweils ein spezifisches Erkenntnisziel haben, mit dem sie sich von anderen Regeln unterscheiden. Bei der teleologischen Auslegung sind die

---

136 *C.-W. Canaris*, Systemdenken und Systembegriff in der Jurisprudenz, S. 91; *R. Zippelius*, Juristische Methodenlehre, § 10 III c) S. 54 f.

137 Vgl. statt vieler *Polish Postal Service*, PCIJ Ser. B No. 11, S. 39; *The Diversion of Water from Meuse*, PCIJ Ser. A/B No. 70, S. 21; *Maritime Safety Committee of the IMCO*, ICJ Rep. 1960, S. 150, 158; *Armed Actions*, ICJ Rep. 1988, S. 69, 84 f., *Young-Anleihe*, GYIL 23 (1980), 414, 439 ff.; sowie *J. Anweiler*, Die Auslegungsmethoden des Gerichtshofs der Europäischen Gemeinschaften, S. 110 f.; *A. E. Bredimas*, Methods of Interpretation in Community Law, S. 47 ff., 73; *S. M. Grundmann*, Die Auslegung des Gemeinschaftsrechts durch den Europäischen Gerichtshof, S. 93 ff. jew. mwN.

138 Im Rahmen der Diskussion der *International Law Commission* wurden gegenüber der systematischen Auslegung keinerlei grundlegenden Einwände vorgetragen (zusammenfassend Commentary of the ILC-Final Draft, YILC 1966 II, S. 221 f. Ziff. 12 ff.). Gegenstand der Diskussion waren lediglich Einzelheiten, etwa die Bedeutung der Präambel (vgl. nur *Ruda*, YILC 1964 I, S. 283 Ziff. 38, und ferner *Reuter*, YILC 1966 I Part II, S. 188 Ziff. 39 ff.).

verfolgten Normzwecke zu ermitteln und bei der systematischen Auslegung ist die Norm in ihren Kontext einzufügen.

Dennoch lassen sich die einzelnen Regeln nicht vollständig voneinander trennen.[139] Sie bedürfen der gegenseitigen Hilfe und gehen zum Teil ineinander über.[140] Gemeinsamkeiten ergeben sich in vielerlei Hinsicht: Die konkreten Zwecke lassen sich nicht immer unmittelbar aus einer Vorschrift selbst erkennen, können aber, in ihren Kontext gestellt, einfach und sicher ermittelt werden. So dienen etwa die einzelnen Vorschriften des Wiener Übereinkommen über den Straßenverkehr vom 8.11.1968[141] dazu, durch möglichst universell verbindliche Verkehrsregeln den Verkehr sicherer zu machen. Dies geht aus der Präambel des Übereinkommens hervor.[142]

Die konkreten Zwecke einer Norm stehen nicht isoliert von der übrigen Rechtsordnung da, sie sind vielmehr mit den Zwecksetzungen und Gerechtigkeitsvorstellungen der übrigen Rechtsordnung in Einklang zu bringen.[143] Daher ist zum einen, wie schon erwähnt, eine Norm möglichst so auszulegen, dass andere Normen nicht zweck- und funktionslos werden.[144] Zum anderen kann der mit Hilfe der systematischen Auslegung gewonnene Kontext die Zwecke einer Norm konkretisieren: Zunächst als Hypothese formulierte denkmögliche Zwecke können bestätigt oder eliminiert werden.[145] Die systematische Auslegung schafft also die Voraussetzung für eine widerspruchsfreie, in sich konsistente Lösung im Rahmen der teleologischen Auslegung.

---

139 *F. Müller*, Juristische Methodik, Rn. 369, 374; *K. Larenz*, Methodenlehre, S. 327 f. Das gilt nicht nur für die teleologische und systematische, sondern für alle Auslegungsregeln. So bedarf etwa, wie eben gezeigt, die grammatikalische Auslegung der Hilfe der systematischen Auslegung (*Competence of the ILO for Agriculture*, PCIJ Ser. B No. 2/3, S. 23).

140 *F. Müller*, Juristische Methodik, Rn. 374. Daher wird teilweise auch von *systematisch-teleologischer Auslegung* gesprochen (so etwa *H. Bülck*, Vertragsauslegung, in: WVR 3. Bd., S. 547, 550; *F. Bydlinski*, Juristische Methodenlehre und Rechtsbegriff, S. 453; *S. M. Grundmann*, Die Auslegung des Gemeinschaftsrechts durch den Europäischen Gerichtshof, S. 297).

141 Dt. Quelle: BGBl. 1977 II, S. 809 ff.

142 Die Präambel wird in der Praxis häufig herangezogen, um den Zweck einer Vorschrift zu erhellen. Vgl. statt vieler *Land, Island and Maritime Frontier Dispute (El Salvador/Honduras)*, ICJ Rep. 1992, S. 351, 583 f.

143 *R. Zippelius*, Juristische Methodenlehre, §10 III c) S. 54 f.

144 *F. Bydlinski*, Juristische Methodenlehre und Rechtsbegriff, S. 444 f.

145 *F. Bydlinski*, Juristische Methodenlehre und Rechtsbegriff, S. 443, 455.

Auch die systematische Auslegung darf nicht nur aus sich selbst heraus betrachtet werden. Argumente aus der äußeren Anordnung im Vertrag gewinnen an Überzeugungskraft, wenn sie mit dem inneren System der maßgebenden Wertentscheidungen und Prinzipien übereinstimmen. So bedarf die äußerliche Stimmigkeit der Begriffe der inneren Stimmigkeit der Funktion, um das Argument der einheitlichen Terminologie tragfähiger zu machen.[146]

Darüber hinaus können mit der Ermittlung der Zwecke Rückschlüsse auf den der Norm zugedachten Platz im Regelungssystem des Gesamtgefüges gewonnen werden. So dient Art. 2 Ziff. 7 UN-Charta dem Schutz der Souveränität. Daher stellt sie systematisch eine Ausformung des in Art. 2 Ziff. 1 UN-Charta geregelten Souveränitätsprinzips dar[147], unterstützt dessen Geltungsgrundlage und konkretisiert es inhaltlich.

Diese gegenseitige Zuhilfenahme der systematischen und teleologischen Auslegung führt in aller Regel zum genaueren Verständnis der Norm.

Ein Zusammenwirken von systematischer und teleologischer Auslegung erfolgt darüber hinaus bei der *Auslegung im Lichte des allgemeinen Völkerrechts*. Danach ist eine Vorschrift möglichst so auszulegen, dass sie mit den Grundsätzen der Völkerrechtsordnung sowie im Sinne jener Grundsätze, die den Gegenstand beherrschen, im Einklang steht. Sie ist das Produkt der systematischen und teleologischen Auslegung.[148] Systematisch ist diese Auslegung insofern, als sie auf die maßgeblichen Wertentscheidungen und Prinzipien der Rechtsordnung zurück-

---

146 Relativ deutlich wurde das im Rahmen der Diskussion, ob der Terminus ‚Volk' in Art. 20 II GG und in Art. 28 I 2 GG dieselbe Bedeutung haben. Das Bundesverfassungsgericht hat das bejaht und richtigerweise nicht nur auf das Argument zugunsten der einheitlichen Terminologie abgestellt, sondern darüber hinaus teleologische Argumente herangezogen, um dieses Ergebnis abzusichern (BVerfGE 83, 37, 50 ff.).

147 Allgemeine Auffassung. Vgl. statt vieler *F. Ermacora*, in: Simma (Hrsg.), Charta der Vereinten Nationen, Art. 2 Ziff. 7 Rn. 12; *D. C. Dicke*, Die Intervention mit wirtschaftlichen Mitteln im Völkerrecht, S. 53 ff. mwN.; *T. Trautner*, Die Einmischung in innere Angelegenheiten und die Intervention als eigenständige Verbotstatbestände im Völkerrecht, S. 24 ff. mwN.

148 Bemerkenswert ist, dass diese Auslegungsregel unterschiedlich eingeordnet wurde und sowohl als Ausformung der teleologischen, der systematischen und der teleologisch-systematischen Auslegung (*H. Bülck*, Vertragsauslegung, in: WVR 3. Bd., S. 547, 550; *F. Bydlinski*, Juristische Methodenlehre und Rechtsbegriff, S. 453 mit Fn. 98) angesehen wurde. *C. Buck*, Über die Auslegungsmethoden des Gerichtshofs der Europäischen Gemeinschaft, S. 203 f., spricht von einem die systematische und teleologische Auslegung kombinierenden Ansatz.

greift. Teleologisch ist sie insofern, als sie nicht bloß äußerlich an die Stellung von Prinzipien und Regeln sondern an inhaltliche Vorgaben anknüpft und eine Auslegung sucht, die sich teleologisch widerspruchsfrei in die Rechtsordnung einfügt.

Die Auslegung im Lichte des allgemeinen Völkerrechts hat die Funktion, die einzelnen Normen harmonisch in das Gesamtsystem einzuordnen[149] und Wertungswidersprüche zu vermeiden[150]. Sie leistet damit einen wesentlichen Beitrag zur Gewährleistung der Konsistenz des Völkerrechts.[151]

Die Auslegung im Lichte des allgemeinen Völkerrechts ist allgemein anerkannt[152] und wurde in Art. 31 III lit. c WVK positiviert. Darüber hinaus ist anerkannt, dass im Rahmen dieser Auslegungsregel die Prinzipien der Charta der Vereinten Nationen[153] und der Friendly Relations Declaration besondere Bedeutung gewinnen.

---

149 *C. Buck*, Über die Auslegungsmethoden des Gerichtshofs der Europäischen Gemeinschaft, S. 204.

150 *F. Bydlinski*, Juristische Methodenlehre und Rechtsbegriff, S. 455. In diese Richtung bereits *E. Ullmann*, Völkerrecht (1898), § 72, wonach die Grundsätze des Völkerrechts deswegen zu beachten seien, weil der Wert internationaler Verträge auch in der Äußerung gleichmäßiger Anschauung und Anerkennung betreffender Grundsätze liege.

151 Die Auslegung im Lichte des allgemeinen Völkerrechts ist gewissermaßen eine Folge dessen, dass das Völkerrecht eine Rechtsordnung ist (vgl. dazu *C.-W. Canaris*, Systemdenken und Systembegriff in der Jurisprudenz, S. 13 ff.; *O. Weinberger*, Norm und Institution, S. 34 f.). Ähnlich der IGH im Fall *Right of Passage (Preliminary Objections)*, Urteil vom 26.11.1957, ICJ Rep. 1957, S. 125, 142: „(...) [T]he Court must determine the meaning and the effect of the Third Condition by reference to its actual wording and applicable principles of law. (...) It is a rule of interpretation that a text emanating from a Government must, in principle, be interpreted as producing and intended to produce effects in accordance with existing law and not in violation of it."

152 *International Commission of the River Oder*, PCIJ Ser. A No. 23, S. 26; *Right of Passage (Preliminary Objections)*, ICJ Rep. 1957, S. 125, 142; *South-West Africa (1971-decision)*, ICJ Rep. 1971, S. 16, 46 f. Ebenso S. O. *de Castro*, ebenda, S. 170, 180; D.O. *Fitzmaurice*, ebenda, S. 220, 293; *Laguna del Desierto*, Argentinia-Chile Arbitral Tribunal, ILR 113, S. 1, 45; *Institut de Droit International*, Entschließung vom 19. April 1956, Annuaire 46 (1956) S. 358 f.; *H. Lauterpacht*, BYIL 26 (1949), 48, 76; *R. Bernhardt*, Die Auslegung völkerrechtlicher Verträge, S. 156 ff.; *A. Verdross/B. Simma*, Universelles Völkerrecht, Vorwort, § 780 (4); BVerfGE 46, 342, 361. Auch in der Diskussion der *International Law Commission* zu den einzelnen Auslegungsregeln gab es an der Geltung dieser Regel keinen Zweifel (vgl. nur YILC 1964 I, S. 315 ff. Ziff. 11 ff.).

153 D.O. *Weeramantry*, *1971 Montreal Convention*, ICJ Rep. 1992, S. 3, 50, 65.

2. *Die Ausformung zur souveränitätsfreundlichen Auslegung*

a) Positive Argumente

Diese vorstehenden Überlegungen können in mehrfacher Hinsicht in Bezug auf die Souveränität konkretisiert und somit für die souveränitätsfreundliche Auslegung fruchtbar gemacht werden.

aa) Die Souveränität als grundlegendes Struktur- und Rechtsprinzip

Zugunsten der souveränitätsfreundlichen Auslegung als Ausformung der teleologischen und systematischen Auslegung spricht vor allem, dass die Souveränität – wie ausführlich erläutert[154] – zu den grundlegenden Prinzipien des Völkerrechts gehört.[155] Sie prägt als die dominierende Strukturnorm der Völkerrechtsordnung deren Gesamtgefüge maßgebend und ist ein grundlegender Wert der Staaten und der Rechtsordnung. Außerdem gehört die Souveränität zu den in der UN-Charta und der Friendly Relations Declaration aufgezählten Prinzipien, denen im Rahmen der Auslegung im Lichte des Allgemeinen Völkerrechts von Rechtsprechung und Literatur besondere Bedeutung beigemessen wird. Eine harmonische Einordnung der auszulegenden Norm in das Gesamtsystem der Rechtsordnung erfordert daher, sie im Lichte der Souveränität auszulegen. Mit der so verstandenen souveränitätsfreundlichen Auslegung bekommt das Souveränitätsprinzip eine typische Funktion der meisten Prinzipien: Sie bildet einen leitenden Gesichtspunkt bei der Auslegung.

Wie die souveränitätsfreundliche Auslegung anzuwenden ist, mag ein kurzes Beispiel verdeutlichen[156]: Fraglich ist, ob Nichtmitglieder der Vereinten Nationen an die Grundsätze der UN-Charta gebunden sind und ob sie verpflichtet sind, sich an Maßnahmen des Sicherheitsrats nach Kap. VII UN-Charta zu halten. Die dafür entscheidende Vorschrift des Art. 2 Ziff. 6 UN-Charta bestimmt, dass die Organisation Sorge trägt, dass Nichtmitglieder insoweit nach den Grundsätzen der

---

154 S.o. § 4 II.

155 Ebenso *G. Schwarzenberger*, International Law Vol. 1, S. 531.

156 Vgl. zudem die in diese Richtung gehenden Erwägungen im Sondervotum von *Bedjaoui* zum Schiedsspruch im *Case Concerning the Arbitral Award of 31 July 1989* an: Er betrachtete das uti possidetis-Prinzip im Lichte der Souveränität und konnte es so inhaltlich konkretisieren (D.O. *Bedjaoui*, Arbitration Tribunal for the Determination of the Maritime Boundary, Guinea-Bissau v. Senegal, ILR 83, S. 1, 49, 67. Einzelheiten s.o. § 8 III 4).

Charta handeln, als dies zur Wahrung des Friedens und der internationalen Sicherheit erforderlich ist. Eine Auslegung dieser Vorschrift im Lichte der Souveränität spricht gegen entsprechende Verpflichtungen, da aus der Souveränität der Anspruch der Nichtmitgliedstaaten folgt, nur solche Verpflichtungen auferlegt zu bekommen, denen sie zugestimmt haben. Diese Auslegung steht im Ergebnis besser im Einklang mit der Rechtsordnung.[157] Daher gelten die Grundsätze der UN-Charta für Nichtmitglieder nicht aufgrund dieses Vertrages, sondern lediglich gewohnheitsrechtlich.[158] An Maßnahmen des Sicherheitsrats nach Kap. VII UN-Charta, etwa Unterbrechung der Wirtschaftsbeziehungen nach Art. 40 UN-Charta, brauchen sie sich nicht zu halten.

bb) Die Souveränität im engeren systematischen Zusammenhang

Zusätzliches Gewicht bekommt die Souveränität bei der Auslegung, wenn die auszulegende Vorschrift im engeren systematischen Zusammenhang mit einer die Souveränität schützenden Vorschrift steht. Zu nennen sind vor allem die Vorschriften der UN-Charta. Sie sind im Kontext von Art. 2 Ziff. 1 UN-Charta auszulegen, der systematisch im „Allgemeinen Teil" der UN-Charta (Kapitel I. Ziele und Grundsätze) steht. Damit wird eine Rahmenordnung geschaffen, die, wie Art. 2 Ziff. 1 UN-Charta besagt, auf der *souveränen Gleichheit* beruht, und nach dem Eingangssatz des Art. 2 das Handeln der Organisation und ihrer Mitglieder bestimmt. Souveränität und Gleichheit sind Fundament und Voraussetzung der Organisation wie der Staaten selbst.[159] Daraus folgt, dass die in der Charta eingeräumten Kompetenzen im Zusammenhang mit der Souveränität auszulegen sind.[160] Ferner ergibt sich daraus, dass die Verträge zwischen Mitgliedsstaaten der Vereinten Nationen im Kontext der Souveränität auszulegen sind. Gem. dem Einleitungssatz zu Art. 2 UN-Charta richten sich die in dieser Norm niedergelegten Grundsätze nämlich an die Organisation und deren Mitglieder.

---

157 Mit dieser Überlegung muss der Auslegungsvorgang nicht beendet sein. So kann der Normgeber u.U. die Disharmonie mit der Rechtsordnung bewusst in Kauf genommen haben. Da es das Ziel ist, den Willen des Normgebers zu erhellen, müsste der Wertungswiderspruch hingenommen werden (vgl. *K. Engisch*, Einführung in das juristische Denken, S. 212 ff.).

158 Sie gelten auch nicht etwa deshalb für Nichtmitglieder, weil die Charta eine Weltverfassung darstellte. Diese Auffassung ist abzulehnen (s.u. § 11 II 2 b).

159 *U Thant*, Survey of international law: Working paper prepared by the Secretary-General, YILC 1971 II Part 2, S. 1, 9; vgl. zudem oben § 4 II 2 a.

160 *Ch. Tomuschat*, in: Simma (Hrsg.), Charta der Vereinten Nationen, Art. 2 Ziff. 3 Rn. 2, hebt daher zu Recht in Bezug auf Art. 2 Ziff. 3 UN-Charta den Kontext zu Art. 2 Ziff. 1 hervor.

Wie die Auslegung der Charta im Zusammenhang mit Art. 2 Ziff. 1 UN-Charta erfolgen kann, mag folgendes einfaches Beispiel zeigen: Die Frage, ob Art. 8 UN-Charta die Mitgliedsstaaten verpflichtet, Männern und Frauen die gleichen Chancen auf Arbeit bei den Vereinten Nationen einzuräumen, ist zu verneinen. Dafür spricht u.a. die Souveränität, aus der folgt, dass es eine eigene Angelegenheit der Staaten ist, entsprechende Kader zu benennen bzw. sie bei der Bewerbung zu unterstützen. Schließen einzelne Staaten dabei Frauen von vornherein aus, so ist das aus völkerrechtlicher Sicht grundsätzlich nicht zu beanstanden[161].

Neben der Charta sind beispielsweise die Prinzipien der Friendly Relations Declaration im Zusammenhang mit dem in Teil I Abschn. 6 Friendly Relations Declaration statuierten Souveränitätsprinzip auszulegen. In der Deklaration wird der Gedanke der systematischen Auslegung sogar ausdrücklich hervorgehoben: Gem. Teil 2 Abs. 1 Friendly Relations Declaration wird „erklärt, dass die vorstehenden Grundsätze in ihrer Auslegung und Anwendung miteinander verknüpft sind und jeder Grundsatz im Zusammenhang mit den anderen Grundsätzen ausgelegt werden soll". Daher ist beispielsweise der in Teil I Abschn. 7 Friendly Relations Declaration niedergelegte „Grundsatz, dass die Staaten die Verpflichtungen, die sie mit der Charta übernommen haben, nach Treu und Glauben erfüllen", im Zusammenhang mit der in Teil I Abschn. 6 Friendly Relations Declaration statuierten souveränen Gleichheit der Staaten auszulegen. Die Erfüllung von Vertragspflichten muss möglichst souveränitätsschonend erfolgen.[162]

Ein weiteres Beispiel für die Anwendbarkeit der souveränitätsfreundlichen Auslegung im Rahmen der systematischen Auslegung ist die Auslegung des Internationalen Paktes über bürgerliche und politische Rechte. In diesem Vertrag wurden in Art. 46 und 47 zwei Ausprägungen der systematischen Auslegung ausdrücklich normiert.[163] Nach Art. 47 IPbpR darf die Auslegung die Souveränität der Staaten über ihre natürlichen Ressourcen nicht beschränken[164] und nach

161 Etwas anderes könnte sich dann ergeben, wenn universelle internationale Abkommen zur Abschaffung diskriminierender Bestimmungen von Frauen geschaffen werden, die zur gewohnheitsrechtlichen Überzeugung des Verbots solcher Diskriminierungen führen.

162 Vgl. etwa das Beispiel unter § 12 IV 2.

163 *M. Nowak*, CCPR Commentary, Introduction Rn. 18.

164 Zu dieser Vorschrift s.o. § 8 I 3 a, IV 3 c.

Art. 46 IPbpR dürfen Auslegungen nicht den Zielen der Charta widersprechen.[165] Daher ist grundsätzlich auch Art. 2 Ziff. 1 UN-Charta zu beachten.

Wie die Normierung einzelner souveräner Rechte im Rahmen der systematischen Auslegung Berücksichtigung finden kann, zeigt die Entscheidung des *United Nations Human Rights Committee* in der Rechtssache *L.T.K. v. Finland.*[166] Bei der Frage, ob die Nichtanerkennung als Wehrdienstverweigerer Verletzungen der Rechte auf Glaubens- oder Meinungsfreiheit aus Art. 18 und 19 IPbpR darstellen, zog es die Vorschrift des Art. 8 III lit. c) ii) IPbpR heran. Die Vorschrift regelt, dass das Verbot der Zwangsarbeit nach Art. 8 III lit. a) IPbpR nicht für „Dienstleistungen militärischer Art" gilt. Diese Ausnahme ist notwendig, um das souveräne Recht auf Landesverteidigung zu gewährleisten. Das *Committee* kam unter Anwendung der systematischen Auslegung zum Ergebnis, dass die Nichtanerkennung einer Person als Wehrdienstverweigerer kein Verstoß der Art. 18 und 19 IPbpR darstellt.[167]

cc) Die Beachtung der Souveränität im Rahmen der teleologischen Auslegung

Schließlich kann die Souveränität auch im Rahmen der teleologischen Auslegung eine Rolle spielen, nämlich dann, wenn eine Vorschrift den Schutz der Souveränität bezweckt. Wichtigste Fälle, bei denen die Souveränität als teleologisches Argument zum Tragen kommen kann, sind die unter dem Begriff *souveräne Rechte* zusammengefassten Normen, die eine Ausformung des Souveränitätsprinzips darstellen.

Beispielsweise hat das in Art. 2 Ziff. 4 UN-Charta niedergelegte völkerrechtliche Gewaltverbot primär das Ziel, Frieden zwischen den Staaten zu sichern und

---

165 *F. Reindel*, Auslegung menschenrechtlicher Verträge am Beispiel der Spruchpraxis des UN-Menschenrechtsausschusses, des Europäischen und des Interamerikanischen Gerichtshofs für Menschenrechte, S. 67.

166 *L.T.K. v. Finland*, *United Nations Human Rights Committee*, EuGRZ 13 (1986), 3 f. = ILR 94, S. 396 ff. (vgl. auch § 8 IV 3 c). Für diese Einordnung der Entscheidung wohl auch *F. Reindel*, Auslegung menschenrechtlicher Verträge am Beispiel der Spruchpraxis des UN-Menschenrechtsausschusses, des Europäischen und des Interamerikanischen Gerichtshofs für Menschenrechte, S. 71 mit Fn. 281. Er meint allerdings, dass die Auslegungsregeln contra proferentem und in dubio mitius keine allgemeine Gültigkeit hätten, weil ihnen die Voraussetzungen für das Vorliegen von Gewohnheitsrecht, die allgemeine Rechtsüberzeugung bzw. die dauernde Übung, fehlten (ebenda, S. 41 f.).

167 *L.T.K. v. Finland*, EuGRZ 13 (1986), 3 f.

schützt den Staat und die Menschen, die in ihm leben. Die Vorschrift bezweckt also u.a. den Schutz der Souveränität. Daher darf Gewalt, die von einem Staat ausgeht, möglichst nicht auf Kosten der Souveränität unterbunden werden und die Auslegung dieser Vorschrift muss diesem Zweck gerecht werden.[168]

Die Souveränität wirkt sich auch bei der teleologischen Auslegung von Vorschriften aus, die nicht unmittelbar den Schutz der Souveränität bezwecken. Dies ergibt sich aus dem beschriebenen notwendigen Zusammenwirken von systematischer und teleologischer Auslegung. Die Auslegung hat Zwecksetzungen und Gerechtigkeitsvorstellungen der übrigen Rechtsordnung berücksichtigen. Andere Normen sollen nicht zweck- und funktionslos werden. Daraus folgt, dass die Zwecke einer Vorschrift möglichst souveränitätsschonend zu verwirklichen sind.[169]

dd) Zwischenergebnis

Vorläufig kann festgehalten werden: Die souveränitätsfreundliche Auslegung ist eine Ausformung der teleologischen und systematischen Auslegung, sowie der Auslegung im Lichte des Allgemeinen Völkerrechts. Das Besondere an der souveränitätsfreundlichen Auslegung gegenüber anderen Auslegungsregeln ist ihr materieller Gehalt. Während die wörtliche, teleologische, systematische und historische Auslegung abstrakte Auslegungsregeln sind, die bei ihrer Anwendung im Einzelfall mit Blick auf die auszulegende Vorschrift der inhaltlichen Konkretisierung bedürfen, besteht die inhaltliche Konkretisierung der souveränitätsfreundlichen Auslegung bereits in der Regel selbst. Sie muss nicht erst bei der Anwendung auf die auszulegende Vorschrift vorgenommen werden.

Mit den bisherigen Überlegungen ist die Legitimation der souveränitätsfreundliche Auslegung noch nicht abgeschlossen. Sie überzeugt erst dann endgültig, wenn sie der zu ihr geäußerten Kritik standhält.

---

168 Eine solche Auslegung passt sich auch in den Gesamtzusammenhang des Art. 2 UN-Charta ein, der in Ziff. 1 die souveräne Gleichheit zum Grundsatz der Charta erhebt und in Ziff. 7 die inneren Angelegenheiten der Staaten schützt.

169 Weil beispielsweise der Schutz der staatlichen Souveränität zu den generellen Zielen der Charta gehört, müssen die mit anderen Vorschriften der Charta beabsichtigten Zwecke möglichst souveränitätsschonend verwirklicht werden.

b) Einwände

aa) Der Einwand der voreiligen Konkretisierung

Gegen die souveränitätsfreundliche Auslegung kann aus methodologischer Sicht nicht eingewendet werden, eine Konkretisierung von Auslegungsregeln könne nicht auf der Ebene der Auslegungsregeln erfolgen, weil ansonsten der Blick auf die einzelne auszulegende Vorschrift fehle. Dieser Vorwurf ist unberechtigt, weil die Konkretisierung nicht ohne Blick auf die einzelne auszulegende Vorschrift erfolgt. Vielmehr wird im Hinblick darauf, dass die Souveränität im Gesamtsystem Völkerrecht von maßgebender Bedeutung ist und deshalb eine starke Ausstrahlungswirkung auf alle völkerrechtlichen Vorschriften hat, eine Verallgemeinerung vorgenommen. Eine Auslegung im Lichte des allgemeinen Völkerrecht führt in aller Regel dazu, dass die Souveränität zu beachten ist.

Diese „Pauschalisierung“ vergisst nicht den Einzelfall. Bei der Anwendung der souveränitätsfreundlichen Auslegung ist, wie bei jeder anderen Auslegungsregel auch, immer im Einzelfall zu ermitteln, ob sie mit Nutzen herangezogen werden kann und welches Gewicht ihr zukommt. Sie ist also nicht pauschal auf jede Vorschrift anzuwenden.

bb) Effektive Auslegung und souveränitätsfreundliche Auslegung

(1) Der Einwand

Bedenklicher ist der Einwand, dass die souveränitätsfreundliche Auslegung zu sehr den konkreten Bindungswillen vernachlässige und zu einer ineffektiven Auslegung führe. Diese Kritik hat insbesondere *Lauterpacht* formuliert.[170] Stattdessen solle, wie *Villiger* hervorhebt, der *effet utile* einen *wirksame* und wenn nötig souveränitäts-unfreundliche Auslegung gewähren.[171]

---

170 *H. Lauterpacht*, BYIL 26 (1949), 48 ff., insb. 59 f.; *M. Hilf*, Die Auslegung mehrsprachiger Verträge, S. 97, hält die restriktive Auslegung und der Grundsatz implied powers für unvereinbar.

171 *M. E. Villiger*, Handbuch der EMRK, Rn. 155.

(2) Abschichtung und Strukturierung des Konfliktpotentials

(a) Die Trennung von Auslegungsprozess und Auslegungsergebnis

Zwischen der Handlungsfreiheit von Staaten und der effektiven Auslegung vertraglicher Pflichten bestehen in der Tat gewisse Gegensätzlichkeiten. *Von Münch* diagnostiziert: „Es gibt Verträge, z.B. im Bereich der Internationalen Organisationen (...), die gerade auf eine Beschränkung der staatlichen Handlungsfreiheit hinzielen. Zumindest bei solchen Verträgen wird eine Auslegung angebracht sein, welche – und zwar auch oder gerade auf Kosten der Souveränität – den Verträgen zu größtmöglicher Wirkung verhilft (‚effet utile').“[172] Diese Aussage ist zu verschärfen: Jede völkerrechtliche Verpflichtung führt zu einer rechtlichen Bindung staatlicher Handlungsmöglichkeiten und stellt deshalb ihrem Wesen nach eine Beschränkung der Handlungsfreiheit dar.

Das spricht aber nicht gegen die Lösbarkeit des Konflikts zwischen der effektiven und der souveränitätsfreundlichen Auslegung und gegen die letztgenannte Auslegungsregel. Zum einen ist die Souveränität nicht deckungsgleich zu setzen mit „Freiheit von rechtlicher Bindung“.[173] Zum anderen ist die Frage der Legitimation von Auslegungsregeln von der Frage, welche Wirkungen völkerrechtliche Verpflichtungen haben, zu unterscheiden: Die Stufe des Auslegungsprozesses ist von der nachfolgenden Stufe der Bewertung des Auslegungsergebnisses zu trennen.[174] Die Aussage, eine völkerrechtliche Bindung beschränke die staatliche Handlungsfreiheit, ist eine Aussage über das Ergebnis der Auslegung. Die Frage, wo dieser Bindungswille besteht, ist dem vorgelagert. Daher ist es nicht zulässig, aus der Aussage, völkerrechtliche Verpflichtungen beschränken die Handlungsfreiheit der Staaten, unmittelbar Rückschlüsse auf die souveränitätsfreundliche Auslegung zu ziehen.

---

172 *I. v. Münch*, Völkerrecht in programmierter Form, S. 181 f.

173 S.o. § 4 II 2.

174 Dagegen spricht nicht etwa, dass die Auslegung immer mit Blick auf das mögliche Ergebnis zu erfolgen hat (s.u. § 10 II 2 b bb (3) (b)), weil dies etwas anderes ist, als die Bewertung des Ergebnisses der Auslegung.

(b) Kein unlösbarer Widerspruch zwischen souveränitätsfreundlicher und effektiver Auslegung

Ein unlösbarer Widerspruch – entweder souveränitätsfreundliche Auslegung oder effektive Auslegung – besteht nicht. Dies träfe nur dann zu, wenn die souveränitätsfreundliche Auslegung tatsächlich eine *in*effektive Auslegung verlangen würde. Die souveränitätsfreundliche Auslegung als Ausformung der teleologischen und systematischen Auslegung fordert aber keine generelle restriktive oder ineffektive Auslegung. Sie ist vielmehr grundsätzlich geeignet, zum genaueren Verständnis einer auszulegenden Norm beizutragen und ist mit Blick darauf im Einzelfall anzuwenden. Gleiches gilt für die effektive Auslegung. Beide Auslegungsregeln sind *Prinzipien* und keine starr bzw. technisch-formal anzuwendenden Normen, die eine restriktive oder extensive Auslegung gebieten. Die Kritik vom Widerspruch ist noch ganz dem Bild verhaftet, das die souveränitätsfreundliche mit der restriktiven Auslegung und die effektive mit der extensiven Auslegung identifiziert. Mit Aufgabe dieser Auffassung[175] verschwindet der unüberbrückbare Widerspruch zwischen beiden Auslegungsregeln. Zurecht gehen daher Rechtsprechung und Literatur, soweit sie die souveränitätsfreundliche Auslegung befürworten, einhellig davon aus, dass beide Auslegungsregeln nebeneinander Geltung beanspruchen können.[176] Oftmals werden beide Auslegungsregeln nebeneinander aufgezählt.[177]

(c) Das tatsächliche Konfliktpotential

Dennoch besteht Konfliktpotential zwischen der souveränitätsfreundlichen und der effektiven Auslegung. Konflikte entstehen weniger auf der Ebene der abstrakten Betrachtung der beiden Auslegungsregeln, sondern vielmehr bei ihrer Anwendung im Einzelfall, und zwar dann, wenn die aus der souveränitätsfreundlichen Auslegung und die aus der effektiven Auslegung gewonnenen Argumente entgegengesetzte Positionen stützen.

---

175 Vertreter s.o. § 8 VI 1. Vgl. zudem die Diskussion der *International Law Commission*, YILC 1964 I, S. 289 f., sowie Third Report on the Law of Treaties by Sir Humphrey Waldock, YILC 1964 II, S. 60 Ziff. 27 f.

176 Vertreter s.o. § 8 VI 1, § 7 IV 7.

177 *K. Zemanek*, in: Neuhold/Hummer/Schreuer (Hrsg.), Österreichisches Handbuch des Völkerrechts I, Rn. 359.

Ein solcher „Konflikt" tritt zum Beispiel bei Vorschriften auf, die die Zuständigkeit von internationalen Gerichten betreffen. Sie haben in der Regel den Zweck, die Zuständigkeit des Gerichts zu begründen. Eine effektive Auslegung führt dazu, den Anwendungsbereich dieser Norm zu erhöhen, sprich: in vielen Konstellationen eine Zuständigkeit zu bejahen. Daher wurde das Argument der effektiven Auslegung vor allem von der Klägerseite herangezogen. Die souveränitätsfreundliche Auslegung wird dagegen – wie die Auswertung der Praxis gezeigt hat[178] – im Ergebnis oft eine engere Deutung nahe legen. Daher haben sich Staaten gerade dann auf dieses Argument berufen, wenn sie kein Interesse daran hatten, eine internationale Streitigkeit vor einem Gericht zu klären.

Daneben gibt es auch unproblematische Fälle. Wenn etwa der ausdrückliche Zweck einer Norm oder eines Vertrages die Sicherung der Souveränität ist, dann wirken der Grundsatz effet utile und die souveränitätsfreundliche Auslegung zwangsläufig in die gleiche Richtung. Legt man beispielsweise Art. 2 Ziff. 7 UN-Charta, der den Zweck hat, die Souveränität der Staaten zu schützen, effektiv aus, so bedeutet das, ihn souveränitätsfreundlich auszulegen.

Dennoch gehen die mit der souveränitätsfreundlichen und effektiven Auslegung gewonnenen Argumente oftmals in unterschiedliche Richtungen.[179] Dies ist der typische Fall, der einer Lösung bedarf. Besonders hohes Konfliktpotential besteht dabei, wie bereits geschildert, im Bereich der Auslegung von Normen, die Menschenrechte schützen.[180]

(3) Lösung

Da sich der Konflikt bei der Anwendung der beiden Auslegungsregeln ergibt, ist in erster Linie auf dieser Ebene eine befriedigende Lösung zu finden (dazu unter (b)). Darüber hinaus folgen für die Art und Weise bei der Anwendung der Auslegungsregeln und bei ihrer Tragweite Begrenzungen (a).

---

178 Vgl. nur die unter § 8 II 2 aufgeführte neuere Rechtsprechung des IGH zu seiner eigenen Jurisdiktion.

179 Vgl. etwa *A. Bleckmann*, Völkerrecht, Rn. 365; *M. E. Villiger*, Handbuch der EMRK, Rn. 155.

180 S.o. § 8 IV 1.

(a) Die Begrenzungen der beiden Auslegungsregeln

Eine Konfliktlösung ohne den beiderseitigen Geltungsanspruch von souveränitätsfreundlicher und effektiver Auslegung anzutasten, erfordert Beschränken in der Art und Weise ihrer Anwendung.

Der Gedanke der effektiven Auslegung bildet eine Grenze der souveränitätsfreundlichen Auslegung: Sie darf nicht zu einer ineffektiven Auslegung führen, d.h. zu einer Auslegung, die die von den Vertragspartnern gewollten Zwecke nicht erreichen.[181] Zu Recht hat daher zum Beispiel *Borel* in seiner schiedsrichterlichen Entscheidung *The Kronprins Gustaf Adolf and Pacific* das von einer Streitpartei vorgebrachte Argument abgelehnt, der Vertrag solle lediglich die Souveränität der beiden Vertragspartner schützen.[182]

Die Grenze der effektiven Auslegung ist durch die Souveränität bestimmt: Ihre Anwendung darf nicht zu einem allgemeinen Zweck- und Utilitätsdenken führen, welches die am weitesten reichende, *effektivste* Regelung bevorzugt.[183] Vielmehr müssen die Zwecke vom Willen der Vertragsparteien gedeckt sein. Daher ist beispielsweise ein Freundschaftsvertrag nicht so auszulegen, dass jeder unfreundliche Akt verboten ist, obwohl das die effektivste Verwirklichung der mit dem Vertrag angestrebten Freundschaft wäre.[184] Vielmehr darf der Zweck nur soweit berücksichtigt werden, wie der souveräne Wille der Vertragsparteien geht.[185] Eine weitere Grenze bildet das aus der Souveränität folgende Konsensprinzip: Wenn Meinungsverschiedenheiten der Vertragspartner über die angestrebten Zwecke bestehen, dann darf diesem Dissens nicht mit Hilfe des Grundsatzes effet utile abgeholfen werden. Mit Hilfe der effektiven Auslegung dürfen nicht die Mängel des Vertrages behoben werden[186]. Ansonsten würde der Vertrag die Parteien in höherem Maße binden, als sie eigentlich wollten. Diese Beschränkungen

---

181 Darüber besteht Einigkeit. Vgl. statt vieler *J. M. Mössner*, Einführung in das Völkerrecht, S. 124.

182 *The Kronprins Gustaf Adolf; Pacific, United States and Sweden*, RIAA II, S. 1239, 1254; s.o. § 6 II.

183 Im Ergebnis auch *R. Bernhardt*, Die Auslegung völkerrechtlicher Verträge, S. 89, 96.

184 *Military and Paramilitary Activities*, ICJ Rep. 1986, S. 14, 137, Einzelheiten s.o. § 8 II 4.

185 Ähnlich *A. Bleckmann*, Völkerrecht, Rn. 365.

186 *D. P. O'Connell*, International Law Vol. I, S. 256 Nr. 4. Nicht gemeint sind damit „verdeckte Lücken". In diesem Fall entspricht es ja gerade dem Willen des Normgebers, sie zu schließen.

erkennt dem Grunde nach auch der Internationale Gerichtshof an. Im Gutachten *Interpretation of Peace Treaties with Bulgaria, Hungary and Romania (Second Phase)* führte er aus: „The principle of interpretation expressed in the maxim: *Ut res magis valeat quam pereat*, often referred as the rule of effectiveness, cannot justify the Court in attributing to the provisions for the settlement of disputes in the Peace Treaties a meaning which (...) would be contrary to their letter and spirit."[187] Damit wurde klargestellt, dass nur die konkreten, vom Normgeber gewollten Zwecke möglichst effektiv verwirklicht werden dürfen. So hat das deutsche Bundesverwaltungsgericht im Fall *Niederlassung von spanischen Familienangehörigen*[188] zu Recht nicht möglichst viele Verwandtschaftsgrade unter den auszulegenden Begriff „Familienangehöriger" gefasst, obwohl das in Bezug auf den Zweck des Vertrages, dem Schutz von Familienangehörigen im anderen Vertragsstaat, die effektivste Auslegung wäre. Es hat vielmehr an den diesbezüglich fehlenden gemeinsamen Willen der Vertragspartner angeknüpft und eine engere Auslegung bevorzugt.[189]

Schließlich ergibt sich aus der Souveränität noch eine weitere, im Ergebnis allgemein akzeptierte Beschränkung der effektiven Auslegung: Sie darf nicht dazu führen, dass Rechte dritter Staaten beeinträchtigt werden.

(b) Das Verfahren zur Behebung des Konflikts im Einzelfall

Im Auslegungsprozess können einzelne, mit verschiedenen Auslegungsregeln gewonnene Argumente unterschiedliche Ergebnisse nahe legen. Dies ist nicht ungewöhnlich, sondern der typische in der täglichen Auslegungspraxis auftretende Fall. Genauso wie die teleologische und historische Auslegung einmal in unterschiedliche Richtungen deuten können, können dies auch – wie beschrieben – die souveränitätsfreundliche und effektive Auslegung. Solche „Konflikte" werden bei der Anwendung im Einzelfall und nicht auf abstrakter methodologischer Ebene behoben. Dies ist deshalb nicht nötig, weil es, wie bei allen Prinzipien, an konkreten, der Auflösung bedürfenden Konfliktlagen weitestgehend fehlt und lediglich Konflikt*potential* vorhanden ist.

Aus methodologischer Sicht kann das *Verfahren* abstrakt beschrieben werden, wie solche Konflikte, die bei der Auslegung einzelner Normen auftreten, aufzulö-

---

187 ICJ Rep. 1950, S. 221, 229.

188 BVerwGE 42, 148 = ILR 74, 570.

189 Einzelheiten s.o. § 8 V.

sen sind. Der Konflikt zwischen souveränitätsfreundlicher und effektiver Auslegung entsteht, wie beschrieben, wenn die mit diesen beiden Auslegungsregeln, die beide eine Ausformung der teleologischen bzw. systematischen Auslegung darstellen, gewonnenen Argumente in unterschiedliche Richtungen deuten. Seine Auflösung stellt keine Besonderheit dar. Sie erfolgt genauso, wie bei anderen Konflikten, wenn systematische und teleologische Argumente entgegengesetzte Positionen stützen.

Kaum ein Vertrag und eine Norm verfolgen lediglich einen einzigen Zweck, sondern meist ein ganzes Bündel unterschiedlicher und konkurrierender Zwecke.[190] Auch die allgemeinen Grundsätze des Völkerrechts und die Systematik können in unterschiedliche Richtung deuten. Würden sie jeweils isoliert betrachtet, kämen die teleologische, systematische Auslegung und die Auslegung im Lichte des allgemeinen Völkerrechts zu unterschiedlichen, einander widersprechenden Ergebnissen.

Solche Widersprüche sind zu vermeiden. Es muss eine der Norm gerecht werdende, in sich konsistente Lösung gesucht werden, also eine Auslegung, bei der die verfolgten Zwecke und Grundsätze in einem angemessenen Verhältnis stehen.[191] Zwischen den kollidierenden Zwecken ist ein Kompromiss zu finden, indem man sie verhältnismäßig zurücksetzt oder beschränkt, bis sie nebeneinander bestehen können.[192] Dabei soll nicht nach einer vorschnellen Güter- oder Wertabwägung ein Zweck vollständig zurücktreten und ein anderer sich durchsetzen[193], oder etwa gleichmäßig beschnitten werden. Statt Pauschalierungen vorzunehmen, ist ein Kompromiss zwischen den verschiedenen Belangen im Wege eines *schonenden und harmonischen Ausgleichs und Optimierung* herbeizuführen. Die gegensätzlichen Interessen üben sozusagen aufeinander eine mäßigende, begrenzende Wirkung aus. Es handelt sich dabei um einen vielschichtigen Prozess, mit dem einerseits die einzelnen Zwecke immer genauer ermittelt werden und an-

---

190 Vgl. statt vieler *A. Bleckmann*, Völkerrecht, Rn. 362 ff.

191 *R. Zippelius*, Juristische Methodenlehre, § 10 III c S. 55.

192 *H. Hubmann*, AcP 155 (1956), 85, 126.

193 *K. Hesse*, Grundzüge des Verfassungsrechts der Bundesrepublik Deutschland, Rn. 72; *F. Müller*, Juristische Methodik, Rn. 392. Die klassischen Konfliktregeln lex superior, lex specialis und lex posterior versagen hier, weil es sich nicht um die Frage der Geltungskonkurrenz von Normen handelt, also den Anspruch von unterschiedlichen Normen ein und denselben Sachverhalt unterschiedlich lösen zu wollen. Es liegt kein Widerspruch vor, der zugunsten einer Variante entschieden werden muss.

dererseits ermittelte, aber miteinander in Konflikt stehende Zwecke in Ausgleich zu bringen sind.

Leitender Gesichtspunkt ist dabei das Ziel der Auslegung, die Ermittlung des Willens des Normgebers.[194] Es kommt daher unter anderem darauf an, welches Gewicht der Normgeber den Zwecken jeweils beigemessen hat.[195] Auch ist zu berücksichtigen, welcher Stellenwert dem Schutzgut in der Rechtsordnung zukommt: So wird einem Menschenrecht, dass zum völkerrechtlichen *ius cogens* zählt, aufgrund seiner Stellung ein hohes Gewicht zukommen.[196] Um Friktionen zu vermeiden, muss die Optimierung insgesamt mit Blick darauf erfolgen, dass sie möglichst im Einklang mit der Völkerrechtsordnung steht[197], und damit auch mit Blick auf die Souveränität.

Daneben ist zu beachten, in welchem Ausmaß ein Zweck zurückgedrängt wird, insbesondere ob mit dem Kompromiss das Bezweckte noch effektiv verwirklicht werden kann. Es bedarf während des gesamten Auslegungsprozesses des Blickes auf die möglichen Folgen der Auslegung.[198] Allerdings ist in diesem Bereich empirischer Betrachtung auf Grund der komplexen Materie kaum Gewissheit zu erlangen.[199] So wurde beispielsweise von der grundsätzlichen Erweiterung des Schutzes der Mitgliedstaaten durch Art. 2 Ziff. 7 UN-Charta gegenüber der jenem in Art. 15 VIII VBS von der Sorge begleitet, diese Vorschrift könne eine effektive Arbeit der UNO zu sehr behindern, da sich die Staaten zu häufig auf sie berufen könnten. Diese Sorge hat die Praxis der Vereinten Nationen nicht bestätigt.[200] Aber auch wenn kaum Gewissheit zu erlangen ist, so ist doch zu ermitteln,

---

194 S.o. § 3 II, III.

195 Ein wichtiges Indiz kann in diesem Zusammenhang sein, in wie weit der Normgeber einen Zweck deutlich erkennbar niedergelegt hat. Wenn er etwa in der Präambel einen Zweck aufgeführt hat, dann ist zu vermuten, dass ihm dieser besonders wichtig erschien.

196 S.u. § 11 II 2 e cc, dd, III.

197 Dies ist letztlich eine Folge aus der Einsicht, dass teleologische und systematische Auslegung nicht voneinander losgelöst angewendet werden sollen (s.o. § 10 II 1 c).

198 *G. Dahm*, Völkerrecht Bd. III, S. 51. Das gilt nicht nur im Rahmen der Harmonisierung der Zwecke, sondern insgesamt für die Auslegung. Die Diskussion, inwieweit die Folgen bei der interpretativen Bestimmung einer Norm Bedeutung gewinnen, hat die deutsche Methodenlehre in den letzten Jahrzehnten besonders beschäftigt (dazu *M. Hensche*, RTh 28 (1998), 103 ff.; *J. Lege*, Pragmatismus und Jurisprudenz, S. 493 ff.).

199 *K. F. Röhl*, Allgemeine Rechtslehre, S. 606.

200 *A. Randelzhofer*, in: Simma (Hrsg.), Charta der Vereinten Nationen, vor Art. 2 Rn. 23 f. mwN. in Fn. 17.

wie wahrscheinlich die Entscheidung die gewünschten Auswirkungen tatsächlich herbeiführt.[201]

Bleibt der Widerspruch trotz aller Harmonisierungsversuche bestehen, so muss eine Entscheidung zwischen dem Ergebnis, welche die souveränitätsfreundliche Auslegung nahe legt und dem, welches die effektive Auslegung nahe legt, getroffen werden. Dabei gebührt keinem der beiden Ergebnisse eine generelle Präferenz.[202] Vielmehr ist dasjenige Ergebnis vorzugswürdig, welches unter sukzessiver Anwendung *aller* Auslegungsregeln am meisten überzeugt. Eines darf dieses Ergebnis keinesfalls: Es darf nicht den sachlichen Grundwertgehalt der Souveränität negieren, weil eine solche Auslegung nicht mehr mit den Grundwerten der Rechtsordnung vereinbar wäre.[203]

Das beschriebene Vorgehen der Harmonisierung und Optimierung hat große Ähnlichkeit mit dem in der deutschen Rechtsordnung bekannten Prinzip der praktischen Konkordanz, bei dem verfassungsrechtlich geschützte Rechtsgüter in einer Problemlösung einander so zugeordnet werden, dass jedes von ihnen Wirklichkeit gewinnt.[204] Aber auch im Völkerrecht ist diese „harmonisierende Auslegung" dem Grunde nach altbekannt und anerkannt.[205] So lehrte *Grotius*: Wenn

---

201 *H. Hubmann*, Wertung und Abwägung im Recht, S. 37 f.; *E. Höhn*, Praktische Methodik der Gesetzesauslegung, S. 285; *R. Zippelius*, Juristische Methodenlehre, § 10 V S. 60 f.

202 Vgl. zum Verhältnis der Auslegungsregeln auch § 12 II 1 b, c.

203 Es läge dann außerdem ein Verstoß gegen ius ogens vor, s.u. § 11 II 2 e cc. Vgl. zu dem im deutschen Recht vergleichbaren Problem der Harmonisierung von Verfassungsgrundsätzen *K. Stern*, Staatsrecht I, S. 133.

204 Vgl. *K. Hesse*, Grundzüge des Verfassungsrechts der Bundesrepublik Deutschland, Rn. 72; *F. Müller*, Juristische Methodik, Rn. 392; *K. Stern*, Staatsrecht I, S. 133. Im Unterschied zur praktischen Konkordanz im Verfassungsrecht, bei der es um die Behebung von Kollisionen mehrerer Grundrechte und der Schaffung einer einheitlichen Grund- und Wertordnung (*U. Scheuner*, VVDStRL 20 (1963), S. 125; *ders.*, VVDStRL 22 (1965), S. 1, 53) geht, also um die Behebung von Konflikten mehrerer Normen, handelt es sich hier um die Kollision der Zwecke innerhalb der teleologischen Auslegung einer Norm. Gemeinsam ist beiden die Auflösung von durch unterschiedliche Zielvorstellungen entstehenden Widersprüchen im Rahmen der Interpretation. Das wird insbesondere von *R. Zippelius*, Juristische Methodenlehre, § 10 III c S. 55 f.; V S. 59 ff., hervorgehoben: „Insgesamt stellt sich die Gesetzesinterpretation als ein argumentativer Auswahl- und Entscheidungsprozess dar, der sich oft an verschiedenen, miteinander konkurrierenden Zielen orientiert und in der Regel einen Kompromiss zwischen konkurrierenden Interessen anstrebt, der als gerecht erscheint und mit dieser Bedingung den Nutzen optimiert." (S. 59 f.).

205 Vgl. nur *M. Zuleeg*, GYIL 20 (1977), 246, 270 ff. mwN. in Fn. 126.

ein Vertrag einen Widerspruch enthält, „dann muss man nach Mitteln suchen, welche die Widersprüche nach Möglichkeit miteinander aussöhnen."[206]

Wie dieses Verfahren zur Behebung von Konflikten anzuwenden ist, soll kurz am Beispiel des vom Ständigen Internationalen Gerichtshof entschiedenen *Oderkommissionsfalls*[207] demonstriert werden. Dort hatte das Gericht bekanntlich die Auffassung vertreten, dass Souveränitätserwägungen keine Rolle spielen könnten, weil zunächst wasserrechtliche Prinzipien zur Auslegung heranzuziehen seien, und nur wenn danach noch Zweifel bestünden, könne auf die Souveränität[208] bei der Auslegung abgestellt werden. Das Gericht hätte aber nicht die Prinzipien nacheinander zur Anwendung bringen sollen. Vielmehr hätte es das Gewicht der wasserrechtlichen Prinzipien und der Souveränität in einem einheitlichen Prozess bestimmen müssen.[209] Es hätte insbesondere auch die wasserrechtlichen Prinzipien im Lichte der Souveränität auslegen müssen. Ob sich die unterschiedliche Vorgehensweise auf das Ergebnis der Auslegung entscheidend ausgewirkt hätte, mag dahinstehen.

Das beschriebene Verfahren ist auch anzuwenden, wenn es um Menschenrechtsschutz geht. Dieser Gesichtspunkt genießt keinen absoluten Vorrang vor Souveränitätserwägungen.[210] Das mag zwar wünschenswert sein. Rechtlich findet dies aber keinen Wiederhall. Vor allem kann nicht von vornherein gesagt werden, dass sich der menschenschutzrechtliche Aspekt immer durchsetzen muss. Er ist zwar grundsätzlich effektiv zu verwirklichen, darf aber möglichst nicht auf Kosten der Souveränität einzelner Staaten erreicht werden. Auch hier gilt, dass eine möglichst menschenrechts- und souveränitäts-freundliche Auslegung im Wege des schonenden und harmonischen Ausgleichs und Optimierung zu finden zu finden ist. Damit soll freilich nicht gesagt werden, dem Menschenrechtsaspekt komme generell ein geringerer Wert zu. Gerade wenn Verträge wie die EMRK und die Genfer Abkommen zum Ziel haben, Menschenrechte zu schützen, dann

---

206 *H. Grotius*, De iure belli ac pacis, 2. Buch Kap. 16 IV.

207 *International Commission of the River Oder*, PCIJ Ser. A No. 23, S. 26. Zu Einzelheiten s.o. § 6 I 7.

208 Allerdings wurde nicht ausdrücklich auf die Souveränität und die souveränitätsfreundliche Auslegung abgestellt, sondern auf die Auslegung zugunsten der staatlichen Ungebundenheit und die restriktive Auslegung. Dies entspricht einem veralteten Souveränitätsverständnis (s.o. § 4 II 1, 2).

209 Zu den Einwänden gegen die souveränitätsfreundliche Auslegung als Zweifelsregel s.u. § 12 II 2 b.

210 So aber *M. E. Villiger*, Handbuch der EMRK, Rn. 155. W.N. s.o. § 8 VI 1 Punkt (3).

kommt diesem Ziel im Rahmen der teleologischen Auslegung als menschenrechtsfreundliche Auslegung hohe Bedeutung zu.[211]

cc) Der Einwand der abnehmenden Bedeutung der Souveränität

Auch das gegen die souveränitätsfreundliche Auslegung vorgebrachte Argument der abnehmenden Bedeutung der Souveränität im Völkerrecht[212] überzeugt nicht. Dieser Einwand betrifft nicht die methodologische Legitimation der Auslegungsregel, sondern ihre materielle Seite und wurde zur Begründung ihrer beschränkten Tragweite erhoben.[213]

Richtig daran ist, dass je nach dem, welche Bedeutung man der Souveränität beimisst, die souveränitätsfreundliche Auslegung tatsächlich an Überzeugungskraft gewinnt oder verliert. Keine Bedeutung käme ihr nur dann zu, wenn man die Souveränität nicht mehr zum allgemeinen Völkerrecht zählte, weil dann eine Auslegung im Lichte des allgemeinen Völkerrechts keine souveränitätsfreundliche Auslegung mehr gebieten würde.

Was gegen den Einwand spricht, wurde schon eingehend erläutert[214]: Er vergisst vor allem die konstruktive Bedeutung der Souveränität und ihre überzeugenden normativen Grundlagen.

dd) Der Einwand, die dynamische Auslegung spreche gegen die souveränitätsfreundliche Auslegung

Der Einwand gegen die souveränitätsfreundliche Auslegung, sie sei mit der dynamischen Auslegung nicht vereinbar und daher abzulehnen[215], überzeugt nicht. Zwischen beiden Auslegungsregeln besteht kein Widerspruch.

---

211 Einzelheiten s.u. § 12 III.

212 Vgl. zu den Vertreter dieser Auffassung und zur Diskussion § 4 II 2, 3, § 9 II 2.

213 S.o. § 8 VI 2 a.

214 S.o. § 4 II 2, 3, § 9 II 2.

215 *A. E. Bredimas*, Methods of Interpretation in Community Law, S. 21 ff., 29 f. Fn. 71, 99; *R. Bernhardt*, in: FS Kutscher, S. 17, 20; *J. Schwarze*, EuR 18 (1983), 1, 32 f. In diese Richtung auch *C. Buck*, Über die Auslegungsmethoden des Gerichtshofs der Europäischen Gemeinschaft, S. 86 f.

Dynamische Auslegung ist die Auslegung unter Beachtung der allgemeinen Entwicklung der Lebensverhältnisse und der Rechtsordnung.[216] Die Regel ist anwendbar, weil die Einbeziehung nachvertraglicher Entwicklungen im Sinne der Vertragsparteien ist. Der Vertrag kann so den Anforderungen der sich weiterentwickelnden Rechtsordnung gerecht werden.[217] Für sie spricht zudem Art. 31 III lit. a), b) WVK, wonach spätere Übereinkünfte der Vertragsparteien und die nachfolgende Praxis in die Auslegung einzubeziehen sind.[218]

Auch wenn völkerrechtliche Verträge im Lichte des aktuellen allgemeinen Völkerrechts auszulegen sind, ist die Souveränität bei der Auslegung zu berücksichtigen, weil sie zum aktuellen allgemeinen Völkerrecht zählt.[219] Darüber hinaus besteht zwischen beiden Auslegungsregeln kein Widerspruch, weil die souveränitätsfreundliche Auslegung gerade nicht fordert, nur unter Zugrundelegung der historischen Gegebenheiten bei Vertragsschluss auszulegen. Ein solches Verständnis würde nicht berücksichtigen, dass es gerade auch im Willen der Parteien stehen kann, Verträge entwicklungsoffen zu gestalten, um Verträge an die veränderten Umstände anzupassen.[220] Die souveränitätsfreundliche und die dynamische Auslegung sind daher nicht miteinander unvereinbar. Hinter der Gegenauffassung steht letztlich ein falsches, abzulehnendes Verständnis einer souveränitätsfreund-

---

216 *R. Bernhardt*, Vertragsauslegung, in: Lexikon des Rechts Völkerrecht, S. 385, 388. Zuweilen wird der dynamischen Auslegung ein weiteres Verständnis zugrundegelegt. Danach sollten Gründungsverträge Internationaler Organisationen so ausgelegt werden, dass sie sich dynamisch entwickeln können (in diese Richtung *F. Reindel*, Auslegung menschenrechtlicher Verträge am Beispiel der Spruchpraxis des UN-Menschenrechtsausschusses, des Europäischen und des Interamerikanischen Gerichtshofs für Menschenrechte, S. 54). Ein solches Verständnis überschneidet sich ganz wesentlich mit dem Grundsatz implied powers und soll daher in jenem Zusammenhang behandelt werden (s.u. § 12 III).

217 *C. Buck*, Über die Auslegungsmethoden des Gerichtshofs der Europäischen Gemeinschaft, S. 87; ähnlich *A. Verdross/B. Simma*, Universelles Völkerrecht, § 782; *I. Seidl-Hohenveldern/G. Loibl*, Das Recht der Internationalen Organisationen, Rn. 1609.

218 *A. Verdross/B. Simma*, Universelles Völkerrecht, § 782; *F. Reindel*, Auslegung menschenrechtlicher Verträge am Beispiel der Spruchpraxis des UN-Menschenrechtsausschusses, des Europäischen und des Interamerikanischen Gerichtshofs für Menschenrechte, S. 48.

219 S.o. § 4 II 2, 3, § 10 II 1 c, 2 a aa. Daher überzeugt das Argument von *J. Schwarze*, EuR 18 (1983), 1, 32 f., die souveränitätsfreundliche Auslegung gehöre nicht zum Auslegungscanon der Konvention, nicht.

220 Einzelheiten s.u. § 12 III.

lichen Auslegung als restriktive Auslegung, die im Gegensatz zu einer extensive Ergebnisse präferierenden dynamischen Auslegung steht.[221]

Vielmehr legt die Souveränität die Grenze der Anwendbarkeit der dynamischen Auslegung fest. Sie muss dann unterbleiben, wenn nach dem Willen der Vertragsparteien eine Dynamisierung nicht gewollt ist.[222] Zudem darf die dynamische Auslegung eine Entwicklung der Lebensverhältnisse nicht vorweg nehmen.[223] Daher stellte etwa die Verurteilung eines 15jährigen zu einer Prügelstrafe erst dann ein Verstoß gegen das in Art. 3 EMRK geschützte Recht vor Folter und unmenschlicher und erniedrigender Bestrafung dar, als in den Mitgliedstaaten der EMRK aufgrund eines tiefgreifenden Wandels im Bewusstsein und in der Setzung von Wertmaßstäben in Recht und Gesellschaft die Prügelstrafe abgeschafft war.[224] Dagegen gingen die vertragschließenden Parteien bei Vertragsschluss im Jahre 1950 davon aus, dass eine Prügelstrafe für Jugendliche nicht erniedrigend sei. Diese Ansicht änderte sich in den 1960er Jahren. Rechtlichen Schutz vor Prügelstrafen Minderjähriger gewährte Art. 3 EMRK daher erst in den 1970er Jahren, als die Entwicklung abgeschlossen war.

Nach diesen Überlegungen können die Entscheidungen *South-West Africa (1971-decision)*[225] und *Aegean Sea Continental Shelf*[226], in denen die dynamische Auslegung angewendet wurde, nicht für den Nachweis einer der souveränitätsfreundlichen Auslegung entgegenstehenden Praxis herangezogen werden. Die Auffassung, es gebe eine ausdrückliche Praxis, die gegen die souveränitätsfreundliche Auslegung spreche, verliert daher an Boden.

---

221 *C. Buck*, Über die Auslegungsmethoden des Gerichtshofs der Europäischen Gemeinschaft, S. 87.

222 Vgl. *T. Buß*, DÖV 1998, 323 ff., insb. 329.

223 *F. Reindel*, Auslegung menschenrechtlicher Verträge am Beispiel der Spruchpraxis des UN-Menschenrechtsausschusses, des Europäischen und des Interamerikanischen Gerichtshofs für Menschenrechte, S. 109 f.

224 *Tyrer*, Entscheidung vom 25.4.1978, ECHR Ser. A Vol. 26, S. 15 f. Tz. 31.

225 *South-West Africa (1971-decision)*, ICJ Rep. 1971, S. 16, 31, 47 (Einzelheiten s.o. § 8 II 1).

226 *Aegean Sea Continental Shelf*, ICJ Rep. 1978, S. 3, 33 f.

ee) Einwände, die im Lichte der „neuen" Legitimation nicht mehr schlagend sind

Schließlich sind einige Einwände gegen die souveränitätsfreundliche Auslegung im Lichte der vorliegenden Legitimation nicht mehr stichhaltig. Es kann nicht mehr eingewendet werden, (1) es handele sich deshalb nicht um eine allgemein anerkannte Regel, weil sie nicht in der Wiener Vertragsrechtskonvention genannt sei[227], (2) die souveränitätsfreundliche Auslegung sei zu formal und vergesse zu sehr den Ziel und Zweck des Vertrages[228], und (3) stellten völkerrechtliche Verträge keine Ausnahme von der Souveränität dar[229].

(1) Der Einwand der fehlenden Kodifizierung in der Wiener Vertragsrechtskonvention

Die souveränitätsfreundliche Auslegung stellt eine Ausformung von Auslegungsregeln dar, die in der Wiener Vertragsrechtskonvention in den Art. 31-33 ihren Niederschlag erhalten haben. Damit passt sich die souveränitätsfreundliche Auslegung in das System der kodifizierten Auslegungsregeln ein. Die fehlende Kodifikation ist daher kein Indiz gegen die Legitimation der Regel.[230] Sie ist lediglich ein Indiz dafür, dass die Regel keine „überragende Bedeutung" zukommt, da die wichtigsten Regeln kodifiziert wurden[231]. Sie erhält zumindest mittelbar Halt durch die WVK: Wer souveränitätsfreundlich auslegt, wendet letztlich Art. 31 WVK und insbesondere Art. 31 III lit. c) WVK an. Das ist angesichts der hohen Bedeutung, die den in der Wiener Vertragsrechtskonvention kodifizierten Auslegungsregeln in der Rechtsprechung beigemessen werden, besonders wichtig.

(2) Der Einwand vom technisch-formalen Charakter

Die Kritik gegenüber dem früheren Verständnis der souveränitätsfreundlichen Auslegung, sie sei zu formal und vergesse zu sehr Ziel und Zweck des Vertrages war – wie die Diskussion in § 9 II 1 b bb ergeben hat – berechtigt. Sie wird von dem gefundenen Ansatz berücksichtigt. Zum einen kann die souveränitätsfreund-

---

227 Vertreter s.o. § 8 VI 2 b.

228 So vor allem die Kritik des Schiedsurteils *Young-Anleihe*, GYIL 23 (1980), 414, 435 f. (zu Einzelheiten s.o. § 8 III 1).

229 Vertreter s.o. § 9 II 2 a.

230 Vertreter für und gegen diese These s.o. § 8 VI 2 b.

231 S.o. § 8 I 3.

liche Auslegung per se nicht Ziel und Zweck des Vertrages vergessen, weil sie gerade eine Ausformung dieser Auslegungsregel ist. Zum anderen ist sie in ausreichendem Maße anpassungsfähig. Insbesondere ist ihre Anwendbarkeit und ihre Tragweite im Einzelfall zu ermitteln.

(3) Der Einwand gegen den Ausnahmecharakter von völkerrechtlichen Verträgen

Berechtigt war auch die Kritik von *McNair* und anderen, die Vertragsschlussfähigkeit sei ein Attribut der Souveränität, und deshalb könnten völkerrechtliche Verträge keine Ausnahmen von der Souveränität darstellen.[232] Auch dies wird berücksichtigt: Die Legitimation stellt nicht auf das Regel-Ausnahme-Verhältnis ab.

ff) Zwischenergebnis 2

Danach bleibt festzuhalten, dass die Einwände gegen die souveränitätsfreundliche Auslegung, verstanden als Ausformung der teleologischen und systematischen Auslegung sowie Auslegung im Lichte des allgemeinen Völkerrechts, nicht überzeugen.

3. Ein Anwendungsbeispiel: Die Auslegung des Art. 41 UN-Charta

Wie die souveränitätsfreundliche Auslegung im Einzelfall angewendet werden kann, soll am Beispiel der Auslegung des Art. 41 UN-Charta gezeigt werden. Art. 41 UN-Charta überträgt dem Sicherheitsrat die Kompetenz, zur Friedensbewahrung oder -wiederherstellung nichtmilitärische Zwangsmaßnahmen zu erlassen. Es stellt sich die Frage, ob sich aus dieser Vorschrift eine Kompetenz des Sicherheitsrates ergibt, ein internationales Straftribunal zu errichten, wie es das für die Verbrechen des Jugoslawienkrieges getan hat.

Welche Maßnahme gerechtfertigt werden kann, ist durch Auslegung zu ermitteln. Dabei unterliegen die souveränitätsfreundliche und die effektive Auslegung generellen Beschränkungen. Die souveränitätsfreundliche Auslegung darf nicht zu einer ineffektiven Auslegung führen. Da die Souveränität kein absolutes Schutzgut darstellt, dürfen Zwangsmaßnahmen nach Art. 41 UN-Charta grundsätzlich auch souveräne Rechte berühren. Dies ist rechtlich nicht zu beanstanden, weil der durch eine Zwangsmaßnahme betroffene Staat mit der Unterwerfung unter die

---

232 Vgl. dazu die Diskussion oben § 9 II 2 a.

Charta der Vereinten Nationen entsprechenden Maßnahmen generell zugestimmt hat. Andererseits darf nicht jede effektiv dem Zweck der Friedenssicherung dienende Maßnahme erlassen werden. Dies mag ein Extrembeispiel verdeutlichen: Es wäre denkbar, den friedensbrechenden Staat unter Zwangsverwaltung zu stellen[233]. Eine solche Maßnahme wäre jedenfalls äußerst geeignet, den Frieden wiederherzustellen, weil keine kriegsfördernde Politik mehr betrieben werden könnte. Sie würde aber mit dem Anspruch des betroffenen Staates, souverän und gleichberechtigt zu bleiben, kollidieren. Dem Sicherheitsrat wurden mit Kapitel VII UN-Charta zwar relativ weitreichende Befugnisse zur Regelung und Beilegung eines Streites eingeräumt, jedoch keine originär legislativen und judikativen Befugnisse.[234] Daher scheidet eine solche Maßnahme, obgleich sie sehr effektiv wäre, aus. Die souveränitätsfreundliche Auslegung begrenzt die effektive Auslegung und damit ein schrankenloses Zweck- und Utilitätsdenken.

Bei der Frage, ob ein Straftribunal aufgrund von Art. 41 UN-Charta errichtet werden darf, kann die souveränitätsfreundliche Auslegung zur Interpretation beitragen. Sie kommt dabei insbesondere auch bei der teleologischen Auslegung zum Tragen: Das unmittelbar verfolgte Ziel, die Wahrung oder Wiederherstellung des Friedens dient dem Menschenrechtsschutz *und* dem Schutz der Staaten und ihrer Souveränität. Nicht nur Menschen, sondern auch die Staaten sollen in Frieden leben können. Bestätigt wird diese Überlegung durch den 12. Erwägungsgrund der Friendly Relations Declaration. In ihm wird bekräftigt, „dass die Ziele der Vereinten Nationen nur verwirklicht werden können, wenn die Staaten souveräne Gleichheit genießen (...).“[235] Daraus ergibt sich, dass Maßnahmen nach Art. 41 UN-Charta möglichst nicht so auszugestalten sind, dass Menschenrechte auf Kosten der Souveränität geschützt werden, sondern so, dass sie sowohl Menschenrechte als auch die Souveränität möglichst umfassend schützt.

Gestärkt wird diese Überlegung dadurch, dass der Schutz der staatlichen Souveränität gem. der zentralen Vorschrift des Art. 2 Ziff. 1 UN-Charta zu den generellen Zielen der Charta gehört. Deshalb müssen die mit anderen Vorschriften der

---

233 Beispiel übernommen von *B. Graefrath,* Neue Justiz 1993, 433, 435.

234 *B. Graefrath,* Neue Justiz 1993, 433, 434; *W. Heintschel von Heinegg,* HuV 1996, 75, 79.

235 Ähnliche Überlegungen finden sich in Teil 1 Abschnitt 2, 3, 5, 6 iVm. Teil 2 Abs. 1, 3 Friendly Relations Declaration.

Charta beabsichtigten Zwecke möglichst souveränitätsschonend verwirklicht werden.[236]

Darüber hinaus ist die souveränitätsfreundliche Auslegung bei der Auswahl der einzelnen, an sich zulässigen Maßnahmen anzuwenden: Art. 41 UN-Charta eröffnet eine Handlungsermächtigung für den Sicherheitsrat mit weiten Ermessenspielräumen. Er kann dem Wortlaut nach zwischen verschiedenen zulässigen, geeigneten Maßnahmen frei wählen, um Druck auf den friedensbedrohenden und -brechenden Staat auszuüben. Betrachtet man die Vorschrift aber im Lichte der Souveränität, so ergibt sich eine Bindung des Ermessens dahin, dass unter gleich geeigneten Maßnahmen diejenige zu bevorzugen ist, welche weniger in die Souveränität des Staates eingreift. Unter diesem Aspekt ist die Zulässigkeit der Errichtung des Jugoslawientribunals zu untersuchen:

Die Geeignetheit der Maßnahme bestimmt sich danach, wie wahrscheinlich sie die gewünschten Auswirkungen tatsächlich herbeiführt: Strafgerichte haben in erster Linie den Zweck, Straftaten zu vergelten, und erfüllen weniger präventive Funktionen. Immerhin ist inzwischen auf staatlicher Ebene weitgehend anerkannt, dass Strafe auch eine spezialpräventive Funktion erfüllt.[237] Die Schaffung des Jugoslawientribunals war daher nicht von vornherein ungeeignet. Allerdings konnte das Gericht in diesem Fall seine spezialpräventive Funktion nur geringfügig erfüllen, weil sich die Kriegsverantwortlichen, die bereits zu ahndende Straftaten begangen hatten, dem Strafverfolgungsdruck nicht durch die Schaffung von Frieden entziehen konnten. Der Anreiz, ihr Verhalten zu ändern, war also gering.[238] Die Maßnahme wäre in spezialpräventiver Hinsicht allenfalls dann in höherem Maße geeignet, wenn eine Konfliktverschärfung drohte. Demgegenüber sind die unbeabsichtigten (da nicht dem Zweck des Art. 41 UN-Charta entspre-

---

236 Weitergehende Einzelheiten zur Rolle der souveränitätsfreundlichen Auslegung wurden schon bei der Auswertung des Urteils *Tadic* genannt (*Jugoslawientribunal*, Appeals Chamber, HRLJ 16 (1995), 437; s.o. § 8 IV 4 a). Es gibt durchaus gute Gründe für die Bejahung einer entsprechenden Kompetenz. Bei der Auslegung darf aber nicht ausgeblendet werden, dass auch Souveränitätsargumente eine Rolle spielen dürfen und können.

237 *W. Beulke*, Artikel ‚Straftheorien', in: Deutschen Rechts-Lexikon Bd. 3, S. 4020 f. Zur internationalen Entwicklung vgl. *C. Roxin*, Strafrecht Allgemeiner Teil Bd. I, § 3 Rn. 18, 20 mwN.

238 *K. Oellers-Frahm*, in: FS Bernhardt, S. 733, 738, verweist zudem darauf, dass Verletzungen nicht fortgesetzt werden können, wenn ihre Urheber in Haft sind. Allerdings gab es praktisch kaum Möglichkeiten zur Habhaftmachung der Täter während des Krieges. Insofern bleibt es bei der Gesamteinschätzung, dass die Maßnahme nur in geringem Maße als geeignet erscheint.

chenden) Nebenfolgen[239] der Schaffung eines solchen Straftribunals beträchtlich. Mit der Strafhoheit wurde eine originär staatliche Angelegenheit dem jugoslawischen Staat entzogen. Dies steht im Wertungswiderspruch zu dem Grundsatz der UN-Charta, die staatliche Souveränität zu schützen. Hätte der Sicherheitsrat die Maßnahme im Lichte der allgemeinen Bestimmungen der UN-Charta (Art. 2 Ziff. 1, 7 UN-Charta) und im Lichte des allgemeinen Völkerrechts (Souveränitätsprinzip) betrachtet, dann hätte er sich fragen müssen, ob es nicht andere Maßnahmen gibt, die gleich geeignet sind, aber in geringerem Maße die Souveränität berühren und daher besser in das System der Rechtsordnung passen. In Betracht wären etwa eine konsequente Überwachung des Wirtschaftsembargos oder ein absolutes Verbot von Waffenlieferungen an irgendeine Konfliktpartei gewesen.[240] Insofern ist an der Errichtung des Jugoslawientribunals Kritik zu üben, weil andere, souveränitätsschonendere Möglichkeiten nicht ausgeschöpft worden sind.

Das Urteil *Tadic* des Jugoslawientribunals[241] geht fehl, soweit sie jede Bedeutung der Souveränität für die Auslegung leugnet. Die Behauptung, es habe ein Wechsel vom souveränitätsorientierten zu einem menschenrechtsorientierten Ansatz erfolgt, vermag nicht zu überzeugen. Es ist zwar zutreffend, dass die Bedeutung der Menschenrechte in der Völkerrechtsordnung zugenommen hat und dass dies im Rahmen der Auslegung berücksichtigt werden muss, daraus folgt aber nicht die Bedeutungslosigkeit der Souveränität. Dem steht schon die zentrale Vorschrift des Art. 2 Ziff 1 UN-Charta entgegen. Das Gericht hätte wenigstens dazu Stellung beziehen müssen, warum diese Vorschrift ihre Bedeutung verloren habe.

Abgesehen davon stellt sich die Frage, ob das Tribunal nach Erreichung des Zwecks, der Wiederherstellung des Friedens, wieder abgeschafft werden muss. Dafür spräche, dass dann der durch Art. 41 UN-Charta einzig legitimierte Zweck erfüllt ist. Mit der Ermächtigungsgrundlage des Art. 41 UN-Charta durfte das Tribunal nur aus spezialpräventiven Gründen geschaffen werden, also dazu, um spezielle Täter von weiteren Straftaten abzuhalten und so zur Wiederherstellung

---

239 Nach *K. F. Röhl*, Allgemeine Rechtslehre, S. 227 f., sind Nebenfolgen (nicht intendierte Funktionen) solche, die eintreten, obwohl sie nicht bezweckt sind. Hier wird der Begriff in leicht abgewandelter Form verwendet: Er bezeichnet Folgen, die nach der Kompetenzvorschrift, auf der sie letztlich beruhen, nicht bezweckt werden *durften*.

240 Die Resolutionen lassen jedenfalls nicht erkennen, ob hier ausreichende Überlegungen angestrengt wurden.

241 *Jugoslawientribunal*, Appeals Chamber, HRLJ 16 (1995), 437. Zu Einzelheiten s.o. § 8 IV 4.

des Friedens beizutragen. Dagegen bietet die Vorschrift keine rechtliche Grundlage für Tatvergeltung und für generalpräventive Zwecke. Das Tribunal darf daher nicht bloß die Funktion haben, Unrecht zu ahnden und für zukünftige Konflikte ein Zeichen zu setzen, dass nunmehr mit internationaler Verfolgung gerechnet werden muss.[242] Die weitere Existenz ist in diesem Fall jedenfalls nicht mehr von Art. 41 UN-Charta gedeckt und es würde ein Anspruch des betroffenen Staates auf Rückübertragung seiner souveränen Rechte entstehen. Für eine Pflicht zur Beendigung der Arbeit eines solchen Straftribunals spricht zudem, dass dem Staat eine wichtige Funktion, die vollständige Strafhoheit, zurückgegeben wird. Aus diesem Fakt allein ergibt sich nicht unmittelbar die Rechtswidrigkeit des Jugoslawientribunals, weil die Voraussetzung der endgültigen Friedenssicherung vorliegen muss. Wenn von den einzelnen Straftätern eine Friedensbedrohung ausgeht, dann erfüllt das Gericht und die Verurteilung sowie Einsperrung der Täter weiterhin eine zulässige Aufgabe. Außerdem ist zu überlegen, ob das Tribunal nicht durch die Mitwirkung der einzelnen betroffenen Staaten und zwar insbesondere derjenigen, gegen die sich die Maßnahme gerichtet hat, eine neue Geltungsgrundlage erhalten hat.

III. Resümee

Die souveränitätsfreundliche Auslegung kann als Ausformung der teleologischen und systematischen Auslegung sowie der Auslegung im Lichte des Allgemeinen Völkerrechts legitimiert werden. Damit passt sie sich in das System der in der Wiener Vertragsrechtskonvention kodifizierten Auslegungsregeln ein. Sie ist ein Unterfall des Art. 31, insb. des Art. 31 III lit. c) WVK. Von anderen Auslegungsregeln unterscheidet sie sich durch ihren materiellen Gehalt. Gerade auch deshalb ist sie eine rechtsordnungsspezifische Auslegungsregel, die nur im Bereich des Völkerrechts angewendet werden kann. Ihre Tragweite hängt zunächst davon ab, welche Bedeutung und Stellung man der Souveränität in der Völkerrechtsordnung zuweist. Ob sie bei der Auslegung einzelner Vorschriften gewinnbringend angewendet werden kann, hängt vom konkreten Fall ab.

Die souveränitätsfreundliche und die effektive und dynamische Auslegung schließen sich nicht gegenseitig aus. Legen bei der Auslegung einer Vorschrift

---

[242] Das ist von der internationalen Öffentlichkeit, welches die Arbeit des Jugoslawientribunals begrüßt hat, verkannt worden. Will man diese Ziele verwirklichen, dann muss man sie rechtlich verwirklichen. Das ist inzwischen mit dem Ständigen Internationalen Strafgerichtshofs geschehen.

die effektive und die souveränitätsfreundliche Auslegung unterschiedliche Ergebnisse nahe, so ist ein Kompromiss im Wege eines harmonischen Ausgleichs und der Optimierung zu finden. Dies entspricht der typischen Vorgehensweise, wenn bei der Auslegung zwei Auslegungsregeln unterschiedliche Ergebnisse nahe legen.

§ 11 Die souveränitätsfreundliche Auslegung als Ausformung der rangkonformen Auslegung

I. Die Konzeption

1. Der Grundgedanke

Die souveränitätsfreundliche Auslegung stellt möglicherweise nicht nur eine Ausformung der teleologischen und systematischen Auslegung, sowie der Auslegung im Lichte des Allgemeinen Völkerrechts dar, sondern darüber hinaus auch eine Ausformung der rangkonformen Auslegung.

Wenn es in der Völkerrechtsordnung eine Normenhierarchie geben sollte und die Souveränität und die aus ihr fließenden Rechte zu den höchstrangigen oder zumindest im Vergleich zum auszulegenden Recht zu den höherrangigen Normen zählen würde, dann wäre dieser Geltungsrang auch bei der Auslegung als eine Ausformung der rangkonformen Auslegung zu berücksichtigen.

2. Vertreter

Ein solches Verständnis der souveränitätsfreundlichen Auslegung wurde bisher nicht vertreten. Dies liegt vor allem daran, dass die Völkerrechtsordnung häufig als hierarchielos angesehen wurde, dass also die Normen der Völkerrechtsordnung zueinander in keinem Subordinationsverhältnis stehen. Wäre dies richtig, dann kann es im Völkerrecht keine rangkonforme Auslegung geben.

II. Bewertung

Zur Tragfähigkeit dieses Ansatzes bedarf es zweierlei:

- methodologisch müsste die rangkonforme Auslegung in der Völkerrechtsordnung eine legitimierte Auslegungsregel darstellen (1.),

- inhaltlich müssten die Souveränität bzw. einzelne souveräne Rechte höherrangiges Recht darstellen (2.).

1. Das ranghöhere Recht und seine besondere Bedeutung für die Auslegung

a) Die Normenhierarchie

Es zeichnet jede Rechtsordnung aus, dass ihre Normen nicht beziehungslos nebeneinander stehen, sondern einen „geschlossenen Körper" mit aufeinander bezogenen Verhältnissen darstellen.[243] Die Beziehung zweier Vorschriften kann man unter anderem nach ihrer Geltungskraft und rechtlichen Qualität vergleichen. Stehen sie auf derselben Stufe, so spricht man von einem Koordinationsverhältnis, stehen sie auf unterschiedlichen Stufen, bezeichnet man das Verhältnis als subordinativ.

In den meisten Rechtsordnungen existieren hierarchisch gestufte Rechtsvorschriften. Diese Hierarchie wird vom Rechtsetzenden durch Rangordnungsregeln aufgebaut, indem er generell anordnet, dass die ranghöheren Normen Vorrang vor den rangniedrigeren haben.[244] Um eine subordinative Beziehung herzustellen, bedarf es also der Normierung.[245] Der Vorrang existiert nicht aufgrund einer allgemeinen Zielnorm, die Rechtseinheit herzustellen, vielmehr muss vom Rechtsetzenden selbst Ordnung geschaffen werden. In Deutschland etwa stellt das Grundgesetz das ranghöchste Recht dar, dieses legt dann die weitere Rangfolge fest. Es folgen das einfachgesetzliche Recht und danach Rechtsverordnungen und Satzungen.

Diese Ordnung ermöglicht die Lösung von Fragen der Geltungskonkurrenz von Normen, die denselben Geltungsbereich betreffen. Beanspruchen zwei unterschiedliche Normen, ein und denselben Sachverhalt zu regeln, so entsteht ein der Auflösung bedürfender Geltungskonflikt.[246] Dabei stehen verschiedene techni-

---

243 *K. Engisch*, Die Einheit der Rechtsordnung, S. 10 mwN.

244 Vgl. statt aller *H. Schneider*, Gesetzgebung, Rn. 642; *H.-U. Erichsen*, Jura 1995, 550.

245 Das muss nicht unbedingt ausdrücklich geschehen. So soll beispielsweise im Europarecht dem Primärrecht Vorrang zukommen (*Th. Oppermann*, Europarecht, Rn. 473 f.; *A. Bleckmann*, in: ders., Europarecht, Rn. 525 ff.), weil das Sekundärrecht seinen Bestimmungsgrund in ihm finde.

246 *K. F. Röhl*, Allgemeine Rechtslehre, S. 132, weist darauf hin, dass Normenkonflikte, die durch die Vielfalt der Normen und Normsetzer unvermeidbar sind, aufgelöst

sche Instrumente zur Verfügung. Neben den Kollisionsregeln, dass die später entstandene Norm der früher entstandenen vorgeht, *lex posterior derogat legi priori*, und dass die speziellere Vorschrift der allgemeineren vorgeht, *lex specialis derogat legi generali*, gibt es die Regel, dass eine Norm die Oberhand gewinnt, wenn sie gegenüber der anderen höherrangig ist, *lex superior derogat legi inferiori*. Die Überlegenheit einer ranghöheren Norm findet also ihren Ausdruck darin, dass diese Rechtsnorm durch niederrangiges Recht nicht geändert, verdrängt oder aufgehoben werden kann.[247] Das muss nicht immer Nichtigkeit bzw. Ungültigkeit der niederrangigen Norm zur Folge haben. Widerstreiten aber solche Vorschriften einer Norm höherer Ordnung, dann sind sie, um es mit *Engisch* zu sagen, „nur von Gnaden der letzteren gültig".[248] Durch die Ranggebung werden die Normen einer Rechtsordnung strukturiert.

Eine besondere Bedeutung kommt dabei, soweit vorhanden, einer Verfassung zu. Sie steht an der Spitze der Normenhierarchie und weist den anderen Normen ihren Rang zu. Damit wird die Durchsetzung der verfassungsrechtlichen Grundentscheidungen gesichert. Zugleich wird der Normgeber in die Verfassungsordnung eingebunden bzw. durch sie begrenzt.[249] Wenn in der Völkerrechtsordnung eine

werden müssen. Ohne Einheitlichkeit kann das Recht seine Ordnungsfunktion nicht erfüllen. Es wäre unsinnig, wollte eine Rechtsordnung zugleich A und Non-A gebieten (*K. Larenz*, Methodenlehre, S. 266). Kann der Normenkonflikt durch Auslegung aufgelöst werden, so spricht man von einem *Scheinkonflikt* (*K. Engisch*, Einführung in das juristische Denken, S. 210; *W. Karl*, Vertrag und spätere Praxis im Völkerrecht, S. 61), da man im konkreten Fall zu einer eindeutigen Lösung gelangt. Daneben kann es aber auch *eigentliche Normkonflikte* geben. Sie liegen vor, wenn sich die Konflikte weder durch Auslegung noch durch Feststellung einer vollzogenen Derogation auflösen lassen (*W. Karl*, ebenda, S. 62). Er entsteht im Völkerrecht zum Beispiel dann, wenn ein Staat mit verschiedenen Vertragspartnern einander widersprechende Verträge schließt. Denn beide Verträge behalten gem. dem in Art 30 IV lit. b) WVK kodifizierten Gewohnheitsrecht Gültigkeit. Der Staat wird also bei einer vertragsbezogenen Handlung immer das andere Recht verletzen.

247 *D. Ch. Göldner*, Verfassungsprinzip und Privatrechtsnorm, S. 43, spricht von Normerhaltung und Verfassungsentfaltung und *H.-U. Erichsen*, Jura 1995, 550, von Anwendungsgebot und Abweichungsverbot.

248 *K. Engisch*, Die Einheit der Rechtsordnung, S. 15.

249 So der berühmte Satz in der Entscheidung des amerikanischen Supreme Courts in *Marbury v. Madison* aus dem Jahre 1803 (nach *R. Wahl*, Der Staat 20 (1981), 485, 488. Vgl. zudem *H. Dreier*, JZ 1994, 741, 743 f.; *Ch. Starck*, JZ 1999, 473, 483. Auch der Richter ist in die Verfassungsstruktur eingebunden (dazu *J. Ipsen*, Richterrecht und Verfassung, insb. S. 117 ff.).

Verfassung existierte, dann wären die Staaten unabhängig von ihrem Willen durch die Verfassung rechtlich gebunden.[250]

b) Die rangkonforme Auslegung

Die Autorität höherrangiger Normen hat nicht nur Auswirkung auf die Bewältigung von Normkonflikten, sie hat ebenso Bedeutung für die Auslegung. Gerechtfertigt hat die „rangkonforme Auslegung" vor allem *Engisch* mit dem Argument der *Einheit der Rechtsordnung.*[251] Ausgangspunkt der Überlegungen ist der Umstand, dass unterrangiges Recht bei Widerspruch zu höherrangigem Recht ungültig ist, der Gesetzgeber vernünftigerweise aber die weitestmögliche Geltung der erlassenen Norm und nicht die Ungültigkeit beabsichtigt hat. Mögliche Verstöße gegen höherrangiges Recht sollen wegen der unerwünschten Folgen daher vermieden werden.[252] Außerdem sind Normen höherer Stufe nicht nur Geltungsgrund, sondern auch Motivationsgrund und Bestimmungsgrund der Normen niedrigerer Stufe.[253] Das höherrangige Recht überlagert also nicht nur das unterrangige Recht, es durchdringt und durchgeistigt es. Es hat Ausstrahlungswirkung auf

---

250 Vgl. *G. Jaenicke*, in: BDGV 7 (1967), S. 77, 96: „Grundsätze und Normen höherrangiger Geltung (...) beschränken die Freiheit der Staaten, Verträge beliebigen Inhalts zu schließen." *G. Haverkate*, Verfassungslehre, S. 6 ff., geht von zwei möglichen Verfassungsbegriffen aus. Nach dem einem auch hier verwendeten besitzt die Verfassung eine institutionell gesicherte Rechtsbindung, sie ist die „die höchstrangige Normenordnung, die Vorrang vor allem unterverfassungsrechtlichen Rechtssätzen beansprucht (...)" (S. 13). Nach dem anderen Verfassungsbegriff fehlt die institutionell gesicherte Rechtsbindung, der Machthaber legt einseitig seine Normenordnung fest. Diese mögliche Variante scheidet im Völkerrecht aber von vornherein aus, da es keinen derartigen Machthaber gibt.

251 *K. Engisch*, Die Einheit der Rechtsordnung.

252 So auch BVerfGE 98, 17, 45; 90, 263, 274 f. jew. mwN.: Es soll ein Höchstmaß dessen aufrecht erhalten werden, was der Gesetzgeber gewollt hat. Gegen das Argument wurden zwei – in der Sache nicht überzeugende – Einwände erhoben: *K. A. Bettermann*, Die verfassungskonforme Auslegung, S. 24 f., meint, die Vielzahl verfassungswidriger Gesetze sprächen gegen eine Vermutung, dass die Legislative sich an die Verfassung, also höherrangiges Recht, halten will. *A. Vosskuhle*, AöR 125 (2000), 177, 183 mwN. in Fn. 30, meint, das Argument reiche so nicht zur Rechtfertigung der rangkonformen Auslegung aus. Zwar verbiete die Einheit der Rechtsordnung die verfassungskonträre Interpretation, sie gebiete jedoch nicht die verfassungskonforme Interpretation. Dieser Einwand wäre nur dann berechtigt, wenn sich der Gehalt des Begriffes der Einheit der Rechtsordnung auf den Geltungsgrund beschränken würde.

253 *K. Engisch*, Die Einheit der Rechtsordnung, S. 11.

die niederrangigen Normen[254] und es gibt ihnen den Rahmen vor und gleichzeitig Halt.[255]

Daneben kann das höherrangige Recht durch seine Leitprinzipien die Orientierung und die Grundstruktur vorgeben, in der sich das niederrangige Recht bewegt.[256] Es hat, wenn der Normgeber das tatsächlich will, ordnende Funktion. Das unterrangige Recht muss daher im Lichte und Geiste des höherrangigen ausgelegt werden. Das ist die *Ausstrahlungswirkung des höherrangigen Rechts.*[257]

Nach dieser Rechtfertigung ist die rangkonforme Auslegung eine Ausformung der systematischen und teleologischen Auslegung.[258] Bei sich eindeutig im Rahmen des höherrangigen Rechts bewegenden Normen ist die Beachtung des höherrangigen Rechts geboten.[259] Der Vorteil dieser Auslegungsregel ist die einfache

---

254 *R. Wahl*, NVwZ 1984, 401, 407.

255 Die Abhängigkeit der rangniederen Normen von der ranghöheren führt zu ihrer Konformität. Zum Begriff der Konformität vgl. *H. Seitz*, in: H.-J. Koch, Juristische Methodenlehre und analytische Philosophie, S. 214 ff.

256 In der deutschen Rechtsordnung wird dieser Gedanke vor allem für die Drittwirkung der Grundrechte befruchtet. Im *Lüth*-Urteil (BVerfGE 7, 198, 205) heißt es: „Gesetzgebung, Verwaltung und Rechtsprechung empfangen von ihm [dem Wertsystem des Grundgesetzes; Anm. des Verf.] Richtlinien und Impulse. (...) Keine bürgerlichrechtliche Vorschrift darf im Widerspruch zu ihm stehen, jede muss in seinem Geiste ausgelegt werden."

257 *A. Bleckmann*, Grundprobleme und Methoden des Völkerrechts, S. 262. Das gilt insbesondere für die Verfassung, in der die Allgemeininteressen der Rechtsgemeinschaft verankert sind.

258 So insb. *Th. Oppermann*, Europarecht, Rn. 473 f.; *H. Simon*, EuGRZ 1974, 85; *H. Bogs*, Die verfassungskonforme Auslegung von Gesetzen, S. 25 f.; *A. Vosskuhle*, AöR 125 (2000), 177, 181 mwN. *F. Bydlinski*, Juristische Methodenlehre und Rechtsbegriff, S. 453, 455, ordnet die verfassungskonforme Auslegung der teleologischen Auslegung zu. *F. Müller*, Juristische Methodik, Rn. 104, meint, es handele sich um einen Teilbereich der systematischen Auslegung. Etwas anders *D. Ch. Göldner*, Verfassungsprinzip und Privatrechtsnorm, S. 47 ff.

259 *J. Burmeister*, Die Verfassungsorientierung bei der Gesetzesauslegung, S. 36. Das *Bundesverfassungsgericht* hat verfassungsbezogene Argumente auch ohne Normgültigkeitszweifel benutzt, insbesondere bei der Rechtsprechung zur Drittwirkung der Grundrechte (BVerfGE 7, 198 Leitsatz 1; ihm folgend z.B. BGHZ 50, 133, 143; 113, 222, 227). Allerdings verwendet das Gericht, BVerfGE 95, 64, 93 mwN., oft folgende auf eine bloße Vorzugsregel hindeutende Definition: „Die verfassungskonforme Auslegung ist dann geboten, wenn unter Berücksichtigung von Wortlaut, Entstehungsgeschichte, Gesamtzusammenhang und Zweck mehrere Deutungen möglich sind, von denen jedenfalls eine zu einem verfassungsgemäßen Ergebnis führt."

Handhabbarkeit durch die Möglichkeit der formalisierten Argumentation mit der subordinativen Struktur der Rechtsnormen.[260]

Der bedeutendste Unterfall der rangkonformen Auslegung ist die *verfassungskonforme* Auslegung.[261] Weitere Ausformungen der rangkonformen Auslegung sind die in der deutschen Rechtsordnung anerkannte europarechtskonforme und völkerrechtskonforme Auslegung.

Die rangkonforme Auslegung darf nicht dazu führen, dass bei einem Widerspruch zwischen niederrangiger und höherrangiger Norm die erstgenannte trotz eines anderen eindeutigen Inhalts „korrigiert“, d.h. mit der höherrangigen Norm konform gemacht wird.[262] Die Auslegung darf nicht den Willen des Normgebers korrigieren. Dies würde dem Ziel der Auslegung, die Ermittlung des Willens des Normgebers, widersprechen.[263] Soweit eine Norm gegen höherrangiges Recht

---

260 Es handelt sich aber nicht um eine Zweifelsregel, die *nach* Anwendung der normalen Auslegungsregeln anzuwenden wäre, indem sie für den Fall der Mehrdeutigkeit der gewonnenen Ergebnisse, von denen einige verfassungswidrig und andere verfassungskonform wären, eine Entscheidung zugunsten letzterer träfe. Diese Alternative ist bei richtiger Auslegung von vornherein ausgeschlossen, weil die Auslegung ein einheitlicher Prozess ist. Sie führt unter Beachtung des höherrangigen Rechts entweder zu einer konformen Lösung oder nicht. Je nach dem verstößt sie dann gegen das höherrangige Recht oder nicht.

261 Teilweise wird auch von verfassungsorientierter Auslegung (so etwa *A. Voßkuhle*, AöR 125 (2000), 177, 180 f. mwN.), von verfassungsbezogener Auslegung (so etwa *E. Höhn*, Praktische Methodik der Gesetzesauslegung, S. 236 f.), verfassungsorientierter Auslegung (*H. Simon*, EuGRZ 1974, 85 ff.), bzw. von dem Prinzip der vertikalen Normendurchdringung (*J. Burmeister*, Die Verfassungsorientierung bei der Gesetzesauslegung, insb. S. 26 ff.) gesprochen. Dass die verfassungskonforme Auslegung ein Unterfall der rangkonformen Auslegung darstellt findet seinen Ausdruck im Sachregister der Entscheidungssammlung des Bundesverfassungsgerichtes: Dort findet sich das Stichwort „Auslegung, verfassungs- (bundesrechts)konforme“ (z.B. in BVerfGE 97, 430; 98, 419). Wie hier auch *K. A. Bettermann*, Die verfassungskonforme Auslegung, S. 20; *R. Zippelius*, Methodenlehre, S. 49. Die Methode der verfassungskonformen Auslegung ist nicht nur in der deutschen Rechtsordnung anerkannt (zu anderen Rechtsordnungen vgl. *H. P. Prümm*, Verfassung und Methodik, S. 69 ff.; *H. Simon*, EuGRZ 1974, 85). Das *Bundesverfassungsgericht* wendete sie zum ersten Mal in BVerfGE 2, 266, 282 (wN. bei *K. Larenz*, Methodenlehre, S. 339 Fn. 53) an, und sagte, dass ein „Gesetz nicht verfassungswidrig ist, wenn eine Auslegung möglich ist, die im Einklang mit dem Grundgesetz steht und wenn das Gesetz bei dieser Auslegung sinnvoll bleibt.“ In anderen Entscheidungen hat es das Rangargument auch ohne Verfassungsbezug gebraucht (z.B. BVerfGE 7, 120, 126).

262 In diese Richtung auch *M. Zuleeg*, GYIL 20 (1977), 246, 272.

263 S.o. § 2 IV 2, V.

verstößt, ist sie auch nicht durch Auslegung zu retten, denn das wäre nicht mehr Auslegung, sondern Rechtsänderung.[264]

Die Hauptargumente zur Rechtfertigung der rangkonformen Auslegung sind also der Grundsatz der widerspruchsfreien und einheitlichen Rechtsordnung und der damit im Zusammenhang stehende Gedanke der Rechtssicherheit.[265] Sie stammen aus der deutschen Methodenlehre, sind aber auf die Völkerrechtsordnung übertragbar, weil sie sich nicht spezifisch auf die deutsche Rechtsordnung beziehen. Wenn es in der Völkerrechtsordnung tatsächlich ein Normenhierarchie gibt, dann spricht nichts gegen die Anwendbarkeit der rangkonformen Auslegung.[266]

2. *Die Souveränität als höherrangiges Recht*

Gehört die Souveränität bzw. einzelne souveräne Rechte zum höherrangigen Völkerrecht, dann bekäme die souveränitätsfreundliche Auslegung eine weitere Rechtfertigung. Das eigentliche Problem ist in diesem Zusammenhang nicht die Verortung der Souveränität in der Normenhierarchie des Völkerrechts, sondern die Frage, ob es überhaupt eine Normenhierarchie im Völkerrecht gibt und wie sie gegebenenfalls aussieht.[267] Dazu werden im wesentlichen sechs Meinungen vertreten:

---

264 Dies scheint weitestgehend anerkannt zu sein (vgl. nur *H.-J. Koch/H. Rüßmann*, Juristische Begründungslehre, S. 266 ff.; *D. Ch. Göldner*, Verfassungsprinzip und Privatrechtsnorm, S. 43 ff.), insbesondere auch vom Bundesverfassungsgericht (BVerfGE 48, 40, 45; 90, 263, 275 mwN.; 98, 17, 45). Das Gericht wird allerdings oft kritisiert, es setze sich über die vom Grundgesetz aufgestellten und von ihr selbst anerkannten Schranken hinweg.

265 So vor allem *K. Engisch*, Die Einheit der Rechtsordnung, S. 9 ff.; *K. F. Röhl*, Allgemeine Rechtslehre, S. 132; BVerfGE 51, 323.

266 Dem Grunde nach ist dies in der Völkerrechtsordnung anerkannt. Insb. *M. Zuleeg*, GYIL 20 (1977), 246 ff., 270 ff. mwN. in Fn. 124-6, hat darauf hingewiesen, bei Konflikten zwischen einander widerstreitenden Normen sei die „harmonisierende Auslegung" anzuwenden, um Widersprüche zu vermeiden.

267 Die Frage der Hierarchie der Völkerrechtsnormen ist von der Lösung, warum und wie die völkerrechtlichen Normen in den einzelnen innerstaatlichen Rechtsordnungen gelten, abzugrenzen. In Deutschland z.B. gelten die allgemeinen Regeln des Völkerrechts auch im innerstaatlichen Bereich (Art. 25 S. 1 GG) und gehen den einfachen Gesetzen gegenüber vor (Art. 25 S. 2 GG). Ausgeschlossen von diesem Vorrang sind damit besonders konsentierte Regeln, insbesondere das Völkervertragsrecht (*H. Steinberger*, in: HbdStR VII, § 173 Rn. 30; BVerfGE 15, 25, 33 f.; 16, 27, 33; 18, 441, 448). Diese erhalten ihren Anwendungsbefehl nach Maßgabe von Art. 59 II GG, gegebenenfalls iVm. Art. 24 I GG, und stellen nach innerstaatlicher Umsetzung einfaches Bundesrecht dar. Damit entsteht zwischen den allgemeinen Regeln des Völkerrechts iSd. Art. 25 GG und den sonstigen dem völkerrechtlichen

- Nach einer ersten Auffassung besteht zwischen den einzelnen Völkerrechtsquellen, dem Vertragsrecht, Gewohnheitsrecht und den Allgemeinen Rechtsgrundsätzen, eine Hierarchie. Dabei werden innerhalb dieser Auffassung nochmals unterschiedliche Rangverhältnisse zwischen den einzelnen Quellen vertreten.
- Nach einer zweiten Auffassung stellt die UN-Charta die Verfassung des Völkerrechts dar.
- Drittens gibt es die Lehre von der Grundnorm.
- Viertens gibt es materielle Verfassungskonzeptionen.
- Fünftens soll das völkerrechtliche ius cogens höherrangiges Recht darstellen.
- Und schließlich sechstens wird vertreten, dass es in der Völkerrechtsordnung keine Normenhierarchie gibt.

Soweit vertreten wird, es gebe eine Normenhierarchie (Auffassung 1-5), werden die Souveränität bzw. souveräne Rechte fast immer zum höherrangigen Recht gezählt. Die souveränitätsfreundliche Auslegung gewinnt dann jedenfalls an Legitimationskraft.

a) Die fehlende Hierarchie zwischen den Völkerrechtsquellen

Die Frage der hierarchischen Gliederung der Rechtsnormen in der Völkerrechtsordnung wurde vor allem im Rahmen der Rechtsquellenlehre diskutiert. Danach sollen die Normen der gleichen Quelle den gleichen Rang innehaben, die unterschiedlichen Quellen einen unterschiedlichen Rang. Diese Idee ist nicht unbekannt, viele innerstaatliche Rechtsordnungen weisen auf diese formalisierte, nicht an den materiellen Gehalt der einzelnen Norm anknüpfende Art und Weise den Normen ihren Rang zu. Während die Ordnung der Quellen im innerstaatlichen Bereich kaum Probleme bereiten, werden für die Ranggebung der Rechtsquellen

---

Bereich entstammenden Regeln innerstaatlich ein Ranggefälle (BVerfGE 6, 309, 363; bestätigt in 41, 88, 120 f.; *R. Streinz*, in: Sachs, Grundgesetz, Art. 25 Rn. 88; zu den weiteren Problemen der Einordnung in das deutsche Normengefüge ebenda, Rn. 80 ff.; *H. Steinberger*, in: HbdStR VII, § 173 Rn. 57 ff.; *R. Geiger*, Grundgesetz und Völkerrecht, S. 168 f., 177). In anderen Staaten existieren andere Regelungen zur Geltung und zum Rang (vgl. *R. Geiger*, ebenda, S. 160 ff.). Es bedarf kaum der Erwähnung, dass dies aber, weil es sich um unterschiedliche Rechtsordnungen handelt, für die Frage nach der Hierarchie in der Völkerrechtsordnung keinerlei Bedeutung hat. Jede Rechtsordnung folgt eigenen Aufbauprinzipien.

im völkerrechtlichen Bereich fast alle möglichen Anordnungen vertreten. Zusätzlich erschwert wird das Problem durch die Streitigkeiten darüber, wie viele und welche Rechtsquellen es tatsächlich gibt.[268] Diese Differenzen treten erstaunlicherweise trotz einer längeren Schiedsgerichtspraxis auf, die sich an die in Art. 38 des Statuts des Ständigen Internationalen Gerichtshofes niedergeschriebenen und in Art. 38 IGH-Statut wiederkehrenden Völkerrechtsquellen hält. Die als herrschend zu bezeichnende Meinung hält sich an diese Praxis, nach der es drei Primärrechtsquellen gibt, das Völkervertragsrecht (Art. 38 I lit. a) IGH-Statut), das Völkergewohnheitsrecht (Art. 38 I lit. b) IGH-Statut) und die Allgemeinen Rechtsgrundsätze (Art. 38 I lit. c) IGH-Statut).

aa) Konzeptionen

Nach einer Auffassung steht das Völkergewohnheitsrecht im Rang über dem Vertragsrecht.[269] Grund dafür sei, dass das Vertragsrecht seinen Geltungsgrund im Gewohnheitsrecht, insbesondere dem gewohnheitsrechtlich geltenden Satz pacta sunt servanda, finde, welches die ältere und allgemeinere Rechtsquelle darstel-

---

268 Hier wird eine Bandbreite von zwei Quellen (Völkervertragsrecht und Gewohnheitsrecht) bis hin zu sieben Quellen (die beiden genannten sowie Völkerverfassungsrecht, einseitige Rechtsgeschäfte, Allgemeine Grundsätze des Rechts, gewisse Beschlüsse Internationaler Organisationen und Internationale Gerichtsentscheidungen, soweit sie Präzedenzwirkung besitzen) vertreten. Für zwei Quellen z.B. *H. Strebel*, ZaöRV 36 (1976), 301, 339 ff.; *G. I. Tunkin*, Völkerrechtstheorie, S. 223 ff.; *ders.*, in: FS Verdross (1971), 523 ff.; *H. Heller*, Souveränität, S. 137 ff.; wN. bei *G. Dahm (Begr.)/J. Delbrück/R. Wolfrum (Bearb.)*, Völkerrecht Bd. I/1, S. 63 Fn. 64. Insbesondere die Allgemeinen Rechtsgrundsätze würden ihren Geltungsanspruch vielmehr als Bestandteil von einer der beiden Quellen beziehen. Für sieben Quellen etwa *J. M. Mössner*, Rechtsquellen, in: Lexikon des Rechts Völkerrecht , S. 253, 256; *R. Monaco*, Sources of International Law, in: EPIL Vol. IV, S. 467 ff.

269 *Barberis*, ZaöRV 30 (1970), 19, 24; *P. Guggenheim*, Lehrbuch des Völkerrechts I, S. 55; *Ch. Ch. Hyde*, International Law Vol. I, S. 6; *H. Kelsen*, Reine Rechtslehre^2, S. 222 f.; *ders.*, RC 84 (1953 III), 1, 129; *ders.*, Principles of International Law, S. 314; *J. I. Kunz*, AJIL 47 (1953), 662, 665; *W. Wengler*, JZ 1995, 21, 23. *P. G. Vallindas*, in: FS Spiropoulus, S. 425, 426, fügt dieser Hierarchie die Allgemeinen Rechtsgrundsätze hinzu, und zwar in mittlerer Position: „First should come international custom as constituting evidence of a general practice accepted as law. Second, should come the general principles of law, and as a third source international conventions should be mentioned." Sowohl die allgemeinen Rechtsprinzipien als auch das Vertragsrecht fänden nämlich ihre bindende Kraft im Völkergewohnheitsrecht (*P. G. Vallindas*, ebenda, S. 426 ff.). Die häufige Nichtbeachtung der Allgemeinen Rechtsgrundsätze bei der Hierarchisierung der Quellen ist wohl damit zu erklären, dass dieser Rechtsquelle nur geringe Bedeutung im Vergleich zum Vertragsrecht und Gewohnheitsrecht zugebilligt wird.

le.[270] Träfe dies zu, dann wäre ein weiteres Argument zugunsten der souveränitätsfreundliche Auslegung gefunden, weil die Souveränität gewohnheitsrechtlich verbürgt ist.[271]

Nach anderer Auffassung soll das Gewohnheitsrecht gegenüber Vertragsrecht nachrangig sein.[272] Die Vertragstreue sei so wichtig für die Rechtssicherheit im Völkerrecht, dass sie das entgegenstehende universelle oder partikuläre Gewohnheitsrecht breche. Zudem müsse es den Subjekten überlassen bleiben, bisher rechtsverbindliche Gewohnheiten durch Vertragswerke abzuändern, andernfalls würde der völkerrechtliche Fortschritt gehemmt werden.[273] Schließlich ergebe sich die Hierarchie aus der Reihenfolge der Aufzählung der Rechtsquellen in Art. 38 IGH-Statut.[274] Auch wenn diese Auffassung zutreffend wäre, wäre ein weiteres Argument zugunsten der souveränitätsfreundliche Auslegung gefunden, weil die Souveränität und einzelne souveräne Rechte in vielen Verträgen niedergelegt wurden.[275] Erinnert sei nur an Art. 2 Ziff. 1 UN-Charta und an Teil I Abschn. 6 Friendly Relations Declaration.

---

270 So schreibt beispielsweise *P. Guggenheim*, Lehrbuch des Völkerrechts I, S. 55: „Die Befugnis zum Abschluß der völkerrechtlichen Verträge sowie die Verpflichtung zu ihrer Ausführung findet seinen Ausdruck in der dem Völkergewohnheitsrecht zugehörigen Norm: ‚pacta sunt servanda'. Das Völkervertragsrecht ist daher nicht (...) dem Gewohnheitsrecht ‚koordiniert'. Es steht somit nicht auf der gleichen Rangstufe wie dieses, sondern ist als Rechtserzeugungs- und Rechtsvollzugsakt dem Gewohnheitsrecht untergeordnet." Ähnlich *P. G. Vallindas*, in: FS Spiropoulus, S. 425, 426 f.: „International Conventions are rendered binding because there exists an international costumary rule giving them binding force. If the customery rule *pacta sunt servanda* did not exist, conventions would have no validity."

271 S.o. § 4 II 2 a.

272 *E. Sauer*, Grundlehre des Völkerrechts, S. 16; wohl auch *A. Bleckmann*, in: Simma, UN-Charta, Art. 2 Ziff. 1 Rn. 22, wenn er schreibt: „Der stillschweigende Wille muss hinter dem ausdrücklich geäußerten Willen zurücktreten. Das Völkervertragsrecht rangiert damit vor dem Gewohnheitsrecht und den allgemeinen Rechtsgrundsätzen (...)."

273 *E. Sauer*, Grundlehre des Völkerrechts, S. 16.

274 Nachweise für diese Ansicht bei *M. Akehurst*, BYIL 47 (1974/75), 273, 274 Fn. 1. Die dort aufgeführte abweichende Meinung des Richters *Moreno Quintera*, *Right of Passage over Indian Territory*, ICJ Rep. 1960, S. 6, 88, 90, geht aber nicht so weit, wie von *Akehurst* behauptet. Dort ist von „a legal order of precedence in the application of sources of international law" die Rede.

275 S.o. § 4 II 2 a.

Schließlich nehmen einige Autoren an, die Allgemeinen Rechtsgrundsätze seien übergeordneter Natur.[276] Der Umstand, dass Völkerrechtssubjekte eine durch Gewohnheitsrecht geregelte Materie in bestimmten Fällen gemäß ihrem Willen vertraglich normieren könnten, beweise, dass es Gewohnheitsrecht nur im Einklang mit den allgemeinen Rechtsgrundsätzen aber nie gegen sie geben könne.[277] Zudem entstünden die Allgemeinen Rechtsgrundsätze unabhängig von völkerrechtlichem Gewohnheits- und Vertragsrecht und schüfen die Grundlage für deren Geltung. Auch Vertreter dieser Ansicht ordnen die Souveränität dem höchstrangigen Recht zu, nach Ansicht *Jaenickes* gehöre die Gleichheit souveräner Staaten zu den an der Spitze der Hierarchie stehenden Allgemeinen Rechtsgrundsätzen.[278]

bb) Kritik

Die einzelnen Auffassungen vom Rangunterschied der Quellen werden von der herrschenden Meinung mit Recht abgelehnt.[279] Gegen sie sprechen im wesentli-

---

276 *H. B. Reimann*, Ius Cogens im Völkerrecht, S. 52 ff.; *F. A. F. von der Heydte*, Friedenswarte 33 (1933), 289 ff., insb. 299 mit Fn. 45; *G. Jaenicke*, in: BDGV 7 (1967), S. 77, 91; *ders.*, Völkerrechtsquellen, in: WVR 3. Bd., S. 766, 773, hier differenzierend nach der Art der Allgemeinen Rechtsgrundsätze: „Diejenigen allgemeinen Rechtsgrundsätze (...), die sich aus der Struktur der Völkerrechtsordnung ergeben, sind Maßstäbe für die Auslegung und Abgrenzung der einzelnen völkerrechtlichen Normen (beispielsweise das Prinzip der gleichmäßigen Anwendung jeder Rechtsnorm auf alle Staaten) haben also gleiche, wenn nicht übergeordneten Rang gegenüber der einzelnen Norm des Vertrags- oder Gewohnheitsrechts."

277 *H. B. Reimann*, Ius Cogens im Völkerrecht, S. 53.

278 *G. Jaenicke*, in: BDGV 7 (1967), S. 77, 91.

279 *P. Malanczuk*, Akehurst's Modern Introduction to International Law, S. 56 f.; *A. Cassese*, International Law in a Divided World, S. 180; *G. Dahm*, Völkerrecht Bd. I, S. 16; *K. Doehring*, Völkerrecht, Rn. 270; *R. Geiger*, Grundgesetz und Völkerrecht, S. 8 f., 88 f.; *E. Gralla*, Das Problem der inhaltlichen Völkerrechtswidrigkeit internationaler Verträge, S. 72; *W. Heintschel v. Heinegg*, in: Ipsen, Völkerrecht, § 20 Rn. 1 ff., § 26 Rn. 3; *E. K. Heinz*, ÖZöR 21 (1971), 197 ff., 205; *W. Karl*, Vertrag und spätere Praxis im Völkerrecht, S. 86 mwN.; *N. Kontou*, The Termination and Revision of Treaties in the Light of new Customery International Law, S. 20, 23; *H. Mosler*, RC 140 (1974 IV), 1, 100; *J. M. Mössner*, Rechtsquellen, in: Lexikon des Rechts Völkerrecht, S. 253, 256; *I. v. Münch*, Völkerrecht in programmierter Form, S. 73 f.; *E. Roucounas*, RC 206 (1987 VI), 9, 59 mwN. in Fn. 153; *I. Seidl-Hohenveldern/T. Stein*, Völkerrecht, Rn. 523; *A. Verdross/B. Simma*, Universelles Völkerrecht, §§ 640 ff.; *G. I. Tunkin*, Völkerrechtstheorie, S. 172 ff.; *W. Graf Vitzthum*, in: ders. (Hrsg.), Völkerrecht, 1. Abschn. Rn. 154; *W. H. Wilting*, Vertragskonkurrenz im Völkerrecht, S. 45; so auch ausdrücklich *Finnland* und *Israel* in YILC 1966 II, 73. Das *Bundesverfassungsgericht* führte in einem Urteil (BVerfGE 18, 441, 448) aus: „Ein Satz, demzufolge die allgemeinen gewohnheits-

chen vier Argumente: Erstens haben die einzelnen Völkerrechtsquellen einen voneinander unabhängigen Geltungsgrund. Zweitens gibt es keine hierarchische Struktur der Normgeber. Drittens kann die Gegenansicht die Wechselwirkung von Völkerrechtsvertrag und Gewohnheitsrecht in der gegenwärtigen Völkerrechtspraxis nicht erklären. Und viertens wurde keine Hierarchie in Art. 38 IGH-Statut normiert.

(1) Entgegen der Behauptung, die Befugnis zum Abschluss völkerrechtlichen Verträge entstamme dem Völkergewohnheitsrecht oder umgekehrt[280], haben die Völkerrechtsquellen einen voneinander unabhängigen Geltungsgrund[281]: Vertragsrecht gilt wegen der Vereinbarung zwischen den Vertragspartnern und das Gewohnheitsrecht wegen der allgemeinen als Recht anerkannten Übung. Darüber hinaus besitzen die den einzelnen Rechtsquellen entstammenden Normen dieselbe Geltungskraft. Bei einem Konflikt zwischen einer gewohnheitsrechtlichen und einer vertraglichen Norm hat nicht eine von beiden generellen Vorrang.[282]

(2) Eine unterschiedliche Geltungskraft ergibt sich insbesondere nicht aus einer Hierarchie zwischen Normgebungsorganen. Ein übergeordnetes Gesetzgebungsorgan, das mit verbindlicher Wirkung für alle Recht setzen könnte, fehlt in der internationalen Ordnung.[283] Es besteht keine den innerstaatlichen Rechtsordnungen vergleichbare Stufenordnung mit Verfassungsgeber und Verfassung, welche die Befugnisse des Gesetz- und Verordnungsgebers statuiert, Gesetzgeber und einfachem Gesetz, welches den Rahmen für die Verordnungen vorgibt und Verord-

---

rechtlichen Regeln des Völkerrechts grundsätzlich den Vorrang vor vertraglichen Abmachungen hätten, ist dem allgemeinen Völkerrecht fremd."

280 Art. 38 I lit. b IGH-Statut nennt zwar die Voraussetzungen für die Entstehung von Völkergewohnheitsrecht, es handelt sich aber nach ganz h.M. insoweit nur um die Wiedergabe der allgemeinen Begriffsbestimmung (vgl. nur *W. Heintschel v. Heinegg*, in: Ipsen, Völkerrecht, § 16 Rn. 3; *P. G. Vallindas*, in: FS Spiropoulus S. 425 f.). Die Vorschrift hat lediglich feststellenden und klarstellenden Charakter und ist Ausdruck allgemeiner Auffassung im Völkerrecht (*I. v. Münch*, Völkerrecht in programmierter Form, S. 56; *L. Doehring*, Völkerrecht, Rn. 271).

281 Ansonsten wäre der Begriff *Quelle* verfehlt. Außerdem ist anzumerken, dass die Begründung, Gewohnheitsrecht sei höherrangig, weil ihr der Grundsatz pacta sunt servanda entstamme, der erst den Geltungsgrund für das Vertragsrecht bilde, nicht zwingend ist. Selbst unter Annahme der Voraussetzung, dass die gewohnheitsrechtliche Regel pacta sunt servanda Norm gegenüber Vertragsrecht vorrangig sei, so bedeutet das nicht ohne weiteres, alle Normen derselben Rechtsquelle hätten denselben Rang (so auch *W. H. Wilting*, Vertragskonkurrenz im Völkerrecht, S. 46; *E. Roucounas*, RC 206 (1987 VI), 9, 56 ff., 61).

282 Einzelheiten s.u. (3).

283 *G. Dahm*, Völkerrecht Bd. I, S. 17.

nungsgeber und Verordnung. Der Grund dafür ist der *genossenschaftliche* Charakter des Völkerrechts[284]: Das Völkerrecht ist ein Recht unter Gleichen. Eine Norm entsteht, egal welcher Quelle sie entstammt, letztlich durch Handlungen der einander gleichgeordneten Rechtsgenossen und entfaltet nur insoweit Bindungswirkung, als sich ein Staat binden will.[285]

(3) Die Auffassung vom Rangunterschied von Völkergewohnheitsrecht und Vertragsrecht, kann auch das *Gegeneinander* und *Zusammenspiel* in der Wechselwirkung von Völkerrechtsvertrag und Gewohnheitsrecht in der gegenwärtigen Völkerrechtspraxis nicht erklären.[286] Bei Widersprüchen beider Quellen ist sowohl das Vertragsrecht als auch das Gewohnheitsrecht grundsätzlich in der Lage, die andere Norm zu derogieren.[287] Zudem ergänzt und konkretisiert das ungeschriebene Recht vertragliche Regeln[288], es kann z.B. in Verträgen verwendeten

---

284 *F. Berber*, Völkerrecht 1. Bd., S. 17; *O. Kimminich*, Einführung in das Völkerrecht, S. 206; *A. Randelzhofer*, in: HbdStR I, § 15 Rn. 27; *A. Verdross*, Völkerrecht, S. 110; ähnlich *W. Czaplinski/G. Danilenko*, NYIL 21 (1990), 3, 7: „This view [die fehlende hierarchische Struktur im Völkerrecht; Anm. d. Verf.] in accordance with the view which sees international law as a 'law of coordination' not a 'law of subordination', and with the notion that international legislation does not exist."

285 Sei es, in dem er einen Vertrag schließt, sich einer Konvention unterwirft, sich an einer völkerrechtlichen Übung beteiligt oder ihr wenigstens nicht widerspricht (vgl. *A. Randelzhofer*, in: HbdStR I, § 15 Rn. 27; *H. Triepel*, Völkerrecht und Landesrecht, S. 32 mwN.; *W. Rudolf*, Völkerrecht und deutsches Recht, S. 85; *J. M. Mössner*, Rechtsquellen, in: Lexikon des Rechts Völkerrecht, S. 253).

286 Begriffe nach *W. Karl*, Vertrag und spätere Praxis im Völkerrecht, S. 86. Ebenso gebräuchlich ist „interaction between treaties and costumary law" (vgl. *A. A. Cançado Trindade*, RC 202 (1987 II), 9, 80 ff.; *R. Bernhardt*, RC 205 (1987 V), 247, 271 ff.). Vgl. zudem *E. Roucounas*, RC 206 (1987 VI), 9, 56 ff.; *M. Virally*, RC 183 (1983 V), 9, 170.

287 *W. Karl*, Vertrag und spätere Praxis im Völkerrecht, S. 86; *G. Dahm*, Völkerrecht Bd. I, S. 16 f.; *P. Guggenheim*, Traité de Droit international public I, S. 225; *G. I. Tunkin*, Völkerrechtstheorie, S. 172 mwN.; *N. Kontou*, The Termination and Revision of Treaties in the Light of new Customery International Law, S. 23 ff.; *I. v. Münch*, Völkerrecht in programmierter Form, S. 74 f.; BVerfGE 6, 309, 335. Das *Bundesverfassungsgericht* prüfte in diesem Fall, ob ein völkerrechtlicher Vertrag (das Reichskonkordat) durch derogierendes Gewohnheitsrecht obsolet geworden war.

288 *R. Bernhardt*, ZaöRV 36 (1976), 50, 51; *J. M. Mössner*, Rechtsquellen, in: Lexikon des Rechts Völkerrecht, S. 253, 256 f.; *W. Wengler*, JZ 1995, 21, 25. Ebenso das Schiedsgericht im Fall *The Kronprins Gustaf Adolf; Pacific, United States and Sweden*, RIAA II, S. 1239, 1246 f., zu dem von amerikanischer Seite geltend gemachten Argument, dass nur aufgrund von Vertragsrecht, nicht aber aufgrund anderer völkerrechtlicher Normen entschieden werden dürfe: „(...) [I]t is clear that the Treaties themeselves are part of the international law as accepted by both contracting Powers and it may be safely assumed that, when the said Treaties were concluded, both Par-

Begriffen ihre Gestalt geben und Lücken im Vertrag schließen. Andersherum kann Vertragsrecht den für den Nachweis von Gewohnheitsrecht erforderlichen Nachweis einer Staatenpraxis erbringen und so die Anwendung des ungeschriebenen Rechts erleichtern.[289] Oft wird auch durch Kodifizierung eine Staatenpraxis in Gang gesetzt oder abgeändert, durch die neues bzw. abgeändertes Gewohnheitsrecht entsteht.[290] Eine solche Wechselwirkung könnte nicht entstehen, wenn zwischen den Rechtsquellen eine Hierarchie bestünde.[291]

(4) Schließlich kann eine Hierarchie zwischen den Völkerrechtsquellen nicht der Reihenfolge der Aufzählung der Rechtsquellen in Art. 38 IGH-Statut bzw. Art. 38 IGH-Statut entnommen werden.[292] Dagegen sprechen vor allem die Wortlaute beider Vorschriften, die eine Hierarchie nicht ausdrücklich normieren und die traveaux préparatoires[293].

---

ties considerd them as beeing agreed upon as spezial provisions to be enforced between them in what may be called the atmosphere and spirit of international law as recognized by both of them.“ Das Zusammenspiel zwischen Vertrag und Gewohnheitsrecht ist nicht nur einseitig, auch später entstehendes Völkergewohnheitsrecht kann das Vertragsrecht beeinflussen (vgl. nur *G. Dahm*, Völkerrecht Bd. I, S. 17, und *P. Guggenheim*, Traité de Droit international public I, S. 225, jew. mit einem Beispiel aus der schiedsgerichtlichen Praxis, die zeigen, wie allgemeines Gewohnheitsrecht auf die Vertragspartner einwirkt).

289 *W. Rudolf*, Völkerrecht und deutsches Recht, S. 61; *M. Hagemann*, SchwJbIR X (1953), 61, 76 ff.

290 Genannt sei insbesondere die Entwicklung im Umweltvölkerrecht. Da es sich um ein vergleichsweise junges Rechtsgebiet handelt, gab es kaum gewohnheitsrechtliche Regelungen. Erst mit der *Stockholmer Konferenz von 1972* und der Verabschiedung einer Deklaration mit 26 Prinzipien entwickelte sich weitreichendes Gewohnheitsrecht. Durch die Möglichkeit, dass vertragliche Normen zu Gewohnheitsrecht werden können, können Rechtsgedanken von Verträgen über die Wirkung inter partes hinaus außervertragliche Geltungskraft erlangen. Das hat der *Internationale Gerichtshof* im *North Sea Continental Shelf Case*, ICJ Rep.1969, S. 41 f., ausdrücklich anerkannt, wenn auch im konkreten Fall verneint.

291 *R. Bernhardt*, ZaöRV 36 (1976), 50, 51, trieb die Wechselwirkung der Quellen auf die Spitze, indem er die These aufstellte: „Alles Völkerrecht ist ungeschriebenes Recht. Alles Völkerrecht ist geschriebenes Recht.“

292 So auch *H. B. Reimann*, Ius Cogens im Völkerrecht, S. 54; *E. Roucounas*, RC 206 (1987 VI), 9, 59; *P. G. Vallindas*, in: FS Spiropoulus, S. 425 ff.; *W. H. Wilting*, Vertragskonkurrenz im Völkerrecht, S. 46; *H. Mosler*, RC 140 (1974 IV), 1, 100; *I. v. Münch*, Völkerrecht in programmierter Form, S. 73 f.; *E. Gralla*, Das Problem der inhaltlichen Völkerrechtswidrigkeit internationaler Verträge, S. 71; *E. K. Heinz*, ÖZöR 21 (1971), 197, 199. *K. Doehring*, Völkerrecht, Rn. 272, meint, die Reihenfolge der Rechtsquellen in Art. 38 IGH-Statut reflektiere lediglich die Rechtsregel *lex specialis derogat generali*.

293 Bei der Schaffung des Statuts des StIGH gab es Kodifizierungsversuche, eine Normhierarchie festzulegen (vgl. dazu *A. Verdross*, Die Verfassung der Völker-

cc) Ergebnis

Eine generelle Festlegung des Ranges einer Rechtsquelle ist zwar grundsätzlich möglich[294], im Völkerrecht gibt es jedoch keine auf der Unterscheidung von Rechtsquellen basierende Hierarchie. Die bloße Zuordnung der souveränen Rechte zu einer bestimmten Quelle kann daher nicht zu besonderer Autorität verhelfen. Im Ergebnis wird daher kein Argument für die souveränitätsfreundliche Auslegung als Ausformung der rangkonforme Auslegung geliefert. Folgte man allerdings einem Teil der Literatur in der Annahme, Gewohnheitsrecht, Vertragsrecht oder die Allgemeinen Rechtsgrundsätze seien höherrangig, dann wäre ein Argument für die souveränitätsfreundliche Auslegung gewonnen.

b) Die UN-Charta als Verfassung des Völkerrechts?

aa) Die Konzeption

Nach verbreiteter Auffassung stellt die Charta der Vereinten Nationen oder zumindest ein Teil von ihr die für alle Staaten geltende (Welt-)Verfassung für die Völkerrechtsordnung dar.[295] Für den Verfassungscharakter spreche das Selbstver-

---

rechtsgemeinschaft, S. 44 f.; *K. Wolfke*, Costum in Present International Law, S. 110 ff.; *W. Czaplinski/G. Danilenko*, NYIL 21 (1990), 3, 8). Dieses Bemühen scheiterte aber am Willen der vertragsschließenden Parteien (vgl. *W. Graf Vitzthum*, in: ders. (Hrsg.), Völkerrecht, 1. Abschn. Rn. 154 Fn. 380; *A. Verdross*, Die Verfassung der Völkerrechtsgemeinschaft, S. 44 f.; *W. Rudolf*, Völkerrecht und deutsches Recht, S. 60 mwN.). Zu weit aber die Auffassung des Vereinigten Königreiches im *Corfu Channel Case (Merits)*, ICJ Rep. 1949, S. 4 (zit. nach der D.O. *Azevedo*, ebenda, S. 99), wonach Art. 38 IGH-Statut beweise, dass keine Quellenhierarchie existiere. Das IGH-Statut übernahm dann im wesentlichen die Regelung des Art. 38 Statut des StIGH.

294 Vgl. dazu *A. Verdross*, Völkerrecht, S. 153 f.

295 *H. Ballreich*, in: FS Bilfinger, S. 1 ff., insb. S. 19; *Bartoš*, YILC 1963 I, S. 66 f.; *R. Bernhardt*, in: Simma, UN-Charta, Art. 103 Rn. 6; *W. W. Bishop*, RC 115 (1965 II), 157, 217 ff.; *K. Dicke*, Universalität, in: Handbuch Vereinte Nationen, Nr. 131 Rn. 11; *G. Hartmann*, Nationalisierung und Enteignung im Völkerrecht, S. 167; *ders.*, JA 1978, 81, 87; *W. Karl*, Vertrag und spätere Praxis im Völkerrecht, S. 69, 70; *H. Kelsen*, The Law of the United Nations, S. 85 f., 106 f.; *ders.*, Principles of International Law, S. 364 f.; *H. F. Köck*, in: FS Zemanek, S. 69, 86 ff., zum Vorrang der Verfassung S. 88 f.; *G. Ress*, in: Simma, UN-Charta, Auslegung Rn. 2; *J. Soder*, Die Vereinten Nationen, S. 258; *A. Verdross/B. Simma*, Universelles Völkerrecht, Vorwort, § 91; *W. Graf Vitzthum*, in: Simma, UN-Charta, Art. 2 Ziff. 6 Rn. 1 ff., insb. 14, 17 ff.; *H. Waldock*, RC 106 (1962 II), 1, 38; *W. H. Wilting*, Vertragskonkurrenz im Völkerrecht, S. 47; *H. Rolin*, RC 77 (1950), 305, 424, ist der Auffassung, dass die Charta den *ordre public* darstellt.

ständnis der UNO und der Staaten, die sie erschaffen haben. Die UNO repräsentiere die internationale Rechtsgemeinschaft.[296] Sie verfolge im Gegensatz zu anderen Gemeinschaften nicht nur konkrete Zwecke, sondern habe den Anspruch, Zwecke allgemeiner Art mit universellem Geltungsanspruch, etwa die Sicherung des Weltfriedens, zu verwirklichen.[297] Nahezu alle Staaten seien Mitglieder dieser Organisation geworden und auch die restlichen Staaten hätten ihre leitenden Grundsätze anerkannt. Damit habe eine Umgestaltung der Ordnung der internationalen Gemeinschaft stattgefunden.[298]

Zur Begründung der Vorrangstellung werden außerdem einzelne Vorschriften der UN-Charta herangezogen. In Art. 103 UN-Charta, der bestimmt, dass bei Widersprüchen aus Verpflichtungen von Mitgliedern der Vereinten Nationen aus der UN-Charta und aus anderen internationalen Übereinkünften die Verpflichtungen der Charta *Vorrang* haben, werde eine Rangordnung festgelegt, die nicht zwischen Verpflichtungen der Mitglieder der Weltorganisation und Nichtmitgliedern

---

296 *A. Verdross*, AJIL 60 (1966), 55, 62; *K. Dicke*, Universalität, in: Handbuch Vereinte Nationen, Nr.131 Rn. 11. Tatsächlich heißt es in den Dokumenten zur Gründung, dass die Vereinten Nationen die internationale Rechtsgemeinschaft repräsentierten (UNCIO Vol. 6, S. 722). Das Selbstverständnis käme vor allem in den Sicherheitsratsresolutionen zum Ausdruck, in denen alle Staaten der Welt aufgefordert werden würden, die den Maßnahmen Folge zu leisten (vgl. die Beispiele bei *Ch. Tomuschat*, in: BDGV 28 (1987), S. 9, 15, und *E. Klein*, Statusverträge im Völkerrecht, S. 200). Die Teilnehmerstaaten wollten sich schon terminologisch klar abheben und sprachen daher nicht von Vertrag, Vereinbarung, Abkommen oder Konvention, sondern wählten den Ausdruck *Charte* (*C. Katzarov*, AVR 3 (1951/52), 1).

297 *K. Dicke*, Universalität, in: Handbuch Vereinte Nationen, Nr.131 Rn. 11; *G. Ress*, in Simma, UN-Charta, Auslegung Rn. 2.

298 Besonders *A. Verdross* und *B. Simma*, Universelles Völkerrecht, Vorwort, § 91, haben versucht, die Verfassungsstellung der Grundsätze zu begründen, und schreiben in ihrem gemeinsamen Lehrbuch zum Universellen Völkerrecht: „Die UNO ist (...) durch einen multilateralen völkerrechtlichen Vertrag auf Grund des damals geltenden allgemeinen Völkerrecht gegründet worden. Durch sie wurde das nach dem Zusammenbruch des Völkerbundes wiederauflebende klassische Völkerrecht der nichtorganisierten Staatengemeinschaft zur Ordnung der neu organisierten internationalen Gemeinschaft umgestaltet. (...) Seitdem aber nahezu alle Staaten Mitglieder dieser Organisation geworden sind und auch die restlichen Staaten ihre leitenden Grundsätze anerkannt haben, ist die UN-Charta zur Grundordnung des gegenwärtigen universellen Völkerrechts aufgerückt. In ihrer Präambel verpflichten sich ihre Mitglieder nicht nur zur Achtung der völkerrechtlichen Verträge, sondern auch zur Achtung des traditionellen allgemeinen Völkerrechts (...). Auf diese Weise ist das bisher geltende allgemeine Völkerrecht der neuen universellen Ordnung eingegliedert worden."

unterscheide.[299] Außerdem nehme Art. 30 I WVK das UN-Recht von der gewöhnlichen Behandlung von Vertragskonflikten aus.[300] Die UN-Charta solle demnach offenbar immer Vorrang genießen. Für die Auffassung spräche auch Art. 2 Ziff. 6 UN-Charta. Danach trägt die Organisation dafür Sorge, dass auch Nichtmitglieder nach den Grundsätzen der Charta handeln, soweit dies zur Wahrung des Weltfriedens und der internationalen Sicherheit erforderlich ist.[301] Dies zeige, dass auch die Nichtmitgliedsstaaten an die Charta gebunden und mitgeschützt seien.[302]

---

299 *R. Bernhardt*, in: Simma, UN-Charta, Art. 103 Rn. 6, etwa schreibt: „Dabei wird im Text nicht unterschieden zwischen Verpflichtungen der Mitglieder der Weltorganisation und Nichtmitgliedern, auch im letzteren Fall soll offenbar die Charta vorgehen. Das ist durchaus sinnvoll bei einer Charta, die sich als „Verfassung" der Völkergemeinschaft, zumindest ihres weitaus größten Teils, versteht." Ähnlich *G. Hartmann*, Nationalisierung und Enteignung im Völkerrecht, S. 167; *ders.*, JA 1978, 81, 87; *H. F. Köck*, in: FS Zemanek, S. 69, 86; *H. F. Köck/P. Fischer*, Das Recht der Internationalen Organisationen, S. 350 f., meinen, dass der in Art. 103 UN-Charta statuierte Satzungsvorrang theoretisch nur damit zu erklären ist, dass die Satzung als Weltfriedensordnung als Recht höherer Stufe als sonstiges Vertragsrecht angesehen wird, das erga omnes wirkt. Vgl. zudem *G. Schirmer*, Universalität völkerrechtlicher Verträge und Internationaler Organisationen, S. 97; *R. Geiger*, Verträge, allgemeines, in: Lexikon des Rechts Völkerrecht S. 356, 361 f. Auch die Vorarbeiten zu Art. 103 UN-Charta sprächen für den generellen Vorrang der Charta (*R. Bernhardt*, in: Simma, UN-Charta, Art. 103 Rn. 2, vgl. aber auch Rn. 19 f.).

300 *W. Karl*, Vertrag und spätere Praxis im Völkerrecht, S. 70. Seiner Auffassung nach unterscheide sich die Vorrangregel des Art. 103 UN-Charta nicht von Derogationsverboten in anderen Verträgen. Vielmehr sei der in Art. 30 I WVK enthaltene Vorbehalt zugunsten von Art. 103 UN-Charta ausschlaggebend dafür, dass dem UN-Recht eine generelle Vorrangstellung zukomme.

301 *W. Graf Vitzthum*, in: Simma, UN-Charta, Art. 2 Ziff. 6 Rn. 14; *G. Dahm (Begr.), J. Delbrück/R. Wolfrum (Bearb.)*, Völkerrecht Bd. I/1, S. 53; ähnlich *F. A. F. von der Heydte*, Völkerrecht I, S. 74; *E. Klein*, Statusverträge im Völkerrecht, S. 201, und *H. Ballreich*, in: FS Bilfinger, S. 1, 19 meinen, Art. 2 Ziff. 6 UN-Charta enthalte eine auf die Befolgung der Prinzipien bezogene, an alle Nichtmitglieder gerichtete Ordnungsbehauptung und beruft sich auf die Intension der Schöpfer. Auch die Entstehungsgeschichte mache deutlich, dass Art. 2 Ziff. 6 UN-Charta auch Nichtmitglieder binde (vgl. *W. Graf Vitzthum*, in: Simma, UN-Charta, Art. 2 Ziff. 6 Rn. 6 unter Hinweis auf die Auffassung Belgiens auf der Konferenz von San Francisco, UNCIO Vol. 4, S. 479).

302 So vor allem *H. Kelsen*, The Law of the United Nations, S. 108. Er hebt zudem hervor, dass der Wille der großen Mehrheit der Völker dann für alle ohne Ausnahme bindend sein müsse, wenn es um den Weltfrieden gehe.

bb) Folgerungen des Ansatzes für die souveränitätsfreundliche Auslegung

Wenn die Charta der Vereinten Nationen tatsächlich die Verfassung der Völkerrechtsgemeinschaft darstellt und daher an der Spitze der Hierarchie der Gesamtheit der völkerrechtlichen Normen steht, dann hat das auch Bedeutung für die Auslegung. Das restliche Völkerrecht würde dann im Lichte der Charta und der darin statuierten Grundsätze ausgelegt werden müssen. Dies geböte die rangkonforme bzw. verfassungskonforme Auslegung.

Davon ausgehend wäre auch zu Gunsten der souveränitätsfreundlichen Auslegung ein Argument gewonnen, weil die Souveränität und die aus der Souveränität fließenden Rechte zu den Grundsätzen der Charta zählen.[303] Nach Art. 2 Ziff. 1 UN-Charta beruht die Organisation der Vereinten Nationen auf dem Grundsatz der *souveränen Gleichheit.* Neben dieser zentralen Vorschrift finden sich in der Charta weitere Normen die in engem Zusammenhang mit der Souveränität stehen.[304]

Die methodologische Seite der souveränitätsfreundlichen Auslegung wäre damit gefestigt, die inhaltliche Tragweite der Auslegungsregel würde jedoch stark eingeschränkt. Die Konsequenz der These vom Verfassungsrang der Charta wäre eine Schwächung der staatlichen Souveränität und damit der Stellung der Staaten im Rahmen der Völkerrechtsordnung. Die Charta könnte dann allgemeinverbindlich die grundlegenden Rechte und Pflichten der Staaten festlegen. Die Vereinten Nationen besäßen dann, indem ihre Organe handeln, die Definitionsmacht in essentiellen Bereichen für die gesamte internationale Rechtsgemeinschaft. Die Staaten wären nicht mehr von den Weisungen anderer Völkerrechtssubjekte unabhängig, dürften also nicht mehr frei bestimmen, was für sie bindendes Recht sein soll. Insbesondere Nichtmitgliedsstaaten der UNO müssten sich an die Verfassung halten. Damit käme der Souveränität eine wesentliche Eigenschaft abhanden: die Freiheit der Staaten, nur an solches Völkerrecht gebunden zu sein, dem man sich unterworfen hat. Dieser Bedeutungsverlust der Souveränität hätte auch Auswirkung auf die souveränitätsfreundliche Auslegung. Sie wäre zwar noch anwendbar, aber nur mit dem Inhalt, den ihr die UN-Charta zuweist.[305]

---

303 Vgl. dazu die ausführliche Stellungnahme unter § 4 II 2 a.

304 S.o. § 4 II 2 a.

305 A.A. *E. Sauer*, Grundlehre des Völkerrechts, S. 182. Er schlussfolgert aus der Stellung der „Grundsätze des UN-Rechts als eine Art Weltverfassung“, dass die darin ausgesprochene Umkehr weg von der Ausübung der Ausübung der souveränen Rechte, hin zur internationalen Souveränität zur Umkehr der Auslegung führe. Es

cc) Kritik

Die Auffassung, die UN-Charta stelle eine (Welt-)Verfassung dar, ist abzulehnen.[306] Die Charta ist durch einen völkerrechtlichen Vertrag zustande gekommen, der nur gegenüber den Parteien rechtliche Wirkung entfaltet.[307] Nach wie vor ist die in der UNO versammelte Staatengemeinschaft in der Lage, über Fortbestand und Untergang auch dieser Internationalen Organisation zu entscheiden, einzelne Staaten können der UNO beitreten oder sie verlassen.[308] Die souveränen Staaten bleiben die Herren der Verträge. Sie sind im völkerrechtlichen Bereich (und zwar in der und trotz der UNO) die wesentlichen Akteure geblieben.[309] Die Organisa-

---

sei nicht mehr im Zweifel zugunsten der Souveränität, sondern zugunsten der internationalen Souveränität auszulegen.

306 *R. L. Bindschedler*, ZaöRV 28 (1968) 1 ff., insb. S. 5 f.; *ders.*, RC 108 (1963 I), 305, 405; *A. Bleckmann*, Völkerrecht, Rn. 238; *G. Dahm*, Völkerrecht Bd. II, S. 182 f.; *K. Doehring*, Völkerrecht, Rn. 5, 430; *J. A. Frowein*, EA 25 (1970), 256, 258 f.; *M. Hagemann*, SchwJbIR V (1948), 117, 149 f.; *P. C. Jessup*, Modernes Völkerrecht, S. 11 ff., der den Zustand einer Völkerrechtsordnung ohne Verfassung aber kritisiert; *S. Kadelbach*, Zwingendes Völkerrecht, S. 29 f.; *C. Katzarov*, AVR 3 (1951/52), 1 ff.; *E. Klein*, Statusverträge im Völkerrecht, S. 198 ff., insb. 208 f.; *ders.*, in: Vitzthum (Hrsg.), Völkerrecht, 4. Abschn. Rn. 30; *T. Komarnicki*, RC 80 (1952 I), 395, 465 ff.; *W. Martens*, Der Staat 7 (1968), 431, 435; *U. Pieper*, Neutralität von Staaten, S. 318 f.; *A. Randelzhofer*, in: HbdStR I, § 15 Rn. 29 ff.; *D. v. Schenck*, ZaöRV 29 (1969), 257, 270; *U. Scheuner*, in: FS Bilfinger, S. 371 ff., 378; *ders.*, ZaöRV 27 (1967), 520, 527; *D. Thürer*, AVR 30 (1992), 63, 72; *Ch. Tomuschat*, Vereinte Nationen, in: Lexikon des Rechts Völkerrecht, S. 339; *G. I. Tunkin*, RC 119 (1966 III), 1, 14 f., 18 ff.; wohl auch der *Internationale Gerichtshof*, wenn er im *Nicaragua-US Case*, ICJ Rep. 1984, 390, 424 sagt, dass die allgemeinen Grundsätze der Charta auch gewohnheitsrechtlich bindend seien. Das bräuchte er nicht zu sagen, wenn die Charta selbst als Weltverfassung Vorrang hätte.

307 *D. v. Schenck*, ZaöRV 29 (1969), 257, 270; *W. Martens*, Der Staat 7 (1968), 431, 436; *C. Katzarov*, AVR 3 (1951/52), 1, 17. Es geht nicht um die faktische Möglichkeit der Staatengemeinschaft, ihre Grundsätze gegenüber Nichtmitgliedern tatsächlich durchsetzen zu können, das ist eine Frage der Macht, sondern um die Frage nach der rechtlichen Wirkung auf Drittstaaten.

308 Eine Austrittsklausel findet sich in der Charta nicht, da man wegen der angestrebten Universalität ein deutliches Zeichen setzen wollte (so *E. Klein*, in: Vitzthum, Völkerrecht, 4. Abschn. Rn. 78). Trotz der fehlenden Regelung wird aber allgemein angenommen, dass ein Austritt möglich ist. Auf der Konferenz von San Francisco wurde diskutiert, den Austritt an bestimmte Voraussetzungen - etwa das Scheitern der Ziele und Satzungsänderung – zu knüpfen (UNCIO Vol. 7, S. 324 ff., insb. 327), dies wurde aber insbesondere auf Druck der UdSSR (UNCIO Vol. 7, S. 264) abgelehnt und ein Recht auf Austritt nach allgemeinen Völkerrechtsregeln anerkannt (UNCIO Vol. 7, S. 557).

309 *Ch. Schreuer*, AVR 22 (1984), 363, 403; *A. Randelzhofer*, in: HbdStR I, § 15 Rn. 29 ff.; *E. Klein*, in: Vitzthum (Hrsg.), Völkerrecht, 4. Abschn. Rn. 30.

tion tritt nicht als übergeordnete und unabhängige Macht den Staaten gegenüber auf.[310]

Gegen die Verfassungsstellung spricht auch, dass es sich um einen Vertrag zu Lasten Dritter handeln würde. Eine solche Wirkung darf, wie auch die Art. 34 und 35 WVK zeigen, keinem Vertrag zukommen.[311] Trotz möglichen Austritts[312] und Nichteintritts wären Staaten an die Charta gebunden, ohne an Teilhaber*rechten* partizipieren zu können.[313] Die Drittstaaten haben die Verpflichtungen der Charta und ihre Vorrangstellung auch nicht stillschweigend akzeptiert.[314]

---

310 *R. L. Bindschedler*, ZaöRV 28 (1968) 1, 3; *ders.*, RC 108 (1963 I), 305, 405; *G. Dahm*, Völkerrecht Bd. II, S. 182; *C. Katzarov*, AVR 3 (1951/52), 1, 17; *U. Scheuner*, in: FS Bilfinger S. 371; *G. I. Tunkin*, RC 119 (1966 III), 1, 14 f.; *E. Klein*, in: Vitzthum (Hrsg.), Völkerrecht, 4. Abschn. Rn. 26, 29 f.: Die Vereinten Nationen sind keine Weltlegislative oder dergleichen. Dies hat auch der IGH im Fall *Reperation for Injuries Suffered in the Service of United Nations*, ICJ Rep. 1949, S. 174, 179, betont. Innerhalb der UNO fehlt es vor allem an Homogenität, d.h. an der inneren und äußeren Geschlossenheit (*D. v. Schenck*, ZaöRV 29 (1969), 257, 273). Die Feststellung einer friedensgefährdenden Maßnahme erfolgt bis zum heutigen Tag nur punktuell. Nicht das Allgemeininteresse, sondern das Interesse der ständigen Mitglieder des Sicherheitsrates spielen bei den Entscheidungen oft die maßgebliche Rolle. Das zeigt nicht zuletzt die Lähmung der UNO im Kosovokonflikt. Die Staatengemeinschaft war aufgrund der Blockadehaltung von Russland und China nicht in der Lage, Maßnahmen zur Beendigung der humanitären Katastrophe zu ergreifen. Daher stellte sich eine Regionalorganisation unabhängig von der UNO die Aufgabe, die Katastrophe zu bekämpfen und den Frieden wieder herzustellen.

311 Die Vertragsrechtskonvention ist auch auf Gründungsverträge Internationaler Organisationen anwendbar. Das wird ausdrücklich durch Art. 5 WVK unterstrichen. Eine Ausnahme für die UN-Charta wird bei den Art. 34 f. WVK, anders als etwa in Art. 30 I WVK, bezeichnenderweise nicht statuiert.

312 Anders *H. Kelsen*, The Law of the United Nations, S. 75, der den Schluss zieht, ein Austritt sei wegen der Bindung an die Charta der Vereinten Nationen überhaupt ausgeschlossen. Dagegen spricht aber schon Art. 6 UN-Charta, der die Möglichkeit eines Ausschlusses vorsieht. Diese Auffassung hat daher auch kaum Anhängerschaft gefunden.

313 Der tatsächlich gewährte Schutz für die Drittstaaten, an dem sie durch den Schutz des Weltfriedens partizipieren, ist ein mittelbarer Vorteil, der rechtlich ohne Bedeutung ist. Darüber hinaus hat die Praxis gezeigt, dass dies ein sehr relativer Schutz ist, bei dem es auf die Machtkonstellation im Sicherheitsrat ankommt und weniger auf die ehernen Prinzipien in der Charta. Die Nichtmitglieder sähen sich der Machtvollkommenheit des Sicherheitsrates ausgesetzt, ohne sich diesem Organ freiwillig zu unterwerfen.

314 Die Frage, ob Nichtmitgliedsstaaten sich faktisch an das UN-Recht gehalten haben, stellte sich im Zusammenhang mit den durch die Sicherheitsratsresolution 232 im Jahre 1966 verhängten Sanktionen gegen Süd-Rhodesien, in der unter Berufung auf Art. 2 Ziff. 6 UN-Charta auch die Nichtmitglieder aufgefordert wurden, „dem illegalen rassistischen Regime in Salisbury keine finanzielle oder wirtschaftliche Hilfe zu

Auch die Art. 2 Ziff. 6, Art. 103 UN-Charta und Art. 30 WVK[315] gebieten ihrem Wortlaut nach nicht zwingend Verfassungsstellung der UN-Charta.[316] Zudem erklären sie nicht, warum die Charta über die Mitgliedstaaten hinausgehende Gel-

---

leisten" (Punkt 5). Die Schweiz, welche kein Mitglied der Vereinten Nationen ist, machte anlässlich dieser Aufforderung deutlich, dass sie sich nicht an die Charta, auch nicht an Art. 2 Ziff. 6 UN-Charta gebunden fühle. Der schweizerische Bundesrat gab in diesem Zusammenhang eine Stellungnahme in einer öffentlichen Erklärung ab und hat diese dem Generalsekretär notifiziert. Darin wird das Anliegen der Vereinten Nationen unter Berufung auf die fehlende Verpflichtung und die Neutralität der Schweiz ausdrücklich zurückgewiesen (vgl. *R. L. Bindschedler*, ZaöRV 28 (1968), 1 ff; im Anhang auf S. 14 f. ist die Erklärung des Bundesrates abgedruckt). Diese Position hat sie bis heute nicht aufgegeben (nach *H. F. Köck/P. Fischer*, Das Recht der Internationalen Organisationen, S. 201). Die Bundesrepublik Deutschland, die 1966 noch nicht Mitglied der Vereinten Nationen war, hat sich an die Resolution gehalten, dies aber nicht mit einer Verpflichtung aus der Charta begründet, sondern dass andernfalls „die Bundesregierung eine erhebliche Störung der auswärtigen Beziehungen der Bundesrepublik Deutschland befürchten [müsse und] eine schwere Schädigung der deutschen Position gegenüber den Vereinten Nationen und eine erhebliche Belastung unseres Verhältnisses zu befreundeten Staaten, insbesondere in Afrika, voraussichtlich die Folge sein würde" (so der Bundeswirtschaftsminister in Bundesanzeiger Nr. 35 vom 18.2.1967 und die Note der Bundesrepublik Deutschland an den Generalsekretär der Vereinten Nationen UN Doc. S/7181 und S/7776, nach *M. Hilf/K. Hailbronner*, ZaöRV 29 (1969), 71, 135 f.). Es handelte sich also nach westdeutscher Auffassung bei der Teilnahme an den Sanktionen gegenüber Süd-Rhodesien um einen Akt einseitiger Selbstbindung und nicht um die Erfüllung einer völkerrechtlichen Obligation (zu dieser Interpretation der Äußerungen der maßgeblichen Stellen kommen auch *D. v. Schenck*, ZaöRV 29 (1969), 257, 270; *M. Hilf/K. Hailbronner*, ebenda, S. 71, 135 f.; *E. Klein*, Statusverträge im Völkerrecht, S. 202). Es ist allerdings anzumerken, dass die BRD anlässlich der Londoner Konferenz im Jahre 1954 folgende Erklärung (abgedruckt in AJIL 49 (1955), 162) abgab: „The German Federal Republic has agreed to conduct ist policy in accordance with the principles of the Charter of the United Nations and accepts the obligations set forth in Article 2 of the Charter.", die nach herrschender Meinung (*D. v. Schenck*, ZaöRV 29 (1969), 257, 278; differenzierend *W. Martens*, Der Staat 7 (1968), 431, 444) rechtlich bindende Wirkung besitzt. Auch im Vertrag über die Beziehungen mit den Drei Mächten (Grundlagenvertrag) verpflichtet sie sich in Art. 3 I ihre Politik in Einklang mit den Prinzipien der Satzung der Vereinten Nationen zu betreiben (BGBl. 1953 II S. 305, 307). Dann ergibt sich die Bindung an die Prinzipien der Satzung aber aus diesem Vertrag und der Erklärung und nicht aus der Charta selbst (so auch *J. A. Frowein*, EA 25 (1970), 256, 259).

315 Entgegen der Ansicht von *W. Karl*, Vertrag und spätere Praxis im Völkerrecht, S. 70, kann Art. 30 I WVK die Charta nicht in den Rang einer Verfassung erheben. Das war jedenfalls nicht die Intention der diesen Artikel ausarbeitenden Kommission und auch nicht der vertragsschließenden Parteien. Zudem spricht der systematische Standort der Regelung, versteckt mitten in der Vertragsrechtskonvention, gegen die Interpretation, hier sei die Verfassung der gesamten Staatengemeinschaft entstanden. Ferner spricht dagegen, dass auch im Angesicht von Art. 30 I WVK der Art. 103 UN-Charta außer Kraft gesetzt werden kann (*M. Zuleeg*, GYIL 20 (1977), 252 mwN.).

tung beanspruchen darf.[317] Die Charta kann zunächst nur für die Mitglieder Geltung beanspruchen[318], und legt nur für diese eine Hierarchie fest. Zudem haben andere Verträge dem Art. 103 UN-Charta vergleichbare Kollisionsnormen[319], ohne eine derartige Überdehnung des Inhaltes bei der Auslegung dieser Vorschriften vorzunehmen. Wenn daher von Vorrang die Rede ist, so kann damit nur der Vorrang vor anderen Verträgen, die die Mitgliedstaaten untereinander abgeschlossen haben, gemeint sein.[320]

Der Wortlaut des Art. 2 Ziff. 6 UN-Charta lässt offen, ob die Charta von einer Rechtspflicht der Nichtmitgliedsstaaten ausgeht oder ob nur für die Mitglieder und die Organisation die Verpflichtung besteht, die anderen Staaten mit ihrer Macht faktisch zu zwingen, nach diesen Grundsätzen zu handeln. Für die zweite Alternative spricht, dass die Nichtmitglieder keine Mitwirkungsbefugnis haben und sich so auch nicht unmittelbar an den Zwangsmaßnahmen beteiligen können. Dafür sprechen auch Art. 25 und 41 UN-Charta. Nach Art. 25 UN-Charta kom-

---

316 So auch *R. L. Bindschedler*, ZaöRV 28 (1968) 1, 6; *D. v. Schenck*, ZaöRV 29 (1969), 257, 271; *U. Scheuner*, in: FS Bilfinger, S. 371, 379, in Bezug auf Art. 2 Ziff. 6 UN-Charta. *H. F. Köck/P. Fischer*, Das Recht der Internationalen Organisationen, S. 201, sprechen davon, dass in Art. 2 Ziff. 6 UN-Charta keine direkte Verpflichtung der Nichtmitglieder enthalten ist, aber eine indirekte.

317 Die Vorarbeiten zu Art. 103 UN-Charta sagen dazu wenig aus, wenn aber Anmerkungen gemacht werden (UNCIO Vol. 13, S. 662 f., 684 f.), ist meist von den Mitgliedstaaten die Rede und nicht von Verpflichtungen der Nichtmitglieder. Allerdings heißt es in UNCIO Vol. 13, S. 686: „The Committee is fully aware that as a matter of international law it is not ordinarily possible to provide in any convention for rules binding upon third parties. On the other hand, it is of the highest importance for the Organization that the performance of the members' obligations under the Charter in specific cases should not be hindered by obligations which they may have assumed to non-member States. The Committee has had these considerations in view when drafting the text. The suggested text is accordingly not limited to pre-existing obligations between members."

318 *R. L. Bindschedler*, ZaöRV 28 (1968) 1, 6. Die Nichtmitglieder haben entgegen der Auffassung von *R. St. J. Macdonald*, CYIL 25 (1987), 115, 123, den Vorrang auch nicht, wie die eben gemachten Aussagen bestätigen, stillschweigend anerkannt.

319 Z.B. Art. 8 NATO-Vertrag; wN. bei *S. Kadelbach*, Zwingendes Völkerrecht, S. 27 Fn. 10; so auch noch *W. Karl*, Vertrag und spätere Praxis im Völkerrecht, S. 70.

320 *S. Kadelbach*, Zwingendes Völkerrecht, S. 28 mwN.: „Ob derartige Normen [gemeint ist Art. 103 UN-Charta und andere Kollisionsklauseln; Anm. d. Verf.] die Nichtigkeit entgegenstehender Einzelabmachungen bewirken können, ist in der Literatur umstritten. Man wird dies selbst für Art. 103 UNC verneinen müssen. Keine einzige derartige Vorschrift ordnet ausdrücklich die Unwirksamkeit des nachrangigen Vertrages an. Die Rechtsfolge bleibt offen. Dies spricht eher dagegen, dass der Wille der Vertragspartner über die Anordnung eines Anwendungsvorranges hinausgeht." Dem ist zuzustimmen.

men die *Mitglieder* der Vereinten Nationen überein, die Beschlüsse des Sicherheitsrates im Einklang mit dieser Charta anzunehmen und durchzuführen. Nach Art. 41 S. 1 Hs. 2 UN-Charta kann der Sicherheitsrat die *Mitglieder* der Vereinten Nationen auffordern, friedliche Sanktionsmaßnahmen durchzuführen. Es ist sehr unwahrscheinlich, dass diese Pflicht schon aus Art. 2 Ziff. 6 UN-Charta ableitbar ist, dann aber für die Mitglieder noch einmal ausdrücklich geregelt ist, obwohl diese Verpflichtung für sie doch viel eher anzunehmen ist, als für Nichtmitglieder.[321] Art. 2 Ziff. 6 UN-Charta ist daher als Selbstverpflichtung der Organisation auszulegen, dafür Sorge zu tragen, dass Nichtmitgliedstaaten Frieden und Sicherheit aufrecht erhalten.[322]

dd) Resümee

Die Satzung der Vereinten Nationen ist und bleibt ein *statut particulier*[323], sie kann und will nicht das Völkerrecht als sog. „Weltverfassung" neu ordnen.[324] Trotzdem kommt ihr hervorragende Bedeutung zu. Der Charta sind fast alle Staaten beigetreten, die Organisation verfolgt den Zweck, den Weltfrieden und die Menschenrechte zu gewährleisten. Damit verfolgt sie in ihrer Grundanlage Allgemeininteressen. Sie ist gleichsam der Musterfall der völkerrechtlichen Kooperationsordnung. Auch in dieser Ordnung spielt die Souveränität, wie insbesondere die Leitbestimmung des Art. 2 Ziff. 1 UN-Charta zeigt, eine entscheidende Rolle. Die traditionelle Konzeption der souveränen Gleichordnung wird dadurch gefestigt.

---

321 *C. Katzarov*, AVR 3 (1951/52) 1, 20; *U. Pieper*, Neutralität von Staaten, S. 321.

322 So auch *R. L. Bindschedler*, ZaöRV 28 (1968) 1, 6; *G. Dahm*, Völkerrecht Bd. II, S. 182 f.; *M. Hagemann*, SchwJbIR V (1948), 117, 149 f.; *T. Komarnicki*, RC 80 (1952 I), 395, 465 ff; *F. Münch*, Vereinte Nationen, in: WVR 3. Bd., S. 494, 496; *U. Pieper*, Neutralität von Staaten, S. 321; *G. Schirmer*, Universalität völkerrechtlicher Verträge und internationaler Organisationen, S. 102 f.; *G. I. Tunkin*, RC 119 (1966 III), 1, 15.

323 *E. Klein*, Statusverträge im Völkerrecht, S. 208.

324 Einige Theoretiker, die versucht haben eine Weltverfassung zu konstruieren, wollten die Charta von Grund auf erneuern und bekämpften vor allem die Souveränität, weil diese einer Weltverfassung im Wege steht (vgl. dazu *U. Scheuner*, Die Neutralität im heutigen Völkerrecht, S. 31. Kritisch zur Souveränität z.B. *A. Ross*, Lehrbuch des Völkerrechts, S. 47, 186; *P. C. Jessup*, Modernes Völkerrecht, S. 11 ff.; dazu *G. I. Tunkin*, Völkerrechtstheorie, S. 403 ff.). Dies ist folgerichtig, weil eine Weltverfassung die Souveränität der Staaten sehr stark einschränkt, die Charta aber auf der Souveränität beruht.

Da die Charta keine Verfassung der Völkerrechtsgemeinschaft darstellt, kann die souveränitätsfreundliche Auslegung keine Legitimation als Ausformung der rang- bzw. verfassungskonformen Auslegung erhalten. Es wäre aber ein Phyrrussieg für die souveränitätsfreundliche Auslegung gewesen, sich auf eine Verfassung zu stützen, die so angelegt sein muss, dass sie die Souveränität der Staaten entscheidend schwächt.

Damit ist dieser Ansatz aber nicht vollständig gescheitert. Immerhin stellt die Charta für ihre Mitglieder gem. Art. 103 UN-Charta vorrangiges Recht dar. Daher kann zumindest für die Mitgliedsstaaten ein zusätzliche Legitimation der souveränitätsfreundlichen Auslegung gewonnen werden. Sie stellt eine Ausformung der rangkonformen Auslegung dar.

c) Die Lehre von der Grundnorm

Ein weiteres Verständnis von der Rangordnung im Völkerrecht hat die *Kelsensche* Lehre von der Grundnorm entwickelt. Nach dieser Lehre soll eine Rechtsnorm nicht deshalb gelten, weil sie einen bestimmten Inhalt habe, sondern weil sie in einer bestimmten, und zwar letzthin in einer von einer vorausgesetzten *Grundnorm* bestimmten Weise erzeugt worden sei.[325] Durch das Ableitungsverhältnis gewännen die Rechtsnormen jeder Rechtsordnung eine logische Struktur und im Ergebnis jede Rechtsordnung eine Normenhierarchie. Diejenige Vorschrift, welche die Erzeugung einer anderen Norm regelt sei die höherrangige Norm, die bestimmungsgemäß erzeugte die niederrangigere Norm. Dadurch entsteht ein Stufenbau verschiedener Schichten von Rechtsnormen und damit eine Normenhierarchie.[326] Im Völkerrecht stellt nach der ursprünglichen Auffassung *Kelsens* der Satz *pacta sunt servanda* diese Grundnorm dar.[327] Alle anderen Normen könnten von dieser Norm abgeleitet werden.

---

325 *H. Kelsen*, Reine Rechtslehre², S. 200 f. Die Grundnorm, bzw. Ursprungsnorm, kann nicht mehr weiter abgeleitet werden. Sie muss als Hypothese, als bloße Setzung des Denkens, eingeführt werden. Über diese Grundnorm kann nach seiner Meinung voraussetzungsgemäß nicht weiter hinaus gefragt werden. Insofern stellt die Grundnorm eine *rechtslogische* Verfassung dar. Ebenso *D. Anzilotti*, Lehrbuch des Völkerrechts, S. 49, er bezeichnet das, was *Kelsen* die Grundnorm nennt, *strukturelle Funktionsnormen*.

326 *H. Kelsen*, Reine Rechtslehre², S. 228.

327 So *H. Kelsen* in der ersten Auflage seiner „Reinen Rechtslehre“, S. 129 f.; ebenso *D. Anzilotti*, Lehrbuch des Völkerrechts, S. 38, 48 ff. In der zweiten Auflage distanziert *Kelsen* sich allerdings von dieser These. Er erkannte, dass die Norm pacta sunt servanda als Grundlage des Völkerrechts nur unter der Fiktion aufrecht erhalten

Dieser Ansatz ist nicht von vornherein für die Legitimation der souveränitätsfreundlichen Auslegung unbrauchbar. Es ist nicht undenkbar, dass die Souveränität eine solche unbedingte Norm ist, weil sie Voraussetzung für das Eingehenkönnen von Verträgen ist.

Dennoch ist die *Kelsensche* Lehre von der Grundnorm abzulehnen. Die innere Logik mag zwar schlüssig sein, aber die Festlegung der Hierarchie obliegt dem Normgeber. Solange er das nicht getan hat, bleibt es bei einer bloßen Theorie. Darüber hinaus kann die Lehre von der Grundnorm die Grundnorm selbst nicht erklären. Sie hat zudem kaum wirklichen Nutzen. Ihre einzige Funktion bliebe, die innere Logik der Rechtsordnung zu erklären. Ein der Auflösung bedürfender Widerspruch könnte nicht durch das Über-Unterordnungsverhältnis gelöst werden, da nur die Erzeugungsnormen höherrangig sind. Die Lehre von der Grundnorm schafft keine materielle Ordnung.

Immerhin scheint die Logik eines zu gebieten: Die Erzeugungsnorm muss scheinbar höherrangig sein als das erzeugte Recht. Aber auch dazu besteht keine Notwendigkeit. Es reicht ebenso aus, wenn Erzeugungsnorm und erzeugte Norm gleichrangig sind, denn auch in diesem Fall wäre die erzeugende Norm nicht von der erzeugten abhängig. Dementsprechend sind die Normen, die Verfassungsänderungen und die Geltungsdauer des Grundgesetzes regeln[328], normales Verfassungsrecht und nicht etwa übergeordnetes Verfassungsrecht.

Da die Lehre von der Grundnorm abzulehnen ist, kann sie auch nicht als Ansatz zur Rechtfertigung der souveränitätsfreundlichen Auslegung als rangkonforme Auslegung dienen.

---

werden könne, dass die Staatengewohnheit ein stillschweigender Vertrag sei (ebenda, S. 223 Fn.). Er änderte daher seine Auffassung über den Inhalt der Grundnorm. Sie lautet: „Die Staaten, das heißt die Regierungen der Staaten, sollen sich in ihren gegenseitigen Beziehungen so verhalten, oder, Zwang von Staat gegen Staat soll unter den Bedingungen in der Weise geübt werden, wie es einer gegebenen Staatengemeinschaft entspricht.“ (*H. Kelsen*, Reine Rechtslehre², S. 222).

328 Das sind die Art. 79, 146 GG.

d) Die Lehre vom völkerrechtlichen Verfassungsrecht

aa) Die Konzeption

Nach der Lehre vom völkerrechtlichen Verfassungsrecht, die insbesondere auf den Wiener Völkerrechtler *Verdross* zurück geht, bedarf es der Annahme wenigstens einer einzigen überstaatlichen Norm, welche die Grundlage des Gemeinwillens und damit der Geltungsgrund des durch ihn gesetzten Völkerrechtes überhaupt bildet.[329] Willenserklärungen und Übung seien als solche bloße Tatsachen und daher unfähig, objektiv gültige Normen zu begründen.[330] Die grundlegende Norm des Völkerrechts sei keine bloße Hypothese, sie sei vielmehr in das objektive Reich der Werte eingegliedert.[331] Es handele sich daher nicht nur um eine hypothetisch anzunehmende *rechtslogische* Verfassung wie bei der *Kelsenschen* Lehre von der Grundnorm, sondern um eine *materielle* Verfassung.[332]

---

329 *A. Verdross*, Die Verfassung der Völkerrechtsgemeinschaft, S. 20 f. Dies sei die Konsequenz der *monistischen* Theorie mit Völkerrechtsprimat (S. 12 ff., 33 ff.) und der Ablehnung der Annahme, dass Völkerrecht (er spricht vom verschmelzenden Willen der Vertragsteile) ohne Voraussetzung einer Norm möglich ist (S. 21 Fn. 1). Hier findet sich die *Kelsensche* Lehre von der Grundnorm wieder, auf den sich *Verdross* mehrfach beruft (S. 14 ff.). Vertreter der materiellen Verfassungskonzeption sind *R. Geiger*, Grundgesetz und Völkerrecht, S. 8 f.; *R. Monaco*, Sources of International Law, in: EPIL Vol. IV, S. 467, 474 f.; *H. Mosler*, ZaöRV 36 (1976), 6, 31 ff.; *A. Verdross*, Die Verfassung der Völkerrechtsgemeinschaft; *ders.*, Völkerrecht, S. 136; *A. Verdross/B. Simma*, Universelles Völkerrecht, § 75 mwN. in Fn. 5; *O. Kimminich*, Einführung in das Völkerrecht, S. 207 f.; wohl auch *A. Bleckmann*, Grundprobleme und Methoden des Völkerrechts, S. 260 ff., und *J. M. Mössner*, Rechtsquellen, in: Lexikon des Rechts Völkerrecht, S. 253, 254, der aber einen Hierarchie der Quellen zueinander ablehnt (ebenda, S. 256); von einem anderen Ansatz ausgehend, im Ergebnis aber inhaltlich im Wesentlichen übereinstimmend *W. Wengler*, Völkerrecht Bd. I, S. 171 ff. *Alfred Verdross* hat diese Ansicht seit 1976 in *A. Verdross/B. Simma*, Universelles Völkerrecht, aufgegeben, weil sich nach seiner Meinung die Völkerrechtsordnung von einer unorganisierten Staatengemeinschaft mit einer ungeschriebenen Verfassung (so noch *A. Verdross*, Die Verfassung der Völkerrechtsordnung, 1926, Vorwort, S. 92) hin zu einer organisierten mit der UN-Charta als Verfassung geändert habe (vgl. *A. Verdross/B. Simma*, Universelles Völkerrecht, Vorwort und § 91).

330 *A. Verdross*, Die Verfassung der Völkerrechtsgemeinschaft, S. 21.

331 *A. Verdross*, Die Verfassung der Völkerrechtsgemeinschaft, S. 31, 33.

332 *A. Verdross*, Die Verfassung der Völkerrechtsgemeinschaft, Vorwort; *A. Verdross/ B. Simma*, Universelles Völkerrecht, § 75 (mwN. in Fn. 5) schreiben: „Dabei handelt es sich also nicht um eine bloß von der Völkerrechtslehre angenommene oder postulierte Grundnorm, sondern um ein Gefüge *originärer* Normen, deren Geltung von den Staaten selbst als Grundlage des von ihnen einvernehmlich erzeugten Völkerrechts vorausgesetzt wurde.“

Zur *Verdross'schen* Verfassung der Völkerrechtsgemeinschaft sollen diejenigen Vorschriften zählen, welche die Bedingung aller übrigen sind, ohne selbst von ihnen bedingt zu sein[333], also die für die Rechtsordnung grundlegenden Vorschriften. Das seien die für die Staatengemeinschaft *notwendigen* Rechtssätze, die vorausgesetzt werden müssten, wenn die internationalen Beziehungen überhaupt rechtlich erfasst werden sollen.[334] Das Ableitungsverhältnis schlage sich in einer Hierarchie nieder.[335] Daher sei auch das Völkerrecht Subordinationsrecht, nicht Koordinationsrecht.[336]

Nach der Lehre vom völkerrechtlichen Verfassungsrecht zählen diejenigen Normen zu den notwendigen Rechtssätzen, die den Delegationszusammenhang herstellen, weil sie die Voraussetzungen über die weitere Erzeugung des Völkerrechts bildeten. Daneben gehörten die Normen über die Völkerrechtssubjektivität und der die zwischenstaatlichen Beziehungen beherrschende Grundsatz *bona fides* zum Verfassungsrecht.[337] Schließlich werden auch solche materielle Rechtsgrundsätze dazu gezählt, „deren Beachtung von so fundamentaler Bedeutung ist,

---

333 *A. Verdross*, Die Einheit des rechtlichen Weltbildes, S. 59.

334 *R. Geiger*, Grundgesetz und Völkerrecht, S. 8.

335 *A. Verdross*, Die Verfassung der Völkerrechtsgemeinschaft, S. 42 f., erläutert das wie folgt: „Diese rechtliche Gliederung ergibt sich aus der im wesentlich erst von der modernen Rechtstheorie herausgearbeiteten Einsicht, dass das Rechtssystem eine hierarchische Ordnung von Rechtsakten bildet, sich in einem *Stufenbau* von einander über- und untergeordneten Rechtsschichten zergliedert. Diese Gliederung erfolgt in der Weise, dass die obersten Normen nicht alles selbst regeln, sondern bestimmte Menschen zur weiteren Normsetzung ermächtigen und die so gesetzten Normen wiederum andere Menschen damit betrauen, diese Normen durch weitere Normen durchzuführen, bis schließlich bestimmte Organe die Aufgabe haben, die Normen durch schlichte Vollzugsakte zu erfüllen. (...) das Recht liegt also nicht auf einer Ebene, sondern verteilt sich auf mehrere Stockwerke, die mit dem Fortschreiten der Rechtserzeugung entstehen. Es besteht aus mehreren Schichten, (...) die alle untereinander in einem *Delegationszusammenhang* stehen."

336 *A. Verdross*, Die Verfassung der Völkerrechtsgemeinschaft, S. 42 f., 49. Nach diesem Ansatz werden alle anderen Rechtssätze – Völkervertragsrecht, Gewohnheitsrecht und Allgemeine Rechtsgrundsätze – von der Völkerrechtsverfassung abgeleitet und stellen somit das abgeleitete und daher unterstufige, einfache Recht dar. Zwischen diesen Rechtsquellen wird von der Lehre vom völkerrechtlichen Verfassungsrecht keine generelle unterschiedliche hierarchische Stellung angenommen, da sie jeweils einen unabhängigen Bestimmungsgrund besitzen (*A. Verdross*, Die Verfassung der Völkerrechtsgemeinschaft, S. 43 f.; *ders.*, Völkerrecht, S. 152 f.; anders aber *R. Monaco*, Sources of International Law, in: EPIL Vol. IV, S. 467, 474 f.; *H. Kelsen*, Reine Rechtslehre^2, S. 222 f., der, durch seinen Ansatz bedingt, die Gewohnheit als das dem Vertrag höherrangige Recht ansieht.

337 *A. Verdross/B. Simma*, Universelles Völkerrecht, § 75; *R. Geiger*, Grundgesetz und Völkerrecht, S. 8 f.

dass die Staatengemeinschaft in ihrer gegenwärtigen Gestalt ohne sie als Rechtsgemeinschaft nicht bestehen könnte."[338] Das sind etwa das völkerrechtliche Gewaltverbot und die elementaren Grundsätze der Menschlichkeit.

Für die hier verfolgten Zwecke ist von entscheidender Bedeutung, ob danach auch die Souveränität zu den Verfassungsnormen gehört und damit im Verhältnis zum einfachen Völkerrecht höherrangig ist. Da die Souveränität zu den grundlegenden Normen des Völkerrechts gehört, ist dies zu bejahen.[339]

bb) Kritik

Der Ansatz ist nicht tragfähig, um eine rangkonforme Auslegung und darauf aufbauend die souveränitätsfreundliche Auslegung zu rechtfertigen, weil es in der Völkerrechtsordnung an einer Verfassung mit Vorrang fehlt.

---

338 *R. Geiger*, Grundgesetz und Völkerrecht, S. 8 f.; *H. Mosler*, ZaöRV 36 (1976), 6, 31 schreibt: „Sie [die Verfassung; Anm. des Verf.] enthält Regeln für die notwendige Organisation und die Vorgänge der Rechtserzeugung und Rechtsänderung. Außer diesen verfahrensrechtlichen Regeln muss sie gewisse materielle Grundsätze enthalten, deren Beachtung für die in Frage stehende Gesellschaft von so fundamentaler Bedeutung ist, dass ohne sie nicht als Rechtsgemeinschaft konstituierbar wäre. Verfassung in diesem Sinne hat also immer sowohl einen prozeduralen als auch einen materiellen Charakter." Diese Definition ist aber wenigstens ungenau. Wenn es für eine Rechtsordnung unabdingbare materielle Rechtssätze gibt, dann dürfte es letztlich keine unterschiedlichen Verfassungen geben. Wie die Praxis jedoch zeigt, gibt es durchaus unterschiedliche Konstitutionen. Es bedarf also zusätzlich zu *Moslers* Definition der Bedingung der „Rechtsordnung in ihrer konkreten Gestalt". Nur mit diesem Merkmal wird deutlich, dass es sich bei den materiellen Verfassungsvorschriften nicht um etwas für alle Zeiten Festgefügtes handelt, sondern dass sich die konkrete Gestalt ändern kann.

339 S.o. § 4 II 2. Vgl. zudem *A. Bleckmann*, AVR 23 (1985), 450, 474; *C. Gloria*, in: Ipsen, Völkerrecht, § 26 Rn. 7 ff. mwN.; *Ch. Tomuschat*, Artikel ‚Völkerrecht', in: Evangelisches Staatslexikon Bd. 2, Spalte 3875, 3883, der vom Grundaxiom der gegenwärtigen Völkerrechtsordnung spricht; *W. Graf Vitzthum*, in: ders. (Hrsg.), Völkerrecht, 1. Abschn. Rn. 73; wohl auch *R. Monaco*, Sources of International Law, in: EPIL Vol. IV, S. 467, 469. Auch *A. Verdross/B. Simma*, Universelles Völkerrecht, § 77, erkennen wohl an, dass die Souveränität die Grundlage des Völkerrechts darstellt, indem sie die dort zitierte Auffassung des Generalsekretärs der Vereinten Nationen teilen. Daneben sind sie der Auffassung, dass es zu den grundlegenden Pflichten der Staaten gehört, nicht in die Souveränitätsbereiche der anderen Staaten einzugreifen. Anderer Ansicht *J. M. Mössner*, Rechtsquellen, in: Lexikon des Rechts Völkerrecht, S. 253, 254, der die Souveränität zu den von der Völkerrechtsverfassung zu unterscheidenden tragenden Prinzipien des Rechts zählt.

(1) Trennung der Frage der Bezeichnung als Verfassung von der Frage nach dem Vorrang

Verfassung ist der Inbegriff aller geschriebenen oder ungeschriebenen Rechtsregeln, die die rechtliche Grundordnung des Gemeinwesens konstituieren.[340] Weil eine Rechtsordnung überhaupt nur existiert, wenn das Grundlegende verbindlich festgelegt ist[341], muss es nach dieser Definition in ihr eine Verfassung im materiellen Sinne geben.[342] Fehlt eine formell niedergeschriebene Verfassung wie in der Völkerrechtsordnung, gibt es zumindest eine Verfassung im materiellen Sinne. Damit verknüpft wird häufig die Feststellung, die Verfassung sei das ranghöchste Recht einer Gesellschaft[343] und höherrangig als das einfache Recht.[344]

Eine Vorrangigkeit der materiellen Verfassung kann jedoch nicht unmittelbar aus dem Ableitungsverhältnis und der grundlegenden Bedeutung der Normen für die Rechtsordnung geschlussfolgert werden. Die Vorrangigkeit mag zwar wünschenswert sein, weil die materielle Verfassung dann mit zusätzlicher Autorität ausgestattet wäre und ein Delegationszusammenhang entstünde, bei der sich jede Norm auf die Verfassung zurückführen ließe. Dadurch erhielte die Rechtsordnung eine logische Struktur, es würde eine *Ordnung* geschaffen, welche die Einheit der Rechtsordnung gewährleistet. Gegen eine Vorrangigkeit des grundlegenden vor dem sonstigen Recht spricht aber, dass zwischen ihnen kein Unterschied bei der Erzeugung und Abänderung besteht. Zudem reicht es aus, wenn die Vor-

---

340 So *W. Schmitt Glaeser*, Artikel ‚Verfassung', in: Deutsches Rechts-Lexikon Bd. 3, S. 4437, für Staaten.

341 *H. Mosler*, ZaöRV 36 (1976), 6, 35.

342 So auch So *W. Schmitt Glaeser*, Artikel ‚Verfassung', in: Deutsches Rechts-Lexikon Bd. 3, S. 4437. Was grundlegend ist, hängt von der jeweiligen Rechtsordnung ab und braucht nicht umfangreich sein. Es könnte beispielsweise nur das absolutistische „Der Staat bin ich" zum Inhalt haben (zum Inhalt der leges fundamentales in der französischen Monarchie vgl. *G. Stourzh*, in: Starck (Hrsg.), Rangordnung der Gesetze, S. 13, 17 f.: Es sind vor allem das salische Gesetz, der Krönungseid und die Festlegung der katholischen Religion für das Königshaus).

343 Z.B. *H. Mosler*, ZaöRV 36 (1976), 6, 31.

344 Ob die Höherrangigkeit der Verfassung tatsächlich dem Verfassungsbegriff inhärent ist, wird so gut wie nicht diskutiert. Bei einer Verfassung im formellen Sinne liegt das meist auf der Hand, da sie oft selbst den Vorrang gegenüber dem sonstigen Recht konstituiert. In der deutschen Rechtsordnung kommt der Vorrang der Verfassung in Art. 20 III GG zum Ausdruck. Wenn die UN-Charta als die Verfassung der Völkerrechtsordnung anzusehen wäre (dies war abzulehnen, s.o. § 11 II 2 b cc, dd), dann würde Art. 103 UN-Charta die den Vorrang vor allem übrigen Recht begründende Regel sein. Bei Verfassungen im materiellen Sinne ist die Rechtslage oft unklarer, da der Rang der Regeln nicht ausdrücklich festgelegt ist.

schriften der materiellen Verfassung gleichrangig mit dem sonstigen Recht sind.[345] Ihr Vorrang ist nicht zwingend.

Damit eine Norm höherrangig wird, bedarf es vielmehr der Normierung.[346] Ein Rang kann nur durch Ranggebung durch einen übergeordneten Normgeber entstehen, indem er dem einfachen Normgeber vorschreibt, wie er Recht zu setzen hat und was dabei im einzelnen zu beachten ist. Erst dann gilt das einfache Recht nur von Gnaden der Verfassung und erst dann wird ein Subordinationsverhältnis zwischen Verfassungsrecht und einfachem Recht hergestellt.

Die Bezeichnung der grundlegenden Normen einer Rechtsordnung als materielle Verfassung hilft nicht bei der Frage nach ihrem Vorrang. Definiert man Verfassung als das grundlegende Recht, dann gäbe es in der Völkerrechtsordnung eine materielle Verfassung. Ihr Vorrang bliebe aber offen. Definiert man dagegen Verfassung als das vorrangige grundlegende Recht, dann wäre es voreilig, das grundlegende Recht als materielle Verfassung zu bezeichnen. Wegen der Gefahr der Identifizierung von Verfassung und Vorrang wird es daher teilweise abgelehnt, die grundlegenden Normen der Völkerrechtsordnung als Verfassung zu bezeichnen, und verwendet stattdessen für sie den Begriff *Grundprinzipien*, bzw. *Grundrechte und -pflichten*.[347]

---

345 So gibt es in der deutschen Rechtsordnung wichtigere und weniger wichtige Normen in ein und derselben Rangstufe. Die §§ 242 und 138 BGB sind für das bürgerliche Recht zweifellos von elementarer Bedeutung. Sie bestimmen das gesamte bürgerliche Recht. Trotzdem stehen sie mit den restlichen bürgerlich-rechtlichen Vorschriften auf derselben Stufe. Auch im Verfassungsrecht gibt es elementare und unbedeutendere Vorschriften (vgl. etwa BVerfGE 3, 225, 235). Trotzdem handelt es sich um Normen desselben Ranges. Auch sonst folgt aus der unterschiedlichen materiellen Bedeutung folgt nicht ohne weiteres ein Über- Unterordnungsverhältnis. So gibt es unter den rund 200 Staaten Supermächte, Großmächte, Schwellenländer, kleine Staaten, Staaten mit und ohne atomarem Potential. Sie alle sind nach dem geltenden internationalen Recht unabhängig von ihrem tatsächlichen Einfluss souverän und gleich (s.o. § 4 II 2, 3).

346 S.o. § 11 II 1 a.

347 *C. Gloria*, in: Ipsen, Völkerrecht, § 26 Rn. 3, für den aber auch der Begriff Grundrechte und -pflichten wegen der möglichen Identifizierung mit dem Vorrang der Verfassung problematische Seiten hat. Außerdem wird der Begriff vom Ursprung her für das Verhältnis Bürger - Staat verwendet und nicht für die Pflichten der Staaten untereinander. Gebräuchlich sind laut *W. Graf Vitzthum*, in: ders. (Hrsg.), Völkerrecht, 1. Abschn. Rn. 72, auch *Grundregeln* und *Grundsätze des Völkerrechts*. *G. Dahm (Begr.), J. Delbrück/R. Wolfrum (Bearb.)*, Völkerrecht Bd. I/1, S. 41 Fn. 66, sprechen von *Grundnormen*, unter denen sie aber etwas anders als die Wiener Schule verstanden wissen wollen.

(2) Die fehlende Ranggebung

Eine Normierung, welche die grundlegenden Vorschriften des Völkerrechts mit Vorrang ausstattet, hat nicht stattgefunden.[348]

Formal gesehen ist zunächst alles vom selben Normgeber erlassene Recht gleichwertig, das bedeutet gleichrangig[349], es sei denn, er bestimmt, die einen Normen sollen anderen Normen vorgehen. Die Schaffung einer Verfassung kann, weil Völkerrecht durch Konsens entsteht, im Grundsatz nur mit Zustimmung aller Staaten entstehen. Die Vertreter vom materiellen Verfassungsrecht meinen, es sei insoweit ein formloser Konsens zwischen den Staaten erzielt worden. *Verdross* und *Simma* schreiben: „Zugleich mit der (...) Umwandlung der auf persönlichen Treueverhältnissen aufgebauten hierarchischen Lehensordnung in eine Koordination souveräner Flächenstaaten hat sich die Verfassung der modernen Staatengemeinschaft herausgebildet. Sie entstand weder durch einen förmlichen völkerrechtlichen Vertrag, noch durch Völkergewohnheitsrecht, sondern im Wege eines *formlosen Konsenses*, durch den sich diese Staaten gegenseitig als gleichberechtigte Völkerrechtssubjekte anerkannt haben. (...) Durch diesen formlosen Konsens haben sich die Staaten zugleich bestimmten Normen *unterworfen*, die man als ‚Verfassung der nichtorganisierten Staatengemeinschaft' bezeichnen kann."[350]

Einen solchen „formlosen Konsens" hat es indes nicht gegeben.[351] Dagegen spricht schon, dass die Art. 38 StIGH-Statut und Art. 38 IGH-Statut, die jeweils

---

348 Nicht unüberwindbar ist das Problem, dass es dazu eines übergeordneten Normgebers bedarf. Die Verfassungsgeber in der Völkerrechtsordnung können die Staaten sein. Das macht ein Vergleich mit dem innerstaatlichen Recht deutlich. Dort kann das Parlament Verfassungen beschließen und ändern (dann ist es Verfassungsgeber), oder einfache Gesetze erlassen (dann ist es einfacher Gesetzgeber). Auch im Völkerrecht könnten die Staaten daher Verfassungsgeber und einfacher Normgeber sein.

349 *J. Schröder*, in: FS M. Heckel, S. 615, 619.

350 *A. Verdross/B. Simma*, Universelles Völkerrecht, § 75; ihnen folgend *O. Kimminich*, Einführung in das Völkerrecht, S. 207, der von einem heimlichen Konsens spricht.

351 Eine vom Gewohnheitsrecht und Vertragsrecht zu unterscheidende Rechtsquelle des „formlosen Konsenses" gibt es nicht. Zwischen diesen beiden Möglichkeiten der Rechtserzeugung ist kein Platz für eine dritte Quelle. Der formlose Konsens kann nur durch übereinstimmende Willenserklärungen der Staaten erzielt worden sein, dann liegt ein völkerrechtlicher Vertrag vor, oder durch übereinstimmende Rechtüberzeugung der Staaten, dann läge Gewohnheitsrecht vor. Der „formlose Konsens" und damit das ranghöhere Verfassungsrecht kann also doch nur im üblichen Rechsetzungsverfahren geschaffen werden. Davon scheint auch die *International Law Commission* auszugehen. In ihrem Bericht im Rahmen der Kodifizierung von Regeln zur Staatenverantwortlichkeit wies sie darauf hin, dass auch wichtige Prinzipien

Kodifizierungen der Rechtsquellen enthalten, das höherrangige Völkerverfassungsrecht nicht erwähnen. Es ist sehr unwahrscheinlich, dass die wichtigste Quelle, das Verfassungsrecht, schlicht vergessen worden sein soll. Die Lehre kann außerdem keine Entscheidungen internationaler Gerichte anführen, in denen Verfassungsrecht als eigenständige, höherrangige Rechtsquelle angesehen wurde.

Auch die Existenz des ius cogens spricht eher gegen eine mit Vorrang ausgestattete Verfassung. Seine Entstehungsweise und seine Wirkungen sind ganz ähnlich wie die des vermeintlichen Verfassungsrechts, die Vorschriften müssen von der internationalen Staatengemeinschaft in ihrer Gesamtheit angenommen und anerkannt werden als eine Norm, von der nicht abgewichen werden darf (Art. 53 S. 2 WVK).[352] Wenn es aber noch eine im Vergleich zum ius cogens höherrangig oder gleichrangig stehende Verfassung gibt, deren Normen de facto identisch sein müssten[353], dann hätte die Entwicklung des ius cogens, das sich erst mit der Kodifizierung in der Wiener Vertragsrechtskonvention endgültig durchgesetzt hat, keinen Sinn. Es scheint also sogar den Normgebern selbst nicht bewusst gewesen zu sein, was die Lehre vom materiellen Verfassungsrecht ihnen in den Mund legt, nämlich eine Verfassung erlassen zu haben.

cc) Zusammenfassung

Die souveränitätsfreundliche Auslegung kann keine Stütze durch materielle Verfassungskonzeptionen erhalten. In diese Richtung gehende Lehren können nämlich nicht erklären, weshalb die grundlegenden bzw. notwendigen Normen der Völkerrechtsordnung höherrangig sein sollen. Es gibt zwar wie in jeder Rechtsordnung grundlegende Vorschriften – zu ihnen zählt auch die Souveränität –, und es ist auch richtig, dass sich diese ihrer materiellen Bedeutung wegen von den üb-

---

nur auf Vertrag und Gewohnheitsrecht beruhen können. Zudem wird betont: „Once again, it is by erroneously equating the situation under international law with that under internal law that some lawyers have been able to see in the ‚constitutional' or ‚fundamental' principles of the international legal order an independent and higher 'source' of international obligations. In reality there is the international legal order, no special source of law for creating ‚constitutional' or ‚fundamental' principles." (YILC 1976 II Part 2, S. 85 f.).

352 Einzelheiten zum ius cogens s.u. § 11 II 2 e.

353 *W. Graf Vitzthum*, in: ders. (Hrsg.), Völkerrecht[1], 1. Abschn. Rn. 72, macht darauf aufmerksam, dass die Grundregeln des Völkerrechts sich zwar nicht mit dem ius cogens decken, es aber erhebliche Schnittmengen gibt.

licherweise eher konkretisierenden und technischen Detailregeln abheben.[354] Das hat aber nicht unmittelbar ihre Vorrangigkeit zur Folge. Dazu bedürfte es einer Normierung, die bisher nicht erfolgt ist.

Sieht man in dem Begriff materielle Verfassung die Gesamtheit der geschriebenen und ungeschriebenen Normen, die die Grundordnung einer Gesellschaft festlegen, dann gäbe es zwar eine Verfassung der Völkerrechtsordnung, diese hätte aber keinen höheren Rang als das restliche Recht. Gehört der Vorrang dagegen zur Definition der Verfassung, dann fehlte der Völkerrechtsordnung eine derartige Verfassung.

e) Die souveränitätsfreundliche Auslegung als Auslegung in Übereinstimmung mit dem ius cogens

Die souveränitätsfreundliche Auslegung konnte bislang deshalb nicht als Ausformung der rangkonformen Auslegung angesehen werden, weil die bisherigen Auffassungen von der Höherrangigkeit nicht überzeugen konnten. Dennoch ist dieser Ansatz tragfähig und zwar weil:

(1.) das völkerrechtliche ius cogens stärkeres Recht darstellt,

(2.) deshalb völkerrechtliche Normen in Übereinstimmung mit dem ius cogens auszulegen sind (dies ist ein Fall der rangkonformen Auslegung im Völkerrecht) und

(3.) die Souveränität und einige souveräne Rechte zum ius cogens gehören.

aa) Das völkerrechtliche ius cogens als stärkeres Recht

Zwingendes Völkerrecht[355], *ius cogens*, ist die Bezeichnung für allgemein verbindliche völkerrechtliche Rechtsnormen, von denen eine Abweichung durch Vereinbarungen von Staaten oder anderen Völkerrechtssubjekten nicht zulässig

---

354 *Ch. Tomuschat*, Artikel ‚Völkerrecht', in: Evangelisches Staatslexikon Bd. 2, Spalte 3875, 3883; *W. Graf Vitzthum*, in: ders. (Hrsg.), Völkerrecht, 1. Abschn. Rn. 72.

355 Der Begriff ist insofern etwas unglücklich, als er nahe legt, es gäbe neben zwingendem Völkerrecht auch nicht-zwingendes Recht, also Recht, an das sich nicht gehalten werden muss. Eine solche Identifikation wäre falsch. Natürlich besitzt auch „nichtzwingendes" Recht, das *ius dispositivum*, Geltungsanspruch, sonst wäre es kein Recht. Auch im Völkerrecht gilt wie in jeder Rechtsordnung der grundlegende Satz *pacta sunt servanda*.

und mit rechtlicher Wirkung nicht möglich ist. Art. 53 S. 1 WVK bestimmt, dass Verträge, die zu einer zwingenden Norm des Völkerrechts im Widerspruch stehen, nichtig sind.[356] Derartige Normen werden in Art. 53 S. 2 WVK definiert als die in den internationalen Beziehungen von allen Staaten akzeptierten und anerkannten Normen, von denen keine Abweichung erlaubt ist und die nur durch spätere Normen des allgemeinen Völkerrechts abgeändert werden können, die denselben Charakter tragen. Ergänzt wird Art. 53 WVK durch Art. 64 WVK, nach dem Verträge auch dann nichtig werden, wenn sie im Widerspruch zu später entstandenen zwingenden Normen des Völkerrechts stehen.[357]

Danach ist die Höherrangigkeit des ius cogens – zumindest ausdrücklich – nicht festgelegt worden. Sie kann sich aber aus seinem Inhalt ergeben: Rechtsfolge eines Verstoßes gegen eine zwingende Völkerrechtsnorm ist die Nichtigkeit des gesamten Vertrages[358], auch wenn der Vertrag eine entsprechende Beschränkung vorsehen sollte (Art. 53 S. 1, 64, 44 I, V, 71 WVK). Andere Normen dürfen also nicht gegen ius cogens verstoßen. Das ius cogens erlangt so gegenüber dem restlichen Völkerrecht – dem ius dispositivum – eine gefestigtere, man kann auch sagen: *höhere Geltungskraft*. Es stellt sich daher die Frage, ob die höhere Geltungskraft der zwingenden Völkerrechtsnormen als solche ausreicht, um einen besonderen Rang zu begründen. Dies ist umstritten.[359]

---

356 Bis zur Kodifizierung in der Wiener Vertragsrechtskonvention war umstritten, ob es ius cogens gibt (ablehnend etwa *P. Guggenheim*, Lehrbuch des Völkerrechts I, S. 126 ff. mwN.; befürwortend aber die Mehrheit der Mitglieder der International Law Commission, welche die WVK ausarbeiteten, vgl. *J. Sztucki*, Jus Cogens and the Vienna Convention on the Law of Treaties, S. 54 ff.). Seit der Kodifizierung im Jahre 1969 hat es kaum noch ablehnende Stimmen gegeben (so aber *G. Schwarzenberger*, A manual of International Law, S. 29 f.; wN. bei *S. Kadelbach*, Zwingendes Völkerrecht, S. 126 Fn. 408). Dazu gehört allerdings auch die offizielle Haltung Frankreichs, das wegen seiner ablehnenden Haltung gegenüber Art. 53 WVK die Zustimmung zur Konvention verweigerte und bis heute diese Position nicht aufgegeben hat (vgl. *S. Kadelbach*, ebenda, S. 45 Fn. 101).

357 Die WVKIO wiederholt wortwörtlich die WVK.

358 Handelt es sich um eine einseitige, vertragsbezogene Handlung, etwa um einen bestimmten Vorbehalt, so ist eine solche Handlung ebenso nichtig. Wird außervertraglich gegen eine ius cogens-Norm verstoßen, dann liegt ein *international crime* vor (*K. Doehring*, Völkerrecht, Rn. 301). Auch ein solcher Akt ist rechtlich ohne Wirkung.

359 Für die Höherrangigkeit *J. M. Mössner*, Rechtsquellen, in: Lexikon des Rechts Völkerrecht, S. 253, 257; *A. Bleckmann*, Allgemeine Staats- und Völkerrechtslehre, S. 846; *D. C. Dicke*, Die Intervention mit wirtschaftlichen Mitteln im Völkerrecht, S. 110 mwN. in Fn. 223; *H. Neuhold*, in: BDGV 28 (1987), S. 51, 61 f., 63; *G. I. Tunkin*, RC 147 (1975 IV), S. 1, 98; *G. M. Danilenko*, EJIL 2 (1991), 42; *O. Kimminich*, Einführung in das Völkerrecht, S. 210; *S. Kadelbach*, Zwingendes Völker-

Für die Höherrangigkeit von ius cogens spricht vor allem, dass es die wesentliche Eigenschaft höherrangigen Rechts besitzt, entgegenstehendes Recht derogieren zu können. Außerdem existieren Ansätze einer verfahrensmäßigen Absicherung in Art. 66 lit. a WVK. Danach kann jede Partei auch ohne Zustimmung der anderen Vertragsparteien dem Internationalen Gerichtshof die Frage zur Entscheidung vorlegen, ob eine vertragliche Abrede gegen zwingendes Recht verstößt.[360]

Gegen die Höherrangigkeit spricht das Fehlen einer übergeordneten Instanz, die allgemeinverbindlich festlegen dürfte, was das höherrangige Recht sein soll. So betont *Heintschel von Heinegg* zu Recht: „Mit der Anerkennung der Unabdingbarkeit erhält eine Norm zwar eine besondere Qualität, sie begründet für das ius cogens aber keinen besonderen Rang im Verhältnis zu den sonstigen (dispositiven) Normen des Völkerrechts, sondern lediglich eine verfestigte Geltungskraft. Eine dem innerstaatlichen Recht vergleichbare Normenhierarchie ist dem Völkerrecht, welches nur die gleichberechtigten Völkerrechtssubjekte als Beteiligte am Rechtserzeugungsprozess anerkennt, fremd."[361]

Gegen die Hierarchisierung spricht zudem ein Vergleich mit dem innerstaatlichen Recht.[362] Auch dort ist die Unterscheidung zwischen zwingendem und dispositi-

---

recht, S. 26 ff.; *W. Karl*, Vertrag und spätere Praxis im Völkerrecht, S. 69; D.O. *Kreća, Application of the Convention on the Prevention and Punishment of the Crime of Genocide – Preliminary Objections*, ICJ Rep. 1996, S. 595, 658, 709; wN. bei *P. Terz*, Staat und Recht 27 (1978), 617, 622 Fn. 14; *Th. Schweisfurth*, Der internationale Vertrag in der modernen sowjetischen Völkerrechtstheorie, S. 211. Gegen die Höherrangigkeit *W. Heintschel v. Heinegg*, in: Ipsen, Völkerrecht, § 15 Rn. 45; *R. Lagoni*, in: Menzel/Ipsen, Völkerrecht², S. 335; *H. Mosler*, SchwJbIR 25 (1968), 9, 19; wohl auch *I. Seidl-Hohenveldern/T. Stein*, Völkerrecht, Rn. 523; *K. Zemanek*, in: in: Neuhold/Hummer/Schreuer (Hrsg.), Österreichisches Handbuch des Völkerrechts I, Rn. 382, weist darauf hin, dass zwingendes Völkerrecht keine besondere formale Qualität besitzen soll. *G. Dahm (Begr.), J. Delbrück/R. Wolfrum (Bearb.)*, Völkerrecht Bd. I/1, S. 46, meinen, es handele sich um *stärkeres Recht*. Ähnlich *I. Brownlie*, Principles of Public International Law, S. 516 f., der meint, ius cogens habe mehr Autorität. *Ph. Kunig*, in: Vitzthum (Hrsg.), Völkerrecht, 2. Abschn. Rn. 152, spricht im Zusammenhang mit der Rangfrage des ius cogens von einer *Sonderkategorie*. *U. Fastenrath*, Lücken im Völkerrecht, S. 75, 227, spricht von einer *rudimentär* vorhandenen Rangordnung.

360 Allerdings muss einschränkend vermerkt werden, dass diese Norm keinesfalls Gewohnheitsrecht darstellt. Dagegen sprechen schon die von 14 Vertragsstaaten gemachten Vorbehalte zu diesem Artikel (nach *W. Heintschel v. Heinegg*, in: Ipsen, Völkerrecht, § 15 Rn. 47).

361 *W. Heintschel v. Heinegg*, in: Ipsen, Völkerrecht, § 15 Rn. 45. Vgl. ferner ebenda, § 20 Rn. 1; *G. M. Danilenko*, EJIL 2 (1991), 42, 43.

362 Vgl. *H. Mosler*, SchwJbIR 25 (1968), 9, 14 f., 19, 38.

ven Recht anzutreffen. Ein Beispiel für eine zwingende Rechtsvorschrift ist etwa § 276 III BGB, nach der die Haftung des Schuldners für Vorsatz nicht im voraus erlassen werden kann. Dispositiv ist dagegen die Bestimmung des § 276 I BGB, nach der der Schuldner Vorsatz und Fahrlässigkeit zu vertreten hat. Zwischen diesen Normen besteht deshalb noch keine unterschiedliche Stellung in der Normenhierarchie.[363]

Danach bleibt festzuhalten, dass das völkerrechtliche ius cogens keine mit dem innerstaatlichen Recht vergleichbare Vorrangstellung einnimmt.[364] Immerhin sind Ansätze einer subordinativen Struktur der Völkerrechtsordnung vorhanden. Ob sie ausreichen, um ius cogens als höherrangiges Recht zu klassifizieren, ist weniger eine Frage der Abwägung von Für- und Gegenargumenten, sondern letztlich eine Frage der Definition von Rang: Definiert man Vorrang als das von einem übergeordneten Normgeber erlassene Recht mit höherem Geltungsanspruch (Rang im engeren Sinne), dann fehlt es am Vorrang. Definiert man Vorrang als Recht mit erhöhter Geltungskraft (Rang im weiteren Sinne), dann ist die Rangeigenschaft zu bejahen[365]. Zutreffend ist die Kennzeichnung des ius cogens als *stärkeres Recht.*[366]

bb) Folgerungen für die Auslegung: Die Auslegung in Übereinstimmung mit dem ius cogens

Die Stellung als stärkeres Recht gebietet es, „ius cogens-konform" auszulegen. Die Höherrangigkeit im weiteren Sinne reicht aus, um eine rangkonforme Auslegung, also die Auslegung in Übereinstimmung mit dem ius cogens, zu bejahen.

Die rangkonforme Auslegung wurde im wesentlichen damit gerechtfertigt, dass Vorschriften möglichst so auszulegen sind, dass sie weitestmögliche Geltung erlangen. Das niederrangige Recht ist in seiner Geltung und Funktionsfähigkeit

---

363 *H. Mosler*, SchwJbIR 25 (1968), 9, 15, 38.

364 Darauf weisen auch einige Vertreter der Höherrangigkeit hin (z.B. *G. I. Tunkin*, RC 147 (1975 IV), S. 1, 98). Eine andere Meinung vertreten – ansatzbedingt – vor allem die Vertreter von materiellen Verfassungskonzeptionen (s.o. 4 b). Sie nehmen an, dass sich das ius cogens und die Verfassung weitestgehend decken (z.B. *O. Kimminich*, Einführung in das Völkerrecht, S. 210).

365 Die Rangordnung ist im Völkerrecht also nur *rudimentär* vorhanden (*U. Fastenrath*, Lücken im Völkerrecht, S. 75, 227).

366 So *G. Dahm (Begr.), J. Delbrück/R. Wolfrum (Bearb.)*, Völkerrecht Bd. I/1, S. 46.

vom höherrangigen abhängig. Außerdem durchdringt und durchgeistigt das höherrangige das niederrangige Recht, es gibt den Rahmen vor. Hinter diesen Argumenten stand vor allem der Gedanke der widerspruchsfreien, einheitlichen Rechtsordnung.[367]

Diese Eigenschaften des höherrangigen Rechts, die eine rangkonforme Auslegung rechtfertigen, erfüllt das völkerrechtliche ius cogens. Das ius dispositivum ist in seiner Geltung von ihm abhängig. Die ius cogens-Normen gehören zu den grundlegenden Normen der Völkerrechtsordnung[368] und bilden den Maßstab, an dem die Völkerrechtsmäßigkeit anderer Prinzipien und Normen gemessen werden. Zudem werden die Normen, wenn sie mit der Qualität des ius cogens ausgestattet sind, in ihrer Funktionsfähigkeit erhöht[369], sie können nicht durch Verträge abgeändert werden. Da über das zwingende Völkerrecht nicht mehr frei verfügt werden kann, ist eine gewisse Verobjektivierung des Völkerrechts eingetreten.[370] Gleichzeitig wird Homogenität zwischen den Normen erzeugt[371] und die Einheit der Völkerrechtsordnung gefördert.[372]

---

367 S.o. § 11 II 1 b mit weiteren Einzelheiten.

368 Das ergibt sich zwar nicht aus dem Entstehungsgrund der ius cogens-Norm (er liegt nicht in der besonderen Wertschätzung einer Norm, sondern gem. Art. 53 WVK in der Erzeugung durch ein spezifisches Verfahren), gilt zumindest in rechtstatsächlicher Hinsicht, weil es in aller Regel das hinter der Ausstattung mit besonderer Geltungskraft stehende Motiv der Staaten ist. Immerhin spricht die Staatengemeinschaft in der Erhebung zu einer zwingenden Norm des Völkerrechts eine Wertung aus, durch den die Normen richtungsweisenden und strukturbestimmenden Charakter erhalten.

369 Damit wird die Beachtung des ius cogens bei der Auslegung zu einem Anwendungsfall des Effektivitätsgrundsatzes (so auch *R. Lagoni*, in: Menzel/Ipsen, Völkerrecht^2, S. 336).

370 Es handelt sich aber nicht um ein „objektives allgemeines Völkerrecht" (a.A. *A. Bleckmann*, Allgemeine Staats- und Völkerrechtslehre, S. 846, 844). Die Staaten können in ihrer Eigenschaft als gemeinschaftlicher Normgeber zwingendes Recht schaffen, aber auch wieder abschaffen. So weist etwa der Internationale Gerichtshof, *Military Activities against Nicaragua Case*, ICJ Rep. 1986, S. 14, 135, im selben Urteil, indem er das ius cogens bestätigt hat, darauf hin: „(...) [I]n international law there are no rules, other than such rules as may be accepted by the states concerned, by treaty or otherwise, whereby the level of armaments of a sovereign State can be limited, and this principle is valid for all States without exception." Das Völkerrecht hat also nach wie vor konsensualen Charakter.

371 *H. Mosler*, SchwJbIR 25 (1968), 9, 17.

372 Darauf hat *A. Bleckmann*, Allgemeine Staats- und Völkerrechtslehre, S. 845, zu Recht hingewiesen. Ähnlich *H. B. Reimann*, Ius cogens im Völkerrecht, S. 45; *P. Terz*, Staat und Recht 27 (1978), 617, 621 f. Ob sich damit allerdings der Charakter der Völkerrechtsordnung von einer subjektiven in eine objektive Konzeption und von einem dualistischen in einen monistischen Ansatz gewandelt hat, wie *Bleck-*

Um Verträgen weitestmögliche Geltung zu verschaffen, ist daher eine Auslegung in Übereinstimmung mit dem ius cogens geboten. Gleichwohl ist die Einheit der Rechtsordnung bei weitem nicht so ausgeprägt, wie in den innerstaatlichen Rechtsordnungen. Dem Argument kommt daher im Rahmen des Gesamtauslegungsprozesses eher geringere Bedeutung zu.

Im Ergebnis haben sich auch die Rechtsprechung[373] und Literatur[374] für eine Auslegung in Übereinstimmung mit dem ius cogens ausgesprochen. Im Rahmen der Kodifizierung der Auslegungsregeln wurde mehrmals darauf hingewiesen, das zwingende Völkerrecht sei bei der Auslegung zu beachten[375].

cc) Die Souveränität als ius cogens

Die Wiener Vertragsrechtskonvention trifft keine Aussage über die Inhalte des ius cogens. Entsprechende Vorschläge einzelner Mitglieder wurden von der *International Law Commission* zurückgewiesen.[376] Sie beließ es dabei, in den Ent-

---

mann meint, muss schon in Anbetracht des Entstehungsgrundes des ius cogens bezweifelt werden.

373 So hat zum Beispiel ein Schiedsgericht in der Besetzung *Reuter, Sultan* und *Fitzmaurice* bei der Auslegung eines Vertrages ausdrücklich auf das ius cogens verwiesen (*Government of Kuwait v. American Independent Oil Company*, Entscheidung vom 24.3.1982, ILR 66, S. 518, 587 f.).

374 *I. Brownlie*, Principles of Public International Law, S. 514 f.; *U. Fastenrath*, Lücken im Völkerrecht, S. 195, 196; *P. Terz*, Staat und Recht 27 (1978), 617, 621; *A. Bleckmann*, Allgemeine Staats- und Völkerrechtslehre, S. 850, 851. Auch *Heintschel von Heinegg*, in: Ipsen, Völkerrecht, § 15 Rn. 49, der – wie hier – einer allgemeinen, dem innerstaatlichen Rechtsordnungen vergleichbaren Hierarchie ablehnend gegenübersteht, verleugnet nicht, dass das ius cogens besondere Bedeutung für die Auslegung hat (*R. Lagoni*, in: Menzel/Ipsen, Völkerrecht², S. 336). Innerhalb der Literatur besteht der in der deutschen Methodenlehre bekannte Streit, ob die rangkonforme Auslegung nur im Rahmen der Normerhaltung Bedeutung gewinnen kann (so *U. Fastenrath*, Lücken im Völkerrecht, S. 195, 196), oder auch darüber hinaus (so *A. Bleckmann*, Allgemeine Staats- und Völkerrechtslehre, S. 851). Insoweit sei auf die obige Diskussion (§ 11 II 1 b) verwiesen. Danach war der zweiten Auffassung zu folgen.

375 *Yasseen*, YILC 1964 I, S. 275, 281 Ziff. 93, *Waldock*, ebenda, Ziff. 94.

376 Das lag zum einen an dem in eine völlig andere Richtung gehenden Regelungsziel der Konvention, aber auch daran, nicht von vornherein bestimmten Normen die Qualität des ius cogens abzusprechen bzw. Zweifel über ihre Autorität aufkommen zu lassen. Durch die fehlende Normierung einzelner Rechte erhöhte sie Wandlungs- und Anpassungsfähigkeit des ius cogens an neue Entwicklungen. Schließlich sollte der Konsens zu Art. 53 WVK insgesamt nicht gefährdet werden (*H. Mosler*, SchwJbIR 25 (1968), 9, 12, 38).

wurfskommentaren einige Beispiele zu nennen[377], und übertrug die Aufgabe der Ermittlung der Inhalte des ius cogens bewusst der Praxis[378]. Die Kommission wies lediglich darauf hin, dass es sich dabei um Normen handeln müsse, die tief im allgemeinen Rechtsbewusstsein verankert seien.[379] Weil der entscheidende Entstehungsgrund einer ius cogens-Norm nicht ihr materieller Gehalt sondern rein formaler Natur ist, ist eine über die Auflistung einzelner Normen hinausgehende abstrakte Bestimmung des Inhalts des ius cogens nicht möglich.

Seit der Verankerung des ius cogens in Art. 53 WVK erfolgten Aufzählungen unterschiedlichen Inhalts und verschiedener Länge.[380] Zu den Normen des ius cogens zählen jedenfalls unzweifelhaft die Regeln des Gewaltverbots, des Verbots des Sklavenhandels und anderer unmenschlicher Behandlungen sowie das Selbstbestimmungsrecht der Völker.[381] Auch die Grundsätze der UN-Charta werden als völkerrechtliches ius cogens angesehen.[382]

---

377 Z.B. im YILC 1966 II, S. 248: „Examples suggested included (a) a treaty contemplating an unlawful use of force contrary to the principles of the Charter, (b) a treaty contemplating the performance of any other act criminal under international law, and (c) a treaty contemplating or conniving at the commission of acts, such as trade slaves, piracy or genocide, in the suppression of which every State is called upon to co-operate."

378 YILC 1966 II, S. 248: „The Commission decided against including any examples of rules of ic in the article for two reasons. First, the mention of some cases of treaties void for conflict with a rule of ic might, even with the most careful drafting, lead to misunderstanding as to the position concerning other cases not mentioned in the article. Secondly, if the Commission were attempt to draw up, even on a selective basis, a list of the rules of international law which are to be regarded as having the character of ic, it might find itself engaged in a prolonged study of matters which fall outside the scope of the present articles."

379 YILC 1966 II, S. 248. Vgl. dazu auch *A. Verdross/B. Simma*, Universelles Völkerrecht, § 526 Fn. 9.

380 *H. B. Reimann*, Ius cogens im Völkerrecht, S. 45. Das liegt an dem besonderen Problem, die der Nachweis im einzelnen mit sich bringt: Sowohl die Überzeugung der Staatengemeinschaft, dass es sich um zwingende Völkerrecht handeln soll, als auch der zwingende Inhalt sind nur schwierig feststellbar.

381 Vgl. statt vieler *K. Doehring*, Völkerrecht, Rn. 300; *L. Henkin*, RC 216 (1989 IV), 9, 60. Vorsichtig gegenüber den Normen des Menschenrechtsschutzes aber *O. Kimminich*, Einführung in das Völkerrecht, S. 210.

382 YILC 1966 II, S. 247 f. Ihre hervorgehobene Stellung wurde von den Staaten immer wieder betont. Sie finden Ausdruck in vielen Verträgen, Konventionen und Deklarationen, insbesondere haben die „Grundsätze der Charta der Vereinten Nationen" in die Friendly Relations Declaration Eingang gefunden.

Die *Souveränität* und einige souveräne Rechte zählen ebenfalls zum ius cogens, weil sie von der internationalen Staatengemeinschaft in ihrer Gesamtheit angenommen und anerkannt werden als Normen, von denen nicht abgewichen werden darf. Dies zeigen entsprechende staatliche Äußerungen. Zu nennen sind vor allem die Äußerungen der staatlichen Vertreter im Rahmen des Kodifikationsprozesses des Art. 53 WVK.[383] Widerspruch dagegen hat es auf diplomatischer Ebene nicht gegeben.[384] Ausdruck dieser Überzeugung der Staatengemeinschaft sind verschiedene Kodifizierungen.[385] Nochmals seien stellvertretend Art. 2 Ziff. 1 UN-Charta und Teil I Abschn. 6 der Friendly Relations Declaration genannt.

Die Grundsätze der UN-Charta[386] und der Friendly Relations Declaration[387] werden in der Literatur teilweise sogar generell zum ius cogens gezählt, weil die Aufnahme einer Norm in diesen Vertrag bzw. diese Deklaration Ausdruck der besonderen Wertschätzung und allgemeinen Akzeptanz ist. Der zwingende Charakter der Souveränität wird implizit in Art. 5 Konvention von Montevideo[388] und in Art. 8 OAS-Charta[389] bestätigt.[390]

---

383 YILC 1966 II, 248; wN. bei *S. Kadelbach*, Zwingendes Völkerrecht, S. 211 Fn. 6, S. 42 Fn. 65, 66.

384 *S. Kadelbach*, Zwingendes Völkerrecht, S. 216.

385 S.o. § 4 II 2.

386 *I. v. Münch*, Völkerrecht in programmierter Form, S. 75; *J. A. Frowein*, Jus Cogens, in: EPIL Vol. III, S. 65, 67; *V. Paul*, ÖZöR 21 (1971), 19, 40 f.; *A. Verdross/B. Simma*, Universelles Völkerrecht, § 526; *H. Neuhold*, in: Neuhold/Hummer/Schreuer (Hrsg.), Österreichisches Handbuch des Völkerrechts I, Rn. 29; *H. F. Köck*, in: FS Zemanek, S. 69, 87 Fn. 58; *P. Terz*, Staat und Recht 27 (1978), 617 f., 623 f.; *G. I. Tunkin*, RC 147 (1975 IV), S. 1, 97; *Institut für internationale Beziehungen an der Akademie für Staats- und Rechtswissenschaft der DDR*, Wörterbuch der Aussenpolitik und des Völkerrechts, Artikel ‚Jus Cogens' S. 318, Artikel ‚Souveränität', S. 530; Artikel ‚Grundprinzipien des demokratischen Völkerrechts', S. 233, 234; wN. bei *Th. Schweisfurth*, Der internationale Vertrag in der modernen sowjetischen Völkerrechtstheorie, S. 212; *ders.*, Sozialistisches Völkerrecht?, S. 269 f.

387 *P. Terz*, Staat und Recht 27 (1978), 617 f., 623 f.; *G. I. Tunkin*, RC 147 (1975 IV), S. 1, 96 ff.

388 Die Vorschrift lautet: „The fundamental rights of States are not susceptible of beeing affected in any manner whatsoever." Nach Art. 4, 5, 7 II der Konvention zählt die Souveränität dazu.

389 Die Vorschrift lautet: „The fundamental rights of States may not be impaired in any manner whatsoever." Nach Art. 5 lit. b OAS-Charta zählt die Souveränität zu den fundamentalen Rechten.

390 *S. Kadelbach*, Zwingendes Völkerrecht, S. 216, schreibt, die Vorschriften gäben einen Hinweis auf den zwingenden Charakter der Souveränität

In der Literatur werden in den Aufzählungen die Souveränität[391] bzw. einzelne souveräne Rechte mit genannt, insbesondere:

- das Recht auf Unabhängigkeit der Staaten[392],
- das Verbot in die Rechte dritter Staaten einzugreifen[393],
- das Verbot von Verträgen, durch die ein Staat einen anderen zwingt, ihm gegenüber völlig und bedingungslos auf die Einhaltung des Völkerrechts und auf dessen Schutz zu verzichten und sich von ihm nach dessen willkürlichen Belieben behandeln zu lassen[394],
- das Verbot eines Angriffskrieges und das allgemeine Gewaltverbot[395],
- das Recht auf Nichteinmischung in die inneren Angelegenheiten[396] sowie

---

391 *I. v. Münch*, Völkerrecht in programmierter Form, S. 75; *P. Terz*, Staat und Recht 27 (1978), 617 f., 623 f.; *G. I. Tunkin*, RC 147 (1975 IV), S. 1, 96; *D. C. Dicke*, Die Intervention mit wirtschaftlichen Mitteln im Völkerrecht, S. 110; *Wang Tieya*, RC 221 (1990 II), 195, 279 ff. mwN. in Fn. 308; *Wang Jing-An*, Internationaler Investitionsschutz, Rn. 352; *G. Hartmann*, Nationalisierung und Enteignung im Völkerrecht, S. 153, 190; der Sache nach wohl auch *ders.*, JA 1978, 81, 87, wobei er allerdings den Begriff Souveränität als in der Rechtssprache aussterbenden Begriff ablehnt (S. 85); wN. bei *Th. Schweisfurth*, Der internationale Vertrag in der modernen sowjetischen Völkerrechtstheorie, S. 43 Fn. 4, 5, S. 44 Fn. 1, 2 (die dort genannten allgemeinen Grundsätze des Völkerrechts sollen ius cogens darstellen, S. 211), S. 214 Fn. 2; *ders.*, Sozialistisches Völkerrecht?, S. 269 f., und bei *S. Kadelbach*, Zwingendes Völkerrecht, S. 217 Fn. 44, S. 44 Fn. 65.

392 *F. Berber*, Lehrbuch des Völkerrechts 1. Bd., S. 439; *G. Hartmann*, JA 1978, 81, 87; *P. Terz*, Staat und Recht 27 (1978), 617; *H. B. Reimann*, Ius cogens im Völkerrecht, S. 45; D.O. *Kreća*, *Application of the Convention on the Prevention and Punishment of the Crime of Genocide – Preliminary Objections*, ICJ Rep. 1996, S. 595, 658, 766.

393 *F. Berber*, Lehrbuch des Völkerrechts 1. Bd., S. 439; *A. Bleckmann*, Grundgesetz und Völkerrecht, S. 36; *G. Hartmann*, JA 1978, 81, 88; *H. Mosler*, SchwJbIR 25 (1968), 9, 37; *A. Verdross/B. Simma*, Universelles Völkerrecht, § 527.

394 *F. Berber*, Lehrbuch des Völkerrechts 1. Bd., S. 439; *H. Mosler*, SchwJbIR 25 (1968), 9, 37; ähnlich *A. Verdross/B. Simma*, Universelles Völkerrecht, § 527; *G. Hartmann*, JA 1978, 81, 88.

395 Wie eng das Gewaltverbot mit der Souveränität verknüpft ist, zeigt ein Blick auf die Rechtsfolgen. Über mit unerlaubter Gewaltanwendung gewonnenes Territorium kann keine Souveränität entstehen (*R. Jennings/A. Watts*, Oppenheim's International Law Vol. I Parts 2 to 4, S. 703). Die Souveränität ist also ein wichtiges Schutzgut des Gewaltverbots (so auch Teil 1 Abschn. 1 Friendly Relations Declaration). Für die ius cogens-Qualität vgl. statt aller nur YILC 1966 II, S. 247; *J. A. Frowein*, Jus Cogens, in: EPIL Vol. III, S. 65, 67; *Military Activities against Nicaragua Case*, ICJ Rep. 1986, S. 14, 100 f.

- die territoriale Souveränität, insbesondere über die natürlichen Ressourcen[397].

Die Ansicht von der Souveränität als ius cogens hat Kritik und Ablehnung erfahren.[398] Vor allem vier Gegenargumente wurden vorgebracht:

(1.) Sowohl die UN-Charta als auch die Friendly Relations Declaration stellten als solche kein ius cogens dar und seien daher als Argument nicht ohne weiteres zu verwenden.

(2.) Die Souveränität gehöre schon deshalb nicht zum ius cogens, weil über sie verfügt werden könne.

(3.) Zudem sei der Begriff Souveränität zu unbestimmt.

(4.) In konzeptioneller Hinsicht versuche das ius cogens, das starre Souveränitätsdenken zu überwinden. Dieses verliere gerade seit der Anerkennung des ius cogens immer mehr an Bedeutung und stelle kein ius cogens dar.

(1) Die Auffassung, die Grundsätze der UN-Charta und der Friendly Relations Declaration stellten ius cogens dar, wird teilweise abgelehnt. Die generelle Übernahme aller darin enthaltener Normen ohne Blick auf den Einzelfall sei zu pauschal.[399] Beide Vereinbarungen brächten nur zum Ausdruck, dass es sich um grundlegende Normen handele, stellten aber kein höherrangiges Recht dar.

---

396 D.O. *Weeramantry, Questions of Interpretation and Application of the 1971 Montreal Convention*, ICJ Rep. 1992, S. 3, 50, 53 f.; *H. B. Reimann*, Ius cogens im Völkerrecht, S. 45.

397 *I. Brownlie*, Principles of Public International Law, S. 515 mwN. in Fn. 32; *Wang Jing-An*, Internationaler Investitionsschutz, Rn. 352; *G. Hartmann*, Nationalisierung und Enteignung im Völkerrecht, S. 190; D.O. *Kreća, Application of the Convention on the Prevention and Punishment of the Crime of Genocide – Preliminary Objections*, ICJ Rep. 1996, S. 595, 658, 742, 766; wN. bei *S. Kadelbach*, Zwingendes Völkerrecht, S. 219 Fn. 60.

398 Ablehnend etwa *H. Mosler*, SchwJbIR 25 (1968), 9, 36; *L. Wildhaber*, in: Macdonald/Johnston (Hrsg.), The Structure and Process of International Law, S. 425, 441 f., 444; *W. Heintschel v. Heinegg*, in: Ipsen, Völkerrecht, § 15 Rn. 60 mwN.; *R. Lagoni*, in: Menzel/Ipsen, Völkerrecht^2, S. 338; *J. Sztucki*, Jus Cogens and the Vienna Convention on the Law of Treaties, S. 44; *Ch. Tomuschat*, RC 281 (1999), S. 9, 193; wN. bei *S. Kadelbach*, Zwingendes Völkerrecht, S. 210 Fn. 3.

399 *H. F. Köck*, in: FS Zemanek, S. 69, 87 ff.; *S. Kadelbach*, Zwingendes Völkerrecht, S. 211; *R. Lagoni*, in Menzel/Ipsen, Völkerrecht^2, S. 338; *I. Seidl-Hohenveldern*, RC 198 (1986 III), 9, 58 f. mwN. in Fn. 202; ablehnend auch *W. Heintschel v. Heinegg*, in: Ipsen, Völkerrecht, § 15 Rn. 60, der den Grundsätzen der Charta vorwirft, sie seien zu unbestimmt (dazu sogleich). W.N. bei *G. I. Tunkin*, RC 147 (1975 IV), S. 1, 97 Fn. 137, 138.

Zutreffend an dieser Kritik ist, dass aus dem grundlegenden Charakter einer Norm nicht ihre Höherrangigkeit folgen muss. Dies wurde schon im Rahmen der Diskussion um die materiellen Verfassungskonzeptionen gezeigt.[400] Da keine ausdrückliche Normierung der ius cogens-Qualität der Grundsätze der UN-Charta und der Friendly Relations Declaration erfolgt ist[401], kann ihr zwingende Charakter nicht unmittelbar geschlussfolgert werden. Eine allgemeine Übernahme bzw. Pauschalisierung verbietet sich tatsächlich. Vielmehr ist jede einzelne in Betracht kommende Norm daraufhin zu überprüfen, ob sie wirklich die Voraussetzungen des ius cogens erfüllt. Dabei ist es aber zumindest ein gewichtiges Indiz für die ius cogens-Qualität von Normen, wenn sie zu den Grundsätzen der UN-Charta und der Friendly Relations Declaration gehören, weil damit die hohe Akzeptanz und Anerkanntheit der Norm zum Ausdruck kommt.[402] Unter Beachtung dieser Kriterien bleibt die Argumentation zur Souveränität als ius cogens tragfähig.

(2) Gewichtig ist der Einwand, die Souveränität könne kein ius cogens darstellen, weil über sie einzeln oder insgesamt verfügt werden könne.[403] *Mosler* führt als Beispiel die Konvention von 1958 an, die die Souveränität des Küstenstaates über die Küstengewässer anerkennt. Von ihr könne durchaus abgewichen werden, indem vertraglich eine gemeinsame Ausübung der Hoheitsrechte in diesem Küstengewässer vereinbart werde.[404] Nach allgemeiner Auffassung kann die Souveränität auch insgesamt aufgegeben werden, etwa durch eine Vereinigung zweier

400 S.o. § 11 II 2 d.

401 Art. 103 UN-Charta normiert dies nicht (*I. Seidl-Hohenveldern*, RC 198 (1986 III), 9, 58 mwN. in Fn. 199; a.A. aber *Wang Jing-An*, Internationaler Investitionsschutz, Rn. 353; *G. Hartmann*, Nationalisierung und Enteignung im Völkerrecht, S. 167 f., vgl. zudem *G. I. Tunkin*, RC 147 (1975 IV), S. 1, 97, der zu Recht davon ausgeht, dass Art. 103 UN-Charta zumindest ein Argument zugunsten des ius cogenscharakters der Grundsätze der Charta ist). Zur Bedeutung des Art. 103 UN-Charta s.o. § 11 II 2 b cc. Die Frage nach der ius cogens-Qualität der Grundprinzipien des Völkerrechts wurde immerhin im Rahmen der Vorarbeiten der Friendly Relations Declaration diskutiert (vgl. *G. I. Tunkin*, ebenda, S. 1, 97 mN. in Fn. 137).

402 Gerade weil bisher kaum ausdrückliche Normierungen der Inhalte des ius cogens erfolgte und die Ermittlung des ius cogens insgesamt Schwierigkeiten bereitet (vgl. *L. Henkin*, RC 216 (1989 IV), 9, 60), muss nach geeigneten Anhaltspunkten gesucht werden (vgl. *H. F. Köck*, in: FS Zemanek, S. 69, 88). Die vorgenommene Argumentation ist geradezu typisch für die Ermittlung von Gewohnheitsrecht.

403 So etwa *H. Mosler*, SchwJbIR 25 (1968), 9, 19, 36; *L. Wildhaber*, in: Macdonald/ Johnston (Hrsg.), The Structure and Process of International Law, S. 425, 441 f.; *J. Sztucki*, Jus Cogens and the Vienna Convention on the Law of Treaties, S. 44; wN. bei *S. Kadelbach*, Zwingendes Völkerrecht, S. 210 Fn. 3.

404 *H. Mosler*, SchwJbIR 25 (1968), 9, 19.

Staaten, oder durch Anschluss an einen anderen Staat. Danach scheint die Souveränität als solche Abweichungen iSd. Art. 53 WVK zu erlauben. Diese Bedenken dürften für einige der entscheidende Grund dafür sein, nicht die Souveränität als solche zum ius cogens zu zählen, sondern lediglich einige souveräne Rechte.[405]

Bei genauer Beachtung des materiellen Gehalts der Souveränität vermag dieser Einwand jedoch nicht zu überzeugen. Die Souveränität hat nicht die Freiheit vom Recht, sondern die Freiheit im Recht zum Inhalt. Sie gebietet, dass ein Staat nur dort gebunden ist, wo er will, aber auch, dass er sich dort binden kann, wo er will.[406] Deshalb ist die Verfügbarkeit über einzelne souveräne Rechte gerade Ausdruck der Souveränität, selbst wenn ein Staat über seinen Fortbestand disponiert. Eine Abweichung i.S. v. Art. 53 WVK liegt dagegen in Bezug auf die Souveränität dann vor, wenn ein Staat willkürlicher Behandlung ausgesetzt wird. Ist in einem völkerrechtlichen Vertrag vorgesehen, die Küstengewässer eines dritten Staates zu nutzen, so ist dieser Vertrag gem. Art. 53 WVK wegen Verletzung von dessen Souveränität nichtig.

Das soll anhand *Moslers* Beispiel verdeutlicht werden: Eine Vereinbarung zwischen Staaten über die gemeinsame Ausübung der Hoheitsrechte im Küstengewässer beruht gerade auf dem souveränen Willen der Staaten. Daher stellt der Vertrag keine Abweichung von der Souveränität dar. Ist ein entsprechender Vertrag nicht geschlossen worden, dann darf kein anderer Staat ohne Erlaubnis in die Küstengewässer eindringen. Dies gebietet zwingend die Souveränität.

Die Gegenansicht vergisst letztlich, dass der Rechtsinhaber, dessen Position auf zwingendem Recht beruht, auf ihre Einhaltung verzichten kann[407], bzw. danach zu fragen, wer durch die Souveränität geschützt werden soll. Auch über andere Normen des ius cogens kann verfügt werden, wenn der Träger des Rechtsguts auf sein Recht verzichtet[408], ohne das deswegen an ihrer Qualität als zwingendes

---

405 Hinzukommen dürfte aber auch die Unsicherheit über den Begriff als solchen (etwa bei *G. Hartmann*, JA 1978, 81, 85), während bezüglich der einzelnen Inhalte, wie das Recht auf Unabhängigkeit, mehr Sicherheit besteht.

406 Einzelheiten s.o. § 4 II 2.

407 *K. Doehring*, Völkerrecht, Rn. 304. A.A. aber *S. Kadelbach*, Zwingendes Völkerrecht, S. 218.

408 Keine Verzichtsmöglichkeit auf Rechte bestehen daher für solche Normen, die nicht nur Partikular- sondern auch Gemeinschaftsinteressen diesen. Beispiel für eine solche Norm ist das Gewaltverbot, welches nicht nur dem Schutz der Souveränität der einzelnen Staaten dient, sondern gerade auch den Frieden in der gesamten Welt sichern soll. Wenn ein Staat eine rechtswidrige Annexion vornimmt und der annek-

Recht gezweifelt werden würde. Zum Beispiel kann eine Volksgruppe darauf verzichten, von ihrem Selbstbestimmungsrecht Gebrauch zu machen, weil dieses Recht ausschließlich im Interesse der betroffenen Volksgruppe steht. So kann das vom österreichischen Volk akzeptierte Anschlussverbot an Deutschland nicht wegen der zwingenden Rechtsnatur des Selbstbestimmungsrechts als völkerrechtswidrig angesehen werden, auch wenn damit das Selbstbestimmungsrecht des österreichischen Volkes eingeschränkt ist.[409]

(3) Weiterhin wird behauptet, die Souveränität, die Unabhängigkeit der Staaten, das Selbstbestimmungsprinzip und andere Strukturnormen des Völkerrechts, die das organische Gefüge der Völkerrechtsgesellschaft bestimmen, könnten deshalb nicht zum ius cogens zählen, weil sie inhaltlich zu unbestimmt seien.[410] Dem ist zu widersprechen. Auch Prinzipien können ius cogens darstellen. Dies geht schon aus den Vorarbeiten zu Art. 53 WVK hervor.[411] Dass die Souveränität ausreichend bestimmt oder zumindest konkretisierbar ist, zeigt bereits die Vorschrift des Teil I Abschn. 6 Friendly Relations Declaration. Sie führt auf, was im einzelnen zur souveränen Gleichheit gehört.[412] Gegen den Einwand sprechen auch die Ausformungen der Souveränität in den einzelnen souveränen Rechten, die zweifelsfrei inhaltlich ausreichend bestimmt sind. Darüber hinaus ist nicht einsichtig, warum wegen der Schwierigkeit, den Inhalt einer Norm zu bestimmen, ihre ius cogens-Qualität verneint werden sollte.[413]

(4) Schließlich wird gegen die Einordnung der Souveränität in das ius cogens eingewendet, sie könne nicht dazu gehören, weil das ius cogens gerade das Sou-

---

tierte Staat sich nicht zur Wehr setzt, so ist das durchaus kein Verzicht auf dieses Recht und somit kein Argument, das der Aggressor den anderen Staaten entgegenhalten kann. Kein Drittstaat ist verpflichtet, einer derartigen rechtswidrigen Annexion zuzustimmen, bzw. sie hinzunehmen (*K. Doehring*, Völkerrecht, Rn. 304).

409 Beispiel nach *K. Doehring*, Völkerrecht, Rn. 304 mN. in Fn. 33.

410 So ausdrücklich *R. Lagoni*, in: Menzel/Ipsen, Völkerrecht^2, S. 338; aus diesem Grund ebenso ablehnend *H. Mosler*, SchwJbIR 25 (1968), 9, 33 ff.; *W. Heintschel v. Heinegg*, in: Ipsen, Völkerrecht, § 15 Rn. 60.

411 Vgl. *Wang Tieya*, RC 221 (1990 II), 195, 279 ff. mwN.

412 Vgl. außerdem die Ausführungen zur Bestimmung des heutigen Souveränitätsverständnisses, § 4 II 2.

413 *H. Mosler*, SchwJbIR 25 (1968), 9, 19, gehört zwar zu denen, die diese Kritik geäußert haben, betont aber selbst: „Ebenso wie uns mangelnde Perfektion der Völkerrechtsordnung nicht gehindert hat, einen Kernbestand an fundamentalen Normen anzunehmen, kann uns die Schwierigkeit der Auslegung nicht hindern, die zwingende von der nachgiebigen Norm zu unterscheiden.“

veränitätsdenken überwinde.[414] Richtig daran ist, dass die Staaten nicht mehr völlig frei in der Völkerrechtsordnung agieren können. Mit der Einschränkung der vollständigen Vertragsautonomie ist eine Verobjektivierung der Völkerrechtsordnung eingetreten. Nach dem veralteten Souveränitätsverständnis, das die Souveränität als Freiheit vom Recht verstand, wäre es tatsächlich problematisch gewesen, ius cogens zu erklären.[415] Unter Zugrundelegung des richtigen, modernen Verständnisses von Souveränität ist die Möglichkeit der Schaffung von ius cogens eher Ausdruck der Souveränität. Die Staaten können nach ihrem Willen gemeinsam zwingendes Recht schaffen und wieder abschaffen. Was darüber hinaus gegen den Einwand von der abnehmenden Bedeutung der Souveränität im Völkerrecht spricht, wurde bereits im Rahmen der Bestimmung des Souveränitätsbegriffs dargestellt.[416]

Nach alledem können die Einwände gegen die ius cogens-Qualität der Souveränität nicht überzeugen.

dd) Ergebnis

Die Souveränität hat ius cogens-Qualität und stellt daher stärkeres Recht dar. Daraus ergibt sich für die souveränitätsfreundliche Auslegung eine weitere Rechtfertigung. Sie ist eine Ausformung der rangkonformen Auslegung bzw. der Auslegung in Übereinstimmung mit dem ius cogens. In Anlehnung an den allge-

---

414 In diese Richtung *H. Neuhold*, in: BDGV 28 (1987), S. 51, 61: „Gerade in die Richtung einer Souveränitätsbeschränkung wirkt jedoch die Aufnahme von Bestimmungen über das ius cogens in die WVK." Noch anders *L. Wildhaber*, in: Macdonald/Johnston (Hrsg.), The Structure and Process of International Law, S. 425, 441 f., der der Auffassung ist, die Souveränität habe keinen ius cogens-Charakter, weil die souveränitätsfreundliche Auslegung sonst in Art. 31 WVK zu den anzuwendenden Auslegungsregeln aufgenommen worden wäre. Dagegen spricht aber, dass Art. 31 WVK nur die wichtigsten Auslegungsregeln kodifiziert und sich die souveränitätsfreundliche Auslegung mittelbar in der Vorschrift verankern lässt (s.o. § 8 I, § 10 II 2 b ee, § 12 I).

415 *K. Doehring*, Völkerrecht, Rn. 298, schreibt: „Die Unterscheidung zwischen dispositivem und zwingendem Recht ist eine relativ neue Entwicklung. Vorher hatte man unter Souveränität als dem wesentlichen Merkmal des autonomen Staates angenommen, dass die Staaten als Erzeuger des Völkerrechts unter sich und also letztlich über alles verfügen können. Diese unbeschränkte Vertragsfreiheit nahm in dem Maße ab, wie der Inhalt des Begriffs der Souveränität sich wandelte, d.h. seit man die Souveränität nicht mehr als Ordnungsunabhängigkeit betrachtete, sondern das Völkerrecht als der gesamten Staatengemeinschaft übergeordnet."

416 S.o. § 4 II 3.

meinen Sprachgebrauch könnte man auch von einer *souveränitätskonformen Auslegung* sprechen.

Auslegung in Übereinstimmung mit dem ius cogens hat zur Folge, dass auch alle anderen ius cogens-Normen bei der Auslegung besonders zu beachten sind. Dies gilt insbesondere für die „menschenrechtsfreundliche" bzw. „menschenrechtskonforme" Auslegung.[417] Damit zeigt sich aber gleichzeitig, dass zumindest aus dem Gesichtspunkt der Höherrangigkeit kein sich auf die Auslegung auswirkender genereller Vorrang der Menschenrechte gegenüber der Souveränität ergibt.

III. Resümee

Es konnte eine weitere Legitimation für die souveränitätsfreundliche Auslegung gefunden werden. Die souveränitätsfreundliche Auslegung stellt nicht nur eine Ausformung der teleologischen und systematischen Auslegung, sowie der Auslegung im Lichte des Allgemeinen Völkerrechts dar, sondern darüber hinaus eine Ausformung der rangkonformen Auslegung. Dies folgt vor allem daraus, dass die Souveränität und einige souveräne Rechte zum völkerrechtlichen ius cogens zu zählen sind.

Da das völkerrechtliche ius cogens aber keine mit dem innerstaatlichen Recht vergleichbare Vorrangstellung einnimmt, sondern lediglich stärkeres Recht darstellt und außerdem die Einheit der Rechtsordnung insgesamt bei weitem nicht so ausgeprägt ist, wie in innerstaatlichen Rechtsordnungen, kommt der Auslegung in Übereinstimmung mit dem ius cogens im Rahmen des Gesamtauslegungsprozesses eher geringere Bedeutung zu.

Abgesehen vom ius cogens gibt es in der Rechtsordnung keine allgemeine Hierarchie zwischen den Normen. Es besteht keine Hierarchie zwischen den einzelnen Völkerrechtsquellen, die Lehre von der Grundnorm und materielle Verfassungskonzeptionen sind abzulehnen und die UN-Charta stellt nicht die Verfassung der Völkerrechtsordnung dar.[418] Daher kann aus diesen Normenhierarchie-

---

417 Allerdings müsste genau ermittelt werden, welche Rechte dies im einzelnen sind, eine Verallgemeinerung, wie der Begriff „menschenrechtskonforme Auslegung" nahe legt, kann jedenfalls nicht ohne weiteres angenommen werden.

418 In Bezug auf die Diskussion zur Hierarchie im Völkerrecht kann festgehalten werden, dass ihr Ergebnis gewissermaßen wieder am Ausgangspunkt angekommen ist (vgl. *E. Roucounas*, RC 206 (1987 VI), 9, 57). Sie entstand mit der Debatte um die hierarchische Stellung des ius cogens und weitete sich dann zu unterschiedlichsten

konzepten keine zusätzliche Legitimationskraft für die souveränitätsfreundliche Auslegung hergeleitet werden. Vertritt man gleichwohl eine andere Auffassung, dann erhielte die souveränitätsfreundliche Auslegung zusätzliche Legitimationskraft, da die Souveränität in den einzelnen vertretenen Konzepten in aller Regel an der Spitze der Normenhierarchie verankert ist.

Auch wenn die UN-Charta nicht als Verfassung der Völkerrechtsordnung angesehen werden kann, stellt sie für ihre Mitglieder gem. Art. 103 UN-Charta vorrangiges Recht dar. Insoweit hat die in der UN-Charta an zentraler Stelle verankerte Souveränität eine Vorrangstellung, die bei der Auslegung von Verträgen, die zwischen Mitgliedstaaten geschlossen werden, zu beachten ist.

§ 12 Folgerungen – Wirkung und Anwendung der souveränitätsfreundlichen Auslegung

I. Ausgangspunkt: Zusammenfassung zur Legitimation der souveränitätsfreundlichen Auslegung

Die souveränitätsfreundliche Auslegung ist potentiell geeignet, an der Aufdeckung des normativen Gehalts einer Norm mitzuwirken. Sie stellt eine Ausformung der teleologischen und systematischen Auslegung, der Auslegung im Lichte des Allgemeinen Völkerrechts (§ 10 III) und der rangkonformen Auslegung (§ 11 III) dar. Dagegen kann sie nicht mit Hilfe der restriktiven Auslegung von Ausnahmen legitimiert werden (§ 9 III).

Keine zusätzliche Stärkung erhält die souveränitätsfreundliche Auslegung durch die Praxis. Wurde die Regel bis Mitte des letzten Jahrhunderts kontinuierlich und relativ einheitlich angewendet (§§ 5-7), so trat spätestens mit Einführung der Wiener Vertragsrechtskonvention ein Wandel ein. Seither ist die Einheitlichkeit verloren und die Verbreitung zurück gegangen (§ 8 VII).[419] Dies vermag die souveränitätsfreundliche Auslegung aber nicht entscheidend zu schwächen, da die Legitimation einer Auslegungsregel grundsätzlich jenseits der Rechtsquellen zu suchen ist (§ 3 III).

Konzeptionen aus. Am Ende der Diskussion muss mit *U. Fastenrath*, Lücken im Völkerrecht, S. 75, 227, konstatiert werden, dass eine Rangordnung im Völkerrecht nur *rudimentär* vorhanden ist. Es ist das ius cogens.

419 Vgl. zu diesen Anforderungen an die Beurteilung der Praxis § 3 III.

Eine ausdrückliche Normierung der souveränitätsfreundlichen Auslegung gibt es nicht. Dies spricht aber nicht gegen die souveränitätsfreundliche Auslegung, da die verschiedenen Kodifikationen nur die grundlegenden Auslegungsregeln normiert haben (§ 8 I), und die souveränitätsfreundliche Auslegung eine Ausformung von kodifizierten Auslegungsregeln ist: In Art. 31 I WVK wurden die teleologische und die systematische Auslegung niedergelegt. Nach Art. 31 III lit. c) WVK ist „jeder in den Beziehungen zwischen den Vertragsparteien anwendbare einschlägige Völkerrechtssatz [zu berücksichtigen]." Dazu gehören vor allem die Grundprinzipien des Völkerrechts und insbesondere die Souveränität. Auch Art. 31 IV WVK steht in enger Beziehung zur souveränitätsfreundlichen Auslegung. Er statuiert: „Eine besondere Bedeutung ist einem Ausdruck beizulegen, wenn feststeht, dass die Vertragsparteien dies beabsichtigt haben." Es kommt also entscheidend auf den Willen der Vertragspartner an. Was sie gewollt haben, das gilt. Danach ist das zutreffende Verständnis von der souveränitätsfreundlichen Auslegung konsistent mit der Regelung in der Wiener Vertragsrechtskonvention, die der Fixpunkt der völkerrechtlichen Methodenlehre ist, und der Auffassung des Internationalen Gerichtshofs, wonach die Auslegungsregeln Gewohnheitsrecht darstellen, die in den Art. 31 ff. WVK reflektiert werden.[420]

II. Die Art und Weise der Anwendung

Der „Wert" einzelner Auslegungsregeln bei ihrer Anwendung ist in erster Linie im Einzelfall zu beurteilen.[421] Ob die souveränitätsfreundliche Auslegung dabei sinnvoll angewendet werden kann, lässt sich nicht allgemein sagen.[422] Immerhin lassen sich aus der Legitimation der souveränitätsfreundlichen Auslegung und dem Inhalt der Souveränität einige Aussagen treffen, wie die Auslegungsregel anzuwenden ist.

1. Die methodologische Seite

a) Allgemeines

Da die souveränitätsfreundliche Auslegung eine Ausformung der teleologischen und systematischen Auslegung darstellt, ist sie im Rahmen dieser Auslegungen

420 Nachweise s.o. § 3 I.

421 *F. Matscher*, in: FS Mosler, S. 545, 565.

422 So generell für alle Auslegungsregeln *R. Bernhardt*, Die Auslegung völkerrechtlicher Verträge, S. 57.

(mit-) zu beachten. Sie ist daher nicht vor- oder nachrangig[423] und vor allem nicht – wie häufig behauptet – technisch-formal anzuwenden bzw. mechanisch zu handhaben.[424] Die Regel entzieht sich damit der Kritik, sie beachte zu wenig die Eigenheiten der konkret auszulegenden Norm[425]. Die souveränitätsfreundliche Auslegung zwingt zu keiner bestimmten Auslegung. Ob das von ihr nahegelegte Ergebnis überzeugen kann, muss die weitere Auslegung zeigen. Das ist keine Besonderheit dieser Auslegungsregel. Auslegungsregeln besitzen keinen absoluten Charakter, sie bilden vielmehr abzuwägende Argumente im Auslegungsprozess, die aufgrund besserer Argumente zurücktreten können. Erst die Kombination verschiedener Auslegungsregeln führt zu einem vertretbaren Ergebnis.[426]

Die souveränitätsfreundliche Auslegung steht zu anderen Auslegungsregeln in keinem Über- oder Unterordnungsverhältnis. Sie findet nicht nur subsidiär Anwendung. Zwischen ihr und anderen Auslegungsregeln, insbesondere denen der Wiener Vertragsrechtskonvention sowie den Grundsätzen effet utile, implied powers und der dynamischen Auslegung, besteht kein Ausschlussverhältnis. Allerdings begrenzen sie einander. Vor allem darf die souveränitätsfreundliche Auslegung nicht zu einer ineffektiven Auslegung führen und die effektive Auslegung darf nicht zur unbeschränkten weiten Auslegung führen, sondern nur soweit, wie die Zwecke vom souveränen Willen der Vertragsparteien gedeckt sind (§ 10 II 2 b bb (3) (a)). Die genannten Auslegungsregeln dürfen daher nicht pauschal angewendet werden. Geboten ist vielmehr ihre maßvolle Anwendung und die genaue Analyse der mit der auszulegenden Norm verfolgten Zwecke.

Hinsichtlich des Ergebnisses der souveränitätsfreundlichen Auslegung wurde oftmals behauptet, sie gebiete eine enge bzw. restriktive Auslegung.[427] Dies ist in

---

423 Vgl. auch die eingehende Betrachtung unter § 12 II 1 b.

424 Anderer Auffassung war vor allem die Vorkriegspraxis (s.o. § 5 IV, § 6, aber auch *R. Bernhardt*, Die Auslegung völkerrechtlicher Verträge, S. 175 ff.).

425 So etwa *Young-Anleihe*, GYIL 23 (1980), 414, 451.

426 *M. Hilf*, Die Auslegung mehrsprachiger Verträge, S. 102 mwN. in Fn. 437; *F. Matscher*, in: FS Mosler, S. 545, 565.

427 So etwa *D. Blumenwitz*, Die Ostverträge im Lichte des internationalen Vertragsrechts, S. 21: „Das Prinzip der restriktiven Auslegung, das besagt, dass unter mehreren möglichen Auslegungen nur diejenige zu wählen ist, die die geringsten Verpflichtungen für die Vertragsparteien beinhaltet, folgt aus dem Wesen des Völkerrechts und seinem Grundprinzip der Souveränität der Staaten." Ebenso *F. Berber*, Lehrbuch des Völkerrechts 1. Bd., S. 447. Ein solches Verständnis war weitverbreitet, wN. s.o. § 6 III, § 7 IV 7, § 8 VI 1 und bei *A. Rest*, Interpretation von Rechtsbegriffen in internationalen Verträgen, S. 76.

dieser Allgemeinheit unzutreffend. Die souveränitätsfreundliche Auslegung ist nicht so anzuwenden, dass für die auszulegende Norm zunächst ein möglicher Anwendungsbereich bestimmt wird und dann unter den verschiedenen Bedeutungen diejenige zu wählen ist, die einen möglichst engen Anwendungsbereich hat.[428] Die gegenteilige Ansicht berief sich vor allem auf die abzulehnende Regel der restriktiven Auslegung von Ausnahmen[429] oder auf ein verfehltes Souveränitätsverständnis, welches die Souveränität mit „Freiheit von rechtlicher Bindung" gleichsetzt. Darüber hinaus verbietet sich eine generelle Gleichsetzung von souveränitätsfreundlicher und restriktiver Auslegung schon deshalb, weil die souveränitätsfreundliche Auslegung auch für eine weite Auslegung sprechen kann, und zwar insbesondere dann, wenn die auszulegende Vorschrift den Schutz der Souveränität bezweckt.[430] Wie unterschiedlich sich das Argument der Souveränität

---

428 Für ein solches Verständnis der restriktiven Auslegung als „Auslegung zu Gunsten des geringsten Anwendungsbereiches" etwa *D. Blumenwitz*, Die Ostverträge im Lichte des internationalen Vertragsrechts, S. 21. Diese (abzulehnende) Verwendungsweise nennt *K. Engisch*, Einführung in das juristische Denken, S. 128, den *sachlichen Sinn* der restriktiven Auslegung. Neben diesem Anwendungsbereich der restriktiven Auslegung gibt es noch andere Situationen, in denen die restriktive bzw. die mit ihr ein Begriffspaar bildende extensive Auslegung angewendet wird. Dies hat insbesondere *Engisch*, ebenda, S. 127 ff., hervorgehoben: Die restriktive Auslegung wird etwa im sprachlichen Bereich angewendet (in diese Richtung etwa *G. Dahm*, Völkerrecht Bd. III, S. 44). Danach sei zunächst eine Realanalyse (vgl. *H.-J. Koch/H. Rüßmann*, Juristische Begründungslehre, S. 219) des zu untersuchenden Begriffes vorzunehmen, um eine erste Bedeutung zu erhalten. Dies sei der „nächstliegende", „enge", „strenge" bzw. „eingeschränkte" Sinn. Ihm könne dann ein „entfernter", „weiter" bzw. „gedehnter" Sinn gegenübergestellt werden (*K. Engisch*, ebenda, S. 127 mwN. Er nennt das den *sprachlichen Sinn* der restriktiven Auslegung). Danach wäre die restriktive Auslegung so etwas, wie eine „alltagssprachliche Auslegung". Die souveränitätsfreundliche Auslegung gebietet aber keinesfalls eine alltagssprachliche Auslegung, so dass sie auch unter Zugrundelegung dieses Verständnisses keinen Fall der restriktiven Auslegung darstellt. Mit der restriktiven Auslegung wird zum Teil auch das Verhältnis des Wortlauts zum Willen des Normgebers gekennzeichnet (so etwa *A. Verdross*, Völkerrecht, S. 175; *A. Rest*, Interpretation von Rechtsbegriffen in internationalen Verträgen, S. 76; vgl. zudem *Th. Schweisfurth*, Der internationale Vertrag in der modernen sowjetischen Völkerrechtstheorie, S. 280 mN.). Sei dem Wortlaut mehr zu entnehmen, als der Normgeber tatsächlich regeln wollte, so müsse restriktiv ausgelegt werden (*K. Engisch*, ebenda, S. 131). Die in dieser Form verstandene restriktive Auslegung stellt aber lediglich die Kennzeichnung des Ergebnisses der Auslegung dar, nämlich wie der Wille des Normgebers (dessen Ermittlung ist das Ziel der Auslegung, vgl. § 2 V) und dessen Ausdruck im Text in Einklang gebracht wurden (*K. Engisch*, ebenda, S. 131 f. mwN.).

429 S.o. § 9 II 1.

430 S.o. § 10 II 2 b (2) (b). Ein Beispiel für eine Vorschrift, die unter anderem den Zweck hat, die staatliche Souveränität zu schützen ist das in Art. 2 Ziff. 4 UN-Charta normierte Gewaltverbot. Eine souveränitätsfreundliche Auslegung gebietet

im Ergebnis auswirken kann, zeigt der Fall *Right of Passage over Indian Territory*[431]. Bei der Frage, ob Portugal für militärische Güter ein Durchzugsrecht durch indisches Territorium besitze, sprach das Argument der Souveränität Indiens gegen ein Durchzugsrecht, also für eine enge Auslegung. Demgegenüber sprach die Souveränität Portugals über seine Enklaven für eine weite Auslegung, weil die Souveränität über die Enklaven nur dann effektiv ausgeübt werden kann, wenn die Enklave verteidigungsfähig ist. Letztlich ist die Gleichsetzung von souveränitätsfreundlicher und restriktiver Auslegung auch deswegen verfehlt, weil die restriktive und ebenso die extensive Auslegung in Wirklichkeit keine Auslegungsregeln sind und in Bezug auf die Ermittlung des Willens des Normgebers keinen Nutzen haben.[432] Vielmehr kennzeichnen die beiden Begriffe lediglich das Ergebnis einer Auslegung.[433] Sie verdeutlichen lediglich, wie sich das Ergebnis mit und ohne Beachtung eines bestimmten Aspekts bei der Auslegung ändert.[434] Daher kann etwa die Aussage, der Kontext gebiete eine restriktive Auslegung des Wortlauts, richtig sein. Falsch ist dagegen die generelle Aussage, völkerrechtliche Verträge sind restriktiv auszulegen.

---

daher, das Gewaltverbot nicht zu Lasten der Souveränität zu durchbrechen. Dies spricht z.B. gegen das Recht von Staaten, militärisch in innerstaatliche Konflikte anderer Staaten eingreifen. Dagegen geböte eine restriktive Auslegung die Einschränkung des Anwendungsbereiches der Vorschrift, und damit möglicherweise dafür, dass Staaten die inneren Konflikte eines anderen Staates mit Gewalt beenden darf. Souveränitätsfreundliche und restriktive Auslegung des Art. 2 Ziff. 3 UN-Charta sprechen also unterschiedliche Ergebnisse.

431 ICJ Rep. 1960, S. 6 ff. Einzelheiten s.o. § 8 I 3.

432 *G. Schwarzenberger*, International Law Vol. 1, S. 509, meint daher zu Recht: „[Y]et, there is no magic in either the restrictive or extensive interpretation of treaties."

433 *R. Bernhardt*, Die Auslegung völkerrechtlicher Verträge, S. 178, hebt hervor, dass die restriktive Auslegung keine eigenständige Auslegungsregel kennzeichne. *A. Rest*, Interpretation von Rechtsbegriffen in internationalen Verträgen, S. 76; *Th. Schweisfurth*, Der internationale Vertrag in der modernen sowjetischen Völkerrechtstheorie, S. 280 mN. in Fn. 3; O. Weinberger, Rechtslogik, S. 327 f.; *U. Klug*, Juristische Logik, S. 153 f.; *M. Kaser*, Römisches Privatrecht, S. 32. In der Praxis geht nicht immer deutlich hervor, ob die restriktive Auslegung als eigenständige Auslegungsregel angesehen wird oder lediglich das Ergebnis einer Auslegung kennzeichnen soll (relativ deutlich für letzteres aber *Maritime Safety Committee of the IMCO*, ICJ Rep. 1960, S. 150, 158; S. O. *El-Erian, Interpretation of Agreement*, ICJ Rep. 1980, S. 73, 163, 174; D.O. *Shahabuddeen, Land, Island and Maritime Frontier Dispute (El Salvador/Honduras), Order of 28 February 1990*, ICJ Rep. 1990, S. 3, 18, 44).

434 Als Kennzeichnung des Ergebnisses der Auslegung haben die restriktive und extensive Auslegung durchaus einen Nutzen, weil sie auf anschauliche Weise zeigen, wie sich die Beachtung einer bestimmten Auslegungsregel im Ergebnis auswirkt.

b) Keine Zweifelsregel

Die souveränitätsfreundliche Auslegung ist insbesondere keine Zweifelsregel. Die Gegenauffassung[435], die insbesondere vom Ständigen Internationalen Gerichtshof vertreten wurde[436], ging davon aus, dass zwischen primär und sekundär anzuwenden Auslegungsregeln zu unterscheiden sei. Zu den primären gehörten etwa die grammatikalische, die systematische, die historische und die teleologi-

---

435 Bis 1945 vertreten von *P. Heilborn*, Grundbegriffe des Völkerrechts, S. 76; *L. Oppenheim*, International Law Vol. I, S. 584; *Y. Chang*, The Interpretation of Treaties by Judical Tribunals, S. 61 ff., 75; Opinion of *Bruce*, *US-Colombian Bond Cases*, in: J. B. Moore, History and Digest of the International Arbitrations to which the United States has been a party Vol. IV, S. 3612, 3614; *Sambiaggio Case, Italian-Venezuelan Commission*, RIAA X, S. 500, 521 f.; *The Kronprins Gustaf Adolf; Pacific*, RIAA II, S. 1239, 1254 = AD 6 (1931/32), Case No. 205, S. 372, 375. Nach 1945 vertreten von *UNESCO Constitution Case*, AD 16 (1949), Case No. 113, S. 331 , 335 f.; *Iran-United States Case No. A/18*, ILR 75, 176, 183, 216; Opinion of *Kashani and Shafeieis, Iran-United States A/1*, ILR 68, S. 523, 547, 557; *Rizzo and Others, Franco-Italian Conciliation Commission*, ILR 19, Case No. 107, S. 478, 481 f.; *Champagner-Weizenbier*, BGHZ 52, 216, 220 f.; *J. M. Mössner*, Einführung in das Völkerrecht, S. 124; *G. Dahm*, Völkerrecht Bd. III, S. 54; *H. Kraus*, in: FS Smend (1952), S. 189, 204; *A. Verdross*, Völkerrecht, S. 174; *P. Guggenheim*, Lehrbuch des Völkerrechts I, S. 128; *K. Doehring*, Völkerrecht, Rn. 393; *G. Schwarzenberger*, International Law Vol. 1, S. 123; *K. Zemanek*, in: Neuhold/Hummer/Schreuer (Hrsg.), Österreichisches Handbuch des Völkerrechts I, Rn. 359; *J. Anweiler*, Die Auslegungsmethoden des Gerichtshofs der Europäischen Gemeinschaften, S. 130 ff., 136 f.; *A. Bleckmann*, Grundgesetz und Völkerrecht, S. 47; wN. bei *M. Kronauer*, Die Auslegung von Staatsverträgen durch das Schweizerische Bundesgericht, S. 91 Fn. 430. Teilweise ist unklar, ob mit der Charakterisierung als Zweifelsregel tatsächlich eine Aufspaltung des Auslegungsprozesses gewollt ist. So schreibt etwa *I. Seidl-Hohenveldern/T. Stein*, *Völkerrecht*, Rn. 342: „(...) [Es] gilt auch der Satz, dass im Völkerrecht grundsätzlich *Einschränkungen der Souveränität nicht vermutet* werden (...). Daraus folgt, dass im Zweifelsfall nicht zu vermuten ist, dass ein Vertrag sich bewusst über allgemeine Völkerrechtsregeln oder bestehende Völkerrechtsverpflichtungen hinwegsetzen will." Die Idee, mit Hilfe von Zweifelsregeln auszulegen, hat eine lange Tradition. Bereits *H. Grotius*, De iure belli ac pacis, 2. Buch Kap. 16 XXVI, verwendete sie. Auch im deutschen Recht wurden bisweilen Zweifelsregeln bei der Auslegung verwendet. Zu nennen ist insbesondere die Regel *in dubio pro libertate*.

436 *Wimbledon*, PCIJ Ser. A No. 1, S. 24; *Case concerning the Factory at Chorzów*, PCIJ Ser. A No. 9, S. 32; *Brazilian Loans Case*, PCIJ Ser. A No. 21, S. 90, 114; *Case concerning free Zones of Upper Savoy and the District of Gex*, PCIJ Ser. A No. 24, S. 12, und PCIJ Ser. A/B No. 46, S. 92, 167; *Minority Schools in Albania*, PCIJ Ser. A/B No. 64, S. 22; *Phosphates in Morocco*, PCIJ Ser. A/B No. 74, S. 10, 23. Die Rechtsprechung des IGH wendete dagegen die Regel kaum noch an. Dafür noch D.O. *Basdevant, Winiarski, McNair, Read, Conditions of Admission to the United Nations*, ICJ Rep. 1948, S. 57, 82, 86; S. O. *Ammoun, Barcelona Traction*, ICJ Rep. 1970, S. 3, 303, 313; wohl auch S. O. *Basdevant, Minquiers and Ecrehos*, ICJ Rep. 1953, S. 47, 74, 77.

sche Auslegung. Nach ihrer Anwendung seien drei Ergebnisse möglich: (1) Die Norm regelt den Fall, (2) sie regelt ihn nicht oder (3) es bleibt zweifelhaft, ob sie ihn regelt. Sei letzteres der Fall, dann könne die Auslegung nicht beendet sein, vielmehr bedürfe es dann zur Lösung des Rechtsproblems sogenannter Zweifelsregeln, die technisch-formal anzuwenden seien[437] und ein Ergebnis präferierten. Dabei solle der Grundsatz der Souveränität zum Tragen kommen. Er gebiete, eine möglichst restriktive Auslegung vorzunehmen.[438] So verstanden wäre die souveränitätsfreundliche Auslegung gewissermaßen der letzte Ausweg zur Findung einer endgültigen Entscheidung bei unklaren Konstellationen. Terminologisch findet diese Auffassung ihren Ausdruck in der Bezeichnung „in dubio mitius".

Die souveränitätsfreundliche Auslegung stellt aber bereits eine Ausformung von primär anzuwendenden Auslegungsregeln dar. Sie ist deshalb schon im Auslegungsprozess auf der Primärebene zu berücksichtigen.

Außerdem geht der ursprüngliche Legitimationsansatz fehl. Die als Zweifelsregel verstandene Auslegungsregel wurde für plausibel gehalten, weil man generell unterstellte, die Staaten wollten ihre (absolut verstandene) staatliche Souveränität möglichst geringen Beschränkungen aussetzen.[439] Daher sei eine Verpflichtung nur dann anzunehmen, wenn sie klar und eindeutig festgelegt worden sei. Im Zweifel sei dagegen auf den generellen Willen abzustellen und daher restriktiv, d.h. zugunsten der Ungebundenheit, auszulegen. Mit der Aufgabe des absoluten Souveränitätsverständnisses verliert diese Argumentation aber an Überzeugungskraft. Das Argument des fehlenden Bindungswillens überzeugt dann nicht mehr, sobald eine Norm gefunden ist.[440] Diese Erwägungen dürften entscheidend dazu beigetragen haben, dass die als Zweifelsregel verstandene souveränitätsfreundliche Auslegung mit der Durchsetzung des relativen Souveränitätsverständnisses kaum noch vertreten wurde.[441]

---

437 *M. Kronauer*, Die Auslegung von Staatsverträgen durch das Schweizerische Bundesgericht, S. 87 ff., 90 f.

438 *M. Kronauer*, Die Auslegung von Staatsverträgen durch das Schweizerische Bundesgericht, S. 90 f. mwN., schreibt etwa: „(...) [V]on restriktiver Interpretation [wird] gesprochen (...), wenn im Zweifel, das heißt, wenn zwei Auslegungsresultate mit der gleichen Wahrscheinlichkeit richtig sind, dasjenige Auslegungsresultat maßgebend sein soll, das die Vertragsstaaten weniger weitgehend verpflichtet (...)."

439 S.o. § 4 III, IV, § 5 I.

440 Vgl. zu diesem Einwand auch unten § 12 III 1 c.

441 Soweit die Ansicht, es handele sich um eine Zweifelsregel, in der jüngeren Literatur noch vertreten wurde, handelt es sich um das Bestreben, den Anwendungsbereich und die Bedeutung der Auslegungsregel zurückzudrängen. Die Regel solle nicht

Darüber hinaus ist die Aufspaltung des Auslegungsprozesses in vor- und nachrangige Auslegungsschritte insgesamt abzulehnen. Der Auslegungsprozess ist ein einheitlicher Vorgang.[442] Dafür spricht die Funktionsgebundenheit der einzelnen Auslegungsregeln unterstrichen.[443] Sie sollen jeweils eine andere Facette der Norm aufdecken. Soweit die gewonnenen Argumente für unterschiedliche Lösungen zu sprechen, muss geprüft werden, welche Argumente überzeugungskräftiger sind. Deshalb kann zwischen den einzelnen Auslegungsregeln kein formeller Rang bestehen.[444] Bliebe ein Aspekt zunächst oder überhaupt ausgespart, wäre der Auslegungsprozess unvollständig.

Zudem ist die Gewichtung der Zweifelsregeln zwiespältig. Fördern die primären Regeln Klarheit zu Tage, spielen die Zweifelsregeln überhaupt keine Rolle und bleiben ohne jegliche Bedeutung. Im Zweifelsfall dagegen, also vor allem bei hochumstrittenen Fällen, soll ihnen die streitentscheidende Bedeutung zukommen.

Gegen die Aufspaltung des Auslegungsprozesses spricht auch die Wiener Vertragsrechtskonvention. Die in ihr normierten Auslegungsregeln werden nicht in primäre Auslegungsregeln und sekundär anzuwendende Zweifelsregeln eingeteilt.[445] Die zwischenzeitlich im Kodifikationsprozess der Wiener Vertragsrechts-

---

mehr generell, sondern *nur* noch im Zweifelfall angewendet werden (in diese Richtung etwa *G. Dahm*, Völkerrecht Bd. III, S. 54; vgl. zudem § 7 VI 1).

442 Damit soll nicht der Nutzen abgesprochen werden, bei der Auslegung verschiedene Probleme abzuschichten, um sie dann leichter beurteilen zu können. Dies erhöht in der Tat die Operabilität des Auslegungsprozesses. Zwischen den einzelnen Teilproblemen besteht aber keine Hierarchie oder ein logischer Vorrang.

443 *M. Koskenniemi*, From Apology to Utopia, S. 296, schreibt: „The point is that there is no constraining hierarchy among them. Nor can there be because the 'methods' do not have any independence from the subjective and objective constructions. Their use is justifiable only as a means of finding original intent or justice."

444 *K. Larenz*, Methodenlehre, S. 345 mwN.; *R. Zippelius*, Juristische Methodenlehre, § 10 VI, S. 63; YILC 1966 II, S. 220 Nr. 9; *M. Koskenniemi*, From Apology to Utopia, S. 296; *M. S. McDougal/H. D. Lasswell/J. C. Miller*, The Interpretation of Agreements and World Public Order, S. 111 ff.; *U. Fastenrath*, Lücken im Völkerrecht S. 177 mwN. in Fn. 697. *R. Bernhardt*, Die Auslegung völkerrechtlicher Verträge, S. 187 (III. 1.), ist der Auffassung, es bestehe keine feste Rangordnung zwischen den Auslegungsregeln, sagt dann aber, dem Vertragstext gebühre der Vorrang (so auch die Überschrift auf S. 58). Ablehnend *C.-W. Canaris*, Systemdenken und Systembegriff in der Jurisprudenz, S. 91 Fn. 23.

445 In die Richtung einer solchen Unterscheidung geht allenfalls Art. 33 IV WVK, der zur Voraussetzung hat, dass bei einem Vergleich authentischer Texte eines mehrsprachigen Vertrags Bedeutungsunterschiede bestehen, die durch die Auslegung mit den Auslegungsregeln der Art. 31 und 32 WVK nicht ausgeräumt werden können.

konvention vorgeschlagene Norm über Auslegungsregeln für „Cases where the meaning of a provision is in doubt“ wurde nicht in die Endfassung übernommen.[446]

Gegen diese Einwände spricht nicht, dass nach der Auslegung bestehende Zweifelsfälle einer Lösung bedürfen. Verbleiben beim Auslegenden Zweifel am Ergebnis, muss er sie ausräumen, indem er wieder in den Auslegungsprozess zurückkehrt und weiter auslegt, bis sein Ergebnis auf hinreichend gestützter Erkenntnis beruht. Letztlich denkt derjenige, der zum Ergebnis „es bestehen Zweifel“ kommt, die noch anzuwendende Zweifelsregel schon mit. In Wirklichkeit hat er sich schon entschieden. Er hofft, mit der scheinbar auf der Logik beruhenden Zweifelsregel, das gewünschte Ergebnis noch einmal abzusichern.[447]

---

446 Wortlaut siehe YILC 1964 I, S. 309. Ihre Nichtberücksichtigung erfolge allerdings nicht wegen Bedenken gegenüber der Unterscheidung von primären und sekundären Auslegungsregeln (vgl. YILC 1964 I, S. 317 Ziff. 37 ff., 340 Ziff. 51). Die statt der Norm über die Auslegung in Zweifelsfällen wurde Art. 32 WVK gestaltet, der „ergänzende Auslegungsmittel“ beinhaltet. Die Vorschrift ist anzuwenden, „wenn die Auslegung nach Art. 31 die Bedeutung mehrdeutig oder dunkel lässt (...).“ Die Formulierung lässt offen, ob die ergänzenden Auslegungsmittel gem. Art. 32 WVK nur sekundär anzuwenden sind.

447 Ferner bestehen Bedenken gegen die Ermittlung des Zweifelfalles, d.h. wann zwei Ergebnisse gleichwahrscheinlich sind. Je nach dem, wie genau untersucht wird und die einzelnen Argumente gewichtet werden, sind unterschiedliche Beurteilungen möglich. Beispielhaft dafür steht der Fall *Jurisdiction of the European Commission of the Danube*, PCIJ Ser. B No. 14, insb. S. 36, in dem die Richtermehrheit bestehende Zweifel ausräumte, der Richter *Negulesco*, D. O., PCIJ Ser. B No. 14, S. 84, 89, dagegen die Regel „in case of doubt, the interpretation must be in favour of sovereignty” anwendete (Einzelheiten s.o. § 5 I 6). Vergleichbar ist dieses Problem mit der Aufgabe einer Personalabteilung einer Firma: Soll sie eine junge, motivierte und gutausgebildete Frau einstellen, oder einen erfahrenen und praxisbewährten Mann. Auch hier wird es die Personalabteilung nicht einfach haben, die für die Arbeit geeignetere Person zu finden. Am Ergebnis kann sicherlich gezweifelt werden. Dennoch muss eine Entscheidung getroffen werden, und zwar ohne die zweifelhafte Regel in dubio pro viro (im Zweifel zugunsten des Mannes). Vgl. *Kalanke*, EuGH Rs. C-450/93, Slg. I-3051 ff., Rz. 4: Die Stadt Bremen hatte die Stelle eines Sachgebietsleiters beim Gartenbauamt der Stadt Bremen neu zu besetzen und in der letzten Phase eines Einstellungsverfahrens zu entscheiden, ob sie Herrn Kalanke, der Diplom-Ingenieur für Garten- und Landschaftspflege ist und seit 1973 im Gartenbauamt als gartenbautechnischer Angestellter arbeitet und ständiger Vertreter des Sachgebietsleiters war, oder Frau Glissmann, die seit 1983 Diplom-Ingenieurin für Landschaftspflege ist und seit 1975 gleichfalls als gartenbautechnische Angestellte in dem gleichen Sachgebiet tätig ist, einstellt. Kriterium dafür ist die höhere Qualifikation. Die Entscheidung stellte fest, beide Bewerber besäßen die gleiche Qualifikation. Aufgrund einer gesetzlichen Bevorzugung kam daher die Frau zum Zuge. Nachdem der EuGH das als Entscheidungskriterium verworfen hatte, wurde erneut die

Die Ablehnung des Verständnisses der souveränitätsfreundlichen Auslegung als Zweifelsregel hat praktische Auswirkungen. So hätte etwa der Ständige Internationale Gerichtshof im Fall *Wimbledon* die von Deutschland vorgetragenen Souveränitätsargumente nicht aufsparen dürfen.[448] Vielmehr hätte er diese Argumente von vornherein in den Auslegungsprozess einstellen müssen, wie dies die beiden Richter *Anzilotti* und *Huber* in ihrer abweichenden Stellungnahme getan haben.[449]

c) Keine Vermutungsregel

Die souveränitätsfreundliche Auslegung stellt keine Vermutungsregel dar.[450] Demgegenüber wurde vertreten[451], die Regel sei so anzuwenden, dass Einschrän-

---

Qualifikation überprüft. Danach ergab sich letztlich eine niedrigere Qualifikation Kalankes.

448 PCIJ Ser. A No. 1, S. 24. Einzelheiten s.o. § 6 I 3.

449 D.O., PCIJ Ser. A No. 1, S. 35, 36. Einzelheiten s.o. § 6 I 3.

450 Vermutungsregeln aus methodologischen Erwägungen ablehnend *R. L. Bindschedler*, Rechtsfragen der europäischen Einigung, S. 51 f. *J. Burmeister*, Die Verfassungsorientierung bei der Gesetzesauslegung, S. 95; *U. Häfelin*, in: FS Eichenberger, S. 625 ff., insb. 636 f.; *H. Michel*, JuS 1961, 274; *F. Müller*, Juristische Methodik, Rn. 394; *H. P. Prümm*, Verfassung und Methodik, S. 192 f.; *L. Rosenberg*, Die Beweislast, S. 211 ff.; *H.-J. Rinck*, in: FS G. Müller, S. 289, 290 ff.; BVerwGE 42, 79, 83. Nicht aus methodologischer Sicht, sondern aus materiellen Gründen ablehnend *G. Dahm (Begr.), J. Delbrück/R. Wolfrum (Bearb.)*, Völkerrecht Bd. I/1, S. 222; *A. Rest*, Interpretation von Rechtsbegriffen in internationalen Verträgen, S. 70 f.; ebenso *G. Dahm*, Völkerrecht Bd. I, S. 160 und Bd. III, S. 54, es sei denn, es handele sich um lebenswichtige Interessen einer Partei.

451 In der Rechtsprechung wurde die so verstandene Auslegungsregel angewendet: *Lotus*, PCIJ Ser. A No. 10, S. 18, wobei die Regel, dass Restriktionen der Unabhängigkeit der Staaten nicht vermutet werden könnten, (mit-) streitentscheidend war. *Interpretation of Treaty of Lausanne (Frontier between Turkey and Iraq)*, PCIJ Ser. B No. 12, S. 25, *Oscar Chinn* PCIJ Ser. A/B No. 63, S. 65, 84, PCIJ Ser. A/B No. 63, S. 65, 84; D.O. *Anzilotti* und *Huber*, *Wimbledon*, PCIJ Ser. A No. 1, S. 35 ff.; D.O. *Basdevant, Winiarski, McNair, Read, Conditions of Admission to the United Nations*, ICJ Rep. 1948, S. 57, 82, 86; *The Kronprins Gustaf Adolf; Pacific*, RIAA II, S. 1239, 1254 = AD 6 (1931/32), Case No. 205, S. 372, 375; *Radio Corporation of America v. National Government of China*, RIAA III, S. 1621, 1627 (vgl. auch S. 1631-4) = AD 8 (1935-7), Case No. 12, S. 26, 27; *UNESCO Constitution Case*, AD 16 (1949), Case No. 113, S. 331 , 335 f.; Vorschlag Bulgariens in *Greece v. Bulgaria*, AJIL 28 (1934), 760, 770, 773; *Lake Lanoux Arbitration*, ILR 24, S. 101, 120 (s.o. § 7 II); in diese Richtung auch *South West Africa (1966-Decision)*, ICJ Rep. 1966, S. 6, 48; vgl. zudem S. O. *Fitzmaurice*, *Temple of Preah*, ICJ Rep. 1962, S. 6, 39, 52, wobei er zunächst die Vermutung *in favorem ejus qui dat* aufstellte, durch weitere Überlegungen aber zu einem anderen Ergebnis gelangte (ebenda, S. 52 ff., insb. 63 ff.). Die Idee, dass Vermutungen im Rahmen des Auslegungsprozesses eine Rolle spielen können, ist alt. *H. Grotius*, De iure belli ac pacis, 2. Buch Kap. 16 XX ff., stellte verschiedene Vermutungsregeln auf. Dazu gehörte auch ein

kungen zu Lasten der Souveränität der Staaten nicht zu vermuten seien. Zur Begründung wird – abgesehen von der Berufung auf Gewohnheitsrecht[452] – vorgetragen, ein Staat sei im Ausgangspunkt völkerrechtlich nicht gebunden, daher bestehe eine *Ausgangsvermutung* zugunsten der Ungebundenheit. Solange keine Verpflichtung eingegangen worden seien, bleibe es beim rechtlichen Zustand der Ungebundenheit der Staaten.[453] Diese Ausgangsvermutung wirke bei der Auslegung fort.[454] Insbesondere bleibe es bei der Ungebundenheit, wenn eine Norm nicht in klarer Weise etwas Abweichendes gebiete.[455]

Vorläufer der souveränitätsfreundlichen Auslegung (s.o. § 5 II). Auch *E. de Vattel*, Le droit des gens ou principes de la loi naturelle, Buch II, Kap. XVII § 300, zählt Vermutungsregeln auf. *Christian Wolff*, Grundsätze des Natur- und Völckerrechts, in: Gesammelte Werke I. Abt. Bd. 19, § 809, stellt die Vermutung zugunsten der geringsten Belastung der beschwerten Vertragspartei auf. Während also in der älteren Literatur häufiger von Vermutungen die Rede war, taucht sie in der jüngeren Literatur kaum noch auf. Anerkennung findet Vermutung zugunsten der Souveränität bei *G. Schwarzenberger*, International Law Vol. 1, S. 123; *D. P. O'Connell*, International Law Vol. I, S. 256 f. Nr. 6;. *I. Seidl-Hohenveldern/T. Stein*, Völkerrecht, Rn. 342; *W. Graf Vitzthum*, in: ders. (Hrsg.), Völkerrecht, 1. Abschn. Rn. 124 mit Fn. 294, eingeschränkt auf einen Ausnahmefall *H. Lauterpacht*, BYIL 26 (1949), 48, 59 (s.o. § 7 IV 1), eingeschränkt auf bilaterale bzw. Austauschverträge *S. M. Grundmann*, Die Auslegung des Gemeinschaftsrechts durch den Europäischen Gerichtshof, S. 116, *M. Herdegen*, Völkerrecht, § 15 Rn. 31, jew. ohne zu erklären, weshalb die Auslegungsregel eine Vermutung darstelle. Zum Teil bleibt unklar, ob dem Attribut *Vermutung* eine besondere Bedeutung in Bezug auf die Anwendungsweise der Auslegungsregel beigemessen wird. *A. Bleckmann*, in: FS Scupin, S. 407, stellt fest, dass sich die Völkerrechtslehre mit Vermutungen kaum befasst hat.

452 In diese Richtung D.O. *Basdevant, Winiarski, McNair, Read, Conditions of Admission to the United Nations*, ICJ Rep. 1948, S. 57, 82, 86; *UNESCO Constitution Case*, AD 16 (1949), Case No. 113, S. 331 , 335 f. Auslegungsregeln stellen jedoch kein Gewohnheitsrecht dar (s.o. § 3 II 1 c, 2).

453 *Lotus*, PCIJ Ser. A No. 10, S. 18.

454 *G. Schwarzenberger*, International Law Vol. 1, S. 123, betont: „Yet the right of independence is so fundamental that, in line with general presumtions in favor of State sovereignty, complementary rules exist which apply to the interpretation of such treaties."

455 D.O. *Basdevant, Winiarski, McNair, Read, Conditions of Admission to the United Nations*, ICJ Rep. 1948, S. 57, 82, 86; *Radio Corporation of America v. National Government of China*, RIAA III, S. 1621, 1627; *D. P. O'Connell*, International Law Vol. I, S. 257; *I. Seidl-Hohenveldern/ T. Stein*, Völkerrecht, Rn. 342. Danach wäre die souveränitätsfreundliche Auslegung so etwas wie eine Ergebnispräferenz zugunsten der Ungebundenheit der Staaten bei Ungewissheit. So auch *A. Bleckmann*, in: FS Scupin, S. 407, 410 ff., 415. Er begründet seine Auffassung allerdings anders: Die Völkerrechtsordnung stelle ein System von Rechtsvermutungen dar, wobei eine Vermutung zugunsten der Souveränität, die ein Leitprinzip der Völkerrechtsordnung darstelle, bestehe (ebenda, S. 410 ff., 417). Soweit man eine Ausnahme von dieser allgemeinen Regel postuliere, sei man gezwungen, diese Ausnahmeregel im Völkerrecht besonders nachzuweisen (ebenda, S. 407, 415).

Gegen den Charakter einer Vermutungsregel spricht das Fehlen einer tragfähigen methodologischen Begründung, warum die souveränitätsfreundliche Auslegung keine „normale" Auslegungsregel, die neben anderen anzuwenden ist, darstellen soll. Vor allem ist es unzulässig, unmittelbar vom gedanklichen Ausgangspunkt des tatsächlichen oder rechtlichen Nichtgebundenseins auf einen konkreten Norminhalt zu schließen. Wo sich ein Staat vertraglich bindet, dort ist die Vermutung widerlegt, er wolle sich nicht binden. Der in der Norm ausgesprochene Bindungswille der vertragsschließenden Parteien ist so stark, dass er die entgegenstehende Vermutung vernichtet. Auch die Souveränität spricht nicht für den Vermutungscharakter[456], weil sie bei der Auslegung nicht deshalb zu berücksichtigen ist, weil ein Staat zunächst ungebunden ist, sondern vor allem deswegen, weil sie ein völkerrechtliches Prinzip darstellt, welches Ausstrahlungskraft auf die gesamte Völkerrechtsordnung hat und daher im Rahmen der Auslegung im Lichte des allgemeinen Völkerrechts zu beachten ist. Die Anwendbarkeit folgt daher nicht aus einer „Fortwirkung der Ungebundenheit".

Abzulehnen ist auch die Auffassung, es handele sich lediglich um eine Ausgangsvermutung, die gelte, bis eine Norm gefunden sei.[457] In die Entscheidung *Lake Lanoux Arbitration* führte das Schiedsgericht aus: „It has been contended before the Tribunal that these modifications should be strictly construed because they are in derogation of sovereignty. The Tribunal could not recognize such an absolute rule of construction. Territorial sovereignty plays the part of a presumtion. It must bend before all international obligations, whatever their origin, but only before such obligations."[458] So verstanden handelte es sich aber nicht mehr um eine Auslegungsregel, weil die Vermutung ja gar nicht auf die auszulegende Norm angewendet werden soll. Damit wird die Bedeutung der Souveränität für die Auslegung verkannt. Nähme man diesen Ansatz ernst, dann würde die souveränitätsfreundliche Auslegung praktisch keine Rolle mehr spielen.[459] Diese Folge dürfte in der Entscheidung *Lake Lanoux Arbitration* gewollt gewesen sein. Das Schiedsgericht sah sich aufgrund der Argumentation von spanischer Seite „genö-

---

456 So aber *Lotus*, PCIJ Ser. A No. 10, S. 18; *The Kronprins Gustaf Adolf; Pacific*, RIAA II, S. 1239, 1254

457 *Lake Lanoux Arbitration*, ILR 24, S. 101, 120. In diese Richtung auch *W. Graf Vitzthum*, in: ders. (Hrsg.), Völkerrecht[1], 1. Abschn. Rn. 125 Fn. 295: Die Auslegungen contra proferentem und in dubio mitius seien Vermutungen, die objektiv durch den Vertrag bestätigt werden müssten.

458 ILR 24, S. 101, 120.

459 *H.-J. Rinck*, in: FS G. Müller, S. 289, 291.

tigt", zur souveränitätsfreundlichen Auslegung Stellung zu nehmen, wollte ihr aber kein großes und schon gar kein streitentscheidendes Gewicht beimessen.

Genauso wie gegen das Verständnis der souveränitätsfreundliche Auslegung als Zweifelsregel spricht gegen ihren Charakter einer Vermutungsregel, dass die logische Aufspaltung des Auslegungsprozesses in mehrere in einer bestimmten Reihenfolge abzuarbeitende Schritte künstlich ist.[460] Zwar ist es sinnvoll, die Auslegung in leichter zu beurteilende Teilprobleme zu zerlegen. Daraus folgt aber nicht, dass bestimmte Auslegungsregeln vor- oder nachrangig zu behandeln wären. Vielmehr ist das Souveränitätsargument als gleichrangiges Argument neben anderen in den Auslegungsprozess einzubringen.

Schließlich lässt sich die Gegenauffassung nicht mit der Legitimation der souveränitätsfreundlichen Auslegung in Einklang bringen. Die souveränitätsfreundliche Auslegung stellt eine Ausprägung von Auslegungsregeln dar, die keinen Vermutungscharakter besitzen. Dies stellt Art. 31 WVK klar.[461]

Auch in der deutschen[462] und schweizerischen[463] Rechtsordnung hat sich die Auffassung durchgesetzt, dass Vermutungsregeln im Auslegungsprozess keinerlei

---

460 Einzelheiten s.o. § 12 II 1 b.

461 Die Wiener Vertragsrechtskonvention, die nach dem Willen der Autoren lediglich bestehende Auslegungsregeln wiedergeben soll, statuiert immerhin auch eine Vermutungsregel. Gem. Art. 33 III WVK „wird vermutet, dass die Ausdrücke des Vertrages in jedem authentischen Text dieselbe Bedeutung haben". Zumindest die methodische Idee, Vermutungen könnten bei der Auslegung helfen, scheint also anerkannt zu sein.

462 Insbesondere stellen die Auslegungsregeln des BGB (§§ 133, 157) keine Vermutungen dar (*L. Rosenberg*, Die Beweislast, S. 211 ff.; a.A. *H. Titze*, Die Lehre vom Mißverständnis, S. 479; vgl. auch *D. Vollmer*, Auslegung und „Auslegungsregeln", S. 240 ff.). Abgelehnt wird auch die lange Zeit vom Bundesverfassungsgericht (BVerfGE 12, 205, 228; 15, 1, 17; 26, 181, 297; 42, 20, 28; ebenso *K. Stern*, Staatsrecht I, S. 672 mwN. in Fn 163) verfochtene These, es bestünde eine Vermutung zugunsten der Zuständigkeit der Länder (*H.-J. Rinck*, in: FS G. Müller, S. 289, 290 ff.; *R. Scholz*, in: Festgabe Bundesverfassungsgericht Bd. 2 (1976), S. 252, 253 ff.; inzwischen allgemeine Auffassung: z.B. *J. Isensee*, in: HbdStR IV, § 98 Rn. 119; *J. Pietzcker*, in: HbdStR IV, § 99 Rn. 22). Ebenso wird die vom Bundesverfassungsgericht aufgestellte Vermutung, dass ein Gesetz mit dem Grundgesetz vereinbar sei (BVerfGE 2, 266, 282; wohl auch in BVerfGE 4, 157, 168 = ILR 22, S. 630 ff., in Bezug auf die verfassungskonforme Auslegung völkerrechtlicher Verträge; ebenso *W.-D. Eckardt*, Die verfassungskonforme Gesetzesauslegung, S. 40 f. mwN.), abgelehnt (*K. A. Bettermann*, Die verfassungskonforme Auslegung, S. 24; *H. P. Prümm*, Verfassung und Methodik, S. 192 f.). Schließlich werden auch materielle Vermutungsprinzipien, etwa die Vermutung zugunsten der Freiheit und die

Nutzen haben. Ein wesentlicher Grund für das Verschwinden war das Fehlen eines methodologischen Grundes für den Vermutungscharakter der einzelnen Auslegungsregeln.[464] Insbesondere ist der Gedanke der Tatsachenvermutung nicht

---

Vermutung zugunsten des Menschen, von der herrschenden Meinung abgelehnt (*C. Graf von Pestalozza*, Der Staat 2 (1963), 425, 446; *H. Ehmke*, VVDStRL 20 (1963), S. 53, 87; *F. Müller*, Juristische Methodik, Rn. 394; a.A. *G. Dürig*, in: Maunz/Dürig, Grundgesetz, Art. 1 Rn. 15). Aus methodologischer Sicht kann lediglich die Präjudizienvermutung Bestand haben (dafür auch *K. Larenz*, Methodenlehre, S. 431 mwN. in Fn. 152; *L. Brocker/K.-O. Knops*, Jura 1993, 300 ff.; vgl. auch *J. Lege*, Pragmatismus und Jurisprudenz, S. 603 Fn. 100 mwN.). Ein Präjudiz ist eine zeitlich frühere Entscheidung, die die in einem neuen Rechtsstreit entstehenden Rechtsfragen, bereits einmal entschieden hat (*O. R. Kissel*, Artikel ‚Präjudiz', in: Deutsches Rechts-Lexikon Bd. 2, S. 3327). Es wird zur Vereinfachung des neuen zu lösenden Falles herangezogen, letztlich wird also ein durch frühere Auslegung gewonnenes Ergebnis wiederholt. Die Korrektheit der früheren Überlegungen wird vermutet. Durch das Weglassen von Selbstverständlichkeiten wird der Begründungsaufwand bei der Auslegung reduziert, da die Beteiligten des Rechtsstreits schon aus Zeitgründen nur die notwendigen Wiederholungen hören und an Neuigkeiten nur das zur Kenntnis nehmen, was nötig ist (*J. Lege*, Pragmatismus und Jurisprudenz, S. 602). Zur Heranziehung eines Präjudizes besteht keine normative Pflicht (vgl. nur *K. Larenz*, in: FS Schima, S. 247 ff.; *ders.*, Methodenlehre, S. 429 ff.). Es handelt sich eher um einen Ratschlag, einen angemessenen Begründungsaufwand zu betreiben (*J. Lege*, Pragmatismus und Jurisprudenz, S. 602 f.). Im Gegensatz dazu kennt der anglo-amerikanischen Rechtskreis den Grundsatz der *stare decises*. Das Völkerrecht kennt wie das kontinentaleuropäische Recht nichts derartiges (vgl. Art. 59 IGH-Statut), richterliche Entscheidungen haben lediglich hohe Überzeugungskraft (vgl. Art. 38 I lit. d IGH-Statut, *I. Seidl-Hohenveldern/T. Stein*, Völkerrecht, Rn. 519, 1742). Danach handelt es sich bei der Präjudizienvermutung zwar um ein methodisches Prinzip (*R. Alexy*, Theorie der juristischen Argumentation, S. 334 ff.; *L. Brocker/K.-O. Knops*, Jura 1993, 300 ff.), aber nicht im eigentlichen Sinne um Auslegung. Es bleibt also dabei, dass Vermutungsregeln bei der Auslegung keinen Nutzen haben.

463 *W. Burckhardt*, Kommentar der schweizerischen Bundesverfassung, S. 14; *U. Häfelin*, in: FS Eichenberger, S. 625 ff. In der Schweizer Rechtsordnung wurde der Vermutungscharakter einzelner Auslegungsregeln in den gleichen Konstellationen wie in der deutschen Rechtsordnung diskutiert. Die Gegenargumente sind weitestgehend identisch.

464 Vgl. die Nachweise am Beginn des Abschnitts. Beispielhaft BVerwGE 42, 79, 83: „(...) [Die] Auffassung, bei einer Kollision zwischen Grundrechten und ‚hergebrachten Grundsätzen des Berufsbeamtentums' spreche stets eine ‚Vermutung' für den Vorrang der ersteren, vermag der Senat nicht beizupflichten. Dies schon deshalb nicht, weil ‚Vermutungen' nur im Rahmen der Beweiswürdigung Bedeutung gewinnen können. Die [hier zu treffende] Entscheidung (...) ist aber keine im Rahmen der Beweiswürdigung zu treffende tatsächliche Feststellung, sondern das Ergebnis einer Wertung, die im Bereich der Rechtsfindung wie jede andere rechtliche Entscheidung zu treffen ist; in diesem Bereich ist für ‚Vermutungen' kein Raum."

übertragbar.[465] Bei einer *tatsächlichen Vermutung* schließt man von einer bekannten Tatsache auf eine unbekannte. Der Schluss beruht auf einer Wahrscheinlichkeitsfolgerung auf Grund von Wissen und Erfahrung, ohne dass dazu eine Rechtsnorm verpflichtet.[466] Die Wahrscheinlichkeitsfolgerung, dass aufgrund der Tatsache der regelmäßigen Ungebundenheit der Staaten auch bei einem einzelnen Rechtsproblem bzw. in einem konkreten Fall keine Bindung besteht[467], ist verfehlt, und zwar schon deshalb, weil der spezielle Bindungswille, der in der Vorschrift zum Ausdruck kommt, gegenüber dem generellen Willen, nicht gebunden zu sein[468], vorgeht.[469] Auslegen heißt den rechtlich verbindlichen Willen des Normgebers ermitteln, nicht aber, den in der Regel vorkommenden Willen.[470] Die

---

465 *R. L. Bindschedler*, Rechtsfragen der europäischen Einigung, S. 51 f.; *H. P. Prümm*, Verfassung und Methodik, S. 192 f. Andere Auffassung aber wohl *G. Meder*, Das Prinzip der Rechtmäßigkeitsvermutung, S. 36: „Vermutungen sind (...) in den Fällen unentbehrliche Bestandteile der Rechtsordnung, in denen der Zwang zu einer Entscheidung mit der Ungewissheit über Entscheidungsvoraussetzungen oder -folgen kollidiert und diese Ungewissheit durch Rückgriff auf einen erfahrungsgemäß steten Regelverlauf der Entscheidungskriterien, wenn nicht behoben, so doch gemindert werden kann."

466 *U. Häfelin*, in: FS Eichenberger, S. 625, 626. Wenn beispielsweise in einer Theateraufführung *Macbeth* mit den Worten „The rest is silence" stirbt (*W. Shakespeare*, Hamlet, 5. Akt, 2. Szene), so ist kein Mord, sondern ein Bühnentod zu vermuten, weil die Erfahrung besagt, dass im Theater die Darsteller am Leben bleiben.

467 Insbesondere *G. Dahm*, Völkerrecht Bd. I, S. 160 f., *A. Rest*, Interpretation von Rechtsbegriffen in internationalen Verträgen, S. 71, und *G. Dahm (Begr.), J. Delbrück/R. Wolfrum (Bearb.)*, Völkerrecht Bd. I/1, S. 222, stellen darauf ab, ob die Staaten tatsächlich in der Regel die uneingeschränkte Hoheitsgewalt besitzen. Treffe dies zu, so sei zu vermuten, sie wollten sie behalten. Ist das regelmäßig nicht (mehr) der Fall, dann solle die Vermutung entfallen. Da in vielen Bereichen keine uneingeschränkte Hoheitsgewalt mehr bestehe, gelangen sie aber zum Ergebnis, es bestehe keine Vermutung mehr zugunsten der Souveränität. Gegen diesen Ansatz spricht u.a., dass die souveränitätsfreundliche Auslegung keine Vermutungsregel darstellt, unklar ist, wie man den Grad der Ungebundenheit im Völkerrecht ermittelt. Zu weiteren Einwänden s.o. § 9 II 2 b.

468 Ob es einen solchen Willen überhaupt gibt ist zweifelhaft. Hintergrund dieser Auffassung scheint das abzulehnende absolute Souveränitätsverständnis zu sein (s.o. § 4 II 1).

469 Dies mag durch folgendes Beispiel verdeutlicht werden: In drei Viertel aller denkbaren Regelungsbereiche ist ein Staat völkerrechtlich nicht gebunden (wie auch immer man das ermittelt haben mag). Nimmt man nun einen beliebigen Regelungsgegenstand heraus, so müsste man unter Zugrundelegung dieses Ansatzes man von ihm aussagen: Vermutlich (oder genauer: mit einer Wahrscheinlichkeit von 75%) ist der Staat nicht gebunden. Findet sich nun aber eine Norm, so ist die Vermutung bereits widerlegt, da es Sinn der Norm ist, einen bestimmten Sachverhalt zu regeln.

470 *J. Burmeister*, Die Verfassungsorientierung bei der Gesetzesauslegung, S. 95; *L. Rosenberg*, Die Beweislast, S. 211 ff., insb. 213; *H. Ehmke*, VVDStRL 20 (1963), S. 53, 87.

tragenden Grundwerte und -entscheidungen einer Rechtsordnung können nicht einfach in Vermutungen umgemünzt werden, die als Auslegungsregel Geltung haben sollen.[471] Es ist zu ungenau, eine generelle Präferenz des Willens des Normgebers zugunsten der Grundwerte zu vermuten. Was der Normgeber regeln wollte, hängt vielmehr entscheidend von der auszulegenden Norm ab.[472] Dabei können durchaus auch die Grundsätze der Rechtsordnung eine Rolle spielen – sie finden über die Auslegung im Lichte des Allgemeinen Völkerrechts Eingang in den Auslegungsprozess –, ihre Überzeugungskraft ist aber im Einzelfall zu ermitteln.

Die Ablehnung von Vermutungsregeln hat nichts damit zu tun, dass bei der Auslegung auch einmal Aussagen jenseits von letzter Gewissheit getroffen werden können. Praktisch können gewisse Unsicherheiten bei der Auslegung nicht beseitigt werden.[473] Das folgt schon daraus, dass die Anwendung einer Auslegungsregel im Einzelfall durchaus keine ausreichende Sicherheit vermittelt und die Anwendung anderer Auslegungsregeln widersprechende Ergebnisse nahe legen können. Unsicherheiten bestehen manchmal auch bei der Anwendung einer einzelnen Auslegungsregel, zum Beispiel bei der historischen Auslegung, wenn die Anzahl der auswertbaren Quellen begrenzt ist. Dennoch können auch solche Aussagen bei der Auslegung Verwendung finden, wenn sie ausreichend wahrscheinlich sind.[474] Entscheidend aber bleibt, dass das Ergebnis der Auslegung auf hinreichend gesicherter Erkenntnis beruht. Demgegenüber suggeriert der Begriff

---

471 *U. Häfelin*, in: FS Eichenberger, S. 625, 637.

472 *U. Häfelin*, in: FS Eichenberger, S. 625, 633, 637; *K. Stern*, Staatsrecht I, S. 133 mit Fn. 162.

473 *K. Engisch*, Wahrheit und Richtigkeit im juristischen Denken, S. 22.

474 In diese Richtung geht wohl der Vermutungsbegriff von *E. de Vattel*, Le droit des gens ou principes de la loi naturelle, Buch II, Kap. XVII § 300: „Der genau präzisierte Wille des Gesetzgebers oder der Vertragsschließenden ist einfach zu befolgen. Wenn aber ihre Ausdrücke unbestimmt, vage sind und einen mehr oder weniger weiten Sinn zulassen und wenn im Einzelfall der präzise Wille nach den sonstigen Auslegungsregeln nicht ermittelt und festgelegt werden kann, hat man ihn gemäß den Gesetzen der Vernunft und der Billigkeit zu vermuten." Ähnlich *C. Wolff*, Grundsätze des Natur- und Völckerrechts, in: Gesammelte Werke I. Abt. Bd. 19, § 810: „Da man bey der Auslegung vorhat zu zeigen, was einer durch seine Worte hat wollen zu verstehen geben; folglich, was er, da er redete, gedacht hat; so muß die Auslegung davon gemacht werden, was einer wahrscheinlicher Weise gedacht hat (...)." Insoweit beruht die Kennzeichnung als Vermutungsregel nicht auf dem speziellen Charakter der Auslegungsregel, sondern erfolgt deswegen, weil der psychologisch verstandene Wille des Normgebers nicht mit Sicherheit ermittelt, sondern nur vermutet werden könne.

Vermutung, es könne ein geringerer Prüfungsaufwand zu betrieben werden[475], es gebe eine generelle Präferenz für ein bestimmtes Ergebnis und es könne gefunden werden, ohne Gewissheit zu besitzen.[476]

d) Keine Argumentationslastregel

Die souveränitätsfreundliche Auslegung stellt keine Argumentationslastregel dar. Die Souveränität gebietet nicht, dass derjenige, der behauptet, ein Staat sei durch eine völkerrechtliche Norm gebunden, für diese Behauptung die Argumentationslast[477] trage.[478] Ein solches Verständnis wurde bisher nicht überzeugend methodologisch begründet.

Immerhin einen Ansatzpunkt für ein tragfähiges Konzept könnte die von *Alexy* in seinem Buch *Theorie der juristischen Argumentation* verfochtene Argumentationstheorie liefern (die folgenden in Klammern angegebenen Seitenzahlen beziehen sich auf dieses Werk). Die zugrundeliegende Idee sei kurz dargestellt: Die Theorie der juristischen Argumentation geht zunächst davon aus, dass wichtige

---

475 *H. P. Prümm*, Verfassung und Methodik, S. 192. Das bedeute nicht, dass bei der Auslegung immer der größtmögliche Begründungsaufwand betrieben werden muss. Sicher kann weggelassen werden, was selbstverständlich ist und worüber Gewissheit besteht (*J. Lege*, Pragmatismus und Jurisprudenz, S. 602), aber eben auch nur das. Daher liegt nach der hier vertretenen Ansicht der Schwerpunkt von *Leges* Ratschlag auf dem zweiten Teilsatz: „So knapp wie möglich, so gründlich wie nötig."

476 *L. Rosenberg*, Die Beweislast, S. 199. *C. Graf von Pestalozza*, Der Staat 2 (1963), 425, 446, bemängelt die Nachlässigkeit des Sprachgebrauchs.

477 Da es sich bei der Auslegung nicht um eine *questio facti*, sondern um eine *questio iuris* handelt, ist nicht von Beweislast, sondern von Argumentationslast zu sprechen (*J. Lege*, Pragmatismus und Jurisprudenz, S. 590). Gemeinsam ist beiden Begriffen, dass einem Beteiligten des Rechtstreites die Last des Nachweises, der *burdon of proof*, auferlegt wird.

478 Die Gegenauffassung vertritt insbesondere *H. Lauterpacht*, BYIL 26 (1949), 48, 59, der ansonsten die souveränitätsfreundliche Auslegung ablehnt (s.o. § 7 IV 1): „There are only two factors which may, in moderation, legitimately be taken into account in support of the principle *in dubio mitius*. The first is that the burdon of proof must rest, as a rule, on the party alleging the restriction on the obligation. It is reasonable to assert that, in absence of proof to the contrary, a party cannot be presumed to have undertaken an obligation or agreed to a restriction." Zur Stützung seiner Ansicht, es handele sich um eine Vermutungsregel zur Verteilung der Beweislast, zitiert er unter anderem die Entscheidung PCIJ Ser. A/B 43, S. 142 (ebenda, Fn. 2). In dieser Entscheidung hieß es allerdings lediglich, dass völkerrechtlichen Pflichten nur auf einer klaren Basis entstehen könnten. In der deutschen Rechtsordnung vertritt *K. Stern*, Staatsrecht I, S. 672, die Auffassung, dass bei der Abgrenzung der Gesetzgebungskompetenzen zwischen Bund und Ländern im Grundgesetz die Beweisführungslast beim Bund liege, weil eine Vermutung zugunsten der Länder spreche.

normative Aussagen durch juristischen Diskurs zu erlangen seien (S. 32, 264 ff.). Geschehe dies rational, d.h. mit Wahrheitsliebe, widerspruchsfrei, tolerant und mit der Bereitschaft, unter Verzicht von Zwang und Täuschung als Gleicher unter Gleichen zu argumentieren, so entstehe durch öffentliche Diskussion ein allgemein akzeptierbares Ergebnis durch Konsens und somit Vernunft und Fortschritt.[479] Der juristische Diskurs sei ein Sonderfall des allgemeinen praktischen Diskurses (S. 32, 33 f., 38, 263 ff., 426 ff.). Beider Gemeinsamkeit bestehe darin, „dass es in beiden Diskursformen um die Richtigkeit normativer Aussagen geht" (S. 33, vgl. zudem S. 264, 272, 34). Um den Diskurs vernünftig führen zu können, bedarf es vernünftiger Argumente. Dazu dienten die bekannten canones der Auslegung, *Alexy* bezeichnet sie als Argumentformen (S. 288 ff., insb. S. 301). Ihre Beachtung bei der Gewinnung einzelner Argumente sei Vorraussetzung für eine vernünftige Diskussion (S. 299 ff.). Im besten Falle solle das Ergebnis des juristischen Diskurses eine normative Aussage bilden, die den Anspruch erhebt, richtig zu sein. Praktisch könne jedes Ergebnis aber nur vorläufig sein (S. 216).[480] Trotzdem seien die anhand der geführten Diskussion gewonnenen Ergebnisse nicht ohne Wert. Sie erlangten eine gewisse Festigkeit durch das sogenannte *Perelmansche Prinzip der Trägheit*: „Das Prinzip der Trägheit besagt, dass eine Auffassung, die einmal akzeptiert wurde, nicht ohne hinreichenden Grund wieder aufgegeben werden darf."[481] Wenn ein Diskursteilnehmer etwas anderes, neues behaupte, so sollen seine Diskussionspartner das Recht haben, eine Begründung zu fordern (S. 243). Die Gegebenheit besitze die Rechtsvermutung, die Änderung bedürfe der Rechtfertigung (S. 216, 242 f.).[482] Damit hat das Perelmansche Trägheitsprinzip den Charakter einer Argumentationslastregel. Es besagt, dass es unvernünftig sei, eine bisher akzeptierte Auffassung ohne Grund aufzugeben. Wer etwas bezweifele oder kritisiere, müsse einen Grund für seinen Zweifel oder seine Kritik angeben (S. 243, 217, 335 f.). Damit würde „vernünftige Argumentation" und somit die *Auslegung* zu einem *Argumentationslastproblem*.[483]

---

479 So *M. Kriele*, Recht und praktische Vernunft, S. 30; ähnlich *Ch. Perelman*, Über die Gerechtigkeit, S. 160 ff.; etwas anders *R. Alexy*, Theorie der juristischen Argumentation, S. 30, 238 ff.

480 *Ch. Perelman*, Über die Gerechtigkeit, S. 160.

481 *Ch. Perelman*, Über die Gerechtigkeit, S. 160; *R. Alexy*, Theorie der juristischen Argumentation, S. 216, 242 f.

482 So bereits *Ch. Perelman*, Über die Gerechtigkeit, S. 92.

483 Eine praktische Konsequenz dessen sei etwa, dass Argumente, die eine Bindung an den Wortlaut des Gesetzes oder den Willen des historischen Gesetzgebers zum Ausdruck brächten, zwar keinen allgemeinen Vorrang gegenüber anderen Argumenten hätten, aber prima facie größeres Gewicht und seien daher stärkere Argumente besä-

Diese Theorie könnte man nun für die Begründung der souveränitätsfreundlichen Auslegung als Argumentationslastregel nutzen: Im rechtlichen Ausgangspunkt bestehe die allgemeine Handlungsfreiheit der Staaten. Diese Position dürfe nicht ohne hinreichenden Grund wieder aufgegeben werden. Hinreichender Grund könne nur eine Norm, die den Fall regele, sein. Weil das aber eine Abweichung vom Ausgangspunkt sei, müsste derjenige, der die Gebundenheit des Staates behaupte, die Argumentationslast tragen. Damit bliebe es solange bei der Ungebundenheit der Staaten, bis eine Norm, die den Fall regelt, nachgewiesen werden könnte.

Dagegen spricht aber, dass mit dem Auffinden der Norm zunächst einmal der Argumentationslast der Gegenseite Genüge getan ist.[484] Die Vermutung, der Staat wolle sich nicht binden, ist damit widerlegt.[485] Mit diesem neuen Argument besteht ein hinreichender Grund, um den Argumentationsprozess, also die Auslegung, neu in Gang zu bringen. Darüber hinaus spricht gegen diesen Ansatz, dass der Diskurs über die Auslegung einer Norm ein einheitlicher Prozess ist (S. 302 ff.). Daher spielt der Ausgangspunkt der Ungebundenheit der Staaten keine eigenständige Rolle gegenüber anderen Argumenten. Es ist unzulässig, die auszulegende Norm zunächst auszublenden, um so scheinbare Sicherheit zugunsten der Ungebundenheit zu erlangen. Weil das Perelmansche Prinzip der Trägheit aber erst greifen soll, wenn eine akzeptierte Auslegung der Norm gefunden sei, ist sie auf die Argumentation fehlerhaft: Mit der Feststellung, ein Staat sei im Ausgangspunkt ungebunden, ist der Diskurs nicht abgeschlossen.

Gegen den Ansatz sprechen zudem generelle methodologische Bedenken. Die Argumentationslastregel ist im Bereich der Auslegung nicht anwendbar. Egal ob man es als Beweislast oder als Argumentationslast bezeichnet, eine Verteilung der Begründungslast kann es nur im Rahmen von Sachverhaltsfeststellungen, nicht aber bei der Beantwortung einer Auslegungsfrage, also einer Rechtsfrage

---

ßen. Wer daher gegen solche Argumente antrete, trage die Argumentationslast (*R Alexy*, Theorie der juristischen Argumentation, S. 305).

484 Mit der Argumentationslasttheorie hat *R. Alexy*, Theorie der juristischen Argumentation, S. 335 ff., im methodologischen Bereich vor allem die Verwendung von Präjudizien begründet. Während aber bei der Präjudizienvermutung nicht von vornherein ein neues Argument zu erwarten ist, liegt hier der Fall anders. Mit dem Auffinden der Norm beginnt gerade erst der Diskurs über ihre zutreffende Auslegung.

485 Nicht überzeugend wäre insoweit, dem Argument, der Staat wolle seine Souveränität behalten und sich in der Regel nicht binden, sei prima facie das größere Gewicht als dem Bindungswillen, der durch die konkrete Norm zum Ausdruck komme, beizumessen (s.o. § 12 II 1 c).

geben.[486] Ansonsten würde nicht mehr das richtige, im auszulegenden Rechtssatz vorgegebene, sondern das *beweisbare* bzw. das *bewiesene* Ergebnis zum Ziel der Auslegung werden. Die Auslegung ist dagegen erst abgeschlossen, wenn hinreichend sichere Erkenntnis erlangt ist. Von wem dabei die tragenden Argumente beigesteuert werden, spielt aus Sicht der Auslegung keine Rolle.

Selbst wenn man Argumentationslastregeln bei der Auslegung zuließe, läge ihr praktischer Wert nicht in der Verteilung der Argumentationslast zwischen den Streitparteien, da diese interessengebunden argumentieren und nicht wie echte Diskursteilnehmer mit Wahrheitsliebe und Toleranz. Während Streitparteien versuchen, ein für sich günstiges Ergebnis zu erlangen, versuchen Diskursteilnehmer richtige normative Aussagen zu erlangen. Ein Rechtsstreit ist daher mit einem Diskurs nicht ohne weiteres vergleichbar.

2. Die inhaltliche Seite

Welche Auswirkungen die souveränitätsfreundliche Auslegung inhaltlich hat, hängt vom Verständnis der Souveränität ab. Mit der Wandlung des Souveränitätsverständnisses wandelte sich der Inhalt der Auslegungsregel. Unter Zugrundelegung des absoluten Verständnisses von Souveränität wurden völkerrechtliche Verträge, weil sie die Handlungsfreiheit beschränkten, als belastende Dinge eng ausgelegt (s.o. § 5 IV), bzw. wurden als Ausnahmen von der Souveränität angesehen und mit Hilfe der Regel der restriktiven Auslegung von Ausnahmen restriktiv ausgelegt (s.o. § 9 I 2). Daher ging man davon aus, dass Völkerrecht generell restriktiv auszulegen sei. Ein solches Souveränitätsverständnis war aber genauso abzulehnen, wie die neuerdings vertretene Auffassung, die Souveränität habe keine Bedeutung mehr (s.o. § 4 II 2, 3). Unter Zugrundelegung dieser Auffassung wäre konsequenterweise auch die souveränitätsfreundliche Auslegung nicht mehr legitimierbar.

Nach richtiger Auffassung zählt die relativ verstandene Souveränität im gegenwärtigen Völkerrecht zu den tragenden Grundsätzen des Völkerrechts (§ 4 II 2, 3). Auch wenn das von einzelnen Stellungnahmen in der Literatur bestritten wird,

---

[486] In diese Richtung *Armed Actions - Judgement*, ICJ Rep. 1988, S. 69, 75 f.; *J. Pietzcker*, in: HbdStR IV, § 99 Rn. 22. Der *Third Report on the Law of Treaties by Sir Humphrey Waldock*, YILC 1964 II, S. 52, enthielt in Art. 71 II noch das Wort „evidence". Um Diskussionen über Probleme „of evidence and proof" zu entgehen, wurde die Passage geändert (vgl. *Rosenne*, YILC 1964 I, S. 283 Ziff. 17; verwendet aber von *De Luna*, YILC 1964 I, S. 289 Ziff. 84).

die Staaten haben diese Auffassung in vielen völkerrechtlichen Verträgen – etwa in der UN-Charta, in der Friendly Relations Declaration und in der Charter of Economic Rights and Duties of States – Ausdruck verliehen (§ 4 II 2). Als einer der Grundwerte der Völkerrechtsordnung ist die Souveränität bei der Auslegung im Lichte es allgemeinen Völkerrechts zu beachten.

Aus der Souveränität folgt, dass ein Staat nur dann völkerrechtlich gebunden ist, wenn er einen rechtsverbindlichen Willen dazu hat. Die souveränitätsfreundliche Auslegung gebietet daher die genaue Beachtung des Willens des Normgebers. Sie setzt zudem den Regeln effet utile, der dynamischen Auslegung und dem Grundsatz der implied powers Schranken (§ 10 II 2 b bb (3), dd, § 12 III). Diese Regeln dürfen nicht so angewendet werden, dass das Ergebnis über den Willen der Vertragsparteien hinausgeht. Die souveränitätsfreundliche Auslegung wirkt zudem einem allgemeinen Zweck- und Utilitätsdenken entgegen (§ 10 II 2 b bb (3) (a)). Der Mangel an Klarheit einer Norm darf nicht zu deren Flexibilität führen. Ganz besonders gilt dies, wenn unklare Formulierungen einen Dissens zwischen den Vertragspartnern verdecken sollen. Die Souveränität gebietet es, einen solchen verdeckten Dissens ernst zu nehmen und nicht mit Hilfe der Auslegung einen Willen des Normgebers zu konstruieren.[487]

Aus der Souveränität folgt, dass Verträge nicht zu Lasten Dritter geschlossen werden dürfen. Verstößt ein Vertrag gegen diese zwingende Vorschrift, so ist er nichtig. Deshalb sind Verträge möglichst so auszulegen, dass Belastungen von Drittstaaten vermieden werden.[488] Dies ist eine Konsequenz der souveränitätsfreundlichen Auslegung als Ausformung der rangkonformen Auslegung. Grenze dieser Auslegung ist allerdings der Wille der Vertragsparteien. Wollten diese einen Vertrag zu Lasten Dritter schließen, dann darf die Auslegung nicht über den Willen hinweggehen.

Darüber hinaus kann die souveränitätsfreundliche Auslegung in vielen Fallkonstellationen eine Rolle spielen, weil die Souveränität in vielgestaltiger Weise auf

---

487 Daher kommt etwa bei einem mehrsprachigen Vertrag, bei dem eine Textversion klar ist und die andere nicht, nicht unbedingt der klareren Version Vorrang zu (in diese Richtung auch *M. Hilf*, Die Auslegung mehrsprachiger Verträge, S. 94 f.). Die Auslegung zugunsten des Vorrangs des klareren Textes überzeugt erst dann, wenn nachgewiesen wird, dass die Unklarheit der einen Version auf Nachlässigkeit beruht.

488 Daher folgt aus Art. 2 Ziff. 6 UN-Charta keine Pflicht der Nichtmitglieder der Vereinten Nationen, sich an Maßnahmen des Sicherheitsrats nach Kap. VII UN-Charta zu halten (zu diesem Beispiel s.o. § 10 II 2 a aa).

die Rechtsordnung einwirkt (§ 4 II 2, § 10 II 2 a). Das gilt insbesondere im Hinblick auf die einzelnen souveränen Rechte.[489] Bei der Anwendung ist allerdings Vorsicht geboten. Es ist herauszufinden, in welcher Beziehung das konkrete souveräne Recht zur auszulegenden Norm steht und insbesondere, ob diese Norm tatsächlich den Schutz des souveränen Rechts bezweckt. Diese Vorgehensweise verhindert, dass die souveränitätsfreundliche Auslegung pauschal angewendet wird. Es verbietet sich vor allem die generelle, vom Einzelfall gelöste Behauptung, Staaten wollten sich möglichst nicht rechtlich binden.[490] Andernfalls bestünde das Risiko einer ineffektiven Auslegung, mit dem Ergebnis, dass die Auslegung hinter dem Willen der Vertragsparteien zurückbleibt.

Ob die souveränitätsfreundliche Auslegung gewinnbringend angewendet werden kann, hängt – wie bei jeder anderen Auslegungsregel – vom Einzelfall ab. Als Faustregel kann man aber sagen, sie spielt eine umso größere Rolle, je enger die auszulegende Vorschrift Souveränitätsbezug aufweist. Deutlich wird das zum Beispiel bei der Frage von Abgrenzungen seeischer Gebiete. Für sie hat der Internationale Gerichtshof bekanntlich die Billigkeit als leitenden Gesichtspunkt herausgearbeitet.[491] Kriterien, die zu einer billigen Abgrenzung führen sollen, stellen unter anderem ökonomische Interessen, etwa die Chance Erdöl zu fördern oder Fischerei zu betreiben, und die Souveränität dar. So hat ein Staat ein Interesse daran, dass der Grenzverlauf berücksichtigt, dass sein Territorium effektiv zu verteidigen ist. Daraus folgt für eine billige Entscheidung, dass in unmittelbarer Nähe zum Festland eher Souveränitätsinteressen im Vordergrund stehen, während sie mit zunehmender Entfernung eine abnehmende Rolle spielen. Es überwiegen dann ökonomische Interessen.[492]

In der *Praxis* gewinnt die souveränitätsfreundliche Auslegung insbesondere dann an Bedeutung, wenn versucht wird, mit Hilfe der Auslegung eine bestehende Pflicht der vertragschließenden Staaten übermäßig auszudehnen. Daher scheint die Regel bei der Auslegung der UN-Charta in Zukunft tatsächlich an Bedeutung zu gewinnen. Ein Ausschöpfen der rechtlichen Möglichkeiten war lange Zeit nicht möglich, weil sich die mächtigen Staaten der dipolaren Welt gegenseitig blockierten und kontrollierten. Seit dem Untergang des Ostblocks ist zu beobach-

---

489 Vgl. insbesondere das Beispiel unter § 10 II 2 a bb.

490 S.o. § 12 II 1 c.

491 S.o. § 8 II 3.

492 Diese weisen freilich ihrerseits wieder Souveränitätsbezug auf (vgl. Chapter I (a) (b), Chapter II Art. 1, 2 Charter of Economic Rights and Duties of States).

ten, dass das vorhandene rechtliche Instrumentarium genutzt wird. Dabei besteht die Tendenz – etwa bei der Errichtung des Jugoslawientribunals–, angesichts der neuartigen Herausforderungen, wie der Bekämpfung des Terrors und dem menschenrechtsverachtenden Verhalten in einigen Staaten, handeln zu wollen, auch wenn dafür eine Rechtsgrundlage nicht oder zumindest nicht offensichtlich vorliegt. Die souveränitätsfreundliche Auslegung wirkt in diesem Fall der übermäßigen Ausweitung der Einwirkungsbefugnisse auf Staaten durch andere Staaten oder durch Internationale Organisationen[493] entgegen. Daher ist sie von ihrer Anlage her eine Bremse für die Weiterentwicklung der Handlungsinstrumentarien, die geeignet erscheinen, den neuen Herausforderungen gerecht zu werden. Das spricht aber nicht gegen die souveränitätsfreundliche Auslegung. Das entscheidende Gestaltungsinstrument in der Völkerrechtsordnung muss die Rechtsetzung bleiben. Nur sie ist zur Schaffung der völkerrechtlichen Voraussetzungen geeignet, um den Bedürfnissen der Staaten und der Menschen, die in ihnen leben, gerecht zu werden. Die Auslegung dient lediglich dazu, den normativen Gehalt der Rechtsvorschriften herauszufinden. Die souveränitätsfreundliche Auslegung trägt dazu bei, dass die Auslegung nicht überspannt wird. Ihre Beachtung führt dazu, dass Befugnis- und Kompetenzvorschriften nicht beliebig ausgeweitet werden. Sie bewahrt das Recht davor, zu einem bloßen Instrument der mächtigen Staaten zu werden, die nicht mehr zuerst schauen, welche Handlungsmöglichkeiten ihnen das Recht gewährt und erst dann daraus das geeignetste Mittel suchen, sondern einfach handeln und später versuchen, ihre Handlung „irgendwie rechtlich zu erklären". Die souveränitätsfreundliche Auslegung leistet daher einen Betrag zur Schaffung von Rechtssicherheit.

Positiv gewendet kann eine Berücksichtigung der souveränitätsfreundlichen Auslegung dazu führen, dass die Staaten verstärkt bereit sind, völkerrechtliche Verpflichtungen eingehen, weil sie nicht befürchten müssen, dass diese Pflichten entgegen ihrem Willen ausgedehnt werden. Wenn beispielsweise *Bernhardt* bemängelt, dass es fast keine ständigen regionalen Gerichte mit der Kompetenz gibt, Rechtsstreitigkeiten aus allen Bereichen des Völkerrechts zwischen den Staaten in einer bestimmten Region zu entscheiden[494], so mag das zum einen am Souveränitätsdenken vieler Staaten liegen[495], aber auch daran, weil sie unsicher

---

493 Zur Anwendbarkeit der souveränitätsfreundlichen Auslegung im Bereich rechtsetzender Verträge s.u. § 12 III.

494 *R. Bernhardt*, ZaöRV 47 (1987), 17, 20 f.

495 *F. Reindel*, Auslegung menschenrechtlicher Verträge am Beispiel der Spruchpraxis des UN-Menschenrechtsausschusses, des Europäischen und des Interamerikanischen Gerichtshofs für Menschenrechte, S. 143 f., spricht in Bezug auf den Fakt der gerin-

sind, ob sich ein solches Gericht immer weitergehendere Kompetenzen zuspricht und sich quasi als „Integrationsmotor" versteht. Wird den betreffenden Staaten diese Befürchtung genommen – dazu kann die Anwendung der souveränitätsfreundlichen Auslegung beitragen –, so sind sie möglicherweise eher bereit, eine entsprechende Verpflichtung einzugehen.

Im Rahmen der Bestimmung des Souveränitätsbegriffes wurde festgestellt, dass die Souveränität der Anpassungsfähigkeit des Völkerrechts an neue Entwicklungen nicht im Wege steht, weil *durch Schaffung entsprechender Normen* das Völkerrecht sich weiterentwickeln kann.[496] Die souveränitätsfreundliche Auslegung setzt diesen Gedanken auf der Ebene der Auslegung fort: Sie verhindert nicht die Fortentwicklung des Völkerrechts, sondern sorgt dafür, dass sie in rechtlichen Bahnen, durch Rechtsetzung, erfolgt.

III. Keine Einschränkung der Anwendbarkeit auf bestimmte Vertragsarten

1. Die Anwendbarkeit im Bereich rechtsetzender Verträge

Die souveränitätsfreundliche Auslegung kommt grundsätzlich in allen Bereichen des Völkerrechts als anwendbare Auslegungsregel in Betracht.[497] Die Versuche, ihre Anwendbarkeit auf bestimmte Vertragsarten einzuschränken[498], überzeugen nicht. Demgegenüber wurde vertreten, die souveränitätsfreundliche Auslegung

gen Unterwerfung unter die Jurisdiktion des *Inter-American Court of Human Rights* von der „Angst der Staaten vor Souveränitätsbeschränkung". Dieses Gericht hat sich nicht zur souveränitätsfreundlichen Auslegung bekannt (s.o. § 8 IV 3 b).

496 S.o. § 4 III am Ende.

497 Dies entspricht, soweit die souveränitätsfreundliche Auslegung überhaupt für anwendbar gehalten wird, der herrschenden Meinung. Die meisten Aufzählungen enthalten keine entsprechenden Differenzierungen. Vgl. etwa *A. Cassese*, International Law in a Divided World, S. 188; *D. P. O'Connell*, International Law Vol. I, S. 257; *I. Seidl-Hohenveldern/T. Stein*, Völkerrecht, Rn. 340 ff.; *W. Heintschel v. Heinegg*, in: Ipsen, Völkerrecht, § 11 Rn. 19 f.; *R. Jennings/A. Watts*, Oppenheim's International Law Vol. I Parts 2 to 4, § 633 (3) S. 1278 f.; *J. M. Mössner*, Einführung in das Völkerrecht, S. 124; *Th. Schweisfurth*, Der internationale Vertrag in der modernen sowjetischen Völkerrechtstheorie, S. 274; *A. Verdross/B. Simma*, Universelles Völkerrecht, § 780 Nr. 2, § 537. Gleichwohl wird im Zusammenhang mit der souveränitätsfreundlichen Auslegung zum Teil betont, dass im Rahmen der Internationaler Organisationen die Regel effet utile an Bedeutung gewinnt (etwa bei *J. M. Mössner*, ebenda, S. 124).

498 Einzelheiten s.o. § 7 IV 5, § 8 VI 1 (3), 2 a.

sei nicht anwendbar, wenn rechtsetzende Verträge[499] (traités-lois, law-making treaties)[500] bzw. Gründungsverträge Internationaler Organisationen[501] auszulegen seien. Nach dieser Ansicht stehe der Zweck bei multilateralen Konventionen und insbesondere bei Internationalen Organisationen als selbständiges Element so stark im Vordergrund, dass die Auslegung sich daran auszurichten habe.[502] Insbesondere komme in diesem Bereich der Souveränität kaum Bedeutung zu. Daher solche Verträge extensiv auszulegen und der Grundsatz implied powers[503], der im Widerspruch zur souveränitätsfreundlichen Auslegung stehe[504], anzuwenden.

Gegen die These von der Verselbständigung spricht, dass auch rechtsetzende Verträge Völkerrecht darstellen und wie andere völkerrechtliche Verträge zu behandeln sind. Dies wird in Art. 5 WVK ausdrücklich klargestellt. Auch bei rechtsetzenden Verträgen bleiben die Vertragsparteien die Herren der Verträge und die Allgemeinen Grundsätze des Völkerrechts beanspruchen Geltung. Für die Auslegung hat das zur Konsequenz, dass nicht zwischen rechtsgeschäftlichen und rechtsetzenden Verträgen zu differenzieren ist. Die Wiener Vertragsrechtskonvention bestätigt das, indem sie weder Art. 31 III lit. c) WVK noch in anderen Vorschriften über die Auslegung eine entsprechende Unterscheidung trifft, auch

---

499 *K. Doehring*, Völkerrecht, Rn. 390, 393; *M. Herdegen*, Völkerrecht, § 15 Rn. 31; in abgeschwächter Form auch *J. Anweiler*, Die Auslegungsmethoden des Gerichtshofs der Europäischen Gemeinschaften, S. 130 ff., 136 f.; *S. M. Grundmann*, Die Auslegung des Gemeinschaftsrechts durch den Europäischen Gerichtshof, S. 116; *G. Hoffmann-Becking*, Normaufbau und Methode, S. 159 ff., 170; *R. Bernhardt*, in: FS Kutscher, S. 17, 19; *ders.*, Vertragsauslegung, in: Lexikon des Rechts Völkerrecht, S. 385, 387 ff.; noch weitergehender *G. Dahm (Begr.), J. Delbrück/R. Wolfrum (Bearb.)*, Völkerrecht Bd. I/1, S. 222, die die Regel nur noch dann zur Anwendung kommen lassen wollen, wenn es sich um einseitige und ungleiche Verträge handelt.

500 Zu diesem Begriff s.o. § 2 II 3.

501 *K. Zemanek*, ZaöRV 24 (1964), 453, 456; *ders.*, in: Neuhold/Hummer/Schreuer (Hrsg.), Österreichisches Handbuch des Völkerrechts I, Rn. 359 f.; *G. Ress*, ZaöRV 36 (1976), 227, 246 f.; *I. v. Münch*, Völkerrecht in programmierter Form, S. 181 f.

502 *G. Ress*, ZaöRV 36 (1976), 227, 246 f.; *ders.*, in: Simma, UN-Charta, Auslegung Rn. 1; *S. M. Grundmann*, Die Auslegung des Gemeinschaftsrechts durch den Europäischen Gerichtshof, S. 116; ähnlich *J. Anweiler*, Die Auslegungsmethoden des Gerichtshofs der Europäischen Gemeinschaften, S. 132, 136 f.; ohne auf einzelne Auslegungsregeln einzugehen ebenso *M. Sørensen*, in: FS Kutscher, S. 415, 432.

503 Der Grundsatz stellt eine Ausformung der teleologischen Auslegung dar (s.o. § 10 II 1 a).

504 Vgl. etwa *R. Bernhardt*, Die Auslegung völkerrechtlicher Verträge, S. 99; *C. Buck*, Über die Auslegungsmethoden des Gerichtshofs der Europäischen Gemeinschaft, S. 87.

wenn das von den Vertretern des Einwands teilweise bedauert wird[505]. Die Souveränität ist daher im Rahmen der Auslegung im Lichte des allgemeinen Völkerrechts grundsätzlich immer zu beachten. Wenig einsichtig ist die Gegenauffassung besonders dann, wenn ein Zweck bzw. Grundsatz einer Organisation die Sicherung der souveränen Gleichheit ist. Dann ist evident, dass die Souveränität im Bereich des rechtsetzenden Vertrages Bedeutung hat.

Auch die methodologische Basis für die Auffassung, die souveränitätsfreundliche Auslegung sei nur bei rechtsgeschäftlichen Verträgen anwendbar, überzeugt nicht. Sie beruht vor allem auf der Grundannahme, dass die Auslegung von rechtsgeschäftlichen Verträgen und rechtsetzenden Verträgen mit unterschiedlichen Zielen erfolge und daher unterschiedliche Auslegungsregeln anzuwenden seien.[506] Eine solche Differenzierung ist – wie oben in § 2 IV 1 eingehend erörtert – abzulehnen. Der entscheidende Ablehnungsgrund dafür war, dass keine gravierenden Unterschiede zwischen rechtsetzenden und rechtsgeschäftlichen Verträgen bestehen.[507] Damit fehlt der Ansicht das wesentliche methodische Instrument, um die Möglichkeit unterschiedlicher Auslegungsregeln im völkerrechtlichen Bereich zu begründen. Vielmehr sind die völkerrechtlichen Auslegungsregeln grundsätzlich unabhängig von der Vertragsart anzuwenden.

Ebenfalls nicht überzeugen kann das Argument, rechtsetzende Verträge ähnelten dem Verfassungs- und Verwaltungsrecht und seien daher wie sie auszulegen, während rechtsgeschäftliche Verträge privatrechtlichen Verträgen glichen und daher ihnen entsprechend auszulegen seien.[508] Die Suche nach Parallelen zum innerstaatlichen Recht ist nicht geboten[509], da das Völkerrecht über Jahrhunderte eine eigene Dogmatik zu den Auslegungsregeln entwickelt hat.[510]

---

505 So etwa *K. Doehring*, Völkerrecht, Rn. 396.

506 *K. Doehring*, Völkerrecht, Rn. 390, 393; *Wemhoff*, ECHR Ser. A Vol. 7, S. 23 (s.o. § 8 IV 3 a bb); in abgeschwächter Form auch *J. Anweiler*, Die Auslegungsmethoden des Gerichtshofs der Europäischen Gemeinschaften, S. 130 ff., 136 f.; *S. M. Grundmann*, Die Auslegung des Gemeinschaftsrechts durch den Europäischen Gerichtshof, S. 116.

507 S.o. § 2 III, IV 1. Die dort aufgeführten Einwände gegen die Unterschiedlichkeit sprechen auch gegen die These von der Verselbständigung.

508 So *K. Zemanek*, ZaöRV 24 (1964), 453, 457. Ähnlich *G. Ress*, ZaöRV 36 (1976), 227, 247.

509 Vgl. dazu *K. Larenz*, Methodenlehre, S. 243.

510 Zu den Anforderungen an die Legitimation einer Auslegungsregel s.o. § 3 II 2, III. Insbesondere haben sich die völkerrechtlichen Normgeberund die Normanwender aufeinander eingestellt. Damit unterscheidet sich die jetzige Situation grundlegend

Auch das Erfordernis der Entwicklungsoffenheit von Internationalen Organisationen[511] spricht nicht für die Nichtanwendbarkeit der souveränitätsfreundlichen Auslegung, weil diese durch die souveränitätsfreundliche Auslegung nicht bedroht ist. Tatsächlich kann es von den Vätern einer Internationalen Organisation gewollt sein, den Gründungsvertrag so zu gestalten, damit er für Entwicklungen nach Vertragsschluss offen ist. Nicht selten ist dies wünschenswert, weil Internationale Organisationen auf Veränderungen von Sachproblemen, Entwicklungsabläufen und in der Rechtsordnung reaktionsfähig bleiben soll. So kann sie vor einem neuartigen Problem stehen, dessen Lösung sie sich zum Ziel gesetzt hat, aber aufgrund der Neuartigkeit keine ausdrückliche Kompetenz hat. Gerade bei Organisationen wie der UNO, die viele und umfassende Zielsetzungen hat, ist eine solche Entwicklungsoffenheit nötig, um auf lange Sicht effektiv arbeiten zu können. Voraussetzung dafür ist aber, dass ein solcher Wille nachgewiesen werden kann.[512] Dann ist die Offenheit des Gründungsvertrages bei der Auslegung zu berücksichtigen, weil es das Ziel der Auslegung ist, den Willen des Normgebers zu ermitteln. Ist eine solche Entwicklungsoffenheit von den Vertragspartnern allerdings nicht gewollt, dann darf eine solche Auslegung nicht erfolgen. In diesem Fall muss der mühselige Weg der Anpassung des Rechts an die neuen Gegebenheiten beschritten werden.

Das interpretative Mittel, um eine vorhandene Offenheit im Einzelfall umzusetzen, ist neben der dynamischen Auslegung[513] der Grundsatz der implied powers. Danach dürfen Internationale Organisationen im Rahmen ihres Aufgabenbereiches auch solche Mittel einsetzen, die ihnen zwar nicht ausdrücklich eingeräumt worden, die aber zur Erreichung des Organisationszweckes notwendig sind. Der Grundsatz stellt eine Ausprägung der teleologischen Auslegung dar und dient dazu, dass die mit der Schaffung der Organisation verfolgten Zwecke effektiv ver-

---

von der im 17. Jh., als der Blick für die Völkerrechtsordnung erstmals geschärft wurde. Damals hatte *H. Grotius*, De iure belli ac pacis, 2. Buch Kap. 16, Auslegungsregeln aufgestellt, die sich an der römisch-rechtlichen Privatrechtsordnung orientierten (s.o. § 4 I). Er wies aber bereits darauf hin, dass die Übernahme solcher Auslegungsregeln in die Völkerrechtsordnung nicht ohne weiteres geschehen dürfe (ebenda, § 31).

511 So *G. Hoffmann-Becking*, Normaufbau und Methode, S. 159 ff., 171.

512 Ebenso *F. Reindel*, Auslegung menschenrechtlicher Verträge am Beispiel der Spruchpraxis des UN-Menschenrechtsausschusses, des Europäischen und des Interamerikanischen Gerichtshofs für Menschenrechte, S. 54; in Bezug auf die dynamische Auslegung auch *A. Verdross/B. Simma*, Universelles Völkerrecht, § 782.

513 Zum Verhältnis der dynamischen und souveränitätsfreundlichen Auslegung s.o. § 10 II 2 b dd.

wirklicht werden können (§ 10 II 1 a). Der Grundsatz implied powers und die souveränitätsfreundliche Auslegung schließen einander nicht aus.[514] Beides sind Prinzipien, die darauf gerichtet sind, den Willen des Normgebers zu erhellen. Der Konflikt ist letztlich identisch mit dem zwischen effektiver und souveränitätsfreundlicher Auslegung und in gleicher Art und Weise aufzulösen (§ 10 II 2 b bb). *Seidl-Hohenveldern* und *Loitzl* heben zu Recht hervor, dass die Parteien mit ihrem Eintritt in die Internationale Organisation ihren souveränen Willen kundgetan haben, sich dem Recht der betreffenden Organisation zu unterwerfen und den Vertrag als Ganzes zu verwirklichen. Hätten sie bei Vertragsschluss daran gedacht, dass eine aufgetretene Lücke dem Vertragsziel abträglich ist, dann hätten sie sie aufgefüllt. Insofern entspricht die Ausfüllung der Lücke dem wahren Willen der Parteien.[515]

Die Möglichkeit, Internationale Organisationen entwicklungsoffen zu gestalten und Lücken mit Hilfe des Grundsatzes der implied powers zu schließen, sprechen nicht dafür, dass der souveränitätsfreundlichen Auslegung in diesem Bereich generell weniger oder keine Bedeutung zukommt. Genauso wie sie den Grundsatz effet utile gegenüber schrankenlosem Effektivitätsdenken begrenzt, begrenzt sie den Grundsatz der implied powers vor zu weit gehenden Erweiterungen der Kompetenzen. Die Souveränität gebietet zunächst, dass die Entwicklungsoffenheit im Gründungsvertrag angelegt sein muss. Nur dann ist die Anwendung der implied-powers-Regel möglich. Zudem setzt sie eine äußere Grenze dessen, wie weit mit Hilfe der implied powers die Entwicklung einer Internationalen Organisation vorangetrieben werden darf: Eine solche Auslegung darf nicht dazu führen, gegen ausdrücklich gezogene Grenzen zu verstoßen, also contra verbum auszulegen.[516] Darüber hinaus hat die Souveränität Einfluss darauf, wie schnell und wie weitgehend eine im Vertrag angelegte Entwicklung erfolgt. Widerspricht niemand einer bestimmten Entwicklung, so kann man davon ausgehen, sie entspricht dem Willen der Parteien. Haben dagegen einzelne Staaten Einwände gegen die weitere Entwicklung, so gebietet die souveränitätsfreundliche Auslegung

---

514 So auch *I. Seidl-Hohenveldern/G. Loibl*, Das Recht der Internationalen Organisationen, Rn. 1609. Hinter der Auffassung, beide Regeln seien nicht miteinander vereinbar, steht letztlich das Verständnis einer souveränitätsfreundlichen Auslegung als restriktive Auslegung, die im Gegensatz zur extensiven Auslegung steht. So etwa *K Doehring*, Völkerrecht, Rn. 395: „(...) [E]in rechtsetzender Vertrag [ist] nicht restriktiv sondern extensiv zu interpretieren (...).“

515 *I. Seidl-Hohenveldern/G. Loibl*, Das Recht der Internationalen Organisationen, Rn. 1609.

516 So im Ergebnis auch *K. Doehring*, Völkerrecht, Rn. 396.

eine sehr viel vorsichtigere Dynamik. Die Entwicklung einer Internationalen Organisation darf also nur so schnell vorangehen, wie alle Mitgliedstaaten Schritt halten wollen.

In der *Praxis* gewinnt die souveränitätsfreundliche Auslegung vor allem dann an Bedeutung, wenn eine Internationale Organisationen versucht, mehr Kompetenzen an sich heranzuziehen, als ihr zusteht. Das scheint im Bereich der Auslegung der UN-Charta der Fall zu sein (§ 12 II 2). Bedenken bestehen vor allem gegen die Errichtung des *Jugoslawientribunals*, das als Hilfsorgan des Sicherheitsrats errichtet wurde (§ 8 IV 4 a, § 10 II 3). Der Sicherheitsrat hätte sich vor der Errichtung des Tribunals fragen müssen, ob die Organisationsstruktur der UNO offen ist für eine solche Weiterentwicklung. Zwar eröffnet Art. 29 UN-Charta die Befugnis, Nebenorgane einzusetzen, jedoch sind das nur solche, die unter de Weisung des Sicherheitsrats stehen. Als Straftribunal musste das Gericht aber so angelegt werden, dass der Sicherheitsrat gegenüber den eingesetzten Richtern keine Weisungsbefugnis haben. Der Sicherheitsrat hat mit Hilfe des „Hilfsorgans Strafgerichtshof" seine Befugnisse um judikative erweitert. Dafür war die Organisationsstruktur der UNO nicht offen. Wollen die Staaten daher in Zukunft verhindern, dass Verbrechen, wie sie in Jugoslawien begangen wurden, ohne dass gegen die Verbrecher international strafrechtlich vorgegangen werden kann, dann bedarf es dazu eines völkerrechtlichen Vertrages, weil der Weg über eine ausdehnende Auslegung der Befugnisse des Sicherheitsrates nicht gangbar ist. Dies ist inzwischen mit der Schaffung des Internationalen Strafgerichtshofs geschehen.

2. *Die Anwendbarkeit bei der Auslegung von Vorschriften mit menschenrechtlichem Bezug*

Die souveränitätsfreundlichen Auslegung ist im Bereich der Menschenrechte anwendbar. Der beschriebene Konflikt zwischen ihr und der Souveränität, der sich auch auf der Ebene der Auslegung wiederspiegelt (§ 8 IV 1), darf nicht einseitig auf Kosten der Souveränität gelöst werden. Menschenrechtliche Verträge weisen keine solchen Besonderheiten auf, die zur Unanwendbarkeit der souveränitätsfreundlichen Auslegung führen. Es besteht in der Völkerrechtsordnung insbesondere kein genereller Vorrang zu Gunsten der Menschenrechte. Vielmehr gehören sowohl die Menschenrechte als auch die Souveränität zu den tragenden Grundsätzen des Völkerrechts und stellen völkerrechtliches ius cogens dar (§ 4 II, III, § 11 II 2 e cc).

Die Überzeugungskraft der souveränitätsfreundlichen Auslegung bei der Anwendung auf menschenrechtliche Vorschriften im Einzelfall ist allerdings vergleichsweise gering. Der Zweck solcher Vorschriften ist in personeller Hinsicht der Schutz des Einzelnen gegenüber dem Staat und gerade nicht der Schutz der Souveränität bzw. souveräner Rechte. Deshalb kommt die Souveränität im Rahmen der teleologischen Auslegung kaum zum Tragen. Sie gewinnt lediglich bei der Auslegung im Lichte des Allgemeinen Völkerrechts Bedeutung. Da aber oftmals die konkreten Normzwecke die allgemeineren Argumente der Konsistenz mit Prinzipien der Rechtsordnung überlagern, verliert die souveränitätsfreundliche Auslegung bei der Auslegung von Menschenrechten tendenziell an Überzeugungskraft. Wie stark das Argument ist, bleibt freilich der Einzelfallbetrachtung vorbehalten.

Trotzdem kann die Souveränität durchaus Bedeutung gewinnen. So ist unter gleich geeigneten Maßnahmen des Menschenrechtsschutzes diejenige vorzugswürdig, die am wenigsten in die Souveränität des betroffenen Staates eingreift. Zudem darf der allgemein in einem Vertrag zum Ausdruck kommende Wille, die Menschenrechte zu schützen, nicht über einen inhaltlichen Dissens in Einzelfragen hinweghelfen (§ 8 IV 1, § 12 II). Aus der Stellung der Souveränität als allgemeiner Grundsatz des Völkerrechts folgt schließlich, dass eine menschenrechtsfreundliche Auslegung nicht dazu führen darf, dass die Souveränität in ihrem Kerngehalt angegriffen wird.

Sind Vorschriften auszulegen, die nicht primär dem Schutz der Menschenrechte dienen, kommt es zu einer Gewichtsverlagerung zu Gunsten der souveränitätsfreundlichen Auslegung, weil dann der konkrete Zweck der Verwirklichung eines Menschenrechtes nicht mehr im Vordergrund steht. Eine solche Vorschrift ist – wie gesehen – Art. 41 UN-Charta. Sie darf daher entgegen der Auffassung des Jugoslawientribunals nicht einseitig menschenrechtsfreundlich ausgelegt werden (§ 10 II 3).

Auswirkungen hat das auch auf die Frage der Rechtmäßigkeit des Kosovoeinsatzes durch die NATO, der ohne UN-Sicherheitsmandat erfolgte und daher möglicherweise gegen das Gewaltverbot des Art. 2 Ziff. 4 UN-Charta verstieß. *Knut Ipsen* verneinte das mit folgender Begründung: „Oberstes Ziel der UN-Charta ist die Friedenserhaltung. Damit ist rechtslogisch in der Zielbestimmung der Charta enthalten, dass großformatige und schwerste Menschenrechtsverletzungen (...) unter keinem Aspekt unter dem Schutz der Charta stehen. Ist dies aber so, dann lässt sich nicht mit dem Souveränitätsschutz begründen, dass die Androhung oder Anwendung von Gewalt gegen die Durchführung von ‚ethischen Säuberungen' mit den Zielen der Vereinten Nationen unvereinbar ist. Im Gegenteil, hier dient die nach dem Proportionalitätsprinzip angedrohte und angewendete Gewalt gerade der Verwirklichung der Ziele der Vereinten Nationen (...) Die ‚ethische Säuberung' durch Massenvertreibungen und Massentötungen steht nach dieser lege artis durchgeführten Interpretation indessen nicht unter dem völkerrechtlichen Schutz staatlicher Souveränität."[517] Diese Argumentation geht fehl, weil sie unzulässigerweise in einem ersten Schritt den Inhalt des Gewaltverbots einseitig menschenrechtsfreundlich bestimmt und in einem zweiten Schritt Auswirkungen auf die Souveränität feststellt. Der Grundsatz der Souveränität hätte bei der Auslegung nicht ausgeblendet werden dürfen.[518] Das Ziel der UN-Charta im allgemeinen und des Gewaltverbotes im besonderen, die Friedenssicherung, ist nicht nur der Schutz der Menschen vor Kriegen, sondern auch der Schutz der Staaten vor Kriegen. Daher gewährt die Charta für Verletzungen von Menschenrechten und für Verletzungen der Souveränität keinen Schutz. Man kann daher zwar sagen, dass die Androhung oder Anwendung von Gewalt zur Friedensschaffung nicht mit den Zielen der Vereinten Nationen unvereinbar ist, aber – und hier liegt der wesentliche Fehler in der Argumentation *Ipsens* – nur, soweit sie auf Grundlage der Ermächtigung der UN-Charta beruht. Danach liegt das Gewaltmonopol beim Sicherheitsrat der Vereinten Nationen. Dass dieser harte Grundsatz nicht zu Gunsten der Einzelfallgerechtigkeit aufgeweicht werden sollte, dafür gibt es weitere gute Gründe: Mit der Verlagerung der Entscheidung über die Anwendung von Gewalt auf regionale Sicherheitsorganisationen wird der UN-Sicherheitsrat nachhaltig strukturell geschwächt. Es wird immer unklarer, wann und durch wen Gewalt gerechtfertigt ist. Das Funktionieren einer Maßnahme wie dem NATO-Einsatz hängt von der hohen militärischen Überlegenheit der Intervenienten ab und davon, ob die übergangenen Sicherheitsratsmitglieder und der betroffene Staat sich damit abfinden. Wenn sich Jugoslawien militärisch im Wege der Selbstverteidigung gegen die Angriffe gewehrt hätte und Russland Beistand geleistet hätte, dann hätte sich die Welt an der Schwelle des Ausbruchs eines Dritten Weltkrieges befunden. Um vor solchen Risiken zu schützen, sollte die rechtmäßige Gewaltanwendung, abgesehen vom Recht der Selbstverteidigung, beim Sicherheitsrat monopolisiert werden. Die UN-Charta hat sich ansonsten zu Gunsten eines absoluten Gewaltverbots entschieden, mag sie auch im Einzelfall als ungerechtfertigt erscheinen. Eine Änderung dieses Zustandes muss durch Rechtsetzung erfolgen und nicht durch Auslegung.

---

517 *K. Ipsen*, in: Merkel (Hrsg.), Der Kosovo-Krieg und das Völkerrecht, S. 160, 163.

518 Sie blendet zudem die historische und teleologische Auslegung des Art. 2 Ziff. 4 UN-Charta aus (vgl. *B. Simma*, in: Merkel (Hrsg.), Der Kosovo-Krieg und das Völkerrecht, S. 9, 11.

Selbst wenn man die Rechtmäßigkeit eines Krieges ohne die Zustimmung des Sicherheitsrates bejahte, ergeben sich aus der Souveränität wichtige Handlungsmaßgaben. Der Einsatz von Gewalt darf nur dem Zweck der Beseitigung des „humanitären Notstandes" dienen, nicht etwa daneben noch dem Ziel der Erprobung moderner Kriegstechnik oder des Einsatzes von Waffen, die sich vornehmlich gegen die Zivilbevölkerung richten.

Zudem müssten angesichts der Souveränität des betroffenen Staates strenge Anforderungen an die Feststellung des „humanitären Notstandes" gestellt werden. Es bedarf eines besonders gesicherten Verfahrens. Insbesondere muss klar sein, wer den humanitären Notstand feststellen darf. Angesichts der vorhergehenden Überlegungen scheint dafür nur der Sicherheitsrat der Vereinten Nationen in Frage zu kommen. Immerhin wurde diese Voraussetzung eingehalten. Der Sicherheitsrat hat in der Resolution 1199 (1998) die Situation im Kosovo als Gefahr für den Frieden und die Sicherheit qualifiziert.

IV. Ausformungen der souveränitätsfreundlichen Auslegung

Die souveränitätsfreundliche Auslegung hat ihrerseits Ausprägungen zu Auslegungsregeln mit eigenem Namen erfahren.

1. Die interpretatio contra proferentem

Nach der *interpretatio contra proferentem* sind unklare Formulierungen zulasten desjenigen auszulegen, der sie diktiert hat. Die Regel wurde in der Praxis selten angewendet[519], da ihre wesentliche Voraussetzung, das Vorliegen einer einseitig in den Vertrag eingebrachten Vorschrift, meist nicht vorliegt. Ihr Anwendungsbereich erstreckt sich vor allem auf Friedensverträge und Abkommen zur Zahlung

519 Anwendung fand sie in den Fällen *Brazilian Loans*, PCIJ Ser. A No. 21, S. 90, 114; D.O. *Schücking*, *Wimbledon*, PCIJ Ser. A No. 1, S. 43, 44; *Pensions of officials of the Saar Territory (Interpretation of Baden-Baden Agreement)*, Germany v. Commission of the Saar Territory, RIAA III, S. 1553, 1563; *Weitzenhoffer v. Germany*, Roumano-German Mixed Arbitral Tribunal, AD 3 (1925/26), Case No. 278, S. 366 f.; D.O. *Monaco*, *Italy-United States Air Transport Arbitration*, ILR 45, S. 393, 424 (Einzelheiten s.o. § 6 V); *Greece v. F.R.G.*, ILR 47, 418, 438; *Iran-United States Claims Tribunal*, ILR 72, S. 501, 534; 75, S. 176, 210, 216, 218, 261; 84, S. 483, 493. WN. bei *D. P. O'Connell*, International Law Vol. I, S. 257 Fn. 77-80, und *I. Seidl-Hohenveldern*, GYIL 23 (1980), 401, 412 Fn. 24. Stark zweifelnd hinsichtlich ihrer Anwendbarkeit *Young-Anleihe*, GYIL 23 (1980), 414, 451 (Einzelheiten s.o. § 7 III 1).

von Reparationen. Die interpretatio contra proferentem hat in der Literatur in gleicher Weise wie die souveränitätsfreundliche Auslegung Zustimmung gefunden.[520] Mit besonderem Nachdruck wurde sie von der deutschen Völkerrechtslehre nach dem ersten Weltkrieg vertreten, da man sich von ihr erhoffte, die Wirkungen des „Diktats von Versailles" gering zu halten.[521] Bei der Kodifizierung der Auslegungsregeln in der Wiener Vertragsrechtskonvention hat die Regel keine Berücksichtigung gefunden. Der entscheidende Grund dafür dürfte ihr geringer Anwendungsbereich sein.[522]

Ursprünglich wurde die Regel damit legitimiert, dass ein einseitig belastender Vertrag zu den lästigen Dingen zu zählen sei und daher einschränkend auszulegen sei.[523] Nachdem die Unterscheidung zwischen günstigen und lästigen Dingen aufgegeben wurde, stellte man zur Legitimation der Regel auf den Gedanken ab, dass ein Staat, der gezwungen werde, eine völkerrechtliche Verpflichtung einzugehen, eher keinen Willen zum Eingehen möglichst weitgehender Verpflichtungen habe, weil die Souveränität gegen ihren Willen eingeschränkt werde.[524] Gegen dieses Argument spricht aber, dass *rechtlich* gesehen auch derjenige Staat, der einen Vertrag diktiert bekommt, mit seiner Unterschrift den Vertrag billigt und die Verpflichtungen in seinen souveränen Willen aufnimmt, auch wenn er in *tatsächlicher* Hinsicht den Vertrag ablehnt. Die Souveränität wird auch in diesem Fall nicht gegen seinen Willen eingeschränkt.

---

520 Nachweise in der Literatur s.o. § 5 III, § 6 IV 7, § 7 VI 1. Die Entwicklung der Regel hinsichtlich Dauer, Einheitlichkeit und Verbreitung erfolgte weitgehend parallel zur souveränitätsfreundlichen Auslegung. Teilweise wurde die Auslegungsregel aber trotz Skepsis bzw. Ablehnung gegenüber der souveränitätsfreundlichen Auslegung für anwendbar gehalten (etwa *H. Lauterpacht*, BYIL 26 (1949), 48, 59 f. (s.o. § 6 IV 1); ebenso *Italy-United States Air Transport Arbitration*, ILR 45, S. 393, 411 (s.o. § 6 V)). Den Status als rechtliche Auslegungsregel ablehnend *V. D. Degan*, Sources of International Law, S. 89 ff., 494 ff. *R. Bernhardt*, Die Auslegung völkerrechtlicher Verträge, S. 185, meint, die Regel sei überflüssig. Ihm folgend *A. Rest*, Interpretation von Rechtsbegriffen in internationalen Verträgen, S. 81, der zudem der Auffassung ist, die Regel sei nur bei zweiseitigen, rechtsgeschäftlichen Verträgen anwendbar (ebenda, 80 f., 86 f.). Vgl. auch *Ch. Baldus*, Regelhafte Vertragsauslegung nach Parteirollen Teil I, S. 118 ff. mwN., Teil II, S. 683 ff., mit Hinweisen zu den möglichen römisch-rechtlichen Grundlagen dieser Auslegungsregel.

521 S.o. § 5 III mN.

522 Zudem stellt sie eine Ausformung von in der Konvention aufgenommenen Auslegungsregeln dar (*W. Heintschel v. Heinegg*, in: Ipsen, Völkerrecht, § 11 Rn. 19).

523 *H. Grotius*, De iure belli ac pacis, 3. Buch Kap. 20 XXVI; *E. de Vattel*, Le droit des gens ou principes de la loi naturelle, Buch II, Kap. XVII §§ 264, 262. Einzelheiten s.o. § 4 II, III, IV.

524 S.o. § 4 III.

Jedoch kann die interpretatio contra proferentem anders legitimiert werden. Sie beruht auf dem Gedanken, dass ein Dissens nicht mit Hilfe der Auslegung behoben werden darf. Ziel der Auslegung ist es, den gemeinsamen Willen der Vertragspartner herauszufinden.[525] Besteht ein Dissens, so gebietet es die Souveränität, eine Verpflichtung zu verneinen, da andernfalls eine Pflicht auferlegt würde, die nicht auf dem souveränen Willen der Vertragspartei beruht. Diese Überlegung gilt unterschiedslos für diktierte und nichtdiktierte Verträge, sie findet ihren Ausdruck in der souveränitätsfreundliche Auslegung. Das Besondere an der interpretatio contra proferentem ist die Annahme, ein Staat habe die Regelung nicht gewollt, wenn es sich um einen aufoktroyierten Vertrag handelt. Die erhöhte Qualität des Arguments in dieser Sonderkonstellation rechtfertigt es, die interpretatio contra proferentem als eigenständige Ausformung der souveränitätsfreundlichen Auslegung anzusehen.[526]

In welchen Fällen die interpretatio contra proferentem angewendet werden darf, ist umstritten: Nach einer Auffassung dürfe die Regel nur Anwendung finden, wenn eine Seite für die Entstehung des Vertragstextes verantwortlich sei und den Vertrag diktiert habe.[527] Nicht anwendbar sei sie dagegen, wenn der fragliche Artikel zufällig von einer Partei vorgeschlagen worden sei.

Nach der Gegenauffassung[528] dürfe die Regel auch dann angewendet werden, wenn es sich nicht um einen diktierten Vertrag, sondern um einen beiderseitig vorteilhaften Vertrag handele, da derjenige, der die Gelegenheit habe, den Text zu entwerfen, für seine Nachlässigkeiten einzustehen habe[529]. Zudem sei es

---

525 S.o. § 2 III, IV.

526 Daneben finden sich weitere Legitimationsansätze. Nach Auffassung von *Lauterpacht*, BYIL 26 (1949), 48, 59 f., 57, beruht die Regel auf dem Grundsatz von Treu und Glauben. Nach *I. Seidl-Hohenveldern*, GYIL 23 (1980), 401, 412, gebiete es das fundamentale Gebot der Gerechtigkeit, unklare Formulierungen contra proferentem auszulegen.

527 *H. Lauterpacht*, BYIL 26 (1949), 48, 63 f.; *M. Hilf*, Die Auslegung mehrsprachiger Verträge, S. 100; *Pensions of officials of the Saar Territory (Interpretation of Baden-Baden Agreement)*, Germany v. Commission of the Saar Territory, RIAA III, S. 1553, 1564 f.

528 So die Auffassung Italiens und des Richters *Monaco* in *Italy-United States Air Transport Arbitration*, ILR 45, S. 393, 395, 407, 424; *Iran-United States Case No. A/18*, *Iran-United States Claims Tribunal*, ILR 75, S. 176, 216; *P. Guggenheim*, Lehrbuch des Völkerrechts I, S. 128; *A. Verdross*, Völkerrecht, S. 174; *A. Verdross/B. Simma*, Universelles Völkerrecht, § 780 Nr. 1.

529 *Iran-United States Case No. A/18*, *Iran-United States Claims Tribunal*, ILR 75, S. 176, 216.

rechtspolitisch begrüßenswert, wenn derjenige der eine Formulierung vorschlage, im eigenen Interesse gezwungen werde, seine Forderungen klar darzulegen und bloße Formelkompromisse zu vermeiden.[530] Voraussetzung sei daher lediglich, dass eine Partei den Vertrag vorgeschlagen habe.

Die Streitentscheidung hängt wesentlich davon ab, ob die weite Gegenauffassung von der Legitimationsgrundlage der interpretatio contra proferentem getragen wird. Es stellt sich also die Frage, ob im Fall der einseitigen, aber nicht diktierten Vertragsgestaltung anzunehmen ist, der Vertragspartner habe bestimmte vertragliche Regeln nicht gewollt. Dies ist in sehr viel geringerem Maße der Fall, weil in diesem Fall jede Vertragspartei eigenständige Gestaltungsmöglichkeiten wahrnehmen kann. Sie ist in tatsächlicher Hinsicht nicht abhängig von den Vorschlägen der Gegenseite, kann Änderungswünsche vortragen und durchsetzen, sowie Vorbehalte gegen einzelne Normen anbringen (vgl. Teil II Abschnitt 2 WVK). Daher rechtfertigt sich für den Fall des nichtdiktierten Vertrages keine besondere Ausformung zur interpretatio contra proferentem. Darüber hinaus überzeugt das Argument der Gegenauffassung, der Verfasser des Vertrages habe für Nachlässigkeiten einzustehen, nicht. Grundsätzlich haben die Parteien nämlich für ihre Interessen alleine zu sorgen. Es ist nicht Aufgabe der Interpretation, die Interessen der Parteien zu sichern.[531]

Die *Anwendung* der interpretatio contra proferentem erfolgt in gleicher Weise wie die souveränitätsfreundliche Auslegung. Welche Überzeugungskraft die Regel hat, hängt vor allem davon ab, in welchem Umfang die Partei von der Willensbildung ausgeschlossen wurde, also von den Umständen vor dem Vertragsschluss. Einfluss hat etwa, ob die Partei bei Vertragsgestaltung mit am Verhandlungstisch sitzen durfte, ob sie bei der Übersetzung zur Schaffung authentischer Texte in unterschiedlichen Sprachen beteiligt wurde[532] oder ob sie die Möglichkeit hatte, Vorbehalte zu einzelnen Vorschriften geltend zu machen.

Die interpretatio contra proferentem stellt insbesondere auch keine nachrangige Zweifelsregel dar.[533] Ihre Anwendbarkeit ist entgegen der Ansicht von *Rest*[534]

---

530 *I. Seidl-Hohenveldern*, GYIL 23 (1980), 401, 412.

531 *H. Lauterpacht*, BYIL 26 (1949), 48, 64.

532 *I. Seidl-Hohenveldern*, GYIL 23 (1980), 401, 410 f.

533 So aber *H. Lauterpacht*, Private Law Sources and Analogies of International Law, S. 179; *Iran-United States Case No. A/18*, *Iran-United States Claims Tribunal*, ILR 75, S. 176, 210 ff. Zu den Argumenten gegen die Zweifelsregel s.o. § 12 II 1 b.

534 *A. Rest*, Interpretation von Rechtsbegriffen in internationalen Verträgen, S. 86.

auch nicht auf zweiseitige Verträge beschränkt. Es ist nicht einsichtig, warum sich die Auslegung von diktierten Friedensverträgen nur deshalb unterscheiden soll, weil zwei oder mehr Parteien Frieden schließen.

Darüber hinaus verbietet die Souveränität, diktierte Verträge *pro proferentem* auszulegen. Denkbar wäre zwar, entscheidend auf den Willen der den Vertrag diktierenden Partei abzustellen, weil sie entscheidend die Inhalte des Vertrags prägt. Diese Überlegung ist aber unzulässig, weil sie nicht beachtet, dass der Bindungswille von den Vertragspartnern geteilt werden muss. Daraus folgt auch, dass bei aufoktroyierten Verträgen der Grundsatz effet utile nur äußerst vorsichtig zu handhaben ist.

Abschließend kann zu in der Praxis streitig gewordenen Fällen Stellung bezogen werden. Im Fall *Italy-United States Air Transport Arbitration*[535] (vgl. § 6 V), ist den Richtern *Riese* und *Metzger* insoweit zuzustimmen, als sie die interpretatio contra proferentem nicht anwendeten. Das auszulegende Air Transport Services Agreement war zwar von der amerikanischen Seite zu verantworten, jedoch handelte es sich nicht um einen diktierten Vertrag.[536] Allerdings hätten die von italienischer Seite vorgetragenen Erwägungen der Souveränität im Rahmen der souveränitätsfreundlichen Auslegung berücksichtigt werden müssen.

Im Schiedsurteil zur *Young-Anleihe*[537] (vgl. § 7 III 1) dagegen war die interpretatio contra proferentem anwendbar. Die Auslegungsregel bevorzugt nämlich nicht – wie im Urteil behauptet[538] – aus formalen Gesichtspunkten eine bestimmte Fassung des Vertrags, ohne den *„object and purpose"* zu berücksichtigen. Vielmehr stellt die interpretatio contra proferentem als Ausprägung der souveränitätsfreundlichen Auslegung gerade eine Ausformung der teleologischen und systematischen Auslegung dar.[539] Zudem lagen im Fall der *Young-Anleihe* die Voraus-

---

535 ILR 45, S. 393.

536 Die beiden Richter lehnten die Anwendbarkeit der Auslegungsregel allerdings ab, weil kein Zweifelsfall vorlag (*Italy-United States Air Transport Arbitration*, ILR 45, S. 393, 411). Diese Auffassung ist aber – wie gezeigt – abzulehnen.

537 GYIL 23 (1980), 414.

538 *Young-Anleihe*, GYIL 23 (1980), 414, 451.

539 So auch *H. Bülck*, Vertragsauslegung, in: WVR 3. Bd., S. 547, 551. Eine Auslegung mit den in Art. 31 f. WVK genannten Auslegungsregeln wird daher zu einer Auslegung contra proferentem führen (in diese Richtung auch *W. Heintschel v. Heinegg*, in: Ipsen, Völkerrecht, § 11 Rn. 19).

setzungen für die Anwendbarkeit der Regel vor. Die deutsche Seite war nicht gleichberechtigt an der Ausarbeitung des Vertrages beteiligt.[540]

2. *Die interpretatio in favorem debitoris*

Die *interpretatio in favorem debitoris* hat dagegen keine eigenständige Bedeutung. Nach *Vitzthum*[541] gebiete sie die Bevorzugung derjenigen Auslegungsvariante, welche die Handlungsfreiheit des staatlichen Schuldners am wenigsten beeinträchtige. Grund dafür sei die Souveränität. Dem ist inhaltlich zuzustimmen. Wird etwa ein Vertrag über die Errichtung von Grenzsicherungsanlagen geschlossen, so wird derjenige Vertragspartner, der die Anlagen auf seinem Territorium errichtet, aussuchen können, wie er die Grenzsicherungsanlagen baut, welche Materialien er verwendet und wen er mit der Ausführung des Auftrags beauftragt, soweit nichts anderes im Vertrag vorgesehen ist. Jedoch enthalten solche Fälle wie dieser keine besonderen Eigenheiten gegenüber der souveränitätsfreundlichen Auslegung, die es rechtfertigen, die *interpretatio in favorem debitoris* als eine eigenständige Ausprägung anzusehen. Gegen ihre Eigenständigkeit spricht auch, dass auf die Regel in der Praxis nur äußerst selten zurückgegriffen wurde.[542]

3. *Völkerrechtskonforme Auslegung?*

Seidl-Hohenveldern und *Stein* meinen, die Souveränität gebiete eine völkerrechtskonforme Auslegung.[543] Darunter verstehen sie eine Auslegung, die so weit wie möglich mit der bisherigen Völkerrechtslage übereinstimmt. Abgesehen davon, dass der Begriff „völkerrechtskonforme Auslegung" unglücklich gewählt ist, weil er im innerstaatlichen Recht eine andere Bedeutung hat[544], kann die Regel nicht überzeugen. Die Gegenansicht übersieht, dass mit der auszulegenden Norm eine neue rechtliche Tatsache vorhanden ist, die nicht ignoriert werden kann und

---

540 S.o. § 7 III 1. Ebenso *I. Seidl-Hohenveldern*, GYIL 23 (1980), 401, 412.

541 *W. Graf Vitzthum*, in: ders. (Hrsg.), Völkerrecht, 1. Abschn. Rn. 124; ebenso *I. Seidl-Hohenveldern/T. Stein*, Völkerrecht, Rn. 344. Auslegung in favorem debitoris wird auch bei *I. v. Münch*, Völkerrecht in programmierter Form, S. 181, und *M. Herdegen*, Völkerrecht, § 15 Rn. 31, genannt. Sie scheinen unter ihr und der Auslegungsregel in dubio mitius dasselbe zu verstehen.

542 Im *Pertulosa Claim, Franco-Italian Conciliation Commission*, ILR 18, S. 414, 422, wurde die Regel angesprochen, aber nicht angewendet.

543 *I. Seidl-Hohenveldern/T. Stein*, Völkerrecht, Rn. 343.

544 Sie gebietet die Auslegung des innerstaatlichen Rechts im Lichte des Völkerrechts.

darf. In letzter Konsequenz würde die Regel ein Ergebnis präferieren, bei dem die auszulegende Vorschrift keinerlei Bedeutung hat, weil dann die „neue Völkerrechtslage“ mit der „alten Völkerrechtslage“ übereinstimmt. Da mit einer völkerrechtlichen Vereinbarung in aller Regel für die Parteien rechtliche Verpflichtungen geschaffen werden sollen, ist die Regel abzulehnen.

4. *Die Auslegung zugunsten des gemeinsamen Minimums bei mehrsprachigen Verträgen*

Nach dieser Regel soll bei mehrdeutigen plurilingualen Verträgen das allen Texten gemeinsame Minimum bevorzugt werden.[545] Hat ein Wort in einer Sprache die Bedeutung a und b, das entsprechende Wort in der anderen Fassung dagegen die Bedeutungen b und c oder nur b, soll allein die Bedeutung b maßgeblich sein.[546] Die Regel wurde nicht kodifiziert[547], fand aber gelegentlich in der Praxis Anwendung[548], bedeutendster Anwendungsfall war der *Mavrommatis Concessions Case*.[549]

---

545 Für diese Regel etwa *P. Guggenheim*, Lehrbuch des Völkerrechts I, S. 128; *F. Berber*, Lehrbuch des Völkerrechts 1. Bd., S. 447; *D. Anzilotti*, Völkerrecht, S. 78; *K. Doehring*, Völkerrecht, Rn. 393; *D. P. O'Connell*, International Law Vol. I, S. 258; Art. 75 III Third Report on the Law of Treaties by Sir Humphrey Waldock, YILC 1964 II, S. 62. WN. bei *M. Hilf*, Die Auslegung mehrsprachiger Verträge, S. 95 Fn. 410. Auf Einzelfälle beschränkend *J. M. Mössner*, AVR 15 (1971/72), 273, 284, und *M. Hilf*, ebenda, S. 97 ff., insb. 99. Ablehnend *A. Rest*, Interpretation von Rechtsbegriffen in internationalen Verträgen, S. 112 ff.; *S. M. Grundmann*, Die Auslegung des Gemeinschaftsrechts durch den Europäischen Gerichtshof, S. 124 ff., 184 f. *K. Doehring*, Völkerrecht, Rn. 393, bezeichnet sie als „restriktive Auslegung“, *J. M. Mössner*, ebenda, S. 284, als „gemeinsamer Nenner Regel“.

546 *J. M. Mössner*, AVR 15 (1971/72), 273, 284.

547 Nach Art. 33 IV WVK wird bei Bedeutungsunterschieden zwischen authentischen Texten „diejenige Bedeutung zugrunde gelegt, die unter Berücksichtigung von Ziel und Zweck des Vertrages die Wortlaute am besten miteinander in Einklang bringt.“ Die Entstehung dieser Norm (s.o. § 7 I 3 b) lässt erkennen, dass die „Auslegung zugunsten des gemeinsamen Minimums“ für anwendbar gehalten wurde (ebenso die Auffassung Italiens im Fall *Elettronica Sicula S. p.A. (ELSI)*, ICJ Rep. 1989, S. 15, 70 f.; a.A. *M. Hilf*, Die Auslegung mehrsprachiger Verträge, S. 96 Fn. 413).

548 D. O. *Moreno Quintana, Right of Passage over Indian Territory*, ICJ Rep. 1960, S. 6, 88, 92; angesprochen auch in *Reparation Commission v. German Government*, AD 2 (1923/24), Case No. 194, S. 334, 336, wobei die Schiedsrichter der Auslegungsregel *Preference to the text which is clear* einen höheren Wert beimaßen; *Elettronica Sicula S. p.A. (ELSI)*, ICJ Rep. 1989, S. 15, 70 f., 79; *Italian-United States Conciliation Commission, Flegenheimer Claim*, ILR 25, S. 91, 155 f.; ausdrücklich ablehnend, *Young-Anleihe*, GYIL 23 (1980), 414, 451 (s.o. § 7 III 1).

549 PCIJ Ser. A No. 2, S. 19 (Einzelheiten s.o. § 5 I 4).

Hinter Auslegung zugunsten des gemeinsamen Minimums bei mehrsprachigen Verträgen steht – wenn auch entfernt – der Gedanke der Souveränität.[550] Ein Staat ist nur dann vertraglich gebunden, wenn er sich gemeinsam mit seinen Partnern gebunden hat. Im Dissensfalle fehlt dagegen eine solche Bindung.[551] Decken sich die Sprachbedeutungen, so wird regelmäßig eine Willensübereinstimmung vorliegen. Decken sie sich nicht, so spricht dies eher gegen eine Willensübereinstimmung.[552] Die besondere Konstellation der Mehrdeutigkeit eines Wortes durch die Verwendung mehrerer authentischer Sprachen in einem völkerrechtlichen Vertrag als Voraussetzung für die Anwendbarkeit der Auslegung zugunsten des gemeinsamen Minimums rechtfertigt es, diese Auslegungsregel als eigenständige Ausformung der souveränitätsfreundlichen Auslegung anzusehen. Sie hat den Charakter einer Präferenzregel innerhalb der wörtlichen Auslegung.

Aus der Legitimation der Regel ergeben sich Umfang und Grenzen ihrer Anwendbarkeit. Die Regel kommt selten zur Anwendung, weil ihre entscheidende Voraussetzung, das Vorliegen einer Textdivergenz[553], meist nicht vorliegt. Denn gem. Art. 33 III WVK ist zu vermuten, dass die Ausdrücke des Vertrages in jedem authentischen Text dieselbe Bedeutung haben. Die Feststellung der Voraussetzung bereitet darüber hinaus Schwierigkeiten, weil man gerade bei Streitfällen oftmals nicht mit hinreichender Klarheit sagen kann, der eine Text spreche für eine engere und der andere Text für eine weitere Deutung.[554] Vielmehr liegt das

---

550 *K. Doehring*, Völkerrecht, Rn. 393; in dieser Richtung auch *M. Hilf*, Die Auslegung mehrsprachiger Verträge, S. 96 f.

551 In diese Richtung auch Third Report on the Law of Treaties by Sir Humphrey Waldock, YILC 1964 II, S. 64 f.; *W. Rudolf*, Die Sprache in der Diplomatie und internationalen Verträgen, S. 69.

552 Gegen die Legitimation der Regel wurde vor allem eingewendet, sie sei zu formal und mit effet utile und implied powers unvereinbar (so *M. Hilf*, Die Auslegung mehrsprachiger Verträge, S. 97). Dies ist, wie bereits eingehend erörtert, unzutreffend (s.o. § 12 II 2 b bb). Gegen die Unvereinbarkeit der Auslegung zugunsten des gemeinsamen Minimums mit dem Grundsatz effet utile spricht schon, dass der Zweck des Vertrages auch gegen die weitere Fassung sprechen kann und eine effektive Auslegung daher auch nicht immer für eine weite Auslegung spricht (so etwa im *Mavrommatis Concessions Case*, PCIJ Ser. A No. 2, S. 19. Vgl. dazu die insoweit zutreffende Analyse von *S. M. Grundmann*, Die Auslegung des Gemeinschaftsrechts durch den Europäischen Gerichtshof, S. 126 f.).

553 Beispiele für solche Textdivergenzen vgl. *W. Rudolf*, Die Sprache in der Diplomatie und internationalen Verträgen, S. 62 ff.

554 *J. M. Mössner*, AVR 15 (1971/72), 273, 285; *M. Hilf*, Die Auslegung mehrsprachiger Verträge, S. 99.

streitentscheidende Problem meist innerhalb sprachlicher Bedeutungsspielräume.[555]

Wird eine Textdivergenz festgestellt, ist die Regel anwendbar. Überzeugend ist sie, wenn in einen Vertrag bewusst Bedeutungsunterschiede eingebaut werden, um einen sachlichen Dissens in bestimmten Punkten zwischen den Vertragspartnern zu verdecken. Trifft dies tatsächlich einmal zu, dann ist eine Auslegung zugunsten des gemeinsamen Minimums geboten. Ansonsten ist die Überzeugungskraft des Arguments, der gefundene Bedeutungsunterschied in den einzelnen Textversionen spreche gegen eine Bindung, nicht allzu hoch.[556] Solche Bedeutungsunterschiede müssen nicht auf einen Dissens hindeuten, sondern können vielerlei Gründe haben, etwa eine ungenaue Übersetzung, das Fehlen entsprechender Ausdrücke für einen speziellen Rechtsbegriff in der anderen Sprache usw. Zudem darf nicht bei der wörtlichen Auslegung des mehrsprachigen Textes und der ergänzenden Anwendung der Präferenzregel zugunsten des gemeinsamen Minimums stehen geblieben werden. Vielmehr müssen andere Auslegungsregeln, insbesondere die teleologische Auslegung, für weiteren Aufschluss sorgen.[557] Das gilt gerade in diesem Fall, weil die wörtliche Auslegung angesichts der Textdivergenzen keine hinreichende Klarheit erbringt und daher kein starkes Argument im Rahmen der Auslegung darstellt. Über die geringe Überzeugungskraft hilft auch die Auslegung zugunsten des gemeinsamen Minimums nicht hinweg.

Aus den eben genannten Gründen gebietet die *Auslegung zugunsten des gemeinsamen Minimums bei mehrsprachigen Verträgen* entgegen der Auffassung von *Dahm* nicht notwendig, dass bei fehlenden gemeinsamen Minimum eine vertragliche Vorschrift bedeutungslos ist. Die Regel stellt nur eine Auslegungsregel neben anderen dar. Erscheint etwa eine der divergierenden Versionen angesichts des Zwecks der Vorschrift überzeugend, so ist diese Auslegung zu bevorzugen,

---

555 So konnte die Auslegungsregel zum Beispiel im Rechtsgutachten *Competence of the ILO for Agriculture*, PCIJ Ser. B No. 2/3, S. 39, bei der Auslegung der Worte *travailleurs* bzw. *workpeople* nicht weiterhelfen, weil sich keine grundlegenden Bedeutungsunterschiede ergaben. Unter beide Begriffe ließen sich Landarbeiter subsumieren (Einzelheiten s.o. § 5 I 1).

556 So auch *H. Dölle*, RabelsZ 26 (1961), 4, 21 f., 36 f.; *M. Hilf*, Die Auslegung mehrsprachiger Verträge, S. 99; *W. Rudolf*, Die Sprache in der Diplomatie und internationalen Verträgen, S. 69.

557 Das Gebot, weitere Auslegungsregeln heranzuziehen, spricht entgegen der Ansicht von *S. M. Grundmann*, Die Auslegung des Gemeinschaftsrechts durch den Europäischen Gerichtshof, S. 126 f., nicht gegen die Auslegung zugunsten des gemeinsamen Minimums.

auch wenn die Auslegung zugunsten des gemeinsamen Minimums für ein engeres Ergebnis spricht.

Unter Zugrundelegung des Vorgesagten hätte in der Entscheidung *Wemhoff* (vgl. § 7 IV 3 c aa (2)) des Europäischen Gerichtshofs für Menschenrechte die *Auslegung zugunsten des gemeinsamen Minimums bei mehrsprachigen Verträgen* nicht von vornherein ausgeschlossen werden dürfen.[558] Zwar lag in diesem Fall nicht die Grundkonstellation der Auslegungsregel vor, weil nach der englischen Version der auszulegende Ausdruck eine engere und weitere Bedeutung haben konnte und die französische Version dagegen eher die weitere Bedeutung nahe legte. Es gab also kein gemeinsames Minimum, sondern ein gemeinsames Maximum. Dennoch hätten die Unklarheiten der englischen Fassung ernst genommen werden müssen, denn dieser Umstand macht den vermeintlich eindeutigen Text suspekt und fordert zur Aufklärung der Divergenz auf.[559] Die Auslegung zugunsten des gemeinsamen Minimums spricht dann dafür, dass nur die sicheren Fälle von der Regelung erfasst sind. Im Fall *Wemhoff* sind das diejenigen Fälle, die von auch nach dem englischen Text sicher erfasst sind. Im Ergebnis ist der Entscheidung dennoch zuzustimmen: Wie der Europäische Gerichtshof für Menschenrechte zutreffend ausführte, gebot vor allem der Zweck der auszulegenden Vorschrift die Präferenz für die weitere französische Fassung.[560]

Auch in der Entscheidung *Young-Anleihe*[561] (vgl. § 7 III 1) hätte die Auslegung zugunsten des kleinsten gemeinsamen Nenners angewendet werden können, weil sie entgegen der an ihr geübten Kritik nicht aus formalen Gesichtspunkten eine bestimmte Fassung des Vertrages bevorzugt, ohne auf den von Art. 33 IV WVK geforderten *object and purpose* abzustellen.[562]

Wie die Anwendung der Regel in der Praxis erfolgen sollte, zeigt die Entscheidung des Ständigen Internationalen Gerichtshofs zum Rechtsgutachten *Compe-*

---

558 *Wemhoff Case*, ECHR Ser. A Vol. 7, S. 23. Das Gericht meinte, es sei die Auslegung zu wählen, die dem Ziel des Vertrages am nächsten komme, und nicht die, welche die Verpflichtungen der Parteien am meisten begrenzt. Grund dafür sei, dass es sich um einen „law-making treaty" handelte. Dieser Begründung ist nicht zuzustimmen (s.o. § 12 III).

559 *H. Dölle*, RabelsZ 26 (1961), 4, 35.

560 *Wemhoff Case*, ECHR Ser. A Vol. 7, S. 23, insb. Ziff. 8 aE.

561 GYIL 23 (1980), 414.

562 So aber sowohl die Richtermehrheit (GYIL 23 (1980), 414, 451), als auch die im Ergebnis abweichende Richterminderheit (ebenda, S. 478).

tence of the ILO for Agriculture (s.o. § 5 I 1). In ihm war die Frage zu klären, ob sich die Regelungen zur ILO auch auf in der Landwirtschaft tätige Personen erstreckt. Diese Deutung ließ sich mit dem englischen Text vereinbaren, während der französische Text eher für eine engere Bedeutung sprach.[563] Das Gericht hatte bei der Auslegung zwar Souveränitätsargumente und insbesondere die Auslegung zugunsten des gemeinsamen Minimums im Hinterkopf.[564] Jedoch maß es dieser Auslegungsregel zu Recht kein großes Gewicht bei und entschied sich nach umfassender Auslegung unter Berufung auf teleologische und systematische Argumente zugunsten der weiteren Auslegung, die Landwirtschaft tätige Personen erfasste.

5. *Authentische Auslegung*

Aus der Souveränität der Staaten folgt, dass die Staaten im Völkerrecht die Herren der Verträge bleiben. Daher dürfen die Parteien ihre Verträge *authentisch* auslegen, d.h. die Bedeutung ihres Vertrages auch noch im nachhinein festlegen.[565] *Bernhardt* hat dies die Fortwirkung der Souveränität bei der Auslegung genannt.[566] Es handelt sich dabei nicht um eigentliche Auslegung, weil es nicht darum geht, den Willen des Normgebers zu ermitteln. Vielmehr bestimmt der Normgeber angesichts einer auftretenden Rechtsfrage, was gelten soll. Ob die authentische Auslegung der eigentlichen dogmatischen Auslegung entspricht, spielt eine untergeordnete Rolle. Der Übergang zwischen Auslegung und Vertragsänderung ist daher fließend, aber aufgrund der Herrschaftsstellung der Parteien unproblematisch.[567] Die Möglichkeit zur authentischen Auslegung ist nur insoweit beschränkt, als Rechte anderer verletzt werden. Sie darf daher nicht gegen ius

---

563 PCIJ Ser. B No. 2/3, S. 33 f.

564 S.o. § 5 I 1. Entgegen der Auffassung von *S. M. Grundmann*, Die Auslegung des Gemeinschaftsrechts durch den Europäischen Gerichtshof, S. 127, spricht das Ergebnis nicht dafür, dass der Ständige Internationale Gerichtshof die Regel nicht für anwendbar hielt. Vielmehr zeigt die genaue Herausarbeitung der Textdivergenz und die angesichts dessen vorgenommene umfassende Auslegung, dass das Gericht der Auslegung zugunsten des gemeinsamen Minimums Bedeutung beimaß. Gewissen Anklang findet dies auch im Urteil selbst (*Competence of the ILO for Agriculture*, PCIJ Ser. B No. 2/3, S. 34 letzter Absatz).

565 Die rechtliche Möglichkeit der authentischen Auslegung ist allgemein anerkannt. Vgl. statt vieler *R. Bernhardt*, Die Auslegung völkerrechtlicher Verträge, S. 44 f.; *W. Heintschel v. Heinegg*, in: Ipsen, Völkerrecht, §11 Rn. 2; *U. Fastenrath*, Lücken im Völkerrecht, S. 194 f. Ausdruck dessen sind die Art. 33 III lit. a), b) WVK.

566 *R. Bernhardt*, in: FS Kutscher, S. 17, 21.

567 *R. Bernhardt*, Die Auslegung völkerrechtlicher Verträge, S. 45. Vgl. zu diesem Problem auch *U. Fastenrath*, Lücken im Völkerrecht, S. 194 f.

cogens verstoßen und nicht zu Lasten dritter Staaten gehen.[568] *Reindel* hat in diesem Zusammenhang darauf hingewiesen, dass auch im Bereich der Auslegung menschenrechtlicher Verträge die Möglichkeit einer nachträglichen Rechtsbeschränkung besteht, da der geschützte Einzelne nicht Vertragspartner ist.[569]

V. Zur Terminologie

Bis jetzt wurde der Begriff der souveränitätsfreundlichen Auslegung als vorläufige Bezeichnung verwendet (s.o. § 4 I), unter dem zwar inhaltlich verwandte, aber im Detail sehr unterschiedliche Auslegungsregeln untersucht wurden. Nachdem Legitimation und Inhalt bekannt sind, kann nunmehr endgültig beurteilt werden, welche Bezeichnung unpassend und welche geeignet ist.

Die Völkerrechtspraxis hat unterschiedlichste Bezeichnungen vorgeschlagen und verwendet, am häufigsten die restriktive Auslegung, die Auslegung zugunsten der Ungebundenheit der Staaten, in dubio mitius und die Vermutungs- bzw. Zweifelregel zugunsten der Souveränität.[570] Dabei muss sich die Bezeichnung noch nicht einmal unbedingt auf ihren Inhalt beziehen. So bezeichnet sie *Doehring* etwa als restriktive Auslegung, hält sie aber für eine Vermutungsregel.[571]

Eine geeignete Bezeichnung sollte kurz und eingängig, aber möglichst unmissverständlich den Inhalt der Auslegungsregel wiedergeben. Legt man diesen Maßstab zugrunde, dann sind jedenfalls solche Bezeichnungen weniger geeignet, die suggerieren, es handele sich um einen Unterfall der restriktiven Auslegung von Ausnahmen, um eine technisch anzuwendende Regel zugunsten der Ungebundenheit, um eine Vermutungs- oder Zweifelsregel oder um eine Regel, die im Ergebnis eine enge Auslegung gebiete. Vielmehr sollte der artbildende Unterschied zu anderen Auslegungsregeln, die Souveränität, genannt sein. Damit verbleiben vier Bezeichnungen:

- die souveränitätsfreundliche Auslegung,
- die souveränitätsschonende Auslegung,

---

568 *U. Fastenrath*, Lücken im Völkerrecht, S. 195.

569 *F. Reindel*, Auslegung menschenrechtlicher Verträge am Beispiel der Spruchpraxis des UN-Menschenrechtsausschusses, des Europäischen und des Interamerikanischen Gerichtshofs für Menschenrechte, S. 38.

570 Für einen genaueren Überblick s.o. § 4 I.

571 *K. Doehring*, Völkerrecht, Rn. 393.

- die Auslegung zugunsten der Souveränität und
- die souveränitätskonforme Auslegung.

Sie alle sind nicht unbrauchbar und es ist zu einem gewissen Grade eine Geschmacksfrage, welche Bezeichnung man bevorzugt. Wie bereits der Titel der Untersuchung verrät, wird die erste Variante bevorzugt. Die Bezeichnung als „souveränitäts*konforme* Auslegung“ in Anlehnung an die rang- bzw. verfassungskonforme Auslegung hebt zu sehr den Rangaspekt hervor, der in der Völkerrechtsordnung im Hintergrund steht.[572] Die Bezeichnung „Auslegung *zugunsten* der Souveränität“ vermittelt den Eindruck, es handele sich um eine zwingende Regel. Sie stellt zudem die Souveränität sehr in den Mittelpunkt, während ihre Beachtung bei der Auslegung nur ein Aspekt neben anderen ist. Gegen die Bezeichnung „souveränitäts*schonend*“ spricht, dass die Auslegungsregel nicht nur die Souveränität schonende Wirkung hat, sondern die Souveränität auch zur Geltung bringen will, sie wirkt also gerade souveränitäts*verwirklichend*. Damit verbleibt die „souveränitätsfreundliche Auslegung“. Diese Bezeichnung hat den Vorteil, nicht zu einem inhaltlichen Abweg zu verführen. Verwendet wird diese Bezeichnung unter anderem im Lehrbuch von *Seidl-Hohenveldern* und *Stein*.[573]

Warum soll aber gerade von souveränitäts*freundlich* gesprochen werden? Der Begriff „Freundlichkeit“ ist im Recht nur gelegentlich anzutreffen. Im deutschen Staatsrecht wird die aus dem Bundesstaatsprinzip folgende Verpflichtung zu wechselseitiger Rücksichtsnahme im Rahmen der bundesstaatlichen Ordnung des Grundgesetzes als Gebot des bundesfreundlichen und länderfreundlichen Verhaltens bezeichnet.[574] In der Völkerrechtslehre hat der Begriff keine besondere juristische Bedeutung erhalten. Am nächsten kommen noch „Freundschaftsvertrag“ als besondere Klassifizierung eines Vertragstyps und die Bezeichnung einer der wichtigsten Deklarationen der Generalversammlung der Vereinten Nationen als „*Friendly* Relations Declaration“.[575] Der Begriff erlangt dabei keine besondere

---

572 S.o. § 11 V.

573 *I. Seidl-Hohenveldern/T. Stein*, Völkerrecht, Rn. 347, 351.

574 Vgl. nur BVerfGE 92, 203, 230 ff.; *C. Degenhardt*, Staatsrecht I, Rn. 181, zum bundesfreundlichen Verhalten und *NDR-Staatsvertrag*, BVerwG DVBl. 1980, 845 = ILR 90, 365 = BVerwGE 60, 162 zum länderfreundlichen Verhalten.

575 *J. Grimm/W. Grimm*, Artikel ‚freundlich', Deutsches Wörterbuch Bd. 4, Spalte 166, stellen fest, dass der Begriff freundlich „trotz der Nähe von Freund heute kaum noch für freundschaftlich“ verwendet wird. Im Englischen umfasst der Begriff „friendly“ dagegen beide deutsche Begriffe. In der deutschen Alltagsprache bezeichnet Freundschaft eine „Form sozialer Beziehungen zwischen zwei oder mehreren Partnern, die

juristische Überformung, er wird in seiner üblichen Bedeutung verwendet. Die wesentlichen Kennzeichen von Freundlichkeit, Wohlwollen und Rücksichtsnahme, sind auch kennzeichnend für die Beachtung der Souveränität bei der Auslegung. Immerhin, auf sie ist im Rahmen der Auslegung deshalb Rücksicht zu nehmen, weil sie um ihrer selbst Willen anerkannt und deshalb als teleologisches und systematisches Argument bei der Auslegung zu beachten ist. Zudem handelt es sich um eine kurze, griffige und eingängige Bezeichnung.

---

durch gegenseitige Anziehung und Vertrautheit und durch Achtung bestimmt ist und Hilfs- und Opferbereitschaft und freiwillige Verantwortung für den anderen einschließen kann" (*O.V.*, Artikel ‚Freundschaft', in: Brockhaus Enzyklopädie Bd. 7, S. 654).

Literaturverzeichnis

Akehurst, Michael: The Hierarchy of the Sources of International Law, BYIL 47 (1974/75), 273 ff.

Alexy, Robert: Theorie der juristischen Argumentation. Die Theorie des rationalen Diskurses als Theorie der juristischen Begründung, 2. Aufl., Frankfurt a. M. 1991.

Althusius, Johannes: Grundbegriffe der Politik. Aus: Politica methodice digesta et exempla sacris et profanis illustra (1603), 2. Aufl., Frankfurt a. M. 1948.

Alvarez, Jose E.: Nuremberg Revisited: The Tradic Case, EJIL 7 (1996), 245 ff.

Anand, R. P.: Souvereign Equality of States in International Law, RC 197 (1986 II), 9 ff.

Anweiler, Jochen: Die Auslegungsmethoden des Gerichtshofs der Europäischen Gemeinschaften, Frankfurt a. M. 1996.

Anzilotti, Dionisio: Lehrbuch des Völkerrechts Band 1, deutsche Übersetzung der 3. Aufl. von Cornelia Bruns und Karl Schmied, Berlin, Leipzig 1929.

Baader, Emil: Zum normlogischen Zusammenhang zwischen rechtlicher Regel und rechtlicher Ausnahme, JZ 1990, 409 ff.

Baldus, Christian: Regelhafte Vertragsauslegung nach Parteirollen. Zur Rezeptionsfähigkeit römischen Rechtsdenkens Teil I und II, Frankfurt a. M. 1998.

Ballreich, Hans: Völkerrechtliche Verträge zu Lasten Dritter, in: Carl Bilfinger zum 75. Geburtstag am 21. Januar 1954 gewidmet von Mitgliedern und Freunden des Instituts, Köln Berlin 1954, S. 1 ff.

Barberis, Julio A.: La liberté de traiter des Etats et le jus cogens, ZaöRV 30 (1970), 19 ff.

Beckett, Eric: Comments, Annuaire de l'Institut de Droit International, 43 I (1950), S. 435 ff.

Berber, Friedrich: Lehrbuch des Völkerrechts 1. Band: Allgemeines Friedensrecht, 1. Aufl., München, Berlin 1960.

Bernhardt, Rudolf: Die Auslegung völkerrechtlicher Verträge insbesondere in der neuen Rechtsprechung internationaler Gerichte, Köln Berlin 1963.

Bernhardt, Rudolf: Interpretation and Implied (Tacit) Modification of Treaties, ZaöRV 27 (1967), 491 ff.

Bernhardt, Rudolf: Homogenität, Kontinuität und Dissonanzen in der Rechsprechung des Internationalen Gerichtshofes, ZaöRV 33 (1973), 1 ff.

Bernhardt, Rudolf: Ungeschriebenes Völkerrecht, ZaöRV 36 (1976), 50 ff.

Bernhardt, Rudolf: Zur Auslegung des europäischen Gemeinschaftsrechts, in: Europäische Gerichtsbarkeit und nationale Verfassungsgerichtsbarkeit. Festschrift zum 70. Geburtstag von Hans Kutscher, Baden-Baden 1981, S. 17 ff.

Bernhardt, Rudolf: Die gerichtliche Durchsetzung völkerrechtlicher Verpflichtungen, ZaöRV 47 (1987), 17 ff.

Bernhardt, Rudolf: Custom and Treaty in the Law of the Sea, RC 205 (1987 V), 247 ff.

Bernhardt, Rudolf: Thoughts on the interpretation of human rights treaties, in: Protecting Human Rights: The European Dimension. Studies in honor of Gerard J. Wiarda, Köln Berlin Bonn München 1990, S. 65 ff. [zit.: FS Wiarda].

Bernhardt, Rudolf: Vertragsauslegung, in: Seidl-Hohenveldern, Ignaz (Hrsg.), Lexikon des Rechts Völkerrecht, aus: Ergänzbares Lexikon des Rechts, 2. Aufl., Neuwied Kriftel Berlin 1992, S. 385 ff.

Bernhardt, Rudolf: Interpretation in International Law, in: ders. (Hrsg.), Encyclopedia of Public International Law Vol. II, Amsterdam 1995, S. 1416 ff.

Bernhardt, Rudolf: Evolutive Treaty Interpretation. Especially of the European Convention on Human Rights, GYIL 42 (1999), 11 ff.

Bertele, Joachim: Souveränität und Verfahrensrecht: eine Untersuchung der aus dem Völkerrecht ableitbaren Grenzen staatlicher extraterritorialer Jurisdiktion im Verfahrensrecht, Tübingen 1998.

Bettermann, Karl August: Die verfassungskonforme Auslegung: Grenzen und Gefahren, Heidelberg 1986.

Beulke, Werner: Artikel ‚Straftheorien', in: Tilch, Horst/Arloth, Frank (Hrsg.), Deutschen Rechts-Lexikon Band 3 Q-Z, 3. Aufl., München 2001, S. 4020 f.

Bindschedler, Rudolf L.: Rechtsfragen der europäischen Einigung: ein Beitrag zu der Lehre von Staatenverbindungen, Basel 1954.

Bindschedler, Rudolf L.: La Délimitation des Compétences des Nations Unies, RC 108 (1963 I), 305 ff.

Bindschedler, Rudolf L.: Das Problem der Beteiligung der Schweiz an Sanktionen der Vereinigten Nationen, besonders im Falle Rhodesiens, ZaöRV 28 (1968), 1 ff.

Bishop, William W.: General Course of Public International Law, RC 115 (1965 II), 147 ff.

Bleckmann, Albert: Grundgesetz und Völkerrecht. Ein Studienbuch, Berlin 1975.

Bleckmann, Albert: Teleologie und dynamische Auslegung des Europäischen Gemeinschaftsrechts, EuR 14 (1979), 239 ff.

Bleckmann, Albert: Grundprobleme und Methoden des Völkerrechts, Freiburg, München 1982.

Bleckmann, Albert: Die Völkerrechtsordnung als System von Rechtsvermutungen, in: Recht und Staat im sozialen Wandel, Festschrift für Scupin zum 80. Geburtstag, Berlin 1983, S. 407 ff.

Bleckmann, Albert: Das Souveränitätsprinzip im Völkerrecht, AVR 23 (1985), 450 ff.

Bleckmann, Albert: Allgemeine Staats- und Völkerrechtslehre. Vom Kompetenz- zum Kooperationsvölkerrecht, Köln Berlin Bonn München 1995.

Bleckmann, Albert: Europarecht. das Recht der Europäischen Union und der Europäischen Gemeinschaften, 6. Aufl., Köln Berlin Bonn München 1997.

Bleckmann, Albert: Völkerrecht, Baden-Baden 2001.

Blumenwitz, Dieter: Die Ostverträge im Lichte des internationalen Vertragsrechts – insbesondere der Wiener Vertragsrechtskonvention –, Bonn 1982.

Bodin, Jean: Sechs Bücher über den Staat Buch I-III, Übersetzt und mit Anmerkungen versehen von Bernd Wimmer. Eingeleitet und herausgegeben von P. C. Mayer-Tasch, München 1981; Buch IV-VI München 1986.

Bogs, Harald: Die verfassungskonforme Auslegung von Gesetzen: unter besonderer Berücksichtigung der Rechsprechung es Bundesverfassungsgerichts, Stuttgart Berlin Köln Mainz 1966.

Bothe, Michael: Neue und alte Konzepte der Durchsetzung des Humanitären Völkerrechts, in: Brücken bauen und begehen, Festschrift Knut Ipsen zum 65. Geburtstag, München 2000, S. 23 ff.

Bovensiepen, Rudolf: Artikel ‚Analogie und per argumentum e contrario', in: Stier-Somolo, Fritz/Elfter, Alexander (Hrsg.), Handwörterbuch der Rechtswissenschaft Erster Band Abandon-Deichgüter, Berlin Leipzig 1926, S. 133 ff.

Bredimas, Anna E.: Methods of Interpretation in Community Law, Amsterdam New York Oxford 1978.

Brinz, Alois: Lehrbuch der Pandekten Bd. 1, 2. Aufl., Erlangen 1873.

Brocker, Lars/*Knops*, Kai-Oliver: Die Präjudizienvermutung als methodologisches Prinzip, Jura 1993, 300 ff.

Brower, Charles N.: The Iran-United States Claims Tribunal, RC 224 (1990 V), 123 ff.

Brownlie, Ian: Principles of Public International Law, 5. Aufl., Oxford 1998.

Brüel, Erik: Die völkerrechtliche Stellung des Suezkanals und die Nationalisierung der Kanalgesellschaft AVR 7 (1958/59), 24 ff.

Bruns, Viktor: Völkerrecht als Rechtsordnung I, ZaöRV 1 (1929), 1 ff.

Bruns, Viktor (Hrsg./Begr.), Fontes Juris Gentium. Handbuch der Entscheidungen des ständigen Internationalen Gerichtshofs, Series A Sectio I Tomus 1 ff., Berlin 1931 ff.

Buck, Carsten: Über die Auslegungsmethoden des Gerichtshofs der Europäischen Gemeinschaft, Frankfurt a. M. 1998.

Buergenthal, Thomas/*Kewenig*, Wilhelm: Zum Begriff der Civil Rights in Artikel 6 Absatz 1 der Europäischen Menschenrechtskonvention, AVR 13 (1966/67), 393 ff.

Bülck, Hartwig: Vertragsauslegung, in: Strupp (Begr.)/Schlochauer (Hrsg.), Wörterbuch des Völkerrechts 3. Band, 2. Aufl., Berlin 1962, S. 547 ff.

Burckhardt, Walter: Kommentar der schweizerischen Bundesverfassung vom 29. Mai 1874, 3. Aufl., Bern 1931.

Burmeister, Joachim: Die Verfassungsorientierung bei der Gesetzesauslegung. Verfassungskonforme Auslegung oder vertikale Normendurchdringung?, Berlin Frankfurt a. M. 1966.

Buß, Thomas: Grenzen der dynamischen Vertragsauslegung im Rahmen der EMRK – zugleich Besprechung von BVerwG, Urteil vom 15. April 1997 – C 38.96 –, DÖV 1998, 323 ff.

Brockhaus-Enzyklopädie in 24 Bänden, 19. Aufl., Siebenter Band EX-FRT, Mannheim 1988; Achtzehnter Band Rad-Rüs und dritter Nachtrag, Mannheim 1992.

Bydlinski, Franz: Juristische Methodenlehre und Rechtsbegriff, 2. Aufl., Wien 1991.

Canaris, Claus-Wilhelm: Systemdenken und Systembegriff in der Jurisprudenz entwickelt am Beispiel des deutschen Privatrechts, Berlin 1983.

Canaris, Claus-Wilhelm: Die Feststellung von Lücken im Gesetz. Eine methodologische Studie über Voraussetzungen und Grenzen der richterlichen Rechtsfortbildung praeter legem, 2. Aufl., Berlin 1984.

Cançado Trindade, A. A.: Co-Existence and Co-Ordination of Mechanisms of International Protection of Human Rights, RC 202 (1987 II), 9 ff.

Cassese, Antonio: International Law in a Divided World, Oxford 1986.

Chang, Yi-Ting: The Interpretation of Treaties by Judicial Tribunals, New York 1968.

Charney, Jonathan I.: Is International Law Threatened by Multiple International Triunals?, RC 271 (1998), 101 ff.

Cheng, Bin: General Principles of Law as Applied by International Courts and Tribunals, London 1953.

Conrad, Dieter: Rann of Kutch Arbitration (Indo-Pakistan Western Boundary), in: Bernhardt (Hrsg.), Encyclopedia of Public International Law Vol. IV, Amsterdam 2000, S. 23 ff.

van Crefeld, Martin: Aufstieg und Untergang des Staates. Aus dem Englischen von Klaus Fritz und Norbert Juraschitz, München 1999.

Czaplinski, W./*Danilenko*, Gennady: Conflicts of Norms in International Law, NYIL 21 (1990), 3 ff.

Dahm, Georg: Völkerrecht Band I, Stuttgart 1958, Band II, Stuttgart 1961, Band III, Stuttgart 1961.

Dahm, Georg (Begr.)/*Delbrück*, Jost/*Wolfrum*, Rüdiger (Bearb.): Völkerrecht Band I/1. Die Grundlagen. Die Völkerrechtssubjekte, 2.Aufl., Berlin New York 1989.

Danilenko, Gennady M.: International Jus Cogens: Issues of Law-Making, EJIL 2 (1991), 42 ff.

Degan, V. D.: Sources of International Law, The Hague Boston London 1997.

Delbrück, Jost: Menschenrechte im Schnittpunkt universellem Schutzanspruch und staatlicher Souveränität, GYIL 22 (1979), 384 ff.

Delbrück, Jost: Die Konstitution des Friedens als Rechtsordnung. Zum Verständnis rechtlicher und politischer Bedingungen der Friedenssicherung im internationalen System der Gegenwart, Berlin 1996.

Dicke, Detlev Christian: Die Intervention mit wirtschaftlichen Mitteln im Völkerrecht: zugleich ein Beitrag zu den Fragen der wirtschaftlichen Souveränität, Baden-Baden 1978.

Dicke, Klaus: 131. Universalität, in: Wolfrum (Hrsg.)/Philipp, Christine (Red.), Handbuch Vereinte Nationen, 2. Aufl., München 1991.

Dicke, Klaus: Effizienz und Effektivität internationaler Organisationen: Darstellung und kritische Analyse eines Topos im Reformprozeß der Vereinten Nationen, Berlin 1994.

Doehring, Karl: Völkerrecht. Ein Lehrbuch, Heidelberg 1999.

Dohna, Bernt Graf zu: Die Grundprinzipien des Völkerrechts über die freundschaftlichen Beziehungen und die Zusammenarbeit zwischen den Staaten. Die Arbeit des UN-Sonderausschusses über die völkerrechtlichen Grundsätze betreffend die freundschaftlichen Beziehungen und die Zusammenarbeit zwischen den Staaten und das geltende Völkerrecht, Berlin 1973.

Dölle, Hans: Zur Problematik mehrsprachiger Gesetzes- und Vertragstexte, RabelsZ 26 (1961), 4 ff., 35 ff.

Donnelly, Jack: Universal Human Rights in Theory and Practice, Ithaka (N.Y.), 1989.

Dreier, Horst: Grenzen demokratischer Freiheit im Verfassungsstaat, JZ 1994, 741 ff.

Eckardt, Wolf-Dieter: Die verfassungskonforme Gesetzesauslegung. Ihre dogmatische Berechtigung und ihre Grenzen im deutschen Recht, Berlin 1964.

Ehmke, Horst: Prinzipien der Verfassungsinterpretation. Mitbericht, in: VVDStRL Heft 20 (1963), S. 53 ff.

Engisch, Karl: Die Einheit der Rechtsordnung, Heidelberg 1935.

Engisch, Karl: Wahrheit und Richtigkeit im juristischen Denken, München 1963.

Engisch, Karl: Einführung in das juristische Denken, 9. Aufl., Stuttgart Berlin Köln 1997.

Enneccerus, Ludwig (Begr.)/*Nipperdey*, Hans Carl (Bearb.): Allgemeiner Teil des Bürgerlichen Rechts. Ein Lehrbuch. Erster Halbband: Allgemeine Lehren, Personen, Rechtsobjekte, 15. Aufl., Tübingen 1959.

Erichsen, Hans-Uwe: Vorrang und Vorbehalt des Gesetzes, Jura 1995, 550 ff.

Fastenrath, Ulrich: Lücken im Völkerrecht: Zu Rechtscharakter, Quellen, Systemzusammenhang, Methodenlehre und Funktionen des Völkerrechts, Berlin 1991.

Fastenrath, Ulrich: Servitudes, in: Bernhardt (Hrsg.), Encyclopedia of Public International Law Vol. IV, Amsterdam 2000, S. 387 ff.

Fastenrath, Ulrich (Hrsg.): KSZE: Dokumente der Konferenz über Sicherheit und Zusammenarbeit in Europa. Neuwied Kriftel Berlin Grundwerk 1982, Loseblattausgabe 14. Lieferung Stand Dezember 2001.

Favre, Antoine: L'interprétation objectiviste des traités internationaux, SchwJbIR 17 (1960), 75 ff.

Fischer, Peter/*Köck*, Heribert Franz: Europarecht einschließlich des Rechts supranationaler Organisationen, 3.Aufl.,Wien 1997.

Fitzmaurice, Gerald: The Law and Procedure of the International Court of Justice: Treaty Interpretation and Certain other Treaty Points, BYIL 28 (1951), 1 ff.

Fitzmaurice, Gerald: The Law and Procedure of the International Court of Justice 1951-4, BYIL 33 (1957), 203 ff.

Forsthoff, Ernst: Der Staat in der Industriegesellschaft: dargestellt am Beispiel der Bundesrepublik Deutschland, München 1971.

Friedrich, Carl J.: Der Verfassungsstaat in der Neuzeit, Übersetzung von Alfons Mutter, Berlin 1953.

Friedmann, Wolfgang: The Changing Structure of International Law, London 1964.

Fröhling, Viviane: Die „PCP"-Entscheidung des EuGH: Gemeinschaftsrecht und „schärferes" nationales Umweltrecht – EuGH, NJW 1994, 3341, JuS 1996, 688 ff.

Frowein, Jochen Abraham: Die Vereinigten Nationen und die Nichtmitgliedstaaten, EA 25 (1970), 256 ff.

Frowein, Jochen Abraham: Jus Cogens, in: Bernhardt (Hrsg.), Encyclopedia of Public International Law Vol. III, Amsterdam 1997, S. 65 ff.

Frowein, Jochen Abraham/*Peukert*, Wolfgang: Europäische MenschenRechtsKonvention. EMRK-Kommentar, 2. Aufl., Kehl am Rhein Straßburg Arlington 1996 [zit.: *Bearb.*, in: Frowein/Peukert, EMRK-Kommentar].

Geck, Wilhelm Karl: Anmerkung, DVBl. 1956, 525 ff.

Geck, Wilhelm Karl: Völkerrechtliche Verträge und Kodifikation, ZaöRV 36 (1976), 96 ff.

Geiger, Rudolf: Verträge, allgemeines, in: Seidl-Hohenveldern, Ignaz (Hrsg.), Lexikon des Rechts Völkerrecht, aus: Ergänzbares Lexikon des Rechts, 2. Aufl., Neuwied Kriftel Berlin 1992, S. 356 ff.

Geiger, Rudolf: Grundgesetz und Völkerrecht – Die Bezüge des Staatsrechts zum Völkerrecht und Europarecht – Ein Studienbuch, 2. Aufl., München 1994.

Göldner, Detlev Christoph: Verfassungsprinzip und Privatrechtsnorm in der verfassungskonformen Auslegung und Rechtsfortbildung. Verfassungskonkretisierung als Methoden- und Kompetenzproblem, Berlin 1969.

Gorove, Stephen: International Space Law in Perspective – Some Major Issues, Trends and Alternatives, RC 181 (1983 III), 349 ff.

Graefrath, Bernhard: Jugoslawientribunal – Präzedenzfall trotz fragwürdiger Rechtsgrundlage, Neue Justiz 1993, 433 ff.

Gralla, Erhardt: Das Problem der inhaltlichen Völkerrechtswidrigkeit internationaler Verträge, München 1966.

Grewe, Wilhelm G. (Hrsg.), Fontes Historiae Iuris Gentium. Quellen zur Geschichte des Völkerrechts Band 2 1493-1815, Berlin New York 1988.

Grimm, Dieter: Verfassung, in: Görres-Gesellschaft (Hrsg.), Staatslexikon 5. Band Sozialindikatoren – Zwingli, 7. Aufl., Freiburg i.B. 1989, Sp. 633 ff.

Grimm, Jacob/*Grimm*, Wilhelm: Deutsches Wörterbuch Band 4, Leipzig 1878 Nachdruck München 1999.

Grundmann, Stephan M.: Die Auslegung des Gemeinschaftsrechts durch den Europäischen Gerichtshof : zugleich eine rechtsvergleichende Studie zur Auslegung im Völkerrecht und im Gemeinschaftsrecht, Konstanz 1997.

Grotius, Hugo: De iure belli ac pacis, libri tres, Drei Bücher vom Recht des Krieges und des Friedens, Paris 1925, nebst einer Vorrede von Christian Thomasius zur ersten deutschen Ausgabe des Grotius vom Jahre 1707, Neuer deutscher Text und Einleitung von W. Schätzel, Tübingen 1950.

Guggenheim, Paul: Lehrbuch des Völkerrechts Band I, Basel 1948.

Guggenheim, Paul: Traité de Droit international public Tome I, 2. Aufl., Genève 1967.

Guradze, Heinz: Die Menschenrechtskonvention der Vereinten Nationen vom 16. Dezember 1966, JIR 15 (1971), 242 ff.

Häberle, Peter: Zur gegenwärtigen Diskussion um das Problem der Souveränität, AöR 92 (1967), 259 ff.

Hablitzel, Hans: Die Young-Anleihe von 1930 und die Entscheidung des Internationalen Schiedsgerichtshofs von 1980, JZ 1981, 49 ff.

Hackworth, Green Haywood: Digest of International Law Volume V, Washington 1943.

Häfelin, Ulrich: Vermutungen im öffentlichen Recht, in: Staatsorganisation und Staatsfunktionen im Wandel, Festschrift für Kurt Eichenberger zum 60. Geburtstag, Basel Frankfurt a. M. 1982, S. 625 ff.

Hagemann, Max: Der Beitritt der Schweiz zum Statut des Internationalen Gerichtshofes und die schweizerische Neutralität, SchwJbIR V (1948), 117 ff.

Hagemann, Max: Die Gewohnheit als Völkerrechtsquelle in der Rechtsprechung des Internationalen Gerichtshofes, SchwJbIR X (1953), 61 ff.

Hahn Hugo J./*Braun*, Wilfried: Einführung: Vorgeschichte und Hintergrund des Schiedsgerichtsurteils, in: Behrens, Peter (Hrsg.), Die Wertsicherung der Young-Anleihe: Das Urteil des Schiedsgerichtshofs für das Abkommen über deutsche Auslandsschulden vom 16. Mai 1980, Tübingen 1984, S. 1 ff.

Hahn Hugo J./*Braun*, Wilfried: Die Währungsklausel als Interpretationsproblem, in: Behrens, Peter (Hrsg.), Die Wertsicherung der Young-Anleihe: Das Urteil des Schiedsgerichtshofs für das Abkommen über deutsche Auslandsschulden vom 16. Mai 1980, Tübingen 1984, S. 9 ff.

Hall, W. E.: A Treatise on International Law, 8. Aufl., Oxford 1924 Reprint 1979.

Hambro, Edvard/*Rovine*, Arthur W.: The Case Law of the Permanent Court of International Justice: A repertoire of the judgements, advicory opinions and orders of the International Court, Volume I ff., The Hague 1952 ff.

Hardy, Jean: The interpretation of plurilingual Treaties by International Courts and Tribunals, BYIL 37 (1961), 72 ff.

Hartmann, Gode: Nationalisierung und Enteignung im Völkerrecht, Berlin 1977.

Hartmann, Gode: Gewohnheitsrecht und jus cogens im Völkerrecht, JA 1978, 81 ff.

Hattenhauer, Hans: Europäische Rechtsgeschichte, 3. Aufl., Heidelberg 1999.

Haverkate, Görg: Verfassungslehre. Verfassung als Gegenseitigkeitsordnung, München 1992.

Heck, Philipp: Gesetzesauslegung und Interessenjurisprudenz, AcP 112 (1914), 1 ff.

Heilborn, Paul: Grundbegriffe des Völkerrechts, Stuttgart 1912.

Heintschel von Heinegg, Wolff: Zur Zuverlässigkeit der Errichtung des Jugoslawien-Strafgerichtshofes durch Resolution 827 (1993), HuV 1996, 75 ff.

Heinz, Eckhart K.: Zur Systematik der Völkerrechtsquellen und der Einteilung des Völkerrechts, ÖZöR 21 (1971), 197 ff.

Heller, Hermann: Souveränität. Ein Beitrag zur Theorie des Staats- und Völkerrechts, Berlin Leipzig 1927.

Henkin, Louis: International Law: Politics, Values and Functions, RC 216 (1989 IV), 9 ff.

Hensche, Martin: Probleme einer folgenorientierten Rechtsanwendung, RTh 29 (1998), 103 ff.

Hense, Ansgar: Westfälischer Frieden – Dokumentation des Vertragstextes (in Auszügen) mit Bibliographie, RTh 29 (1998), 235 ff.

Herndl, Kurt: Durchzugsrecht, in: Strupp (Begr.)/Schlochauer (Hrsg.), Wörterbuch des Völkerrechts 1. Band, 2. Aufl., Berlin 1960, S. 408 f.

Herndl, Kurt: Karelien-Streit, in: Strupp (Begr.)/Schlochauer (Hrsg.), Wörterbuch des Völkerrechts 2. Band, 2. Aufl., Berlin 1961, S. 199 ff.

Hesse, Konrad: Grundzüge des Verfassungsrechts der Bundesrepublik Deutschland, 20. Aufl., Heidelberg 1995.

von der Heydte, Friedrich August Freiherr: Glossen zu einer Theorie der allgemeinen Rechtsgrundsätze, Friedenswarte 33 (1933), 289 ff.

von der Heydte, Friedrich August Freiherr: Völkerrecht. Ein Lehrbuch, Köln 1958.

Hilf, Meinhard: Die Auslegung mehrsprachiger Verträge eine Untersuchung zum Völkerecht und zum Staatsrecht der Bundesrepublik Deutschland, Berlin 1972.

Hilf, Meinhard/*Hailbronner*, Kay: Völkerrechtliche Praxis der Bundesrepublik Deutschland im Jahre 1966, ZaöRV 29 (1969), 71 ff.

Hill, Hermann: Einführung in die Gesetzgebungslehre, Heidelberg 1982.

Hill, Humphrey M.: Central American Court of Justice, in: Bernhardt (Hrsg.), Encyclopedia of Public International Law Vol. I, Amsterdam 1992, S. 551 ff.

Hirschberg, Eliyahu: The Value Clause and the Change of Circumstances, in: Behrens, Peter (Hrsg.), Die Wertsicherung der Young-Anleihe: Das Urteil des Schiedsgerichtshofs für das Abkommen über deutsche Auslandsschulden vom 16. Mai 1980, Tübingen 1984, S. 89 ff.

Hobbes, Thomas: Leviathan oder Materie, Form und Gewalt eines kirchlichen und staatlichen Gemeinwesens. Aus dem Englischen übersetzt von Walter Euchner, Leipzig 1978.

Hoffmann-Becking, Gerhard: Normaufbau und Methode. Eine Untersuchung zur Rechtsprechung des Gerichtshofs der Europäischen Gemeinschaften, Tübingen 1973.

Höhn, Ernst: Praktische Methodik der Gesetzesauslegung, Zürich 1993.

Hollweg, Carsten: Das neue Internationale Tribunal der UNO und der Jugoslawienkonflikt, JZ 1993, 980 ff.

Huber, Berthold: Anwendbarkeit des Artikels 6 I MRK und Asylstreitverfahren, NVwZ 1992, 856 f.

Hüglin, Thomas O.: Das Westfälische System aus der Föderalismus-Perspektive des Althusius: Frühmoderne Konzepte für die spätmoderne soziale Welt, RTh 29 (1998), 153 ff.

Hubmann, Heinrich: Grundsätze der Interessenabwägung, AcP 155 (1956), 85 ff.

Hubmann, Heinrich: Wertung und Abwägung im Recht, Köln u.a. 1977.

Hyde, Charles Cheney: International Law. Chiefly as Interpreted and Applied be the United States. In Two Volumes, 1. Aufl., Bosten 1922.

Institut für internationale Beziehungen an der Akademie für Staats- und Rechtswissenschaft der DDR, Wörterbuch der Außenpolitik und des Völkerrechts, Berlin 1980.

Institut für Politik und Internationales Recht an der Universität Kiel (Hrsg.): Entscheidungen des Ständigen Internationalen Gerichtshofs. Nach der Zeitfolge geordnet. Ausgabe in deutscher Übersetzung Dreizehnter Band, enthaltend drei Verfügungen und ein Urteil aus dem Jahre 1936 und eine Verfügung und drei Urteile aus dem Jahre 1937, Leipzig 1939.

Ipsen, Jörn: Richterrecht und Verfassung, Berlin 1975.

Ipsen, Knut: Völkerrecht, 4. Aufl., München 1999 [zit.: *Bearb.*, in: Ipsen, Völkerrecht].

Ipsen, Knut: Der Kosovo-Einsatz – Illegal? Gerechtfertigt? Entschuldbar?, in: Merkel, Reinhard (Hrsg.), Der Kosovo-Krieg und das Völkerrecht, Frankfurt a. M. 2000, S. 160 ff.

Irmscher, Tobias H.: Das Römische Statut für einen ständigen Internationalen Strafgerichtshof, Kritische Justiz 31 (1998), 472 ff.

Isay, Ernst: Völkerrecht, Breslau 1924.

Isensee, Josef: § 98 Idee und Gestalt des Föderalismus im Grundgesetz, in: ders./Kirchhof, Paul (Hrsg.), Handbuch des Staatsrechts der Bundesrepublik Deutschland Band IV: Finanzverfassung – Bundesstaatliche Ordnung, 2. Aufl., Heidelberg 1999 [zit.: HbdStR IV, § 98].

Jacobs, Francis G./*White*, Robin C. A.: The European Convention on Human Rights, 2. Aufl., Oxford 1996.

Jaenicke, Günther: Völkerrechtsquellen, in: Strupp (Begr.)/Schlochauer (Hrsg.), Wörterbuch des Völkerrechts 3. Band, 2. Aufl., Berlin 1962, S. 766 ff.

Jaenicke, Günther: Zur Frage des internationalen ordre public, in: Berichte der deutschen Gesellschaft für Völkerrecht Heft 7 (1967), Karlsruhe 1967, S. 77 ff.

Jenks, C. Wilfred: Some Constitutional Problems Of International Organizations, BYIL 22 (1945), 11 ff.

Jennings, Robert/*Watts*, Arthur: Oppenheim's International Law Vol. I Peace. Parts 2 to 4, 9. Aufl., Harlow 1992.

Jessup, Philip C.: Modernes Völkerrecht. Aus dem Amerikanischen übersetzt von A. v. Zeppelin, Wien 1950.

Kadelbach, Stefan: Zwingendes Völkerrecht, Berlin 1992.

Kägi, Werner: Kodifikation, in: Strupp (Begr.)/Schlochauer (Hrsg.), Wörterbuch des Völkerrechts 2. Band, 2. Aufl., Berlin 1961, S. 228 ff.

Karl, Wolfram: Vertrag und spätere Praxis im Völkerrecht, Berlin 1983.

Karl, Wolfram: Besonderheiten der internationalen Kontrollverfahren zum Schutz der Menschenrechte, Aktuelle Probleme des Menschenrechtsschutzes, Berichte der deutschen Gesellschaft für Völkerrecht Heft 33 (1993), Heidelberg 1994, S. 83 ff.

Karl, Wolfram (Hrsg.): Internationaler Kommentar zur Europäischen Menschenrechtsorganisation mit einschlägigen Texten und Dokumenten, 5. Lieferung des Grundwerkes von 1986, Köln Berlin Bonn München 2002 [zit.: *Bearb.*, in: Karl (Hrsg.), Internationaler Kommentar zur EMRK].

Kaser, Max: Römisches Privatrecht. Ein Studienbuch, 16. Aufl., München 1992.

Katzarov, Constantin: Die Stellung der Nichtmitglieder der Vereinten Nationen, AVR 3 (1951/52), 1 ff.

Kelsen, Hans: Reine Rechtslehre. Einleitung in die rechtswissenschaftliche Problematik, 1. Aufl., Leipzig Wien 1934; 2. Aufl., Wien 1960 Nachdruck 1992 [zit.: Reine Rechtslehre^{2}].

Kelsen, Hans: The Law of the United Nations. A Critical Analysis of its Fundamental Problems, New York 1951.

Kelsen, Hans: Principles of International Law, New York 1952.

Kelsen, Hans: Théorie du Droit International Public, RC 84 (1953 III), 1 ff.

Kelsen, Hans: Das Problem der Souveränität und die Theorie des Völkerrechts. Beitrag zu einer Reinen Rechtslehre, 2. Aufl., Tübingen 1960, 2. Neudruck 1981 Aalen.

Kelsen, Hans: Souveränität, in: Strupp (Begr.)/Schlochauer (Hrsg.), Wörterbuch des Völkerrechts 3. Band, 2. Aufl., Berlin 1962, S. 278 ff.

Kewenig, Wilhelm A.: Der Internationale Gerichtshof und de französischen Kernwaffenversuche. Kritische Anmerkungen zum Urteil des IGH vom 20. Dezember 1974 im Nuclear Tests-Case, in: Recht im Dienst des Friedens, Festschrift für Eberhard Menzel zum 65. Geburtstag am 21. Januar 1976, Berlin 1975, S. 323 ff.

Kimminich, Otto: Einführung in das Völkerrecht, 6. Aufl., Tübingen 1997.

Kinkel, Klaus: Der Internationale Strafgerichtshof – ein Meilenstein in der Entwicklung des Völkerrechts, NJW 1998, 2650 f.

Kissel, Otto Rudolf: Artikel ‚Präjudiz', in: Tilch, Horst/Arloth, Frank (Hrsg.), Deutsches Rechts-Lexikon Band 2 G-P, 3. Aufl., München 2001, S. 3327 f.

Klein, Eckardt: Statusverträge im Völkerrecht: Rechtsfragen territorialer Sonderregime, Berlin 1980.

Klein, Peter: Artikel ‚Ausnahmegesetze', in: Sacher (Hrsg.), Staatslexikon Erster Band Abel bis Fideikomiss, 5. Aufl., Freiburg i. Br. 1926, Spalte 477 ff.

Klug, Ulrich: Juristische Logik, 4. Aufl., Berlin Heidelberg New York 1982.

Koch, Hans-Joachim/*Rüßmann*, Helmut: Juristische Begründungslehre: eine Einführung in die Grundprobleme der Rechtswissenschaft, München 1982.

Köck, Heribert Franz: Vertragsinterpretation und Vertragsrechtskonvention. Zur Bedeutung der Artikel 31 und 32 der Wiener Vertragsrechtskonvention 1969, Berlin 1976.

Köck, Heribert Franz: UN-Satzung und allgemeines Völkerrecht – Zum exemplarischen Charakter von Art. 103 SVN, in: Völkerrecht zwischen normativem Anspruch und politischer Realität, Festschrift für Karl Zemanek zum 65. Geburtstag, Berlin 1994, S. 69 ff.

Köck, Heribert Franz: Zur Interpretation völkerrechtlicher Verträge, ZÖR 53 (1998), 217 ff.

Köck, Heribert Franz/*Fischer*, Peter: Das Recht der Internationalen Organisationen, 3. Aufl., Wien 1997.

Komarnicki, Titus: The Place of Neutrality in the Modern System of International Law, RC 80 (1952 I), 395 ff.

Kontou, Nancy: The Termination and Revision of Treaties in the Light of New Customery International Law, Oxford 1994.

Koskenniemi, Martti: From Apology to Utopia. The Structure of International Legal Argument, Helsinki 1989.

Krach, Wolfgang/*Masolo*, Georg: Prozess gegen die Supermacht, Der Spiegel 44/2000, S. 22 ff.

Kraus, Herbert: Betrachtungen über die rechtliche Struktur der Europäischen Gemeinschaft für Kohle und Stahl, in: Rechtsprobleme in Staat und Kirche, Festschrift für Rudolf Smend zum 70. Geburtstag 15. Januar 1952, Göttingen 1952, S. 189 ff.

Kreß, Claus: Friedenssicherungs- und Konfliktvölkerrecht auf der Schwelle der Postmoderne, EuGRZ 1996, 638 ff.

Kriele, Martin: Recht und praktische Vernunft, Göttingen 1979.

Kronauer, Mario: Die Auslegung von Staatsverträgen durch das Schweizerische Bundesgericht, Zürich 1972.

Krüger, Paul/*Mommsen*, Theodor: Iustinianus Augustus Digesta Vol. I. Erweitert durch ein Vorwort von J. Triantaphyllopoulus, Vol. II, Berlin 1870 Nachdruck Berlin 1963.

Kunz, Joseph L.: The Nature of Customary International Law, AJIL 47 (1953), 662 ff.

Lagoni, Rainer: Gebietserwerb, in: Seidl-Hohenveldern, Ignaz (Hrsg.), Lexikon des Rechts Völkerrecht, aus: Ergänzbares Lexikon des Rechts, 2. Aufl., Neuwied Kriftel Berlin 1992, S. 99 ff.

Larenz, Karl: Über die Bindungswirkung von Präjudizien, in: Festschrift für Hans Schima zum 75. Geburtstag, Wien 1969, S. 247 ff.

Larenz, Karl: Methodenlehre der Rechtswissenschaft, 6. Aufl., Berlin Heidelberg New York 1991.

Lauterpacht, Hersch: Private Law Sources and Analogies of International Law: with special reference to international arbitration, London 1927.

Lauterpacht, Hersch: The Function of Law in the International Community, Oxford 1933.

Lauterpacht, Hersch: Oppenheims International Law. A Treatise, Volume I – Peace, 7. Aufl., London New York Toronto 1948 New Impression 1952.

Lauterpacht, Hersch: Restrictive Interpretation and the Principle of Effectiveness in the Interpretation of Treaties, BYIL 26 (1949), 48 ff.

Lauterpacht, Hersch: Rapport, Annuaire de l'Institut de Droit International, 43 I (1950), S. 366 ff.

Lauterpacht, Hersch: The Development of International Law by the International Court, 2. Aufl., London 1958.

Lege, Joachim: Pragmatismus und Jurisprudenz, Über die Philosophie des Charles Sanders Peirce und über das Verhältnis von Logik, Wertung und Kreativität im Recht, Tübingen 1999.

Lieberwirth, Rolf: Latein im Recht, 4. Aufl., Berlin München 1996.

Liebs, Detlef: Lateinische Rechtsregeln und Rechtssprichwörter, 6. Aufl., München 1998.

Lippold, Rainer: Grenzen der Zuverlässigkeit der Zustellung statt Verkündung von Urteilen – § 116 II VwGO und Art. 6 I EMRK, NVwZ 1996, 137 ff.

List, Friedrich: Das nationale System der politischen Ökonomie (1841), in: Fabiunke, Günter (Hrsg.), Ökonomische Studientexte Band 9, Berlin 1982.

von Liszt, Franz/*Fleischmann*, Max: Völkerrecht, 12. Aufl., Berlin 1925.

Lübbe-Wolff, Gertrude/*Wölker*, Ulrich: Amerikanische Menschenrechtskonvention (Übersetzung der EuGRZ), EuGRZ 1980, 235 ff.

Macdonald, Ronald St. John: Fundamental Norms in Contemporary International Law, CYIL 25 (1987), 115 ff.

Macdonald, Ronald St. John/*Hough*, Barbara: The Nuclear Tests Case Revisted, GYIL 20 (1977), 337 ff.

Machiavelli, Niccolò: Der Fürst und kleinere Schriften, Übersetzung von E. Merian-Genast, in: Meinecke, Friedrich/Oncken, Hermann (Hrsg.), Klassiker der Politik Band 8, Berlin 1923.

Magiera, Siegfried: Die Rechtsprechung des Internationalen Gerichtshofes in den Jahren 1977 und 1978, GYIL 22 (1979), 403 ff.

Malanczuk, Peter: Akehurst's Modern Introduction to International Law, 7. Aufl., London New York 1997 Reprint 1998.

Martens, Wolfgang: Zur Frage der Bindung von Nichtmitgliedern an die Grundsätze der Satzung der Vereinten Nationen, Der Staat 7 (1968), 431 ff.

Matscher, Franz: Vertragsauslegung durch Vertragsrechtsvergleichung in der Judikatur internationaler Gerichte, vornehmlich vor Organen der EMRK, in: Völkerrecht als Rechtsordnung – Internationale Gerichtsbarkeit – Menschenrechte, Festschrift für Hermann Mosler, Berlin Heidelberg New York 1983, S. 545 ff.

Maunz, Theodor: Deutsches Staatsrecht. Ein Studienbuch, 23. Aufl., München 1980.

Maunz, Theodor/*Dürig*, Günter u.a., Grundgesetz Kommentar, Stand 39. Ergänzungslieferung Juli 2001, München 2001 [zit.: *Bearb.*, in: Maunz/Dürig, Grundgesetz].

Max-Planck-Institute for International Law, World Court Digest. Formerly Fontes Iuris Gentium, Volume 1 1986-1990, Berlin Heidelberg New York 1993.

McDougal, Myres S. /*Lasswell*, Harold D./*Miller*, James C.: The Interpretation of Agreements and World Public Order. Principles of Content and Procedure, New Haven London 1967.

McNair, Arnold Duncan: The Law of Treaties, British Practise and Opinions, 1. Aufl., Oxford 1938 [zit.: Law of Treaties[1]]; 2. Aufl., Oxford 1961 Reprint 1998.

McNair, Arnold Duncan: The Development of International Justice, New York 1954.

Meder, Götz: Das Prinzip der Rechtmäßigkeitsvermutung: dargestellt für die Vermutung der Verfassungsmäßigkeit von Gesetzen, Berlin 1970.

Meessen, Karl M.: 106. Souveränität, in: Wolfrum (Hrsg.)/Philipp, Christine (Red.), Handbuch Vereinte Nationen, 2. Aufl., München 1991.

Meessen, Karl M.: Souveränität im Wettbewerb der Systeme, in: Liber amicorum Günther Jaenicke – Zum 85. Geburtstag, 1998, S. 667 ff.

Menzel, Eberhard/*Ipsen*, Knut, Völkerrecht, 2. Aufl., München 1979 [zit.: *Bearb.*, in: Menzel/Ipsen, Völkerrecht[2]].

Michel, Helmut: Die verfassungskonforme Auslegung, B. Korreferat, JuS 1961, 274 ff.

Monaco, Riccardo: Sources of International Law, in: Bernhardt (Hrsg.), Encyclopedia of Public International Law Vol. IV, Amsterdam 2000, S. 467 ff.

Moore, John Basset (Hrsg.): History and Digest of the International Arbitrations to which the United States has been a party Vol. IV, V, Washington D.C. 1906.

Morrisson, Clovis C.: Restrictive Interpretation of Sovereignty Limiting Treaties: The Practice of the European Human Rights System, ICLQ 19 (1970), 361 ff.

Morvay, Werner: Entscheidungen nationaler Gerichte in völkerrechtlichen Fragen, ZaöRV 21 (1961), 316 ff.

Moser, Johann Jacob: Grund-Sätze des jetzt-üblichen Europäischen Völker-Rechts in Friedens-Zeiten, auch anderer unter denen Europäischen Souverainen und Nationen zu solcher Zeit fürkommender willkührlicher Handlungen. Zum Gebrauch seiner Staats- und Canzley-Academie entworden, Hanau 1750 Nachdruck.

Moser, Johann Jacob: Versuch des neuesten europäischen Völker-Rechts, 1777, Nachdruck 1959.

Moser, Johann Jacob: Erste Grundlehren des jetzigen Europäischen Völker-Rechts, Nürnberg 1778 Nachdruck.

Mosler, Hermann: Ius Cogens im Völkerrecht, SchwJbIR XXV (1968), 9 ff.

Mosler, Hermann: The International Society as a Legal Community, RC 140 (1974 IV), 1 ff.

Mosler, Hermann: Völkerrecht als Rechtsordnung, ZaöRV 36 (1976), 6 ff.

Mössner, Jörg Manfred: Die Auslegung mehrsprachiger Staatsverträge, AVR 15 (1971/72), 273 ff.

Mössner, Jörg Manfred: Einführung in das Völkerrecht, München 1977.

Mössner, Jörg Manfred: Zur Auslegung von Doppelbesteuerungsabkommen, in: Völkerrecht – Recht der Internationalen Organisationen – Weltwirtschaftsrecht, Festschrift für Ignaz Seidl-Hohenveldern, Köln Berlin Bonn München 1988 [zit.: FS Seidl-Hohenveldern (1988)], S. 403 ff.

Mössner, Jörg Manfred: Rechtsquellen, in: Seidl-Hohenveldern, Ignaz (Hrsg.), Lexikon des Rechts Völkerrecht, aus: Ergänzbares Lexikon des Rechts, 2. Aufl., Neuwied Kriftel Berlin 1992, S. 253 ff.

Müller, Friedrich, Juristische Methodik, 7. Aufl., Berlin 1997.

Müller, Jörg Paul: Vertrauensschutz im Völkerrecht, Köln 1971.

Müller, Reinhard: Deutschlands Souveränität, in: Frankfurter Allgemeine Zeitung vom 4.11.1999, S. 1.

Müller, Reinhard: Im Rahmen der Regeln. Zur allgemeinen Geltung des Völkerrechts, in: Frankfurter Allgemeine Zeitung vom 29.1.2001, S. 12.

Münch, Fritz: Vereinte Nationen, in: Strupp (Begr.)/Schlochauer (Hrsg.), Wörterbuch des Völkerrechts 3. Band, 2. Aufl., Berlin 1962, S. 494 ff.

von Münch, Ingo: Wimbledon-Fall, in: Strupp (Begr.)/Schlochauer (Hrsg.), Wörterbuch des Völkerrechts 3. Band, 2. Aufl., Berlin 1962, S. 850 ff.

von Münch, Ingo: Völkerrecht in programmierter Form, 2. Aufl., Berlin New York 1982.

von Münch, Ingo: The Wimbledon, in: Bernhardt (Hrsg.), Encyclopedia of Public International Law Vol. IV, Amsterdam 2000, S. 1482 ff.

Münchener Kommentar zum Bürgerlichen Gesetzbuch Band 1 Allgemeiner Teil §§ 1-240 AGB-Gesetz, Red. Franz Jürgen Säcker, 4. Aufl., München 2001 [zit.: *Bearb.*, in: Münchener Kommentar zum BGB Bd. 1].

Neuhold, Hanspeter: Völkerrechtlicher Vertrag und „Drittstaaten", in: Berichte der deutschen Gesellschaft für Völkerrecht Heft 28 (1987), Heidelberg 1988, S. 51 ff.

Neuhold, Hanspeter/*Hummer*, Waldemar/*Schreuer*, Christoph (Hrsg.), Österreichisches Handbuch des Völkerrechts Band 1: Textteil, 3. Aufl., Wien 1997 [zit.: *Bearb.*, in: Neuhold/Hummer/Schreuer (Hrsg.), Österreichisches Handbuch des Völkerrechts I].

Ninčić, Djura: The Problem of Sovereignty in the Charter and the Practice of the United Nations, The Hague 1970.

Noll, Peter: Gesetzgebungslehre, Reinbeck bei Hamburg 1973.

Nowak, Manfred: U.N. Covenant on Civil and Political Rights. CCPR Commentary, Kehl am Rhein Strasbourg Arlington 1993.

Nussbaum, Arthur: Geschichte des Völkerrechts. In gedrängter Darstellung, München Berlin 1960.

O'Connell, D. P.: International Law Volume One, 2. Aufl., London 1970.

Oellers-Frahm, Karin: Die Einsetzung des „Internationalen Tribunals über Kriegsverbrechen im ehemaligen Jugoslawien" durch den Sicherheitsrat, in: Recht zwischen Umbruch und Bewahrung: Völkerrecht, Europarecht, Staatsrecht. Festschrift für Rudolf Bernhardt, Berlin Heidelberg New York 1995, S. 733 ff.

Öhlinger, Theo: Der völkerrechtliche Vertrag im staatlichen Recht: eine theoretisch, dogmatische und vergleichende Untersuchung am Beispiel Österreichs, Wien 1973.

Oppenheim, Heinrich Bernhard: System des Völkerrechts, 2. Aufl., Stuttgart Leipzig 1867.

Oppenheim, Lassa: International Law. A Treatise. Vol. I. Peace, 2. Aufl., London New York Bombay Calcutta 1912.

Oppermann, Thomas: Europarecht. Ein Studienbuch, 2. Aufl., München 1999.

Otto, Karl Eduard/*Schilling*, Bruno/*Sintenis*, Karl Friedrich Ferdinand (Hrsg.): Das Corpus Iuris Civilis (Romani). Ins Deutsche übersetzt von einem Verein Rechtsgelehrter in 7 Bänden, Band 1 Institutionen Pandekten Buch 1-11, 2. Aufl., Leipzig 1839 Neudruck Aalen 1984; Band 3 Pandekten Buch 28-38, Leipzig 1831 Neudruck Aalen 1984; Band 5 Codex Buch 1-6, Leipzig 1932 Neudruck 1984.

O.V.: Artikel ‚Rebellenführer bittet um Vergebung', in: Frankfurter Allgemeine Zeitung vom 10.7.1999, S. 1.

O.V.: Artikel ‚Annan ruft nach mehr Einsatz der Vereinten Nationen zur Konfliktlösung', in: Frankfurter Allgemeine Zeitung vom 22.9.1999, S. 1.

O.V.: Artikel ‚restriktiv', in: Tilch, Horst/Arloth, Frank (Hrsg.), Deutsches Rechtslexikon Band 3 Q-Z, München 2001, 3. Aufl., München 2001, S. 3562.

Paech, Norman: Zwischen Politik und Recht – Zum Gutachten des Internationalen Gerichtshofes über die Völkerrechtswidrigkeit des Einsatzes von Nuklearwaffen –, HuV 9 (1996), 176 ff.

Partsch, Karl Josef: Vereinbarungstheorie, in: Strupp (Begr.)/Schlochauer (Hrsg.), Wörterbuch des Völkerrechts 3. Band, 2. Aufl., Berlin 1962, S. 489 ff.

Partsch, Karl Josef: Der Sicherheitsrat als Gerichtsgründer, VN 1994, 11 ff.

Partsch, Karl Josef: Die Rechte und Freiheiten der europäischen Menschenrechtskonvention, in: Bettermann, Karl August/Neumann Franz L./Nipperdey Hans Carl (Hrsg.), Die Grundrechte. Handbuch der Theorie und Praxis der Grundrechte erster Band 1. Halbband, Berlin 1966 [zit.: Die Grundrechte I/1], S. 235 ff.

Paul, Vladimir: The Legal Consequences of Conflict between a Treaty and an Imperative Norm of General International Law (jus cogens). Critical Appreciation of Article 61 of the Draft Articles on the Law of Treaties Prepared by the International Law Commission, ÖZöR 21 (1971), 19 ff.

Pawlowski, Hans-Martin: Methodenlehre für Juristen. Theorie de Norm und des Gesetzes, 3. Aufl., Heidelberg 1999.

Perelman, Chaim: Über die Gerechtigkeit, München 1967.

Pestalozza, Christian Graf von: Kritische Bemerkungen zu Methoden und Prinzipien der Grundrechtsauslegung in der Bundesrepublik Deutschland, Der Staat 2 (1963), 425 ff.

Pieper, Ulrike: Neutralität von Staaten, Frankfurt a. M. 1997.

Pietzcker, Jost: § 99 Zuständigkeitsordnung und Kollisionsrecht im Bundesstaat, in: Isensee, Josef/Kirchhof, Paul (Hrsg.), Handbuch des Staatsrechts der Bundesrepublik Deutschland Band IV: Finanzverfassung – Bundesstaatliche Ordnung, 2. Aufl., Heidelberg 1999 [zit.: HbdStR IV, § 99].

Prieur, Wolfgang: Die Auslegung völkerrechtlicher Verträge, Göttingen 1930.

Prümm, Hans Paul: Verfassung und Methodik: Beiträge zur verfassungskonformen Auslegung, Lückenergänzung und Gesetzeskorrektur unter besonderer Berücksichtigung des vierten Änderungsgesetzes zum Bundesverfassungsgerichtsgesetz, Berlin 1977.

Pufendorf, Samuel: De Jure Naturae Et Gentium Tom I, Frankfurt Leipzig 1759 Nachdruck Frankfurt a. M. 1967.

Quaritsch, Helmut: Staat und Souveränität. Band 1: Die Grundlagen, Frankfurt a. M. 1970.

Quaritsch, Helmut: Bodins Souveränität und das Völkerrecht, AVR 17 (1977/78), S. 257 ff.

Quaritsch, Helmut: Souveränität. Entstehung und Entwicklung des Begriffs in Frankreich und Deutschland vom 13. Jh. bis 1806, Berlin 1986.

Randelzhofer, Albrecht: § 15 Staatsgewalt und Souveränität, in: Isensee, Josef/Kirchhof, Paul (Hrsg.), Handbuch des Staatsrechts der Bundesrepublik Deutschland Band I: Grundlagen von Staat und Verfassung, 2. Aufl., Heidelberg 1995 [zit.: HbdStR I, § 15].

Regelsberger, Ferdinand: Streifzüge im Gebiete des Zivilrechts, in: Festgabe der Göttinger Juristenfakultät für Rudolf von Jhering zum fünfzigjährigen Doktor-Jubiläum am VI. August MDCCCXCII, Leipzig 1892 Neudruck Aalen 1970, S. 43 ff.

Reimann, Heinrich Bernhard: Ius cogens im Völkerrecht: eine quellenkritische Untersuchung, Zürich 1971.

Reindel, Florian: Auslegung menschenrechtlicher Verträge am Beispiel der Spruchpraxis des UN-Menschenrechtsausschusses, des Europäischen und des Interamerikanischen Gerichtshofs für Menschenrechte, München 1995.

Ress, Georg: Die Bedeutung der Rechtsvergleichung für das Recht internationaler Organisationen, ZaöRV 36 (1976), 227 ff.

Ress, Georg: Wechselwirkungen zwischen Völkerrecht und Verfassung bei der Auslegung völkerrechtlicher Verträge, in: Berichte der deutschen Gesellschaft für Völkerrecht Heft 23 (1982), Heidelberg 1982, S. 7 ff.

Rest, Alfred: Interpretation von Rechtsbegriffen in internationalen Verträgen, Verschiede Lösungsmöglichkeiten, Dissertation Köln 1971.

Rinck, Hans-Justus: Zur Abgrenzung und Auslegung der Gesetzgebungskompetenzen von Bund und Ländern, in: Festschrift für Gebhard Müller. Zum 70. Geburtstag des Präsidenten des Bundesverfassungsgerichts, Tübingen 1970, S. 289 ff.

Rivier, Alphons: Lehrbuch des Völkerrechts, in: von Kirchheim, A. (Hrsg.), Handbibliothek des öffentlichen Rechts IV. Band, 2. Aufl., Stuttgart 1899.

Rolin, Henri: Les Principles de Droit International Public, RC 77 (1950), 305 ff.

Roelofsen, Cornelis G.: Völkerrechtliche Aspekte des Westfälischen Friedens in niederländischer Sicht, RTh 29 (1998), 175 ff.

Röhl, Klaus F.: Allgemeine Rechtslehre: Ein Lehrbuch, 2. Aufl., Köln Berlin Bonn München 2001.

Rosenberg, Leo: Die Beweislast, 5. Aufl., München Berlin 1965.

Ross, Alf: Lehrbuch des Völkerrechts, Stuttgart Köln 1951.

Roucounas, Emmanuel: Engagements Parallèles et Contradictoires, RC 206 (1987 VI), 9 ff.

Rousseau, Jean-Jaacques: Der Gesellschaftsvertrag, aus dem Französischen. Übersetzung von Hermann Denhardt und Werner Bahner, Leipzig 1978.

Roxin, Claus: Strafrecht Allgemeiner Teil Band I. Grundlagen – Der Aufbau der Verbrechenslehre, 3. Aufl., München 1997.

Rudolf, Walter: Völkerrecht und deutsches Recht: theoretische und dogmatische Untersuchungen über die Anwendung völkerrechtlicher Normen in der Bundesrepublik Deutschland, Tübingen 1967.

Rudolf, Walter: Die Sprache in der Diplomatie und internationalen Verträgen, Frankfurt a. M. 1972.

Ruthig, Josef: Zustellung statt Verkündung verwaltungsrechtlicher Entscheidungen – Eine Praxis mit Tücken zwischen VwGO und EMRK, NVwZ 1997, 1188 ff.

Sachs, Michael: Grundgesetz Kommentar, 2. Aufl., München 1999 [zit.: *Bearb.*, in: Sachs, Grundgesetz].

Sauer, Ernst: Grundlehre des Völkerrechts, 3. Aufl., Köln Berlin 1955.

Sauer, Wilhelm: System des Völkerrechts. Eine lehrbuchmäßige Darstellung, Bonn 1952.

Sauer, Wilhelm: Völkerrecht und Weltfrieden. Fundamente zur völkerrechtlichen Neuordnung, Stuttgart 1948.

von Savigny, Friedrich Carl: System des heutigen Römischen Rechts Erster Band, Berlin 1840.

von Savigny, Friedrich Carl: Juristische Methodenlehre. Nach der Ausarbeitung des Jakob Grimm, herausgegeben von Gerhard Wesenburg, Stuttgart 1951.

von Savigny, Friedrich Carl: Vorlesungen über die juristische Methodologie 1802-1842, herausgegeben und eingeleitet von Aldo Mazzacane, in: Rückert, Joachim (Hrsg.): Savignyana: Texte und Studien Band 2, Frankfurt a. M. 1993.

Scharlach, Wm.: Das jus singulare im Römischen Recht, AcP 62 (1879), 435 ff.

Schaumann, Wilfried: Uti Possidetis-Doktrin, in: Strupp (Begr.)/Schlochauer (Hrsg.), Wörterbuch des Völkerrechts 3. Band, 2. Aufl., Berlin 1962, S. 483 f.

von Schenck, Dedo: Das Problem der Beteiligung der Bundesrepublik Deutschland an Sanktionen der Vereinten Nationen im Falle Rhodesiens, ZaöRV 29 (1969), 257 ff.

Scheuner, Ulrich: Die Stellung der Nichtmitgliede der UN, in: Carl Bilfinger zum 75. Geburtstag am 21. Januar 1954 gewidmet von Mitgliedern und Freunden des Instituts, Köln Berlin 1954, S. 371 ff.

Scheuner, Ulrich: Aussprache zum Beratungsgegenstand „Prinzipien der Verfassungsinterpretation“, in: VVDStRL Heft 20 (1963), S. 125.

Scheuner, Ulrich: Pressefreiheit. Bericht, in: VVDStRL Heft 22 (1965), S. 1 ff.

Scheuner, Ulrich: Conflict of Treaty Provisions with a Peremptory Norm of General International Law and its Consequences, ZaöRV 27 (1967), 520 ff.

Scheuner, Ulrich: Die Neutralität im heutigen Völkerrecht, Köln u.a. 1969.

Schirmer, Gregor: Universalität völkerrechtlicher Verträge und Internationaler Organisationen, Berlin 1966.

Schlochauer, Hans-Jürgen: Permanent Court of International Justice, in: Bernhardt (Hrsg.), Encyclopedia of Public International Law Vol. III, Amsterdam 1997, S. 988 ff.

Schmid, Karl: Die Rechtsprechung des Ständigen Internationalen Gerichtshofs: In Rechtssätzen dargestellt, Stuttgart 1932.

Schmidt-Wiegand, Ruth: Deutsche Rechtsregeln und Rechtssprichwörter. Ein Lexikon, München 1996.

Schmitt, Hans Peter: Zur Wiener Konvention über das Recht der internationalen Verträge, GRUR Int. 1970, 361 ff.

Schmitt Glaeser, Walter: Artikel ‚Verfassung', in: Tilch, Horst/Arloth, Frank (Hrsg.), Deutsches Rechtslexikon Band 3 Q-Z, 3. Aufl., München 2001, S. 4437 ff.

Schneider, Egon: Logik für Juristen. Die Grundlagen der Denklehre und der Rechtsanwendung, 5. Aufl., München 1999.

Schneider, Hans: Gesetzgebung. Ein Lehrbuch, 2. Aufl., Heidelberg 1991.

Schneider, Peter: Kronprins Gustav Adolf und Pacific-Fall, in: Strupp (Begr.)/Schlochauer (Hrsg.), Wörterbuch des Völkerrechts 2. Band, 2. Aufl., Berlin 1961, S. 378 f.

Scholz, Rupert: Ausschließliche und konkurrierende Gesetzgebungskompetenz von Bund und Ländern in der Rechtsprechung des Bundesverfassungsgerichts, in: Bundesverfassungsgericht und Grundgesetz. Festgabe aus Anlaß des 25jährigen Bestehens des Bundesverfassungsgerichts Zweiter Band Verfassungsauslegung, Tübingen 1976, S. 252 f.

Schreuer, Christoph: Wechselwirkungen zwischen Völkerrecht und Verfassung bei der Auslegung völkerrechtlicher Verträge, in: in: Berichte der deutschen Gesellschaft für Völkerrecht Heft 23 (1982), Heidelberg 1982, S. 61 ff.

Schreuer, Christoph: Die Bedeutung internationaler Organisationen im heutigen Völkerrecht, AVR 22 (1984), 363.

Schröder, Jan: Auslegung von Ausnahmegesetzen in der frühen Neuzeit, in: Festschrift für Martin Heckel zum siebzigsten Geburtstag, Tübingen 1999, S. 615 ff.

Schüle, Adolf: Völkerrechtswissenschaft, Methoden der, in: Strupp (Begr.)/ Schlochauer (Hrsg.), Wörterbuch des Völkerrechts 3. Band, 2. Aufl., Berlin 1962, S. 775 ff.

Schwacke, Peter: Juristische Methodik: mit Technik der Fallbearbeitung, 3. Aufl., Köln 1995.

Schwarze, Jürgen: Das allgemeine Völkerrecht in den innergemeinschaftlichen Rechtsbeziehungen, EuR 18 (1983), 1 ff.

Schwarzenberger, Georg: International Law as Applied by International Courts and Tribunals Volume I, 3. Aufl., London 1957.

Schwarzenberger, Georg: A manual of International Law, 5. Aufl., London 1967.

Schwarzenberger, Georg: The Fundamental Principles of International Law, RC 87 (1955 I), 191 ff.

Schwarzenberger, Georg: International Law and Order, London 1971.

Schwebel, Stephen M.: International Arbitration: three salient problems, Cambridge 1987.

Schweisfurth, Theodor: Der internationale Vertrag in der modernen sowjetischen Völkerrechtstheorie, Köln 1968.

Schweisfurth, Theodor: Sozialistisches Völkerrecht? : Darstellung, Analyse, Wertung der sowjetmarxistischen Theorie vom Völkerrecht ‚neuen' Typs, Berlin Heidelberg 1979.

Seidl-Hohenveldern, Ignaz: The Austrian-German Arbitral Tribunal. Established by the Property Treaty of June 15, 1957, Syracuse 1972.

Seidl-Hohenveldern, Ignaz: Zum Urteil des Schiedsgerichtshofes für das Abkommen über deutsche Auslandsschulden zur Young-Anleihe, GYIL 23 (1980), 401 ff.

Seidl-Hohenveldern, Ignaz: International Economic Law, RC 198 (1986 III), 9 ff.

Seidl-Hohenveldern, Ignaz: Souveränität, in: ders. (Hrsg.), Lexikon des Rechts Völkerrecht, aus: Ergänzbares Lexikon des Rechts, 2. Aufl., Neuwied Kriftel Berlin 1992, S. 293 ff.

Seidl-Hohenveldern, Ignaz/*Stein*, Torsten: Völkerrecht, 10. Aufl., Köln 2000.

Seidl-Hohenveldern, Ignaz/*Loibl*, Gerhard: Das Recht der Internationalen Organisationen einschließlich der Supranationalen Gemeinschaften, 7. Aufl., Köln Berlin Bonn München 2000.

Seitz, H.: Verfassungskonformität und verfassungskonforme Gesetzesauslegung, in: Koch, Hans-Joachim (Hrsg.): Juristische Methodenlehre und analytische Philosophie, Kronberg/Ts. 1976.

Shakespeare, William: Hamlet, Oxford 1992.

Shaw, Malcom N.: International Law, 4. Aufl., Cambridge 1997.

Simma, Bruno: Das Reziprozitätselement im Zustandekommen völkerrechtlicher Verträge. Gedanken zu einem Bauprinzip der internationalen Beziehungen, Berlin 1972.

Simma, Bruno ua. (Hrsg.): Charta der Vereinten Nationen. Kommentar, München 1991 [zit.: *Bearb.*, in: Simma (Hrsg.), Charta der Vereinten Nationen].

Simma, Bruno: Die NATO, die UN und militärische Gewaltanwendung: Rechtliche Aspekte, in: Merkel, Reinhard (Hrsg.), Der Kosovo-Krieg und das Völkerrecht, Frankfurt a. M. 2000, S. 9 ff.

Simon, Helmut: Die verfassungskonforme Gesetzesauslegung, EuGRZ 1974, 85 ff.

Sinha, Prakash S. : Perspective of the Newly Independent States on the Binding Quality of International Law, in: Snyder, Frederick/Sathirathai, Surakiart (Hrsg.), Third World Attidudes toward international law. An Introduction, Dordrecht 1987, S. 23 ff.

Soder, Josef: Die Vereinten Nationen und die Nichtmitglieder: zum Problem der Weltstaatenorganisation, Bonn 1956.

Sørensen, Max: „Eigene Rechtsordnungen". Skizze zu einigen systemanalytischen Betrachtungen über ein Problem der internationalen Organisation, in: Europäische Gerichtsbarkeit und nationale Verfassungsgerichtsbarkeit. Festschrift zum 70. Geburtstag von Hans Kutscher, Baden-Baden 1981, S. 415 ff.

Sprachdienst des Auswärtigen Amtes der Bundesrepublik Deutschland, Standardformulierungen für Vertragstexte: mit Übersetzungen in englischer, französischer und spanischer Sprache, 3. Aufl., Berlin New York 1992.

Starck, Christian: Das Grundgesetz nach fünfzig Jahren: bewährt und herausgefordert, JZ 1999, 473 ff.

Starke, Joseph G.: Introduction into International Law, 10. Aufl., London 1989.

Stein, Torsten: 137. Vertragsrecht, in: Wolfrum (Hrsg.)/Philipp (Red.), Handbuch Vereinte Nationen, 2. Aufl., München 1991.

Steinberger, Helmut: Bemühungen zur Kodifizierung und Weiterbildung des Völkerrechts im Rahmen der Organisation der Vereinten Nationen, ZaöRV 28 (1968), 617 ff.

Steinberger, Helmut: § 173 Allgemeine Regeln des Völkerrechts, in: Isensee, Josef/Kirchhof, Paul (Hrsg.), Handbuch des Staatsrechts der Bundesrepublik Deutschland Band VII: Normativität und Schutz der Verfassung – Internationale Beziehungen, Heidelberg 1992 [zit.: HbdStR I, § 173].

Steinberger, Helmut: Sovereignty, in: Bernhardt (Hrsg.), Encyclopedia of Public International Law Vol. IV, Amsterdam 2000, S. 500 ff.

Stern, Klaus: Das Staatsrecht der Bundesrepublik Deutschland Band I. Grundbegriffe und Grundlagen des Staatsrechts, Strukturprinzipien der Verfassung, 2. Aufl., München 1984.

Stourzh, Gerald: Naturrechtslehre, leges fundamentales und die Anfänge des Vorrangs der Verfassung, in: Starck, Christian (Hrsg.), Rangordnung der Gesetze, Göttingen 1995, S. 13 ff.

Strebel, Helmut: Quellen des Völkerrechts als Rechtsordnung, ZaöRV 36 (1976), 301 ff.

Strupp, Karl: Karellienstreit, in: ders. (Hrsg.), Wörterbuch des Völkerrechts Band 1, 1. Aufl., 1924 [zit. WVR[1] Bd. 1], S. 616 ff.

Strupp, Karl: „Wimbledon"-Fall, der, in: ders. (Hrsg.), Wörterbuch des Völkerrechts Band 3, 1. Aufl., 1929 [zit. WVR[1] Bd. 3], S. 538 ff.

Stuby, Gerhard: Internationale Strafgerichtsbarkeit und staatliche Souveränität, in: Hankel, Gerd/Stuby, Gerhard (Hrsg.), Strafgerichte gegen Menschheitsverbrechen: Zum Völkerstrafrecht 50 Jahre nach den Nürnberger Prozessen, Hamburg 1995, S. 429 ff.

Sultan, Hamed: The Special Function of the Principle of Restrictive Interpretation, in: Mélanges offerts à Juraj Andrassy. Essays in International Law in Honour of Juraj Andrassy. Festschrift für Juraj Andrassy, La Haye 1968, S. 294 ff.

Sztucki, Jerzy: Jus Cogens and the Vienna Convention on the Law of Treaties: a critical appraisal, Wien 1974.

Terz, Panos: Zum Jus Cogens im demokratischen Völkerrecht, Staat und Recht 27 (1978), 617 ff.

Textor, Johann Wolfgang: Synopsis juris gentium, Basel 1680 Reprint 1916.

Thirlway, Hugh: The Law And Procedure Of The International Court Of Justice, BYIL 62 (1991), 1 ff.

Thürer, Daniel: Comment: UN Enforcement Measures and Neutrality The Case of Switzerland, AVR 30 (1992), 63 ff.

Titze, Heinrich: Die Lehre vom Missverständnis: eine zivilrechtliche Untersuchung, Berlin 1910.

Tomuschat, Christian: Artikel ‚Völkerrecht', in: Kunast, Hermann/Grundmann, Siegfried (Begr.)/Herzog, Roman ua. (Hrsg.), Evangelisches Staatslexikon Band II N-Z, Stuttgart 1987, Spalte 3875 ff.

Tomuschat, Christian: Völkerrechtlicher Vertrag und Drittstaaten, in: Berichte der deutschen Gesellschaft für Völkerrecht Heft 28 (1987), Heidelberg 1988, S. 9 ff.

Tomuschat, Christian: Vereinte Nationen, in: Seidl-Hohenveldern, Ignaz (Hrsg.), Lexikon des Rechts Völkerrecht, aus: Ergänzbares Lexikon des Rechts, 2. Aufl., Neuwied Kriftel Berlin 1992, S. 339 ff.

Tomuschat, Christian: Völkerrechtliche Grundlagen der Verwaltungsgerichtsbarkeit, in: Rechtsstaat zwischen Sozialgestaltung und Rechtsschutz, Festschrift für Konrad Redeker zum 70. Geburtstag, München 1993, S. 273 ff.

Tomuschat, Christian: Obligations Arising for States Without or Against Their Will, RC 241 (1993 IV), 195 ff.

Tomuschat, Christian: International Law: Ensuring the Survivel of Mankind on the Eve of a New Century. General Cource on Public International Law, RC 281 (1999), 9 ff.

Torres Bernárdez, Santiago: Interpretation of Treaties by the International Court of Justice following the Adaption of the 1969 Vienna Convention on the Law of Treaties, in: Liber Amicorum. Professor Ignaz Seidl-Hohenveldern in honur of his 80th birthday, The Hague London Boston 1998 [zit.: FS Seidl-Hohenveldern (1998)], S. 721 ff.

Trautner, Tobias: Die Einmischung in innere Angelegenheiten und die Intervention als eigenständige Verbotstatbestände im Völkerrecht, Frankfurt a. M. 1999.

Triepel, Heinrich: Völkerrecht und Landesrecht, Leipzig 1899, Nachdruck Aalen 1958.

Tunkin, Grigory I.: The Legal Nature of the United Nations, RC 119 (1966 III), 1 ff.

Tunkin, Grigory I.: „General Principles of Law" in International Law, in: Internationale Festschrift für Alfred Verdross zum 80. Geburtstag, München Salzburg 1971, 523 ff.

Tunkin, Grigory I.: Völkerrechtstheorie, Berlin 1972.

Tunkin, Grigory I.: International Law in the International System, RC 147 (1975 IV), 1 ff.

U Thant: Survey of international law: Working paper prepared by the Secretary-General, YILC 1971 II Part 2, S. 1 ff.

Ullmann, T.: Völkerrecht, Freiburg i. Br. Leipzig Tübingen 1898.

Vallindas, Petros G.: General Principles of Law and the Hierarchy of the Sources of International Law, in: Grundprobleme des Internationalen Rechts, Festschrift für Jean Spiropoulus, Bonn 1957, S. 425 ff.

de Vattel, Emer: Le Droit des Gens ou principes de la loi naturelle (1758), Deutsche Ausgabe, Das Völkerrecht oder Grundsätze des Naturrechts, angewandt auf das Verhalten und de Angelegenheiten der Staaten und Staatsoberhäupter, deutsche Übersetzung von Wilhelm Euler, in: W. Schätzel (Hrsg.), Die Klassiker des Völkerrechts in modernen deutschen Übersetzungen Band III, Tübingen 1959.

Verdross, Alfred: Die Einheit des rechtlichen Weltbildes: auf Grundlage der Völkerrechtsverfassung, Tübingen 1923.

Verdross, Alfred: Die Verfassung der Völkerrechtsgemeinschaft, Wien 1926.

Verdross, Alfred: Staatsverträge. 5. Interpretationsregeln im Völkerrecht, in: Strupp (Hrsg.), Wörterbuch des Völkerrechts Band 2, 1. Aufl., 1924-9 [zit. WVR[1] Bd. 2], S. 663.

Verdross, Alfred: Völkerrecht, 5. Aufl., Wien 1964.

Verdross, Alfred: Jus Dispositivum and Jus Cogens in Internationale Law, AJIL 60 (1966), 55 ff.

Verdross, Alfred: Entstehungsweisen und Geltungsgrund des universellen völkerrechtlichen Gewohnheitsrechts, ZaöRV 29 (1969), 635 ff.

Verdross, Alfred/*Simma*, Bruno: Universelles Völkerrecht, 3. Aufl., Berlin 1984.

Villiger, Mark E.: Die Billigkeit im Völkerrecht, AVR 25 (1987), 174 ff.

Villiger, Mark E.: Handbuch der Europäischen Menschenrechtskonvention (EMRK) unter besonderer Berücksichtigung der schweizerischen Rechtslage, Zürich 1993.

Virally, Michel: Panorama du Droit International Contemporain. Cours général de droit international public, RC 183 (1983 V), 9 ff.

Vitzthum, Wolfgang Graf (Hrsg.): Völkerrecht, 1. Aufl., Berlin 1997 [zit.: *Bearb.*, in: Vitzthum (Hrsg.), Völkerrecht[1]], 2. Aufl., Berlin 2001 [zit.: *Bearb.*, in: Vitzthum (Hrsg.), Völkerrecht].

Vollmer, Dietrich: Auslegung und „Auslegungsregeln", Berlin 1990.

Vosskuhle, Andreas: Theorie und Praxis der verfassungskonformen Auslegung von Gesetzen durch Fachgerichte, AöR 125 (2000), 177 ff.

Wahl, Rainer: Der Vorrang der Verfassung, Der Staat 20 (1981), 485 ff.

Peter Lang · Europäischer Verlag der Wissenschaften

Gunther Hauser

Sicherheitspolitik und Völkerrecht

Frankfurt am Main, Berlin, Bern, Bruxelles, New York, Oxford, Wien, 2004. 376 S.
ISBN 3-631-52480-3 · br. € 74.50*

Sicherheitspolitik und Völkerrecht sind – im Sinne des umfassenden sicherheitspolitischen Ansatzes – interdependent. Das Völkerrecht legt den rechtlichen Rahmen zur Vermeidung und Regelung von Konflikten fest. Umfassende Sicherheitspolitik zielt ebenso auf die Vermeidung struktureller Ursachen von Konflikten, so u.a. durch Gewaltvermeidung in der Einräumung von Menschen- und Minderheitenrechten, durch die Herstellung und Erhaltung stabiler wirtschaftlicher Verhältnisse und durch die Vermeidung ökologischer Katastrophen. Dennoch liegen Spannungen vor – verursacht durch Interessen staatlicher Akteure. Dieses Buch – es richtet sich an Studierende und Praktiker – erläutert und analysiert das Wesen und Wirken des Völkerrechts im Hinblick auf sicherheitspolitische Entscheidungsprozesse.

Aus dem Inhalt: Sicherheitspolitik · Völkerrecht – Einführung · Internationales Wirtschaftsrecht · Umweltrecht · Internationales Seerecht · Internationales Luftfahrtrecht · Internationale Rüstungskontrolle · Internationale Streitbeilegung · Humanitäres Völkerrecht/Kriegsvölkerrecht/Internationales Strafrecht · Nationale Sicherheitsstrategie der USA · Europäische Sicherheitsstrategie · Wesen und Wirken internationaler Organisationen wie UNO, NATO, WEU, OSZE und EU

FSC
www.fsc.org
MIX
Papier | Fördert
gute Waldnutzung
FSC® C083411

Kolibri 360 GmbH
Ferdinand-Jühlke-Straße 7
99095 Erfurt, Deutschland
produktsicherheit@kolibri360.de

Druck:
CPI Druckdienstleistungen GmbH
im Auftrag der
Kolibri 360 GmbH
Ferdinand-Jühlke-Str. 7
99095 Erfurt